U0902124

工商经检执法指南

库博雷克公共管理咨询 著

中央广播电视大学出版社·北京

图书在版编目（CIP）数据

工商经检执法指南／库博雷克公共管理咨询著．—北京：中央广播电视大学出版社．2014.7

ISBN 978－7－304－06079－4

Ⅰ．①工…　Ⅱ．①库…　Ⅲ．①工商行政管理—行政执法—中国—指南　Ⅳ．①D922.294－62

中国版本图书馆 CIP 数据核字（2014）第 145636 号

版权所有，翻印必究。

工商经检执法指南

库博雷克公共管理咨询　著

出版·发行：中央广播电视大学出版社
电话：营销中心 010－66490011　　总编室 010－68182524
网址：http://www.crtvup.com.cn
地址：北京市海淀区西四环中路 45 号　　**邮编：**100039
经销：新华书店北京发行所

策划统筹：郑　毅　　**责任印制：**赵联生
策划编辑：孙　勃　李　刚　　**版式设计：**库博雷克公共管理咨询有限公司
责任编辑：郑　毅

印刷：北京中科印刷有限公司
版本：2014 年 7 月第 1 版　　2014 年 7 月第 1 次印刷
开本：787×1092　1/16　　**印张：**36.75　　**字数：**956 千字

书号：ISBN 978－7－304－06079－4
定价：268.00 元

（如有缺页或倒装，本社负责退换）

第一部分　工商经检办案执法规范 / 001

第一部分

工商经检办案执法规范

第一章　工商行政管理办案程序

一、立案

立案流程

根据有关工商行政管理法律、法规、规章的规定，工商行政管理机关实施行政处罚，除适用简易程序进行的即时处罚外，决定对某一违法行为调查处理，一般都应当先立案，再启动行政处罚程序。只有经过立案，才能保障工商行政管理机关所采取的一系列调查取证、行政强制措施等行政行为的合法性。工商行政管理机关行政处罚程序的立案按照下列步骤进行：

发现案源

发现案源，是工商行政管理机关执法办案的前提和基础。实施行政处罚，首先就必须对一个个线索来源进行分析、整理。《工商行政管理机关行政处罚程序规定》第十六条规定："工商行政管理机关依据监督检查职权，或者通过投诉、申诉、举报、其他机关移送、上级机关交办等途径发现、查处违法行为。"

1.监督检查发现

工商行政管理机关执法人员依法应当定期或者不定期地进行市场巡查、执法检查。在这些日常监管中，在处理其他案件中往往能够发现一些办案线索。实践证明，这是各级办案机构发现案件线索来源的重要途径。

2.受理消费者投诉

在受理消费者投诉时，应尽可能地了解清楚涉案事情发生的时间、地点、过程，涉案标的物的实物、状况、特征、储存、数量、生产厂家以及消费者受到损害的情况。具体规范按照《工商行政管理部门处理消费者投诉办法》（2014年2月14日）执行。

3.受理权利人投诉

在受理知识产权类的案件投诉时，应要求投诉人提供知识产权方面的权利证明，以证明其投诉的主体资格。同时要了解清楚实施侵权的相关情况，包括侵权人的姓名、法定代表人、住所地侵权实物样品等。如果是受权利人委托前来投诉的，应审查权利人委托的相关手续。

4.受理人民群众举报

由于举报者的情况比较复杂，举报的形式也多种多样。特别是在受理电话或来人举报时，应尽可能地问明涉案的基本情况，了解清楚举报人是如何知道这些违法行为的，是听到的，还是参与其中，以便于分析举报内容的真实性以及为制定调查方案奠定基础。

5.上级交办的违法行为案件

上级交办的违法行为线索，要认真领会交办单上的领导批示和要求，要详细了解有关涉案当事人、知情人、证人的自然情况，以及在实施违法行为过程中不同人员担当的不同角色和所起的作用。

6.其他执法机关移送的经济违法案件

一般说来，移送部门对于这类案件已有一个初步的调查。因此，在受理时要依现有材料审查其管辖权的问题，即注意审查其违法行为的性质和违法行为的发生地是否属工商行政管理机关的管辖范围。

另外，执法实践中还可能有一些当事人自己主动投案，反映违法事实的情况，尽管这些情况并不常见。在一些共同违法案件中的违法当事人，往往因为利益分配不够均匀、后果难以预料，或者迫于艰难的处境而主动投案。例如，一些单位存在走私贩私行为，当事人希望从轻处罚，或者希望承担行政法律责任而逃避刑事法律制裁，就会主动向工商行政管理机关等行政机关投案，寻求从轻处理。

核查

核查案件线索，又称案件初查，是指工商行政管理机关对受理的案件线索以及依职权发现的案件线索进行审查，审查其是否具备立案的条件。

1.核查的内容

（1）是否有明确的涉案行为人及其涉嫌的违法行为事实存在；

（2）是什么性质的违法行为，违法行为发生在什么地方，是否属于工商行政管理机关或本级机关的管辖范围；

（3）是否存在一事不再罚的情形；

（4）是否需要给予行政处罚，包括违法行为自发生之日起是否超过两年、是否为持续的违法行为、是否有显著轻微的免责情节等；

（5）是否适用于一般程序。

2.核查的方式

核查工作是在立案前进行的，应当注意及时、保密，并根据线索情况采取下列方式方法：

（1）从外围入手，侧面收集相关资料；

（2）对可能存在违法行为的现场进行暗访；

（3）经领导批准可以向当事人或者相关人员了解情况。

初查中，可以将上述几种方式方法交叉使用。

3.核查后的处理

核查案件线索后，应根据核查情况，及时进行处置：

（1）对在管辖范围内确有违法事实发生，应当予以行政处罚的，具备立案条件的，应及时办理立案手续；

（2）对于没有违法事实发生，或者虽有违法事实发生但情节显著轻微的，或者违法事实发生在两年之前且违法行为没有持续状态的，不予立案，并将不予立案的理由回复案件线索提供者；

（3）对于超越地域管辖范围的，应报告或者直接移送有管辖权的工商行政管理机关，并将移送理由回复案件线索提供者；

（4）对于超越职能管辖的，应立即移送有管辖权的职能部门处理，并将移交理由回复案件线索提供者；

（5）对于案件线索不清晰的，可以要求材料提供人继续补充。

申请立案

执法办案人员在初步调查过程中，应当注意对案件线索来源保密，注意工作方法。发现紧急情况的，可以采取行政强制措施。经过对案件线索来源进行初步调查，根据不同情况及时进行处理。

对在管辖范围内确有违法行为发生，且应当予以行政处罚，符合立案条件的，应当立即填写《立案审批表》，附上调查获得的关于上面三个方面的证据材料，报请本工商行政管理机关负责人审批，由其决定是否立案。《工商行政管理机关行政处罚程序规定》第十八条规定：“立案应当填写立案审批表，同时附上相关材料（投诉材料、申诉材料、举报材料、上级机关交办或者有关部门移送的材料、当事人提供的材料、监督检查报告、已核查获取的证据等），由县级以上工商行政管理机关负责人批准。但是，对于没有违法行为存在，或者虽然有违法行为，但是违法行为的情节显著轻微，以及违法行为发生在两年以前，且不是连续行为，可不予立案。另外，对需要移送其他机关管辖处理的案件，也要报请工商行政管理机关负责人批准决定。”

审查决定

工商行政管理机关负责人经过对办案机构报请立案的《立案审批表》，以及初步调查获得的相关证据材料进行审查，核实是否符合立案的条件，即确有违法行为的发生，而且应当对该行为给予行政处罚。工商行政管理机关负责人对立案申请，应当在一定时间内审查完毕并做出决定。《工商行政管理机关行政处罚程序规定》第十七条规定：“工商行政管理机关应当自收到投诉、申诉、举报、其他机关移送、上级机关交办的材料之日起七个工作日内予以核查，并决定是否立案；特殊情况下，可以延长至十五个工作日内决定是否立案。”

当然，对于办案机构报请的立案案件，并不需要查明实施违法行为的确切当事人是谁、违法的具体事实、违法行为涉及的具体物品数量及情节、手段如何。执法人员只要经过初步调查，能够证明确实存在违法行为，而且依法应当给予行政处罚即可。

同时，对于办案机构报请的案件，不在本工商行政管理机关的管辖区域，或者不在工商行政管理机关的管辖范围，或者不在行政机关的管辖范围，本工商行政管理机关负责人就应当决定，及时将该案件移送有管辖权的其他工商行政管理机关，或者其他行政机关，或者司法机关管辖处理。

反馈结果

对于具名的投诉人、申诉人、举报人反映的案件不予以立案的，办案机构应当报请本工商行政管理机关负责人批准后，将结果告知上述的投诉人、申诉人、举报人，同时应当做好证据记录。《工商行政管理机关行政处罚程序规定》第十九条规定：“对于不予立案的投诉、举报、申诉，经工商行政管理机关负责人批准后，由办案机构将结果告知具名的投诉人、申诉人、举报人。工商行政管理机关应当将不予立案的相关情况作书面记录留存。”

注意事项

根据《中华人民共和国行政处罚法》（以下简称《行政处罚法》）、《工商行政管理机关行政处罚程序规定》的规定，以及上面的综合分析，工商行政管理机关的执法人员在立案环节需要注意以下事项：

1.立案的时候必须有初步的证据材料

这些证据材料就是有关投诉材料、申诉材料、举报材料、上级行政机关交办或者有关部门移送的材料、当事人提供的材料、工商行政管理机关的监督检查报告、已核查获取的证据等。

2.立案的时候必须注意符合立案条件

执法办案人员必须注意违法行为是否已经超过两年，违法行为是否达到涉嫌犯罪的标准。如果是这样的情况，就不要立案，要按照有关规定进行处理，这也是执法办案人员对自己的一种保护措施。

3.立案的时候必须注意当事人的确定

执法人员在立案的时候，对当事人要注意不能张冠李戴，将甲企业的违法行为让乙企业来承担责任。特别需要注意的是，企业及其分支机构是不同的法律主体，具有不同的法律地位，承担法律责任的形式也有所不同。

4.立案的时候必须注意管辖权的有无

工商行政管理机关负责人对报请立案的案件进行审查，一定要对照前面的地域管辖、级别管辖、职能管辖、指定管辖、移送管辖、例外管辖的规定，核实本工商行政管理机关对于该案件有无管辖权。

5.立案的时候必须注意有关期限规定

工商行政管理机关在立案的时候必须注意有关期限的规定，根据《工商行政管理机关行政处罚程序规定》第十七条规定，工商行政管理机关应当在七个工作日内决定是否立案；特殊情况下，可以延长至十五个工作日内决定是否立案。

6.立案的时候必须有反馈意见的记载

工商行政管理机关在立案审查的时候，还需要注意对于不予立案的投诉、举报、申诉，要将结果告知具名的投诉人、申诉人、举报人，同时要将这些告知情况书面记载下来。

立案标准

所谓立案标准，指工商行政管理机关对发现的违法事实或重大违法嫌疑，决定是否进行查处的条件和要求。

工商行政管理处罚案件中，有些案件不须经过立案程序即可处罚，如当场处罚案件。而有些案件则必须经过立案程序后才可以处罚，如当场处罚案件以外的一般程序案件。在工商行政管理执法办案实践中，立案标准也就是区分当场处罚案件与一般程序案件的界限，包括立案基本要求和立案数额条件两方面。一般程序案件的立案要求有：合格的执法主体、合法的管辖权限、规范的立案流程、注意材料真实和时效。立案的数额条件应按《行政处罚法》第三十三条规定，违法事实确凿并有法定依据，对公民处以五十元以下、对法人或者其他组织处以一千元以下罚款或者警告的行政处罚的，可以当场作出行政处罚决定。当事人应当依照本法第四十六条、第四十七条、第四十八条的规定履行行政处罚决定。

《行政处罚法》规定的当场处罚程序是“可以”。从法理上看，则可以采用一般程序处罚。工商行政管理处罚案件，不论罚款数额大小，都经过立案不会程序违法。立案可以进退自如：可以继续调查处罚，也可以销案终止；根据情节可以给予适中处罚或较重处罚，也可以给予从轻处罚或减轻处罚。在罚款额度上，既可以在法定幅度内做相当于当场处罚额度的从轻处罚，也可以在法定幅度下限以下做相当于当场处罚额度的减轻处罚。

熟练掌握立案标准，在工商行政管理执法办案实践中主要是防止两种倾向：一是注意防止将简易程序案件作为一般程序案件立案，将简易程序复杂化。这种倾向虽不违法，但是会不必要地影响行政效率，浪费行政资源。二是绝对防止将一般程序案件不立案而作简易程序案件办，将一般程序简易化。这种倾向虽然会暂时"提高"行政效率，但是程序违法，其法律后果必然导致处罚无效甚至行政赔偿，严重降低行政效率、浪费行政资源。

在工商行政管理执法办案实践中，有下列情形之一的必须先立案后处罚。否则，程序违法：

（1）对违法行为要采取强制措施的。对有些案件，在办案时需要采取一些必要的强制措施。如证据先行登记保存、抽样取证等调查强制，查封、扣押等即时强制，应当先立案后采取强制措施。只有个别特殊情况，如查处无照经营，可以依法先行采取强制措施，后及时补办报批手续。只要是采取强制措施的案件，不管情况多么特殊，在最终做出处罚决定前必须先办理立案手续。

（2）对违法行为要做当场处罚以外的其他处罚的。《行政处罚法》第三十三条规定的可以当场处罚，只限于轻微罚款或者警告。超出上述规定范围的行政处罚，哪怕很轻微，也不能适用当场处罚，而必须立案。如没收违法所得一元、没收价值一元的非法财物、责令停业一小时等，都必须先立案后决定。

（3）对违法行为规定的罚款下限超过当场处罚上限的。在工商行政管理法规中，对相对人违法行为的罚款处罚，有的规定了罚款数额的上限和下限，如《公司法》《反不正当竞争法》等，有的只规定了罚款数额的上限而没有规定下限，如《合伙企业法》《个人独资企业法》等。只有罚款额度无下限规定或者下限规定50元/1000元以下的，才可以适用简易程序，不立案而当场处罚。其余罚款额度有下限规定且下限规定超过50元/1000元的，不能适用简易程序做当场处罚，而必须经过立案调查才可以决定处罚。有些案件，虽然实际决定罚款在50元/1000元以下，但是属于下限规定以下的减轻处罚，其决定权在工商行政管理机关，而不在可以当场决定的办案人员手中。必须按一般程序报经批准，而不得由办案人员当场决定。

二、调查取证

工商管理行政执法证据规则和调查取证方法等内容本书在第二部分详细阐述，本节仅对调查取证这一执法办案的关键环节做基础性的概述。

概述

调查取证，是指工商行政管理机关依据国家法律法规和办案程序的要求，采取法律规定的调查方式和措施，对其管辖的经济违法行为搜集证据，查明当事人在市场经营活动中存在的违法事实以及情节轻重而进行的一项专门工作。总的来说，调查取证是工商行政机关及其执法人员以发现证据为直接目的的调查活动和提取证据活动的总称。它具有以下四个特征：

（1）调查取证的主体是工商行政管理机关。工商行政管理机关依据国家调整市场经济秩序的法律法规赋予的职权，对各种破坏市场经济秩序、损害其他经营者和消费者的合法权益的行为进行的调查取证。

（2）调查取证是依法进行的一项专门工作。它不仅要求有实体法的授权，而且还必须按照程序法的规范，依法收集证据。所谓依法收集证据，是指案件已经被批准立案；收集证据的人员必须是被指定的办案人员；被指定的办案人员不得少于两人；办案人员在调查取证时，应当向当事人出示执法身份证件等。

（3）调查取证的方式只能采取法律法规授予的措施。具体措施包括询问、检查、抽样、鉴定、查阅、复制、收集、提取和扣押、封存，以及责令暂停销售、先行登记保存等。除此之外不得采用其他任何手段获取证据，更不得采取逼供、诱供的方法获取证据。

（4）调查取证的内容是法定的。调查取证的任务是收集、调取证据，而证据的种类则是由法律具体明确规定的，即《中华人民共和国行政诉讼法》（以下简称《行政诉讼法》）和《工商行政管理机关行政处罚程序规定》（国家工商行政管理总局令第28号）规定的书证、物证、证人证言、视听资料、计算机数据、当事人陈述、鉴定结论、勘验笔录、现场笔录等证据。执法人员在案件调查过程中，只能依法收集、调取上述法定证据，对于收集到的其他证据种类不能作为行政处罚的定案证据。

调取证据的原则

工商行政管理机关在调查取证过程中必须遵守以下原则：

1.全面收集证据

它指的是从收集证据的范围和内容上来讲，应当收集能够反映案件真实情况的一切证据材料。既要围绕涉嫌违法行为的构成要件收集证据，又要收集影响其处罚幅度的各种证据；既要收集当事人有违法行为的证据，又要收集当事人申辩其无违法行为的证据。在证据的种类上既要收集证人证言，又要提取书证、物证、视听资料，还要做好现场笔录、当事人陈述等。只有坚持客观全面收集证据的原则，才能为正确处理案件奠定坚实的基础，才能真正达到惩罚违法行为和保护合法经营的行政处罚目的。

2.客观地收集证据

它是指在收集证据的过程中，一定要从案件的实际情况出发，尊重客观事实，实事求是地去收集客观存在的证据材料，对收集到的书证、物证、音像证据等实物证据，要保持其原状，避免外界因素致其改变或毁损；对于投诉人陈述、当事人的供述和辩解以及证人证言等言词证据要如实记录，不得有丝毫的变动；对于现场笔录，记录时一定要完全忠实于现场的实际情况，不能依据自己的主观臆断；对于鉴定，一定要向法定鉴定机构和人员提供来源真实的检材和样本，以保证鉴定结论的客观真实性。

3.公正地收集证据

它是指不能只收集对当事人不利的证据，不收集对当事人有利的证据。在调取证据过程中，要遵循：

（1）分别取证的规则

面对众多的证人及行政相对人，不宜采用集中询问、共同讨论、相互提示的形式，而应当分别单独进行，防止证人之间和当事人之间相互影响，降低证据的可信程度。

（2）及时取证的规则

只有及时取证才能及时做出处罚，这是行政效率的要求，也是社会衡量行政执法是否公正的一个心理标准。

（3）主动回避的规则

根据机关法律等规定，如果行政执法人员与其被调查的案件有利害关系，应按照规定的程序主动回避，保证案件调查的公正性。

调查取证的任务

1.发现证据

证据是已成为过去的事件在人脑或者物质载体上的记录或者反映，因而其本身就带有一定隐蔽性，再加上时过境迁以及违法当事人的刻意掩盖，其隐蔽性就更强，需要执法人员通过深入细致的调查才能发现。因此，调查的任务就是使隐蔽的证据显露出来。发现证据的过程一般可分为：

（1）确定调查范围

确定调查范围也就是确定查找证据的范围。在分析案情时，要运用逻辑知识，结合人们的行为习惯，推理猜测未知事实和掩盖的证据，从而也就圈定了调查的范围和取证的方向。

（2）发现证据线索

实践中，许多证据往往不能被直接发现，而是需要通过若干环节逐步发现。但这些环节所能提供的往往不是证据，而只是证据线索。如举报、投诉等，所反映的大多都是证据线索而非证据。只有执法人员通过这些证据线索顺藤摸瓜，才能发现证据。

（3）发现证据

透过案件线索，经过执法人员深入、细致的调查，包括采取必要的策略方法和手段后，再现能证明案件违法事实的材料。它是调查取证初期的主要方向和任务。

2.调取证据

证据被发现后，应当及时提取。调取证据的方法很多，常见的主要有：

（1）笔录调取法

笔录调取法是指通过文字记录的形式来调取证据的方法，主要适用于言词、活动、状态等内容的证据材料，其表现形式主要有询问笔录、现场检查笔录等。

（2）音像调取法

音像调取法是指通过录音录像、照相等手段调取证据材料的方法，主要适用于物证、书证以及声音、形象为内容的证据材料。音像调取法具有直观、准确、逼真等特点，因而是一种重要的调取证据的方法。

（3）实物调取法

实物调取法是指直接调取与案件有关的物证、文书和痕迹载体的方法。主要适用于体积不大的物证，以及各种书证和音像证据。

（4）复印、复制调取法

复印、复制调取法是指通过复印、复制等方式调取证据材料的方法，主要适用于财务业务资料、计算机资料、音像资料等证据。

调查取证的范围

一般说来，案发时间大多在违法行为实施之后。办案人员通过调查取证，运用收集到的各种证据材料对已经发生过的违法事实进行“复原”或者再现，要极尽所能地做到复原的违法事实与实际相一致。

1.围绕违法行为构成要件的事实调查取证

尽管违法行为的表现纷繁复杂，但它们的违法构成都是一样的，即某一种违法行为都是由违法主体要件、违法客体要件、违法客观方面要件、违法主观方面要件共四个要件构成的，对违法行为的认定也是按照违法构成的“四要件”框架来进行的（具体内容请查阅第四章相关内容）。因此，违法构成的“四要件”也为我们开展案件调查工作确定了方向。具体地说，要围绕下列案件事实调查、收集证据：

（1）违法事实是否发生；

（2）违法事实是否为行为人所为；

（3）违法行为的实施过程，包括违法的时间、地点、手段、方法等；

（4）违法的危害后果以及危害后果与违法行为之间有无因果关系；

（5）违法行为人的主观过错以及违法的动机、目的；

（6）违法行为人有无行政责任能力等。

如果从另一个角度来概括，上述违法构成的事实可以概括为“七何”要素，即何人、何时、何地、何事、何目的、何手段、何后果。

2.围绕从轻、减轻、不予行政处罚的事实调查取证

调取有利于当事人的证据，是调查取证工作的一项原则。根据《行政处罚法》规定，依法应当从轻或者减轻行政处罚的情况有：

（1）已满14周岁不满18周岁的人有违法行为的；

（2）主动消除或者减轻违法行为危害后果的；

（3）受他人胁迫有违法行为的；

（4）配合行政机关查处违法行为有立功表现的；

（5）其他依法从轻或者减轻行政处罚的。

依法应当不予行政处罚的情况有：

（1）不满14周岁的人有违法行为的；

（2）违法行为轻微并及时纠正，没有造成危害后果的；

（3）违法行为在两年内未被发现的。

调查取证的工作标准

1.涉案的违法事实必须查清

涉案的违法事实，可用“七何”要素来概况。查清“七何”，是查清案情最基本的要求，也是调查取证的工作标准。

（1）何人，即违法主体是谁。查清何人，是指查清违法主体的基本情况。法人或者其他组织，应查清该组织是否依法成立，是否具备法人资格，以及属性。同时，要查清其名称、住所或者经营（办公）场所、法定代表人或者负责人、经营范围（经营方式）或者职能范围、组织形式等情况。对自然人，首先，要查清其身份证编号、姓名、年龄、性别、民族、文化程度、住所或者现住址等情况；其次，还应查清其是否属于个体工商户，若是应查清其注册的时间、地点、执照注册号、经营范围、经营地址等情况。只有查清“何人”要素，才能确定行为人是否具备行政责任能力，并最终确定行政处罚的当事人。

如果一个案件涉及多人时，应查清他们之间的关系，确定他们各自应承担的行政法律责任。

1）对以承包、租赁、挂靠等形式持有国有、集体企业营业执照但实质为私人经营的，应将承租（借）营业执照从事经营的行为人列为违法主体，同时追究非法转让、出租、出借营业执照的国有、集体企业的法律责任。

2）不能将履行职务行为的工作人员或者单位负责人误定为行政处罚当事人。但法律、法规对违法行为人及其负责人、工作人员和代理人均设定行政处罚的除外。

3）对于合伙从事违法经营，或者共同参与其他违法行为的，应将全部共同违法行为人均列为当事人，而不能将其中一部分人认定为当事人，也不能将未实施共同违法行为但实施了同类违法行为的数个违法行为的人作为共同违法行为人而在一个案件中予以处罚。

4）企业的投资人实施抽逃资金、虚假出资等违法行为的，应处罚该投资人，而不能处罚该企业；企业虚报注册资本或者提交虚假材料骗取登记的，应该处罚该企业，而不能处罚其投资人；依法取得营业执照的个人独资企业或者合伙企业违法经营的，也不能将其投资人作为行政处罚的当事人。

（2）何时，即违法行为发生的时间。查清“何时”要素，关系到违法行为是否在追究时效内。根据《行政处罚法》的规定，在二年内未被发现的违法行为，过了行政处罚的追究时效，不应再追究相关当事人的行政法律责任。追究期限，从违法行为发生之日起计算。违法行为发生之日是指违法行为实施完成或者停止之日；违法行为有持续或者继续状态的，从行为终了之日起计算。

（3）何地，即违法行为发生地。查清了违法行为发生地，也就明确了地域管辖权。《行政处罚法》第二十条规定，除法律、行政法规另有规定的除外，行政处罚由违法行为发生地的县级以上地方人民政府具有行政处罚权的行政机关管辖。

（4）何事，即行为指向的对象。行为对象是判定违法性质和管辖的重要依据。行为指向的对象不同，触犯的法律规范也不同，管辖的行政机关也不同。

（5）何目的，即违法的动机是什么，预期的目标是什么。

（6）何手段，即违法行为人采用的作案的技巧和方法。查清违法行为的手段是判定违法行为情节轻重的重要依据。

（7）何后果，即违法行为对社会、他人造成什么样的危害后果。

2.证明涉案违法事实的证据必须确实、充分

证据的确实是对证据质量的要求，即要求执法人员通过调查收集到的证据是确确实实地存在的，是经查证属实的，绝不是伪造的或者杜撰的。证据的充分是对证据的数量的要求，即要求执法人员通过调查收集到的证据在数量上是充足的，足够印证构成违法事实存在的“七何”要素。同时，证据之间应相互印证、相互关联，形成证据体系。

调查取证的基本要求

一般说来，对于证据的取得主要是通过检查、收集、调取、扣押、询问、鉴定等手段进行的。但无论是采取何种手段和方式收集证据，都必须遵循一定的要求。

1.必须符合法定要求

调取证据的主体必须符合《行政处罚法》的规定，即具有行政处罚权的行政机关和法律、法规授权的具有管理公共事务职能的组织，其他任何组织和个人都不能成为调取证据的主体。同时，调取证据的程序和证据种类也必须符合法律要求。

2.要有计划、有重点

收集证据，不应毫无目标地随意进行，应当根据案件的具体情况和已经掌握的材料或线索，制订出切合实际的计划，有目的地去收集证据。当然，由于案件的情况不明，究竟可能有哪些证据、证据在何处，事先无从知悉。因此，这里所说的“计划”只是一种初步的设想，主要是为了明确调查取证的方向和具体实施的步骤，预想到可能会遇到什么问题等，以求收集证据的工作尽量少走弯路，能够比较顺利地进行。一般说来，调查取证的重点是：

（1）证明行政违法当事人主体身份的证据材料；

（2）证明被举报的涉嫌行政违法行为是否存在的证据材料；

（3）证明被举报的涉嫌行政违法行为是否为当事人所实施的证据材料；

（4）证明行政违法当事人有无过错以及其实施违法行为的动机、目的的证据材料；

（5）证明当事人实施行政违法行为的时间、地点、手段、后果以及其他情节的证据材料；

（6）证明行政违法当事人的责任以及与其他同案人的关系的证据材料；

（7）证明当事人的行政违法行为是否构成犯罪等证据材料。

3.要主动、及时

由于证据是已发生的案件事实在自然界或人的脑子里所留下的痕迹，其清晰度和真实性与案发后的时间长短有密切关系，其易变性也是显而易见的。离案发时间越近，就越清晰真实，越久就越模糊甚至被其他事物破坏以致无法收集到证据。如查处制售假冒伪劣商品的案件时，如果查处不及时、主动，其制造假冒商品的工具和假冒商品被转移，则案件将难以查处；同时现场痕迹、遗留物、证人的记忆等都会随时间的推移而变化或灭失。因此，收集证据是一项时间性很强的工作，必须抓紧进行，力求做到积极主动、行动迅速。实践证明，收集证据进行得越及时，发现和调取证据的机会就越多，也就更容易收集到充分、确实的证据。

4.要客观、全面

客观性就是必须从案件的实际情况出发，尊重客观事实，要按照客观证据的本来面目去了解它、反映它，如实收集。只有这样，才可能收集到真实的证据，运用证据来查明案件事实真相，做到实事求是。如果从主观想象出发，凭主观愿望任意地取舍证据，往往会找错证据，使收集证据工作发生差错。全面性就是对与案件有关的证据内容，要全面调查，全面收集、不能抓住一点，不计其他。只有全面收集案件留下的各种证据，才能查明案件事实的全部情节。

5.要深入、细致

所谓“深入”就是要亲自到现场进行检查，亲自向消费者、经营者等进行调查，收集一切与案件有关的证据，掌握证据与案件的内在联系，不能仅靠他人提供的材料和转述的情况进行调查取证，更不能浮光掠影或者粗枝大叶，被表面现象所迷惑。所谓“细致”就是要求办案人员在检查或调查中，务必特别认真、仔细，绝不能放过任何一件细小的、不引人注目的、似乎微不足道的物品或痕迹。

6.收集原始证据和直接证据

原始证据是案件事实所直接形成的，比传来证据更具有说服力，因此要尽可能多收集原始证据。但原始证据较为隐蔽，收集时困难较大，可先通过收集传来证据再用顺藤摸瓜的方法去收集原始证据。此时，传来证据就可用来佐证原始证据，使其更为可靠。

直接证据与案件的事实有直接的因果关系，因此只要其是真实可靠的，就能够证明案件的主要事实，证明力大于间接证据。如劣质商品用户的控告陈述、弄虚作假的广告等，只要这些证据是真实可靠的，那么违法行为的主要事实也就会因而被证实。而间接证据则没有这样大的证明力，其往往需要若干个并能有机组合的证据形成证据链，才能起到证明案件主要事实的作用。

开始阶段

立案后，执法办案人员应当及时进行调查，收集证据。为了保证调查取证的顺利进行，正式调查前的准备工作十分重要。在调查取证的开始准备阶段，需要做好以下几方面的工作。

1.确定调查人员

《行政处罚法》第三十七条规定：行政机关在调查或者进行检查时，执法人员不得少于两人。同时，《工商行政管理机关行政处罚程序规定》第十八条规定，对行政处罚案件，办案机构负责人指定两名以上办案人员负责调查处理。

2.制定调查计划

调查取证必须有计划、有目的地进行。办案机构应当根据案件的具体情况仔细研究，针对需要证明的问题，确定调查取证的方式方法、先后步骤、人员配备等，制订出切实可行的调查取证计划方案。一般来说，调查取证应当先易后难，先本地后外地。要利用已经取得的证据，去寻找新的证据。并且在调查的过程中，执法人员还要根据调查的进展和情况的变化，及时调整调查计划方案。

3.出示调查证件

工商行政管理机关行政执法人员在案件、收集证据时，必须向被调查人、被询问人出示调查证件，表明调查身份。《工商行政管理机关行政处罚程序规定》第二十一条规定："办案人员调查取证时，一般应当着工商行政管理制服，并出示《中华人民共和国工商行政管理行政执法证》。《中华人民共和国工商行政管理行政执法证》由国家工商行政管理总局统一制定、核发或者授权省级工商行政管理局核发。"

执法人员一般应当着工商行政管理制服调查取证，调查时还应当出示《中华人民共和国工商行政管理行政执法证》。这也是《工商行政管理机关行政处罚程序规定》新增加的非常具体的执法形式规定。

根据法律、法规、规章的规定，执法人员进行执法活动首先必须表明自己的身份。根据《工商行政管理所条例》第二条规定，工商所是区、县（含县级市，下同）工商行政管理局（以下简称区、县工商局）的派出机构。同时，该《条例》第八条规定，工商所的具体行政行为是区、县工商局的具体行政行为。因此，工商行政管理所的执法人员应当这样表明身份："我们是×××工商行政管理局（县级工商行政管理局或者分局）的执法人员×××、×××。"

同时，《工商行政管理所条例》第八条规定，工商行政管理所可以以自己的名义对个体工商户的违法行为和集市贸易中的违法行为进行处罚。因此，如果工商行政管理所根据《工商行政管理所条例》第八条规定从事行政执法活动，则应当如此表明身份："我们是×××工商行政管理所的执法人员×××、×××。"

4.告知权利义务

行政执法办案人员在调查取证，向有关单位和个人调取、收集证据的时候，应当告知被调查单位或者公民个人有如实提供证据的义务。同时，还应当注意告知被调查对象，他们享有的有关权利，《工商行政管理机关行政处罚程序规定》第二十条规定："首次向案件当事人收集、调取证据的，应当告知其有申请办案人员回避的权利。向有关单位和个人收集、调取证据时，应当告知其有如实提供证据的义务。"

另外，需要委托其他工商行政管理机关协助调查取证的，也应当依据相应的规定程序进行。《工商行政管理机关行政处罚程序规定》第二十二条规定："需委托其他工商行政管理机关协助调查、取证的，应当出具书面委托调查函，受委托的工商行政管理机关应当积极予以协助。无法协助的，应当及时将无法协助的情况函告委托机关。"

调查取证的实施

（详见本书第二部分“证据的收集”）

证据的审查

在案件调查过程中，通过各种方式所收集来的证据材料是各种各样的。对于执法人员通过调查取证活动所收集的证据，必须经过审查判断，进行一番“去粗取精、去伪存真、由表及里、由此及彼”的分析研究工作，才能确定各个证据有无证明力和证明力大小，并对整个案件事实做出合乎实际的结论。任何未经审查判断的证据材料，都不能作为认定案件事实的依据。所谓证据审查判断，就是对收集到的证据进行鉴别、分析，以判断其是否真实和在证明案件事实中的作用的活动。所谓证据的采信认定，就是通过对证据的审查判断，采纳确信真实的、证明力强的证据，并以此作为认定案件依据的活动。

证据审查判断的标准

所谓证据审查判断的标准，是指通过对所收集到的证据的证明程度进行审查判断，从而考查其是否达到了据以进行行政处罚的证明标准。根据《行政处罚法》、《中华人民共和国行政复议法》（以下简称《行政复议法》）、《行政诉讼法》等规定，对当事人施以行政处罚的条件是“违法事实”清楚，证据确实、充分，即证据证明的标准是“违法事实清楚，证据确实、充分”。因此，证据审查判断核心是违法事实是否清楚，证据是否确实、充分。

所谓“违法事实清楚”，是指与行政处罚有关的事实和情节都必须查清。所谓“证据确实、充分”，是指对作为据以行政处罚的证据在质和量上的综合要求。“确实”是指每个证据都必须真实，都具有证明力，这是证据在质上的要求。通过对单个证据在客观性和合法性方面的审查即可实现“确实”的要求；“充分”是对证据在量上的要求，即证据必须达到一定的数量，足以认定违法事实。当然，“充分”并不是单个孤立的证据的简单相加，而是要求每个证据之间要形成完整的证据体系。总之，“证据确实、充分”是对用以确定案件事实证据的质和量的要求，它要求每一个证据都必须已查证属实，并且案件事实的各个要件都有相应的证据予以证明，证据之间、证据与案件事实之间的矛盾得到排除，全案的证据形成一个闭合的锁链，由此得出的结论是唯一的。

根据法律规定和执法实践经验，“违法事实清楚，证据确实、充分”具体是指达到如下标准：

（1）据以定案的每一个证据都要查证属实；

（2）每个证据都必须和待查证的违法事实之间存在客观联系，具有证明力；

（3）属于违法构成各要件的事实均有相应的证据加以证明；

（4）所有证据在总体上已足以对所要证明的违法事实得出无疑的定性结论。

证据审查的内容

1.证据的形式性审查

作为证明案件事实的证据，必须具备客观性、关联性和合法性的特征。因此，审查判断某个证据材料能否作为证据使用，其证明力和证据能力如何，首先要从该证据的客观性、关联性和合法性三方面进行形式性审查。

（1）证据的客观性审查

证据的客观性审查是审查运用证据材料的关键。如果能证明某个证据材料不具备客观性，其也丧失了作为证据的资格，该证据的合法性和关联性也就不必审查判断了。在进行证据的客观性审查时，重点要审查证据的来源。这是判断审查证据材料客观性的重点，也是认定案情的基础。实践表明，证据的真实性与证据材料来源的可靠性密切相关。凡是来源可靠的证据，其真实性就强；反之，其真实性就没有保证。每个案件都有其特殊性，特别是每个证据材料都要经历收集、固定和保全的过程。因此，对于每个证据材料，无论是来自举报人的投诉、举报，还是当事人的陈述，抑或是执法机构通过勘验、检查、扣押、询问自行获得的材料，都要仔细审查其来龙去脉，注意从来源上发现问题，辨别真伪，以判断证据材料的来源是否真实可靠，必要时还要求证据制作人或者证据提供人提供证据制作或者获取的有关情况。例如，在审查言词证据时，要重点查明提供的情况是当事人亲眼目睹的，还是他人告知的，或者是道听途说的；在审查物证、书证等材料时，应查清提供材料人的情况以及材料的提取过程。对证据进行客观性审查时，除从来源、调取过程等共性方面进行审查外，还应针对不同种类的证据的各自特点进行审查。如对于物证和书证就不能采用完全相同的审查方法，两者固然都要审查证据是否为原件、是否有正当来源，但物证应着重审查其外形、属性等特征，而书证则着重审查其文字、图形、符号等内容。此外，还要注意需要运用科技手段调取、固定、甄别证据隐含的有关案件事实信息的，应当及时采取技术手段进行鉴别和调取。

（2）证据的关联性审查

证据的关联性是指证据必须与需要证明的案件事实具有一定的联系。与案件事实没有联系的证据材料对证明案件事实没有任何意义，也就不能作为证据使用。由于每个证据材料所反映的具体内容不同，要求我们不仅要审查证据材料是否符合案件的客观实际，还要查明这个客观实际与需要证明的案件事实之间是否有内在的联系。只有那些能够证明违法行为是否发生、违法行为是否为当事人所为，以及违法情节如何等的客观事实，才能作为案件的证据使用。凡是与案件事实缺乏关联性的事实，都不能起到证明案件真实情况的作用。实践中，对于一些直接证据，如当事人的陈述、证言等，由于其内容与案件事实有直接的关系，因而不需要专门进行审查即可确定；而对另外一些证据，则必须进行认真审查，才能确定是否与案件事实有关联。如对调取的作案工具、检验报告、鉴定结论、检查笔录等证据，就必须通过审查是在何时、何地、何人、如何提取的等情况，来查明证据材料与违法行为或者违法行为人有无内在联系。在进行关联性审查时，对于没有关联性的证据材料，应当予以排除，更不能作为据以定案的依据。

（3）证据的合法性审查

对证据的合法性审查主要从以下几个方面进行：

1）审查提供证据的主体

①审查提供证据的主体是否合法，如对于鉴定结论要着重审查鉴定人和鉴定机构是否具有法定鉴定的资格。②注意审查证据的主体与本案有无利害关系，如果证明人与本案有利害关系，其证明作用显然和与本案无利害关系的人提供的证言的证明力和可靠性大不相同，甚至相反，对于这类证人证言不仅应当谨慎审查，还要有其他证据相衬托。

2）审查证据的形式

①办案人员所收集的证据必须是法定的证据种类。②证据的收集必须符合法定的要求，如鉴定结论必须有鉴定人的签名和鉴定单位盖章，勘验、检查笔录必须有两个以上的办案人员签名，言词证据必须有提取人和证据提供人的签名等。

3）审查证据的收集过程

根据法律规定，任何证据都必须是执法人员依照法定的程序予以收集的。因此，在审查证据材料时，要注意了解每一个证据材料是用什么方法、通过什么途径收集的，是否符合法定的程序和要求。一般说来，用合法手段、按照法定程序收集的证据，往往能确保其真实性；用非法手段或者不按照法定程序收集的证据，其真实性和可靠性是值得怀疑的，不能轻易作为定案的依据。

2.证据的实体性审查

（1）当事人的陈述

当事人是与工商行政管理机关做出的处罚决定有直接关系的人，特别是行政处罚的相对人，案件的处理结果与其有直接利害关系，他们的陈述往往具有相当程度的水分。因此，在审查当事人的陈述时应当做到特别慎重，仔细分析核查，以判断其真伪。主要有：

1）陈述是否合理。从陈述违法的时间、地点、动机、目的、手段、后果等多方面分析相对人是否可能实施违法，是否合乎情理，有无矛盾。

2）陈述的动机是什么。是迫于法律的威力，主动如实供述；或者是案内证据确实充分，无法抵赖，被动陈述；或者是蒙混过关，曲解法律，随意狡辩等。只有真正查清动机，才有助于正确判断陈述的真实性。

3）当事人陈述是如何取得的，有没有逼、诱供现象，尤其是对当事人的陈述前后矛盾或者不一致的则应细致调查研究，并结合其他证据综合分析以查明原因。

4）对于同案犯之间陈述完全一致的，要注意查清有没有串供现象。对于同案犯供述不一致的，要结合其他证据去伪存真。

5）对于相对人的辩解，不能简单否定，应耐心听取，同时进行查证。

（2）受害人的陈述

受害人，特别是诸如商标专用权人、商业秘密权利人、企业名称权利人等，是侵犯知识产权等违法行为的直接受害者，同案件处理结果有利害关系。受害人陈述是受害人对自己所经历的受到违法行为人侵权伤害过程的讲述，这种讲述往往因时间、环境、条件的变化而变化，在审查受害人陈述时应注意以下几个方面：

1）其陈述的动机、目的是什么，其陈述中有无因对违法分子的愤怒而夸大违法情节，或因怕违法分子报复而缩小某些事实情节。

2）受害人陈述的具体内容与相对人的陈述是否吻合，与整个违法案件事实是否吻合，是否符合法律事实关系的发生、发展、变化和消灭的来龙去脉，是否合乎情理，有无可疑之处。

3）注意受害人与相对人的关系，防止出现假受害人。

（3）证人证言

证人证言是证人对一定事实的所见、所闻、所感的陈述，这种陈述与受害人陈述一样，也往往因时间、环境、条件的变化而变化，同时还有可能夹杂着个人好恶因素。因此，审查证人证言时，着重从以下方面进行审查判断：

1）审查证人证言的来源，是证人直接悉知还是间接了解。如是直接悉知，则要全面了解当时的主客观情况。如果是间接了解，要尽量让其说明证据来源，一查到底，求得原始证人证言；如果是证人推测、推想的就不能作为证据使用。

2）审查证人和当事人之间有无利害关系，以及证人提供证言时有无受外界的影响。可能影响证人证言真实可靠性的社会性因素大致可以概括为：证人的品质，他与当事人的关系，与案件有无利害关系，是否受到外界的影响，特别是是否受到他人的威胁、利诱，是否受到办案人员的威胁、误导等。上述这些社会性因素都有可能造成证人证言不真实的结果。

3）审查证人在生理上、精神上有无缺陷，感知、记忆和表达能力怎样。我国法律明确规定，生理上、精神上有缺陷的或者年幼、不能辨别是非、不能正确表达的人不能做证人。

4）审查证人证言与其他证据是否协调一致，有无矛盾。如有矛盾要找出原因，进行查证。

5）审查证人证言形式是否合法，即证言的收集是否按法律程序所得，有无逼供、诱供现象。

（4）鉴定结论

依据《行政诉讼法》《民事诉讼法》等法律规定，鉴定人只能是具有专门知识的自然人。对鉴定结论应着重审查以下几个方面：

1）据以得出结论的鉴定材料是否充分、是否真实可靠。

2）鉴定人及其鉴定机构是否具有法定资格。

3）据以得出鉴定结论的专门知识是否有科学依据。

4）鉴定人是否与案件本身有利害关系。

5）鉴定结论和其他证据之间是否一致，有无矛盾。

（5）物证

对物证的审查判断着重从以下方面进行：

1）审查判断物证的来源是否客观真实，有无伪造或者是其他原因而导致物证发生变形失真。

2）审查判断物证与案情之间有无必然的联系，能否证明本案的案情，具体能够证明案情中哪些问题。

3）审查判断物证是原物证还是复制品，物证与其他证据之间的关系，是否相互印证一致，有无矛盾。

（6）书证

对书证的审查判断着重从以下方面进行：

1）审查判断书证的制作过程。制作者是为了什么目的、在什么情况下制作的，对书证的笔迹、印章要仔细核对或者鉴定，查明书证是否伪造或变造。

2）审查书证的内容是否符合事实，是否真实可靠，有无错误，是否违法，书证与案情有无必然联系，能够证明案件中哪些问题。

3）审查书证的收集过程和保管方法。

4）审查书证本身是公文书证还是非公文书证，是报道性书证还是处分性书证，是否经过公证，等等。

（7）勘验、检查笔录

对勘验、检查笔录的审查判断着重从以下方面进行：

1）审查笔录内容是否完整。文字记录、照相、绘图等是否齐全，每个部分内容是否具体详细。

2）审查笔录内容是否真实。现场、痕迹、物品是否破坏或伪造；记录的物证、书证以及有关情况是否真实。

3）审查笔录内容是否准确，有无含糊不清的内容数字，绘图、照片是否符合要求。

4）审查笔录是否符合法律要求。勘验、检查人员有无此项职权，有无见证人到场，笔录制作人与见证人是否签名盖章。

5）审查勘验、检查笔录同案件其他证据是否协调一致，如果有矛盾，就要进行更为深入的查证分析。

（8）视听资料

对视听资料的审查判断着重从以下方面进行：

1）审查视听资料的形成过程，是由何人在何时、何地、何种条件下为何种目的制作，是原始资料，还是复制品。如是复制品，有无剪接、增删等情况。

2）审查制作与播放视听资料的技术设备性能是否良好。

3）审查视听资料的收集过程是否合乎法定程序，有无使用非法方法进行伪造。

4）审查视听资料反映的背景情况是否真实。

5）审查视听资料与案件事实有无联系，能够证明案情中哪些问题。它与其他证据之间是否一致，有无矛盾。

6）必要时，应进行科学技术鉴定，以验证是否为原版，是否有伪造、涂改或剪接等情况。

以上所说的审查判断证据的方法是常用的一些方法，在实践中要做到互相联系、互相补充、综合运用。要做到合法、及时、客观、全面，对每个证据既要审查其形式和程序，审查来源和内容，审查各种证据之间的关系，又要审查证据和案件事实的联系。要从多方面对证据材料研究审查，分析判断，做出符合实际的正确结论。

（9）电子证据

对电子邮件、电子数据交换、网上聊天记录、网络博客、手机短信、电子签名、域名等电子证据，应当主要审查以下内容：

1）审查电子证据的真实性。根据《电子签名法》第八条规定："审查数据电文作为证据的真实性，应当考虑以下因素：（一）生成、储存或者传递数据电文方法的可靠性；（二）保持内容完整性方法的可靠性；（三）用以鉴别发件人方法的可靠性；（四）其他相关的因素。"电子证据作为高科技产物，能真实全面地反映客观事实，但是也容易被篡改、伪造，因此，在审查中需要注意视听资料有无被拼接、剪辑、消磁或篡改等情形。对电子证据有疑问的，应当依法进行鉴定。

2）审查电子证据的取得是否合法。电子证据的收集程序是否合法直接关系到该电子证据的证明力，对电子证据的收集程序必须严格审查。审查电子证据的制作、存储、传递、获得、收集等程序和环节是否合法，取证人、制作人、持有人、见证人等是否签名或者盖章。工商执法人员采集电子证据的活动属于调查取证的法律行为，在采集证据前必须完成法律规定的基本手续，如批准、征求同意、制作清单和笔录、邀请见证人到场等。

3）审查电子证据的关联性。在电子证据客观真实存在的基础上，如果与案件事实相关联并对案件事实起证明作用，就可以作为证据来使用。如在人们收发电子邮件的过程中，电子邮件服务商都会在服务计算机中自动记录使用的情况，并保持一定的时间。电子邮件具有唯一性的特征，每一个电子邮箱只对应一个注册用户。因此电子邮件与案件事实材料的关联性就更加有保障，对案件事实证明作用也更加让人信赖。

4）结合其他证据进行审查。在审查电子证据时，除了判断其是否与其他证据有冲突、能否对待证案件事实有实际意义之外，还要分析其能否与其他物证、证人证言、当事人供述等形成有力的证据链条，构成完整的证明体系，只有与其他证据相互印证、查证属实的电子证据才能作为定案证据。

证据采信认定的规则

根据最高人民法院有关《行政诉讼法》证据制度的规定，工商执法人员对证据进行审查时，应适用以下证据采信规则：

1.可以直接采信认定证据

（1）众所周知的事实；

（2）自然规律及定理；

（3）按照法律规定推定的事实；

（4）已经依法证明的事实；

（5）根据日常生活经验法则推定的事实；

（6）已生效的人民法院裁判文书或者仲裁机构裁决文书确认的事实。

2.不能采信作为定案依据的证据

（1）严重违反法定程序收集的证据材料；

（2）以偷拍、偷录、窃听等手段获取侵害他人合法权益的证据材料；

（3）以利诱、欺诈、胁迫、暴力等不正当手段获取的证据材料；

（4）在中华人民共和国大陆地区外或者在港澳台地区形成的没有办理法定证明手续的材料；

（5）被当事人或其他人做过技术处理而无法辨明真伪的；

（6）不能正确表达意志的证人提供的证言；

（7）违反法律禁止性规定或者侵犯他人合法权益而取得的证据；

（8）不具备合法性和真实性的其他证据材料。

3.不能作为认定被诉具体行政行为合法依据的证据

（1）被告及其诉讼代理人在做出具体行政行为后或者在诉讼程序中自行收集的证据；

（2）被告在行政程序中非法剥夺公民、法人或者其他组织依法享有的陈述、申辩或者听证权利所采用的证据；

（3）原告或者第三人在诉讼程序中提供的、被告在行政程序中未作为具体行政行为依据的证据；

（4）复议机关在复议程序中收集和补充的证据，或者做出原具体行政行为的行政机关在复议程序中未向复议机关提交的证据。

4.不能单独作为定案依据的证据

（1）未成年人所作的与其年龄和智力状况不相适应的证言；

（2）与一方行政相对人有亲属关系或者其他密切关系的证人所作的对该行政相对人有利的证言，或者与一方行政相对人有不利关系的证人所作的对该行政相对人不利的证言；

（3）应当出庭作证而无正当理由不出庭作证的证人证言；

（4）难以识别是否经过修改的视听资料；

（5）无法与原件、原物核对的复制件或者复制品；

（6）经一方行政相对人或者他人改动，对方行政相对人不予认可的证据材料。

5.证明效力需要综合判断的证据

证明同一事实的数个证据，一般可以按照下列原则认定其证明效力：

（1）国家机关以及其他职能部门依职权制作的公文文书优于其他书证；

（2）鉴定结论、现场笔录、勘验笔录、档案材料以及经过公证的书证优于其他书证、视听资料和证人证言；

（3）原件、原物优于复制件、复制品；

（4）法定鉴定部门的鉴定结论优于其他鉴定部门的鉴定结论；

（5）法庭主持勘验所制作的勘验笔录优于其他部门主持勘验所制作的勘验笔录；

（6）原始证据优于传来证据；

（7）其他证人证言优于与行政相对人有亲属关系或者其他密切关系的证人提供的对该行政相对人有利的证言；

（8）出庭作证的证人证言优于未出庭作证的证人证言；

（9）数个种类不同、内容一致的证据优于一个孤立的证据。

调查终结与补充调查

案件调查终结，完成了上述分析的行政处罚案件的证明任务，或者办案机构认为应当终止案件调查的，应当认真做好结案工作，严谨地分析思考，根据案件的调查情况、证据情况及定性处理情况，制作《案件终结调查报告》，对应当给予行政处罚、不予行政处罚或者移送其他机关处理的，都要详细地分析说明原因。

整理审核行政处罚案件证据材料

在案件调查过程中，因时间条件限制，调查取得的证据材料有可能还不够完善。而且，有些证据如果不及时地补充调查，可能以后永远难以取得。因此，一旦调查结束，办案人员要及时地按照下列方式整理案件材料，判断能否达到上述分析的行政处罚案件的证明要求。

1.在步骤上对证据首先编号分类

办案人员在该环节应当对调查收集的证据材料分类编号，初步装订成册，写出目录，对证据材料的来源、证明对象和证明内容做简要说明，注明收集日期。这是因为：整理成卷的案件，能较为系统地反映出办案人员的思路和案件的证明情况，为案件核审机构核审案件和领导批准案件提供便利，散卷不便于登记而且材料很容易丢失。规范的执法办案程序还要求案件核审、审批进行交接登记，以便案卷丢失后明确责任。

2.在方法上对证据进行全面浏览

执法办案人员对照前面的证据要求，对所有的证据审核判断。结案的时候，必须仔细浏览所有证据，特别是材料多的案件，更应当如此。从执法办案的实践来看，结案时，执法办案人员已经对整个案件有了较为全面的认识，对当事人违法的手段、方式已经胸中有数，在这时候阅读证据，更能发现如何取舍、合理地使用证据。

3.在形式上看证据是否已经完备

在形式上看证据是否已经完备，即对每一件证据进行程序性审查，看看是否符合程序规定的要求。执法办案人员在这点上主要检查三个方面：一是检查当事人签名盖章是否完善，证据材料需要补充签字的，必须马上补充。拒绝签字的，应当说明原因。二是检查办案人员作为取证人员是否已经签字，没有签字也应当立即补上。三是检查内部审批手续是否完善，没有的要及时请局长等负责人补充审批。

4.在内容上看证据是否充分

执法办案人员应当按照证据证明的相关问题，对材料进行排列，看看证据的种类和数量是否比较充分。案件中，一个个需要证明的问题，都需要由办案人员合法取得的证据予以证明。因此，证据应当相对地集中，归纳在需要证明的某一问题之后，也只有这样按照问题归纳证据，才能让核审人员、工商行政管理机关负责人看懂，从而也便于审查。

5.在证明上对证据进行矛盾分析

执法办案人员整理结案时，还要寻找证据的矛盾，即寻找证据本身以及证据与证据之间的矛盾，目的在于发现问题，及时补充调查，完善证据，解决问题。对于虚假的证据，应当及时剔除，以免对案件的其他证据的真实有效性产生干扰。在这方面需要注意的是，当事人的陈述可能虚实并存，而相关笔录又不能随意剔除，不然，当事人就会认为办案人员断章取义，随意办案。对当事人的陈述有矛盾的地方，如果无法再次对其询问，就要运用其他客观证据，证明有关笔录中哪些陈述与事实相吻合，哪些陈述与事实不符合。并且，办案人员的这些判断最好写在书面的对证据的说明材料上。

违法事实成立应当实施行政处罚

执法办案人员通过整理审核案件的证据材料，进行证明分析，认为达到上述的证明要求，完成行政处罚案件的证明任务，违法事实成立，应当予以行政处罚的，办案机构（或者办案人员）要写出《案件调查终结报告》，草拟《行政处罚建议书》，连同案卷交由核审机构核审。《案件调查终结报告》，是指工商行政管理机关对立案调查的案件，认为已经查清违法事实，由办案机构（或者办案人员）写出全部案件情况和处理意见呈送有关机构、领导或上级机关的书面报告。《案件调查终结报告》属于工商行政管理机关内部使用的专用文书。《工商行政管理机关行政处罚程序规定》第四十五条第（一）项规定："案件调查终结报告应当包括当事人的基本情况、违法事实、相关证据及其证明事项、案件性质、自由裁量理由、处罚依据、处罚建议等。"

根据行政处罚案件的证明要求，以及《工商行政管理机关行政处罚程序规定》第四十五条的规定，行政处罚《案件调查终结报告》的内容及制作要求如下：

1.当事人情况

对于"当事人的基本情况"，当事人是单位的，写清单位全称、地址、法定代表人（或负责人）、经济性质、经营方式、经营范围、营业场地、注册资金等有关情况；当事人是个人的，写清姓名、性别、年龄、民族、籍贯、文化程度、政治面貌、工作单位、职务或职业、住址等。

2.违法事实

违法事实，写明已查清的违法事实，主要写清当事人实施违法行为的具体过程，包括作案时间、地点、经过、非法经营额、非法所得、违法行为造成的危害后果。

3.证据及证明

证据及证明，应以说明的表达方式概括案件的由来，包括案发经过、立案时间和批准立案的机关；调查经过，包括承办人员的组成，调查时间、范围、方法、步骤和主要问题及结果等。更为重要的是，要说明在上述的调查过程中，获得了多少证据，是何种证据，这些证据的证明对象是什么，对证明对象能够证明到什么程度。对于有的一个证据可以证明几个证明对象（事实），有的几个证据才能证明一个证明对象（事实）也要分开说明、叙述。

4.案件定性

案件性质，主要通过对当事人所实施的违法事实和证据的综合分析，指出当事人的违法行为违反了某个具体法律、法规、规章的规定，确定当事人的违法行为的性质。

5.自由裁量

自由裁量，即法律适用裁量，是行政机关或者法律、法规授权组织在法律、法规和规章规定的条件下，按照行政合理性原则，自行判断行政行为的条件，自行选择行政行为的方式和自由做出行政决定的权力。由于行政管理范围的广泛性，法律对合法的行政行为是否合理的具体标准并没有做出规定，而且，也难以做出规定，因此，就必须赋予行政机关以自由裁量权。

虽然法律、法规、规章赋予了工商行政管理机关非常大的自由裁量权，但还是需要工商行政管理机关严格按照法律规定实施行政处罚。

为了对行政机关或者法律、法规授权组织行使的自由裁量权进行限制，确保他们公正实施行政处罚。在行政执法实践中，工商行政管理机关在法律适用裁量中，主要是通过对当事人的动机、目的、手段、情节等方面进行分析，以判断当事人的主观认识和态度、违法行为危害社会的轻重程度，由此来确定从轻或者减轻，甚至从重行政处罚的理由，并对这些理由以及法律、法规、规章的依据详细进行说明。这又主要体现在以下两个方面。

（1）主观状态的考虑

行政执法中，虽然大多数情况下不以当事人的主观状态为构成要件，但是，对当事人主观恶意很轻的违法行为，还是应当从轻予以行政处罚。

（2）违法情节的判断

工商行政管理法律、法规中，大多都规定了“情节较轻的”“情节较重的”“情节严重的”等这些情况下，对违法行为的不同处理。因此，对这些情节的判断也需要工商行政管理机关的法律适用裁量。

6.处罚依据

处罚依据，是指行政机关（工商行政管理机关）或者法律、法规授权组织实施行政处罚的法律依据。它是在案件性质认定后引用的罚责条款，即依据什么法律、法规、规章的具体条、款、项进行何种行政处罚。

工商行政管理机关实施行政处罚，其依据是赋予工商行政管理机关职权的工商行政管理法律、法规、规章，因此，对于其他机关包括司法机关建议工商行政管理机关实施行政处罚，工商行政管理机关还是应当根据《行政处罚法》，以及《工商行政管理机关行政处罚程序规定》的规定来进行。当然，如果人民法院的司法判决做出后，发出《协助执行通知书》责令工商行政管理机关实施行政行为，工商行政管理机关应当根据诉讼法律规范的规定执行这些生效判决或者裁定，但是，这种行为不应当被视为实施行政行为。最高人民法院《关于行政机关根据法院的协助执行通知书实施的行政行为是否属于人民法院行政诉讼受案范围的批复》（法释〔2004〕6号）规定："行政机关根据人民法院的协助执行通知书实施的行为，是行政机关必须履行的法定协助义务，不属于人民法院行政诉讼受案范围。但如果当事人认为行政机关在协助执行时缩小或扩大了范围或违法采取措施造成其损害，提起行政诉讼的，人民法院应当受理。"

7.处罚建议

处罚建议，是指办案机构根据查明的违法事实、性质、法律规定，结合考虑上述自由裁量的理由，草拟具体的行政处罚意见，并对这些意见逐项说明。如果办案机构人员内部存在意见分歧，对这些分歧意见也应叙述，以供工商行政管理机关负责人审批案件时参考。这又涉及三个方面：

（1）处罚种类的认定

《行政处罚法》规定了七种行政处罚种类，其他工商行政管理法律、法规、规章对某一具体违法行为又规定了具体的行政处罚种类。执法实践中，工商行政管理机关要根据《行政处罚法》确定的程序，依据工商行政管理法律、法规、规章确定的行政处罚种类实施行政处罚。当然，在执行过程中，还需要实事求是，具体问题具体分析，根据违法情节决定是否实施这些规定的行政处罚。例如，国家工商行政管理局《关于对违法企业进行处罚法律适用等问题的答复》（工商企字〔1999〕第172号）认为："在按照《企业法人登记管理条例施行细则》第六十六条第一款第（三）项对企业进行处罚时，对做出'没收非法所得'的，应采取实事求是和慎重的态度，对未按规定办理企业名称、住所、注册资金、法定代表人、经济性质等登记事项变更登记的，一般情况下不作出'没收非法所得'的处罚。"

（2）处罚幅度的确定

绝大多数工商行政管理法律、法规、规章对违法行为都规定了行政处罚的幅度，若没有减轻行政处罚的理由，工商行政管理机关必须在这些幅度内实施行政处罚。例如《危险化学品安全管理条例》第五十七条规定：违反本条例的规定，有下列行为之一的，分别由工商行政管理部门、质检部门、负责危险化学品安全监督管理综合工作的部门依据各自的职权予以关闭或者责令停产停业整顿，责令无害化销毁国家明令禁止生产、经营、使用的危险化学品或者用剧毒化学品生产的灭鼠药以及其他可能进入人民日常生活的化学产品和日用化学品；有违法所得的，没收违法所得；违法所得10万元以上的，并处违法所得一倍以上五倍以下的罚款；没有违法所得或者违法所得不足10万元的，并处5万元以上50万元以下的罚款；触犯刑律的，对负有责任的主管人员和其他直接责任人员依照《中华人民共和国刑法》（以下简称《刑法》）关于危险物品肇事罪、非法经营罪或者其他罪的规定，依法追究刑事责任：

未经批准或者未经工商登记注册，擅自从事危险化学品生产、储存的；

未取得危险化学品生产许可证，擅自开工生产危险化学品的；

未经审查批准，危险化学品生产、储存企业擅自改建、扩建的；

未取得危险化学品经营许可证或者未经工商登记注册，擅自从事危险化学品经营的；

生产、经营、使用国家明令禁止的危险化学品，或者用剧毒化学品生产灭鼠药以及其他可能进入人民日常生活的化学产品和日用化学品的。

（3）处罚时间的掌握

有的法律、法规、规章虽然规定了对该违法行为的处理，但并没有规定行政机关（工商行政管理机关）在多长时间内进行处理。这种处理时间的掌握也是一种法律适用裁量。例如，企业一年不参加年度检验的，应当吊销营业执照。但是，法律、法规、规章并没有规定，企业登记管理机关在年度检验结束后多长时间内做出吊销营业执照的决定。

《案件调查终结报告》撰写示范

某研究所实施商业贿赂的案件调查终结报告

当事人，××市××医疗仪器研究所实施商业贿赂一案现已调查终结，特报告如下：

1.当事人情况

当事人：××市××医疗仪器研究所；住所：××市高新技术产业开发区湖滨路127号；法定代表人：陈××；企业类型：集体所有制（股份合作制）；经营范围：医疗器械、电子类、机械类的技术开发、转让、咨询、服务；三类腹部外科手术器械、植入材料及人工器官，二类介入器材，一类胸腔心血管外科手术器械制造；电子产品、普通机械销售。

2.违法事实

经查，当事人根据××市××医院要求，从2004年起向其支付“质保金”，具体标准为每个医用支架300元。通过上述方式，当事人从2004年起至2006年5月15日案发当日，向××市××医院销售医用支架14个，支付“质保金”3300

元（2006年销售的3个支架尚未支付“质保金”），销售额计39 950元，从中获利20 068元。

同时，当事人及××市××医院都承认“质保金”的目的不是为了保证产品的质量。当事人销售的医用支架不管是否存在质量问题，所缴纳的“质保金”不退还。

另外，当事人还向办案机构揭发医疗行业存在的这种惯例，配合办案机构查处一批商业贿赂案件。

3.证据及证明

2006年5月15日，××市××工商行政管理局在对××市××医疗仪器研究所进行巡查时发现该研究所的账目中有“质量保证金”这笔开支。经统计，该研究所向××市××医院总共支付了3300元的“质保金”，并将其记入“产品销售费用”或“管理费用”科目。检查人员认为，将“质保金”记入上述科目，意味着该“质保金”是不准备或不可能收回的，有违“质保金”在商品无质量问题时应当返还的常理，当事人的这种行为涉嫌商业贿赂。检查人员随即对上述情况制作了《现场检查笔录》，然后填写《立案审批表》并附上述《现场检查笔录》报局领导批准立案。局领导当日批准立案，并指定孙××、钱××两名调查人员负责调查处理。

2006年5月15日立案当天，调查人员对当事人××市××医疗仪器研究所法定代表人陈××进行询问，调查该所向××市××医院销售医用支架并支付相应“质保金”的情况，并获取了该所支付“质保金”的相关会计凭证、账页复印件，该研究所与××市××医院关于销售医疗器械的协议复印件，以及该研究所向××市××医院销售产品的销售情况说明。

2006年5月17日，调查人员对××市××医院院长金××进行询问，调查该医院向××市××医疗仪器研究所购买医用支架并收取相应“质保金”的情况，同时获取了××市××医院营业收入科目的账页复印件。

2006年5月20日，调查人员获取了当事人向××市××医院销售的产品的利润核算表。

2006年5月25日，调查人员根据当事人提供的线索进行查处医疗行业的其他商业贿赂案件。

调查人员调取的主要证据（证据目录）有：

证据一，对当事人××市××医疗仪器研究所进行现场检查的《现场检查笔录》1份（参见案卷第××页）；

证据二，对当事人法定代表人陈××的《询问（调查）笔录》1份（参见案卷第××页）；

证据三，对××市××医院院长金××的《询问（调查）笔录》1份（参见案卷第××页）；

证据四，当事人向××市××医院销售产品的销售情况说明1份（参见案卷第××页）；

证据五，当事人向××市××医院支付“质保金”的相关会计凭证复印件6页（参见案卷第××页）；

证据六，××市××医院营业收入科目的账页复印件2页（参见案卷第××页）；

证据七，当事人向××市××医院销售支架利润核算表1份（参见案卷第××页）；

证据八，当事人××市××医疗仪器研究所与××市××医院关于销售医疗器械的协议（参见案卷第××页）；

证据九，××市××医疗仪器研究所的营业执照（参见案卷第××页）；

证据十，××市××医院的事业单位法人证书（参见案卷第××页）；

证据十一，陈××的身份证复印件（参见案卷第××页）；

证据十二，金××的身份证复印件（参见案卷第××页）；

证据十三，调查人员根据当事人提供的线索查处其他商业贿赂案件的《询问（调查）笔录》复印件7份（参见案卷第××页）。

以上证据和笔录均由当事人及被询问人签名盖章认可。这些证据能够证明下列证明对象（违法事实）：

当事人从2004年起至2006年5月15日案发当日向××市××医院销售医用支架14个（参见证据二、证据三、证据四、证据五），销售额计39 950元（参见证据二、证据三、证据四），从中获利20 068元（参见证据二、证据三、证据四、证据六、证据七）。

为了确保××市××医院购买自己的医用支架，当事人根据××市××医院要求，从2004年起向其支付“质保金”，具体标准为每个医用支架300元（参见证据二、证据三、证据五、证据六）。

当事人要向××市××医院销售医用支架，必须先缴纳“质保金”（参见证据八）。

当事人销售的医用支架不管是否存在质量问题，所缴纳的“质保金”不退还，如果医用支架确实存在问题，当事人还要另外向××市××医院赔偿损失（参见证据八）。

至2006年5月15日案发时，当事人共向××市××医院支付“质保金”3300元（2006年销售的3个支架尚未支付“质保金”），并将其记入“产品销售费用”或“管理费用”科目进行列支（参见证据二、证据三、证据五、证据六）。

××市××医院将收取的“质保金”记入“营业收入”科目（参见证据六）。

当事人承认缴纳“质保金”的目的是为了向××市××医院销售医用支架，并不准备也不可能收回“质保金”（参见证据二）。

××市××医院承认收取“质保金”的目的是为了向相关科室人员发放奖金，并不是为了担保医用支架质量（参见证据三）。

调查人员根据当事人提供的线索查处其他商业贿赂案件有重大进展（参见证据十三）。

4.案件性质

顾名思义，“质量担保金”是对商品质量的一种担保。××市××医疗仪器研究所通过向医院支付“质保金”的方式来担保医用产品质量和保障患者利益的做法并无不当。从“质保金”的性质和作用来看，若所担保的该批产品不存在问题，“质保金”就应当返还给该医疗仪器研究所。从这一角度出发，当事人××市××医疗仪器研究所缴纳的“质保金”应反映在该研究所的财务账册中的“其他应收款”科目，××市××医院收取的“质保金”应当记入“其他应付款”科目。

本案中，上述单位分别将“质保金”列支于“产品销售费用（或管理费用）”“营业收入”科目，看起来是记入了财务账簿，但不是记入法定科目，就不是“如实入账”，缴纳或收取的“质保金”根本就不是“对商品质量予以保证”。

他们的协议还规定，如果医用支架确实存在质量问题，××市××医疗仪器研究所还要另外向××市××医院赔偿损失。从对上述两单位的法定代表人的《询问（调查）笔录》中可以得到印证，他们主观上缴纳和收取“质保金”的目的分别是为了销售医用支架和给相关科室人员发放奖金。实际上××市××医疗仪器研究所就是通过向××市××医院支付财物的方式以销售医用支架。

根据以上事实和证据，调查人员认定当事人××市××医疗仪器研究所的行为违反了《中华人民共和国反不正当竞争法》第八条“经营者不得采用财物或者其他手段进行贿赂以销售或者购买商品。在账外暗中给予对方单位或者个人回扣的，以行贿论处；对方单位或者个人在账外暗中收受回扣的，以受贿论处”的规定，构成了采用财物进行贿赂以销售商品的商业贿赂行为。

当然，××市××医院收受“质保金”的行为也相应构成商业贿赂行为，已经另案进行调查处理。

5.自由裁量

本案调查过程中，当事人能够积极配合查处违法行为，有悔改表现。这可从调查人员几天内就能调查清楚案件事实，并且当事人积极配合询问，提供相应的证据材料得到证明。同时，当事人还向办案机构揭发医疗行业存在的这种惯例，提供线索，配合办案机构查处一批商业贿赂案件，案件调查有重大进展，当事人有立功表现。

本案没有采用行政强制措施，对照工商行政管理机关移送涉嫌犯罪案件的标准，也不够移送追诉当事人刑事责任的条件。

考虑到案发后当事人能积极配合调查，主动交代问题，有悔改表现，并且配合办案机构查处其他违法行为有立功表现，建议可以对当事人从轻实施行政处罚。

6.处罚依据

根据《中华人民共和国反不正当竞争法》第二十二条“经营者采用财物或者其他手段进行贿赂以销售或者购买商品，构成犯罪的，依法追究刑事责任；不构成犯罪的，监督检查部门可以根据情节处以一万元以上二十万元以下的罚款，有违法所得的，予以没收”的规定，同时根据《中华人民共和国行政处罚法》第二十七条关于配合行政机关查处违法行为有立功表现的，可以从轻实施行政处罚的规定，考虑到上述从轻处罚的理由，建议对当事人从轻实施行政处罚。

7.处罚建议

根据以上分析，建议具体实施行政处罚如下：没收违法所得20 068元，罚款16 000元，合计36 068元，上缴国库。

此外，建议将××市××医院收受“质保金”的相关证据移交有管辖权的××市工商行政管理局××分局处理。

案件承办人：孙××、钱××

二〇〇六年五月三十日

认为本机关不应当实施行政处罚

办案机构经过调查，如果认为案件符合一定的条件，则不应当对本案件进行处理，对当事人实施行政处罚。这些条件主要包括三类：一是违法事实不成立，应当予以销案的；二是违法行为轻微，没有造成危害后果，不予行政处罚的；三是案件不属于本机关管辖应当移交其他机关管辖的。

当然，这些情况都要报请工商行政管理机关负责人批准处理。《工商行政管理机关行政处罚程序规定》第四十五条第（二）项规定：

认为违法事实不成立，应当予以销案的；或者违法行为轻微，没有造成危害后果，不予行政处罚的；或者案件不属于本机关管辖应当移交其他行政机关管辖的；或者涉嫌犯罪，应当移送司法机关的，写出调查终结报告，说明拟作处理的理由，报工商行政管理机关负责人批准后根据不同情况分别处理。

认为违法事实已涉嫌犯罪的处理

办案机构如果认为当事人的违法行为已经涉嫌犯罪，就要报请工商行政管理机关负责人批准后将案件移送司法机关追究当事人的刑事责任。当然，办案机构在《案件调查终结报告》中要说明拟做出这样处理的理由。（当然，这种移送案件也可能发生在案件核审、听证之后。如果核审机构在案件核审中发现当事人涉嫌犯罪，就要建议办案机构按照有关规定移送案件。听证主持人在听证中发现当事人涉嫌犯罪，也要报告工商行政管理机关负责人决定将案件移送司法机关。）

补充调查

1.补充调查的概念

所谓补充调查，是指工商行政管理机关的办案机构依照法定程序，在原有调查工作的基础上，对案件做进一步调查、补充、充实证据的活动。根据补充调查的概念，它具有以下两个特点：

（1）补充调查是原调查工作的深入和继续，仍然属于调查的范畴。它是在原有调查工作没有完成调查任务的情况下，就案件的部分事实、情节所进行的调查活动。如果原有的调查工作已经完成任务，达到了调查的目的和要求，就不存在补充调查的问题。

（2）补充调查是对原有调查工作的一项补救措施，其原则是缺什么补什么。补充调查并不是案件调查工作的全部，仅是对原有调查工作的补充，是对于部分事实不清、证据不足做进一步的调查，以弥补原有调查工作的不足。

2.补充调查的时效

（1）补充调查只能在案件终结和处罚决定下达前进行。

（2）在行政复议或者行政诉讼期间不能进行补充调查。擅自在此期间补充调查、收集到的证据，是非法的、无效的。

（3）补充调查的时间一般应包括在整体调查时限之内。

3.补充调查的范围

（1）事实不清；

（2）证据不足；

（3）程序不合法。

4.补充调查的程序

可参照正常的案件调查程序。

5.补充调查的处理

可参照正常案件调查终结的情况处理。

工商行政强制措施

《中华人民共和国行政强制法》（以下简称《行政强制法》）对行政强制的原则、种类、设定权限、实施程序、法律责任等，做出了统一的规定，工商行政管理执法办案必须认真执行，应特别注意以下要求。

工商行政管理强制的一般原则

《行政强制法》规定了行政强制的法律适用原则、合法性原则、适当原则、教育与强制相结合原则、不得利用行政强制权谋取利益原则、相对人程序权利与救济原则等。工商行政管理强制必须遵循《行政强制法》规定的这些原则。在工商行政管理执法办案实践中，重点应注意下述几方面：

1.依法强制

必须注意行政强制的法定性特征。工商行政管理法律法规有的赋予工商行政管理机关强制权，有的没有赋予强制权；有的赋予某一种强制权，有的则赋予另一种强制权。工商行政管理强制只能依照法律法规的具体规定采用，而不能任意采用。应当文明执法，不得滥用职权，侵犯公民、法人或者其他组织的合法权益。在工商行政管理办案实践中，赋予工商行政管理机关强制权的法律法规有三种类型：

一是通用程序法律法规，其赋予的强制权可以适用于所有行政处罚案件。如《行政强制法》第十二条和《行政处罚法》第五十一条规定的加处罚款；《行政强制法》第四十六条规定的“可以将查封、扣押的财物依法拍卖抵缴罚款”；《行政处罚法》第三十七条规定的抽样取证和证据先行登记保存措施；国家工商总局令第28号《行政处罚程序规定》第二十四、二十五条和国家工商总局令第63号《工商行政管理暂行规定》第四十三条规定的，办案人员可以询问当事人及证明人，可以要求当事人及证明人提供证明材料或者与违法行为有关的其他材料，并由材料提供人在有关材料上签名或者盖章，等等。

二是专门的单行实体法律法规，其赋予的强制权可以适用于该类行政处罚案件。如《禁止传销条例》第十四条规定的查询银行账户、申请冻结，适用于查处涉嫌传销行为；《反垄断法》第三十九条规定的查询银行账户，适用于调查涉嫌垄断行为；《乳品质量安全监督管理条例》第四十八条规定的责令并监督生产企业召回、销售者停止销售，适用于查处乳品质量违法行为，等等。

三是地方法律法规，其赋予的强制权可以适用于所辖行政区的行政处罚案件。

2.适度强制

必须注意行政强制的限制性特征。工商行政管理行政强制不得滥用。实施非强制性管理措施可以达到行政管理目的的，不得实施行政强制。违法行为显著轻微、没有明显社会危害、涉案财物数量较少，可以不对其实施即时强制的，则不采用即时强制。必须实施即时强制，特别是实施查封、扣押时，应当注意方式方法、文明执法，切忌“像一头闯进瓷器店里的野牛”。必须切实注意法律法规对强制权行使空间和时间上的限制性规定：

实施的必要性。只有在具备必要条件的前提下，才可以采用行政强制。如《产品质量法》第十八条规定：“对有根据认为不符合保障人体健康和人身、财产安全的国家标准、行业标准的产品或者有其他严重质量问题的产品，以及直接用于生产、销售该项产品的原辅材料、包装物、生产工具”，可以查封或者扣押。

延续的时限性。必须在法定时限内结束，而不能超时不结。如国务院《无照经营查处取缔办法》第十一条规定：“工商行政管理部门实施查封、扣押的期限不得超过15日；案件情况复杂的，经县级以上工商行政管理部门主要负责人批准，可以延长15日。”

适用的特殊性。只能“对号入座”，不能“张冠李戴”。如查询银行账户，只能适用于查询涉嫌传销行为人、涉嫌垄断经营者的开户银行账号，“责令暂停销售”只能适用于查处不正当竞争行为，等等。

3.程序严谨

必须注意行政强制的程序性特征，严格按照程序实施行政强制。不仅要注意外部实施程序，而且要注意内部审批程序。主要包括：

（1）主体合法。行政强制由法律、法规规定的有行政强制权的行政机关或者由法律、行政法规授权的组织在法定职权范围内实施。未经法律、法规授权，任何机关或者组织不得实施行政强制。应当注意的是，调查、取证等调查强制可以委托其他工商行政管理机关或者其他专业机构协助实施，但即时强制不能委托他人实施。

（2）审批到位。采取行政强制的审批，一般应当在实施前履行。个别特殊情况，也应当依法在24小时内补办审批手续。要注意审批权限。即时强制、执行强制和部分调查强制，需经县级以上工商行政管理部门负责人批准。“负责人”包括机关正职和分管副职。有的还规定需经“主要负责人”批准。“主要负责人”包括行政正职，以及正职不在家时主持工作的副职。

（3）文书规范。即时强制、执行强制和部分调查强制，必须就专项强制的实施，制发规范的专用文书给当事人。强制文书制作技巧，分别见本章第三节“工商行政管理强制与相关文书制作技巧”中的相应专题部分。

（4）告知救济。告知救济主要是对即时强制而言。实施即时强制，应当告知当事人有陈述和申辩的权利；对工商行政管理机关实施的即时强制不服的，有权依法申请行政复议或者提起行政诉讼。

（5）通知、催告、决定。通知主要是对即时强制而言。实施行政强制措施必须通知当事人到场。催告、决定主要是对执行强制而言。做出强制执行决定前，应当事先以书面形式催告当事人履行义务。对当事人收到催告书后的陈述和申辩，应当进行记录和复核。催告后，当事人逾期仍不履行行政决定，且无正当理由的，可以书面形式做出强制执行决定。实施行政强制执行，行政机关可以在不损害公共利益和他人利益的情况下，与当事人达成执行协议。当事人也可以依法参与完成强制执行。

（6）及时处理。对已经实施的即时强制，应当在法定期限内及时做出处理。在实施执行强制过程中，当事人愿意自愿履行的，应当暂时停止强制，改为由当事人自愿履行。出现《行政强制法》第三十九、四十条规定的特殊情形时，应当及时中止或终结执行。对行政机关违法实施行政强制造成损害的，当事人有权依法要求赔偿。对当事人的赔偿请求，行政机关应当及时处理和答复。

强制措施的实施程序

强制措施必须由两名以上取得个案调查权的案件调查人员在法定职权范围内实施，既不得委托其他机关实施，也不得由不具备执法资格或未取得个案调查权的人员实施。

1.强制措施的一般程序

（1）申报

当案件调查需要且依法可以采取强制措施时，调查人员应当制作强制措施审批表，并将强制措施审批表与案件材料一并报分管领导审查批准。根据《行政强制法》第十九条的规定，情况紧急，需要当场采取强制措施，来不及履行审查批准程序的，可以先行采取强制措施，但必须在24小时之内补充履行审查批准程序。

（2）审批

分管领导应当在认真审查案件材料与行政强制措施审批表的基础上，根据法律、法规的有关规定和证据调查的实际需要做出下列决定：对需要且依法可以采取强制措施的，应当批准实施，并提出实施过程应当注意的事项和要求；对不需要或虽然需要但依法不能采取强制措施的，坚决不予批准。

（3）制作强制措施决定书

对决定采取强制措施的，调查人员应当制作强制措施决定书。强制措施决定书应当一式两份，一份送达当事人，一份入卷。强制措施决定书应当载明下列内容：一是当事人名称（姓名）、地址；二是强制措施的决定、理由、依据和期限；三是当事人依法享有的权利和依法应当承担的配合义务等，采取查封措施的，还应当告知当事人对查封财物依法承担妥善保管，不得转移、使用或损毁的义务；四是当事人行使复议、诉讼权利的途径和期限；五是行政机关印章和日期等。

（4）通知当事人到场

当事人到场既有利于其行使知情权、监督权、陈述权和申辩权，也有利于其履行配合义务，保证强制措施的顺利实施，因此，实施强制措施时必须书面通知当事人到达现场。当事人拒不到场的，应当请当地公安派出所民警或社区（村组）工作人员到场监督和见证。

（5）表明身份

调查人员应当在强制措施实施之前向当事人出示合法有效的执法证件，以表明自己的身份和职权。

（6）告知

表明身份之后，调查人员应当将强制措施决定书送达当事人并宣读强制措施决定书的内容，告知当事人权利和义务。

（7）听取当事人陈述和申辩

调查人员向当事人送达强制措施决定书并告知其权利义务后，应当认真听取和记录当事人陈述和申辩意见，对其合法、合理的部分应当采纳。

（8）实施强制措施

履行上述程序之后，调查人员应当严格按照相关法律规定和操作规程实施强制措施。在强制措施实施过程中必须遵守法律的强制性规定，不得侵害当事人或他人的合法权益，并保护好现场公私财物。

（9）制作强制措施实施笔录

强制措施实施笔录，是指调查人员在现场制作的记录强制措施实施过程和结果的文字材料。强制措施的实施不仅程序必须规范，而且必须通过笔录形式将程序事实证据化，以保证强制措施的合法性和有效性。笔录形式、内容和要件等与现场检查笔录大同小异，此处不再细述。

2.强制措施的特殊程序

（1）封存

封存，是指执法机关为了防止查封财物被转移、调换或销售、挪用而对其采取的法律保护措施。无论查封财物由当事人保管，还是由实际控制人保管，调查人员都应当会同当事人选择安全、适当的场所，将查封财物堆放整齐、稳固，并用加盖执法机关公章的专用封条予以封存。封条粘贴要疏密得当、牢固可靠。

（2）搬运

搬运主要是就查扣财物而言的，因为一般情况下，执法机关应当将查扣财物运离查扣现场。为保证查扣财物的安全，装卸搬运过程应当注意下列事项：一是对雇用车（船）的所有人和驾驶人员的具体情况、车（船）号和联系方式等信息要记录在案；二是制作单车（船）装运财物清单，详细记录该车（船）装运财物的名称、品种、数量等事项，并载明驾驶人员对承运财物的安全应当承担的法律责任；三是必要时应当派人跟车（船）监控，协助驾驶人员保障查扣财物在装运过程中的安全。

（3）贵重物品的扣押

贵重物品（包括贵重物证），是指价值昂贵的物品或具有重要政治、经济或社会意义的书面材料等。与一般涉案财物相比，贵重物品对当事人具有更加重要的经济利益或社会文化意义，可扣可不扣的，坚决不扣；必须扣押的，应当注意下列事项：

一是由当事人亲自清点、包装和加封。查扣贵重物品时，必须由当事人或其委托人亲自清点、包装和加封，并在封条上签字或盖章。当事人拒绝到场，也拒绝委托代理人到场的，必须邀请管段民警或街道（社区）工作人员到场见证，调查人员应当会同见证人员清点、包装和加封，并由见证人员在封条上签名或盖章。现场笔录应当详细记载当事人拒绝到场的原因和到场民警或街道（社区）工作人员的姓名、单位、联系方法等。

二是扣押清单必须详细具体。与扣押其他涉案财物相比，贵重物品的扣押清单不仅内容应当更加详细具体，与实物名称、品种、规格、质量、数量、价格等事项完全相符，而且，应当由当事人对品种、规格、质量和价格等重要事项出具相关证明或书面说明，并将相关证明或书面说明作为清单的附件一并保存。

（4）在途物品的扣押

在途物品，是指在运输途中的涉案物品。在途物品的实际控制人是承运人，因此，当需要对在途物品采取扣押措施时，除履行正常扣押程序外，还应当注意下列事项：

一是要求承运人协助扣押。承运人，是指承担在途物品运送责任的人。虽然承运人与托运人之间有货物运输合同关系，但当其承运的货物是依法应当扣押的涉案物品时，承运人有协助扣押的法定义务。当需要扣押在途物品时，调查人员应当制作并向承运人送达协助扣押财物通知书，要求承运人协助扣押。协助扣押财物通知书是承运人中止或解除与托运人之间已经存在的货物运输合同关系和履行协助扣押义务的依据和凭证，内容应当全面，制作应当规范。

二是不得设卡拦截。根据有关法律规定，除公安机关以外，其他行政执法机关不得设卡拦截过路车（船）进行检查，但对应当扣押的在途物品情况明确，证据确实，车（船）号、运行线路具体清楚的，可以通过追击、拦截或驾驶人员过站（港）休息的机会予以扣押。

（5）住宅存放财物的扣押

住宅存放财物，是指存放在私人住宅的涉案财物。私人住宅具有集居住人住宅权、财产权、隐私权和人身权等权利于一身的特征，法律对私人住宅给予非常严格的保护，在没有法律明确授权或居住人同意的前提下，任何人不得擅自进入。因此，有些当事人利用法律对私人住宅的严格保护，将重要涉案财物存放在私人住宅，以规避查处。当需要扣押存放在私人住宅的涉案财物时，除履行正常扣押程序外，应当注意下列事项：

一是责令当事人自己取出。当需要对存放在私人住宅的涉案财物采取查扣措施时，调查人员应当制作并向当事人送达协助扣押财物通知书，责令其在规定的期限内自己取出涉案财物。

二是会同公安机关扣押。当事人在协助查扣财物通知书规定的期限内拒绝自己取出的，执法机关可以会同当地公安机关进入私人住宅，对依法应当扣押的涉案财物予以扣押。

（6）通知银行协助冻结

冻结措施只有在银行的配合下才能实施，因此，执法机关决定冻结当事人银行款项的，应当制作并向银行送达协助冻结通知书。通知书应当告知银行冻结的理由、依据和数额，银行应当在送达回证上签名或盖章并依法协助冻结。

查封、扣押

查封、扣押是行政机关在执法过程中经常运用的行政强制措施，是为解决行政执法过程中对违法行为、危害事件的预防、制止和控制而设计的行为和制度。在行政执法中具有查封、扣押权是行政执法部门实现执法目标必不可少的手段。首先，查封、扣押是制止违法行为，阻却违法行为的后果继续蔓延的有效手段。其次，查封、扣押所起的固定证据的作用，在依法行政中十分重要。

查封、扣押是一种阻止违法行为、限制财产流通的行政强制措施。查封是对动产、不动产就地封存，防止有关人员对财产任意移动、调换、使用的行为，一般不移转到行政机关，通常是就地封存，直接在涉案物品上贴上封条，查封场所则在涉案场所的门、窗、仓库等处张贴封条，并且应当在封条上注明期限。扣押是行政机关为取证或者防止当事人转移财产而对动产采取的扣留行为，被扣押的财产要置于行政机关的专门场所，处于其控制之下，这是扣押和查封的最本质的区别。

在民事诉讼中也有查封、扣押措施，但那是财产保全的方法和执行措施，是由法院采取的措施，本质上是司法行为，与作为行政强制措施的查封、扣押有着本质的不同。

1.查封、扣押主体

查封、扣押应当由法律、法规规定的行政机关实施，其他任何行政机关或者组织不得实施。这也意味着法律、行政法规、地方性法规有权规定行政机关可以实施查封和扣押，其他法律文件都不能规定。

2.查封、扣押的对象和范围

查封的对象既可以是场所，也可以是财物，还可以是设施。而扣押的对象通常情况下是指财物等动产。但是，在查封和扣押时应当注意：首先，查封、扣押限于涉案的场所、设施或者财物，不得查封、扣押与违法行为无关的场所、设施或者财物，不得随意扩大查封和扣押的范围，防止行政强制的滥用。其次，不得查封、扣押公民个人及其所扶养家属的生活必需品，这是为了保障被查封人和扣押人的基本生活水平。最后，当事人的场所、设施或者财物已被其他国家机关依法查封的，不得重复查封。实践中可能会有这样的情况，行政机关针对违法行为人的违法行为可能会采取查封措施，但是要查封的对象已经被司法机关或其他行政机关先行查封，此时就不能重复查封，只能采取其他的强制措施。

这里需要指出的是，“扶养”在《行政强制法》中没有明确规定含义和范围。在我国的立法实践中“扶养”有广义和狭义之分，广义的扶养泛指特定亲属之间根据明确的规定而存在的经济上相互供养、生活上相互辅助照顾的权利义务关系，囊括了长辈亲属对晚辈亲属的“抚养”、平辈亲属之间的“扶养”和晚辈亲属对长辈亲属的“赡养”三种具体形态。我国《刑法》《继承法》《民法通则》等法律规范中规定的“扶养”是广义的扶养；狭义的扶养则专指平辈亲属之间尤其是夫妻之间依法发生的经济供养和生活扶助的权利义务关系，我国《婚姻法》按不同主体的相互关系对抚养、扶养、赡养分别加以规定，因此其“扶养”则属于狭义的。笔者认为《行政强制法》在这里规定的“扶养”应做广义理解，包括了“抚养”“扶养”和“赡养”的含义，这更有利于保护公民的财产权利。

3.查封、扣押决定书

行政机关做出查封、扣押决定，应当履行实施行政强制措施的一般程序，如需要行政机关负责人批准，表明身份、告知、听取陈述和申辩等，并且要制作查封、扣押决定书和相关的清单，当场交付给当事人。查封、扣押决定书应当载明下列事项：

（1）当事人姓名或者名称、地址；

（2）查封、扣押的理由、依据和期限；

（3）查封、扣押场所、设施或者财物的名称、数量等；

（4）申请行政复议或者提起行政诉讼的途径和期限；

（5）行政机关的名称、印章和日期。

查封、扣押清单须制作一式两份，由当事人和行政机关分别保存。

4.查封、扣押的期限

针对之前实践中存在的查封、扣押的期限规定混乱的情况，《行政强制法》明确规定了查封、扣押的期限最长不得超过30日。如果案情比较复杂，经行政机关负责人批准，可以延长30日。但是，如果法律、行政法规另有期限规定的，则从其规定。需要引起注意的是，这里规定的“行政法规”，不包括地方性法规，即地方性法规无权规定查封和扣押的期限。当然，规章和其他规范性文件就更没有这项权力。

同时，延长查封、扣押的决定应当及时告知当事人，并说明理由。这要求行政机关必须以书面方式制作决定书并交付当事人，并在决定书中说明延长期限的理由。

如因案情需要需对物品进行检测、检验、检疫或者技术鉴定的，查封、扣押的期间不包括检测、检验、检疫或者技术鉴定的期间。但是检测、检验、检疫或者技术鉴定的期间应当明确，并书面告知当事人。这里法律也无法确定一个具体的期限，因为查封、扣押的物品各异，其所需的检测设备、检测流程、检测难易程度依其特性而不同，所需的期限也不同，因此《行政强制法》没有规定统一的期限限制，仅仅要求必须有明确的期限，这个期限的确定属于行政机关的自由裁量范围。当然，从合理行政的目的出发，这个确定的期限应当是检测、检验、检疫或者技术鉴定的合理期限，行政机关不得以此变相延长查封、扣押的期限。此外，检测、检验、检疫或者技术鉴定的费用由行政机关承担，这一方面减轻了当事人的负担，另一方面也从经济角度对行政机关随意进行检测、检验、检疫或者技术鉴定有一定的控制作用。

5.行政机关的保管义务和赔偿责任

行政机关应当对查封、扣押的场所、设施或者财物妥善保管，不得使用或者损毁；造成损失的，应当承担赔偿责任。由于此前没有明确的统一规范，实践中行政机关对于扣押的物品存在保管不善甚至随意使用的问题，严重侵害了当事人的财产权利。因为此时被查封和扣押的设施和财物的所有权依然是当事人。因此行政机关在实施查封和扣押措施之后，应专设相应的保管人员。保管人员在对查封、扣押的物品检查核对无误后，开出收据，在清单上签章。保管人员应当建立相应的查封、扣押财产台账，在台账上对查扣财产的来源、数量、状态、保管与最终的去向，做相应的记载。执法量大的执法部门还应当开辟专用场所或者委托专业机构保管查扣财产。

对查封的场所、设施或者财物，行政机关可以委托第三人保管。一般而言，对于下列物品，可以不由执法部门管理机构保管：一是对不动产、大型物品等不便提取的财物，在不影响办案的情况下，应当先行登记，并委托有关部门封存保管；二是对珍贵文物、珍贵动物及其制品、珍稀植物及其制品，按照国家有关规定移送主管部门；三是对毒品、淫秽物品等违禁品，及时移交有关部门，或者根据办案需要严格封存，不得使用或者扩散；四是对爆炸性、易燃性、放射性、毒害性、腐蚀性等危险品，及时移交有关部门或者根据办案需要委托有关部门妥善保管。

对于行政机关委托保管的，第三人不得损毁或者擅自转移、处置。因第三人的原因造成的损失，由行政机关先行向当事人赔付，然后可以向第三人追偿。因为此时包含了两个法律关系，一是当事人和行政机关的关系，行政机关负有妥善保管，不得使用或者损毁的义务，一旦当事人的财物发生损失当然由行政机关赔偿；二是行政机关和第三人法律关系，双方是委托关系，委托人是行政机关，被委托人是第三人，委托保管所造成的损害后果由委托人承担，即行政机关承担。如果损害是第三人的原因造成的，行政机关在向当事人先行赔付之后，可以向第三人追偿。

查封、扣押发生的保管费用由行政机关承担，这旨在从经济上约束行政机关随意查封、扣押的行为，控制行政机关肆意延长查封、扣押期限的行为。

6.查封、扣押的后续处理

行政机关采取查封、扣押措施后，应当及时查清事实，在30日内做出处理决定。如果案情复杂，经行政机关负责人批准，可以延长30日。根据《行政强制法》第二十七条和第二十八条的规定，处理结果主要有以下几种：

（1）没收。这主要是针对当事人违法事实清楚的非法财物，如一些禁止流通物、限制流通物或者利用合法物品实施违法行为的。

（2）销毁。法律、行政法规规定应当销毁的，应当依法销毁。一般情况下，应当销毁的物品主要包括：一是无利用价值的财物。例如，已经变质或者过保质期的食品。二是禁止流通的物品。对于某些禁止在市场流通的物品，如毒品、淫秽出版物等物品，采取查封、扣押措施的行政执法机关应当立即将该物品销毁或移交有关机关处理。因为该类物品禁止流通，所以在公开市场上既不具有价值，也就没有变现的可能。

（3）解除查封、扣押。如果在查封扣押之后，行政机关发现有不应查封、扣押的情形的，应当及时做出解除查封、扣押的决定。

7.查封、扣押的解除

如果在查封扣押之后，行政机关发现有下列情形的，行政机关应当及时做出解除查封、扣押的决定：

（1）当事人没有违法行为的。此时查封和扣押显然已经缺乏事实根据。

（2）被查封、扣押的场所、设施或者财物与违法行为无关。《行政强制法》明确规定：查封、扣押限于涉案的场所、设施或者财物，不得查封、扣押与违法行为无关的场所、设施或者财物。如果查封、扣押范围不当，应立即解除。

（3）行政机关对违法行为已经做出处理决定，不再需要查封、扣押。此种情况下无须再采取这样的措施。

（4）查封、扣押期限已经届满的。查封、扣押本来就是对场所、设施和财物的暂时限制，行政机关做出查封、扣押的决定时必须明确查封、扣押的期限，到期如果没有延长应当做出解除查封、扣押的决定。法律、行政法规规定的期限是最长期限，一旦届满，行政机关又没有做出其他的处理决定，不论何种理由必须解除查封和扣押。

（5）其他不再需要采取查封、扣押措施的情形。这是一条兜底条款，法律、法规如果规定了其他的不需要采取查封、扣押措施的情形，行政机关也应当及时解除查封、扣押，而不仅仅以上述四种情形为限。

解除查封、扣押应当立即退还被扣押财物；已将鲜活物品或者其他不易保管的财物拍卖或者变卖的，退还拍卖或者变卖所得。变卖价格明显低于市场价格，给当事人造成损失的，应当给予补偿。

在实践中对于易腐烂变质，或是虽不易腐烂、变质，但价格受市场行情影响较大的鲜活物品，无论实施查封或是扣押措施，都需要及时做出处置，因此，行政执法机关有即时处置的权力，即可以立即将此类物品，委托专业机构如所在地的农副产品批发市场或者集贸市场进行变现。

冻结

冻结是指行政机关依法要求金融机构在一定时期内禁止当事人提取、动用其账户内的全部或部分存款、汇款的强制措施。这里的金融机构，主要是指证券交易机构、信托投资公司、信用合作社、邮政储蓄机构以及经中国人民银行、中国证券监督管理委员会等批准设立的其他金融机构。存款，包括当事人的储蓄存款以及股东资金账户中的资金。冻结并非行政机关能直接实施，必须要有金融机构的配合，因此《中华人民共和国商业银行法》（以下简称《商业银行法》）做了有关配合冻结的规定。其第二十九条规定，“对个人储蓄存款，商业银行有权拒绝任何单位或者个人查询、冻结、扣划，但法律另有规定的除外”，第三十条规定：“对单位存款，商业银行有权拒绝任何单位或者个人查询，但法律、行政法规另有规定的除外；有权拒绝任何单位或者个人冻结、扣划，但法律另有规定的除外。”这两条法律规定可以说是为国家机关冻结当事人银行存款的权限定下了基调，此后关于核查冻结的其他法律或者法规都是在这两条授权性法律规范的基础上制定的。

除了《商业银行法》有相关的规定外，更多的是各单行法律对行政机关冻结权的规定，如《反洗钱法》《税收征收管理法》《证券法》《海关法》等法律就各职能部门的冻结权限分别做出了规定。

1. 冻结主体和范围

（1）冻结的主体。冻结存款、汇款应当由法律规定的行政机关实施，不得委托给其他行政机关或者组织；其他任何行政机关或者组织不得冻结存款、汇款。这包含了两层含义：首先，只能由法律规定行政机关实施冻结。其次，一旦法律授权行政机关实施冻结，该行政机关必须自己实施，不得委托其他行政机关或组织实施。

（2）冻结的范围。冻结存款、汇款的数额应当与违法行为涉及的金额相当，不得超出违法行为涉及的金额。换言之，如果当事人违法行为所涉及金额小于其存款或汇款的金额，则其存款或汇款的其他部分依然可以使用。

行政机关在冻结当事人的存款或汇款时，如发现该存款或汇款已经被其他国家机关依法冻结，不得重复冻结。但如果其他国家机关依法冻结的仅仅是当事人存款或汇款的一部分，那么行政机关依然可以对其余部分实施冻结，这种冻结不属于重复冻结。

2.冻结程序

由于冻结当事人的财产可能会严重侵犯当事人的合法权益，因此必须遵循一定的程序。首先，冻结前须向行政机关负责人报告并经批准后才能实施；其次，冻结需要由两名以上行政执法人员实施；再次，行政执法人员应出示执法身份证件，包括工作证或执法证；最后，要制作现场笔录，并且还要向金融机构交付冻结通知书。通常该通知书有固定格式，要写明协助冻结的金融机构的具体名称、冻结的法律依据、冻结的账户号或汇票号、冻结金额、冻结起止期限，还应加盖行政机关的公章。

金融机构接到行政机关依法做出的冻结通知书后，有义务协助行政机关，应当立即按照冻结通知所确定的金额和期限予以冻结，不得拖延，也不得在冻结前向当事人泄露有关冻结的任何信息，防止当事人转移存款和汇款。如因金融机构的原因导致信息泄露或者冻结不及时致存款或汇款被转移的，直接负责的主管人员和其他直接责任人员要承担相应责任。

如果法律规定以外的行政机关或者组织要求冻结当事人存款、汇款的，金融机构应当拒绝。

3.冻结决定书

行政机关依法冻结当事人的存款和汇款，除了要向金融机构交付冻结通知书外——因为这是金融机构履行协助义务的前提——还应当制作冻结决定书并在自做出决定之日起三日内交付当事人，这既满足了当事人的知情权，也便于当事人行使其他权利。

冻结决定书应当载明下列事项：

（1）当事人的姓名或者名称、地址；

（2）冻结的理由、依据和期限；

（3）冻结的账号和数额；

（4）申请行政复议或者提起行政诉讼的途径和期限；

（5）行政机关的名称、印章和日期。

因为冻结决定并不是直接针对当事人实施，在某种程度上甚至需要对当事人保密，防止当事人转移财产，因此《行政强制法》要求金融机构不得泄露信息，不可能通知当事人到场才执行冻结，也没有规定冻结决定书要必须当场听取当事人的陈述和申辩权，因为这在冻结中没有意义，当事人只有事后救济的权利，这是由冻结这种强制措施的特点所决定的。

4.冻结期限

对当事人存款和汇款的冻结并非没有期限要求，这既是对当事人权利的保证，也能最大限度地保证经济的运转流通。根据《行政强制法》的规定，行政机关对存款和汇款的冻结期限是30日，在这30日内必须做出处理决定，如将冻结的存款或汇款划拨，或者解除冻结措施。如果情况复杂的，经行政机关负责人批准，可以延长冻结30日。但是，法律另有规定的从其规定，即其他法律的规定是特别规定，不论是多于30日还是少于30日，或者延长的期限与《行政强制法》有所不同，都适用其他法律规定，这是“特别法优于一般法”的具体体现。

当然，行政机关要延长冻结的期限，做出延长冻结的决定应当及时告知当事人，并说明延长期限的理由。

5.冻结的解除

行政机关在具体调查案件中，发现案件有法定不再需要冻结的情形，应当及时做出解除冻结的决定。这些法定情形主要包括：

（1）当事人没有违法行为。冻结存款或汇款主要是针对当事人违法行为采取的强制措施。当事人没有违法行为，意味着采取冻结措施失去了前提。

（2）冻结的存款、汇款与违法行为无关。行政机关虽然有权采取冻结措施，但是冻结存款、汇款的范围应当和违法行为有关，数额也应当与违法行为涉及的金额相当。如果冻结的存款、汇款与违法行为无关，则表明行政机关冻结的对象错误，应当及时纠正，解除冻结。

（3）行政机关对违法行为已经做出处理决定，不再需要冻结。如果在冻结期内，行政机关已经对违法行为及时做出了相应的处理决定，已不再需要冻结这种强制措施，此时应当及时解除冻结。

（4）冻结期限已经届满。无论是《行政强制法》还是单行法律的规定，冻结都是有期限的。行政机关在做出冻结决定的时候就应当确定冻结的起止期限，一旦期限届满，行政机关无论基于什么理由都不得继续冻结，必须及时解除冻结。

（5）其他不再需要采取冻结措施的情形。这是一个兜底条款。这是对当事人权利的保障，《行政强制法》并没有规定这些不再需要采取冻结措施的情形是由哪一级的法律规范来规定，但冻结只能由法律做出规定，因此此处“其他不再需要采取冻结措施的情形”也应该由法律做出规定。

行政机关做出解除冻结决定的，应当及时通知金融机构和当事人。金融机构接到通知后，应当立即解除冻结。如果金融机构没有及时解除冻结，金融业监督管理机构要依法对直接负责的主管人员和其他直接责任人员给予处分。

行政机关逾期未做出处理决定或者解除冻结决定的，金融机构应当自冻结期满之日起解除冻结。

证据登记保存

证据登记保存（以下称登记保存），是指执法机关在证据可能灭失，或以后难以取得的情况下对证据材料采取的一种保全措施。《行政处罚法》第三十七条规定："行政机关在收集证据时，可以采取抽样取证的方法；在证据可能灭失或者以后难以取得的情况下，经行政机关负责人批准，可以先行登记保存，并应当在七日内及时做出处理决定。在此期间，当事人或者有关人员不得销毁或者转移证据。"对不能即时取得且可能灭失或以后难以取得的证据，因未登记保存而灭失或未能取得，致使案件无法结案，违法行为不能受到应有法律制裁的，执法机关应当承担相应的法律责任。

1.登记保存的条件

登记保存应当具备两个条件，即不能即时取得和过后难以取得。现场证据材料能够即时取得的必须即时取得，不能即时取得且过后难以取得的，应当登记保存。"过后难以取得"包括证据材料被隐匿、转移、销毁或因腐烂变质而失去证据价值等证据灭失的情形。不能即时取得和过后难以取得必须同时具备，不能即时取得但不存在过后难以取得的情形时，不宜登记保存。

2.登记保存证据材料的处理

（1）处理期限。根据，《行政处罚法》的规定，执法机关必须在7日内对登记保存的证据材料做出处理决定，否则，登记保存措施将自动解除，由此造成的不利后果由执法机关承担。

（2）登记保存证据材料的处理方式。对登记保存的证据材料，执法机关应当根据案情、证据材料的具体情况和法律法规的具体规定按下列方式处理：

一是收集为证据。登记保存的证据材料毕竟不是证据，要使其成为法定证据，必须根据证据材料的具体情况履行证据收集程序，使登记保存的证据材料及时转为法定证据。

二是改变措施。在认定当事人的行为构成违法的前提下，执法机关在法定期限内不能对登记保存的证据材料做出其他处理，且案件调查需要继续限制当事人对登记保存证据材料的使用权时，可以在法定期限届满之前，履行查封或查扣程序，将登记保存措施改变为查封或查扣措施，为案件调查或行政处罚决定的执行创造便利。

三是没收。没收登记保存的证据材料应当具备两个条件：

1）登记保存的证据材料依法应当没收；

2）案件事实已经查明，并可以在登记保存的法定期限内对当事人做出行政处罚决定。

四是发还。下列情况下登记保存的证据材料应当发还当事人：

1）法定期限届满，执法机关未做出处理决定；

2）登记保存的证据材料既不需要继续保全或改变措施，也不得依法予以没收。

三、案件处理

核审

核审是指工商行政管理机关的法制机构在行政处罚程序中对办案机构的案件调查结论进行书面审查，并对其是否合法、合理提出书面意见的内部监督行为。《工商行政管理机关行政处罚程序规定》对案件核审的范围和类型、核审机构的职责，以及核审的程序等都做出了明确而又具体的规定，强化了核审的作用。核审工作是工商行政管理机关依法行政的一项重要内容。核审规范化，既是制度要求，又是制度保障。

案件核审制度是工商行政管理机关内部监督的重要方式，是实行“办案、核审、决定”三分离制度的重要举措。它对保证案件质量、促进依法行政具有十分重要的作用。

案件核审的内容

1.对所办案件是否具有管辖权的核审

案件管辖权，是解决行政执法主体实施行政处罚的权限和分工的问题。它包括部门管辖、级别管辖、地域管辖和指定管辖等。具有行政执法主体资格的行政机关和法律、法规的授权组织必须在法律、法规明确授予的部门、级别、地域和指定管辖的范围内行使行政执法权。根据《行政处罚法》第二十条规定，行政处罚由违法地的县级以上地方人民政府中具有行政处罚权的行政机关管辖，法律、法规另有规定的除外。

《行政处罚法》第十五条规定：“行政处罚由具有行政处罚权的行政机关在法定职权范围内实施。”根据该条规定，具有行政处罚权的行政机关必须在法律、法规的授权范围内实施行政处罚，凡是超越法律、法规授予的权限做出的行政处罚，均属于越权违法行政行为。

（1）联合执法中管辖权的核审

联合执法、集中整治是目前我国整顿和规范市场经济秩序的重要举措，也是具有中国特色的行政执法手段的综合应用。在联合执法过程中，工商行政管理机关一定要按照职能分工依法行政，切忌越俎代庖、违法行政。

（2）内部机构管辖权的核审

工商行政管理机关的内部机构没有法律、法规的特别授权是不能以自己的名义做出行政处罚的，即不能以自己的名义做出具有法律后果的具体行政行为。如果内部机构以自己的名义实施行政强制措施或者行政处罚等具体行政行为，则属于超越职权。

（3）派出机构管辖权的核审

在一些特殊情况下，行政处罚决定不是以行政机关的名义做出的，而是以行政机关的派出机构的名义做出的，如果有法律、法规的授权，这种行政处罚是合法的。例如，一些没有得到国家正式批准的开发区等特殊区域设置的工商行政管理机关的派出机构（如分局），因不具备《行政处罚法》第二十条规定的情形，一般也不能以自己的名义实施行政处罚。但上述派出机构可以受委托进行某些调查取证工作。

2.对当事人的基本情况是否清楚的核审

对于当事人基本情况的核审，就是对认定的违法行为责任人的核审。根据我国有关法律、法规的规定，违法行为责任人是实施违反行政管理秩序行为的公民、法人或者其他组织。由于法人和其他组织的形式非常复杂，加之对公民实施行政处罚还必须具有责任能力，而且责任能力的大小同时也是决定应给予的行政处罚轻重的重要因素之一。因此，行政处罚意见书所认定的违法行为责任人必须清楚，否则将很有可能造成应当受到行政处罚的人没有受到应有的处罚，不应受到行政处罚的人却受到了行政处罚。

法制机构在审查执法机构所认定的违法行为责任人时，应当注意以下几个方面：

（1）有关隶属关系的核审

在我国单位之间存在的隶属关系有两种情况：一种是一方单位是另一方单位的下属，不具有独立法人资格，不能以自己的名义从事民事活动；另一种是虽然一方单位对另一方单位具有一定的领导权，但是双方均是独立的法人，各自均独立核算并可以独立对外从事民事活动。对于前一种情况，既可以对具体实施违法行为的组织实施处罚，也可以对其具有法人资格的单位实施处罚。后一种情况，因双方都是独立的法人，各自仅对自己的行为负责，谁实施的行为，由谁承担法律责任。不能因一方实施了违法行为，而认定是另一方的行为。如某饮食联合商店与其下属的18个饮食商店都是独立的法人，饮食联合商店或者其下属饮食商店违法销售了不符合卫生标准食品的行为，应当由实际销售者负责，既不能因饮食联合商店销售了不符合卫生标准食品的行为，给予下属的饮食商店以处罚，也不能因其下属饮食商店销售了不符合卫生标准食品的行为，给予饮食联合商店以处罚。

（2）有关企业承包关系的核审

企业将其一部分经营管理权，以承包的方式承包给个人或者某部分人。这种情况，只发生管理形式和分配的变化，不发生企业性质和企业所有权的变化，承包人在承包期间以企业的名义实施的行为，是企业行为，而不是个人行为。因此，在核审存在企业承包关系的案件时，要查清承包人违法行为是在何时、以谁的名义实施的。承包人在承包期间以企业的名义实施的违法行为，应当认定为企业的违法行为，而不能认定为个人的违法行为；承包人在承包期间实施承包合同规定的权利以外的行为，或者承包以前所实施的违法行为，应当认定是承包人的违法行为，而不能认定为企业的违法行为。

（3）有关雇佣关系的核审

在具有雇佣关系的情况下，因被雇用人按照雇主的要求所实施的行为，该行为能否得到实施一般取决于雇主，所以对这种情况一般认定为雇主的行为，所产生的行政法律责任应由雇主承担，而不应当由被雇用人承担。例如，某个体工商户雇用几个民工生产假冒伪劣商品，违法生产假冒伪劣商品的行为人应当认定为该个体工商户，而不应当认定为民工。但是需要注意的是，被雇用人所实施的雇佣关系以外的行为，应当认定为被雇佣人自己的行为，而不应当认定为雇主的行为。

（4）有关委托关系的核审

1）委托代理人超出了被代理委托的权限范围实施了违反行政管理秩序的行为。根据《民法通则》第六十六条“没有代理权、超越代理权或者代理权终止后的行为，只有经过被代理人的追认，被代理人才承担民事责任。未经追认的行为，由行为人承担责任”的规定，在没有被代理人追认的情况下，违法行为人应当认定为委托代理人，而不应当认定为被代理人。例如，某酒店（系中外合资）委托某投资公司按照有关规定将20万美元按照国家牌价调剂为人民币。投资公司擅自将20万美元卖出，事后未告知酒店。该案违法买卖外汇的行为人应当认定为投资公司，而不应当认定为酒店。

2）委托代理人的行为违反行政管理秩序，但有证据证明委托代理人确实不知道该行为违法的，该违法行为是由于被委托人的委托造成的，所以应当认定被委托人为违法行为的责任承担人，而不应当认定委托代理人为违法行为的责任承担人。例如，某化肥厂采取伪造产品合格证等欺骗手段骗取某供销社的信任，让其代为销售劣质化肥，如果经审查供销社能够提供确实、充分的证据证明自己无法知道该批化肥是劣质产品的，承担销售该批劣质化肥的行为责任人应当是化肥厂，而不是供销社。

3）委托人和被委托人都知道委托代理的行为违反行政管理秩序，只要委托人实施了委托行为，被委托人和委托代理人就应当是共同的违法行为人。如前例，如果供销社知道这批化肥是劣质化肥仍代为销售的，则应当认定化肥厂和供销社为共同违法行为人。

（5）有关单独违法还是共同违法的核审

调查终结报告所认定的行政相对人违反行政法律规范的行为，必须明确是单独违法还是共同违法。对于认定共同违法行为的，调查终结报告书中应当写明共同违法行为人在实施违法行为中所处的地位、作用和实施的具体内容，并提供相关的证据证实上述事实。如果这方面的事实认定不清，或者证据不足，就有可能遗漏或者扩大处罚对象，造成行政处罚显失公正，很难使被处罚人真正认识到自己所犯的错误，达不到使被处罚人遵纪守法的效果。

（6）有关违法行为人身份的核审

根据我国相关法律、法规的规定，因行为人的身份不同，实施某些相同的行为，有些人的行为就应当受到行政处罚，有些人的行为则不能受到行政处罚。例如根据《食品安全法》的规定，从事食品生产经营的人违反该法律规定的，应给予行政处罚，有的甚至受到终生不得从事食品生产经营的处罚。但对于非从事食品生产经营者所制作的食品（如家庭自制食品）不符合卫生标准的，不能给予行政处罚。

（7）有关违法行为人责任能力的核审

行政处罚意见书所认定的行为人责任能力的事实是否清楚，直接关系到行政处罚是否正确。因此，这一事实必须审查清楚。

3.对案件事实是否清楚、证据是否充分的核审

行政相对人实施了违反行政管理秩序的行为是应当给予行政处罚的必备要件之一，违反行政管理秩序的行为一般是由行政相对人的主观过错、实施行政违法行为及其危害后果其三方面构成的。因此，法制机构在核审办案机构送审的案卷材料中所认定的违法事实是否清楚、证据是否充分时，主要从以下三个方面进行审查：

（1）审查调查终结报告书认定的行政相对人的主观过错问题

行政相对人主观上具有过错是可以给予行政处罚的法定要件之一，不具有过错的，不能给予行政处罚。这里所讲的过错分为两种：一是故意，即行政相对人明知自己的行为违反行政法律规范的规定，希望或者放任这种结果发生的心态；二是过失，即行政相对人应该预见自己的行为可能违反行政法律规范的规定，由于疏忽大意没有预见，或者已经预见而轻信能够避免的心态。根据我国现行法律、法规的规定，应当给予行政处罚的违反行政管理秩序的行为，绝大多数以过错为法定要件，即无论是故意还是过失，都可以给予行政处罚。少数则是以故意作为法定要件的。故意作为行政处罚的法定要件，必须有法律、法规的明确规定。值得注意的是，许多法律用语如“伪造”“假冒”等本身就包含着故意的因素，法律上通常不以故意加以限制，如写成故意伪造、故意假冒等。法律、法规没有明确规定故意为法定要件的，均属于以过错为法定要件。此外，还应指出，行政相对人过错的大小，是给予行政处罚轻重应当考虑的因素之一。在同类同样大小的直接危害后果的违法行为中，故意违法和过失违法相比较，故意违法的过错在主观上大于过失违法；多次故意违法或者过失违法的过错在主观上大于初次违法。因此，在行政处罚意见书中应在认定的违法事实中将行政相对人的主观过错及其过错的大小反映出来。

工商行政管理机关的法制机构在核审案件材料时，应注意对办案机构认定的行政相对人主观过错问题进行审查，重点审查案卷材料中的证据是否能够证明行政相对人主观过错的事实。法律、法规明确规定以故意为应予行政处罚的违法行为的必要要件，案卷材料中必须有证明其主观故意的证据，若没有或者不充分，则可以认定为证据不足。对一些法律、法规和规章在设定某些罚则条款时，以“不听劝告”“屡教不改”等主观恶性为处罚要件的，也要有相关证据对其主观恶性加以证实。法律、法规没有规定以故意为法定要件的，只要证实行为人应当预见其行为可能违反行政管理秩序（包括行为人应当知道，由于各种原因不清楚的情况）即可。若没有证据或者现有证据不能证实的，则属于证据不足。

在核审认定拟被处罚单位主观上是否具有过错的问题上，只要单位成员（包括临时雇用人员）在执行工作职务的行为中主观上存在过错，无论其是否经过领导同意，均应认定为该单位的过错，例如，某商店临时雇用的采购员在购货时，检查不严，购进一批劣质商品，该商店销售该劣质商品时，被工商行政管理机关查获并予以处罚。不能因为商店举出是购销人员的过错，该商店领导不知情，而推定商店主观上不具有过错。

（2）审查办案机构认定的行政相对人实施的违法过程问题

行政相对人实施了违反行政管理秩序的行为是给予行政处罚的实质要件，违法情节的严重程度关系到应当受到处罚的轻重问题。因此，工商行政管理机关的法制机构在审查行政处罚案件时，必须查清被处罚人是否实施了行政违法行为以及违法情节等问题。

违法行为分为作为和不作为两种。所谓作为的违法行为，是指行政法律规范禁止行政相对人进行某项活动，而行政相对人实施了禁止性活动的行为。如《产品质量法》规定，禁止生产、销售假冒伪劣产品，而行政相对人实施了生产或者销售假冒伪劣产品行为，即属于作为的违法行为。办案机构认定的行政相对人实施了作为的违法行为是事实，主要有实施违法行为的时间（含期间）、地点、手段或者方式、违法行为的结果等，对于多次违法行为的要将各次的时间、地点、手段、结果等情节问题一一表述清楚。例如，销售伪劣产品案件，调查终结报告书就应写明拟被处罚人在什么地点、什么时间、采用什么销售手段，销售伪劣产品的数额、未销售完的数额、获利的数额等。所谓不作为的违法行为，是指法律、法规规定的行政相对人一方应当履行的义务，而行政相对人没有履行。

工商行政管理机关的法制机构在案件核审过程中，若发现办案机构认定的拟被处罚人实施的违法行为事实清楚，并有相应的证据加以证实，就应当认定该案件事实清楚，证据确凿；若认定的主要违法事实清楚，证据确凿，但对处罚影响较小的情节不清楚或者证据不足的，也应当认定为主要证据确凿；若对其认定的违法行为，没有证据证实或者现有证据不能证实的，则应认定为主要证据不足；若对其认定的违法行为有证据证明事实存在，但对于处罚轻重有较大影响的情节不清或者证据不足，应认定为主要证据不足。

（3）对违法行为危害后果的核审

任何一种违反行政管理法律规范的行为，都会对现行社会制度或者社会秩序造成一定程度的损害。根据我国现行法律、法规的规定，在一般情况下，行政相对人实施了违反行政管理秩序的行为，就应当给予行政处罚。但对于一些特殊情况，行政处罚以造成一定的危害后果为法定要件。此外，危害后果的大小又是给予行政处罚轻重考虑的因素之一。危害后果的表现形式有两种：一种是显现后果。如出售变质食品造成20人食物中毒，其中8人住院治疗7天，12人住院治疗3天，共用医疗费6000元。对违法行为有显现后果的，均应在调查终结报告书中表述清楚。另一种是隐形危害后果，即违法行为给社会造成的危害后果难以以一定形式直接表现出来。例如，某乙无驾驶执照在交通道路上驾车行驶，其危害后果就难以以一定形式表现出来。对于隐形危害后果，在调查终结报告书中可以不反映出来。

工商行政管理机关法制机构在案件核审时，应注意对办案机构认定的违法行为危害后果的审查。如果行政处罚是以危害后果为要件的，卷宗材料中必须要有能够证实法律、法规要求的达到主观恶性的证据，否则应当认定为主要证据不足；如果危害后果对行政处罚轻重有较大影响，案卷材料中对此问题的认定不清或者证据不足的，应当认定主要证据不足。如果危害后果对行政处罚轻重无较大影响的，即使案卷材料中对此未认定或者证据不足的，则不能认定为主要证据不足。

4.对适用法律是否正确的核审

工商行政管理机关对行政案件适用法律规范时，应注意以下几个问题：

（1）特别规定与一般规定的适用关系

同一法律、行政法规、地方性法规、自治条例和单行条例、规章内不同条文对相同事项有一般规定和特别规定的，优先适用特别规定。

法律之间、行政法规之间或者地方性法规之间对同一事项的新的一般规定与旧的特别规定不一致的，原则上应按照下列情形适用：

1）新的一般规定允许旧的特别规定继续适用，适用旧的特别规定；

2）新的一般规定废止旧的特别规定，适用新的一般规定。

（2）地方性法规与部门规章冲突的选择适用

地方性法规与部门规章之间对同一事项的规定不一致的，一般可以按照下列情形适用：

1）法律或者行政法规授权部门规章做出实施性规定的，其规定优先适用；

2）未制定法律、法规的，部门规章对于国务院决定、命令授权的事项，或者对于中央宏观调控的事项、需要全国统一的市场活动规则及对外贸易和外商投资需要全国统一规定的事项做出的规定，应当优先适用；

3）地方性法规根据法律或者行政法规的授权，根据本行政区域的实际情况做出的具体规定，应当优先适用；

4）地方性法规对属于地方性事务的事项做出的规定，应当优先适用；

5）尚未制定法律、行政法规的，地方性法规根据本行政区域的具体情况，对需要全国统一规定以外的事项做出规定的优先适用。

（3）规章冲突的选择适用

部门规章与地方政府规章之间对相同事项的规定不一致的，一般可以按照下列情形适用：

1）法律或者行政法规授权部门规章做出实施性规定的，其规定优先适用；

2）尚未制定法律、行政法规的，部门规章对于国务院决定、命令授权的事项，或者对于中央宏观调控的事项、需要全国统一的市场活动规则及对外贸易和外商投资需要全国统一规定的事项做出的规定，应当优先适用；

3）地方政府根据法律或者行政法规的授权，根据本行政区域的实际情况做出的具体规定，应当优先适用；

4）地方政府规章对属于本行政区域的具体行政管理事项做出的规定，应当优先适用。

国务院部门之间的规章对于同一事项的规定不一致的，一般可以按照下列情形适用：

1）适用与上位法不相抵触的部门规章；

2）与上位法均不抵触的，优先适用专属职权制定的规章规定；

3）两个以上的国务院部门就涉及其职权范围的事项联合制定的规章规定，优于其中一个部门单独做出的规定。

国务院部门或者省、市、自治区人民政府制定的其他规范性文件对相同事项的规定不一致的，参照上述精神处理。

（4）同一违法行为和同一依据问题

同一违法行为，是指违法行为人基于一个过错或者多个过错，只实施了一个违法行为。仅从概念上理解同一违法行为比较容易，但在实践中有两种情况比较难区分：

1）连续违法行为，即违法行为人基于一个过错连续实施数个性质相同的违法行为。连续违法行为应当认定为数个违法行为。例如，某个体工商户于2010年4月、5月、6月三次销售病猪肉，分别获利1000元、2000元、1500元。对该个体工商户销售病猪肉的行为不应认定为同一行为，而应当认定为三个行为。

2）继续行为，即行为人基于同一个过错持续实施了同一种违法行为。继续违法行为一般应当认定为同一行为。例如，某商店2010年4月底一次购进200件假冒商品，从5月初开始销售，直到8月底销售完。工商行政管理机关对该商店5月至8月销售假冒商品的行为，只能给予一次行政处罚。若依据相同法条给予两次罚款的行政处罚，就违反了一事不再罚原则。但是，工商行政管理机关第一次只查出来5月至6月销售假冒商品的问题，给予了行政处罚。而后又发现7月至8月销售假冒商品的问题，仅对后一段时间销售假冒商品的问题，又适用相同法条做出行政罚款的处罚的，不属于违反一事不再罚原则。

同一依据，是指行政机关对违法行为人的同一违法行为做出的行政处罚所适用的法律、法规及规章对有关违法行为的定性和处罚的条款完全相同。但需要指出的是，同一法律、法规中的同一法条中对某一类违法行为的行政处罚权，分别授予两个或者两个以上部门的行政机关，各部门的行政机关分别依据该条款做出不同种类的行政处罚，尽管引用的法条相同，但适用的内容不同，不能认定为同一依据。例如，《矿山安全法》第四十四条规定："已经投入生产的矿山企业，不具备安全生产条件而强行开采的，由劳动行政主管部门会同管理矿山企业的主管部门责令限期改进；逾期仍不具备安全生产条件的，由劳动行政主管部门提请县级以上人民政府决定责令停产整顿或者由有关主管部门吊销其采矿许可证和营业执照。"如果地质矿产行政机关适用该法第四十四条的规定吊销了该企业的采矿许可证，工商行政管理机关也适用该条款的规定吊销了该企业的营业执照，这种情况不能认定为同一依据。

（5）法律竞合问题

这里讲的"竞合"，是指一个违法行为同时触犯了两个或者两个以上的法律规范，根据被触犯的不同的法律规范的规定，均应承担法律责任。竞合有以下三种情况：

1）一个违法行为同时触犯了行政法律规范和刑事法律规范

一般说来，对于一个违法行为同时触犯了行政法律规范和刑事法律规范的，如果违法行为不严重，属于违反行政管理秩序的行为，只能给予行政处罚；如果违法行为严重，构成犯罪的，属于违反《刑法》的行为，根据刑事优先原则，应给予刑事处罚，一般不应当再给予行政处罚。

2）一个违法行为同时触犯了两个或者两个以上的行政法律规范

一个违法行为同时触犯了两个或者两个以上的行政法律规范，主要有两种情况：

一是一个违法行为同时触犯了同一法律规范中的不同条款，或者同时触犯了两个或者两个以上的行政法律规范，每个法律规范均将行政处罚权授予同一行政机关，但所规定的行政处罚种类不同。该行政机关可以依据不同的法律条款，选择处罚最重的条款予以处罚，不应当多次处罚。

二是一个违法行为同时触犯了两个或者两个以上不同的行政法律规范，不同的行政法律规范所规定的行政处罚种类相同，但将行政处罚权分别授予不同的行政机关。对于这两种情况，有处罚权的行政机关只能给予一次罚款的行政处罚，给予两次罚款的行政处罚的，最先做出的行政处罚合法。如果不同的行政法律规范所规定的行政处罚的种类不同，后做出行政处罚的行政机关认为前面做出的行政处罚没有最终消除危害后果的，可以做出与前面做出的行政处罚的种类不同的行政处罚。例如，某公司销售了假冒他人商标的假药100箱，违法获利2万元，工商行政管理机关可以按照《中华人民共和国商标法》（2013年修正，以下简称《商标法》）第五十七条的规定处以罚款的行政处罚；卫生行政管理机关也可以根据《中华人民共和国药品管理法》第七十四条的规定给予该公司除罚款以外的其他行政处罚，如没收假药和违法所得，并可以责令该公司停产、停业整顿或者吊销药品经营企业许可证。

3）一个违法行为同时触犯了行政法律规范和民事法律规范

一个违法行为同时触犯了行政法律规范和民事法律规范的，根据行政法律规范的规定，应当给予行政处罚；根据民事法律规范的规定，也应当承担民事赔偿责任。因为行政处罚是国家对违法行为的一种法律制裁，赔偿责任是侵权人对被侵权人所造成的损害从经济上给予弥补措施，因此违法行为人承担民事赔偿责任以后，一般不能免除行政责任。

5.对程序是否合法核审

根据《行政诉讼法》第五十四条的规定，行政机关实施具体行政行为违反法定程序的，属于违法，应当判决予以撤销。因此，法制机构在对案件进行核审时，必须审查办案机构的办案程序是否存在违法问题。一般情况下，可以从以下几个方面进行审查：

（1）审查立案程序是否存在违法问题

重点审查：

1）是否存在“先处罚后立案”现象；

2）是否存在超越部门管辖职权的情况；

3）是否存在超越层级管辖职权的情况；

4）是否存在超越地域管辖职权的情况；

5）案件承办人是否存在应当回避的情形；

6）是否存在不应当予以立案的法定情形等。

（2）审查调查取证程序是否存在违法问题

根据《行政处罚法》及相关法律、法规规定，行政机关必须全面、客观、公正调查、收集证据。在调查、收集证据或者进行检查时，不得少于两人，并应当向被调查人员出示证件，必须保障被调查人的合法权益，严禁逼供、诱供、骗供或者以其他非法的方式进行询问。调查取证中进行的询问当事人、询问证人、检查、鉴定、提取其他物证等活动必须符合法定的要求。如果行政执法人员调取证据的过程中存在一些违法行为，那么违法取得的证据就不能作为定案的证据。

（3）审查行政强制措施是否存在违法问题

1）审查实施行政强制措施的法律依据

根据《行政强制法》第十条规定，行政强制措施由法律规定，法律可以设定各种行政强制措施。尚未制定法律的，且属于国务院行政管理职权事项的，行政法规可以设定查封场所、设施或者财物和扣押财物及应当由法律规定的行政强制措施以外的其他行政强制措施。尚未制定法律、行政法规，且属于地方性事务的，地方性法规可以设定查封场所、设施或者财物和扣押财物行政强制措施。除此以外，其他任何规范性文件包括规章等不得设定行政强制措施。目前，在国务院制定的600多件行政法规中，有90多件规定了行政强制措施，其中有50多件没有法律作为依据，是行政法规的创设。在《行政强制法》生效后，一定要注意审查依据行政法规实施行政强制措施的效力问题。

2）审查实施行政强制措施的主体

根据《行政强制法》第十七条的规定，实施行政强制措施的主体必须符合下列规范：①只有行政机关才能实施行政强制措施，不得委托其他部门、组织和个人实施，也不得委托本机关内部机构、直属机构和派出机构实施。②只有法律、法规授予行政强制措施权的行政机关行使，没有授权的行政机关不得作为实施主体。③代表行政机关实施行政强制措施的必须是具备资格的行政执法人员，其他人员不得实施。如果行政机关派出了不具备资格的行政执法人员实施行政强制措施，该执法行为违法，需要追究法律责任的，由该行政机关负责。

3）审查实施行政强制措施的实施程序

根据《行政强制法》规定，实施行政强制措施的程序必须符合下列规定：①实施前必须向行政机关负责人报告并经批准；②由两名以上行政执法人员实施；③出示执法身份证件；④通知当事人到场；⑤当场告知当事人采取行政强制措施的理由、依据以及当事人依法享有的权利、救济途径；⑥听取当事人的陈述和申辩；⑦制作现场笔录；⑧现场笔录由当事人和执法人员签名或者盖章，当事人拒绝的，在笔录中予以注明；⑨当事人不到场的，邀请见证人到场，由见证人和行政执法人员在现场笔录上签名或者盖章；⑩情况紧急，需要当场实施行政强制措施的，行政执法人员应当在24小时内向行政机关负责人报告，并补办批准手续，行政机关负责人认为不应当采取行政强制措施的，应当立即解除；⑪法律、法规规定的其他程序。

6.对处罚是否适当的核审

根据《行政诉讼法》第五十四条的规定，行政处罚显失公正属于违法行政行为，人民法院可以判决撤销该行政处罚决定。在案件核审时要注意对处罚是否适当进行审核。所谓处罚是否适当，就是指行政机关所做出的行政处罚是否符合《行政处罚法》第四条规定的公正原则，实现过罚相当，避免显失公平。在审核行政处罚是否适当时，除了应当考虑实施违法行为的起因、后果、情节、社会效果因素外，还要重点考虑有无法定从轻、减轻和不予处罚的情形或者有无法定从重处罚的情形，同时还要注意有无同责不同罚或者在共同违法中有无重者轻罚、轻者重罚的情形以及是否考虑被处罚者的实际承受能力等情形。

案件核审的结果

案件核审不同于审批，但其在调查取证、拟定初步行政处罚意见与最终做出行政处罚决定之间起着重要的监督、把关作用。核审机构的核审意见是行政执法机关做出行政处罚决定的重要依据。根据《行政处罚程序规定》第五十条的规定，核审机构应针对案件的不同情况分别提出不同的核审意见和建议，以书面形式做出。

（1）对认定事实清楚、证据充分确凿、适用依据正确、定性准确、处罚适当、程序合法的案件，核审机构应当同意办案机构对案件拟做出的处理决定，建议报行政执法机关负责人批准后告知当事人。如果行政处罚案件经核审不存在问题，核审机构应及时报行政执法机关负责人批准，不应拖延。

（2）对定性不准、适用依据错误、处罚不当的案件，核审机构应当建议办案机构修改处理决定，包括修正定性结论、修改依据、调整处罚幅度等。在案件核审过程中，核审人员应仔细审查，严格把关。

（3）对事实不清、证据不足的案件，核审机构应当建议办案机构补正。在案件核审过程中，核审机构如果发现案件存在证据不足等问题，应及时建议办案机构补正，以免影响对案件的定性。

（4）对程序不合法的案件，核审机构应当建议办案机构纠正。例如，立案审批表没有行政执法机关负责人签名；办案人员与案件有直接利害关系，应回避而没有回避；查封、扣押通知书上没有盖章或查封、扣押手续不全等。

（5）对违法事实不成立或者已超过追责期限的案件，核审机构应当建议销案。

（6）对违法事实轻微且及时予以纠正，没有造成危害后果的案件，核审机构应当建议不予行政处罚。如果案件同时符合违法事实轻微、行为人及时予以纠正、没有造成危害后果这三个条件，核审机构应做出不予行政处罚的建议。

（7）对超出管辖权的案件，核审机构应当建议办案机构按有关规定移送。管辖权是行政执法机关对违法行为实施行政处罚的权限。行政执法机关不能查办没有管辖权的案件，否则属于乱作为。

（8）对涉嫌犯罪的案件，核审机构应建议将案件及时移送司法机关。在实践中，曾出现对涉嫌犯罪案件不予移送，导致办案人员涉嫌渎职犯罪被检察机关起诉的情况。因此，核审机构在案件核审过程中一定要注意审查案件是否达到依法应移送的标准。

告知

案件的告知

告知，是行政机关（法律、法规授权组织）将拟做出行政处罚的事实、理由、依据、处罚内容等有关行政处罚的事项告诉当事人，同时告诉当事人依法享有陈述、申辩权或者听证权，以便当事人决定是否向行政机关陈述、申辩或者要求举行听证。行政处罚程序中的告知包含两层含义：一是行政机关实施行政处罚前必须告诉当事人理由；二是告知是行政处罚程序中的一个法定环节。告知在行政处罚程序中发挥着行政机关与当事人之间的沟通作用，是行政处罚程序中不可缺少的步骤，是保障当事人合法权益的重要措施。

1.告知的主体

根据《行政处罚法》的要求，行政机关（法律、法规授权组织）做出行政处罚前应当告知做出行政处罚的事实根据和法律依据，也就是说，告知的主体是实施行政处罚的行政机关。《行政处罚法》规定的告知程序，通过对行政机关设立程序性义务，来达到控制行政权、维护当事人利益的目的。

2.告知的时间

根据《行政处罚法》的要求，行政机关（法律、法规授权组织）在做出行政处罚决定之前，告知当事人拟做出行政处罚的事实、理由、依据、处罚内容，并告知当事人依法享有陈述、申辩权。《行政处罚法》第三十一条规定："行政机关在作出行政处罚决定之前，应当告知当事人作出行政处罚决定的事实、理由及依据，并告知当事人依法享有的权利。"

同时，根据《工商行政管理机关行政处罚程序规定》的规定，工商行政管理机关负责人对行政处罚建议批准后，由办案机构以办案机关的名义，告知当事人有关事项，因此，工商行政管理机关告知当事人有关行政处罚事项的时间是：工商行政管理机关负责人对行政处罚建议批准后，并在准备做出行政处罚决定之前。

3.告知的方式

告知一般是采用书面的方式，这样显得很正式，而且，执法实践中工商行政管理机关执法办案人员也大多采用这种方式。当然，法律也没有禁止采用其他方式，《工商行政管理机关行政处罚程序规定》（简称《规定》）规定了可以采用口头方式进行告知。《规定》第五十二条规定："采取口头形式告知的，办案机构或者受委托的机关应当将告知情况记人笔录，并由当事人在笔录上签名或者盖章。采取书面形式告知的，工商行政管理机关可以直接送达当事人，也可以委托当事人所在地的工商行政管理机关代为送达，还可以采取邮寄送达的方式送达当事人。采用上述方式无法送达的，由工商行政管理机关以公告的方式告知。"

4.告知的对象

根据《行政处罚法》以及《工商行政管理机关行政处罚程序规定》的规定，行政处罚告知有关事项的对象是行政处罚的直接相对人，也就是行政处罚案件的当事人。其他人员不是工商行政管理机关行政处罚案件的告知对象，他们提出听证等要求的，工商行政管理机关可以不予受理。

5.告知的内容

根据法律的规定以及上文的分析，告知的内容包括拟做出行政处罚的事实、理由、依据、处罚内容。从行政行为的程序及救济规则来看，行政处罚的事实根据应当是行政机关通过合法程序收集的证据。法律依据是指用于支持行政处罚合法的各种法律规范。处罚内容是行政机关准备给予当事人什么样的行政处罚。同时，为了获得当事人的理解，还要求行政机关给出自由裁量时考虑的因素，说明实施行政处罚适用法律的推理过程。

这里的告知还包括告知当事人应当享有的权利，不仅包括告知当事人依法享有的陈述、申辩权，而且还包括当事人依法享有的听证权利。《行政处罚法》第四十二条规定："行政机关作出责令停产停业、吊销许可证或者执照、较大数额罚款等行政处罚决定之前，应当告知当事人有要求举行听证的权利；当事人要求听证的，行政机关应当组织听证。"

6.告知的要求

告知的内容、权利及理由说明应当清晰、准确，达到以理服人，这是对告知质量的要求。由于现代社会的复杂多变，法律概念的不确定性程度也普遍增强，行政机关在做出行政行为时，应当在事实和法律的联结以及法律概念的解释上进行选择。如果不将这种选择和确认的过程，以及考虑的因素向当事人说明，就使公民难以理解行政机关的行政行为，并进行针对性的陈述和申辩。

7.告知的效果

行政处罚程序中的告知是法律直接规定的，不是行政机关的一种道义上的要求，也不是当事人请求权形成的直接后果。告知是行政处罚中不可缺少的程序，告知一旦实施，《行政处罚告知书》或者《听证告知书》送达当事人，就会产生相应的法律效力。

（1）对当事人的法律效果

《行政处罚告知书》或者《听证告知书》对当事人来说，首先意味着案件调查已经结束，即将对他实施行政处罚。当事人如果希望对自己实施的行政处罚不做出，或者做出的行政处罚决定内容对自己的损害最小化，避免自己的合法权益受到侵犯，他就应当采取相应的措施，这也是法律设立告知程序的目的所在：

第一，及时陈述和申辩。

如果当事人对案件有什么意见，要及时向行政机关（工商行政管理机关）陈述和申辩。当事人及时提出陈述和申辩意见，不仅有利于保护自己的合法权益，而且有利于行政机关做出正确的行政决定。

第二，提供有利的证据。

接到《行政处罚告知书》或者《听证告知书》后，如果当事人有对自己有利的证据，要及时地向行政机关（工商行政管理机关）提供。

第三，提出听证的申请。

如果案件符合举行听证的条件，当事人又希望了解案件处理的详细过程，或者希望就案件的有关问题与案件调查人员进行质证，以解答心中的疑问，当事人就可以及时地向行政机关（工商行政管理机关）提出举行听证的申请。

（2）对行政机关的法律效果

《行政处罚告知书》或者《听证告知书》送达当事人，对行政机关来说，是必须完成的法律义务。工商行政管理机关如果没有根据规定告知当事人拟做出行政处罚的事实、理由、依据、处罚内容，以及当事人依法享有陈述、申辩权，就会导致行政处罚因违反法定程序而无效。《行政处罚法》第四十一条规定："行政机关及其执法人员在作出行政处罚决定之前，不依照本法第三十一条、第三十二条的规定向当事人告知给予行政处罚的事实、理由和依据，或者拒绝听取当事人的陈述、申辩，行政处罚决定不能成立；当事人放弃陈述或者申辩权利的除外。"

当然，《行政处罚告知书》或者《听证告知书》送达给当事人，对行政机关来说，还可能会收到当事人提供的陈述和申辩意见，或者提供的有关证据，这样更能帮助行政机关（工商行政管理机关）调查清楚案件事实，公正做出行政决定，避免在随后的可能出现的行政复议和行政诉讼中处于不利的境地。因此，从这个角度来说，行政处罚的告知程序对于行政机关（工商行政管理机关）来说也是调查清楚案件事实的最后一次机会。

告知的技巧

办案机关告知当事人的活动，应当遵循诚实信用原则，依法告知、如实告知、详尽告知，不自作聪明、不要计谋。其基本要求是：

1.必须履行告知职责

按照《行政处罚法》第三十一、第三十二、第四十二条，以及国家工商总局令第28号《行政处罚程序规定》第五十二、第五十三条，国家工商总局令第29号《行政处罚案件听证规则》第六条，工商行政管理机关负责人对行政处罚建议批准后，在做出行政处罚决定之前，应当由办案机构以办案机关的名义，告知当事人拟做出行政处罚的事实、理由、依据、处罚内容，并告知当事人依法享有的陈述、申辩（和）听证权。

就法定告知而言，是办案机关必须履行的职责。如果办案机关不尽到告知职责，则该项行政处罚将因程序违法——违反《行政处罚法》规定的告知程序而无效。

告知职责由办案机构履行。在案件调查终结，核审机构核审后，由办案机构以办案机关的名义制作《行政处罚告知书》或者《行政处罚听证告知书》。连同《行政处罚有关事项审批表》以及整个案卷（含案件调查终结报告、核审意见等）报经行政机关负责人批准后，由办案机构将该文书送达当事人。

2.必须注意告知内容

告知的内容要注意明白无误，可以区别情况有所侧重，但不得威胁。

（1）明白无误。告知的内容要准确详尽、明白无误，不得使用“大概、可能、大约、左右”等模糊词语；也不得告知一部分，隐含一部分。在工商行政管理办案实践中，有的机械套用《行政处罚法》的条文文字，只告知当事人拟做出行政处罚的事实、理由和依据，而不告知具体处罚种类、幅度等处罚内容；有的粗心大意，应该告知听证权的而只告知陈述权、申辩权。其结果只能是，因程序违法而导致处罚决定无效。

对于处罚法定告知来说，准确详尽、明白无误告知的内容，包括有关情况和相关权利两部分。应当告知的行政处罚有关情况包括违法行为事实以及证据，应当给予处罚的理由，给予处罚的法律依据以及具体处罚种类、幅度等。应当告知的当事人相关权利，是指当事人依法享有的权利。具体包括：要求行政执法人员表明身份的权利；要求具有不利利害关系的办案调查人员回避的权利；要求行政执法人员说明理由的权利；要求行政机关及其执法人员充分听取当事人意见的权利；对即将做出的行政处罚进行陈述、申辩和听证的权利；不因申辩、听证而被加重处罚的权利；要求行政机关及其执法人员根据当事人提出的事实、理由和证据对调查笔录中记载的案件事实进行复核的权利；要求行政执法人员出具正式的处罚决定书的权利；在收到处罚决定书后申请行政复议和提起行政诉讼的权利，等等。在定性环节必须告知当事人的权利，主要是对即将做出的行政处罚进行陈述、申辩（和）听证的权利，以及不因陈述、申辩和听证而被加重处罚的权利。

对于其他意定告知来说，准确详尽、明白无误告知的内容，包括办案机关将采取的具体行为，以及当事人应尽的义务或应当注意的事项。应当特别注意当事人应尽的义务，其用词必须严格依照法律法规的规定。

（2）不得威胁。告知用词用语最好使用中性词语，不能软弱无力，也不能不近人情，更不得威胁、误导、引诱、利诱。处罚法定告知应当使用法定格式文书用语，不要随意变更。其他意定告知自拟用语时，应当注意：不得随意使用“如果……可以从轻、减轻及至不处罚”等引诱式用语，也不得使用“如果拒绝……将从重、加重处罚”等威胁式用语。

（3）有所侧重。处罚法定告知与其他意定告知的内容，应当有所不同，可以各有侧重：除告知有关情况外，处罚法定告知主要告知当事人权利与行使方式、行使期限。其他意定告知主要告知当事人义务与履行方式。

3.必须注意告知方式

其他意定告知的方式可以机动选用，不如处罚法定告知的方式严格。但是，处罚法定告知的方式必须合法有效，包括书面形式的告知方式和法定送达方式。

（1）处罚法定告知一般采用书面方式，制发法定格式文书。个别采取口头形式告知的，办案机构或者受委托的机关应当将告知情况记入笔录，并由当事人在笔录上签名或者盖章，形成书面文件。

（2）法定告知必须依法送达。处罚法定告知属于行政执法的法律文书，单方面发出和送达当事人即产生法律效果。因此，应当采用法定方式送达。

按照国家工商总局令第28号《行政处罚程序规定》第五十二条和国家工商总局令第29号《行政处罚案件听证规则》第七条规定，工商行政管理机关的行政处罚告知，有三种方式：

一是口头方式告知。采取口头形式告知的，办案机构或者受委托的机关应当将告知情况记入笔录，并由当事人在笔录上签名或者盖章。其中，受委托的机关应当是当事人住所地的工商行政管理机关。并且，国家工商总局令第29号《行政处罚案件听证规则》第七条规定的听证告知，没有委托告知的表述。口头告知笔录文书格式见后述。

二是书面形式告知。采取书面形式告知的，工商行政管理机关可以直接送达当事人，也可以委托当事人所在地的工商行政管理机关代为送达，还可以采取邮寄送达的方式送达当事人。其中，直接送达或者委托当事人所在地工商行政管理机关代为送达的，应由当事人在送达回证上签名或盖章。采取邮寄方式送达的，应向邮局查询收件人的签收回执。书面告知文书格式见后述。

三是公告方式告知。采用上述口头方式和书面形式无法送达的，由工商行政管理机关以公告的方式告知。采用公告形式告知的，主要是未依法接受年检而批量吊销营业执照的听证告知。公告告知文书格式见后述。

4.必须注意告知后的职责

按照《行政处罚法》第三十二条以及国家工商总局令第28号《行政处罚程序规定》第四十四、第五十三条规定，当事人申请办案人员回避的，由工商行政管理机关负责人决定。工商行政管理机关在告知当事人拟做出的行政处罚建议后，应当充分听取当事人的意见。对当事人提出的事实、理由和证据，认真进行复核。当事人提出的事实、理由或者证据成立的，工商行政管理机关应当予以采纳。不得因当事人陈述、申辩、申请听证而加重行政处罚。

（1）接受、听取。指办案机关接受当事人申请、听取当事人意见的活动。包括当事人口头或书面的申请，当事人认可的意见、反对的意见，口头的意见、书面的意见，都应当依法接受，充分地、认真地听取。其中，对当事人的口头申请或口头意见，可以做好笔录，让当事人签字。也可以让当事人另外提供书面申请或意见。

（2）复核。指办案机关对当事人的申请理由或者案件情况的复查审核活动。对当事人提出的合法申请或者当事人提出的事实、理由和证据，办案机关应当认真进行审核。特别是对当事人有利的和（或）在调查取证环节没有提出的事实、理由和证据，应当特别注意认真审核。

（3）采纳。指办案机关接受、采纳当事人申请或者当事人意见的活动。对当事人提出的事实、理由或者证据成立的，工商行政管理机关应当予以采纳，不得置之不理，更不得隐瞒当事人提交的证据。

（4）组织听证。按照《行政处罚法》第四十二条以及国家工商总局令第28号《行政处罚程序规定》第五十二条规定，工商行政管理机关拟做出的行政处罚属于听证范围的，应当告知当事人有要求举行听证的权利。当事人要求听证的，行政机关应当组织听证。行政处罚案件的听证程序，按照国家工商总局令第29号《行政处罚案件听证规则》的专项规定执行。

（5）可以过时不候。按照《行政处罚法》第四十二条以及国家工商总局令第28号《行政处罚程序规定》第五十二条、国家工商总局令第29号《行政处罚案件听证规则》第八条规定，自当事人签收之日起三个工作日内，或者办案机关挂号寄出之日起十五日内，或者自公告之日起十五日内，当事人未行使陈述权、申辩权或者听证请求权，也未做任何其他表示的，视为放弃此权利。以上规定的邮寄送达，如因不可抗力或者其他特殊情况，当事人在规定期间没有收到的，应当自实际收到之日起三个工作日内行使权利。

据此，超过上述期限未收到当事人的陈述、申辩或者听证请求，也未做任何其他表示的，可以不再等候，而进入决定环节。但是，从工商行政管理办案实践看，有三个方面值得注意：

一是“未做任何其他表示”。只要当事人表达了行使权利的意思，就不能认为是“未做任何其他表示”。如有些当事人，虽然未在规定期间直接陈述、申辩或者要求听证，但在规定期间内提出了陈述、申辩要求，或者委托他人提出了听证请求。类似情形，应当认为是当事人要求行使权利，而不应认视为放弃此权利。

二是“不可抗力或者其他特殊情况”的知晓途径。办案机关如何知晓当事人遇到了“不可抗力或者其他特殊情况”。有些是当事人报告，有些则由新闻消息中获知，也有的只能事后知晓。不能单纯强调当事人当时未报告，也不能以当事人未报告而不予认可。如有些灾害致使交通、通信中断，当事人当时无法报告。

三是期间计算准确。三个工作日本来相当紧，因此计算一定不能失误。当面告知或者当事人收到邮件的当日不能计算在内。除案情特别紧急外，一般不宜太紧，适当留些回旋时间、延长几天做决定为宜。

（6）不加重处罚。按照《行政处罚法》第三十二条以及国家工商总局令第28号《行政处罚程序规定》第五十三条规定，工商行政管理机关不得因当事人陈述、申辩、申请听证而加重行政处罚。曾经有个县工商局查处某企业的虚假宣传案，调查终结后发出《听证告知书》，拟处罚款5万元。因对定性认识不一致，当事人进行了申辩。结果，该县工商局的处罚决定变成罚款18万元，当事人不敢再申请复议或起诉，也不愿意缴纳罚款。该县工商局申请人民法院强制执行，包括加处罚款和执行费共强制划拨60万元。当事人请求按22万元执行，未得到同意而到处申诉。结果被上级机关复查发现，因申辩而加重处罚导致程序严重违法，加上事实不清而撤销了该案。

听证

根据《行政处罚法》《工商行政管理机关行政处罚程序规定》的要求，工商行政管理机关对当事人提出的事实、理由和证据，应当认真地进行复核，以全面调查清楚全部案情事实。

当事人提出的事实、理由或者证据成立的，工商行政管理机关应当予以采纳。不得因当事人陈述、申辩、申请听证而加重行政处罚。《工商行政管理机关行政处罚程序规定》第五十三条规定：“工商行政管理机关在告知当事人拟做出的行政处罚建议后，应当充分听取当事人的意见。对当事人提出的事实、理由和证据，认真进行复核。当事人提出的事实、理由或者证据成立的，工商行政管理机关应当予以采纳。不得因当事人陈述、申辩、申请听证而加重行政处罚。”

适用条件

行政处罚的听证程序，有利于充分听取当事人的意见，公正实施行政处罚。但是它同时又增加了国家行政管理的成本。由于行政处罚适用面广，数量繁多，而且各种行政处罚的轻重程度不一，差别甚大。因此，听证程序不可能适用于所有的行政处罚案件。《行政处罚法》为听证程序的适用设置了两方面的条件，即实体方面的条件和程序方面的条件：

1.实体条件

根据《行政处罚法》第四十二条规定，听证只适用于行政机关做出责令停产停业、吊销许可证或者执照、较大数额罚款的行政处罚。而根据《工商行政管理机关行政处罚案件听证规则》的规定，工商行政管理机关做出下列行政处罚决定之前，应当告知当事人有要求举行听证的权利：

（1）责令停业整顿、责令停止营业、责令停止广告业务等；

（2）吊销、收缴或者扣缴营业执照、吊销广告经营许可证、撤销商标注册、撤销标志登记等；

（3）对公民处以三千元、对法人或者其他组织处以三万元以上罚款；

（4）对公民、法人或者其他组织做出没收违法所得和非法财物达到第（三）项所列数额的行政处罚。

根据上述《行政处罚法》和《工商行政管理机关行政处罚案件听证规则》的规定，对行政处罚申请听证必须符合一定的实体条件，如果当事人不符合这些条件也来申请听证，工商行政管理机关应当理解当事人是希望以这种方式向本机关陈述意见。根据《行政处罚法》第三十二条关于行政机关必须充分听取当事人意见的规定，即使当事人不符合法定听证条件，也应当将此种申请看作是当事人要求陈述、申辩的意思表示，给予当事人表达意见的机会，耐心听取当事人的陈述意见，符合法律“充分听取当事人的意见”的规定，确保行政处罚的公正。

《工商行政管理机关行政处罚案件听证规则》（简称《听证规则》）对听证条件进行了新规定，降低了听证申请的门槛，扩大了接受听证的范围，规定对公民处以三千元、对法人或者其他组织处以三万元以上罚款就要告知听证权利。同时，该《听证规则》还规定了《行政处罚法》所没有的内容，也是目前对工商行政管理机关影响最大的内容，即对公民、法人或者其他组织做出没收违法所得和没收非法财物达到上述数额的也要告知当事人有听证权利。

2.程序条件

根据《行政处罚法》第四十二条规定，当事人要求听证的，应当在行政机关告知听证权利后三日内提出。只有当事人在一定的时间内申请举行听证的情况下，行政机关才可以举行听证。当然，符合听证条件的，行政机关在做出行政处罚之前，应当告知当事人有申请听证的权利。

参加人员

听证程序是行政机关在做出行政处罚之前，在非本案件调查人员的主持下，由调查人与被调查人，及其他人就案件进行辩论的程序。因此，它应当由下列这些人员参加：

1.听证主持人

听证主持人即负责主持听证的人员，其在听证的程序中居于主导和核心的地位。根据听证职权主义原则，听证主持人决定着听证程序的进展，因此其地位和活动决定着行政程序及行政决定的结果是否公正。

《行政处罚法》规定，“听证由行政机关指定的非本案调查人员主持”。《工商行政管理机关行政处罚案件听证规则》第十条对此也做出规定：“听证主持人由工商行政管理机关负责人指定。听证主持人可以由一至三人担任，二人以上共同主持听证的，应当由其中一人为首席听证主持人。案件调查人员不得担任听证主持人。”

听证主持人主持整个行政处罚听证程序，就必须具有一定的权力。总结起来，听证主持人具有下列组织听证的权力：

（1）决定听证的进程

听证主持人有权决定行政处罚听证的时间、地点、是否允许延期以及提出证据的方式和时间，以保证听证有条不紊地进行。

（2）指定听证记录人

为了保证行政处罚听证程序的顺利进行，听证主持人还有权指定听证记录员，具体承担听证准备和听证记录工作。《工商行政管理机关行政处罚案件听证规则》第十一条规定：

记录员由听证主持人指定，具体承担听证准备和听证记录工作。

（3）接受相关的证据

听证主持人有权接受与本案有关联性的证据，对于不相关的、不必要的或者过分重复的证据可以拒绝接受。

（4）查明涉案的事实

听证主持人可以要求当事人澄清某方面的问题，可以主动向参加听证的人员调查询问，从而查清行政处罚的案件事实。

（5）接受证人或证言

听证主持人可以决定或者接受有关证人参加听证，采纳证人证言。《工商行政管理机关行政处罚案件听证规则》第二十二条规定：“听证主持人有权决定与听证案件有关的证人、鉴定人、勘验人等听证参加人到场参加听证。”

（6）决定程序上请求

听证主持人对行政处罚听证程序上的问题有决定权，例如，对违反听证纪律的行为进行警告或者采取必要的措施予以制止。

（7）总结并撰写结论

听证主持人在听证完毕后，就听证情况进行总结并得出一定的结论，然后撰写《听证报告》，以提交工商行政管理机关负责人作为实施行政处罚决定的依据。

对于上述听证主持人的权力，《工商行政管理机关行政处罚案件听证规则》也有比较明确的规定，该规则第十四条规定：“听证主持人在听证活动中行使下列职责：决定举行听证的时间、地点；审查听证参加人的资格；主持听证，并就案件的事实、证据、处罚依据等相关内容进行询问；维持听证秩序，对违反听证纪律的行为进行警告或者采取必要的措施予以制止；决定听证的延期、中止或者终止，宣布结束听证；本规则赋予的其他职责。”

2.听证参加人

行政处罚的听证程序，是行政机关在行使行政管理权做出影响当事人权利和义务的行政决定前，由听证主持人听取有关人员的意见，从而公正实施行政行为的一种制度。因此，听证程序还必须适当地确定参加人员。《工商行政管理机关行政处罚案件听证规则》规定：“要求举行听证的公民、法人或者其他组织是听证的当事人。与听证案件有利害关系的其他公民、法人或者其他组织，可以作为第三人向听证主持人申请参加听证，或者由听证主持人通知其参加听证。当事人、第三人可以委托一至二人代为参加听证。案件调查人员应当参加听证。”

由此，行政处罚案件听证的参加人员应当有：听证记录人；案件的当事人；第三人，即与听证案件有利害关系的其他公民、法人或者其他组织；当事人、第三人的委托人；案件调查人员；听证案件有关的证人、鉴定人、勘验人。

举行程序

行政听证的程序，简而言之，就是举行听证的方式、步骤、时限等构成的一系列的过程。根据《行政处罚法》以及《工商行政管理机关行政处罚案件听证规则》的规定，听证程序的主要步骤有：

1.当事人申请

行政处罚的听证程序是依据申请的程序，因此，工商行政管理机关必须在当事人申请举行听证后，才能根据《工商行政管理机关行政处罚案件听证规则》的规定组织听证。

当事人要求听证的，应当在行政机关（工商行政管理机关）告知其有申请听证的权利后，在规定的时间内向工商行政管理机关提出，逾期则将视为放弃听证权利。《工商行政管理机关行政处罚案件听证规则》第八条规定：“当事人要求听证的，可以在听证告知书的送达回证上签署意见，也可以自接到告知听证的通知之日起三个工作日内以书面或者口头形式提出。当事人以口头形式提出的，工商行政管理机关应当将情况记入笔录，并由当事人在笔录上签名或者盖章。自当事人签收之日起三个工作日内，或者工商行政管理机关挂号寄出听证告知书之日起十五日内，或者自公告之日起十五日内，当事人不要求举行听证的，视为放弃要求举行听证的权利。前款规定的邮寄送达，如因不可抗力或者其他特殊情况，当事人在规定的期间没有收到的，应当自实际收到之日起三个工作日内提出听证申请。”

2.听证的准备

工商行政管理机关应当自接到当事人要求举行听证的申请之日起三日内，确定听证主持人。案件调查人员应当自确定听证主持人之日起三日内，将案卷移送听证主持人，由听证主持人阅卷，准备听证提纲。

听证主持人应当自接到案件调查人员移送的案卷之日起五日内确定听证的时间、地点，并应当于举行听证七日前通知当事人。听证主持人应当于举行听证七日前将举行听证的时间、地点通知案件调查人员，并退回案卷。

听证应当公开举行。涉及国家机密、商业秘密或者个人隐私的，听证不公开举行。公开举行听证的，应当公告当事人姓名或者名称、案由以及举行听证的时间、地点。

3.听证的举行

根据《行政处罚法》以及《工商行政管理机关行政处罚案件听证规则》的规定，听证按下列顺序进行：

（1）听证开始

听证开始前，记录员应当查明听证参加人是否到场，宣布听证纪律，并向听证主持人报告听证准备就绪。同时，记录员应当向到场人员宣布以下听证纪律：服从听证主持人的指挥，未经听证主持人允许不得发言、提问；未经听证主持人允许不得录音、录像和摄影；听证参加人未经听证主持人允许不得退场；旁听人员不得大声喧哗，不得鼓掌、哄闹或者进行其他妨碍听证秩序的活动。

听证主持人核对听证参加人，宣布案由，宣布听证主持人、记录员、翻译人员名单，告知听证参加人在听证中的权利义务，询问当事人是否提出回避申请。

（2）案件调查

案件调查按照如下次序进行：案件调查人员提出当事人违法的事实、证据、依据以及行政处罚建议；当事人及其委托代理人进行陈述和申辩；第三人及其委托代理人进行陈述。

（3）案件辩论

行政听证制度的本质在于质证，通过质证辩论，均衡行政执法人员和当事人之间悬殊的地位，从而在抗辩和驳斥的过程中，找出事实的真相。听证当事人有权陈述对自己有利的事实，发表自己对法律的看法，对行政机关提出的不利指控进行抗辩。当事人可以当场提出证明自己主张的证据。当事人和案件调查人员经听证主持人允许，可以就有关证据进行质证，也可以向到场的证人、鉴定人、勘验人发问。当事人和案件调查人员可以就案件事实、证明推理进行驳斥辩论。

（4）最后陈述

在听证主持人的主持下，可以按照第三人、案件调查人员、当事人的先后顺序各方发表最后意见。

这种听证程序的精髓就在于改变行政执法中行政机关独断的局面，形成行政相对人（当事人）也参与行政执法过程的双向制约机制。

4.核对《听证笔录》

《听证笔录》是行政机关（工商行政管理机关）对听证过程的一种书面记录，也是行政机关（工商行政管理机关）做出行政决定的一个重要依据。《工商行政管理机关行政处罚案件听证规则》第三十九条规定："记录员应当将听证的全部活动记入笔录，由听证主持人和记录员签名。"

已举行听证会的，《听证笔录》应当经听证参加人审核无误或者补正后，由听证参加人当场签名或者盖章。拒绝签名或者盖章的，由听证主持人记明情况，在《听证笔录》中予以载明。记录员制作《听证笔录》应注意以下几方面问题：

（1）提前准备

记录员在听证之前要做好准备工作，要认真阅读案卷，熟悉案情，掌握案情的重点和关键，以及有关法律、法规、规章、地名、人名等，以便在举行听证时能迅速掌握和记录各方的发言。

（2）如实记录

如实记录是对各种笔录的共同的、基本的要求，《听证笔录》也不例外。如实记录的要求就是要自始至终，忠实记录听证的组织、进展过程情况，以及有关各方的发言。

（3）过程清楚

《听证笔录》要尽量体现出听证按程序、分阶段进行的特征，即在笔录正文栏可以按听证进展过程分几个分栏记录。

（4）突出重点

行政处罚听证程序中的记录员，对各方存在争议的地方及围绕争议所展开的质证和辩论，应突出重点，详细记录。

（5）内容完整

《听证笔录》不得缺少法定的要件和程序。根据《行政处罚法》的要求，笔录应在听证结束时交案件调查人和当事人审阅无误后签字或盖章。同时，各方认为陈述或申辩有遗漏或差错的，应当允许进行补充或修改。

5.制作《听证报告》

听证结束后，听证主持人应当在五个工作日内写出《听证报告》并签名，连同《听证笔录》一并上报本行政机关（工商行政管理机关）负责人。《工商行政管理机关行政处罚案件听证规则》第四十一条规定："听证报告应当包括以下内容：听证案由；听证主持人和听证参加人的基本情况；听证的时间、地点；听证的简单经过、案件事实；处理意见和建议。"

《听证报告》，是听证主持人撰写并向本行政机关（工商行政管理机关）负责人提交的关于听证情况和处理意见的书面文书，需要注意：案件事实和处理意见是《听证报告》的价值所在，应作为重点加以阐明。关于案件事实，应写明调查人、当事人、第三人之间是否存在争议。如果存在争议，主持人应分别写明各方共同认可的事实和存在争议的事实以及所持的依据。同时，听证主持人还应当根据听证的具体情况，提出听证后的处理意见：

（1）对事实清楚证据充分的意见

听证主持人经过听证，对事实清楚、证据充分、程序合法、处罚适当的行政处罚案件，或者当事人对拟做出的行政处罚决定的事实、理由、依据及具体行政处罚意见无异议的案件，可以建议直接按照行政处罚建议意见制作《行政处罚决定书》。

（2）对案件事实存在疑问的意见

听证主持人经过听证，发现办案机构已经认定的案件事实不清或存在疑点，证据还不够充分，尚需进一步查证的，建议有关机构进一步调查取证。

（3）处罚依据或幅度不当的意见

听证主持人经过听证，发现拟做出行政处罚决定的理由、依据不准确或行政处罚过重的，可以建议重新研究行政处罚决定意见。

在行政处罚程序中，听证程序处于核心的地位。这是因为：一方面，当事人在行政处罚听证程序中通过向行政机关陈述意见，能动地参与了行政处罚程序，进而参与了影响自己权利义务的行政决定的做出过程，体现了行政行为的公平和民主。另一方面，行政机关实行听证制度不仅有利于政府行为的法制化，防止行政机关滥用行政职权，而且有利于双向沟通、民主参与，消除由于信息不对称造成的不信任。因此，行政处罚听证制度在行政处罚程序中无疑发挥着十分重要的不可替代的作用。

听证过程中特殊情况的处理

1.听证的延期

听证延期是指出现其他特殊情况使在预先决定的时间无法进行或者无法继续进行听证而需要另行确定举行听证的时间。听证延期举行的特点是，听证虽然延期，导致听证延期的原因是可以克服的；听证延期过程中，听证主持人或者其他听证参加人仍然可能在继续进行有关的活动。

2.撤回申请听证和推定弃权

在听证过程中，当事人有权撤回要求举行听证的申请。如果当事人撤回听证申请，不得再次向行政机关提出要求举行听证的申请。同时，当事人撤回听证申请的行为将导致听证程序终结。

行政机关发现如下三种情况，可以将当事人的行为视为放弃听证：

（1）当事人未事先向听证主持人提出延期申请，又没有按时到场参加听证会的；

（2）在听证过程中，未经听证主持人允许而中途擅自退场的；

（3）在听证过程中，违反听证纪律，情节严重的。

行政机关将当事人的行为推定为放弃听证时，导致听证程序终结。

3.听证的中止

听证中止是指在听证过程中遇到特殊情况，使听证会不得不完全处于停止状态。在听证过程中，遇有如下情形之一时，听证会应当中止：

（1）当事人是公民的，在听证过程中突然死亡，需要等待其近亲属继续进行听证的；

（2）当事人是法人或者其他组织的，在听证过程中发生终止，需要等待承受其权利义务的法人或者其他组织继续进行听证的；

（3）当事人在听证过程中，由于出现不可抗力或者其他特殊原因，在较长时间内，无法参加听证而又没有委托代理人的；

（4）其他需要中止听证的情形。

在导致听证中止的特殊情况消除后，应当恢复听证。由于导致听证中止与听证延期的原因不同，决定了听证中止与听证延期在以下方面的不同：在听证中止过程中，听证程序处于停止状态，而在听证延期的情况下，听证活动并没有完全处于停止状态。

4.听证的终结

听证终结是指在听证过程中由于出现了某种特殊情况，使听证活动继续进行已经毫无意义而结束听证程序。在听证过程中，遇有下列情形之一时，应当终结听证：

（1）当事人是公民的，在听证过程中死亡，而三个月后其近亲属没有要求继续进行听证的；

（2）当事人是法人或者其他组织的，在听证过程中发生终止，而三个月后承受其权利义务的法人或者其他组织没有要求继续进行听证的；

（3）当事人主动撤回听证申请的；

（4）将当事人的行为推定为放弃听证权的；

（5）拟做出的行政处罚决定的内容发生变化，已经不属于《行政处罚法》规定的听证程序的范围；

（6）其他需要终结听证的情形。

除上述听证过程中可能出现的特殊情况外，本案的调查人员如果拒不到场或者未经听证主持人允许中途退场的，或者在听证过程中违反听证纪律情节严重而被听证主持人勒令退场的，可以在本案调查人员不在场的情况下，由听证主持人听取当事人的陈述和申辩。

决定

在经过上述各种程序后，办案机构应当填写《行政处罚决定审批表》，连同其他案卷材料（如果案件举行了听证会，还应当有《听证报告》）一起报请行政机关（工商行政管理机关）负责人审批，以做出相应的行政决定。

行政处罚决定的做出

案件调查终结后，行政机关（工商行政管理机关）负责人（正职负责人，也包括副职负责人）应当对调查结果进行审查，根据不同情况，分别做出行政决定。对于重大复杂的案件，应当由集体研究决定。《行政处罚法》第三十八条规定："调查终结，行政机关负责人应当对调查结果进行审查，根据不同情况，分别作出如下决定：确有应受行政处罚的违法行为的，根据情节轻重及具体情况，作出行政处罚决定；违法行为轻微，依法可以不予行政处罚的，不予行政处罚；违法事实不能成立的，不得给予行政处罚；违法行为已构成犯罪的，移送司法机关。对情节复杂或者重大违法行为给予较重的行政处罚，行政机关的负责人应当集体讨论决定。"

这样规定，有利于加强行政机关内部的监督和制约，提高行政处罚的质量，保证行政处罚的合法性和公正性。《工商行政管理机关行政处罚程序规定》第五十四条规定："工商行政管理机关负责人经对案件调查终结报告、核审意见或者听证报告，当事人的陈述、申辩意见，拟作出的行政处罚决定进行审查，根据不同情况分别作出给予行政处罚、销案、不予行政处罚、移送其他机关等处理决定。"

根据《行政处罚法》以及《工商行政管理机关行政处罚程序规定》的上述规定，行政机关（工商行政管理机关）负责人可以做出如下决定：

1.决定行政处罚

对违法行为事实清楚、证据确凿充分、符合法定程序的要求，依据行政法律、法规、规章必须予以行政处罚的，工商行政管理机关负责人决定做出行政处罚，对违法人实施行政处罚。

2.退回补充调查

对案件事实没有被执法办案人员调查清楚、证据不足的案件，工商行政管理机关负责人在审查案卷后，可以决定将案件退回办案机构进行补充调查，收集必要的能够定案的证据。

3.决定撤销案件

对于经过调查，发现当事人的违法事实不成立的案件，工商行政管理机关负责人应当决定将这种案件撤销。这些情况具体包括以下四种：第一，当事人没有违法行为；第二，当事人的违法行为不应当受到行政处罚；第三，当事人有行政违法的嫌疑，但工商行政管理机关没有相关证据证明当事人确实有违法事实，而且这些证据已经无法取得；第四，当事人虽然有违法行为，但是已经超过追溯时效。

4.不予行政处罚

对违法行为轻微，依法可以不予处罚的，工商行政管理机关负责人决定不予行政处罚。从法理上说，这类决定一般包括不予行政处罚和免予行政处罚两个方面。不予行政处罚是指当事人的违法行为不属于应当受到行政处罚的行为，不应当给予行政处罚；免予行政处罚是指当事人的违法行为属于应当给予行政处罚的违法行为，但由于当事人具有某种免予行政处罚的情节或者事由而不给予行政处罚。从《行政处罚法》第三十八条的规定来看，不予行政处罚就是免予行政处罚的意思。

5.提交集体讨论

对情节复杂或者重大违法行为需要给予较重的行政处罚，工商行政管理机关负责人可以将案件提交工商行政管理机关有关会议集体讨论决定。《工商行政管理机关行政处罚程序规定》第五十五条规定："工商行政管理机关对重大、复杂案件，或者重大违法行为给予较重处罚的案件，应当提交工商行政管理机关有关会议集体讨论决定。重大、复杂案件，或者重大违法行为给予较重处罚的案件范围，由省级工商行政管理机关确定。"

6.移送有关机关

对于案件不属于本工商行政管理机关管辖，决定将案件移送给有管辖权的行政机关。对于违法行为已经涉嫌构成犯罪的，移送给司法机关追究行为人的刑事责任。

行政处罚决定的期限

工商行政管理机关行政执法办案，查处违法行为，必须注意办案的期限，在一定时间内做出行政决定。《工商行政管理机关行政处罚程序规定》第五十七条规定："适用一般程序处理的案件应当自立案之日起九十日内作出处理决定；案情复杂，不能在规定期限内作出处理决定的，经工商行政管理机关负责人批准，可以延长三十日；案情特别复杂，经延期仍不能作出处理决定的，应当由工商行政管理机关有关会议集体讨论决定是否继续延期。案件处理过程中听证、公告和鉴定等时间不计入前款所指的案件办理期限。"

人们要求公正，不管是实体上的公正还是程序上的公正，都希望能够在一个合理的期限之内实现。因此，行政执法必须讲究行政效率。行政效率是指行政执法主体在实施行政管理活动时所应追求的以尽可能小的消耗，取得尽可能大的效果的目标准则。行政处罚程序通过控制行政行为的过程来实现行政合理性，具体表现在其正义功能和效率功能上。正义和效率不可或缺，而效率是正义的必要条件。

行政效率是行政权的生命，没有基本的行政效率，就不可能实现行政权维护社会秩序的基本功能。

当然，行政机关提高行政效率不得损害当事人的合法权益，法律、法规、规章规定的保护当事人的程序步骤不得减少，也不得违反公平原则。

行政处罚决定的效力

行政处罚是行政机关为维护社会行政管理秩序，维护国家利益做出的行政制裁行为，体现的是国家意志。正是这种国家意志维系着行政处罚的权威性和有效性。这种权威性和有效性体现在行政处罚一旦做出，即推定为合法，具有法律效力。具体表现为：

1.确定力

工商行政管理机关一旦做出行政处罚决定后，任何机关非依法律规定的程序不得随意变更或撤销行政处罚决定。也就是说，这些行政处罚决定的内容不管是对工商行政管理机关，还是对当事人都是明确的、具体的，也是确定无疑的。

2.拘束力

工商行政管理机关依法做出的行政处罚，即对当事人和行政机关具有相同的约束力。当事人必须按照行政处罚决定履行义务；同样，行政机关也有义务维护原行政处罚决定，除非经法定程序确认《行政处罚决定书》违法或者无效。

3.执行力

工商行政管理机关做出行政处罚决定后，《行政处罚决定书》就具有强制实现该行政处罚决定所规定内容的效力，即行政机关可以依法采取一定的措施，使行政处罚决定内容得以实现。

另外，如果是根据投诉、举报、申诉立案进行调查取证的，工商行政管理机关在做出处理决定后，还应当将结果告知被调查人和具名投诉人、申诉人、举报人。《工商行政管理机关行政处罚程序规定》第五十八条规定："工商行政管理机关对投诉、举报、申诉所涉及的违法嫌疑人作出行政处罚、不予行政处罚、销案、移送其他机关等处理决定的，应当将处理结果告知被调查人和具名投诉人、申诉人、举报人。"

说理式行政处罚决定书的制作

国家工商行政管理总局"推广说理式办案文书"以来，全国各级工商行政管理机关积极全面实施说理式行政处罚决定书，对提高执法办案质量、推进依法行政、化解行政相对人的抵触情绪、缩短案件执行时间、推动和谐社会构建等方面起到了积极作用。

制作说理式行政处罚决定书应遵循的基本原则

1.说明当事人“为什么违法”

要以调查核实的证据为基础，紧扣违法行为的构成要件，做到“三清”。要讲清当事人基本情况，说明被处罚主体资格是否合法；要讲清违法行为事实，按照何时、何地、何行为、何后果等基本要素，对行为的具体表现、涉案标的物数量金额、违法所得等情况具体叙述，并对于有证据证明当事人主观意图、违法手段、违法后果的，适当做出客观评述；要列清证明违法事实的证据，指明其证明内容。证据列述应进行适当归纳，运用证据规则进行分析，按证据主次顺序（或者时间先后顺序）排列。

2.说明当事人“违反什么法”

要在认定事实的基础上，结合有关法律、法规或规章的具体规定，遵循法律适用原则，客观公正地分析当事人行为的性质，对违法行为进行准确定性；要全面准确引述法律、法规的具体内容，指明当事人的行为具体违反何法、何条的哪一项禁止性规定，具体构成什么违法行为。案件定性适用要从违法行为构成要件入手阐明法理，特别是在法律、法规、规章之间产生竞合或者同一法律规范中出现法条竞合时，更应详细阐述相关法理。

3.说明“用何方式步骤处罚”

要交代案源，表明案件查办合法启动；要说明执法程序，将案件查办中实施的行政强制、处罚或听证告知、是否听取和采信陈述申辩意见、是否举行听证等涉及当事人权利的事项告诉当事人；要告知履行方式、期限及拒不履行的后果，敦促其主动履行处罚决定；要告知救济权利、期限、行使方式和途径，以及救济权行使不影响行政处罚决定执行等事项，让其享有并可充分行使法定救济权。

4.说明“为何这样处罚”

行政处罚自由裁量主要是对处罚种类或者罚款幅度的裁量。要遵循通用的比例制原则，避免同案不同罚、处罚显失公正等情形的产生；要将当事人主观意图、手段、情节、危害后果等相关因素对照从轻、减轻或者从重处罚的法定情节，做出公正裁量。

5.规范文书的形式格式

格式要符合统一要求；在文书体例、标点符号标注、文字表述等方面必须符合现代汉语规范要求。遣词造句要尽量使用书面语言和法律术语，谨防用语“口语化”，禁止使用生僻字。

说理式行政处罚决定书的适用范围

（1）拟做出责令停产停业、吊销营业执照决定；

（2）事实认定与当事人意见分歧较大或当事人明显不配合的；

（3）拟做较大数额处罚的；

（4）经过听证程序的；

（5）办案机构或核审机构认为属于重大、复杂、疑难、有争议的其他案件。

不属于上述类型的一般案件，亦应鼓励使用说理式处罚决定书。

说理式行政处罚决定书的制作规范和要求

1.相对人信息要简明规范

相对人信息应当准确、简明，符合规范。相对人是组织的，名称、法定代表人或负责人、地址等按营业执照、社团组织登记证或组织机构代码证上载明的信息填写，并注明其营业执照、社团组织登记证或组织机构代码证书号；相对人是自然人的，其名称、地址按其提供的身份证件上的信息填写，并注明其身份证件号；相对人是个体工商户的，相关信息按自然人要求填写，有字号的在其姓名后用括号注明“系××（字号）业主”，地址等按个体工商户营业执照上载明的信息填写。

2.案件查处情况要扼要表述

包括说明案件来源的基本情况，立案调查的时间，办理案件的主要过程，包括现场检查、调查、抽样检验、检定、鉴定，告知检验、检定、鉴定结果，是否采取强制措施，涉及强制措施有无复议、诉讼等内容。

3.相对人的违法事实要完整清晰

要准确交代违法行为的时间、地点、内容、过程、情节、后果，涉案物品的名称、规格、品牌、数量、价值，当事人的主观状态等，凡是与案件的定性和处理相关的事实要素均不能遗漏。有关的数据要相互对应，多个违法行为要分别表述清楚，违法事实之间不存在互相矛盾之处。整个事实的表述要有层次感，要合乎一定逻辑性，文字要简洁、明了。

4.证明违法事实的证据要逐一列举

列举证据要标明序号，每份证据要有能够互相区别的证据名称，简明表述所列证据的证明对象。有多个违法行为的，对不同违法行为的证据要分别列举，但证明当事人身份的证据不须重复列举。一个行为违反多个法律规范的，一并列举证据，不宜分别表述。有多份证据并且证据间证明事实不一致的，要阐述证据间的关系、证据效力的大小、证据认定的理由等。

5.处罚（或听证）告知情况要详细交代

说明向当事人送达行政处罚（或听证）告知书的时间，并说明当事人是否在法定期限内提出陈述、申辩（或听证申请），对提出陈述、申辩的，说明其陈述、申辩的基本观点、主要理由和具体要求。举行听证的，说明听证双方的基本观点和主要理由。

6.案件定性处罚的依据、自由裁量的理由要充分说明

包括对查明的事实进行分析、概括、定性，指明当事人违反法律法规的具体款项；阐述对当事人的陈述、申辩意见的复核意见，明确是否予以采信，并说明理由；阐述对听证会双方陈述的处理意见；予以从重、从轻、减轻处罚的，对相应的理由进行阐述，并列明相应的依据；明确告知行政处罚的依据和行政处罚的意见。定性和处罚所引用的法律、法规、规章的条、款、项及具体内容均应完整表述。

7.行政处罚的履行方式、期限以及救济途径要明确告知

明确告知履行期限，履行缴纳罚没款的银行名称、地址、账号；明确告知逾期不履行行政处罚决定加处罚款的法律依据和具体数额；明确告知不服行政处罚决定的救济途径和法定期限及具体机关的名称和地址。

说理式行政处罚决定书参考文本

××市工商行政管理局××分局

行政处罚决定书

×工商处字〔2008〕××号

关于××市××区人民医院收受商业贿赂行为的处罚决定

一、当事人基本情况

当事人：××市××区人民医院

事业单位法人登记证号：×××××

负责人姓名：陈××

地址：××市××区××路××号

二、案件查处情况

根据举报，我局于×年×月×日对××市××区人民医院进行执法检查，发现其在购进药品及医疗器械过程中存在收受“赞助费”的问题，涉嫌商业贿赂。同日，本局予以立案。经调查取证，行政处罚听证告知，当事人提出了听证申请，本局依法举行了听证。本案现已办结。

三、案件违法事实

经查明，当事人××市××区人民医院在药品及医疗器械采购经营活动中，自2006年1月至2007年7月26日，收受、索取与其有业务往来的 ××市××医药集团股份有限公司、××医疗设备有限公司等10家药品、医疗器械经销企业给付的“赞助费”共22笔，计139 000元，并以“接受捐赠收入”的名义记入了该院财务账“其他收入”科目。该款项全部由当事人在应付给药品、医疗器械经销企业的销售款中予以扣除；自2005年10月至2006年12月，接受××医疗器械有限公司、××市××经济发展有限公司等4家药品、医疗器械经销企业的“折让”，计168 588.80元，并以“购材料折让”转“接受捐赠收入”的名义记入了该院财务账“其他收入”科目。

上述“赞助费”和“折让款”，合计307 588.80元，其中，除132 000.00元用于发放各种职工福利及奖金外，其余175 588.80元用于院方对外招待开支。

四、相关证据

以上事实，有如下证据证明：

1. 当事人××市××区人民医院院长×××调查笔录2份，会计×××调查笔录1份，药剂科负责人×××调查笔录1份，单位陈述材料1份，证明当事人违规收受，甚至索取“赞助费”“折让款”的事实。

2. 14家药品及医疗器械经销企业负责人、业务经办人询问笔录21份，单位陈述材料14份，证明企业给付及“被迫”给付“赞助费”“折让款”的事实。

3. 当事人会计账册、会计凭证、领款凭单、支票存根及购药结账汇总单复印件，一是证明当事人收受“赞助费”和“折让款”共计307 588.80元，全部以“接受捐赠收入”名义记入财务账“其他收入”科目，且“赞助费”直接在应付给10家销售企业的销售款中予以扣除的事实；二是证明“赞助”“折让”收入用于发放职工福利及对外招待的事实。

4. 当事人以“赞助费”名义开具的收款收据，证明当事人收受“赞助费”的事实。

5. 药品、医疗器械经销企业的销售发票，证明当事人与上述企业存在比较频繁的业务往来，给付“赞助费”以存在交易行为为前提的事实。

6. 事业单位法人登记证复印件1份，证明当事人的基本组织情况。

当事人××市××区人民医院院长×××的第二份调查笔录、药剂科负责人×××调查笔录中陈述的“赞助费”“折让款”数额及支出用途与当事人财务账上的记录不一致，根据证据效力的基本原则，本局采信当事人财务账上原始记录数据。

五、行政处罚或听证告知及陈述、申辩或听证情况

×年×月×日，本局向当事人送达了行政处罚听证告知书，当事人于×月×日提出了听证申请，本局于×年×月×日举行了公开听证。当事人认为：1. 该院是政府举办、非营利性质的医疗机构，系公益性的事业单位，不是《中华人民共和国反不正当竞争法》所调整的对象。2. 国家鼓励和支持医疗卫生事业的发展，医疗机构可以接受赞助和捐赠，况且赞助收入均入了财务账，所以不构成商业贿赂和不正当竞争行为。3. 医院与药品及医疗器械经营企业在交易的过程中进行讨价还价是正常的，药品及医疗器械经营企业适当让利于医院，给医院一些折让，用于弥补经费不足，应该是合理合法的，而且折让部分该院也入了账，按照《中华人民共和国反不正当竞争法》的规定，折让行为应该属折扣，而不是回扣，也没有构成商业贿赂及不正当竞争行为。案件承办人员认为：1. 根据《国家工商行政管理总局关于非营利性医疗机构是否属于〈反不正当竞争法〉规范主体问题的答复》（工商法字〔2001〕248号）及国家有关规定精神，对于医疗卫生机构在药品购销活动中收受商业贿赂的违规行为，工商机关有权依照《中华人民共和国反不正当竞争法》的规定进行查处。2. 《中华人民共和国公益事业捐赠法》明确规定，捐赠应该以自愿无偿为原则。药品、医疗器械经销企业给付当事人现金，虽冠以“赞助”“捐赠”名义，但相关款项的给付均以存在业务往来为前提，其目的是为了推销药品及医疗器械，获取不正当的交易机会，本质是借“赞助”之名，行商业贿赂之实。3. 《中华人民共和国反不正当竞争法》《关于禁止商业贿赂行为的暂行规定》中规定的“如实入账”，是指入法定账的法定科目。当事人××市××区人民医院接受经销企业的折让，应该按照《医院会计制度》规定，记入企业药品成本，具体到“药品进销差价”科目，冲减购销成本。但其实际上是以“购材料折让”名义，转记“接受捐赠收入”，最后记入“其他收入”科目，未冲减购销成本，降低药品价格，让利于患者，实质是账外暗中收受回扣的商业贿赂行为。4. 《国家工商行政管理局对〈关于国家工商局《关于禁止商业贿赂行为的暂行规定》的有关条款是否超出《反不正当竞争法》规定的请示〉（苏工商〔2000〕88号）的答复》（工商公字〔2000〕第246号）中指出，“账外暗中”是构成回扣的必要条件而不是构成其他商业贿赂行为的必要条件。因此，即使按照规定如实入账，但只要违反了《中华人民共和国反不正当竞争法》《关于禁止商业贿赂行为的暂行规定》之规定，仍足以构成商业贿赂的违规行为。

六、定性依据、自由裁量理由以及采纳当事人陈述、申辩的情况、理由

本局认为：1. 当事人假借“赞助”“捐赠”名义收受、索取有关费用，违反了《反不正当竞争法》第八条第一款“经营者不得采用财物或者其他手段进行贿赂以销售或者购买商品”，《关于禁止商业贿赂行为的暂行规定》第二条第一、第二、第三款，第四条“经营者不得违反《反不正当竞争法》第八条规定，采用商业贿赂手段销售或者购买商品。本规定所称商业贿赂，是指经营者为销售或者购买商品而采用财物或者其他手段贿赂对方单位或者个人的行为。前款所称财物，是指现金和实物，包括经营者为销售或者购买商品，假借促销费、宣传费、赞助费、科研费、劳务费、咨询费、佣金等名义，或者以报销各种费用等方式，给付对方单位或者个人的财物”“任何单位或者个人在销售或者购买商品时不得收受或者索取贿赂”之规定，已构成商业贿赂。2. 当事人收受药品及医疗器械“折让”，虽然入账，但未按照《医院会计制度》规定，记入“药品进销差价”科目中减购销成本，让利于患者，属于《关于禁止商业贿赂行为的暂行规定》第五条第三款所指的账外暗中，即“本规定所称账外暗中，是指未在依法设立的反映其生产经营活动或者行政事业经费收支的财务账上按照财务会计制度规定明确如实记载，包括不记入财务账、转入其他财务账或者做假账等”，违反了《反不正当竞争法》第八条第一款“经营者不得采用财物或者其他手段进行贿赂以销售或者购买商品。在账外暗中给予对方单位或者个人回扣的，以行贿论处；对方单位或者个人在账外暗中收受回扣的，以受贿论处”之规定，构成收受回扣的商业贿赂行为。虽然医疗卫生领域存在的商业贿赂问题在一定程度上带有体制的必然性，但从当事人违规行为看，有索贿情节，且“赞助”“折让”收入全部用于招待开支及职工个人福利的发放，故不应减轻或从轻处罚。当事人关于其行为不构成商业贿赂，应不予处罚的听证意见，本局不予采纳。

七、行政处罚的内容和依据

依据《行政处罚法》第二十三条“行政机关实施行政处罚时，应当责令当事人改正或者限期改正违法行为”，《关于禁止商业贿赂行为的暂行规定》第九条、《反不正当竞争法》第二十二条“经营者采用财物或者其他手段进行贿赂以销售或者购买商品，构成犯罪的，依法追究刑事责任；不构成犯罪的，监督检查部门可以根据情节处以一万元以上二十万元以下的罚款，有违法所得的，予以没收”之规定，本局责令当事人××市××区人民医院立即改正违法行为，并决定对其处罚如下：

1. 没收非法所得307 588.80元；

2. 罚款100 000元。

八、行政处罚的履行方式和期限

当事人应自收到本处罚决定书之日起15日内到××市工商行政管理局××分局（××区××路××号）办理××省非税收入一般缴款书，并就近到银行缴纳罚没款。逾期不缴纳罚款的，将依据《行政处罚法》第五十一条第一款第（一）项之规定，每日按罚款数额的3%加处罚款。

九、申请行政复议或者提起行政诉讼的途径和期限

当事人如不服本处罚决定，可自收到本处罚决定书之日起六十日内向××市工商行政管理局（地址：略）或××区人民政府（地址：略）申请复议，也可在收到本处罚决定书之日起三个月内直接向人民法院（地址：略）提起诉讼。

××市工商行政管理局××分局（印章）
×年×月×日

四、执行

送达

送达，是指行政机关或者法律、法规授权组织将《行政处罚告知书》《行政处罚决定书》等法律文书，依照法定的程序送交当事人及有关人员的行为。

送达方式的种类

根据《行政处罚法》的规定，对相关法律文书，除当场交付的外，工商行政管理机关应当根据《民事诉讼法》的规定，将法律文书送达当事人。《行政处罚法》第四十条规定："行政处罚决定书应当在宣告后当场交付当事人；当事人不在场的，行政机关应当在7日内依照民事诉讼法的有关规定，将行政处罚决定书送达当事人。"

根据法律、法规、规章的有关规定，工商行政管理机关送达法律文书的方式有直接送达、留置送达、委托送达、邮寄送达、公告送达等送达方式。

1.直接送达

直接送达，是指工商行政管理机关派专人将法律文书直接送交受送达人。受送达人是公民的，本人不在时，可交他的同住成年家属签收；受送达人是法人或者其他组织的，应当由法人的法定代表人、其他组织的主要负责人或者该法人、组织负责收件的人签收；受送达人有代理人的，可以送交其代理人签收；受送达人已向工商行政管理机关指定代收人的，送交代收人签收。

2.留置送达

留置送达，是指受送达人或者他的同住成年家属无正当理由拒绝接收法律文书的，送达人将法律文书留在受送达人的住所，即视为送达。采用留置送达的，送达人应当邀请有关基层组织或者所在单位的代表到场，说明情况，在《送达回证》上记明拒收事由和日期，由送达人、见证人签名或者盖章。

3.委托送达

委托送达，是指工商行政管理机关等行政机关直接送达法律文书有困难的，可以委托当地的工商行政管理机关等行政机关，或者法律、法规允许的单位代为送达有关的法律文书。

4.邮寄送达

邮寄送达，是指工商行政管理机关等行政机关直接送达法律文书有困难的，将需要送达的法律文书交付邮局，用挂号邮寄的方式送交当事人。

5.公告送达

公告送达，是指工商行政管理机关等行政机关在受送达人下落不明，或者用其他方式无法送达法律文书的，通过公告的方式通知当事人领取法律文书。公告送达，应当在案卷中记明原因和经过。

《行政处罚告知书》的送达方式

对于《行政处罚告知书》，包括《听证告知书》，工商行政管理机关办案机构应当以办案机关的名义以下列方式送达：

1.第一层次

《行政处罚告知书》《听证告知书》送达的第一层次是直接送达、邮寄送达、委托送达。当然，办案机构首选的方式还应当是直接送达。采取书面形式告知的，工商行政管理机关可以将文书直接送达当事人，也可以委托当事人所在地的工商行政管理机关代为送达，还可以采取邮寄送达的方式将法律文书送达当事人。采取口头形式告知的，办案机构或者受委托的机关应当将告知情况记入笔录，并由当事人在笔录上签名或者盖章。

2.第二层次

《行政处罚告知书》《听证告知书》送达的第二层次是公告送达。无法采取第一层次的方式送达上述《告知书》的，由工商行政管理机关以公告的方式送达这些法律文书。

同时，国家工商行政管理总局《关于行政处罚案件告知当事人听证权送达方式问题的答复》（工商法字〔2000〕第142号）也认为："工商行政管理机关以书面形式告知当事人听证权利的，如当事人是法人、经营单位或者其他组织，由其收发部门签收后即为告知。法人、经营单位或者其他组织没有收发部门，工商行政管理机关又无法在法人、经营单位或者其他组织的住所找到其法定代表人或其他负责人的，可以以公告的方式告知。"

《行政处罚决定书》的送达方式

工商行政管理机关送达《行政处罚决定书》，应当在宣告后当场交付当事人；当事人不在场的，应当在七日内按照下列方式送达：

1.第一层次

《行政处罚决定书》送达的第一层次是直接送达或者留置送达。直接送达当事人的，由当事人在《送达回证》上注明收到日期，并签名或者盖章。当事人无正当理由拒绝接收法律文书的，送达人将法律文书置留在受送达人的住所，即视为送达。

2.第二层次

《行政处罚决定书》送达的第二层次是委托送达或者邮寄送达。工商行政管理机关无法采取第一层次的方式直接送达《行政处罚决定书》的，可以委托当事人所在地的工商行政管理机关代为送达。工商行政管理机关也可以以挂号邮寄的方式送达《行政处罚决定书》。

3.第三层次

《行政处罚决定书》送达的第三层次是公告送达。采取上述方式无法送达《行政处罚决定书》的，工商行政管理机关可以采取公告送达方式达到送达目的。工商行政管理机关公告送达《行政处罚决定书》的，可以在全国性报纸或者办案机关所在地的省一级报纸上予以公告，也可以在工商行政管理机关公告栏张贴公告，并可以同时在工商行政管理机关网站上公告。

送达的完成

对于《行政处罚告知书》包括《听证告知书》，根据各种送达方式，分别以自当事人签收之日，或者办案机关挂号信寄出之日起十五日，或者自公告之日起十五日，视为送达完成。《工商行政管理机关行政处罚程序规定》第五十二条规定："自当事人签收之日起三个工作日内，或者办案机关挂号寄出之日起十五日内，或者自公告之日起十五日内，当事人未行使陈述、申辩权，也未作任何其他表示的，视为放弃此权利。"

前款规定的邮寄送达，如因不可抗力或者其他特殊情况，当事人在规定的期间没有收到的，应当自实际收到之日起三个工作日内行使权利。

对于《行政处罚决定书》，根据各种送达方式，分别以当事人在《送达回证》上注明的签收日期、邮寄送达以回执上注明的收件日期、自公告发布之日起经过六十日，视为送达完成。《工商行政管理机关行政处罚程序规定》第六十七条规定："工商行政管理机关送达文书，除《行政处罚告知书》和《听证告知书》外，应当按下列方式送达：直接送达当事人的，由当事人在送达回证上注明收到日期，并签名或者盖章，当事人在送达回证上注明的签收日期为送达日期；无法直接送达的，可以委托当地工商行政管理机关代为送达，也可以挂号邮寄送达，邮寄送达的，以回执上注明的收件日期为送达日期；采取上述方式无法送达的，公告送达。公告送达，可以在全国性报纸或者办案机关所在地的省一级报纸上予以公告，也可以在工商行政管理机关公告栏张贴公告，并可以同时在工商行政管理机关网站上公告。自公告发布之日起经过六十日，即视为送达。公告送达，应当在案卷中记明原因和经过。"

期间的计算

根据《行政处罚法》等相关法律、法规、规章以及行政解释、司法解释的规定，期间以时、日、月计算，开始计算的“日”是次日，而不是当日。同时，期间不包括在途时间。《工商行政管理机关行政处罚程序规定》第六十五条规定：“期间以时、日、月计算，期间开始之时或者日不计算在内。期间不包括在途时间，期间届满的最后一日为法定节、假日的，以节、假日后的第一日为期间届满的日期。”

执行的原则

1.自觉履行

按照《行政处罚法》第四十四条以及国家工商总局令第28号《行政处罚程序规定》第六十八条的规定，行政处罚决定依法做出后，当事人应当在行政处罚决定的期限内予以履行。在工商行政管理办案实践中，当事人自觉履行行政处罚决定，应注意以下几个问题：

（1）要实际履行。行政处罚决定依法做出后，当事人应当以自己的实际行动来履行处罚决定所确定的义务，以实际的作为或不作为来履行行政处罚决定。在工商行政管理办案实践中，如决定罚款、没收违法所得的，当事人应当自觉缴纳；决定没收非法财物的，当事人应当自觉送交指定地点；责令停业整顿、责令停止营业、责令停止广告业务的，当事人应当自觉停止相应业务；决定撤销登记、吊销营业执照、吊销广告经营许可证、吊销食品流通许可证、撤销商标注册、撤销特殊标志登记的，当事人应当自觉交送有关执照、证书给做出决定的原登记机关。

（2）要按时履行。行政处罚决定对当事人履行义务都要规定一个期限，当事人应当在规定的期限内主动履行确定的义务。在工商行政管理办案实践中，如规定当事人在收到行政处罚决定书后15天内，到指定银行缴纳罚款，那么，当事人接到行政处罚决定书后，就应当在规定的期限内主动履行缴纳罚款的义务。如对提交虚假材料取得公司登记的违法行为，责令当事人在收到行政处罚决定书后20天内改正，并罚款×万元，则当事人不仅要在规定时间内到指定银行缴纳罚款，而且要在规定时间内依法改正违法行为。

（3）要完全履行。当事人自觉履行处罚决定，应当全面履行行政处罚决定书所规定的内容，不能只履行其中的一部分。比如，行政处罚决定责令当事人停止广告业务，并规定应当缴纳罚款。如果当事人只履行了缴纳罚款的义务，而没有履行停止广告业务的义务，照样进行广告业务，就是没有完全履行行政处罚决定。

2.不停止执行

按照《行政处罚法》第四十五条规定，当事人对行政处罚决定不服申请行政复议或者提起行政诉讼的，行政处罚不停止执行，法律另有规定的除外。

在工商行政管理办案实践中，行政复议和行政诉讼期间不停止行政处罚决定的执行是一般性原则，但在特殊情况下可以停止执行。按照《行政复议法》第二十一条和《行政诉讼法》第四十四条的规定，下列情形可以停止执行行政处罚决定：

（1）行政机关认为需要停止执行的。做出行政处罚决定的工商行政管理机关、上级行政机关和行政复议机关，认为需要停止执行的，可以决定停止执行行政处罚决定。

（2）决定或裁定停止执行的。申请人申请停止执行，行政复议机关认为其要求合理，而决定停止执行的；或者原告申请停止执行，人民法院认为该具体行政行为的执行会造成难以弥补的损失，并且停止执行不损害社会公共利益，而裁定停止执行的。

（3）法律、法规规定可以停止执行的。出现《行政强制法》第三十九、第四十条规定的执行中止、执行终结情形，应当停止执行。有些实体法律、法规如果有可以停止执行的规定，在行政复议和行政诉讼中就可依照规定办理。

（4）及时答复当事人请求。在行政复议和行政诉讼期间，当事人可能会提出停止执行行政处罚决定的请求。对此，如果当事人是向复议机关或人民法院提出，则由复议机关或人民法院答复；如果是向做出行政处罚决定的工商行政管理机关提出，则做出行政处罚决定的工商行政管理机关应当及时答复，以保障当事人不会因拖延答复而失去申请行政复议和提起行政诉讼的权利。

3.罚缴分离

在工商行政管理办案实践中，罚缴分离指罚款、没收违法所得的决定与收缴相分离的制度。罚款是对违反法律、法规，不履行法定义务的当事人一种经济上的处罚。由于罚款既不影响被处罚人的人身自由及其合法的活动，又能起到对违法行为的惩戒作用，因而成为行政处罚中应用最广泛的一种。在工商行政管理的许多处罚中，都有罚款的规定。罚款这种行政处罚方式已经成为工商行政管理处罚使用最多的手段，也是最容易引起当事人反感的手段。但是，罚缴分离可以减少当事人的反感和抵触，使当事人比较容易接受处罚。

按照《行政处罚法》第四十六条规定，做出罚款决定的工商行政管理机关应当与收缴罚款的机构分离。除依照《行政处罚法》第四十七、四十八条规定当场收缴的罚款外，做出行政处罚决定的工商行政管理机关及其执法人员不得自行直接收缴罚款。当事人应当自收到行政处罚决定书之日起十五日内，到指定的银行缴纳罚款。银行应当收受罚款，并将罚款直接上缴国库。国务院令第235号《罚款决定与罚款收缴分离实施办法》第五条规定，经中国人民银行批准有代理收付款项业务的商业银行、信用合作社，可以开办代收罚款的业务。省以下工商行政管理部门实行垂直管理，具体代收机构一般由省人民政府组织本级财政部门、中国人民银行当地分支机构和省工商行政管理机关共同研究，统一确定。

工商机关强制执行

工商机关强制执行通用程序

即工商行政管理机关所有自行强制执行都必须履行的程序，包括启动条件、执行前催告、当事人权利保障、执行决定形成、执行决定书送达、执行中止、执行终结、执行回转、执行和解、执行文明、强制拆除，等等。

1.启动条件

行政机关什么情况下可以自行强制执行。《行政强制法》第三十四条规定：行政机关依法做出行政决定后，当事人在行政机关决定的期限内不履行义务的，具有行政强制执行权的行政机关依照本章规定强制执行。在工商行政管理办案实践中，应当具备两个方面的条件，办案机关才能自行强制执行：一是时间。应当在行政处罚决定书明确告知的履行期限完全过去以后。二是履行程度。包括全部未履行和部分未履行的。但是，行政机关已经同意当事人分期履行或者延期履行的，不能包括在内；对当事人提出分期履行或者延期履行申请的，应当先审核、处理、答复当事人申请后再决定是否启动强制执行。

2.执行前催告

《行政强制法》第三十五条规定：行政机关做出强制执行决定前，应当事先催告当事人履行义务。催告是指当事人在行政决定做出后不自觉履行义务，行政机关督促当事人在一定期限内履行义务，否则将承担被强制执行后果的一种告诫程序。强制执行是违背当事人意愿并对之施加强制力的行为，其结果往往会涉及当事人的精神、财产、经营资格等重大的人身、财产、收益权利。为此，应该在强制执行前为当事人留有一定期限，劝说其及时履行处罚决定。通过催告程序督促当事人自觉履行行政义务，这体现了教育与强制相结合的原则，体现了对当事人的尊重，有助于缓冲强制执行的心理冲击，减轻当事人的对抗情绪，达到执行的目的。

按照《行政强制法》第三十五条规定，催告应当以书面形式做出，并载明下列事项：

（1）履行义务的期限；

（2）履行义务的方式；

（3）涉及金钱给付的，应当有明确的金额和给付方式；

（4）当事人依法享有的陈述权和申辩权。《履行行政处罚决定催告书》的制作技巧，见本章第三节《工商行政管理处罚案件执行与相关文书制作技巧》中的专题文书部分。

3.当事人权利保障

按照《行政强制法》第三十六条规定，当事人收到催告书后有权进行陈述和申辩。行政机关应当充分听取当事人的意见，对当事人提出的事实、理由和证据，应当进行记录、复核。当事人提出的事实、理由或者证据成立的，行政机关应当采纳。

享有陈述权和申辩权，是当事人在行政机关做出具体行政行为的过程中所享有的程序性权利，是行政程序公正的基本要求，是行政活动中当事人参与权的体现。陈述和申辩的时限是整个催告期间。在催告前、催告中、催告后，当事人都可以进行陈述和申辩。办案机关有义务认真听取当事人的陈述和申辩意见，不得以任何借口拒绝或者阻碍当事人行使陈述权和申辩权，否则违反法定程序，进而导致强制执行程序违法。办案机关应客观地分析当事人的陈述和申辩意见，不能片面地或有选择地听取意见，不能忽视当事人维护自身合法权益的意见，不得因陈述和申辩加重处罚。当事人可以书面或口头方式提出陈述和申辩意见。对当事人以口头方式提出的事实、理由和证据，办案机关应当进行记录、复核。如果当事人认为陈述和申辩程序违法而提起行政复议和行政诉讼，负有举证义务的办案机关可以提供书面记录作为证据。当事人提出的事实、理由或者证据成立的，办案机关应当有错必纠、予以采纳，根据情况对行政决定做出调整。如果当事人提出的事实、理由或者证据不成立，则应明确驳回。

在工商行政管理办案实践中，一般需要使用两种文书，以作为办案机关保障当事人陈述权和申辩权的证据：

一为答复书。当事人提出执行异议的陈述和申辩有三种情形：一是对执行的异议；二是对处罚决定的异议；三是对两者都提出异议。对此，都应当及时答复。

二为记录。对当事人口头陈述和申辩的记录，必须有当事人的签名。

4.执行决定形成

按照《行政强制法》第三十七条规定，形成强制执行决定涉及三方面的具体操作程序：

一是可以决定强制执行。《行政强制法》第三十七条第一款规定：经催告，当事人逾期仍不履行行政决定，且无正当理由的，行政机关可以做出强制执行决定。在工商行政管理办案实践中，“当事人逾期”应当是超过催告书上告知的履行日期。催告书与行政处罚决定书告知的履行日期不一致的，按照有利于当事人原则确定。“无正当理由”包括两种情形：当事人没有提出陈述和申辩意见；虽然提出了陈述和申辩意见，但已经被驳回。

二是强制执行决定的形式和内容。《行政强制法》第三十七条第一款规定：强制执行决定应当以书面形式做出，并载明下列事项：

（1）当事人的姓名或者名称、地址；

（2）强制执行的理由和依据；

（3）强制执行的方式和时间；

（4）申请行政复议或者提起行政诉讼的途径和期限；

（5）行政机关的名称、印章和日期。

工商行政管理机关自行强制执行的，应制发《行政强制执行决定书》。

三是特殊情况的立即决定。《行政强制法》第三十七条第三款规定：在催告期间，对有证据证明有转移或者隐匿财物迹象的，行政机关可以做出立即强制执行决定。在工商行政管理办案实践中，根据这一规定做出立即强制执行决定必须具备两个条件：一是掌握有明确的证据；二是掌握的证据能够证明当事人有转移或者隐匿财物的迹象。

5.执行决定书送达

《行政强制法》第三十八条规定：催告书、行政强制执行决定书应当直接送达当事人。当事人拒绝接收或者无法直接送达当事人的，应当依照《中华人民共和国民事诉讼法》的有关规定送达。

特别需要注意的是，在直接送达、委托送达、公告送达共三类六种方式中，对催告书、行政强制执行决定书的送达，只有在采用直接送交方式无法送达的前提下，才可以顺延采用委托送达、公告送达共两类四种方式。并且，按照国家工商总局令第28号《行政处罚程序规定》，工商行政管理办案法律文书的直接送达方式中，不再包含留置送达。

6.执行中止

执行中止，又称中止执行，是指强制执行程序开始后，由于出现某种特殊情况而暂时停止强制执行，待该情况消除后继续执行的制度。行政机关做出强制执行决定是以实现行政管理目的为终点，一般情况下不能随意停止或者中途放弃。但是，在工商行政管理执法办案实践中，有时会出现某种无法克服和难以避免的特殊情况，使强制执行不能继续进行或者不宜进行，应当暂时停止，待法定中止情形消失后再继续执行。

（1）中止执行的情形

按照《行政强制法》第三十九条第一款规定，有下列情形之一的，中止执行：

1）当事人履行行政决定确有困难或者暂无履行能力的

包括以下情形：一是不可抗力。出现无法预见、无法预防、无法避免和无法控制的情形，以致义务无法如期履行。二是经济或生活困难，当事人暂时无力履行金钱给付等义务。三是因突发疾病等身体健康原因暂不能履行义务。四是其他情形。

2）第三人对执行标的主张权利，确有理由的

这是基于保护第三人合法权益而做出的规定。第三人是指合法权益将受到强制执行影响的当事人以外的公民、法人或者其他组织。如果第三人对执行标的主张抵押

权、质权、所有权以及因租赁关系而获得的使用权等，而对争议标的权属情况不清，则应当暂时停止执行，待确定权属后再决定怎样执行。

3）执行可能造成难以弥补的损失，且中止执行不损害公共利益的

强制执行应采取最小损害的方式实现行政管理目的。在可能造成难以弥补损失的情况下，如果继续强制执行会得不偿失。当然，这种中止执行必须以不损害公共利益为前提。

4）行政机关认为需要中止执行的其他情形

如强制执行可能导致被执行人过激行为（暴力对抗或自杀）或者发现据以执行的行政决定存在问题等。在工商行政管理办案实践中，必然会碰到确实需要中止执行的其他情形。《行政处罚法》第五十二条及国家工商总局令第28号《行政处罚程序规定》第七十二条，只有关于当事人确有经济困难，经当事人申请和行政机关批准，可以暂缓或者分期缴纳罚款的规定，都没有关于行政处罚执行中止的规定。因此，其他情形由办案机关视具体情况不同而裁量认定。当然，也不能滥用自由裁量权而随意中止执行。就算在特殊情况下，也并不是所有的行政处罚都必须中止执行，应当区别对待。一般来说，罚款、没收违法所得等财产处罚应当中止执行。但是，如没收危害生命财产安全的食品、商品，没收制假造假、用于侵权行为的工具，停止广告业务等处罚，则不能中止执行。

（2）强制执行的恢复

《行政强制法》第三十九条第二款规定：中止执行的情形消失后，行政机关应当恢复执行。对没有明显社会危害、当事人确无能力履行、中止执行满三年未恢复执行的，行政机关不再执行。

中止执行是暂时停止执行，不是永久停止执行。如果过长时期使财产处罚执行处于不确定状态，会不利于财产流通和市场交易，影响社会财富价值的实现。因此，在中止执行的法定情形消失后办案机关有恢复执行的义务。如果中止执行的法定情形一直没有消除或者永不消除的，办案机关可以进入不再执行程序或者终结执行程序。

（3）不停止执行问题

按照《行政诉讼法》和《行政复议法》的规定，复议或者诉讼期间，有些处罚可以停止强制执行，有些处罚则不停止强制执行，与强制执行实施过程中是否中止执行并不矛盾。

（4）中止执行的操作程序和文书制作

中止执行的操作程序和文书制作，《行政强制法》《行政处罚法》以及国家工商总局令第28号《行政处罚程序规定》中，都没有明确的具体规定。可以参照国家工商总局令第28号《行政处罚程序规定》第七十二条规定延期或者分期缴纳罚款的办理程序规定，由办案机构提出（有些情况需要当事人提出书面申请，有些则不需要），经

机关负责人批准后，书面告知当事人。

7.执行终结

又称终结执行、执行终止，指在强制执行实施过程中，由于发生某种特殊情况，致使强制执行没有必要或不可能继续进行，从而结束执行程序的制度。

（1）终结执行情形

《行政强制法》第四十条规定，有下列情形之一的，终结执行：

1）公民死亡，无遗产可供执行，又无义务承受人的

被执行的公民死亡的，办案机关可以先中止执行，等待继承人承受义务。如果遗产继承人没有放弃继承权，办案机关可以变更被执行人为继承人，由该继承人在所继承遗产的范围内履行义务；如果继承人放弃继承权，办案机关可以直接强制执行被执行公民的遗产；如果被执行公民既无遗产，又无义务承受人的，强制执行无法进行，应当终结。

2）法人或者其他组织终止，无财产可供执行，又无义务承受人的

企业法人或者其他组织终止的原因有：①解散（自然解散、决议解散、判决解散、合并或分立解散）；②处罚终止（被依法关闭、撤销、吊销执照）；③被依法宣告破产；④国家政策调整或发生战争、灾害毁灭等其他原因。进入清算期后，在财产分割顺序上，民事债务清偿优先，行政处罚收缴在后。如果民事债务清偿完结后没有剩余财产，则行政处罚决定的罚没款收缴只能终止执行。此种情形，处罚决定的确定力、拘束力仍然存在。撤销登记、吊销执照等其他行为罚的执行力也存在。但财产罚的执行力已经大为弱化。一般来说，只有在被依法宣告破产的情况下，才会发生没有义务承受人的情况。在工商行政管理办案实践中，企业类法人终止的，罚款和没收违法所得的财产罚执行顺序不可能排在其他民事债务的前面，一般也会没有或者很难找到可供执行的剩余财产或义务承受人。不过，分支机构终止的，其义务由设立的企业法人承受。

3）执行标的灭失的

即场所、设施和物品等执行标的的固有物理、化学性质，因自然或人为因素的作用改变而失去原有形态、数量、质量、价值，永久不能恢复原状的法律状态。不包括罚款和没收违法所得指向的非特定金钱给付。

4）据以执行的行政决定被撤销的

在工商行政管理办案实践中，行政处罚决定的撤销包括四种情形：一是办案机关主动撤销；二是上级机关监督撤销；三是复议撤销；四是诉讼撤销。行政处罚决定是强制执行的依据。原处罚决定依法撤销或者变更后，其决定内容的确定力、拘束力与执行力相应地已经消失或者调整。原行政处罚决定的可执行性也相应地已经消失或者调整。原行政处罚决定亦应当终止执行或者调整执行内容：如果行政处罚

决定被全部撤销，强制执行应全部终结；如果行政处罚决定被部分撤销，则强制执行应部分终结。

5）行政机关认为需要终结执行的其他情形

在工商行政管理办案实践中，办案机关可以根据终结执行的基本精神和实际情况，认定其他需要终结执行的情形，决定终止执行。如毁灭性的自然灾害。如2008年5月12日的汶川大地震，对重灾区的当事人，财产罚应当终止执行，其他行为罚可以不执行的也应当终止执行。

（2）终结执行的操作程序和文书制作

终结执行的操作程序和文书制作，《行政强制法》《行政处罚法》以及国家工商总局令第28号《行政处罚程序规定》中，都没有明确的具体规定。可以参照国家工商总局令第28号《行政处罚程序规定》第七十二条规定延期或者分期缴纳罚款的办理程序规定，由办案机构提出（有些情况需要当事人提出书面申请，有些则不需要），经机关负责人批准后，书面告知当事人。

8.执行回转

执行回转是一项错误弥补制度，指在执行中或者执行完毕后，据以执行的行政决定被撤销、变更，或者执行错误的，行政机关对已被执行的财产重新恢复到执行程序开始前状态的执行制度。

（1）执行回转情形

《行政强制法》第四十一条规定：在执行中或者执行完毕后，据以执行的行政决定被撤销、变更，或者执行错误的，应当恢复原状或者退还财物；不能恢复原状或者退还财物的，依法给予赔偿。在工商行政管理办案实践中，执行回转方式“恢复原状或者退还财物”中：恢复原状是指原物恢复到受损害前的形状、性能或状态的赔偿方式。退还财物分为几种情况；执行标的为特定物的，应返还特定物；执行标的为种类物的，应返还相同规格、数量和品质的种类物；执行标的为“金钱给付”的，应当返还相同数额的金钱。

（2）执行回转的操作程序和文书制作

执行回转的操作程序和文书制作，《行政强制法》《行政处罚法》以及国家工商总局令第28号《行政处罚程序规定》中，都没有明确的具体规定。可以参照国家工商总局令第28号《行政处罚程序规定》第七十二条规定延期或者分期缴纳罚款的办理程序规定，由办案机构与当事人协商后，提出执行回转方案，经机关负责人批准后，书面告知当事人。

9.执行和解

执行和解是我国行政强制执行制度的创新。达成和解需要双方做出妥协。行政决定是公权力行使行为，合法合理的行政决定应当得到全面执行。如果相对人对行政决定的合法性和合理性有争议，可以通过行政复议或者行政诉讼途径解决。如果在执行程序还对行政决定进行和解，会影响行政决定的确定力和执行力。因此，理论上不存在执行和解的空间。但是，从现实情况看——在工商行政管理办案实践中更是如此——在不损害公共利益的前提下，办案机关在强制执行环节主动做出一些妥协和让步，就执行内容和方式达成和解，减少被执行人的部分义务，以实现当事人的主动履行，能够大为缓解矛盾、减少社会冲突，大幅度提高执行效果。因此，《行政强制法》创立的执行和解制度是符合我国目前的行政强制执行现状的。

《行政强制法》第四十二条规定：实施行政强制执行，行政机关可以在不损害公共利益和他人合法权益的情况下，与当事人达成执行协议。执行协议可以约定分阶段履行；当事人采取补救措施的，可以减免加处的罚款或者滞纳金。执行协议应当履行。当事人不履行执行协议的，行政机关应当恢复强制执行。

和解的方式是达成执行协议。执行协议既不属于单方面做出的行政决定，也不属于平等民事主体之间的民事合同，性质上属于行政合同。按照《行政强制法》规定，工商行政管理办案实践中的执行和解，涉及以下几个问题：

（1）和解前提

办案机关可以与当事人达成执行协议，但前提是：不损害公共利益和他人的合法权益。如对违法发布广告的“停止发布、公开更正、没收广告费用并处罚款”的处罚，不能协议成为分阶段地先履行缴纳罚没款，后履行“停止发布、公开更正”。

（2）执行协议形式

《行政强制法》没有规定执行协议的形式，即书面、口头、电子数据形式都可以。

（3）执行协议内容

《行政强制法》规定了两方面：一是“可以约定分阶段履行”。这一项的指向应当是行政处罚决定——不是指行政强制执行决定——所确定的义务。如罚款、没收违法所得等。二是“可以减免加处的罚款”。这一项的附带条件是当事人采取补救措施。

（4）恢复强制执行

执行协议应当履行。当事人不履行执行协议的，行政机关应当恢复强制执行。当然，同意签订协议的办案机关也应当严格履行承诺。如果毁约，当事人可以申请行政复议或者起诉。

（5）和解操作程序和文书制作

由于执行和解属于《行政强制法》创新的制度，对和解操作程序和文书制作，《行政强制法》《行政处罚法》以及国家工商总局令第28号《行政处罚程序规定》中，都没有明确的具体规定。考虑到签订协议需要谈判，可以参照常规谈判流程，由办案机关概括授权或者由办案机关负责人个案授权后，办案机构在授权幅度内与当事人协商执行和解方案，并与当事人签订执行协议。

10.执行文明

按照《行政强制法》第五条规定的适当原则。公权力的行使不能以过度伤害公民权利来实现其管理目的。虽然行政强制执行代表公权力维护公共利益，但被执行者也依法享有自己的人身、财产权利，应该予以尊重和保护。行政强制执行直接作用于当事人的人身和财产，稍有不慎就会影响和侵害相对人的合法权益。文明执法的基本要求是规范化、科学化、人性化，应当坚持以人为本、依法行政、执政为民的理念，充分尊重当事人的合法权益；坚持教育与强制相结合，注意自我约束，杜绝“暴力”强制，避免激化对立情绪，防止引发社会矛盾。

（1）时间限制

《行政强制法》第四十三条第一款规定：行政机关不得在夜间或者法定节假日实施行政强制执行。但是，情况紧急的除外。

所谓“夜间”，指从天黑到天亮的一段时间。有的认为，一般指晚上10时至次日清晨6时之间的期间。但笔者认为，在工商行政管理办案实践中，按照《现代汉语词典》理解掌握“夜间”概念，既符合汉语用词使用规范，又有利于当事人，有利于严格执法文明。

所谓“法定节假日”，指根据国家的纪念要求或民族的风俗习惯，由国家法律统一规定的用以进行庆祝及度假的休息时间，包括周末双休日和节日两类。

所谓可以在夜间或者法定节假日实施行政强制执行的“紧急情况”，一般包括两种情形：一是人为因素。如有证据证明有转移或者隐匿财物迹象的。二是自然因素。如需要立即清除道路、河道、航道或者公共场所遗洒物、障碍物或者污染物，当事人不能清除的，行政机关可以决定立即实施代履行。

日间开始实施的，可以在夜间继续实施完毕。

（2）不影响居民生活

《行政强制法》第四十三条第二款规定：行政机关不得对居民生活采取停止供水、供电、供热、供燃气等方式迫使当事人履行相关行政决定。

值得注意的是，这一规定的保护对象仅指居民生活。至于法人和其他组织，行政机关依然可以采取停止供水、供电、供热、供燃气的方式督促其履行义务。但是，在工商行政管理办案实践中，对于无法与居民生活分开控制水、电、热、燃气供应的生产经营场所实施行政强制执行时，应当将不影响居民生活放在首位衡量。否则，可能会造成当事人的对立情绪，激化不必要的矛盾，不利于社会稳定。

11.强制拆除

《行政强制法》第四十四条规定：对违法的建筑物、构筑物、设施等需要强制拆除的，应当由行政机关予以公告，限期当事人自行拆除。当事人在法定期限内不申请行政复议或者提起行政诉讼，又不拆除的，行政机关可以依法强制拆除。

所谓建筑物，一般理解为供人居住、工作、学习、生产、经营、娱乐、储藏物品以及进行其他社会活动的工程建筑。所谓构筑物，一般理解为不具备、不包含或不提供人类居住功能的人工建造物，如水塔、水池、过滤池等。所谓设施，一般理解为附属于建筑物、构筑物的设施。本条标的是需要强制拆除的违法建筑物、构筑物、设施等。其违反的主要是有关建设规划、土地使用、城市容貌标准、环境卫生标准以及其他行政管理方面的法律、行政法规。一般与工商行政管理职责关系不大。有时需要工商行政管理机关从登记等行政许可控制方面予以协助。

行政机关强制执行特别程序——金钱给付义务的执行

金钱给付义务的执行是行政机关自行强制执行中的特别程序。《行政强制法》第四十五条至第四十九条对此做了特别规定。包括：加处罚、直接强制执行、划拨存汇款、拍卖委托、执行款的入库管理，等等。在工商行政管理办案实践中，依法对财产罚实施行政强制执行时，不仅要遵守《行政强制法》第三十四条至第四十四条的一般程序规定，而且要遵守《行政强制法》第四十五条至第四十九条的执行金钱给付义务的特别规定。

1.加处罚

加处罚款或者滞纳金属于执行罚，是间接强制的执行方式。加处罚款适用于行政处罚，滞纳金适用于行政征收。对工商行政管理机关做出的行政处罚决定，当事人逾期不履行的，办案机关可以依法加处罚款。

（1）告知加处罚标准

《行政强制法》第四十五条第一款规定：行政机关依法做出金钱给付义务的行政决定，当事人逾期不履行的，行政机关可以依法加处罚款或者滞纳金。加处罚款或者滞纳金的标准应当告知当事人。

在工商行政管理执法办案实践中，对到期不缴纳罚款的当事人，可以根据《行政处罚法》第五十一条第一款第一项，每日按罚款数额的百分之三加处罚款。一般地，这一标准是在《行政处罚决定书》中一并告知。如果没有在《行政处罚决定书》中告知，可以在其后的《履行行政处罚决定催告书》中告知。不过，加处罚款的时间应当从告知送达当事人后开始计算，而不能追溯。

（2）加处罚的总额限制

《行政强制法》第四十五条第一款规定：加处罚款或者滞纳金的数额不得超出金钱给付义务的数额。

在工商行政管理执法办案实践中，对当事人的加处罚款数额可以33天对本罚数额翻一倍。如果不加限制地恶意执行，总共可以翻十倍。按照《行政强制法》的该条规定，今后无论逾期多久未履行，加处罚款的总额都不得超过本罚数额的一倍。

2.直接强制执行

直接强制是指在采用执行罚、代履行等间接手段不能达到执行目的，或无法采用间接手段时，执行主体可依法对义务人的人身或财产直接实施强制，迫使其履行义务或实现与履行义务相同状态的强制执行方法。直接强制执行有两种途径：一是法律规定有行政强制执行权的行政机关，可以采取法律规定的手段直接强制执行；二是法律没有规定直接强制执行权的行政机关，可以申请人民法院执行。《行政强制法》第四十六条规定了金钱给付义务的行政机关直接强制执行程序。

（1）直接强制执行的适用条件

《行政强制法》第四十六条第一款规定：行政机关依照该法第四十五条规定实施加处罚款或者滞纳金超过三十日，经催告当事人仍不履行的，具有行政强制执行权的行政机关可以强制执行。

工商行政管理行政处罚中，涉及金钱给付义务的是罚款和没收违法所得。目前，尚无法律赋予工商行政管理机关可以直接强制执行金钱给付义务。

（2）直接强制执行前的查封、扣押、冻结程序

《行政强制法》第四十六条第二款规定：行政机关实施强制执行前，需要采取查封、扣押、冻结措施的，依照该法第三章规定办理。

如何认定是否“需要”，《行政强制法》没有规定。在工商行政管理执法办案实践中，可以由办案机关裁量认定。如对已经决定没收的非法财物，决定没收的违法所得、罚款等，当事人正在或有可能藏匿、转移、销毁，等等。需要注意的是，这种“需要”应当是执行行政处罚决定内容的需要。

（3）没有直接强制执行权的强制执行程序

《行政强制法》第四十六条第三款规定：没有行政强制执行权的行政机关应当申请人民法院强制执行。但是，当事人在法定期限内不申请行政复议或者提起行政诉讼，经催告仍不履行的，在实施行政管理过程中已经采取查封、扣押措施的行政机关，可以将查封、扣押的财物依法拍卖抵缴罚款。

对金钱给付义务没有直接强制执行权的工商行政管理机关，需要强制执行的，应当申请人民法院强制执行。但是，办案机关可以将先前查封、扣押的财物依法拍卖抵缴罚款。这种拍卖情形，应当是当事人在法定期限内不申请行政复议或者提起行政诉讼，经催告仍不履行处罚决定所确定的金钱给付义务。依照《行政强制法》第四十八条规定，依法拍卖财物的，由行政机关委托拍卖机构依照《中华人民共和国拍卖法》（以下简称《拍卖法》）规定的程序办理。

3.划拨存汇款

《行政强制法》第四十七条规定：划拨存款、汇款应当由法律规定的行政机关决

定，并书面通知金融机构。金融机构接到行政机关依法做出划拨存款、汇款的决定后，应当立即划拨。法律规定以外的行政机关或者组织要求划拨当事人存款、汇款的，金融机构应当拒绝。

目前，没有法律赋予工商行政管理机关可以划拨当事人存款、汇款的行政强制执行权，案件执行需要划拨的，可以申请人民法院强制执行。

4.拍卖委托

《行政强制法》第四十八条规定：依法拍卖财物，由行政机关委托拍卖机构依照《拍卖法》的规定办理。

拍卖是指以公开竞价的形式，将特定物品或者财产权利转让给最高应价者的买卖方式。在一般情况下，拍卖方式可以较为充分地实现财产的价值，是一种有利于当事人的执行方式。《拍卖法》对拍卖原则、拍卖标的、拍卖当事人、拍卖程序等，都做了明确规定。其中，直接涉及工商行政管理涉案财物拍卖处理的有：国家行政机关依法没收的物品，冲抵税款、罚款的物品和其他物品，按照国务院规定应当委托拍卖的，由财产所在地的省、自治区、直辖市的人民政府和设区的市的人民政府指定的拍卖人进行拍卖。作为委托人的办案机关及其工作人员不得参与竞买，也不得委托他人代为竞买。一般地，当事人有权参与竞买。

5.执行款的入库管理

《行政强制法》第四十九条规定：划拨的存款、汇款以及拍卖和依法处理所得的款项应当上缴国库或者划入财政专户。任何行政机关或者个人不得以任何形式截留、私分或者变相私分。

所谓国库，系国家金库的简称，不是旧时理解的国家储藏、保管金银财宝的仓库，也不是指现代银行保管货币的“金库”。国家金库（简称国库）是政府财政资金的聚散地，是办理财政资金收支和存放的专门机构，国库资金的充实与否体现着一个国家实力的强弱。世界各国政府大多把国库业务交由中央银行办理。我国规定由中国人民银行具体经理国库。国库机构按照国家财政管理体制设立，原则上一级财政设立一级国库，我国分别有中央总库、省级分库、地市级中心支库、县级支库和乡镇国库等五级，共6000多个。国库专门办理国家财政资金的收纳、存放和支付，负有督促检查国库经收处和征收机关所收款项全部缴入国库、保证国库资金收支及时足额和存放安全的义务。各级国库库款的支配权，按照国家财政体制的规定，分别属于同级财政机关。

所谓财政专户，系财政专用账户的简称，指在银行开立的用于存储、管理和核算具有专项用途的财政性资金的专用账户。财政专户主要用于存储、记录、核算和反映非税收入的收付活动，并用于非税收入资金的日常收支清算。

工商行政管理部门实行省以下人财物垂直管理，收支统一由省财政预算，所有罚没款都必须全额、及时缴入省级国库或者省财政专户。具体操作规范，按照当地省财政部门和省工商局的规定办理。

自行强制执行特别程序——代履行

代履行是行政机关自行强制执行的特别程序，指当事人逾期不履行（包括拒绝履行和没有能力履行两种情形）行政法义务，由他人代为履行可以达到相同目的时，行政机关可以决定自己代为履行或者委托没有利害关系的第三人代为履行，而向当事人收取履行费用的行政强制执行制度。代履行主要适用于可以由他人代替履行的作为义务。如清除道路、河道、航道或者公共场所的遗洒物、障碍物或者污染物等排除妨碍、恢复原状类义务。对于不能由他人替代的义务和不作为义务，特别是与人身有关的义务，不能适用代履行。

《行政强制法》第五十、第五十一、第五十二条对代履行条件、代履行程序、立即代履行等，做有详细规定。目前，没有法律赋予工商行政管理机关可以代履行的行政强制执行权，有些案件执行需要代履行的，可以申请人民法院强制执行。

申请人民法院强制执行

申请人民法院强制执行指行政相对人对行政决定不起诉又不履行的，行政机关向人民法院申请强制执行。申请人民法院强制执行依照《行政强制法》第五章《申请人民法院强制执行》、《行政诉讼法》第六十六条以及最高人民法院法释〔2000〕8号《执行行政诉讼法解释》的规定程序进行。

申请条件

《行政强制法》第五十三条和《行政诉讼法》第六十六条，规定了非诉执行的申请条件。最高人民法院法释〔2000〕8号《执行行政诉讼法解释》做有执行解释。主要如下：

1.当事人在法定期限内不申请行政复议或者提起行政诉讼

如果当事人申请行政复议或者提起行政诉讼，则按照《行政复议法》的规定执行。

2.当事人不履行行政决定

包括两种情形：一是没有经过办案机关的直接强制执行，而直接选择申请人民法院强制执行。二是经过办案机关的直接强制执行后，当事人仍然不履行行政处罚决定和强制执行决定，只能申请人民法院强制执行。

3.行政机关没有行政强制执行权

主要指行政机关没有行政强制执行权的处罚种类。法律已经赋予行政机关行政强制执行权的处罚种类，则应当由行政机关自行强制执行而不得申请人民法院强制执行。目前，法律赋予工商行政管理机关强制执行权的有加处罚和“拍卖抵缴”两项。因而，工商行政管理执法办案实践中的“加处罚”和“拍卖抵缴”两项强制执行措施，不能申请人民法院强制执行；而“排除妨碍、恢复原状”“划拨存款、汇款”和“代履行”只能申请人民法院强制执行。

4.申请期限

申请人民法院强制执行的期限，应当是从当事人申请行政复议或者提起行政诉讼期限届满之日的次日起算，在公元历法标准三个月内。这“三个月”为除斥期间，不因任何事由而中止、中断或者延长。

5.具体程序

“依照本章规定申请人民法院强制执行。”《行政诉讼法》第六十六条只规定了申请人民法院强制执行的原则性条件，没有规定具体程序。《行政强制法》第五十三条明确规定，依照该法第五章“申请人民法院强制执行”一章的规定进行。实际实施中，《行政强制法》没有规定的细则，可以按最高人民法院法释〔2000〕8号《执行行政诉讼法解释》规定的具体程序进行。

执行申请前的催告

《行政强制法》第五十四条规定：行政机关申请人民法院强制执行前，应当催告当事人履行义务。

非诉执行申请前的催告即申请人民法院强制执行前的催告，是指当事人在行政决定做出后不自觉履行义务，行政机关督促当事人在一定期限内履行义务，否则将承担被申请人民法院强制执行后果的一种告诫程序。在申请人民法院强制执行前为当事人留有一定期限，劝说其及时履行处罚决定及行政强制执行决定，督促当事人自觉履行行政义务，体现了教育与强制相结合的原则，体现了对当事人的尊重，有助于缓冲强制执行的心理冲击，减轻当事人的对抗情绪，达到执行的目的。为此，本书第一版提出强制执行前的预先告诫程序，并设计有先行告诫当事人而使用的《敦促履行行政处罚决定告诫书》（以下简称《告诫书》）参考文书格式。不少地方反映，寄出《告诫书》后的效果相当不错，不少当事人主动履行处罚决定，省却了办案机关申请人民法院强制执行，也避免了当事人的执行费损失。

非诉执行申请前的催告与行政机关自行实施强制执行中的催告程序是相对应的，也应当具备相应的要求：

（1）催告应当以书面形式做出。

（2）催告书应当载明《行政强制法》第三十五条所列的事项。即当事人履行义务的期限；履行义务的方式；涉及金钱给付的，应当有明确的金额和给付方式；当事人依法享有的陈述权和申辩权。

（3）当事人不履行义务的后果。

非诉执行申请前催告与行政机关自行实施强制执行催告两者不同的是，在申请人民法院强制执行催告程序中增加了一个缓冲期限："催告书送达十日后当事人仍未履行义务的"，行政机关才可以向人民法院申请强制执行。在工商行政管理执法办案实践中，应注意这"十日"期限与催告书中所列"履行期限"之间的关系。最好是将催告书中所列的"履行期限"相应表述为"收到此催告书十日内"。如果两者的期限不一致，则应按照有利于当事人原则，以最长的期限作为缓冲期限。

非诉执行的管辖

非诉执行案件的管辖是指根据法律规定，在人民法院系统内部就执行案件所做的分工和权限划分，包括上下级人民法院之间的级别管辖和同级人民法院之间的地域管辖。《行政强制法》第五十四条规定：催告书送达十日后当事人仍未履行义务的，行政机关可以向所在地有管辖权的人民法院申请强制执行；执行对象是不动产的，向不动产所在地有管辖权的人民法院申请强制执行。在工商行政管理执法办案实践中，申请人民法院强制执行时，应当注意人民法院的执行管辖，原则上参照诉讼管辖规定。其中：级别管辖中，注意某些重大、复杂、在本辖区内有重大影响案件的非诉执行，可以由中级人民法院甚至高级人民法院管辖。地域管辖中注意一般原则。但执行标的是不动产的，注意向不动产所在地有管辖权的人民法院申请强制执行。

非诉执行申请材料

《行政强制法》第五十五条规定：行政机关向人民法院申请强制执行，应当提供下列材料：

1.强制执行申请书

内容一般包括：申请执行机关的名称、法定代表人；被执行人的姓名或名称、住址等内容；申请事项；申请理由等。强制执行申请书应当由行政机关负责人签名，加盖行政机关的印章，并注明日期。

2.行政决定书及做出决定的事实、理由和依据

这是行政机关申请人民法院强制执行的根据。在工商行政管理执法办案实践中："行政决定书"包括《行政处罚决定书》和《行政强制执行决定书》；"做出决定的事实、理由和依据"一般已经在《行政处罚决定书》和《行政强制执行决定书》中表述清楚。如果需要另外补充，可以采用行政机关通用公文格式单独说明。

3.当事人的意见及行政机关催告情况

包括：行政机关是否已经履行催告程序；催告书是否已经送达，规定的履行期限是否已经届满；当事人是否提出异议以及答复处理情况；当事人在催告期间是否履行了应当履行的义务，等等。以上情况可以采用行政机关通用公文格式写一份“关于××××一案的执行催告情况说明”，并附《履行行政处罚决定催告书》副本以及送达回证、异议处理答复书等材料。

4.申请强制执行标的情况

执行标的是生效法律文书所确定的权利、义务的给付内容。执行标的包括财产和行为两方面，一般包含以下要素：1）权利和义务关系。2）给付方式。3）给付的物质种类。如现金、实物、行为等。4）数额或要求。即物的价值、数目和具体标准。

在工商行政管理执法办案实践中，执行标的是《行政处罚决定书》和《行政强制执行决定书》所确定的具有给付可能的给付内容，是人民法院强制执行行为所指向的对象，一般是被执行人财产状况。该项情况可以采用行政机关通用公文格式写一份“关于×××× 一案执行标的的情况说明”。

5.法律、行政法规规定的其他材料

人民法院非诉执行程序

对行政机关的非诉执行申请，人民法院规定有严格的系统程序。对此，工商行政管理机关必须注意遵守。必须注意尊重和协助人民法院按程序办事。一般来说，人民法院的非诉执行程序包括受理、裁定、执行、费用、情况反馈等环节。

暂缓或分期缴纳

《行政处罚法》第五十二条规定，“当事人确有经济困难，需要延期或者分期缴纳罚款的，经当事人申请和行政机关批准，可以暂缓或者分期缴纳”。这种情形，与《行政强制法》第三十九条第一款第（一）项规定的中止执行情形相吻合。在正常的罚款收缴程序之外，可能出现因当事人有特殊经济困难，需要延期或者分期缴纳罚款的情况。如当事人因遭受自然灾害等不可抗力造成财产损失，无法如期缴纳罚款。在这种情况下，当事人不是主观上拒交罚款，而是客观上有经济困难，不具备如期履行缴纳罚款义务的能力。这种情况必须与当事人故意拒绝或者拖延缴纳罚款的行为区分开来，允许有特殊经济困难的当事人暂缓或者分期缴纳罚款。

关于暂缓或者分期缴纳罚款的程序，有两种情形：如果已经进入行政强制执行程序，则按照《行政强制法》第四章“行政机关强制执行程序”第一节“一般规定”实施；如果尚未进入行政强制执行程序，可以按照国家工商行政管理总局令第28号《工商行政管理机关行政处罚程序规定》第七十二条规定执行。一般来说，当事人确有经济困难，需要延期或者分期缴纳罚款的，应当向做出罚款决定的工商行政管理机关提出书面申请，阐明不能按期缴纳罚款的原因和理由，提出申请延期的期限或者分期期次；经工商行政管理机关负责人批准后，由办案机构以办案机关的名义，书面告知当事人延期或者分期的期限。

工商行政管理机关收到当事人的申请或者陈述、申辩后，应当及时进行审查、核实，调查清楚当事人目前的财产状况，从而确定其是否有履行罚款的能力。如果认为当事人的申请或者陈述、申辩理由不成立的，制发《答复书》，驳回申请；认为申请理由成立的，应做出批准延期或者分期缴纳或者中止执行的决定，并制发《分期（延期）缴纳罚款通知书》或者《中止执行通知书》，银行依照工商行政管理机关的决定分期（延期）收缴罚款。

工商行政管理机关在执行暂缓或者分期缴纳规定的时候，应当把握三点：

1.与执行中止的关系

执行中止适用于各类具体行政行为，即适用于所有行政决定的执行，而暂缓或分期缴纳仅仅适用于行政处罚决定中的罚款缴纳；《行政强制法》规定的执行中止是在行政强制执行程序中，而暂缓或分期缴纳不仅适用于行政强制执行程序，也应当同时适用于自愿缴纳程序。

2.要及时审查

工商行政管理机关收到当事人的申请后一定要及时审查、核实，对当事人的当前财产状况及履行能力要调查清楚。如果当事人没有经济困难，有履行罚款决定的能力，却想利用《行政处罚法》这一条的规定不缴纳罚款，工商行政管理机关如果不严格审查就批准其申请的话，会使当事人觉得有空子可钻，从而逃避缴纳罚款的义务。这样，势必会损害工商行政管理处罚决定的严肃性，客观上放纵违法行为。反之，如果当事人确有经济困难，确实无力履行罚款决定，而工商行政管理机关不认真调查就驳回当事人的申请，也侵害了当事人的合法权益，损害工商行政管理机关的形象。

3.不等于不履行

对确有经济困难的当事人，经过工商行政管理机关批准，可以暂缓或分期缴纳罚款。但是，暂缓履行或分期履行并不等于不履行。一旦当事人有了履行能力，就应当按照行政处罚决定的要求履行罚款缴纳义务。工商行政管理机关也应当督促当事人在恢复履行能力的情况下，及时按批准通知履行罚款缴纳义务，否则会影响工商行政管理机关执法的严肃性。对于当事人有能力履行罚款决定，却故意不履行，或者拖延履行的，分为不同情况强制履行：尚未进入行政强制执行程序的，工商行政管理机关可以依照《行政强制法》规定，自行采取行政强制执行措施或者申请人民法院强制执行；已经进入行政强制执行程序的，依照《行政强制法》第三十九条第二款规定，中止执行的情形消失后，行政机关应当恢复执行。

4.满三年不再执行

《行政强制法》第三十九条第二款规定："对没有明显社会危害，当事人确无能力履行，中止执行满三年未恢复执行的，行政机关不再执行。"这一规定应同时适用于暂缓满三年未缴纳的情形。

暂扣物品的保管和处理

暂扣物品的保管

暂扣物品，是指工商行政管理机关在案件调查过程中，为搜集证据，查明案件事实，或未及时制止违法行为，减少违法行为的危害后果，根据案情和法律规定采取查封或查扣等强制措施暂时剥夺当事人使用权和处置权的涉案物品和非法物品（以下称涉案物品）。涉案物品，是指当事人用于实施违法行为的工具、设备、原料、半成品以及违法行为的生成物等；非法物品，是指国家禁止自由交易的武器弹药、毒品、假劣商品等物品。

暂扣物品包括查封物品与扣押物品。查封物品，是指执法机关将需要查封的涉案物品就地封存，交由当事人或实际控制人保管且不得转移、隐匿、使用和销售的物品；扣押物品，是指执法机关将需要扣押的涉案物品采取查扣措施后自己保管或委托他人保管的物品。暂扣物品有两个基本特征：一是涉案。涉案，是被暂扣的重要原因之一，因为只有暂扣涉案物品，才能及时有效地制止违法行为和有利于执法机关获取证据。二是当事人所有或使用。涉案物品一经暂扣，当事人便暂时失去了控制权、使用权和处分权，但未失去所有权。

暂扣物品保管，是指暂扣物品的保存与管理活动。为了保证案件调查处理工作的顺利进行和有效维护当事人的合法权益不受侵害，执法机关应当合理安排并妥善保管暂扣物品。

1.查封物品的保管

实践中，查封物品的保管有两种情形，即当事人控制的由当事人负责保管控制权不在当事人的，由实际控制人负责保管。无论当事人保管还是实际控制人保管，都应当履行下列程序：

（1）认真清点核实。查封涉案物品时，调查人员必须会同当事人或当事人和实际控制人对拟查封物品的名称、品种、型号、规格、质量、数量、单价、总价款等具体情况认真、细致地清点核实和确认。

（2）制作查封物品清单。为明确查封物品的保管责任，查封时必须制作查封物品清单。查封物品清单对拟查封物品的名称、品种、型号、规格、数量、质量、单价、总价款等具体情况应当详细记载，并确保记载内容与实际情况完全一致。调查人员与当事人或当事人和实际控制人都应当在查封物品清单上签名或盖章。

查封物品由当事人保管的，查封物品清单应当一式两份：一份交由当事人保存，一份入卷；查封物品由实际控制人保管的，应当一式三份：一份由当事人保存，一份由实际控制人保存，一份入卷。

（3）告知保管人义务。无论查封物品由当事人保管还是由实际控制人保管，都应当以书面形式明确告知其下列义务：保管人依法对查封物品承担妥善保管的义务，不得销售、转移、藏匿、损坏和擅自使用，否则，将依法承担不利的法律后果。

2.扣押物品的保管

实践中，扣押物品的保管也有两种情形，即工商执法机关自己保管和委托保管，保管责任由执法机关承担。保管好扣押物品是工商执法机关依法应当承担的重要职责和义务，因为扣押物品不仅涉及当事人、国家、社会或他人合法权益的有效维护，而且，在扣押期间容易出现丢失、损毁等情形，因此，具备保管条件的执法机关应当自己保管，不易委托保管。所谓保管条件，是指保管扣押物品的场所和安全、通风设施等基本条件，以及保管危险化学品、贵重物品等应具备的特殊条件。

为了保管好扣押物品，执法机关必须建立健全下列制度：

（1）查管分离。为了保证扣押物品的安全和调查人员能够集中精力调查处理案件，必须查、管分离，即涉案物品一经扣押，必须移交专职人员保管，调查人员不再承担保管责任。

（2）专设库房。为了保证扣押物品的安全，执法机关应当专设暂扣物品专用仓库，将暂扣物品存放在专用仓库，避免与单位自用仓库或其他仓库相混同。

（3）保管人员应当相对固定。扣押物品种类繁多，情况复杂，出入库程序严格，且各类物品的保管要求各不相同；保管人员应当相对固定，以便其熟悉保管业务和相关程序，积累保管知识和经验，提高扣押物品保管的专业性和安全性。

（4）建立库房安全保卫制度。不仅库房本身应当状况良好，通风方便和安全可靠，还必须建立健全库房安全保卫制度。租用库房应当选择门卫制度严格，闲杂人员较少，车辆进出方便的地方。

（5）建立健全检查防范制度。对进入库房的扣押物品应当坚持定期或不定期检查，防止扣押物品霉变、腐烂或丢失、损毁。

委托保管，是指工商执法机关因不具备暂扣物品保管条件而委托有条件的单位或个人保管的情形。委托保管的，调查人员应当会同受托人认真清点核实委托保管物品，并制作委托保管物品清单。委托保管物品清单登记的委托保管物品名称、品种、数量等内容与实际情况应当完全一致。调查人员和受托人都应当在委托保管物品清单上签名或盖章。委托保管物品清单应当一式两份作为委托保管合同的附件，一份由受托人保存，一份入卷。委托保管应当注意下列事项：

（1）被委托人应当具备良好的主客观条件。主观条件包括综合素质良好的保管人员和健全完善的保管制度，以及安全可靠的保卫措施等；客观条件包括完善、安全、可靠的仓储场所和硬件设施，以及科学先进的监控、监测设备与技术等。

（2）明确双方的权利与义务。委托保管的，执法机关应当向受托人出具保管委托书，并订立委托保管合同，详细约定双方的权利与义务，特别应当突出强调受托人必须履行不得擅自动用、销售、转移和损毁委托保管物品的义务。否则，不仅要承担违约责任，还可能承担由此引起的其他法律责任。

（3）委托保管物品出现意外的，必须追究受托人的法律责任。委托保管的，执法机关与受委托人之间通过委托保管合同建立了委托保管民事法律关系，当委托保管物品发生丢失、损毁等情况时，受托人除承担相应的民事法律责任外，执法机关应当依法追究受托人的行政法律责任，涉嫌犯罪的，应当移送公安机关。

扣押物品的保管还应当注意下列事项：

（1）明确保管责任的起始点。对涉案物品采取扣押措施后，扣押物品的控制权由当事人转移到执法机关，控制权的转移必然引起保管责任的转移。法律对扣押物品保管责任转移的起始点没有规定，但根据一般常识可以认为，调查人员与当事人共同签署扣押物品清单之时，便是执法机关取得扣押物品控制权和承担保管责任的起始点；调查人员与保管人员共同签署扣押物品入库单时，便是保管人员承担保管责任的起始点。

（2）保障搬运安全。扣押物品需要运离查扣现场，为了保证装卸、运输过程的安全，调查人员必须做到以下几点：

1）会同承运人对其承运物品的名称、品种、数量等认真清点核实，必要时应当制作单车（船、机）承运物品清单；

2）以书面形式告知承运人对承运物品依法应当履行的义务和不履行义务应当承担的法律责任，口头告知的应当制作告知笔录，并由承运人签名或盖章；

3）对运输车（船、机）所有权人、牌号和承运人姓名、单位、驾照号码、联系方式等情况予以详细记录；

4）必要时调查人员应当跟车（船、机）监控，协助承运人保障运输途中的安全。

暂扣物品的入出库制度

1.入出库的概念

入库，是指经一定程序将暂扣物品存入保管仓库，保管责任由调查人员转移到保管人员的程序制度。出库，是指经一定程序从专用仓库提出暂扣物品，保管责任由仓库保管人员转移到调查人员或暂扣物品处理人员（以下称调查人员）的程序制度。暂扣物品出库应当具备下列条件：一是暂扣物品需要发还当事人。当暂扣涉案物品的目的已经实现或暂扣期限届满，不需要或依法不得继续暂扣时，应当解除暂扣措施并将暂扣物品发还当事人。二是案件被移送。案件被移送的，暂扣物品应当随案移送。三是暂扣物品被没收且需要处理。

暂扣物品出入库是暂扣物品保管与处理的必经程序，既涉及暂扣物品本身的安全，也涉及保管责任的转移，是暂扣物品保管责任制度的重要组成部分，因此，执法机关应当建立健全暂扣物品出入库制度，严格入出库程序，保证暂扣物品在入出库环节责任明确，物品安全。

2.暂扣物品入出库程序

（1）清点核实。暂扣物品入出库都意味着保管责任的转移，因此，保管人员应当会同调查人员或处理人员对暂扣物品的名称、品种、型号、规格、质量和数量等事项认真进行清点核实。

（2）制作入出库清单。在清点核实的基础上，保管人员应当会同调查人员或处理人员制作暂扣物品入出库清单。入出库清单记载的暂扣物品名称、品种、规格、型号、批号、质量和数量等事项，与实际入出库的暂扣物品名称、品种、规格、型号、批号、质量和数量等事项应当完全一致。入出库清单是暂扣物品入出库和暂扣物品保管责任转移的唯一凭证，因此，保管人员和调查人员或处理人员都应当在入出库清单上签名或盖章。入出库清单应当一式两份：一份入卷，一份由保管人员保存。

入库清单应当载明下列内容：

1）暂扣物品所属案件名称；

2）存放暂扣物品的仓库名称或编号、地址；

3）暂扣物品名称、品种、规格、型号、质量和数量等详细情况；

4）库内放置方位和位置；

5）入库时间；

6）保管人员与调查人员签名等。

出库清单应当载明下列事项：

1）暂扣物品所属案件名称；

2）出库时间；

3）出库理由；

4）出库暂扣物品名称、品种、规格、型号、批号、质量和数量等；

5）仓库保管人员和调查人员或处理人员签名等。

3.入出库注意事项

一是严格程序。暂扣物品入出库涉及暂扣物品的安全和暂扣物品保管责任的转移，是一项非常严肃的法律行为，执法机关必须建立健全入出库制度，严格入出库程序，做到保管责任清楚，保管物品安全。

二是账物、账账相符。暂扣物品入出库前，保管人员与调查人员或处理人员必须认真清点核实并制作入出库清单，保证账物相符，账账相符。账物或账账不符的不得出入库。

三是入库物品要堆放稳固。暂扣物品进入库房后，调查人员不能一走了之，应当在保管人员的统一组织与指导下，协助保管人员将入库物品堆放到位、整齐和稳固，以方便区分、保管和提取。

暂扣物品的处理

暂扣物品的处理，是指执法机关依据法律规定和案件调查处理的实际需要，以及暂扣物品的具体情况处置暂扣物品的情形。暂扣涉案物品的目的，是及时制止违法行为和方便搜集证据，尽快查明案件事实，当暂扣目的已经实现，暂扣措施作为手段已没有存在的必要，或暂扣期限届满、暂扣物品需要及时处理的，执法机关应当及时处理。暂扣物品的处理有先行处理、发还、没收、移送和其他特殊处理等情形。

1.先行处理

先行处理，是指工商执法机关对易腐烂、变质或季节性较强等不易保存的暂扣物品，在尚未做出最终处理决定之前，根据暂扣物品的具体情况依法变价或做其他处理的情形。暂扣物品种类繁多，品质和保存期限各异，有的易腐烂变质，有的具有很强的季节性。腐烂、变质或过季将导致其失去使用价值和价值，给当事人或国家造成一定经济损失。为了减少这种损失，工商执法机关对易腐烂、变质或季节性强的暂扣物品应当依法先行处理。先行处理易腐烂、变质或季节性强的暂扣物品，是工商执法机关应当承担的法律责任，是对国家、社会和当事人合法权益负责的具体体现。对应当先行处理而因执法机关的原因未先行处理，导致暂扣物品腐烂、变质或因过时而造成损失的，工商执法机关应当承担法律责任。

现行处理的程序如下：

（1）申报。案件调查机构或仓库保管人员对拟先行处理的暂扣物品应当制作暂扣物品先行处理审批表，连同认定暂扣物品可能腐烂、变质或过时的证据材料一并报工商执法机关负责人审批。暂扣物品先行处理审批表应当一式一份入卷。

暂扣物品先行处理审批表应当载明下列内容：

1）暂扣物品所属案件名称；

2）暂扣物品名称、品种、数量等具体情况；

3）拟先行处理物品易腐烂、变质或过时的认定证据或依据；

4）先行处理的法律依据；

5）先行处理的方式和理由；

6）调查人员或保管人员签署的先行处理建议和签名；

7）案件调查机构或相关机构负责人签署的部门意见和签名；

8）执法机关负责人签署的初审意见和签名；

9）制作时间和执法机关盖章等。

（2）审批。工商执法机关负责人应当在认真审查核实拟先行处理物品的具体情况和相关证据，以及调查人员或保管人员的意见或建议的基础上，对是否先行处理和如何先行处理暂扣物品做出决定，并在暂扣物品先行处理审批表的相关栏目中签署决定意见和签名。

（3）协商意见。为了维护当事人的合法权益，保证暂扣物品先行处理行为的合法性和合理性，工商执法机关决定拟先行处理暂扣物品时，应当通过制作并送达先行处理暂扣物品意见协商函的形式征求当事人意见。先行处理暂扣物品意见协商函应当一式两份；一份送达当事人，一份入卷。

意见协商函应当明确告知当事人下列事项：

1）拟先行处理的暂扣物品名称、规格、数量、质量等基本情况；

2）拟先行处理物品易腐烂、变质或过时的认定证据或依据；

3）先行处理的法律依据；

4）不先行处理可能造成的经济损失和责任；

5）执法机关拟采用的先行处理方式（适用法定方式的，必须选择法定方式，不适用法定方式的，应当选择公正合理和能够使暂扣物品保值增值的方式）；

6）当事人回复意见的期限和方式等。

当事人有权利根据暂扣物品的具体情况对是否先行处理提出“同意”或“不同意”的意见，并在规定的期限内采用书面形式将自己的意见回复给执法机关。

实践中，工商执法机关与当事人协商意见的结果通常有以下几种：一是当事人同意执法机关的先行处理意见和方式；二是当事人同意先行处理，不同意执法机关提出的处理方式并提出新的处理方式；三是当事人同意先行处理，但不同意执法机关提出的处理方式，自己也未提出新的处理方式；四是当事人不同意先行处理。

（4）先行处理。执法机关应当根据与当事人协商的结果分别不同情况予以处理。

当事人既同意先行处理，也同意先行处理方式的，应当在收到当事人意见回复函后尽快处理，并将处理结果以书面形式告知当事人。

当事人同意先行处理，不同意工商执法机关提出的处理方式并提出新的处理方式的，只要不违反法律规定，应当按照当事人提出的处理方式处理，并将处理结果以书面形式告知当事人。

当事人同意先行处理，但不同意工商执法机关提出的处理方式，自己也未提出新的处理方式的，应当依据法律规定，在保全证据并严格履行先行处理审批程序的基础上，按照自己的方式处理，并将处理结果以书面形式告知当事人。

当事人不同意先行处理的，应当对暂扣物品的具体情况做进一步分析、研究和认定，并根据以下原则精神决定是否先行处理：对证据确实充分，能够准确认定暂扣物品变质、腐烂或过时的，在保全证据的前提下依法先行处理，并将处理结果以书面形式告知当事人；对不能准确认定暂扣物品变质、腐烂或过时的，可暂不处理，但必须收集保存两类证据：一是难以准确认定暂扣物品变质、腐烂或过时的证据，二是执法机关已经提出先行处理意见并与当事人书面协商的证据。

2.发还

发还，是指执法机关将暂扣物品返还当事人的情形。暂扣涉案物品是手段而不是目的，目的是及时制止违法行为和有利于搜集证据，有效维护市场交易秩序。执法目的实现后，对依法应当发还的暂扣物品应当及时发还当事人。

暂扣物品的发还程序如下：

（1）申报。调查人员根据法律规定和案件调查处理的实际需要认为应当将暂扣物品全部或部分发还当事人的，应及时制作解除强制措施审批表和暂扣物品发还审批表，并报执法机关负责人审查批准。解除强制措施审批表和暂扣物品发还审批表应当一式一份入卷。

（2）审批。工商执法机关负责人应当根据法律规定和案件调查处理的实际需要及时做出是否发还的决定，并在解除强制措施审批表和暂扣物品发还审批表的相关栏目中签署决定意见和签名。

（3）告知当事人。决定发还暂扣物品的，调查人员应当及时制作并向当事人送达解除强制措施和暂扣物品发还通知书。解除强制措施通知书应当告知当事人解除强制措施的理由和依据；发还暂扣物品通知书应当告知当事人发还暂扣物品的理由、依据和领取暂扣物品的时间、地点。当事人应当按时领取暂扣物品。

（4）履行出库程序。向当事人交付暂扣物品之前，调查人员应当会同保管人员制作暂扣物品出库单，严格履行出库程序。

（5）制作暂扣物品发还单。向当事人交付暂扣物品时，保管人员应当协助调查人员会同当事人认真清点核实拟发还的暂扣物品，向当事人交付的暂扣物品名称、品种、规格、型号、批号、质量和数量等应当与暂扣财物清单所载明的内容完全一致。清点核实后，调查人员应当制作暂扣物品发还单。暂扣物品发还单是执法机关向当事人发还暂扣物品的唯一法律凭证，应当一式两份：一份送达当事人，一份入卷。

暂扣物品发还单应当载明下列内容：

1）当事人名称（姓名）；

2）发还物品的名称、品种、规格、型号、批号、质量和数量等详细情况；

3）发还时间和地点；

4）当事人签名或盖章；

5）调查人员签名等。

3.没收

对暂扣物品中依法应当没收的，工商执法机关做出行政处罚决定时应当直接决定没收。没收暂扣物品的，应当制作并向当事人送达行政处罚决定书和没收财物票据，没收财物票据应当有一联入卷。

4.移送

案件移送其他执法机关调查处理的，暂扣物品应当随案移交，不得截留和擅自处理。受移送机关应当协助移送机关认真履行移送程序，安全顺利地交接，防止暂扣物品在交接过程中丢失或损毁。

5.暂扣物品处理的特殊情形

（1）当事人不明暂扣物品的处理。法律法规对当事人不明的暂扣物品如何处理没有规定，但根据法律原则和案件调查处理实践，执法机关应当依现有证据查找当事人。现有证据通常包括举报材料、已经取得的证据和暂扣财物本身提供的信息等。依现有证据能够确认当事人的，按照正常程序处理；依现有证据无法确认当事人的，应当通过公告送达方式通知当事人接受调查处理。公告期限15天。

公告期限届满当事人仍未前来接受调查的，执法机关不能消极等待，应当进一步审查核实和甄别认定暂扣物品的法律属性和质量。经甄别认定分别做出下列处理：

1）没收。对假劣等质量不合格商品和非法物品，依法予以没收。

2）公告认领。对合法且质量合格和安全可靠的，应当公告通知当事人认领。公告认领的理由主要有以下几点：一是合法且质量合格和安全可靠，依法应当发还当事人；二是对质量合格和安全可靠但法律属性难以认定的，应推定其合法，依法也应当发还当事人；三是因当事人不明，其他送达方式无法送达发还通知书；四是强制措施因期限届满而解除，暂扣物品依法应当发还当事人。公告认领的期限是6个月。6个月内无人认领的，按无人认领暂扣物品处理。

（2）无人认领暂扣物品的处理。无人认领暂扣物品，是指物品所有权虽完整归属于所有权人，但因所有权人不明或所有权人不主张权利而由执法机关暂时控制和保管的物品。无人认领暂扣物品应当具备以下特征：一是无人认领暂扣物品是执法机关依法暂扣的涉案物品；二是无人认领暂扣物品是当事人明确且依法应当发还当事人的物品；三是无人认领暂扣物品是当事人下落不明或当事人不主张权利的物品。

对无人认领的暂扣物品，应当采取拍卖等法定方式变价处理，变价款应当在执法机关的专门账户上予以保存。变价款自暂扣物品变价之日起一年内仍无人认领的，扣除保管和变价处理等费用后上缴财政。上缴财政后当事人前来认领的，执法机关应当通知财政部门将扣除必要费用后的变价款发还当事人，不得以上缴财政为由拒不发还。

（3）无主暂扣物品的处理。无主暂扣物品，是指没有权利人或权利人不明确的暂扣物品。无主暂扣物品应当具备以下两个特征：一是工商执法机关依法暂扣的物品；二是没有权利人或权利人不明确的物品。

传统上工商执法机关将无人认领的暂扣物品也称为无主财物，但随着我国民主法治建设的发展进步和《中华人民共和国物权法》（以下简称《物权法》）的颁布实施，已不能将无人认领暂扣物品定义为“无主财物”，理由主要有两个方面：一是“无人认领”与“无主”的法律性质不同。“无人认领”不意味着没有权利人，即使权利人下落不明或不主张权利，还可能有主张权利的继承人或债权人，而“无主”意味着没有权利人；二是执法机关没有认定无主财物的权力。无主财物隐含两个基本问题，即无主财产是否真的“无主”和无主财产应当归谁所有。对上述两个问题的解决国家有专项法律制度，即由人民法院按特别程序依法将某项财产宣布为无主财产，并判归国家或集体组织所有，从而确定财产关系，维护国家、集体和个人的利益，稳定社会经济秩序。实践中需要认定无主暂扣物品的情形比较少见，但不能完全排除这种可能性。

没收物品的保管与处理

没收物品的保管

没收物品，是指工商执法机关依据行政处罚决定收缴国有的物品。没收物品有以下特征：一是没收物品是涉案物品，如假劣商品、制造假劣商品的设备、工具和非法物品等；二是没收物品的所有权归国家。没收物品的保管，是指没收物品的保存与管理活动。没收物品的保管也有两种形式，即执法机关有保管条件的，应当自己保管，没有保管条件的，可以委托有保管条件的其他人保管。

没收物品的保管程序、方法、要求和注意事项与暂扣物品的保管相同，此处不再赘述。

没收物品的处理

没收物品的处理，是指工商执法机关根据没收物品的不同情况，依法对没收物品予以变价、销毁或做其他处理的情形。没收物品种类繁多，有真有假，用途各异，情况非常复杂。有的虽有使用价值，但不得流入市场，其使用价值依法不得实现；有的虽然没有使用价值，但可以再生利用等。因此，工商执法机关必须坚持依法、节约和物尽其用的原则，根据没收物品的具体情况和相关法律规定，在充分利用没收物品的使用价值和价值的前提下选择适当方式处理。能够变价的，应当变价，将变价款上缴国库；不能变价但可以选择其他方式合理利用的，应当合理利用，最大限度地维护国家利益和社会公共利益。只有对既不能变价，也无法合理利用的才应当予以销毁。

为了提高没收物品处理的规范化和法制化水平，工商执法机关应当按季度、半年或年度编制没收物品处理计划和没收物品处理情况汇总表，并报上一级执法机关和同级财政机关备案。

1.处理没收物品的基本原则

（1）文物、枪支、弹药和其他禁止流通的易燃、易爆危险品交具备法定资质的专管（专营）机构处理。

（2）毒品和吸毒用具、淫秽书刊、盗版光盘等物品，经有关部门鉴别确认后交由专管机关处理。

（3）易腐物品、鲜活品，经检疫合格且不宜拍卖的，由具备法定资质的经营单位收购；检疫不合格的予以销毁。

（4）对特许生产经营和使用权的，经具备法定资质的质量鉴定机构鉴定确认，并依法评估价格后，按有关规定有偿调拨。

（5）除以上四类外，其他可以变价处理的，应当依法变价处理；不能变价处理的，由执法机关组织销毁，财政部门应当派员监督。

2.没收物品的处理形式

没收物品的处理有个案处理和集中统一处理两种形式。个案没收物品数量较大，保管成本较高的应当个案处理，以减少保管成本与风险；个案没收物品数量较小的应当集中统一处理，以减少程序之累和节约处理成本。

3.没收物品的常规处理方式

（1）拍卖。拍卖，是指以公开竞价的形式，将特定物品或财产权利转让给最高应价者的一种特殊买卖方式。拍卖，是处理没收物品的法定与首选方式，凡可以通过拍卖方式变价处理的都应当拍卖，并将拍卖所得上缴国库。拍卖应当按照下列程序实施：

1）确定拍卖底价。拟拍卖的没收物品应当报物价部门核定或委托价格评估机构评估确定拍卖底价。确定拍卖底价应当坚持程序规范、按质论价的原则，既要充分体现没收物品的价值和使用价值，又要价位合理，确保拍卖成功。

2）选定拍卖公司。目前，没收物品的拍卖通常由政府指定的拍卖公司负责，但通过竞标或抽签确定拍卖公司更为合理，更符合公开、公正、公平的市场竞争规律，因此，在可能的情况下，应当通过竞标或抽签确定拍卖公司。

3）签订委托拍卖合同。拍卖公司选定后，执法机关应当依据《拍卖法》《中华人民共和国合同法》的有关规定和拍卖底价，与拍卖公司签订委托拍卖合同。委托拍卖合同应当明确约定双方的权利、义务、违约责任、争议解决方式等重要事项或内容。

4）拍卖所得上缴国库。拍卖成交后，执法机关应当及时与买受人签订拍卖成交书，及时收回变价款上缴国库。

（2）代销。没收物品有些适用拍卖方式处理，有些不适用拍卖方式处理。对不适用拍卖方式处理的，可以采取代销方式处理。代销应当按照下列程序实施：

1）确定参考价格。代销的没收物品应当报物价部门核定或委托价格评估机构评估确定参考价格。物价部门核定或评估机构评估的价格，只能作为签订代销合同的参考价格，约定合同价格时既要考虑变价物品保值增值，又要顾及代销企业的利益和没收物品变价成功。

2）确定代销企业。代销企业的选择应当坚持以下原则：一是有一定经营规模和市场占有率，具有如期销售代销物品的经营能力；二是有良好的市场信誉和经营管理水平，能够依约履行合同义务；三是有条件和可能时，应当尽可能选择国有企业代销。

3）签订代销合同。代销企业确定后，执法机关应当与代销企业在协商一致的基础上签订代销合同，详细约定销售价格、销售期限、付款方式、付款期限、违约责任和争议解决方式等重要事项。

4）变价款及时上缴国库。代销企业应当依据代销合同的约定履行合同，执法机关应当依代销合同的约定收回销售款并上缴国库。

（3）收购。收购，是指对国家禁止自由交易的没收物品，依法交由有经营资格的特许经营单位按照国家定价或参考价变价处理的方式。对国家禁止自由交易的没收物品如成品油、危险化学品等，都应当选择收购方式处理。选择的收购企业必须具备特许经营资格和良好的经营能力与市场信誉。

收购处理的，执法机关应当与收购企业订立收购合同，收购合同应当详细约定收购价格、付款方式和期限、违法责任和争议解决方式等重要事项。合同履行终结后，变价款应当及时上缴国库。

（4）自行处理。自行处理，是指执法机关根据没收物品的具体情况自己处理，并将变价款上缴国库的情形。自行处理必须具备相应的条件，否则，任何机关和个人不得自行处理没收物品。自行处理应当具备以下条件：一是没收物品数量较少，其他方式处理得不偿失；二是保质期或有效期即将届满，来不及选择其他方式。

自行处理应当报请物价部门核定或委托价格评估机构评估确定参考价格，并根据参考价格处理，变价款及时上缴国库。

4.没收物品的特殊处理方式

没收物品的特殊处理方式，是指除常规处理方式以外的其他处理方式。没收物品的特殊处理方式主要有销毁和扶贫或赈灾等。

（1）销毁。销毁，是指将没有使用价值，或虽有使用价值但不得流入市场的没收物品本身予以毁灭的处理方式。没收假劣商品等违法物品的目的，是将其清除出市场，净化交易商品和交易环境，保护消费者和经营者的合法权益不再受到侵害。如果对此类没收物品本身不予毁灭，就有可能再次流入市场继续侵害消费者和经营者的合法权益，这与没收此类物品的初衷是背道而驰的。

销毁没收物品是一种无奈的选择，因为应当销毁的没收物品大多具有一定的使用价值。为了节约资源、减少浪费和有利环保，不能一烧了之、一砸了之，应当注意把握以下几点：

1）销毁方式的选择。选择何种方式销毁没收物品在理论上和实践中都存在争议，但近年来比较一致的意见认为，焚烧不是销毁的唯一方式，必须探索绿色销毁之路。基于这样的共识，执法机关应当研究探索绿色环保的销毁方式，尽可能变废为宝和节约资源、减少污染。如假劣香烟既可以作为无公害农药的生产原料，也可以将其粉碎，经高压成形制成木炭等；经鉴定无毒无害的假劣食品可以成为饲料的生产原料；非法出版物、黄色书刊可以作为造纸原料；假劣玻璃制品可以交由玻璃厂回炉；等等。这类意见不仅具有积极性，也有一定的可行性，执法机关应当在综合考虑没收物品的具体情况和环境保护、销毁成本等因素的基础上，在粉碎回收、直接回炉和焚烧等方式中选择适当的销毁方式。

粉碎回收，是指对有回收利用价值的没收物品，为防止其再次流入市场而不宜直接回收利用的，粉碎后按废旧物品交由有关企业回收利用的销毁方式。对有回收利用价值的没收物品以成品形式交由有关企业回收，就有再次流入市场的可能，因此，必须粉碎后按废旧物资由废旧回收公司回收利用。

直接回炉，是指对有回收利用价值且不易或无需的没收物品，为防止其再次流入市场而不宜直接回收利用的，交由有回收利用能力的企业直接回炉的销毁方式。如地条钢及其制品、纸制品、玻璃制品等，应当在监销人员的现场监督之下直接回炉。

焚烧，是指对没有使用价值，也没有回收利用价值，或虽有使用价值，但不宜回收利用的没收物品采用的销毁方式。焚烧虽然能够对违法犯罪分子造成一定的震慑作用，但会造成一定范围内的环境污染，因此，焚烧是万不得已的选择。

2）合作企业的选择。粉碎回收和直接回炉都需要在有关企业的配合下才能实施，必须选择具备合法经营资质和一定回收利用技术与能力的企业。同等条件下应当优先选择与国有企业或信誉良好的民营企业合作，以保证没收物品的处理能够顺利实施和及时回收款项。

3）销毁场所的选择。没收物品在焚烧过程产生的烟雾、灰尘会造成一定范围内的环境污染，因此，应当选择比较偏远、开阔的地方，以减少烟雾、灰尘对周围居民、企业正常生产生活造成的不良影响。粉碎没收物品时要选择对交通和周围居民、企业正常生产生活秩序影响较小的场所。

4）销毁的组织实施。实践中，没收物品的销毁有两种组织形式，即个案销毁和集中销毁。个案销毁的，通常由案件调查机构组织实施；集中销毁的，通常由执法机关的行政办公室或相关业务机构组织实施。个案没收物品数量和保管成本较大的，为了节约保管成本应当个案销毁；个案没收物品数量和保管成本较小的，为了节约销毁成本应当集中销毁。无论个案销毁还是集中销毁，都应当注意以下事项：

一是事前认真部署，事中严密组织，保证销毁活动合法、顺利地进行。

二是明确组织指挥人员、销毁人员和监销人员，做到合理分工，各负其责。

三是选择最佳时机和组织方式，充分发挥销毁没收物品具有的教育和警示广大市场主体守法经营的社会法治宣传教育作用。

四是选择晴天、无风或风力较小的气象条件，防止烟雾、灰尘等污染物扩散到更大范围，减少对焚烧区周围居民和企业正常生产生活的不良影响。

五是尽量缩短销毁过程。销毁没收物品的过程越长，给周围居民和企业正常生产生活造成的影响和出现其他意外情况的可能性越大。

六是值守和保护好销毁现场，防止闲杂人员接近或进入销毁区，以免发生哄抢或其他意外情况，保证没收物品的销毁完全和彻底。

（2）扶贫或赈灾。扶贫或赈灾，是指将具有使用价值且安全可靠的没收物品，通过主管扶贫或赈灾事务的政府机关或有关组织，统一用于扶贫或赈灾等公益事业的处理方式。无论没收物品属于假劣商品还是其他性质的物品，都是社会财富的一部分，应当物尽其用。虽然法律、法规没有关于将没收物品用于扶贫或赈灾等社会公益事业的相关规定，但将没收物品用于扶贫或赈灾等社会公益事业具有目的的正当性，其积极意义值得肯定，可行性值得研究和探索。

对具有使用价值的没收物品，执法机关可以委托法定鉴定机构鉴定，经鉴定确认对人身、环境无毒无害且安全可靠的，如日用百货等应当可以用于扶贫或赈灾等社会公益事业。确定将没收物品用于扶贫或赈灾等社会公益事业的，执法机关不能自行其是，应当依法定程序将没收物品移交给负责扶贫或赈灾等社会公益事业的政府主管机关或相关组织，由政府主管机关或相关组织在没收物品上加贴“扶贫赈灾”等专用标志后，统一调配和使用。

5.处理没收物品的一般程序

没收物品的处理涉及国有资产的保值增值，因此，具有较强的政策性和纪律性，必须严格依下列程序实施。

（1）编制没收物品处理计划。一般情况下，没收物品收缴入库后，调查人员不再承担保管和处理责任，保管责任由专用仓库保管人员承担，处理责任通常由行政办公室或其他相关机构（以下称处理机构）承担。处理机构应当根据已收缴没收物品的具体情况，按月（或季度、半年、年度）编制没收物品处理计划，依计划并指定专门人员负责处理。

（2）清理登记。处理人员应当会同仓库保管人员对拟处理的没收物品认真清点核实，并制作没收物品出库清单和没收物品处理清单。

没收物品出库单由仓库保管人员制作，内容见前文；没收物品处理清单由处理人员制作。没收物品处理清单应当一式若干份，处理的没收物品所属案件各入卷一份，处理机构保存一份。没收物品处理清单应当载明下列内容：①拟处理的没收物品所属案件名称；②拟处理的没收物品的名称、品种、规格、数量、质量等详细情况；③处理人员和监督人员签名等。

（3）申报。处理人员在清理登记没收物品并制作没收物品处理清单的基础上，还应当制作没收物品处理审批表。没收物品处理审批表应当一式一份入卷。没收物品处理审批表应当载明下列内容：

1）拟处理的没收物品所属案件名称；

2）拟处理没收物品的基本情况（附没收物品处理清单）；

3）选择处理方式的建议；

4）选择合作企业的建议；

5）处理没收物品的时间、地点；

6）没收物品处理机构负责人签署的意见和签名；

7）处理人员和监销人员姓名；

8）制作时间等。

（4）审批。法律、法规和规章没有就没收物品处理审批权的行使做出具体规定，但根据法律原则和精神，没收物品的处理应当由执法机关行政首长办公会议依据没收物品的具体情况和有关法律规定认真审查核实，并就处理方式、合作企业等重要事项做出决定。

（5）确定参考价格。变价处理的，无论选择何种处理方式，都应当报物价主管部门核准或经价格评估机构评估价格，并以核准或评估价格作为变价处理的参考价格。

（6）确定合作企业。变价和粉碎回收、直接回炉都需要合作企业给予支持和配合，因此，在确定参考价格之后，应当根据没收物品的具体情况和处理方式选择确定合作企业。

（7）组织实施。没收物品处理人员应当根据处理方式和拟处理没收物品的数量等具体情况，明确分工，周密策划，精心组织，使没收物品的处理合法合理和安全高效。

（8）制作没收物品处理笔录。没收物品处理笔录，是指处理人员对处理没收物品的具体情况所做的书面记录。无论采取何种方式处理，都应当制作没收物品处理笔录，全面固定处理证据，组织指挥人员、处理人员、监督人员和合作企业都应当在处理笔录上签名或盖章。必要时，应当录像、拍照，以充实完善处理笔录。

（9）变价款及时上缴国库。变价处理没收物品的，执法机关应当依据合同约定及时收回变价款并上缴国库。

立卷归档

根据《工商行政管理机关行政处罚程序规定》第77条规定，行政处罚执行完毕后，工商行政管理机关应当及时将案件材料立卷归档。

立卷归档的原则要求

（1）行政执法卷宗必须一案一卷。根据不同情况可以分为主卷、副卷。案件调查报告、重大案件集体讨论记录和复议机关内部审批表等可以装入副卷。

（2）各级工商行政管理机关的行政执法文书，都必须用毛笔、钢笔书写、签发或打印，要求一式多份的，可复印。案件结案后由工商行政执法人员或内勤负责整理立卷归档。归档前由案件主要承办人负责卷宗质量的检查。

（3）各类文书齐全，手续完备。在受理案件后，办案人员应立即开始收集有关本案的各种行政执法文书，着手立卷工作。归档的行政执法文书材料，必须是真实、准确、法律手续完备的原件。在案件办结后，要认真检查全案的文书材料是否收集齐全，发现法律手续不完备的，应及时补齐或补证，剔除与本案无关的材料。超过复议和诉讼期限的，或复议、诉讼后的行政处罚卷宗，应及时立卷归档。

（4）卷内行政执法文书材料，一般只保存一份（有领导批示的除外），重份的文书材料一律剔除。照片要写好文字说明，随纸质文件一起立卷。

（5）卷宗检查合格后，由执法机构指定专人临时保管。临时保管期间，要按办案人上交卷宗的顺序编归档号，进行登记造册。年末由保管人员统一向本机关档案部门移交，与本机关文书档案统一排列，集中保管。任何个人和机构不得据为己有或拒绝归档。移交时要办理交接手续。如果方便，执法机构也可以不设临时保管，由办案人随时立卷，直接向本机关档案部门移交归档。

（6）案卷归档，任何单位、个人不得修改、增加、抽取案卷材料。

（7）借阅、查阅行政执法卷宗，按照档案管理有关规定办理。

案卷材料的装订顺序

行政执法文书材料排列总的要求是，按照执法程序的客观进程形成文书的时间自然顺序进行排列。其一般排列顺序为：

（1）卷宗封面；
（2）卷内文件目录；
（3）举报材料；
（4）现场检查记录；
（5）立案审批表；
（6）调查笔录；
（7）现场勘验记录；
（8）现场照片；
（9）抽样取证凭证；
（10）登记保存通知书；
（11）行政处罚审批表；
（12）集体讨论记录；
（13）解除登记保存通知书；
（14）行政处罚事先告知书；
（15）当事人陈述申辩笔录；
（16）行政处罚听证告知书；
（17）行政处罚听证通知书；
（18）听证委托书；
（19）行政处罚听证笔录；
（20）听证报告；
（21）行政处罚决定书；
（22）行政复议或行政诉讼有关文书材料；
（23）强制执行申请书；
（24）延期缴纳罚款审批表；
（25）罚款票据粘贴页；
（26）送达回证；
（27）结案报告；

（28）案件移送报告；

（29）卷内备考表。

案卷材料的装订要求

（1）一个案件的行政执法文书材料经过系统排列后，应逐张编页号，两面有文字的两面都编号。一本卷宗编一个流水页号。卷宗封面、卷内文件目录、卷内备考表、卷底不编页码。页码一律使用阿拉伯数字，用铅笔书写在右上角。

（2）要认真登记好卷内文件目录。卷宗内每份行政执法文书材料登记一个顺序号。卷内文件目录应按卷宗内行政执法文书材料排列顺序逐份登记，标明所在页号。“页号”一栏，只有最后一份文件填起止号，其余各份文件只填起始号。

（3）卷宗封面所列的各个项目，都要用毛笔、钢笔逐项填写齐全，书写要工整。其中，封面的第一行，填写行政执法机关的全称；“自年月至年月”栏，填写立案日期和正式执罚结束日期；“归档号”栏，填写执法机构给本卷宗的归档时保管序号。

（4）装订前要做好行政执法文书材料的检查。对破损或褪色的材料，应当进行修补和复制。装订部位过窄或有字迹的材料，要用纸加衬边。纸面过小的书写材料，要加贴衬纸。纸张大于卷面的材料，要按卷宗大小折叠整齐。对字迹难以辨认的材料，应当附上抄件。需要附卷的信封要打开平放，邮票不要撕掉。材料上的全部金属物都要剔除干净。

（5）卷宗必须使用统一规定的档案用纸。卷宗装订用线绳三眼一线装订牢固，不要漏订。

（6）卷宗装订以后，应检查文件材料有无漏订现象，然后在卷底装订线上贴上封纸，并将经办人员名章加盖于骑缝处。卷宗归档前由案件主要负责人负责卷宗质量检查，并签字。凡不符合规定要求的，由原办案人员负责重新整理。

（7）归档的录音带、录像带等声像档案，应在每盘上注明当事人的姓名、案由、归档号、承办单位、录制人、录制时间、录制内容，并按形成顺序，逐盘登记造册归档。

（8）归档的证物，凡是能够附卷保存的，应装订入卷或装入证物袋，在证物袋上写明名称、数量、特征、来源。易腐、易爆、易燃、有毒的证物，因不适于保存，可拍成照片附卷，经领导批准销毁或另作处理。

（9）录音、录像带和证物（单独装袋的）材料，应与卷宗（文字材料）统一排列编号存放（特殊的也可以单独存放），统一划分保管期限。

第二章 工商行政管理行政处罚自由裁量权

一、概述

处罚裁量权，是指行政机关查处违法行为时，依据法律、法规和规章的规定，在职权范围内选择对当事人是否处罚以及处罚种类和幅度的权限。行使处罚裁量权的过程是行政机关从法律目的和违法行为的事实、性质、情节、社会危害程度等方面综合裁量并做出决定的过程。

工商行政管理行政处罚自由裁量权的特征

工商行政管理行政处罚自由裁量权是工商行政管理机关根据授权法享有的一种自行决定权，主要具有以下几个特征。

（1）从权力的来源看，工商行政管理行政处罚自由裁量权来源于工商行政管理法律、法规和规章的直接规定。工商行政管理行政处罚自由裁量权存在的前提是法律、法规和规章对于符合法律要件的事实规定了两种或两种以上的法律效果。例如，《中华人民共和国广告法》（以下简称《广告法》）第42条对违法行为的罚款是“可以并处广告费用一倍以上五倍以下的罚款”，这就给工商行政管理机关在罚与不罚，以及在广告费用一倍以上五倍以下具体罚多少留下了自由裁量的空间。如果法律、法规和规章对符合法律要件的事实，仅规定了单一的法律效果，就无行政处罚自由裁量权可言。

（2）从权力的范围看，工商行政管理行政处罚自由裁量权是一种“特殊自由”的权力。首先，工商行政管理行政处罚自由裁量权存在一定的自由度，法律、法规和规章赋予了工商行政管理机关管理某项事务的权力，而对于相应管理行为的种类、方式、幅度等未予明确，这些都由工商行政管理机关自由地进行判断、斟酌和选择。因此，工商行政管理行政处罚自由裁量权赋予了工商行政管理行政机关一定的自由。其次，工商行政管理行政处罚自由裁量权中的“自由”是相对的，而不是绝对的，是受到合法性原则和合理性原则共同约束的自由，是必须符合法律原则和公平理念的自由，是必须遵循法的精神和法的目的的自由，它既不能超越法律、法规和规章规定的权限范围，也不能违背公平、正义等法律原则。例如，《广告法》第42条规定：“利用广播、电影、电视、报纸、期刊发布烟草广告，或者在公共场所设置烟草广告的，由广告监督管理机关责令负有责任的广告主、广告经营者、广告发布者停止发布，没收广告费用，可以并处广告费用一倍以上五倍以下的罚款。”根据该条规定，工商行政管理机关如果要对“利用广播、电影、电视、报纸、期刊发布烟草广告，或者在公共场所设置烟草广告”的违法行为处以罚款，就只能在广告费的“一倍至五倍”之间选择一个具体的倍数，而不能选择七倍甚至十倍等倍数。

工商行政管理行政处罚自由裁量权存在的原因

工商行政管理行政处罚自由裁量权存在的主要原因如下：

（1）工商行政管理立法和行政执法的共同要求。一方面，现代工商行政管理立法为了使行政权适应行政管理的需要，授予工商行政管理机关一定的自由裁量权，达到原则性和具体性的统一，确保工商行政管理机关全面、正确贯彻法律宗旨，实现立法的意图。另一方面，工商行政管理行政执法是行政权力的实施过程，从其涉及的对象和具体内容来看，可谓涵盖广泛，形式多样，变化迅速，其社会性、渗透性、富于变化性等特点决定了工商行政管理机关必须拥有相当的自由裁量权，只有这样才能根据面临的各种实际情况，在符合现有工商行政管理的法律、法规和规章的法定范围及幅度条件下，发挥主动性和灵活性，选择达到执法目的的方式与幅度，因地制宜地处理工商行政管理行政执法中的各种问题，以求公平合理地实现工商行政管理行政执法意图，有效维持整个工商行政管理秩序。

（2）惩治工商违法行为的要求。工商行政管理行政执法对尚未构成犯罪的工商违法行为的惩处，主要通过行政处罚来实现。工商违法行为对社会造成的危害性质和危害程度是确定行政处罚的核心。由于每位违法当事人的具体情况、违法动机和目的各不相同，要结合每起违法行为的主观和客观因素进行综合分析，方能确定其社会危害性的大小，使做出的工商行政管理行政处罚决定与其实际情形相适应，实现行政处罚教育和惩罚的双重目的。而工商行政管理立法不可能预见到每起违法行为的具体情况，只能通过在具体执法中按照具体情况来明确判定其社会危害性的大小，由此就必须让工商行政管理行政执法人员拥有一定的自由裁量权来实施行政处罚。

工商行政管理行政处罚自由裁量权的类型

从现有的法律、法规和规章的规定来看，工商行政管理行政处罚自由裁量权大致包含以下几种类型：

1.是否给予行政处罚的裁量

法律、法规和规章有时规定行政机关可以在符合条件的情况下，自主决定是否给予当事人行政处罚。例如，《商标法》（2013年修正）第60条第2款规定：“认定侵权行为成立的，责令立即停止侵权行为，没收、销毁侵权商品和主要用于制造侵权商品、伪造注册商标标识的工具，违法经营额五万元以上的，可以处违法经营额五倍以下的罚款。”该条规定了“可以”，那么对于商标侵权行为是否要给违法经营额五倍以下的罚款就由工商行政管理机关自主决定。

2.行政处罚种类的裁量

行政处罚种类的选择在工商行政管理行政处罚中普遍存在。工商行政管理法律、法规和规章中对被处罚对象的处罚种类主要有：警告、罚款、没收违法所得或非法财物、暂扣或者吊销许可证等。在个案处理中，当法律、法规和规章规定对某一违法行为可以选择处以一种或者几种类型的处罚时，选择哪种或哪几种处罚种类，工商行政管理行政执法人员可以自由选择。

3.行政处罚幅度的裁量

行政处罚幅度包括罚款的幅度、停业整顿的期限等。罚款是工商行政管理行政执法中运用最多的一种行政处罚形式。法律、法规和规章在设定罚款时，往往会规定一个幅度，授权工商行政管理机关根据实际情况在这个幅度中进行选择，确定一个具体的罚款数值。另外，停业整顿的期限也是行政处罚幅度的一种表现形式。

二、基准与量罚

量罚因素

工商行政管理行政处罚量罚因素的范围

工商行政管理行政处罚量罚因素的范围是量罚因素的外延问题。量罚因素大致可以分为违法行为本身的因素和违法行为之外的因素。

1.违法行为本身因素

违法行为本身的因素是指构成违法行为要件的各种因素，包括违法行为的时间、地点、主体、性质、情节、损害结果以及社会危害性等。《行政处罚法》第4条2款规定：“……设定和实施行政处罚必须以事实为依据，与违法行为的事实、性质、情节以及社会危害程度相当……”该条中提到的各种因素就是违法行为本身的因素。违法行为之外的因素是指不属于违法行为的构成要件，但与违法行为具有某种程度关联的因素。例如，主动消除或者减轻违法行为危害后果、配合行政机关查处违法行为有立功表现等都属于违法行为之外的因素。

违法行为本身的因素一般直接规定或者隐含在法律、法规和规章的法律责任条款中，例如，《广告法》第37条规定：“违反本法规定，利用广告对商品或者服务作虚假宣传的，由广告监督管理机关责令广告主停止发布，并以等额广告费用在相应范围内公开更正消除影响，并处广告费用一倍以上五倍以下的罚款。”该条中“利用广告对商品或者服务作虚假宣传”是对违法行为事实因素的规定。又如，《广告法》第38

条规定："违反本法规定，发布虚假广告，欺骗和误导消费者，使购买商品或者接受服务的消费者的合法权益受到损害的，由广告主依法承担民事责任。"该条中，"使购买商品或者接受服务的消费者的合法权益受到损害"是对违法行为损害结果的规定。由于违法行为种类繁多，不同违法行为的构成因素差异性较大，在制定工商行政管理行政处罚自由裁量权基准时，不宜对所有违法行为本身的因素进行统一规定，而是应当对每一种违法行为的本身因素一一列举。

2.违法行为之外的因素

不同违法行为的违法行为之外的因素具有较强的共性，例如，《行政处罚法》第27条规定："当事人有下列情形之一的，应当依法从轻或者减轻行政处罚：（一）主动消除或者减轻违法行为危害后果的；（二）受他人胁迫有违法行为的；（三）配合行政机关查处违法行为有立功表现的；（四）其他依法从轻或者减轻行政处罚的。"第29条规定："违法行为在两年内未被发现的，不再给予行政处罚。法律另有规定的除外。"

根据国家工商行政管理总局《关于工商行政管理机关正确行使行政处罚自由裁量权的指导意见》，违法行为之外的因素大致包含以下若干种：

（1）违法行为在两年内未被发现；

（2）违法行为人中止违法行为；

（3）违法行为人主动消除或者减轻违法行为危害后果；

（4）受他人胁迫有违法行为；

（5）配合工商行政管理机关查处违法行为有立功表现；

（6）在工商行政管理机关查处违法过程中，积极配合调查，如实陈述违法情况；

（7）主动向工商行政管理机关交代本人的其他违法行为；

（8）被群众多次举报有违法行为；

（9）多次实施违法行为；

（10）逃避、妨碍或者暴力阻碍工商行政管理行政执法人员检查；

（11）转移、隐匿、销毁证据或者有关材料；

（12）不配合工商行政管理行政执法人员调查取证，或者故意提供虚假证据；

（13）不听工商行政管理行政执法人员劝告或者拒不改正，继续实施违法行为；

（14）对举报人、证人或者工商行政管理行政执法人员实施打击报复；

（15）在发生突发公共事件或者专项整治期间实施违法行为等。

工商行政管理行政处罚量罚因素的分类

从不同的角度可以对工商行政管理行政处罚的量罚因素进行分类，除了前面提到的违法行为本身的因素和违法行为之外的因素这种分类外，工商行政管理行政处罚的量罚因素主要还有以下几种分类：

1.法定因素和酌定因素

根据量罚因素是否有法律、法规和规章作为依据，可以将量罚因素分为法定因素和酌定因素。法定因素是指法律、法规和规章明文规定的因素。例如，“受他人胁迫有违法行为”就是《行政处罚法》中规定的法定因素。制定工商行政管理行政处罚自由裁量权基准时，必须全面考虑所有法定因素，对法定因素进行一一列举。酌定因素是指法律、法规和规章无明文规定，从行政处罚实践中总结出来的，由工商行政管理行政执法人员酌情考虑的因素。制定工商行政管理行政处罚自由裁量权基准时，应当尽可能考虑到各种酌定因素，将酌定因素一一列举在基准中，供工商行政管理行政执法人员参考。

从工商行政管理行政执法的实践来看，酌定因素可能包含以下几种类型：

（1）违法行为的性质、程度及危害对象、结果。诸如违法行为性质是否恶劣，违法行为是否完成，损害结果是否已发生，危害对象是否众多，有没有多个违法结果等。

（2）行政相对人的主观过错程度。例如，是故意还是过失，是初次违法还是多次违法，是主动报告违法行为还是使用了欺骗、伪造、隐匿、转移证据等恶劣方法，逃避工商行政管理机关的管理和检查，事后是否积极纠正错误，挽回损失，积极配合调查等情况。对于没有主观恶意或者主观恶意轻微的，处以警告足矣；对于具有严重的主观恶意或者处以警告后不知悔改再次违法的，应当从重处罚。

（3）违法行为涉及的数量、金额大小。可以将违法行为涉及的数量或金额根据违法行为的性质划分为几个档次，根据档次的不同分别适用不同的处罚。

（4）行政相对人实施违法行为的手段、方法和行为方式。行政相对人手段残忍、恶劣的，应当从重处罚；手段较为温和的，可以从轻处罚。

（5）行政相对人的实际承受能力。对于经济负担能力弱的行政相对人，可以适度减少罚款数额，体现工商行政管理行政执法的人性化。

（6）其他酌定因素。随着工商行政管理行政处罚实践经验的不断丰富，应当不断增加新的酌定因素，尽可能地提高工商行政管理行政处罚的合理性。需要指出的是，如果前述各种酌定因素被明确规定在法律、法规或规章中，这些酌定因素就相应地转变成了法定因素。

2.正值因素和负值因素

根据量罚因素对行政处罚结果轻重的影响，可以将量罚因素分为正值因素和负值因素。正值因素是指从重因素，即可以或者应当从重处罚的各种因素。例如，多次实施违法行为就属于从重因素。这里必须指出，行政处罚中没有加重因素，没有任何一个因素可以导致行政处罚超越法律、法规和规章规定的处罚幅度的上限。负值因素包括从轻处罚、减轻处罚和不予处罚三种因素。《行政处罚法》第27条对从轻处罚、减轻处罚和不予处罚都做了规定。

3.共性因素和个性因素

根据量罚因素在处罚中的普适程度，可以将量罚因素分为共性因素和个性因素。共性因素是指大多数违法行为量罚时都应当或可能考虑的因素，例如当事人的年龄是否已满14周岁，这个因素涉及违法行为人的行政责任能力，进而决定是否予以处罚，因而成为所有针对个人的处罚必须考虑的因素。共性因素本身具有相对性，有些共性因素并不适用于所有的违法行为，如“当事人的年龄未满18周岁”就不可能成为某个企业违法时考虑的因素。个性因素是指仅在对某种或者某几种违法行为量罚时才考虑的因素，例如“非法营运”中的“营运时间长短”就是在对“非法营运”这一违法行为予以量罚时考虑的个性因素。

4.轻微、一般、较重、严重、特别严重因素

根据量罚因素本身反映出的违法程度强弱，可以将量罚因素分为轻微、一般、较重、严重、特别严重因素。不同程度的量罚因素，对应着不同程度的行政处罚结果。这种分类方法为制定工商行政管理行政处罚自由裁量权基准时划分裁量格次提供了一种思路。

工商行政管理行政处罚的罚款幅度

在工商行政管理行政处罚的各种处罚方式中，罚款的适用范围最广，裁量空间最大。细化或者量化工商行政管理行政处罚的罚款幅度，是制定工商行政管理行政处罚自由裁量权基准的重要任务。

工商行政管理行政处罚罚款条文的设定模式

工商行政管理行政处罚罚款条文的设定模式是指与工商行政管理相关的法律、法规和规章在设定罚款时处理工商行政管理违法行为与罚款的对应关系的方式。根据处理方式的不同，可以分为多违法行为模式和单一违法行为模式。

1.多违法行为模式

多违法行为模式是指在一个条文中针对多个违法行为统一设定罚款数额或者幅度。例如，《商标法》（2013年修正）第68条规定：“商标代理机构有下列行为之一的，由工商行政管理部门责令限期改正，给予警告，处一万元以上十万元以下的罚款；对直接负责的主管人员和其他直接责任人员给予警告，处五千元以上五万元以下的罚款；构成犯罪的，依法追究刑事责任：（一）办理商标事宜过程中，伪造、变造或者使用伪造、变造的法律文件、印章、签名的；（二）以诋毁其他商标代理机构等手段招徕商标代理业务或者以其他不正当手段扰乱商标代理市场秩序的；（三）违反本法第十九条第三款、第四款规定的。”在该条中，针对三种违法行为统一设定了处罚幅度。

2.单一违法行为模式

单一违法行为模式是指在一个条文中只针对一个违法行为设定罚款数额或者幅度。例如，《个人独资企业登记管理办法》（2014年修正）第38条规定：“个人独资企业登记事项发生变更，未依照本办法规定办理变更登记的，由登记机关责令限期改正；逾期不办理的，处以2000元以下的罚款。”在该条中，针对“未办理变更登记”这一违法行为，设定了“2000元的罚款”幅度。

工商行政管理行政处罚的罚款幅度

概括而言，法律、法规和规章中的工商行政管理行政处罚的罚款幅度主要有以下几种设定方式。

1.数值式

数值式是指将罚款明确规定为某一固定数额。数值式的罚款设定方式没有给执法人员留下裁量空间。

2.数距式

数距式是指将罚款规定为某一数值区间，分别设置了罚款的上限和下限。例如，《广告法》第44条规定：“广告主提供虚假证明文件的，由广告监督管理机关处以一万元以上十万元以下的罚款。”

3.封顶式

封顶式是指将罚款规定在某个固定数值以下，有极大值，但无下限。例如，《个人独资企业登记管理办法》（2014年修正）第35条规定：“未经登记机关依法核准登记并领取营业执照，以个人独资企业名义从事经营活动的，由登记机关责令停止经营活动，处以3000元以下的罚款。”

4.倍率式

倍率式是指以某一数值为基础，通过计算倍数或者比率确定罚款数额。例如，《广告法》第42条规定：“违反本法第十八条的规定，利用广播、电影、电视、报纸、期刊发布烟草广告，或者在公共场所设置烟草广告的，由广告监督管理机关责令负有责任的广告主、广告经营者、广告发布者停止发布，没收广告费用，可以并处广告费用一倍以上五倍以下的罚款。”该条采用了计算比率的方式来规定罚款幅度。

5.混合式

混合式是指在设定罚款时采用了上述设定方式中的两种或两种以上方式。

6.概括式

概括式是指只规定了处以罚款而没有规定具体的罚款数额或者罚款的计算方法。

上述六种罚款设定方式中，除了数值式外，其他五种设定方式都给工商行政管理执法人员留下了较大的裁量空间，需要在制定工商行政管理行政处罚自由裁量权基准时予以重点规范。

基准的制定

总则的制定

1.主体制度

主体制度的核心内容是工商行政管理行政处罚自由裁量权的行使原则和分级自由裁量制度。国家工商总局《关于工商行政管理机关正确行使行政处罚自由裁量权的指导意见》就工商行政管理行政处罚自由裁量权的裁量等级做了如下规定。

（1）不予行政处罚。不予行政处罚是指工商行政管理机关依法对特定违法行为不给予处罚。

当事人有下列情形之一的，应当依法不予行政处罚：

1）违法行为轻微并及时纠正，没有造成危害后果的；

2）不满十四周岁的人有违法行为的；

3）违法行为在两年内未被发现的，但法律另有规定的除外。

（2） 减轻行政处罚。减轻行政处罚是指工商行政管理机关依法在行政处罚的法定最低限度以下适用处罚。减轻行政处罚主要包含两种情形：一种是在该违法行为法定应当受到的一种或者几种处罚之外选择更轻的行政处罚种类进行处罚，或者在应当并处时不进行并处；另一种是在规定有处罚幅度的行政处罚的最低限以下予以处罚。

当事人有下列情形之一的，应当依法从轻或者减轻行政处罚：

1）主动消除或者减轻违法行为危害后果的；

2）受他人胁迫有违法行为的；

3）配合行政机关查处违法行为有立功表现的；

4）已满十四周岁不满十八周岁的人有违法行为的。

（3） 从轻行政处罚。从轻行政处罚是指工商行政管理机关依法在行政处罚的法定种类和法定幅度内适用较轻的种类或者选择法定幅度中较低的部分予以处罚。从轻行政处罚主要包含两种情形：一种是在该违法行为法定可以选择的几种行政处罚中选择较轻的处罚种类进行处罚；另一种是在适用规定有处罚幅度的行政处罚时，选择该幅度内较低部分予以处罚。一般情况下，在实施罚款这一行政处罚时，选择最低限处罚，或者在从最低限到最高限这一幅度当中，选择较低的30%部分处罚时，可视为从轻行政处罚。

当事人有下列情形之一的，可以依法从轻行政处罚：

1）能够主动改正或者及时中止违法行为的；

2）违法行为社会危害性较小或者尚未产生社会危害后果的；

3）在共同违法行为中起次要作用或者辅助作用的；

4）因残疾或者下岗失业等原因，生活确实困难的人有违法行为的。

（4）从重行政处罚。从重行政处罚是指工商行政管理机关依法在行政处罚的法定种类和法定幅度内适用较重的种类，或者选择法定幅度中较高的部分予以处罚。从重行政处罚主要包含两种情形：一种是在该违法行为法定可以选择的几种行政处罚中选择较重的处罚种类进行处罚；另一种是在适用规定有处罚幅度的行政处罚时，选择该幅度内较高部分予以处罚。一般情况下，在实施罚款这一行政处罚时，选择最高限处罚，或者在从最低限到最高限这一幅度当中，选择较高的30%部分处罚时，可视为从重行政处罚。

当事人有下列情形之一的，可以依法从重行政处罚：

1）严重危害公共安全、人身健康和生命财产安全或者严重扰乱社会管理秩序、市场经济秩序的违法行为的；

2）有悖于党和国家方针、政策规定的阶段性工作重点的违法行为的；

3）严重危害食品安全的违法行为的；

4）坑农害农等严重损害农民利益的违法行为的；

5）当事人曾在二年内因相同或者类似违法行为受过刑事处罚或者行政处罚的。

2.配套制度

配套制度旨在对工商行政管理行政处罚自由裁量权实施程序控制，具体的配套制度参见本章相关阐述。

分则的制定

裁量权具体基准可以包含违法种类、法律依据、违法程度、违法情节及危害后果、处罚幅度等内容。

1.明确法律依据

制定工商行政管理行政处罚自由裁量权的具体基准，首先要细致梳理工商行政管理各个领域法律、法规和规章中的裁量权条款，然后对这些裁量权条款进行一一细化，并将每一个裁量权条款作为法律依据列入具体基准中。这是处罚法定原则在工商行政管理行政处罚自由裁量权基准制定中的体现。

2.细分违法种类

在梳理法律、法规和规章中的工商行政管理行政处罚自由裁量权条款之后，要对自由裁量权条款中的违法行为进行一一识别，并细分违法行为的种类。一般而言，违法行为的种类越细致越好

3.区分违法程度

工商行政管理行政处罚自由裁量权基准制度的核心手段是将法定的裁量幅度分割为若干裁量格次，并预设每一格次的裁量基准，目的是限缩工商行政管理机关的裁量余地，增强立法的可操作性。

在区分违法程度时，一般可以将违法程度区分为轻微、一般、较重、严重、特别严重共五个格次。特殊情形下，也可以根据需要适当减少一至三个格次。

4.细化情节及危害后果

细化情节及危害后果的方式可以有以下几种：

（1）从量上细化。这里的量包含以下几种情形：

1）次数，例如，可以根据违法次数的不同进行细化，违法次数越多表明情节越严重；

2）时间，例如，可以根据违法行为持续时间的长短进行细化；

3）重量；

4）面积；

5）价值。

（2）从质上细化。这里的质包括以下几种情形：

1）违法行为的性质；

2）后果的严重程度；

3）悔改的表现，例如，经责令整改及时纠正违法行为与经责令改正拒不改正就体现出了不同的悔改状况；

4）配合查处违法行为的态度，例如，主动配合并有立功表现、隐匿违法证据和暴力抗法的违法程度就存在很大差异。

在细化某一个违法行为的情节及危害后果时，可以选择从质上细化，也可以选择从量上细化，可以选择一种细化方式，也可以选择多种细化方式。

5.划分处罚幅度

处罚幅度中的处罚形式有不予处罚、警告、罚款、吊销许可证等。不予处罚一般适用于程度轻微的违法行为，警告一般适用于程度轻微或程度一般的违法行为，罚款一般适用于程度轻微之外的各种程度违法行为，吊销许可证一般适用于程度严重或者特别严重的违法行为。

罚款是处罚幅度中最常见的一种处罚形式，也是自由裁量空间最大的一种处罚形

式。在制定工商行政管理行政处罚自由裁量权基准时，划分罚款的幅度是划分处罚幅度的核心工作。

具体而言，划分罚款幅度的方式有以下几种：

（1）按倍率划分。如果裁量幅度是用倍率方式规定的，则可以考虑按倍率细分罚款幅度。

（2）给出计算公式。对于能够量化的违法行为，可以采用计算公式来划分处罚幅度。

（3）给出固定数值。如果工商行政管理行政主管部门打算将工商行政管理行政执法人员的自由裁量权缩减到最低限度，可以考虑在划分裁量幅度时具体给出每一个格次的固定罚款数值。

（4）给出数值区间。如果工商行政管理行政主管部门打算给予工商行政管理行政执法人员一定程度的自由裁量权，可以考虑采用给出数值区间的方式划分罚款幅度。需要指出的是，由于各地经济发展水平不同，在划分罚款幅度时，不一定要顶格划分。例如，对于法律规定应当处3万元以下罚款的违法行为，在经济较为落后的地区，最高罚款幅度可以设定在2万元以下，而不是必须顶格设定处3万元的罚款。

三、程序控制

工商行政管理行政处罚自由裁量权的控制模式大致分为事前控制、事中控制和事后控制三种模式，其中，事中控制，就是运用合理的程序来控制工商行政管理行政处罚自由裁量权的行使过程，希望通过合理的程序得到合理的行政处罚结果。

外部程序控制的具体制度

外部程序控制制度，主要规范工商行政管理行政机关和工商行政管理行政执法人员，在行使工商行政管理行政处罚自由裁量权时，与工商行政管理行政相对人之间形成的外部程序关系。外部程序控制的各项具体制度如下：

1.表明身份制度

表明身份制度是工商行政管理行政执法的首要程序制度，也是控制工商行政管理行政处罚自由裁量权的第一项程序制度。《行政处罚法》第37条规定："行政机关在调查或者进行检查时，执法人员不得少于两人，并应当向当事人或者有关人员出示证件……"在控制工商行政管理行政处罚自由裁量权的程序制度中，表明身份制度是指工商行政管理行政执法人员在与工商行政管理行政相对人接触时，要先向工商行政管理行政相对人出示行政执法的身份证明或授权令，以表明自己享有实施与工商行政管理行政处罚相关的行为的权力的一项程序。尤其是当工商行政管理行政执法人员第一次接触某个工商行政管理行政相对人时，执法人员更应当主动向相对人出示行政执法的身份证明或授权令。

表明身份制度一方面可以让工商行政管理行政相对人知晓工商行政管理行政执法人员的执法身份，另一方面可以首先给工商行政管理行政相对人留下执法人员是在规范执法的第一印象，获得行政相对人的初步认同。对于控制工商行政管理行政处罚自由裁量权而言，表明身份制度是第一关，把握好了第一关，工商行政管理行政处罚自由裁量权的行使就有了一个好的开端。同时，表明身份制度还为回避制度的建立和运行奠定了良好基础。

2.回避制度

《行政处罚法》第37条规定："……执法人员与当事人有直接利害关系的，应当回避。"工商行政管理行政处罚自由裁量权程序中的回避制度，是指与工商行政管理行政相对人有直接利害关系的行政执法人员，不得参与行使工商行政管理行政处罚自由裁量权的制度。对控制工商行政管理行政处罚自由裁量权而言，回避制度的主要价值在于通过切断工商行政管理行政执法人员与工商行政管理行政相对人之间的利害关联，防止工商行政管理行政执法人员处于偏私的立场，从而保障工商行政管理行政处罚结果的公正和合理。

在行使工商行政管理行政处罚自由裁量权时，工商行政管理行政执法人员应当回避的情形大致包括以下几种：

（1）是本案当事人或与当事人有近亲关系的；

（2）与当事人有其他关系，可能影响公正执法的；

（3）其他法律、法规规定应当回避的。

符合回避条件的工商行政管理行政执法人员应当主动提出回避申请，当事人也可以申请回避，但被申请回避的工商行政管理行政执法人员在做出回避的决定前，仍可参与本案的处理。申请回避的方式可以是口头申请，也可以是书面申请，用口头方式申请回避的，应当予以记录。工商行政管理行政执法人员违反回避制度的，应当依法追究相应的行政责任。

3.陈述、申辩制度

陈述、申辩制度都属于行政程序中听取当事人意见的制度，旨在通过听取当事人意见，尽可能全面地掌握案件事实情况，以及行政处罚自由裁量权的各种量罚因素，做出公正、合理的工商行政管理行政处罚决定。陈述是指当事人向工商行政管理行政机关反映案件的事实情况，以及行政处罚自由裁量权的各种量罚因素。申辩是指当事人以案件事实情况和行政处罚自由裁量权的各种量罚因素为基础，尽力为自己的违法行为进行辩解，提出有利于自己的主张，努力说服工商行政管理行政机关从轻、减轻甚至不予处罚。

《行政处罚法》第31条规定："行政机关在做出行政处罚决定之前，应当告知当事人做出行政处罚决定的事实、理由及依据，并告知当事人依法享有的权利。"第32条规定："当事人有权进行陈述和申辩。行政机关必须充分听取当事人的意见，对当事人提出的事实、理由和证据，应当进行复核；当事人提出的事实、理由或者证据成立的，行政机关应当采纳。行政机关不得因当事人申辩而加重处罚。"根据前述规定，工商行政管理行政机关做出行政处罚决定之前，应当告知当事人依法享有陈述、申辩的权利。当事人要求陈述、申辩的，应及时受理并充分听取当事人的意见，对当事人提出的事实、理由和证据进行复核。复核当事人陈述、申辩提出的事实、理由和证据，应当及时、客观、公正。对基于工商行政管理行政处罚自由裁量权做出的工商行政管理行政处罚行为，工商行政管理行政机关应当以更为审慎的方式复核当事人陈述、申辩提出的事实、理由和证据，避免工商行政管理行政处罚自由裁量权的不公正、不合理行使。

当事人要求陈述、申辩的，应当在"处罚告知书"规定的时间内提出，逾期未提出的，视为放弃陈述、申辩。

在当事人进行陈述、申辩时，除涉及国家秘密、商业秘密或者个人隐私外，工商行政管理行政机关视案件具体情况，可以邀请与违法行为有利害关系的当事人以及对行政机关执法负有监督、指导职能的人大及政府法制、监察等部门的有关人员列席旁听。组织陈述、申辩的具体程序可以参照听证程序的规定。

当事人提出的事实、理由或者证据成立的，工商行政管理行政机关应当采纳，不得因当事人申辩而加重处罚。

4.听证制度

详见第一章相关内容。

5.说明理由制度

说明理由制度是指工商行政管理行政机关应当在工商行政管理行政处罚决定中说明，做出该行政处罚的客观事实、法律依据以及进行自由裁量时所考虑的各种因素等内容。当场做出行政处罚决定的，应当向当事人当面做出口头说明，并据实记录在案，由当事人签字或者盖章；按照一般程序做出行政处罚决定的，可以在行政处罚通知书或者决定书中向当事人做出书面说明。履行告知程序后，当事人提出陈述、申辩或举行听证的，在听取陈述、申辩或举行听证会后，工商行政管理行政机关应当制作陈述、申辩、听证情况书面说明书，说明接受或不接受陈述、申辩、听证的理由，与行政处罚决定书一并送达当事人。

行政处罚说明理由制度要求工商行政管理行政机关在做出工商行政管理行政处罚决定之时，必须给以必要的说明和解释，达到以理服人的目的。它可以迫使工商行政管理行政机关更加公正地行使自由裁量权，避免恣意行政，损害相对人的合法权益。

6.公开制度

众所周知，权力应当在阳光下运行。工商行政管理行政处罚自由裁量权程序中的公开制度，包括处罚依据公开、办案人员公开和处罚结果公开等内容。

处罚依据公开，是指公开工商行政管理行政处罚自由裁量权的法律、法规和规章等依据，以及工商行政管理行政处罚自由裁量权基准。办案人员公开，是指公开具体办理工商行政管理行政处罚案件的执法人员的相关情况。处罚结果公开，是指除涉及国家秘密、商业秘密和当事人隐私等原因外，工商行政管理行政机关应当公开工商行政管理行政处罚决定。

工商行政管理行政机关公开工商行政管理行政处罚自由裁量权的相关信息，能够使公众知晓哪些是工商行政管理行政机关应当做的，哪些是工商行政管理行政机关不应当做的，什么是自己能做的，什么是自己不能做的，从而有利于公众行使和实现自己的权利，有利于遏制工商行政管理行政处罚自由裁量权的滥用。

内部程序控制的具体制度

内部程序控制主要规范工商行政管理行政机关内部在行使工商行政管理行政处罚自由裁量权时形成的程序关系。内部程序是专门为工商行政管理行政机关的内部机构和人员设置的程序，通过明确工商行政管理行政机关在办理工商行政管理行政处罚自由裁量权案件时的主要流程，尽可能保障工商行政管理行政处罚结果的公正、合理。内部程序控制的各项具体制度如下。

1.职能分离制度

工商行政管理行政机关在办理工商行政管理行政处罚自由裁量案件时，应当在机关内部实行职能分离制度，即将工商行政管理行政处罚相互联系的调查、审核、决定、执行等职能加以分离，使之分属于不同的内部机构和工作人员掌握和行使，为行政处罚结果的公正和合理奠定坚实的基础。

工商行政管理行政机关内部的职能分离可以按照下列程序实施：

（1）各内部机构按照各自职责开展违法案件受理、调查，需要立案的，一般案件经分管领导或内部机构负责人批准后予以立案，重大案件经主要领导批准后立案；

（2）具体承办人员在工商行政管理行政处罚规定的时限内将案件调查情况与初

步处理意见提交内部机构负责人进行审理，然后提交法制机构进行案件审核；

（3）法制机构审核后报分管领导，一般案件由分管领导或主要领导进行审理，重大案件按集体讨论制度进行审定；

（4）经审理后的案件处理意见交违法行为处理机构具体承办人进行落实，各种文书按有关规定执行，对行政处罚涉及听证的，由案件承办人受理，听证会由法制机构负责主持听证；

（5）听证后法制机构按听证的结论，报案件分管领导或主要领导批准后交违法行为处理机构落实处理。

在执行罚款过程中，实行罚缴分离制度。收缴罚款，使用财政统一印制的收据进行罚款，实行收支两条线制度。

下面重点围绕法制机构的法律审核制度进行阐述。各级工商行政管理行政机关按照一般程序实施的行政处罚自由裁量权案件，在做出决定之前，应当由该机关的法制机构对其合法性、适当性进行审核。未经法律审核或者审核未通过不得做出行政处罚决定。

各级工商行政管理行政机关应当在调查终结后一定期限内将案件材料和相关情况向本机关法制机构提交。法制机构在收到行政处罚案件材料和相关情况后，应当在相应期限内审查完毕。

法制机构对行政处罚自由裁量案件进行审核，主要包括以下内容：

（1）当事人的基本情况是否清楚；

（2）违法行为是否超过追责时效；

（3）本机关对该案是否具有管辖权；

（4）事实是否清楚，证据是否确凿、充分，材料是否齐全；

（5）定性是否准确，适用法律、法规、规章是否正确；

（6）行政处罚是否全面考虑了各种因素，拟做出的行政处罚决定是否适当；

（7）程序是否合法；

（8）其他依法应当审核的事项。

对拟做出的工商行政管理行政处罚决定进行审核时，发现有下列情形之一的，应重新对本案进行调查取证：

（1）违反法定回避制度的；

（2）违法进行调查取证的；

（3）拒绝听取当事人陈述或者申辩的；

（4）属于听证范围的行政处罚不告知当事人有要求举行听证权利的；

（5）指派不具备执法资格人员进行调查取证的。

法制机构对案件进行审核后，根据不同情况，提出相应的书面意见或建议：

（1）违法事实清楚、证据确凿充分、定性准确、处罚适当、程序合法的，同意办案机构的意见，建议报批后告知当事人；

（2）对违法行为不能成立的，提出不予行政处罚的建议，或者建议办案机构撤销案件；

（3）对事实不清、证据不足的，建议补充调查，并将案卷材料退回；

（4）对定性不准、适用法律不当的，提出修正意见；

（5）对程序不合法的，提出纠正意见；

（6）对不属于本机关管辖的，提出移送意见；

（7）对违法行为轻微，依法可以不予行政处罚的，提出不予处罚意见；

（8）对行政处罚不适当的，提出修正意见；

（9）对重大、复杂案件，责令停产停业、吊销许可证的案件，较大数额罚款的案件，建议本机关负责人集体研究决定；

（10）对违法行为涉嫌犯罪的，提出移送司法机关的建议。

2.案件主办人制度

案件主办人制度，是指由某个工商行政管理行政执法人员，负责主要办理某个工商行政管理行政处罚自由裁量权案件的制度。各级工商行政管理行政机关在办理工商行政管理行政处罚自由裁量权案件时，可以在两名以上工商行政管理行政执法人员中确定一名执法人员担任案件主办人。主办人对案件办理承担主要责任，协办人承担次要责任。主办人和协办人由办案机构实行个案指定。主办人确定后应当在相应执法文书中注明。

主办人应当符合下列条件：

（1）具备良好的法律、政治素质和职业道德，爱岗敬业、忠于职守、勇于负责；

（2）已经取得“工商行政管理行政执法证”；

（3）熟悉有关法律、法规、规章，具有较丰富的办案经验及相关业务知识；

（4）具有一定的组织、指挥、协调能力。

有下列情形之一的，不宜指定为主办人：

（1）受到行政处分，尚在处分期间的；

（2）因违法行政被追究过错责任未满两年的；

（3）年度考核被确定为基本称职及以下等次的；

（4）参加工商行政管理行政执法岗位培训考试不及格的；

（5）不认真履行主办人职责，经教育仍不改正的；

（6）作为主办人所办理案件一年内累计两件以上被法定机关依法撤销的；

（7）作为主办人年度内所办案件因程序违法或事实不清、证据不足累计五件被法律审核机构建议纠正或补正的；

（8）作为主办人查办案件中应当申请回避而不申请，造成后果的。

主办人查处案件时，应当履行下列职责：

（1）担任案件办案组组长；

（2）负责办理立案报批手续；

（3）拟订案件调查方案和方法；

（4）依法组织调查取证；

（5）负责办理依法采取行政强制措施的报批手续；

（6）案件调查终结，负责撰写案件调查终结报告，提出处罚建议；

（7）完成案件调查终结报告及草拟处罚决定书后，连同案卷材料按规定报送法律审核机构审核；

（8）对部门领导、法律审核机构提出的意见及时组织实施；

（9）负责依法向当事人办理告知事项；

（10）负责听取并如实记录当事人的陈述、申辩；

（11）当事人要求听证的，参加听证，经本部门或者听证主持人允许，向当事人提出违法事实、证据、依据、情节、社会危害程度及处罚建议，并进行质证、辩论；

（12）负责向当事人依法送达处罚决定书；

（13）负责督促、教育当事人履行处罚决定；

（14）对当事人拒不履行处罚决定的，在法定期限内办理申请人民法院强制执行事项；

（15）所办案件发生行政复议、赔偿、诉讼的，配合做好复议、赔偿的答复及应诉工作；

（16）负责所办案件执法文书及相关证据的立卷归档。

3.集体讨论制度

集体讨论制度是指重大、复杂的行政处罚自由裁量权案件的行政处罚决定应当经工商行政管理行政机关负责人主持的会议集体讨论后做出，未经集体讨论，不得做出相应的行政处罚决定。集体讨论制度是行政首长负责制的辅助和补充，有利于集思广益，充分发挥集体的智慧，也有利于行政首长在全面听取参会人员的意见基础上审慎地做出更为合理的行政处罚决定。

工商行政管理行政处罚案件涉及下列自由裁量权运用情形之一的，应当采用集体讨论制度：

（1）重大的行政处罚案件：指工商行政管理行政机关做出的吊销证照、责令停产停业、五千元以上罚款的行政处罚决定。

（2）复杂的行政处罚裁量案件：包括认定事实和证据争议较大的案件；适用的法律、法规和规章有较大异议的案件；违法行为性质较重或者危害较大的案件；执法管辖区域不明确或有争议的案件等。

（3）其他属于重大、复杂案件的。

集体讨论案件的处理，应当在调查人员已查清案件事实且形成调查报告并经分管领导审核的基础上进行。在集体讨论中，应当营造畅所欲言的氛围，让与会者尽可能充分发表意见。因某种特殊情况，本次会议不能形成集体决定时，可以下次会议再议。集体讨论事项时，会务人员应全面客观准确地记录会议的有关情况，并做出会议纪要。经集体讨论形成的处理决定具有确定力，任何人不得擅自更改，不得减免处罚数额，不得降低处分档次。

4.案例指导制度

案例指导制度是指由一定层级的工商行政管理行政主管部门，精选典型的工商行政管理行政处罚自由裁量权案件，来作为本系统办理类似的工商行政管理行政处罚案件的参考的制度。省级工商行政管理行政主管部门可以对本系统办结的典型工商行政管理行政处罚自由裁量案件，进行收集、分类，对违法行为的事实、性质、情节、社会危害程度相同或者基本相同的进行整理、总结，形成指导性案例，作为本系统今后一定时期对同类违法行为进行行政处罚的参考。原则上，为确保法制的统一，如果省级工商行政管理行政主管部门已经编撰了工商行政管理行政处罚自由裁量指导性案例，市级及市级以下工商行政管理行政主管部门可以不再编撰工商行政管理行政处罚自由裁量指导性案例。

对违法事实、性质、情节、社会危害程度相同或者基本相同的案件，各级工商行政管理行政机关应当参考省级工商行政管理行政主管部门编撰的指导性案例，在做出处罚的种类、幅度以及程序等方面与指导性案例一致或基本一致，体现同案同罚。

各级工商行政管理行政机关，应当定期向省级工商行政管理行政主管部门提交工商行政管理行政处罚自由裁量典型案例的书面或电子文件。省级工商行政管理行政主管部门对提交的案例，应当组织专业人员从实体和程序等方面进行严格的初选、审核，必要时可以对原案例做技术性修正。对于经过初选、审核的案例，省级工商行政管理行政主管部门可以在征询政府法制机构和有关专家的意见后，进行审定。省级工商行政管理行政主管部门应当将审定后的指导性案例，发布给各级工商行政管理行政机关在处理工商行政管理行政处罚案件时参考。其中，涉及国家秘密、商业秘密、个人隐私或者可能有其他不利影响的，不得公开。

省级工商行政管理行政主管部门可以建立指导性案例电子库，并加强管理，及时补充更新，提高指导性案例的使用价值。省级工商行政管理行政主管部门应当定期或不定期对指导性案例进行清理，具有下列情形之一的应当及时废止：

（1）所依据的法律、法规、规章修改或废止的；

（2）新的法律、法规、规章公布，原指导性案例与之抵触的；

（3）后指导性案例优于前指导性案例的；

（4）监督机关依法撤销、纠正的；

（5）其他法定事由应当废止的。

四、工商行政管理行政处罚自由裁量权的行使

正确行使处罚裁量权应当遵循的基本原则

1.公平公正原则

工商行政管理机关行使处罚裁量权时，应当平等对待每一个被处罚的当事人，不得以案件事实以外的因素差别对待当事人。对违法事实、性质、情节、社会危害程度等因素基本相同的违法当事人实施行政处罚时，适用的法律依据、处罚种类和幅度应当基本一致。

2.过罚相当原则

工商行政管理机关行使处罚裁量权时，必须以事实为依据，与违法行为的事实、性质、情节以及社会危害程度等相当。禁止处罚畸轻畸重、重责轻罚、轻责重罚。

3.处罚与教育相结合原则

工商行政管理机关在行使处罚裁量权时，既要制裁违法行为，又要教育当事人自觉遵守法律。行政处罚应当符合法律目的，所采取的措施和手段应当必要、适当。

4.程序正当原则

工商行政管理机关在行使处罚裁量权时，必须遵循法定的程序，充分听取当事人的意见，依法保障当事人的知情权、参与权和救济权。

5.综合裁量原则

工商行政管理机关在行使处罚裁量权时，要综合、全面考虑案件的主体、客体、主观、客观及社会危害性等具体情况进行裁量，不能偏执一端，片面考虑某一情节对当事人进行行政处罚。

对违法行为罚与不罚的裁量

准确判定违法事实

1.准确认定违法事实

要判断是否做出行政处罚，首先要准确认定行为事实，进行法律关系的归类。认

定行为事实为不同的事实性质，就会有不同的处理结果，直接关系到当事人利益和工商行政管理秩序的维护。

认定行政违法事实遵循“法律事实”原则。

“以事实为根据”是行政机关对行政管理相对人违法事实认定的基本原则。《行政处罚法》第4条规定：“设定和实施行政处罚必须以事实为依据。”案件事实性质的认定是关键的一步，关系到“是”与“非”，“合法”与“违法”的判断，直接影响案件处理的结果。对违反工商行政管理管理秩序行为，一般从行政相对人实施违反行政管理秩序行为的过程及其危害后果来判断。

（1）关于行政处罚认定被处罚人实施违法行为的过程问题。违法行政法律规范的行为分为作为和不作为两种。行政处罚决定认定行政相对人实施了作为的违法行为的事实主要有：实施违法行为的时间（含期间）、地点、手段或方式、违法行为的结果，对多次进行违法行为的要将各次的时间、地点、结果等情节问题一一表述清楚。行政处罚决定认定行政相对人实施不作为的违法行为的事实主要有：行政相对人应在什么地点、条件下，在什么时间内履行其法定的义务，其在何种具体情况下未履行法定义务。

比如，认定被处罚人实施违法行为的过程中，如何准确认定违法行为发生地的问题。

《行政处罚法》第20条规定：“行政处罚由违法行为发生地的县级以上地方人民政府具有行政处罚权的行政机关管辖。法律、行政法规另有规定的除外。”这确定了行政处罚地域管辖的一般原则，因而认定违法行为的发生地关系到确认行政违法案件的管辖权，关系到能否正确、高效地查办行政违法案件，具有重要的现实意义。目前，在行政执法实践中对“违法行为发生地”理解存在争议，主要有以下两种观点：一种是广义的理解，认为违法行为发生地包括违法行为着手地、实施地、经过地、结果地，即包括了实施违法行为各个阶段所经过的空间；另一种是狭义的理解，认为违法行为发生地仅指违法行为实施地，而不包括其他地方，特别是违法行为经过地不应属于违法行为发生地之列。

应当将违法行为发生地理解为包括行为着手地、经过地、实施地和危害结果发生地，但在确认个案具体的违法行为发生地时还应当注意把握以下两个原则：

一是要有利于提高行政执法有效性。将违法行为发生地做广义理解，囊括行为人实施行政违法行为的全过程，使违法行为人在其实施违法行为的各个阶段被发现，都可以立即依法就地给予行政处罚，有利于行政机关及时制止违法行为，打击行政违法活动，便于行政执法机关对违法事实进行调查、取证，可以有效地节省执法机关的人力、物力，提高工作效率。符合行政执法“便利、效率、为民”的原则。

二是要有利于实现行政法的核心价值。法的价值包括自由、秩序、正义，而行政法追求的核心价值是秩序，并且强调秩序是社会生活的基础和前提。对行政违法行为的查处和打击就是要维护正常的社会生活秩序，对被违法行为破坏了的迅速予以恢复，对良好的予以维持并加以促进，使其发展。一个行政违法行为侵害社会生活秩序往往表现为破坏行政管理秩序，同时侵害其他以实现秩序而得以保护的法益，比如某一地区正常的市场竞争环境，某个自然人或法人合法的财产所有权，甚至是人民群众的人身生命健康。因此，将违法行为发生地做广义理解能更好地分析违法行为对行政管理秩序侵害的程度，掌握违法行为所侵害法益的种类和数量，全面评估违法行为造成的危害后果，便于行政管理者采取适当的措施，恢复正常的行政管理秩序，维护被违法行为侵害的法益，保障社会生活，实现行政法的核心价值。

（2）关于行政处罚认定的违法行为的危害后果问题。根据我国现行法律、法规的规定，在一般情况下，行政相对人实施了违反行政管理秩序的行为，就应当给予行政处罚。但对一些特殊情况，行政处罚以造成一定的危害后果为法定要件。危害后果的表现形式有两种：一种是显现后果，即违法行为所造成的危害后果通过一定的形式表现出来。行政相对人的违法行为对国家公众的危害性程度对违法行为有显现危害后果的，均应当在行政处罚决定书中表述出来。另一种是隐形危害后果，即违法行为给社会造成的危害后果难以一定形式直接表现出来。

2.准确认定行政处罚违法行为责任主体

根据我国有关法律、法规的规定，违法行为责任人是实施违反行政管理秩序的公民、法人或者其他组织。在认定违法行为责任人时应注意以下几个问题：

第一，有关隶属关系的问题。在我国单位之间存在隶属关系有两种情况：一种是一方单位是另一方的下属单位，不具有独立法人资格，不能以自己的名义从事民事活动；另一种是虽然一方单位对另一方单位具有一定的领导权力，但双方均是独立的法人，各自均独立核算并可以独立对外从事民事活动。对于前一种情况，其下属单位的违反行政管理秩序行为的行政责任可以由具有法人资格的一方承担。后一种情况，因双方均为独立的法人，各自仅对各自的行为负责，谁实施的行为，由谁承担法律责任。

第二，有关企业承包关系的问题。承包人在承包期间以企业的名义实施的违反行政管理法规范的行为，应当认定为企业的违法行为，而不应认定为个人的违法行为。承包人在承包期间实施承包合同规定的权利范围以外的行为，或者承包以前、以后所实施的行为违法，则应当认定为承包人的违法行为，而不应当认定为企业的违法行为。

第三，有关雇佣关系的问题。在具有雇佣关系的情况下，被雇人按照雇主的要求所实施的行为，该行为能否得到实施一般取决于雇主，所以对这种情况一般应认定为雇主的行为，所产生的行政法律责任应当由雇主承担，而不应当由被雇用人承担。但是需要注意的是，被雇用人所进行的雇佣关系以外的行为，应当认定为被雇用人自己的行为，而不能认定为雇主的行为。

第四，有关委托关系的问题。主要有：

（1）被代理人委托代理人实施民事法律行为合法，委托代理人超出了被代理委托的权限范围实施了违反行政管理秩序的行为，在没有被代理人追认的情况下，违法行为人应当认定为委托代理人，而不应当认定为被代理人。

（2）委托人和被委托人都知道委托代理的行为违反行政管理秩序，只要委托人实施了委托的行为，被委托人与委托代理人应当是共同违反行政管理秩序的行为人。

第五，单独违法还是共同违法的问题。对于单独违法，行政机关应当有证据认定是单独实施违反行政法律规范的行为，证据应当排除共同实施违法行为的可能性。对认定共同实施违法行为的，行政处罚决定应当写明共同违法行为人在实施违法行为中所处的地位、作用和实施的具体内容，并提供相关的证据证实上述事实。

第六，关于无证经营，但有字号或有雇员的单位应认定为公民还是其他组织的问题。公民和法人的概念现行法律有明确规定，较易理解。关于“其他组织”，通常都是指不具备法人资格的组织，即“非法人组织”，它们虽设有代表人或管理人，但不一定具有独立的财产、营业机构和组织章程。其应具备的要件之一必须是有自己目的的社会组织体，目的可分为非营利性和营利性两种。其中营利目的在我国现行法上表现为经营范围。因此，对于营利性非法人组织来说，应当具有特定的经营范围。非法人组织必须依法进行核准登记，否则不享有非法人资格。综上，那些虽有字号或有雇员的无证经营者，应认定为公民，而不宜认定为其他组织。

3.行使自由裁量权时合理运用证据，做到以理服人

行政主体在对相对人做出行政处罚决定之时，合理运用证据，同时给以合法、合理的解释，以达到以理服人的目的。在对行政处罚相对人做出处罚决定时，应当在案卷材料中体现裁量的理由和依据，对所有的理由和材料予以说明，真正做到以据证理，以理服人，从而更好地实施行政处罚自由裁量权。

4.对相关法规烂熟于心，准确把握裁量标准

工商行政管理执法人员在执法中要做到“以法律为准绳”，需首先学习、理解工商行政管理法律、法规、规章和各地工商行政管理部门制定的工商行政管理行政处罚裁量标准。分轻微、一般、较重、严重、特别严重五个档次撰写情节，并依此细化处罚额度。相应的各类执法人员应就自己执法领域的具体标准包括对自由裁量权的运用范围、行使条件、裁量幅度和实施种类等进行学习、熟悉、理解和掌握，以合理运用。

对违法行为严格依据法律的规定做出裁量

首先，必须严格依法行使自由裁量权，避免超越自由裁量权。

既然我们实行依法治国，就要有有法可依、有法必依、违法必究的理念，所以执法人员进行行政处罚时必须严格按照法律规定，法律、法规明文规定应当处罚的，执法人员才可以处罚，即公民、法人和其他组织的行为，依法明文规定是违法行为而应该处罚的，才能予以行政处罚；不是法律上所规定的违法犯罪，执法人员不能随意处罚。

超越自由裁量权的行为，是指行政机关行使自由裁量权，超越了法律规定的范围和幅度，是一种违法的行政行为。工商行政管理行政执法人员有权对具体行政行为是否合法进行审查。

其次，自由裁量权行使必须符合法律目的。尤其是涉及罚款、没收财物等财产性处罚，罚没的数额应以立法目的为标准。

最后，自由裁量权行使中不能放弃其权力。

自由裁量权是一种行政职权，具有不可放弃性，否则即为失职。因此，执法者在执法时不能因怕当被告而对违法者处罚时利用自由裁量权随意减轻处罚甚至放弃处罚。

准确判断是否存在免除处罚的情形

应当罚的要做出处罚，不应当罚的要严格依法来做出决定。是否可以不罚，即首先要准确判断是否存在免除处罚的情形。

“以事实为根据、以法律为准绳”是行政执法的根本原则。工商行政管理行政执法人员在执法中对相对人实施行政处罚，首先要查明当事人的基本违法事实和违法行为情节，基本违法事实是决定是否给予当事人行政处罚的前提条件。对当事人实施行政处罚，在有基本违法事实的基础上，还要考虑违法行为情节，如违法行为人主观过错程度如何，社会危害后果是轻还是重，是否积极减轻危害后果等。违法行为情节实际上也是违法事实，但这种违法事实只是作为免除、减轻、从轻、从重处罚的事实根据。

在工商行政管理行政处罚中，执法人员在认定基本的违法事实做出行政处罚决定时，如果忽视查清并依据违法行为情节来决定更合理的行政处罚，必然影响行政处罚的合法性、合理性和公正性。因此，执法人员在实施行政处罚过程中，必须查清相对人有没有免除、减轻、从轻、从重处罚的情节事实，然后依据其情节再做出合法、合理、公正的行政处罚决定。

工商行政管理执法人员对违法行为是否做出处罚的自由裁量权行使中，要准确判断是否存在免除处罚的情形。对于不存在免除处罚的情形，必须严格依法对当事人做出相应的行政处罚。因此，执法人员首先要掌握免除处罚及其条件、情节和事由，以在行使自由裁量权过程中做出正确的判断。

1.免除处罚

免除处罚，是行政主体对行政相对人实施的违法行为轻微并及时纠正，没有造成危害后果或其他依法应当不予行政处罚的，不予追究法律责任，即不对违法行为人做出行政处罚。

2.免除处罚的条件

免除行政处罚，应当坚持以下三个前提条件：

一是相对人已经实施了违法行为。这里的“违法行为”，指的是基本违法事实。基本违法事实是实施行政处罚的前提条件，因此，相对人没有实施违法行为，就谈不上违法行为情节问题，就不可能受到行政处罚，故也就不存在免除处罚问题。

二是违法行为人依法负有法律责任。当事人实施某种违法行为，法律对该违法行为有明文规定的法律责任。如果其违法行为没有法律责任，本身就不受行政处罚，更谈不上免除处罚问题。

三是必须有法定的免除处罚的情节或事由。

3.免除处罚的情节和事由

免除处罚的情节和事由，是不予追究行政处罚责任的违法行为的具体事实情况和法律规定的理由。根据《行政处罚法》和国家工商行政管理总局《关于工商行政管理机关正确行使行政处罚自由裁量权的指导意见》的规定，对当事人的违法行为予以免除处罚的法定情节和事由主要有以下几种：

（1）违法行为轻微并及时纠正，没有造成危害后果的。在实践中，应当注意，当事人确有经济困难，实在无法缴纳罚款，不是免除罚款处罚的法定事由，再者，罚款处罚对违法行为人和社会有着法制教育的效果和意义，因此应当做出罚款处罚决定，但在执行程序中，经当事人申请和执法机关批准，可以暂缓或者分期缴纳。

（2）未到法定行政责任年龄，即违法行为人实施违法行为时不满14周岁的。根据《行政处罚法》规定，我国自然人行政责任年龄为14周岁。凡是不满14周岁的自然人，属于无责任能力人。这些人实施违法行为，一律免除行政处罚。这里需要强调的是，未到法定行政责任年龄的自然人实施工商行政管理违法行为，除了对其本人免除处罚外，根据不牵连原则，其法定监护人和其他有关人员也不为其承担行政处罚责任。

在现实生活中，偶然遇见的是，不满14周岁的自然人在成年人的指使下为指使人的非法利益而实施违法行为。对这种情况，应当处罚成年的指使人，而不能处罚未成年人，也不能把未成年人作为共同违法行为人一起处罚。

（3）精神病人在不能辨认或者不能控制自己行为时有违法行为的，全部丧失行政责任能力。全部丧失行为能力的精神病人，不能辨认是非，不知道自己的行为是否违法，也不知道是否会造成社会危害后果，因此应当予以免除处罚。

（4）已经超过追诉时效。追诉时效，是行政主体追究行政相对人违法行为所应承担的法律责任的有效期限。《行政处罚法》第29条规定："违法行为在两年内未被发现的，不再给予行政处罚。法律另有规定的除外……"两年期限从违法行为发生之日起计算；违法行为有连续或者继续状态的，这两年的追诉时效应当以违法行为结束之日起计算。

（5）初次实施违法行为，没有造成危害后果的。

（6）属于紧急避险的。

（7）其他依法不予行政处罚的。免予处罚则是对违法行为人的违法行为进行认定，基于法定情节而决定免对其处罚。

对于非在免予处罚范围的，执法人员应严格依法对违法行为进行相应的行政处罚。

对处罚类型的裁量

决定进行行政处罚首先要确定做出何种类型的处罚。行政处罚包括六种：（一）警告；（二）罚款；（三）没收违法所得；（四）没收非法财物；（五）责令停产停业；（六）吊销许可证。每一种处罚类型具有不同的作用、意义和效果，其立法理由、意义和目的不尽相同。执法人员应明确行政处罚种类之间的轻重关系，正确选择处罚类型，这需要从多方面来考虑。

1.认定事实

对违反行政管理秩序行为，应准确判断行政相对人的主观过错、实施违反行政管理秩序行为的过程及其危害后果等各个方面，根据具体的案件情况选择处罚类型。

2.考虑相关因素

未考虑相关因素或考虑了不相关因素，或者过分强调或轻视了一个相关因素，都有可能影响裁量结果的公正。行使工商行政管理行政处罚自由裁量权时要将各种因素，尤其是相互冲突又各具价值意义的因素进行综合权衡。

行使工商行政管理行政处罚自由裁量权时，须建立在正当考虑基础上并合乎情理。所谓正当考虑，是指在做出行政处罚时，对相关因素应当考虑，对不相关因素应排除。如进行处罚时，当事人过错产生的客观原因、危害程度和当事人的认错态度、经济状况以及法律、法规做出的特殊规定等因素应当考虑。而对于人情关、各种"关照"等则应当排除。此外，运用自由裁量权做出行政行为，还必须符合情理。这里的情理，是指事物的客观规律以及大多数人普遍认为的公平合理的标准。

3.确定处罚类型

首先要准确理解各类处罚类型的意义和特征。一些执法人员对行政处罚的理解片面化，认为处罚就是罚款，且处罚幅度调整思路单一。在执行中，绝对化倾向明显，偏重对行政处罚数量幅度的调整，忽视对行政处罚种类的调整，背离了处罚与教育相结合、查处与规范相结合的原则。给予警告、责令改正、责令停业整顿、吊销营业执照、移送司法机关处理等案件不多。在行使工商行政管理行政处罚自由裁量权时要尽量避免这类现象的发生。

执法人员在做出处理决定时，需要首先将处罚的各个罚种进行一个轻重的排序，工商行政管理行政处罚领域基本不涉及人身罚，但要区别个人和组织处罚对象。不同处罚种类的轻重关系先要分门别类进行比较。申诫罚中，通报批评重于警告；财产罚中罚款和没收因个案而不同，没有办法比较轻重，往往也无此必要；资格罚中，暂扣处罚要远远轻于吊销。困难的是对申诫罚、财产罚和资格罚三者之间进行比较，根据处罚设定的相关规定、执法人员的生活常识和人们的一般理解并结合处罚实践的实际效果，一般认为申诫罚、财产罚到资格罚是按照从轻到重的顺序排列的。但是对通报批评不能一概而论，对商业组织的通报批评，其往往比罚款还要严重。

对于没有制定自由裁量权标准的，要结合案件事实和法规综合考虑。对已制定自由裁量权标准的，要严格遵照执行。

处罚幅度的裁量

正确运用基准制度

工商行政管理行政执法人员在具体行使工商行政管理行政处罚自由裁量权时，应正确运用基准制度。

面对过多的自由裁量权催生了行政效率低下、随意处置相对人权利、权力“寻租”等多种弊端共存的现实情况，对工商行政管理行政处罚自由裁量权引入规则的细化、量化等裁量基准技术，把违法情节和处罚程度分成不同等级，让所有行政处罚都“对号入座”，从源头上解决过于“自由”的问题，无疑具有很强的针对性和积极意义。但尽管采用基准的方式详细限定自由裁量权的行使细节，可以有效防止恣意行政，减少侵权、滥权的可能，甚至现实中某些过度规则化的自由裁量约束制度不仅是要“控制自由裁量权”，实质上是要“消灭自由裁量权”。然而，相对于多变的社会生活而言，规则永远是相对静止的，根本无法全面、精确地预测和规范所有的行政管理事项，很难和实践一一对应，更存在着对事实本身在什么角度以及如何评价、取舍剪裁等问题，企图满足“贪得无厌”的现实，做到“一把尺子量到底”，是一件勉为其难的事情。

事实上，自由裁量控制的核心问题，是寻求人与制度、规则的普遍性正义与裁量的个别化正义之间的平衡问题。制定量化细则固然重要，以便有一个大致的标准可供采用，避免天马行空，但关键还要对滥用自由裁量权进行控制，任何实体的公正都必须以程序的公正为支持。只有建立健全告知制度、职权分解制度、行政时效制度、执法责任追究制度、合议制度、听证制度等，通过规范行政处罚程序，切实保障当事人的知情权、陈述权、申辩权、救济权，不仅能对行政处罚自由裁量权的滥用起着控制作用，更能给予当事人进行“自卫”或“抵御”的机会。

行政处罚自由裁量权基准制度，针对不同的违法行为和种类，制定公平、公正的行政处罚实施标准，增强行政执法透明度，规范行政处罚行为，做到合法、合理。但裁量基准制度与生俱来的局限性这一基本事实要求每一位工商行政管理行政执法人员面对细化的自由裁量权基准制度，仍需注意行使自由裁量权的以下几个重要方面，做到正确行使自由裁量权。

正确决定处罚幅度

1.认定事实

准确认定情节轻重。对违法事实情节轻重的准确认定，是正确确定处罚幅度的前提条件。所谓情节是指事物发生、发展的因果关系和演变过程。违法行为的情节可以分为主观和客观两个方面。主观方面包括目的、动机、心理状态和态度表现等，客观方面包括时空、对象、方式手段和危害后果等。在实施行政处罚时，必须认真考虑上述主观和客观两个方面的违法情节。在实务中，行政执法人员往往违反比例性、适度性和必要性，随意选择具体事实是属于“情节较轻”还是“情节严重”，从而随意适用从重、从轻或减轻的规定。

2.确定阶次

进行量罚前，对于没有制定自由裁量权标准的，要结合案件事实和法规进行综合考虑。对已制定自由裁量权标准的，要严格遵照执行，准确确定阶次，找准处罚幅度。执法人员要尽量避免出现合法但不合量的决定，往往表现在两个方面：一是执法结果与立法目的相悖，如对违规行为处理不适当；二是未将相关因素纳入考虑，如对从事个体经济违规行为的个别处罚，没有顾及国家有关“优惠政策”和扶贫政策。

3.量罚

量罚要求合理把握裁量尺度。首先，准确理解不予行政处罚、减轻行政处罚、从轻行政处罚和从重行政处罚的含义和内容；其次，要熟练掌握行政处罚相关法规的规定。

在实行中要掌握处罚规则。禁止不分情节轻重一律实行上限罚款。如从重处罚：主观恶意的，从重处罚；后果严重的，从重处罚；区域敏感的，从重处罚；屡罚屡犯的，从重处罚；对其中由国家机关任命的人员，工商行政管理部门应当移送任免机关或者监察机关依法给予处分。从一重处罚：多个行为分别处罚，一个主体的多个环境违法行为，虽然彼此存在一定联系，但各自构成独立违法行为的，应当对每个违法行为同时、分别依法给予相应处罚。

避免处罚幅度不当

行政处罚显失公正，是指行政主体在自由裁量权限范围内做出的虽然在形式上不违背法律、法规的规定，在法律规定的手段、范围、幅度内，但在实际上与法律精神相违背，没有依据立法目的和公正合理的原则精神来执行法律，行政机关不正当地行使了权力，损害了社会或个人的利益，而表现出明显的不公正的违法处罚。“显失公正”虽然在形式上合法，但违背了合理性原则，表现出明显的不公正。

“显失公正”只限于具有行政处罚权的行政主体做出的行政处罚，没有行政处罚权的行政主体或其他组织做出的显失公正的处罚属于超越职权的行为，行政处罚以外的行政行为也不构成《行政诉讼法》上的“显失公正”；“显失公正”只能发生在自由裁量行为中，超越权限范围就构成其他形式的违法。羁束行为由于法律、法规规定明确、详细、具体，行为人实施该行为只能严格依法办事，不存在自由选择的幅度，因而只发生是否合法的问题，不会发生是否合理正当的问题。只有在自由裁量行为中，由于行为人在法律许可范围内做出行为选择时，有责任考虑哪一种选择更符合立法的意图和法律目的，才会发生行使职权是否合理正当的问题。因此，对于工商行政管理行政执法机关违反羁束性法律规范的，其执法行为构成违法，相对人可以向人民法院提起诉讼；工商行政管理行政执法机关违反法律授权目的、超越自由裁量范围的执法行为构成违法，但在自由裁量范围内的偏轻偏重，甚至畸轻畸重行为，属于不当或严重不当行为，是一种违法的行政行为，与法律精神相违背，损害了社会或个人的利益。对于自由裁量行为，如果不是显失公正，人民法院不予受理，或不予进行审查。“显失公正”是一种滥用行政处罚自由裁量的行为，人民法院有权进行司法审查并行使司法变更权。我国《行政诉讼法》第54条第（四）项规定，行政处罚显失公正的，人民法院可以判决变更。

显失公正的行政处罚行为主要有以下几种情形。

1.畸轻畸重

畸轻畸重即行政处罚与相对人应受处罚的违法事实严重背离，与相对人应承担的行政责任极不相称；行政处罚虽然在法定的幅度之内，但是与被处罚人违法行为实际应受的处罚相差很大。法律、法规规定给予违法行为人行政处罚，就行政处罚本身而言，并不是法律所追求的目的。法律、法规规定行政处罚的目的是为了预防新的违法行为的出现，防止、纠正侵犯权利的行为，保障人民权利和社会秩序。要达到法律的目的，必须做到违法行为人所受到的行政处罚与其过错大小相一致，所有的违法者不论地位高低，只要违法情节相同的，一般都应给予相同的行政处罚，如果给予过错很大的违法行为人很轻的行政处罚，就不能使其畏惧法律的威慑作用；如果对于过错很小的违法行为人给予很重的行政处罚，就有可能使其对社会产生报复心理，亦不可能起到防止、纠正违法行为的作用。因此说行政处罚不相称，是无法达到法律所求的目的，属于一种不合理的表现形式。

2.同责不同罚

同责不同罚，即对同样责任的两个相对人采取轻重不同的处罚方法或幅度，如同样行为，不同处罚；不同样行为，同样处罚，执法不一致。我国宪法规定，法律面前人人平等。根据这一原则，对每一个公民、法人或其他组织违反行政法律规范的行为，性质、情节相同的，应给予相同的行政处罚。尽管法律、法规没有规定对这种情况应该处以何种处罚，但对同样责任者给予不同轻重的行政处罚，就违反了法律面前人人平等的原则或公正原则，也是一种不合理的表现形式。

3.过罚颠倒

过罚颠倒，即在同一案件中重者轻罚或轻者重罚，无一定标准，处罚幅度任意性大，高低悬殊。在同一案件中，行政主体给予违法责任重者较轻的行政处罚，或给予违法责任轻者较重的行政处罚，这种情况往往仅从单方行政处罚来看，并无明显的畸轻畸重，但这种处理相比较之下有失公正，因此，难以使被处罚者心服口服，甚至有可能使被处罚者产生逆反心理，公开与社会对抗，起不到纠正违法者的错误和防止以后类似违法行为再发生的作用，亦属不合理的一种形式。

4.考虑不当

考虑不当，即考虑了不应考虑的情况，或者应该考虑的情况没有考虑。

没有考虑相关的因素。行政执法应当考虑的相关因素，如违法行为发生的时间、地点、动机、故意、过失、目的、造成的危害社会的后果、违法行为的次数、是偶犯还是惯犯、违法金额的大小、是否主动消除了违法行为产生的后果等事实和法律因素。再如，没有考虑被处罚者的实际承受能力。行政主体在做出行政处罚时，应考虑到被处罚者的实际承受能力，不能使被处罚人无法生活。如果给予行政处罚人的行政处罚到其无法承担的程度，不但其无法承担行政处罚所规定的义务，使其无法生活下去，而且也难以使其认识错误，纠正错误，有可能导致其做出新的违法行为，不利于社会的安定团结，也属于不合理的一种形式。

不正确考虑相关的因素。执法人员运用自由裁量权做出的某项处罚决定，如果是根据不相关的因素做出的，或者是因为没有考虑而必须应当考虑的相关因素做出的，该种自由裁量的行使则成为一项不合理的决定。

5.反复无常

行政机关对同一违法行为前后处理结果不一致，今天这样处理，明天那样处理，裁决的结果随意性比较大，没有一个相对具体的处罚标准。

处罚减轻的裁量

就工商行政管理行政处罚自由裁量权的分级制度而言，可以考虑将工商行政管理行政处罚自由裁量权划分为免除处罚、减轻处罚、从轻处罚、从重处罚等裁量等级。

1.免除处罚

前文已论述。

2.减轻处罚

减轻处罚是指在法定的处罚种类或处罚幅度最低限以下，对违法行为人适用的行政处罚。可以减轻处罚的量罚因素包括：

（1）已满14周岁不满18周岁的人实施违法行为的；

（2）情节轻微，社会影响和危害较小且主动纠正违法行为的；

（3）主动中止违法行为的；

（4）主动消除或者减轻违法行为危害后果的；

（5）受他人胁迫有违法行为的；

（6）配合查处违法行为有立功表现的；

（7）聋哑人或者盲人实施违法行为的；

（8）初次实施违法行为，危害后果极小的；

（9）其他依法可以减轻处罚的。

3.从轻处罚

从轻处罚是指在法定的处罚种类和处罚幅度内，对违法行为人在几种可能的处罚种类内选择较轻的处罚方式，或者在一种处罚种类中法定幅度内选择较低限至中限进行处罚。可以从轻处罚的量罚因素包括：

（1）已满14周岁不满18周岁的人实施违法行为的；

（2）主观无恶意，社会影响和危害较小的；

（3）主动中止违法行为的；

（4）在执法机关查处违法过程中，积极配合调查，如实陈述违法情况的；

（5）主动交代违法行为的；

（6）在共同违法行为中起次要或者辅助作用的；

（7）初次实施违法行为，危害后果较小的；

（8）其他依法可以从轻处罚的。

4.从重处罚

从重处罚是指在一种处罚种类中法定幅度内选择中限至高限进行处罚。应当或可以从重处罚的量罚因素包括：

（1）情节恶劣，造成严重后果的；

（2）违法行为社会影响恶劣，造成影响面较广的；

（3）违法行为被群众多次举报的；

（4）逃避执法、妨碍执法、暴力抗法尚未构成犯罪的；

（5）转移、隐匿、销毁违法证据，故意提供虚假证据，或者拒不配合工商行政管理执法人员调查取证的；

（6）经执法人员劝告后，继续实施违法行为或者在规定期限内未停止、改正违法行为，以及未采取其他补救措施的；

（7）在共同违法行为中起主要作用的或者胁迫、诱骗他人实施违法行为的或者教唆未成年人实施违法行为的；

（8）多次实施违法行为，或者被处罚后一定期限内再次实施相同违法行为的；

（9）在发生突发公共事件时或者专项整治期间实施违法行为的；

（10）违法行为引发群体性事件的；

（11）侵害残疾人、老年人、未成年人等群体利益的；

（12）对举报人、证人或者执法人员打击报复的；

（13）其他依法应当从重处罚的。

第三章　工商经检执法风险防范

一、工商经检执法风险的表现形式及追究

工商经检执法风险的表现形式

1.主体违法

工商经检案件中对主体部分的具体要求：

（1）实施行政处罚的机关或组织应具有法定行政处罚主体资格。

（2）实施行政处罚的行为符合法定职责权限。

（3）依照法律、法规、规章规定受委托执法的组织应当以委托机关名义实施行政处罚。

（4）承办行政处罚案件的人员应具备行政执法资格。

（5）被处罚对象应当主体适格，依法能够独立行使权利和承担法律责任。

2.违法事实认定不清

工商经检案件中对事实部分的具体要求：

（1）被查处的违法行为事实认定清楚、证据确凿。

（2）对违法行为的定性正确。

（3）当事人的行为属于依法应当给予行政处罚的行为，有充分的法律依据和事实证据。

（4）执法文书应当准确载明当事人的基本情况、法律事件或行为发生的时间、地点，违法行为的事实、情节、性质和危害后果等内容。

3.证据与论证不足

工商经检案件中对证据和处罚决定论证部分的具体要求：

（1）卷内证据应当合法、有效，足以证明法律事件或行为的事实、性质、情节及后果。

（2）证据应当充分，证据之间能相互印证，形成有效的证据链。提取证据应当符合法定程序。

（3）案卷中应附有有关当事人的身份证明、营业执照、许可证等证据材料，并经当事人签字确认

（4）行政处罚决定书及行政处罚事先告知书应有说理性内容，说明事理、情理和法理。主要包括：

1）对违法行为的构成要件、因果关系和违法事实的认定过程等应当陈述清楚；

2）阐述证据形式和证据所要证明的内容；

3）适用法律依据时应当完整地引用定性依据和处罚依据；

4）对当事人陈述申辩的理由、证据或听证的过程、结论和行政处罚机关是否采纳意见的理由、依据，应当详细阐述，当事人放弃陈述申辩或听证的应予以说明；

5）做出从轻、减轻或其他有裁量幅度的行政处罚的，应当在行政处罚决定书中说明理由和依据。

4.欠缺法律依据或适用法律错误

工商经检案件中对适用法律依据部分的具体要求：

（1）做出行政处罚的依据必须符合《行政处罚法》及有关法律、法规、规章的要求。

（2）适用的法律依据应当正确、现行有效，符合法律适用原则。

（3）执法文书中引用的法律、法规、规章名称应使用全称，引用依据条、款、项内容准确、完整。

5.违反法定程序或超越法定权限

工商经检案件中对执法程序部分的具体要求：

（1）办理行政处罚案件，应当符合立案（受理）、调查取证、审查、告知、决定、送达、执行等基本步骤和流程，执法程序规范。

（2）反映执法活动的内容、过程和结果都有相应的文书记载。

（3）做出或者解除（撤销）立案、抽样取证、证据先行登记保存、行政强制措施、行政处罚、行政强制执行等决定应填写相应的案件审批表，办理审批手续，制作相应的法律文书。

（4）现场检查（勘验）、调查取证由2名以上持合法有效行政执法证件的执法人员进行。

（5）现场检查（勘验）、调查取证时执法人员应向当事人出示证件、表明身份，并在执法文书上有记载和确认。

（6）所有与案件事实有关的证据材料，包括现场检查（勘验）笔录、抽样取证物品清单、涉案物品清单、现场照片、调查（询问）笔录，当事人身份证明文件、执法文书的送达回证等证据材料，有当事人拒绝签字的，执法人员应当说明拒签的理由，有见证人的应由见证人签字。

（7）先行登记保存证据、查封扣押物品应在法定期限内依法做出处理，依法应当解除登记保存或强制措施的，应当及时解除，返还物品。

（8）冻结存款、汇款应在法定期限内依法做出处理，依法应当解除冻结的，应当及时解除冻结。

（9）调查取证阶段结束后，行政执法人员应当制作案件调查终结报告，阐明案件的基本事实、违法情形、证据材料、适用依据、处理意见等，送交有关负责人逐级审查、签署意见。

（10）依法应当移送司法机关或其他行政机关处理的案件，应当及时移送并有移送记录。

（11）做出行政处罚决定前必须告知当事人拟处罚的事实、理由、依据和处罚的种类、罚款数额等内容，并告知当事人依法享有的权利。

（12）当事人提出陈述、申辩的，行政机关必须充分听取当事人的意见，并对当事人提出的事实、理由和证据进行复核。当事人提出的事实、理由或者证据成立的，行政机关应当采纳；依法不予采纳的，应当说明理由。

（13）拟做出的行政处罚符合听证条件的，应当在行政处罚事先告知书上告知当事人依法享有要求听证的权利和期限；当事人要求听证的，行政机关应当按听证程序组织听证。

（14）对情节复杂或者重大违法行为给予较重行政处罚的案件，行政机关负责人应当集体讨论决定。集体讨论应当制作讨论记录，载明主持人、参加人、记录人和讨论内容、讨论意见、最终结论，并有参加人签名或盖章。

（15）做出的行政处罚决定书应当做到：

1）形式上符合相应的法律文书制作要求；

2）完整记载被处罚人的基本情况；

3）陈述违法事实清楚，证据充分，说理透彻；

4）适用法律依据正确，处罚适当、明确；

5）明确告知行政处罚的履行方式和期限；

6）正确告知不服处罚决定的救济途径和期限；

7）有行政处罚实施机关的署名、印章和做出日期。

（16）送达。行政处罚决定等执法文书的送达符合法定的方式、时限，应当有相应的送达回证（公告送达的应有公告副本和影印件），符合法定程序。

（17）执行。行政处罚决定书送达以后，应督促当事人在规定的期限内履行；当事人拒不履行的，应当依法强制执行或者申请人民法院强制执行。

（18）不得在夜间或者法定节假日实施行政强制执行。

（19）不得对居民生活采取停止供水、供电、供热、供燃气等方式迫使当事人履行相关行政决定。

（20）应有的执行文书齐全。

1）罚款或没收违法所得有相应法定票据；

2）没收非法财物的有相应的票据和清单；

3）延期或分期缴纳罚款的，应有当事人申请和行政机关批准文书，加处罚款应有相应的执法文书和法定票据；

4）行政机关依法强制执行的，应有相应的强制执行通知书和强制执行笔录；

5）申请人民法院强制执行的有相关文书及记载。

（21）实行罚缴分离。当场收缴罚款的应当符合法定条件和要求，并在2日内将罚款缴付指定银行。

（22）没收财物应当依法处置，有相应的处置凭证或销毁凭证和监销记录。

（23）行政处罚案件办结、处罚决定履行完毕，有规范的结案报告，有行政机关负责人签署的意见。

（24）行政执法中发现的违法行为，应当责令当事人立即改正或限期改正，并对改正情况进行复查。

工商经检执法法律责任追究

行政责任

根据《中华人民共和国公务员法》（以下简称《公务员法》）和《行政机关公务员处分条例》的规定，公务员的处分制度包括如下几个方面的基本内容：

1.处分的设定

只有法律、法规、规章和国务院的决定可以设定公务员处分。除此以外的其他规范性文件不得设定对公务员的处分。

2.处分的原则

第一，处分法定原则。行政机关公务员依法履行职务的行为受法律保护，非因法定事由，非经法定程序，不受处分。

第二，公正、公平、教育与惩处相结合原则。给予行政机关公务员处分，应当与其违法违纪行为的性质、情节、危害程度相适应。给予行政机关公务员处分，应当事实清楚、证据确凿、定性准确、处理恰当、程序合法、手续完备。

3.处分的事由

给予公务员处分的事由是公务员违反法律、法规、规章以及行政机关的决定和命令。但公务员执行公务时，认为上级的决定或命令有错误的，可以向上级提出改正或撤销的意见；上级不改变或要求立即执行的，公务员应当执行，后果由上级负责，公务员不承担责任；但公务员执行明显违法的决定或者命令的，应当依法承担相应责任。

4.处分的种类

按照处分等级的高低，对公务员的处分分为警告（6个月）、记过（12个月）、记大过（18个月）、降级（24个月）、撤职（24个月、同时降级）、开除（永久）。

5.处分的适用

（1）多种处分的适用。行政机关公务员同时有两种以上需要给予处分行为的，应当分别确定其处分。应当给予的处分种类不同的，执行其中最重的处分；应当给予撤职以下多个相同种类处分的，执行该处分，并在一个处分期以上、多个处分期之和以下，决定处分期。行政机关公务员在受处分期间受到新的处分的，其处分期为原处分期尚未执行的期限与新处分期限之和。处分期最长不得超过48个月。

（2）共同行为的处分。行政机关公务员2人以上共同违法违纪，需要给予处分的，根据各自应当承担的纪律责任，分别给予处分。

（3）从重处分。下列情形应当从重处分：在2人以上的共同违法违纪行为中起主要作用的；隐匿、伪造、销毁证据的；串供或者阻止他人揭发检举、提供证据材料的；包庇同案人员的；法律、法规、规章规定的其他从重情节。

（4）从轻处分。下列情形应当从轻处分：主动交代违法违纪行为的；主动采取措施，有效避免或者挽回损失的；检举他人重大违法违纪行为，情况属实的。

（5）减轻处分。行政机关公务员主动交代违法违纪行为，并主动采取措施有效避免或者挽回损失的，应当减轻处分。

（6）免予处分。违纪行为情节轻微，经过批评教育后改正的，可以免予处分；应当给予警告处分，又有减轻处分情形的，免予处分。

（7）已退休人员的处分。应当受到处分的公务员已经退休的，不再给予处分；但依法应当降级、撤职、开除的，按照规定相应降低或取消其享受的退休后待遇。

6.处分的程序

对行政机关公务员给予处分，由其任免机关或监察机关决定。

对经全国人民代表大会及其常务委员会决定任命的国务院组成人员给予处分，由国务院决定。其中，拟给予撤职、开除处分的，由国务院向全国人民代表大会提出罢免建议，或者向全国人民代表大会常务委员会提出免职建议。罢免或者免职前，国务院可以决定暂停其履行职务。

对经地方各级人民代表大会及其常务委员会选举或者决定任命的地方各级人民政府领导人员给予处分，由上一级人民政府决定。

拟给予经县级以上地方人民代表大会及其常务委员会选举或者决定任命的县级以上地方人民政府领导人员撤职、开除处分的，应当先由本级人民政府向同级人民代表大会提出罢免建议。其中，拟给予县级以上地方人民政府副职领导人员撤职、开除处分的，也可以向同级人民代表大会常务委员会提出撤销职务的建议。拟给予乡镇人民政府领导人员撤职、开除处分的，应当先由本级人民政府向同级人民代表大会提出罢免建议。罢免或者撤销职务前，上级人民政府可以决定暂停其履行职务；遇有特殊紧急情况，省级以上人民政府认为必要时，也可以对其做出撤职或者开除的处分，同时报告同级人民代表大会常务委员会，并通报下级人民代表大会常务委员会。

对地方各级人民政府工作部门正职领导人员给予处分，由本级人民政府决定。其中，拟给予撤职、开除处分的，由本级人民政府向同级人民代表大会常务委员会提出免职建议。免去职务前，本级人民政府或者上级人民政府可以决定暂停其履行职务。

公务员违法违纪被立案调查，不宜继续履行职责的，任免机关可以决定暂停其履行职务。被调查的公务员在违法违纪案件立案调查期间，不得交流、出境、辞去公职或办理退休手续。

对行政机关公务员违法违纪案件进行调查，应当由2名以上办案人员进行；接受调查的单位和个人应当如实提供情况。参与行政机关公务员违法违纪案件调查、处理的人员与被调查的公务员有近亲属关系，或与被调查的案件有利害关系的，或与被调查的公务员有其他关系，可能影响案件公正处理的，应予以回避。

给予行政机关公务员处分，应当自批准立案之日起6个月内做出决定；案情复杂或者遇有其他特殊情形的，办案期限可以延长，但是最长不得超过12个月。

7.处分的法律后果

公务员受处分期间不得晋升职务和级别，记过、记大过、降级、撤职的，还不得晋升工资档次。解除公务员处分之后，公务员晋升工资档次、级别和职务不再受原处分的影响。但是，解除降级、撤职处分的，不视为恢复原级别、原职务。

8.对处分的救济

公务员对行政处分不服的，可以申诉。公务员自知道处分决定之日起30日内可以向原处理机关申请复核，复核期限为30日；对复核结果不服的可以自接到复核决定之日起15日内，向同级人事部门或原处理机关的上一级机关申诉，也可以不经复核，自知道该行为之日起30日内直接申诉，申诉处理期限为60日，必要时可以延长不超过30日；对省级以下机关所做申诉处理决定不服的，还可以向做出该决定的上一级机关再申诉。行政机关公务员不因提出复核、申诉而被加重处分。行政机关处理上述复核、申诉期间不停止原处分决定的执行。

行政机关公务员的处分决定被变更，需要调整该公务员的职务、级别或者工资档次的，应当按照规定予以调整；行政机关公务员的处分决定被撤销的，应当恢复该公务员的级别、工资档次，按照原职务安排相应的职务，并在适当范围内为其恢复名誉。被撤销处分或者被减轻处分的行政机关公务员工资福利受到损失的，应当予以补偿。

工商行政管理执法过错责任

工商行政管理执法过错责任是指工商行政管理机关及其工作人员因故意或者过失不履行、违法履行或者不当履行法定职责，致使行政相对人合法权益受到损害，或者产生其他危害后果所应当承担的行政责任。过错责任人员应当给予行政处分或者应当追究刑事责任的，依照其他法律、行政法规及规章的规定办理。

工商行政管理执法执法过错责任追究是指给予工商行政管理执法执法过错责任人的行政处理和经济惩戒。执法过错责任追究应当坚持实事求是、客观公正，惩处与责任相适应、教育与惩戒相结合的原则。

1.工商经检执法常见过错行为

行政强制中的过错行为：

（1）无法定依据或者适用依据错误；

（2）违反法定程序；

（3）采取行政强制措施的对象或者范围错误；

（4）对采取行政强制措施的财物不妥善保管，致使其丢失或者损毁；

（5）对采取行政强制措施的财物不依法处理。

行政处罚中的过错行为：

（1）没有法定的行政处罚依据或者适用依据错误；

（2）违反规定，滥用自由裁量权，擅自改变行政处罚种类、幅度或者重责轻罚、轻责重罚；

（3）违反法定的行政处罚程序；

（4）违反有关法律中关于委托处罚的规定；

（5）不使用罚款、没收财物单据或者使用非法定部门制发的罚款、没收财物单据；

（6）违反有关罚缴分离规定自行收缴罚款；

（7）截留、私分或者变相私分罚款、没收的违法所得或者财物；

（8）利用职务上的便利，索取或者收受他人财物、收缴罚款据为己有；

（9）使用、丢失、损毁、违法处理罚没财物；

（10）依法应当移送司法机关处理而不移送或者在移送过程中违反有关移送规定；

（11）下达或者变相下达罚没指标。

2.执法过错责任承担形式

对过错机关的处理：

（1）责令自行纠正或者限期整改；

（2）通报批评；

（3）取消当年评先评优资格。

法律、法规、规章以及国务院规范性文件另有规定的，从其规定。

对过错工作人员的行政处理：

（1）诫勉谈话；

（2）责令做出书面检查；

（3）通报批评；

（4）责令离岗培训；

（5）调离执法岗位；

（6）取消执法资格。

法律、法规、规章以及国务院规范性文件另有规定的，从其规定。

3.从重追究过错责任的情形

（1）故意导致违法执法行为发生的；

（2）拒绝纠正违法执法行为的；

（3）干扰、阻碍对违法执法过错责任追究案件进行调查的；

（4）对控告人、检举人、投诉人打击报复的；

（5）一年内两次以上被追究行政执法过错责任的。

4.从轻追究过错责任的情形

（1）积极配合调查或者有其他立功表现的；

（2）主动纠正错误，有效制止损害后果扩大的。

5.不追究过错责任的情形

（1）因法律、法规、规章、规范性文件规定不明确或者存在冲突，造成行政执法过错，并且工作人员无主观过错的；

（2）因出现新的证据，使原认定事实和案件性质发生变化的。但是，故意隐瞒或者因过失遗漏证据的除外；

（3）未造成损失或者不良影响的；

（4）行政相对人弄虚作假，致使行政机关及其工作人员无法做出正确判断的；

（5）因不可抗力等原因致使违法执法行为发生的；

（6）执行上级领导的决定或者命令，认为上级的决定或者命令有错误时，在向上级提出改正或者撤销该决定或者命令的意见后，上级不改变该决定或者命令，要求立即执行而造成执法错误的。但是，执行明显违法的决定或者命令造成执法错误的除外。

6.应当移送监察部门的情形

（1）被司法机关已生效的裁决撤销、变更、重新做出具体行政行为，责令限期履行，确认违法的；

（2）被行政复议机关已生效的复议决定撤销、变更、重新做出具体行政行为，责令限期履行，确认违法的；

（3）被本级或者上级行政机关通过执法监督程序依法确认违法或者予以撤销、变更的；

（4）被审计、信访以及其他行政机关依法确认违法的；

（5）有其他涉嫌违法情形的。

赔偿责任

国家赔偿，是指国家机关及其工作人员违法行使职权，侵犯公民、法人或者其他组织的合法权益并造成损害，由国家承担责任，对受害人予以赔偿的制度。根据赔偿义务机关的性质和特点，以及我国《中华人民共和国国家赔偿法》（以下简称《国家赔偿法》）的相关规定，国家赔偿可分为行政赔偿和司法赔偿。

工商行政管理机关和执法人员违法行政损害行政相对人合法权益造成损失的，工商行政管理机关和工商行政管理执法责任人负有依法赔偿责任。工商行政管理机关承担的赔偿责任称行政赔偿，个人承担的赔偿责任称行政追偿。

行政赔偿是国家对国家行政机关及其工作人员违法行使行政权力，或者处在他们的管理或监督之下的物体，给相对人造成的损害所承担的赔偿责任。

1.行政赔偿的构成要件：

（1）侵权行为主体。侵权行为主体应当是国家行政机关及其工作人员、法律法规授权的组织或国家机关委托的组织和个人。

（2）职务行为违法。我国《国家赔偿法》规定的国家机关及工作人员违法行使职权的行为是引起国家赔偿责任的根本条件。

（3）损害事实。损害事实是指由国家机关及其工作人员的行为使公民、法人或其他组织的合法权益遭受损害。

（4）因果关系。因果关系是指可引起赔偿的损害必须为侵权行为主体的违法执行职务的行为所造成。行政赔偿的范围包括侵犯人身权的行为、侵犯财产权的行为、精神损害的赔偿。

2.受害人有权取得赔偿的情形：

（1）违法实施罚款、没收财物等行政处罚的；

（2）违法对财产采取查封、扣押、冻结等行政强制措施的；

（3）非法征收财产的；

（4）造成财产损害的其他违法行为。

3.国家不承担赔偿责任的情形：

（1）行政机关工作人员与行使职权无关的个人行为；

（2）因公民、法人和其他组织自己的行为致使损害发生的；

（3）法律规定的其他情形，主要是不可抗力和第三人的过错。

我国行政赔偿请求的提出和实现有两种途径：一种是赔偿请求人单独向赔偿义务机关提出行政赔偿请求，另一种是赔偿请求人在行政复议、行政诉讼中一并提出。赔偿义务机关应当自收到《行政赔偿申请书》之日起两个月内做出处理决定。赔偿义务机关逾期不予赔偿，或者赔偿请求人对赔偿的数额有异议的，请求人自期间届满之日起3个月内可以向人民法院提起诉讼。

行政追偿是指国家在向赔偿请求人支付费用后，依法责令具有故意或重大过失的工作人员、受委托的组织或个人承担部分或全部赔偿费用的法律制度。

国家赔偿的计算标准是《国家赔偿法》所确立的根据损害程度确定赔偿的计算准则。

4.侵犯财产权的赔偿标准：

（1）处罚款、罚金、追缴、没收财产或违法征收、征用财产的，返还财产；

（2）查封、扣押、冻结财产的，解除对财产的查封、扣押、冻结，造成财产损害或者灭失的，依照《国家赔偿法》第36第（三）项、第（四）项的规定赔偿；

（3）应当返还的财产损坏的，能够恢复原状的恢复原状，不能恢复原状的按照损坏程度给付相应的赔偿金；

（4）应当返还的财产灭失的，给付相应的赔偿金；

（5）财产已经拍卖或者变卖的，给付拍卖或者变卖所得的价款；变卖的价款明显低于财产价值的，应当支付相应的赔偿金；

（6）返还执行的罚款或者罚金、追缴或者没收的金钱、解除冻结的存款或者汇款，应当支付银行同期存款利息；

（7）对财产权造成其他损害的，按照直接损失给予赔偿。

5.精神损害的赔偿标准：

《国家赔偿法》第35条规定："有本法第三条或者第十七条规定情形之一的，致人精神损害的，应当在侵权行为影响的范围内，为受害人消除影响，恢复名誉，赔礼道歉；造成严重后果的，应当支付相应的精神损害抚慰金。"

以上是工商行政管理执法人员在执行职务过程中违法或违纪、过错应当承担的法律责任。应当注意的是：公务员法规定免予行政处分，是指机关对虽有违反纪律行为，但情节显著轻微，且经过批评教育已经认识并能够改正的违纪人员的一种处理措施。公务员的违法违纪行为构成犯罪的，除依法追究刑事责任外，还要依法追究行政责任和其他法律责任，如对服刑人员要给予开除的处分；对尚未构成刑事犯罪或构成犯罪但免予刑事起诉的，要依法追究行政处分责任，被追究行政责任的，要承担责任后果，如给予了行政处分的，要承担处分的法律后果。

刑事责任

承担刑事责任应符合构成要件该当性、违法性和有责性三个具有递进式逻辑结构的要件。具体而言，在将某一行为认定为犯罪时，必须进行三次评价：构成要件该当性为事实评价，为犯罪成立提供行为事实的基础；违法性是法律评价，排除正当防卫、紧急避险等违法阻却事由；有责性是主观评价，分析行为人是否具备责任年龄和责任能力、主观上是否具备犯罪的故意或过失、是否欠缺期待可能性，为追究刑事责任提供主观根据。这三个要件，形成一个过滤机制：只要行为符合构成要件，原则上就可以推定构成犯罪，但属于违法阻却事由的除外；存在违法性，原则上就可以推定行为人有责任，但行为人行为时无责任能力，或者无罪过事件，或者不具有期待可能性的除外。

根据《刑法》的规定，工商行政管理机关可能会构成下列几种犯罪：

1.挪用公款罪

挪用公款罪是指国家工作人员，利用职务上的便利，挪用公款归个人使用，进行非法活动的，或者挪用公款数额较大、进行营利活动的，或者挪用数额较大、超过3个月未还的行为。国家机关将查封、扣押的财物或者划拨的存款、汇款以及拍卖和依法处理所得的款项，截留、私分或者变相私分的，国家机关工作人员利用行政强制权为单位或者个人谋取利益的，情节严重的，都可能构成挪用公款罪。根据《刑法》第384条规定，构成挪用公款罪，处5年以下有期徒刑或者拘役；情节严重的，处5年以上有期徒刑。挪用公款数额巨大不退还的，处10年以上有期徒刑或者无期徒刑。

2.滥用职权罪和玩忽职守罪

这两类犯罪都规定在《刑法》第397条中。滥用职权罪是指国家机关工作人员违反法律规定的权限和程序，滥用职权，致使公共财产、国家和人民利益遭受重大损失的行为。玩忽职守罪是指国家机关工作人员严重不负责任，不履行或者不认真履行职责，致使公共财产、国家和人民利益遭受重大损失的行为。国家机关工作人员滥用职权或者玩忽职守，致使公共财产、国家和人民利益遭受重大损失的，处3年以下有期徒刑或者拘役；情节特别严重的，处3年以上7年以下有期徒刑。刑法另有规定的，依照规定。国家机关工作人员徇私舞弊，犯前款罪的，处5年以下有期徒刑或者拘役；情节特别严重的，处5年以上10年以下有期徒刑。刑法另有规定的，依照规定。因此，如果国家机关工作人员滥用行政强制权或者不履行职责的，都有可能构成本罪。

3.私分罚没财物罪

私分罚没财物罪是指司法机关、行政执法机关违反国家规定，将应当上缴国家的罚没财物，以单位名义集体私分给个人，数额较大的行为。《刑法》第396条规定，国家机关、国有公司、企业、事业单位、人民团体，违反国家规定，以单位名义将国有资产集体私分给个人，数额较大的，对其直接负责的主管人员和其他直接责任人员，处3年以下有期徒刑或者拘役，并处或者单处罚金；数额巨大的，处3年以上7年以下有期徒刑，并处罚金。司法机关、行政执法机关违反国家规定，将应当上缴国家的罚没财物，以单位名义集体私分给个人的，依照前款的规定处罚。因此，行政机关、人民法院以单位的名义非法截留、私分行政强制的款项、财物的，也会构成本罪。

4.职务侵占罪

《刑法》第271条规定，职务侵占罪，是指公司、企业或者其他单位的人员，利用职务上的便利，将本单位财物非法占为己有，数额较大的行为。犯本罪的，数额较大的，处5年以下有期徒刑或者拘役；数额巨大的，处5年以上有期徒刑，可以并处没收财产。金融机构工作人员若利用职务便利，将划拨、冻结的行政强制的款项非法占为己有，也可能构成本罪。

5.放纵制售伪劣商品犯罪行为罪

《刑法》第414条规定，对生产、销售伪劣商品犯罪行为负有追究责任的国家机关工作人员，徇私舞弊，不履行法律规定的追究职责，情节严重的，处5年以下有期徒刑或者拘役。

二、工商经检执法职务犯罪罪名解析

贪污罪

贪污罪，是指国家工作人员或者受国家机关、国有公司、企业、事业单位、人民团体委托管理、经营国有财产的人员，利用职务上的便利，侵吞、窃取、骗取或者以其他手段非法占有公共财物的行为。

定罪标准

1.贪污罪的犯罪构成

（1）犯罪客体是复杂客体，既侵犯了国家的廉政制度，同时又侵犯了公共财产的所有权。

（2）本罪在客观方面表现为行为人利用职务上的便利，侵吞、窃取、骗取或者以其他手段非法占有公共财物。国家工作人员在国内公务活动或者对外交往中接受礼物，依照国家规定应当交公而不交公，数额较大的，以贪污罪追究刑事责任。在这里，利用职务上的便利和非法占有公共财物二者缺一不可。

（3）本罪主体是特殊主体，具体包括五类人员：国家机关中从事公务的人员；国有公司、企业、事业单位、人民团体中从事公务的人员；国家机关、国有公司、企业、事业单位委派到非国有公司、企业、事业单位、社会团体中从事公务的人员；其他依照法律从事公务的人员；受国家机关、国有公司、企业、事业单位、人民团体委托管理、经营国有财产的人员。

（4）本罪的主观方面只能是故意，行为人明知自己的行为会侵犯国家的廉政制度和发生侵害公共财产的危害结果而希望或者放任这种结果的发生，并且具有利用职务上的便利非法占有公私财物的目的。

2. 立案标准

根据最高人民检察院1999年9月9日公布实施的《关于人民检察院直接受理立案侦查案件立案标准的规定（试行）》，涉嫌下列情形之一的，应予立案：

（1）个人贪污数额在5000元以上的；

（2）个人贪污数额不满5000元，但具有贪污救灾、抢险、防汛、防疫、优抚、扶贫、移民、救济款物及募捐款物、赃款赃物、罚没款物、暂扣款物，以及贪污手段恶劣、毁灭证据、转移赃物等情节的。

其中，上述标准中的“不满”，是指接近该数额且已经达到该数额的80%以上。

量刑标准

根据《刑法》第383条的规定，犯贪污罪的，可以根据贪污数额和情节轻重，分别依照下列四种量刑幅度进行处罚：

（1）个人贪污数额在10万元以上的，处10年以上有期徒刑或者无期徒刑，可以并处没收财产；情节特别严重的，处死刑，并处没收财产。

（2）个人贪污数额在5万元以上不满10万元的，处5年以上有期徒刑，可以并处没收财产；情节特别严重的，处无期徒刑，并处没收财产。

（3）个人贪污数额在5000元以上不满5万元的，处1年以上7年以下有期徒刑；情节严重的，处7年以上10年以下有期徒刑。个人贪污数额在5000元以上不满1万元，犯罪后有悔改表现，积极退赃的，可以减轻处罚或者免予刑事处罚，由其所在单位或者上级主管机关给予行政处分。

（4）个人贪污数额不满5000元，情节较重的，处2年以下有期徒刑或者拘役；情节较轻的，由其所在单位或上级主管机关酌情给予行政处分。

对多次贪污未经处理的，按照累计贪污数额处罚。

司法认定

1. 罪与非罪的界限

（1）贪污罪与错款、错账行为的界限。在实践中，因业务不精或工作疏忽而导致的错款、错账现象时有发生。错款、错账行为，因为行为人主观上不具有贪污的故意，并且也没有非法占有公共财物的目的，不应认定为贪污罪。

（2）贪污罪与违反财经纪律行为的界限。实践中，有些单位以各种名义滥发奖金、福利费、补助费，集体私分数量较小的公款公物，属于违反财经纪律的行为，不宜按贪污罪处理。但是，如有个别领导乘机大肆侵吞公款公物，情节严重的，按贪污罪处理。

（3）贪污罪与一般贪污行为的界限。区分二者先看贪污数额，本罪与一般违法行为区别的基本标准是数额，按照前述立案标准，贪污罪以5000元为认定的起点，个人贪污5000元以上的，构成贪污罪。但是，这一数额要求并非绝对的，“仅以贪污数额大小作为区分贪污罪与非罪唯一标准的做法，并不可取”，如果贪污不满5000元的，一般不构成贪污罪，但是情节较重的，则构成贪污罪。

所谓情节较重，一般是指具有贪污救灾、抢险、防汛、防疫、优抚、扶贫、移民、救济款物及募捐款物、赃款赃物、罚没款物，以及贪污手段恶劣、毁灭证据、转移赃物等情节的行为。

2．本罪与其他犯罪的界限

（1）贪污罪与盗窃罪、诈骗罪、侵占罪的界限。它们之间的主要区别在于：

1）犯罪客体和对象不同。贪污罪的客体是复杂客体，即国家工作人员职务行为的廉洁性和公共财产的所有权，对象是公共财物。盗窃罪、诈骗罪、侵占罪的客体是简单客体，即公私财产所有权。盗窃罪、诈骗罪的对象是公私财物，侵占罪的对象是代为保管的他人财物、遗忘物和埋藏物。

2）客观方面不尽相同。贪污罪的窃取、骗取、侵吞行为必须是利用职务上的便利进行的，而盗窃罪、诈骗罪、侵占罪则不存在利用职务上的便利问题。

3）犯罪主体不同。贪污罪的主体是特殊主体，而盗窃罪、诈骗罪、侵占罪的主体为一般主体。

（2）贪污罪与职务侵占罪的界限。二者在主观上都是故意，并且都以非法占有为目的；在客观上都是利用职务之便侵吞、窃取、骗取或者以其他手段非法占有财物。二者的主要区别在于：

1）犯罪客体不同。前者是复杂客体，既侵犯了国家的廉政制度，同时又侵犯了公共财产的所有权。其中，国家的廉政制度是本罪的主要客体。后者是简单客体，即只侵犯单位财物所有权。

2）犯罪主体不同。前者的主体是国家工作人员和受国家机关、国有公司、企业、事业单位、人民团体委托管理、经营国有财产的人员；后者的主体是公司、企业或者其他单位中不具有国家工作人员身份的人员。国家机关、国有公司、企业、事业单位中并未从事公务的非国家工作人员，可以成为职务侵占罪的主体。

（3）本罪与为亲友非法牟利罪的界限。根据《刑法》第166条的规定，为亲友非法牟利罪，是指国有公司、企业、事业单位的工作人员，利用职务便利，将本单位的盈利业务交由自己的亲友进行经营，或者以明显高于市场的价格向自己亲友经营管理的单位采购商品，或者以明显低于市场的价格向自己亲友经营管理的单位销售商品，或者向自己亲友经营管理的单位采购不合格商品，致使国家利益遭受重大损失的行为。贪污罪与为亲友非法牟利罪均属于职务犯罪，行为人都利用了职务上的便利，两罪的主体也存在交叉，国有公司、企业、事业单位的工作人员既可以构成贪污罪，也可以构成为亲友非法牟利罪。

受贿罪

受贿罪，是指国家工作人员利用职务上的便利，索取他人财物，或者非法收受他人财物，为他人谋取利益的行为。

定罪标准

1.受贿罪的犯罪构成

（1）本罪侵犯的客体是国家的廉政制度。根据《刑法》第385条的规定，本罪的犯罪对象只应限于财物，其中包括各种名义的回扣、手续费。至于2007年最高人民法院、最高人民检察院《关于办理受贿刑事案件适用法律若干问题的意见》所规定的诸如以明显低于市场的价格向请托人购买房屋、汽车等物品的行为，我们认为其犯罪对象仍然是财物，只是在收受财物的形式上表现为“以交易方式”进行而已。

（2）本罪的客观方面表现为行为人利用职务上的便利，索取他人财物或非法收受他人财物为他人谋取利益，或者在经济往来中违反国家规定收受各种名义的回扣、手续费归个人所有，或者利用本人职权或者地位形成的便利条件，通过其他工作人员职务上的行为，为请托人谋取不正当利益，索取或者收受请托人财物的行为。

（3）本罪的主体为特殊主体，即国家工作人员。根据《刑法》第93条的规定，国家工作人员，是指国家机关中从事公务的人员。国有公司、企业、事业单位、人民团体中从事公务的人员和国家机关、国有公司、企业、事业单位委派到非国有公司、企业、事业单位、社会团体从事公务的人员，以及其他依照法律从事公务的人员，以国家工作人员论。

（4）本罪的主观方面为故意，即明知自己是利用职务上的便利而索取、收受贿赂，而故意实施，希望或者放任行为侵犯国家廉政制度结果的发生。

2.立案标准

根据最高人民检察院《关于人民检察院直接受理立案侦查案件立案标准的规定（试行）》，行为人的行为涉嫌下列情形的，应予立案：

（1）个人受贿数额在5000元以上的；

（2）个人受贿数额不满5000元，但具有下列情形之一的：

1）因受贿行为而使国家或者社会利益遭受重大损失的；

2）故意刁难、要挟有关单位、个人，造成恶劣影响的；

3）强行索取财物的。

其中的“数额不满”，是指接近该数额且已经达到该数额的80%以上。

量刑标准

根据《刑法》第386条之规定，犯受贿罪的，根据受贿所得数额及情节，依照贪污罪的规定处罚；索贿的从重处罚。

（1）个人受贿数额在10万元以上的，处10年以上有期徒刑或者无期徒刑，可以并处没收财产；情节特别严重的，处死刑，并处没收财产。

（2）个人受贿数额在5万元以上不满10万元的，处5年以上有期徒刑，可以并处没收财产；情节特别严重的，处无期徒刑，并处没收财产。

（3）个人受贿数额在5000元以上不满5万元的，处1年以上7年以下有期徒刑；情节严重的，处7年以上10年以下有期徒刑。个人受贿数额在5000元以上不满1万元，犯罪后有悔改表现、积极退赃的，可以减轻处罚或者免予刑事处罚，由其所在单位或者上级主管机关给予行政处分。

（4）个人受贿数额不满5000元，情节较重的，处两年以下有期徒刑或者拘役；情节较轻的，由其所在单位或者上级主管机关酌情给予行政处分。

司法认定

1.罪与非罪的界限

（1）本罪与获得合法报酬、正当馈赠等合法行为的界限。本罪的实质在于“权钱交易”，这是区分本罪与接受馈赠、劳务报酬的关键。接受礼物是正常的礼尚往来，与行为人的职务因素无关，而本罪是以权谋私。若送礼或受礼双方不是基于亲情、友情等真实感情而是基于权钱交易，即使是以拜年、祝寿等名目收送的，实质上也属于受贿行为。本罪与接受劳务所得的区别在于看行为人是靠出卖手中的权力获取钱财，还是靠为对方提供劳务而取得报酬。行为人在国家法律、政策允许的范围内，用自己的知识和技能，在业余时间为其他单位、个人完成某项工作或者提供技术咨询，因而获得合理报酬，不能认定为受贿。

（2）是否构成本罪还需看数额和情节是否达到了应受《刑法》惩罚的程度，《刑法》规定，受贿数额在5000元以上，或者虽然不满5000元但情节较重的，才能构成犯罪；受贿数额不满5000元且情节较轻的，属于一般受贿行为，不按本罪定罪处刑。

（3）根据《反不正当竞争法》的规定，经营者销售或者购买商品，可以以明示方式给对方折扣，可以给中间人佣金，经营者给对方折扣、给中间人佣金的，必须如实入账。接受折扣、佣金的经营者也必须如实入账。国家工作人员在经济往来中违反国家规定收受各种名义的回扣、手续费归个人所有的，应当以受贿罪定罪处刑，如果如实入账或者上交了所收受的回扣、手续费的，则不能成立本罪。

（4）受贿与借用的界限。当以房屋、汽车等物品为犯罪对象进行受贿时，应注意与借用的区分。国家工作人员利用职务上的便利为请托人谋取利益，收受请托人房屋、汽车等物品，未变更权属登记或者借用他人名义办理权属变更登记的，不影响受贿的认定。具体认定时，除双方交代或者书面协议之外，应当综合考虑有无借用的合理事由，是否实际使用，借用时间的长短，有无归还的条件，有无归还的意思表示及行为等。

2.受贿罪的共同犯罪问题

共同受贿犯罪在实践中表现为多种形式，可以是国家工作人员之间相互勾结，只利用其中部分国家工作人员的职务便利伙同受贿；可以是国家工作人员之间互相勾结，利用各自职务上的便利伙同受贿；可以是国家工作人员与非国家工作人员相互勾结，利用国家工作人员职务上的便利，为他人谋取利益，非国家工作人员则索取或者收受他人财物而构成共同受贿。根据《刑法》关于共同犯罪的规定，非国家工作人员与国家工作人员勾结，伙同受贿的，应当以受贿罪的共犯追究刑事责任。非国家工作人员是否构成受贿罪共犯，取决于双方有无共同受贿的故意和行为。国家工作人员的近亲属向国家工作人员代为转达请托事项，收受请托人财物并告知该国家工作人员，或者国家工作人员明知其近亲属收受了他人财物，仍按照近亲属的要求利用职权为他人谋取利益的，对该国家工作人员应认定为受贿罪，其近亲属以受贿罪共犯论处。近亲属以外的其他人与国家工作人员通谋，由国家工作人员利用职务上的便利为请托人谋取利益，收受请托人财物后双方共同占有的，构成受贿罪共犯。国家工作人员利用职务上的便利为他人谋取利益，并指定他人将财物送给其他人，构成犯罪的，应以受贿罪定罪处罚。

3.受贿罪的数额问题

《刑法》第386条规定，对犯受贿罪的，根据受贿所得数额及情节，依照第383条的规定处罚。由此可知，受贿罪以犯罪数额为标准，分为四个量刑档次。在对受贿罪进行处罚时，需注意受贿的数额问题。受贿犯罪数额是指国家工作人员利用职务上的便利，索取他人的财产价值或为他人谋取利益而收受的财产价值，是以货币单位表示的数量。受贿数额具有可计算性，它必须是可以直接或间接使用货币计量的财物数额。受贿罪的犯罪数额的认定在不同犯罪形态中情况各不相同。在受贿犯罪连续犯数额认定上，采取相加原则，无论其实施连续行为的次数多少，持续的时间长短，每次行为的数额是否达到追究刑事责任的标准，都按数次行为的总数额定罪科刑；受贿犯罪未遂犯，一般应以行为人已经实际取得的数额为标准，对于未得逞的行为人，因其主观上有索取或收受他人较大数额财物的故意，应根据其意图索取或收受的数额、使用的手段、造成的后果等情况综合考虑对其进行处罚。

4.受贿后又上交财物行为的认定

国家工作人员利用职务上的便利，为他人谋取利益，并已经收受他人财物的，一般应认定为受贿既遂。但是，国家工作人员收受请托人财物后及时退还或者上交的，不是受贿。国家工作人员受贿后，因自身或者与其受贿有关联的人、事被查处，为掩饰犯罪而退还或者上交的，不影响认定受贿罪。

5.特殊形式的受贿方式之认定

近年来，随着经济和社会的发展变化，受贿案件出现了一些新情况、新问题，受贿手段不断翻新，更具有隐蔽性、复杂性，给查办受贿案件适用法律带来了一定的困难。为有效惩治受贿犯罪，加大惩治腐败的力度，最高人民法院和最高人民检察院于2007年7月8日发布了《关于办理受贿刑事案件适用法律若干问题的意见》，对一些特殊形式的受贿方式的认定和处理做出了具体规定。

（1）国家工作人员利用职务上的便利为请托人谋取利益，以下列交易形式收受请托人财物的，以受贿论处：

1）以明显低于市场的价格向请托人购买房屋、汽车等物品的；

2）以明显高于市场的价格向请托人出售房屋、汽车等物品的；

3）以其他交易形式非法收受请托人财物的，受贿数额按照交易时当地市场价格与实际支付价格的差额计算。其中，市场价格包括商品经营者事先设定的不针对特定人的最低优惠价格。

（2）国家工作人员利用职务上的便利为请托人谋取利益，收受请托人提供的干股的，以受贿论处。

（3）国家工作人员利用职务上的便利为请托人谋取利益，由请托人出资，“合作”开办公司或者进行其他“合作”投资的，以受贿论处。

（4）国家工作人员利用职务上的便利为请托人谋取利益，以委托请托人投资证券、期货或者其他委托理财的名义，未实际出资而获取“收益”，或者虽然实际出资，但获取“收益”明显高于出资应得收益的，以受贿论处。

（5）国家工作人员利用职务上的便利为请托人谋取利益，通过赌博方式收受请托人财物的，构成受贿。

（6）国家工作人员利用职务上的便利为请托人谋取利益，要求或者接受请托人以给特定关系人安排工作为名，使特定关系人不实际工作却获取所谓薪酬的，以受贿论处。

滥用职权罪

滥用职权罪，是指国家机关工作人员超越职权，违法决定、处理其无权决定、处理的事项，或者违反规定处理公务，致使公共财产、国家和人民利益遭受重大损失的行为。

定罪标准

1.滥用职权罪的犯罪构成

（1）本罪侵犯的客体是国家机关依法行使管理职能的正常活动。

（2）本罪的客观方面表现为滥用职权，致使公共财产、国家和人民利益遭受重大损失。

1）必须有滥用职权的行为。

2）必须致使公共财产、国家和人民利益遭受重大损失。

3）滥用职权行为和所造成的重大损失结果之间必须具有刑法上的因果关系。

（3）本罪的主体是特殊主体，即国家机关工作人员。

（4）本罪的主观方面，本罪的主观方面表现为故意，既可以是直接故意，也可以是间接故意，即行为人明知自己滥用职权的行为会发生致使公共财产、国家和人民利益遭受重大损失的结果，而希望或者放任这种结果的发生。司法实践中，对危害结果持间接故意的情况比较多见。至于行为人是为了自己的利益滥用职权，还是为了他人利益滥用职权，则不影响本罪的成立。当然，如果行为人主观上没有故意，仅仅是由于行为人对政策的理解不明确，加上业务水平、工作能力有限等原因，或者职责分工不明确而产生危害后果的，一般不能以滥用职权罪追究刑事责任，只能批评教育，或者给予党纪、政纪处理。

2.立案标准

根据最高人民检察院《关于渎职侵权犯罪案件立案标准的规定》，滥用职权涉嫌下列情形之一的，应予立案：

（1）造成死亡1人以上，或者重伤2人以上，或者重伤1人、轻伤3人以上，或者轻伤5人以上的；

（2）导致10人以上严重中毒的；

（3）造成个人财产直接经济损失10万元以上，或者直接经济损失不满10万元，但间接经济损失50万元以上的；

（4）造成公共财产或者法人、其他组织财产直接经济损失20万元以上，或者直接经济损失不满20万元，但间接经济损失100万元以上的；

（5）虽未达到（3）、（4）两项数额标准，但（3）、（4）两项合计直接经济损失20万元以上，或者合计直接经济损失不满20万元，但合计间接经济损失100万元以上的；

（6）造成公司、企业等单位停业、停产6个月以上，或者破产的；

（7）弄虚作假，不报、缓报、谎报或者授意、指使、强令他人不报、缓报、谎报情况，导致重特大事故危害结果继续、扩大，或者致使抢救、调查、处理工作延误的；

（8）严重损害国家声誉，或者造成恶劣社会影响的；

（9）其他致使公共财产、国家和人民利益遭受重大损失的情形。

3.重特大案件划分标准

《人民检察院直接受理立案侦查的渎职侵权重特大案件标准（试行）》对滥用职权案的重大案件和特大案件划分做了如下规定：

（1）重大案件：致人死亡2人以上，或者重伤5人以上，或者轻伤10人以上的；造成直接经济损失50万元以上的。

（2）特大案件：致人死亡5人以上，或者重伤10人以上，或者轻伤20人以上的；造成直接经济损失100万元以上的。

其中，“直接经济损失”是指与行为有直接因果关系而造成的财产损毁、减少的实际价值；“间接经济损失”是指由直接经济损失引起和牵连的其他损失，包括失去的在正常情况下可以获得的利益和为恢复正常的管理活动或者挽回所造成的损失所支付的各种开支、费用等。

量刑标准

（1）根据《刑法》第397条第1款规定，犯滥用职权罪的，处3年以下有期徒刑或者拘役；情节特别严重的，处3年以上7年以下有期徒刑。

（2）根据《刑法》第397条第2款规定，国家机关工作人员因徇私舞弊而犯滥用职权罪的，处5年以下有期徒刑或者拘役；情节特别严重的，处5年以上10年以下有期徒刑。

司法认定

1.罪与非罪的界限

（1）滥用职权罪与一般滥用职权行为的界限。滥用职权罪是结果犯，区分二者的关键在于滥用职权行为是否致使公共财产、国家和人民利益遭受重大损失。行为人虽然滥用职权，但是没有引起公共财产、国家和人民利益遭受损失的危害后果，或者虽然使公共财产、国家和人民利益遭受了损失，但是损失尚未达到“重大损失”的程度时，则不能构成本罪。

（2）滥用职权罪与工作失误的界限。本罪与工作失误在客观上都没有正确行使职权，而且都致使公共财产、国家和人民利益遭受损失，区分二者的关键在于看主观上是否有罪过。构成本罪要求行为人明知自己滥用职权的行为会发生致使公共财产、国家和人民利益遭受重大损失的结果，而希望或者放任这种结果的发生；而工作失误一般是由于政策规定不明确，或者行为人的业务水平、工作能力有限等原因，以致行为人未能正确行使职权，其主观上不具有刑法上的故意，不能构成本罪。如果因为工作失误而致使公共财产、国家和人民利益遭受重大损失的，可以给予党纪、政纪处理。

2.滥用职权罪与其他犯罪的界限

（1）滥用职权罪与破坏社会主义市场经济秩序罪中有关犯罪的界限。《刑法》“破坏社会主义市场经济秩序罪”一章规定了一些滥用职权性质的犯罪，如第165条的非法经营同类营业罪，第166条的为亲友非法牟利罪，第168条的国有公司、企业、事业单位员人滥用职权罪等，这些犯罪与滥用职权罪一样大多是由1979年《刑法》所规定的玩忽职守罪分离出来的，它们与滥用职权罪具有较大的相似性。但是，二者仍然存在较大区别：

1）客体不同。滥用职权罪侵犯的是国家机关依法行使管理职能的正常活动，破坏社会主义市场经济秩序犯罪中的有关滥用职权性质的犯罪侵害的是社会主义市场经济秩序。

2）主体不同。滥用职权罪的主体为国家机关工作人员，而破坏社会主义市场经济秩序犯罪中的有关滥用职权性质的犯罪的主体是非国家机关工作人员的国有公司、企业、事业单位的国家工作人员。

3）滥用职权的行为发生在国家机关的各项管理活动中，而破坏社会主义市场经济秩序犯罪中的有关滥用职权性质的犯罪发生的场合具有专业性、行业性，尽管也属于发生在管理活动中，但是二者的性质有明显区别。

（2）滥用职权罪与重大责任事故罪的界限。

1）客体不同。滥用职权罪侵犯的是国家机关依法行使管理职能的正常活动，重大责任事故罪的客体是公共安全，即不特定多数人的生命、健康和财产安全。

2）主体不同。滥用职权罪的主体为国家机关工作人员，而重大责任事故罪的主体广于滥用职权罪的主体，既可能是国家机关工作人员，也可能是非国家机关工作人员。

3）滥用职权的行为发生在国家机关的各项管理活动中，而重大责任事故罪发生在工厂、矿山、林场、建筑企业或者其他企业、事业单位的生产、作业过程中。

（3）滥用职权罪与贪污罪的界限，二者的区别主要体现在两个方面：

1）主观方面，滥用职权罪不具有非法占有公共财物的目的；

2）客观方面，贪污罪主要表现为利用职务便利，侵吞、窃取、骗取或者以其他手段非法占有公共财物，通常为积极的作为形式，其后果并不涉及人身伤害问题。而滥用职权罪既可以表现为作为，也可表现为不作为，其后果不仅在于使公共财产遭受损失，而且也会造成重大伤亡事故和恶劣政治影响。

私分罚没财物罪

私分罚没财物罪，是指行政执法机关违反国家规定，将应当上缴国家的罚没财物，以单位名义集体私分给个人，数额较大的行为。

定罪标准

1.私分罚没财物罪的犯罪构成

（1）本罪侵犯的客体主要包括：

1）行政执法机关没收、追缴的违法所得，包括赃款、赃物及其犯罪工具等；

2）行政执法机关依据相关法律、法规，对公民、法人、社会组织的行政罚款；

3）法律、法规授权的机构依据有关的法律、法规，对违背有关行政法律、法规的公民、法人、社会组织的罚款。

（2）本罪的客观方面表现为行政执法机关违反国家规定，将应当上缴国库的罚没财物以单位的名义集体私分给个人，并且数额较大的行为。根据最高人民检察院《关于人民检察院直接受理立案侦查案件立案标准的规定（试行）》的相关规定，所谓“数额较大”应是指集体私分罚没财物，累计数额在10万元以上。值得注意的是，本罪对于私分的方式没有限制，私分的方式既可以是按人头平均分配，也可以是按照个人的职位、职称、工作业绩等的不同而有所侧重的私分；私分的次数，既可以是一次性的集体私分，也可以是采取随罚随分的方式持续性的集体私分。

（3）本罪的主体是单位特殊主体，即只有司法机关和行政执法机关才能构成本罪。但是，本罪的主体虽然是单位，却并不要求必须是法人单位，非法人单位也可以构成本罪。

（4）本罪的主观方面表现为故意，即上述单位明知罚没财物应当如数上缴国库，但仍以单位名义集体私分给个人的行为。

2.立案标准

根据最高人民检察院《关于人民检察院直接受理立案侦查案件立案标准的规定（试行）》，涉嫌私分罚没财物，累计数额在10万元以上，应予立案。

量刑标准

根据《刑法》第396条第1款的规定，犯本罪的，对单位直接负责的主管人员和其他直接责任人员，处3年以下有期徒刑，并处或者单处罚金；数额巨大的，处3年以上7年以下有期徒刑，并处罚金。

司法认定

1.罪与非罪的界限

根据我国财政部1993年《关于对行政收费、罚没收入实行预算管理的规定》，上述三类罚没财物均应当折价上缴国家财政，但这并不是说只要单位没有上缴罚没财物就一定构成本罪。实践中，某些单位虽然拒不上缴罚没财物，但是并没有以集体名义把罚没财物私分给个人，而是擅自留作单位自用。对于这种行为，由于缺乏本罪的客观要件，因此仅属行政违法行为，不能构成本罪。只有对罚没财物既拒不上缴又加以集体私分的行为，才是犯罪行为。另外，有的行政执行机关虽然拒不上缴罚没的财物，但是并没有留作单位自用或私分，而是将罚没的摩托车、汽车、计算机等擅自交付给单位的个人使用，不过这并不是正式地分配给某人，也没有正式过户。对于这种情况，应当视具体情况具体处理：如果单位将这些罚没财物交给单位中某个特定的个人长期使用，且任随个人处置或带回家私用的，对此单位，可以考虑以本罪论处。因为此类情况其虽无所有权之名，但已有所有权之实。但如果是单位偶尔将小部分罚没财物交给部分职工使用，且主要是作为公家配发给个人的办公用品使用的，不宜按本罪定性处罚，而宜按一般行政违法处理。

2.本罪与其他犯罪的界限

（1）本罪与贪污罪的界限。要注意单位集体私分罚没财物的行为，与个别负责人或经手人私下贪污罚没财物的行为其性质是截然不同的，后者应按贪污罪定罪处罚。贪污罪，是指国家工作人员，利用职务上的便利，侵吞、窃取、骗取或者以其他手段非法占有公共财物的行为。本罪与贪污罪的区别在于：

1）主体不同。本罪的主体是单位，即司法机关和行政执法机关；而贪污罪的主体是国家工作人员。

2）犯罪对象不同。本罪的犯罪对象是罚没的财物，而贪污罪的犯罪对象是“公共财物”，其中“公共财物”不一定是被罚没的财物。

3）客观方面不同。本罪的客观方面表现为单位的负责人或决策机构讨论决定集体私分罚没财物，即罚没财物是分给单位的所有职工或绝大多数职工的；而贪污罪的客观表现却是单位的负责人或少数几个人组成的决策机构以各种非法手段私下暗中占有公共财物，即被罚没的财物仅被负责人或少数几个人所瓜分。

（2）本罪与私分国有资产罪的界限。两罪的区别主要在于犯罪对象不同。本罪的犯罪对象是罚没财物，私分国有资产罪的犯罪对象是国有资产。虽然罚没财物在上缴国库后也将成为国有资产，但是在上缴以前其存在的状态与国有资产仍是有区别的。

徇私舞弊不移交刑事案件罪

徇私舞弊不移交刑事案件罪，是指行政执法人员徇私舞弊，对依法应当移交司法机关追究刑事责任的案件不移交，情节严重的行为。

定罪标准

1.徇私舞弊不移交刑事案件罪的犯罪构成

（1）本罪侵犯的客体是行政执法机关配合司法机关追究刑事责任的正常管理活动。行政执法机关担负着执行法律、法规，管理国家和维护国家安全、社会秩序、经济秩序的职责，享有法律授予的行政执法权和行政裁决权，若行政执法机关的行政执法人员违反职责、徇私舞弊，不移交本应移交司法机关追究刑事责任的案件，必然侵犯国家行政机关正常的执法活动。

（2）本罪在客观方面由两个要素构成：

1）行为人在行政执法过程中违法不移交刑事案件，这是本罪在客观方面的本质特征；本罪中的行为只能发生在行政执法过程中，并且以法律规定的移交义务为前提，如果是行政执法机关工作人员在行政执法过程以外发现了犯罪事实或者犯罪嫌疑人而不向司法机关报告的，不属于本罪的客观行为。

2）不移交刑事案件达到了情节严重的程度，这是对危害后果的要求，通常表现为行为严重侵害了当事人的合法权益，使国家利益遭受严重损失，在具体认定时，应结合最高人民检察院《关于渎职侵权犯罪案件立案标准的规定》中关于本罪立案标准的规定来理解和认定。

（3）本罪的犯罪主体是特殊主体，即行政执法人员，包括公安、税务、海关、工商、卫生检疫、环境保护、人民银行、行政监察等行政执法机关的工作人员。其中，对于公安机关的工作人员，要通过分析其职责来判断是司法工作人员还是行政执法人员，如果是负有侦查职能的人，即是司法工作人员；如果是负责行政法实施的人，则是行政执法人员。

（4）本罪在主观方面是故意，并以徇私为要件。即明知应当将案件移交司法机关追究刑事责任，而出于徇私情、徇私利故意不移交。由于过失或者法律水平低而没有认识到案件应当移交司法机关的，不成立本罪。

2.立案标准

根据最高人民检察院《关于渎职侵权犯罪案件立案标准的规定》，徇私舞弊不移交刑事案件涉嫌下列情形之一的，应予立案：

（1）对依法可能判处3年以上有期徒刑、无期徒刑、死刑的犯罪案件不移交的；

（2）不移交刑事案件涉及3人次以上的；

（3）司法机关提出意见后，无正当理由仍然不予移交的；

（4）以罚代刑，放纵犯罪嫌疑人，致使犯罪嫌疑人继续进行违法犯罪活动的；

（5）行政执法部门主管领导阻止移交的；

（6）隐瞒、毁灭证据，伪造材料，改变刑事案件性质的；

（7）直接负责的主管人员和其他直接责任人员为谋取本单位私利而不移交刑事案件，情节严重的；

（8）其他情节严重的情形。

3.重特大案件划分标准

《人民检察院直接受理立案侦查的渎职侵权重特大案件标准（试行）》对本罪的重大案件和特大案件划分做了如下规定：

（1）重大案件：

1）对犯罪嫌疑人依法可能判处5年以上10年以下有期徒刑的重大刑事案件不移交的；

2）5次以上不移交犯罪案件，或者1次不移交犯罪案件涉及5名以上犯罪嫌疑人的；

3）以罚代刑，放纵犯罪嫌疑人，致使犯罪嫌疑人继续进行刑事犯罪的。

（2）特大案件：

1）对犯罪嫌疑人依法可能判处10年以上有期徒刑、无期徒刑、死刑的特别重大刑事案件不移交的；

2）7次以上不移交犯罪案件，或者1次不移交犯罪案件涉及7名以上犯罪嫌疑人的；

3）以罚代刑，放纵犯罪嫌疑人，致使犯罪嫌疑人继续进行严重刑事犯罪的。

量刑标准

1.一般的徇私舞弊不移交刑事案件罪

《刑法》第402条规定，行政执法人员徇私舞弊，对依法应当移交司法机关追究刑事责任的不移交，情节严重的，处3年以下有期徒刑或者拘役。符合上述立案标准的具体规定的情形即为一般的徇私舞弊不移交刑事案件罪，对此处以3年以下有期徒刑或者拘役。

2.造成严重后果的徇私舞弊不移交刑事案件罪

根据《刑法》第402条规定，行政执法人员徇私舞弊，对依法应当移交司法机关追究刑事责任的不移交，情节严重，并造成严重后果的，处3年以上7年以下有期徒刑。“造成严重后果”是指被不移交的刑事案件的犯罪嫌疑人又实施其他犯罪行为的；严重破坏社会秩序或者造成较大社会影响的；致使公共财产、国家和人民利益遭受重大损失等。

司法认定

1.罪与非罪的界限

（1）行政执法人员不移交刑事案件行为是否构成犯罪，应以是否徇私舞弊和情节严重为标准。行为人虽然徇私舞弊不移交刑事案件，但是并未达到情节严重的，应当认定为一般违法行为，不能构成本罪。

（2）本罪的主观方面为故意，如果行政执法人员不移交刑事案件是由于政策不清、业务能力不强等原因造成，不能认定构成此罪。但是如果过失未将刑事案件移交司法机关，致使公共财产、国家和人民利益遭受重大损失的，则应当以玩忽职守罪定罪处罚。

2.本罪与其他犯罪的界限

（1）徇私舞弊不移交刑事案件罪与滥用职权罪的界限

两罪的区别主要在于主观方面是否以徇私情、私利为要件。徇私舞弊不移交刑事案件罪要求必须是徇私舞弊，而滥用职权罪不需要有徇私的动机。

（2）徇私舞弊不移交刑事案件罪与玩忽职守罪的界限

1）玩忽职守罪的主观方面不要求具有徇私的要件，而本罪必须以徇私为要件。

2）玩忽职守罪为过失犯罪，而本罪为故意犯罪。

3）行为方式不同。玩忽职守罪是行为人严重不负责任，不履行或者不认真履行其职责，致使公共财产、国家和人民利益遭受重大损失；本罪是徇私情、私利，伪造材料，隐瞒情况，弄虚作假，不移交依法应当移交司法机关追究刑事责任的案件。

（3）徇私舞弊不移交刑事案件罪与徇私枉法罪的界限

1）犯罪主体不同，前者主体是行政执法人员，而后者是对犯罪行为有侦查、起诉、审判等职责的司法工作人员。

2）行为方式不同，徇私舞弊不移交刑事案件罪的行为方式是行政执法人员徇私舞弊，对依法应当移交司法机关追究刑事责任的刑事案件，不移交司法机关处理，情节严重的行为；而徇私枉法罪的行为方式则是司法工作人员徇私情、私利，对明知是无罪的人而使他受追诉、对明知是有罪的人而故意包庇使他不受追诉，或者在刑事审判活动中故意违背事实和法律作枉法裁判的行为。

3）本罪的成立必须要求情节严重，而徇私枉法罪没有这一要求。

（4）徇私舞弊不移交刑事案件罪与包庇罪的界限

1）就犯罪主体而言，前者为特殊主体，即行政执法人员，而后者为一般主体；

2）在客观方面，前者表现为利用职务上的便利，徇私舞弊，对依法应当移交司法机关追究刑事责任的案件不移交，后者表现为行为人明知是犯罪分子而作虚假证明，或帮助其毁灭证据，掩盖罪行的行为；

3）在主观方面，前者只要求行为人明知是应当移交司法机关处理的案件即可，至于对方是否为犯罪分子并不要求行为人明知，而后者要求行为人明知对方是犯罪分子。

3.本罪的罪数认定

在行政执法人员徇私舞弊不移交刑事案件，情节严重的行为中，若徇私只是出于徇私情或受亲朋好友之托的，一般只构成一罪，即徇私舞弊不移交刑事案件罪。对于因收受贿赂而实施不移交刑事案件行为的，若收受贿赂行为未构成受贿罪的，以本罪追究刑事责任，其受贿行为作为量刑情节予以考虑；若其受贿行为已构成受贿罪，则以本罪和受贿罪数罪并罚。

玩忽职守罪

玩忽职守罪，是指国家机关工作人员严重不负责任，不履行或者不认真履行职责，致使公共财产、国家和人民利益遭受重大损失的行为。

定罪标准

1.玩忽职守罪的犯罪构成

（1）本罪侵犯的客体是国家机关的正常管理活动。由于国家机关工作人员严重不负责任，不履行或者不认真履行职责，严重影响了国家机关的正常活动。同时，由于本罪导致公共财产、国家和人民利益遭受重大损失，因此，本罪也侵犯了公民的人身权利、财产权利以及公共安全等。

（2）本罪的客观方面表现为国家机关工作人员严重不负责任，不履行或者不认真履行职责，致使公共财产、国家和人民利益遭受重大损失的行为。玩忽职守的行为，包括作为和不作为。其中，不作为的玩忽职守行为表现为行为人根本不履行自己的职责，即放弃职守；作为的玩忽职守行为表现为行为人虽然履行了职责，但不认真履行职责。司法实践中，行为人的玩忽职守行为表现形式是多种多样的，如对工作极不负责，敷衍塞责；擅离职守，撒手不管；等等。根据《刑法》的规定，国家机关工作人员严重不负责任，不履行或者不认真履行职责，只有在致使公共财产、国家和人民利益遭受重大损失时才能构成犯罪。

（3）本罪的主体是特殊主体，即国家机关工作人员，行为人必须具备国家机关工作人员的身份。

（4）本罪的主观方面表现为过失，包括过于自信的过失和疏忽大意的过失，即行为人对自己的行为可能造成重大损失的严重后果应当预见，由于严重不负责任，疏忽大意而没有预见或者已经预见但轻信能够避免，致使公共财产、国家和人民利益遭受重大损失。

2.立案标准

根据最高人民检察院《关于渎职侵权犯罪案件立案标准的规定》，国家机关工作人员严重不负责任，不履行或者不认真履行职责，涉嫌下列情形之一的，应予立案：

（1）造成死亡1人以上，或者重伤3人以上，或者重伤2人、轻伤4人以上，或者重伤1人、轻伤7人以上，或者轻伤10人以上的；

（2）导致20人以上严重中毒的；

（3）造成个人财产直接经济损失15万元以上，或者直接经济损失不满15万元，但间接经济损失75万元以上的；

（4）造成公共财产或者法人、其他组织财产直接经济损失30万元以上，或者直接经济损失不满30万元，但间接经济损失150万元以上的；

（5）虽未达到（3）、（4）两项数额标准，但（3）、（4）两项合计直接经济损失30万元以上，或者合计直接经济损失不满30万元，但合计间接经济损失150万元以上的；

（6）造成公司、企业等单位停业、停产1年以上，或者破产的；

（7）海关、外汇管理部门的工作人员严重不负责任，造成100万美元以上外汇被骗购或者逃汇1000万美元以上的；

（8）严重损害国家声誉，或者造成恶劣社会影响的；

（9）其他致使公共财产、国家和人民利益遭受重大损失的情形。

3.重特大案件划分标准

《人民检察院直接受理立案侦查的渎职侵权重特大案件标准（试行）》对本罪的重特大案件划分标准做了具体规定：

（1）重大案件：

1）致人死亡3人以上，或者重伤10人以上，或者轻伤15人以上的；

2）造成直接经济损失100万元以上的。

（2）特大案件：

1）致人死亡7人以上，或者重伤15人以上，或者轻伤30人以上的；

2）造成直接经济损失200万元以上的。

量刑标准

根据《刑法》第397条第1款的规定，犯玩忽职守罪的，处3年以下有期徒刑或者拘役；情节特别严重的，处3年以上7年以下有期徒刑。该条第2款规定，因徇私舞弊而犯玩忽职守罪的，处5年以下有期徒刑或者拘役；情节特别严重的，处5年以上10年以下有期徒刑。“情节特别严重”一般是指造成多人死亡，对国家声誉造成特别严重的损害的情形。

司法认定

1.罪与非罪的界限

（1）是否造成了公共财产、国家和人民利益的重大损失是区分本罪与一般玩忽职守行为的界限。行为人虽然严重不负责任，不履行或者不认真履行职责，但如果其行为没有造成损失，或者虽然造成了损失，但损失尚未达到“重大”程度时，只能认定为一般玩忽职守行为，不能构成犯罪。

（2）本罪与工作失误的界限。工作失误，是指行为人因为业务水平和工作能力不足，从而决策失当，导致公共财产、国家和人民利益受到损失。工作失误主观上存在一定的过错，客观上也存在一定的失职行为，而且造成了危害后果。二者在实践中有时难以区分，二者的界限主要体现在以下几个方面：

1）二者区别的关键在于主观心理态度不同。本罪在主观方面表现为过失，反映的是一种消极的、漫不经心的心理态度。工作失误的行为人虽然在主观上也有一定的过错，但却是一种积极的履行职务的心理态度。

2）在工作失误的情况下，行为人主要表现为因计划不周、方法不当等在积极的履行职务过程中致使公共财产、国家和人民利益遭受损失。而玩忽职守罪在客观方面表现为国家机关工作人员严重不负责任，不履行或者不认真履行职责，致使公共财产、国家和人民利益遭受重大损失的行为。对于工作失误，不能认定为本罪，视情况可以给予党纪政纪处分。

2.本罪与其他犯罪的界限

（1）本罪与滥用职权罪的界限。

1）在主观方面，本罪只能由过失构成，主观上存在严重不负责任的心理态度，故意不能构成本罪。而滥用职权罪的主观方面为故意，包括直接故意与间接故意。

2）本罪在客观方面表现为国家机关工作人员严重不负责任，不履行或者不认真履行职责，致使公共财产、国家和人民利益遭受重大损失的行为。而滥用职权罪在客观方面表现为国家机关工作人员超越职权，违法决定、处理其无权决定、处理的事项，或者违反规定处理公务，致使公共财产、国家和人民利益遭受重大损失的行为。

（2）本罪与重大责任事故罪的界限。二者在主观方面都表现为过失，且在客观方面都要求给公共财产、国家和人民利益造成重大损失。但是，二者也存在明显区别：

1）本罪侵犯的客体是国家机关的正常管理活动，而重大责任事故罪侵犯的客体是公共安全。

2）本罪的主体是特殊主体，即国家机关工作人员，而重大责任事故罪的主体是一般主体。

3）本罪的客观方面表现为国家机关工作人员严重不负责任，不履行或者不认真履行职责，致使公共财产、国家和人民利益遭受重大损失的行为。而重大责任事故罪在客观方面表现为在生产、作业中违反有关安全管理的规定，因而发生重大伤亡事故或者造成其他严重后果的行为。

（3）本罪与特定主体的玩忽职守类犯罪的界限。《刑法》分则第九章除了在其第397条规定了玩忽职守罪之外，还就特定主体的行为规定了诸如过失泄露国家秘密罪、传染病防治失职罪、商检失职罪等犯罪。本罪与特定主体的玩忽职守类犯罪是普通法条与特殊法条的竞合关系，当行为人触犯了《刑法》特别规定的特定主体玩忽职守类犯罪的，应当按照特别法优于一般法的原则，以《刑法》的特别规定定罪量刑。

3.关于特定人员能否构成本罪的问题

实践中，对于一些特定人员是否属于本罪中的国家机关工作人员，是否能够以本罪追究其刑事责任颇有争议。在具体认定时，关键要看行为人是否负有履行公务的法定职责。根据相关规定，对于属行政执法事业单位的镇财政所中按国家机关在编干部管理的工作人员，在履行政府行政公务活动中，玩忽职守构成犯罪的，应以国家机关工作人员论；合同制民警在依法执行公务期间，属其他依照法律从事公务的人员，应以国家机关工作人员论。

放纵制售伪劣商品犯罪行为罪

放纵制售伪劣商品犯罪行为罪，是指对生产、销售伪劣商品犯罪行为负有追究责任的国家机关工作人员徇私舞弊，不履行法律规定的追究职责，情节严重的行为。

定罪标准

1.放纵制售伪劣商品犯罪行为罪的犯罪构成

（1）本罪侵犯的客体是国家对生产、销售伪劣商品行为追究责任的正常管理活动。

（2）在客观方面表现为行为人徇私舞弊，不履行法律规定的职责，对生产、销售伪劣商品犯罪的行为不追究责任，情节严重的行为。构成本罪表现为不作为。

（3）本罪的主体为特殊主体，即负有追究生产、销售伪劣商品犯罪行为责任的国家机关工作人员。实践中，主要是工商管理人员、公安人员等。

（4）在主观方面是故意，即行为人明知他人是有生产、销售伪劣商品犯罪行为的犯罪分子应当追究刑事责任，而徇私舞弊不予追究其刑事责任。

2.立案标准

按照最高人民检察院《关于渎职侵权犯罪案件立案标准的规定》，放纵制售伪劣商品犯罪行为，涉嫌下列情形之一的，应予立案：

（1）放纵生产、销售假药或者有毒、有害食品犯罪行为的；

（2）放纵生产、销售伪劣农药、兽药、化肥、种子犯罪行为的；

（3）放纵依法可能判处3年有期徒刑以上刑罚的生产、销售伪劣商品犯罪行为的；

（4）对生产、销售伪劣商品犯罪行为不履行追究职责，致使生产、销售伪劣商品犯罪行为得以继续的；

（5）3次以上不履行追究职责，或者对3个以上有生产、销售伪劣商品犯罪行为的单位或者个人不履行追究职责的；

（6）其他情节严重的情形。

3.重特大案件划分标准

《人民检察院直接受理立案侦查的渎职侵权重特大案件标准（试行）》对本罪的重特大案件划分标准做了如下规定：

（1）重大案件：

1）放纵生产、销售假药或者有毒、有害食品犯罪行为，情节恶劣或者后果严重的；

2）放纵依法可能判处5年以上10年以下有期徒刑刑罚的生产、销售伪劣商品犯罪行为的；

3）5次以上或者对5个以上有生产、销售伪劣商品犯罪行为的单位或者个人不履行追究职责的。

（2）特大案件：

1）放纵生产、销售假药或者有毒、有害食品犯罪行为，造成人员死亡的；

2）放纵依法7次以上或者对7个以上有生产、销售伪劣商品犯罪行为的单位或者个人不履行追究职责的；能判处10年以上刑罚的生产、销售伪劣商品犯罪行为的；

3）违法为严重刑事犯罪分子办证的。

量刑标准

根据《刑法》第414条的规定，犯放纵制售伪劣商品罪的，处5年以下有期徒刑或者拘役。

司法认定

1.罪与非罪的界限

（1）放纵制售伪劣商品犯罪行为罪成立的前提条件是，其放纵的制售伪劣商品的行为构成犯罪。若行为人所放纵的行为不是制售伪劣商品的犯罪行为，则不构成放纵制售伪劣商品犯罪行为罪。若被放纵的行为是生产、销售伪劣商品的一般违法行为，则不能构成本罪。行为人所放纵的行为是否属于制售伪劣商品犯罪行为的认定应当以《刑法》分则第三章“生产、销售伪劣商品罪”的有关规定作为法律依据。

（2）对生产、销售伪劣商品犯罪行为负有追究责任的国家机关工作人员因为业务水平有限，或者工作不认真负责，导致未能追究制售伪劣商品犯罪行为的，由于主观上不具有放纵的故意，因而不能构成本罪。若行为人不履行或不认真履行职责，致使公共财产、国家和人民利益遭受重大损失，达到玩忽职守的立案标准时，则以玩忽职守罪论处。

（3）根据《刑法》第414条的规定，构成本罪必须达到“情节严重”。“情节严重”的标准应当以上述“立案标准”为认定依据。情节严重的，应依法追究刑事责任；如果情节没有达到严重程度的，不应该按犯罪处理，而应给予必要的党纪、政纪处分。没有达到情节严重的情形，一般是指放纵制售伪劣商品犯罪行为次数少而且所放纵的制售行为情节较轻，或者虽然放纵，但是所放纵的伪劣商品尚未进入消费领域，没有给国家和人民利益造成重大损失的。

2.本罪与其他犯罪的界限

（1）本罪与窝藏、包庇罪的界限。窝藏、包庇罪是指明知是犯罪的人而为其提供隐藏处所、财物，帮助其逃匿或者作假证明包庇的行为。这两者在帮助犯罪分子逃避法律制裁上有一致性，但是二者也存在着显著区别：

1）犯罪主体不同。前者的主体只能是负有追究职责的国家机关工作人员，而后罪的主体是一般主体。

2）犯罪客观方面的表现形式不同。前罪表现为徇私舞弊，不履行查究生产、销售伪劣商品犯罪行为；后罪则表现为实施帮助犯罪分子的行为，如提供隐藏的处所、财物，帮助其逃匿。前罪采取不作为的方式予以放纵，而后罪单纯的不作为不能构成该罪。

（2）本罪与徇私枉法罪的界限。两者都是国家机关工作人员的职务犯罪，主观上都是故意，客观上都实施了使犯罪分子逃避法律制裁的行为。两者的区别在于：

1）本罪的主体是对生产、销售伪劣商品负有追究责任的国家机关工作人员，这些人员包括部分司法人员，也包括司法人员以外的其他国家机关工作人员；徇私枉法罪的主体只能是司法人员，即依法从事侦查、审判、监管工作的人员。

2）本罪是对制售伪劣商品的犯罪行为和犯罪分子徇私舞弊，不履行法律规定的职责，从而放纵这种犯罪行为；徇私枉法罪的行为比较复杂，也包括明知是无罪的人而使其受追诉和在刑事审判活动中故意违背事实和法律作枉法裁判。

3）本罪行为所对应的犯罪是特定的，只能是制售伪劣商品的犯罪，且只能用不作为的方式实施；徇私枉法行为对应的犯罪是不特定的，只要是具备了《刑法》分则具体条文规定的犯罪构成的行为即可，并且徇私枉法行为既可以用作为的方式实施，也可以用不作为的方式实施。

4）司法工作人员明知是制售伪劣商品的犯罪分子而故意包庇不使他受到追诉的，同时构成本罪与徇私枉法罪，应按想象竞合犯，从一重罪处罚。

3.本罪的罪数认定

负有追究生产、销售伪劣商品犯罪行为责任的国家机关工作人员在徇私舞弊放纵犯罪分子的同时，如果有索取、收受贿赂的行为，应当以受贿罪和本罪进行数罪并罚。

第二部分

工商经检调查取证方法

第四章　工商经检执法证据

一、证据的收集、确认和保全

证据的收集规则

书证收集规则

书证是用文字、符号、图形在物体（纸、布帛、木质、金属等其他物品）上记载和表达人的思想，而其内容能够证明案件事实的一部分或者全部的材料。按照不同的标准，书证可以分为不同类型：以书证的制作方法的不同，可以分为原件、复制件、影印件、节录件和译制件等。原件分为原本、正本和副本。原本是文书制作人将有关的内容予以记载而做成的原始文书。正本是按照原本全文做成，对外与原本具有同等效力的文书。正本出自原本，内容完全相同，但原本一般留作存档备查之用，而正本则是发给主收件人的；副本与正本的制作方法相同，不同之处在于副本是发给主收件人以外的其他须知道的单位和个人。复印件是指通过对原件进行拍照、复印、扫描等方式所形成的文字资料。影印件是指通过对原件的影印所形成的图文资料，广义上讲，它属于复制件的性质。译制件是用文字将原件翻译而成的文书。

以制作的主体不同，可以将书证分为公文书证和非公文书证。公文书证是指国家机关、企事业单位、人民团体在法定的权限范围内依职权制作的文书、文件、函电等，如各种处罚决定书、罚款凭证、缴纳税款单等；公文书证以外的其他文书都是非公文书证，如个人的信函、笔记、绘画、借据等，也包括国家机关、企事业单位、社会团体不是行使法定权制作的文书，如国家机关发出的一般信函等。

以书证的表现形式，可以分为普通书证和特定书证。载有一定的思想内容或者情况，法律上并不要求具备特定形式或者履行特定的手续的书证，称之为普通书证。载有一定的思想内容或者情况，法律上要求具备特定形式或者履行特定的手续的书证，称之为特定书证。例如，工商机关核发的营业执照、卫生机关核发的卫生许可证等。

以书证的内容及法律效果，可以分为处分书证和报告书证。具有发生、变更或者消灭一定法律关系的内容，如委托书、商标注册证、报关单等，为处分书证。只是记载、报道某种具有法律意义的事实，如账簿、日记、信件、登记簿等，为报告书证。根据书证表现出的特性和法律对其形成的要求，工商机关行政执法人员调取书证时，应遵循以下技术要求：

1.一般应当收集书证的原件，特殊情况可以收集其他形式的书证

一般情况下，工商行政管理机关的执法人员应尽量调取书证的原件；特殊情况下，也可以收集书证原件的复印件、影印件或者抄录件。在这里，允许调取书证原件的复印件、影印件或者抄录件的“特殊情况”有两种：

1）收集原件有困难的，可以调取与原件核对无误的复印件、影印件或者抄录件。这里所说的“困难”是指原件遗失或者损坏、原件无法获取等情况；这里所讲的“核对无误”，是指出据人自己将复印件、影印件或者抄录件与原件核对无误后，在复印件上签署核对无误的意见及姓名。

2）书证的原件由有关部门保管，例如，由国家机关依法保管的文件原件，由企业保管的企业财务资料，由有关国家机关保管的人事、身份等方面的档案等。因为这些原件必须由特定的单位保管，不能随意移交私人或者其他部门，在案件调查过程中行政执法人员只能收集这些书证的复印件、影印件或者抄录件，并由书证原件的保管单位核对无误后加盖印章，经办人在上面签名。

2.对收集涉及专业技术问题的书证的规则要求

报表、图纸、会计账册、专业技术资料、科技文献等书证，一般会涉及专业技术问题。对此，行政执法人员在调取这类证据的同时，应当要求当事人提供说明材料。在案件处理过程中，如果行政执法人员无法理解当事人提供的说明材料，还可以要求当事人补充说明，或者提供补充说明材料。

3.对调取一些特殊书证的规则要求

最高人民法院的司法解释中，对域外书证等一些特殊书证的形式要求做出了具体规定。在某些特定的行政管理领域，法律、法规、规章对书证的形式另有规定。

物证收集规则

能够证明案件真实情况的一切物品和痕迹，叫物证。它是以其存在、形状、特征、质量等证明案件的事实，是一种重要的定案证据，在行政处罚中使用较为广泛。

物证与书证有着明显的区别：

1）物证本身不具有任何思想内容，是以其存在、形状、特征、质量等证明案件的事实；书证具有一定的思想内容，并以其文字、符号、图形等证明案件的事实。

2）物证不具有任何主观的意志，以其客观存在证明案件的事实；而书证一般是当事人的主观意志的反映，是当事人意志的体现。

3）法律对物证没有特殊的要求；而书证中有的在法律上有特殊的要求，只有具备特殊的形式，才能作为定案的依据。

物证具体可以分为三类，第一类是实物证据，如产品、工具、生活用等；第二类是痕迹物证，如车印、脚印、划痕等；第三类是微量物质，如粉尘、杂质、残留渣、污染物微粒等。根据物证的特性，行政执法人员调取物证时，应遵循以下规则。

1.行政执法人员调取物证应以调取原物为原则

行政执法人员调取物证时，以调取物证为原则，主要基于以下因素：第一，案件事实的发生、发展必然要与一些物质发生联系，引起物体的存在形式、外部特征、内在属性中某些方面发生变化。只有案件本身引起的物体变化，才能反映案件的某些情况，而符合这一要求的一般都是原物，其替代物与原物之间具有一定的差异，这些微小的变化，往往会导致人们对事物的真实性的认定。第二，物证没有固定形态，是以其所使用的物质材料的特殊性来证明案件事实，也就是说物证是通过本身发挥证明作用，而不像书证、鉴定结论等证据种类通过其承载的内容来证明案件事实。第三，物证同其他证据种类相比更直观，更容易把握，但容易被相似物、类似物冒名顶替，因此，如果不收集原物，则证据的证明力可能受到影响，甚至会得出相反的结论。

2.执法人员调取原物确有困难的，可以调取与原物核对无误的复制件

行政执法人员调取物证，应当调取原物，但在执法实践中，执法人员调取原物往往会受到限制和影响，如物证受到外界环境的影响而损坏、灭失，物证过于庞大不宜移动或者数量过多不宜全取等，造成收集原物证据确有困难的，行政执法人员可以采用复制件或者证明该物证的照片、录像等其他证据替代原物，并在这些复制件或者证明该物证的照片、录像等其他证据上注明“与原物核对无误”字样，经办人在上面签字或者盖章。

3.原物为数量较多的种类物的，执法人员可以调取一部分作为物证

根据有关调取物证的规定要求，既包括品种也包括数量，一般情况下，调取原物应当是全部，不应当遗漏，因为数量关系本身也可能反映案件事实。但是，由于违法行为的复杂性，对不同情况应当做出不同处理。物证的原物为种类物且数量较多，如某县工商局查扣假劣化肥50吨，由于化肥数量大，不可能将全部化肥调取作为原物证据，对此种数量较多且为种类物的情况下，行政执法人员可以调取其中的一部分作为本案的实物证据。

视听资料收集规则

视听资料是指利用录音、录像、计算机储存等手段所反映出的声音、影像或者其他信息证明案件事实的资料。将视听资料作为诉讼证据是现代科学技术的发展成果引进诉讼领域的结果。它是行政诉讼中的独立证据之一，既不是书证，也不是物证，却兼有书证、物证的共同特性。但是与其他证据相比具有以下特点：第一，视听资料以其音响、影像或者其他信息证明案件事实，而物证以其自然形态证明案件事实；第二，视听资料的内容附着在录音带、录像带、计算机磁盘上，而书证附着在纸、帛、木、金属等上；第三，视听资料要借助录音机、录像机、计算机等科学仪器才能显示，其他证据多数不需要借助科学仪器，靠人的直观即可知晓其内容；第四，视听资料多以声音过程、动作过程等动态内容起到证明作用，而其他证据则多以静态的内容起到证明作用。

行政执法人员调取视听资料时，应当符合下列要求。

1.一般情况下应当调取有关原始载体

由于视听资料存在复制程序简单，复制品与原始载体很难区别，且容易被伪造和篡改的弱点，为保证视听资料作为证据使用的可靠性，故在一般情况下，要求执法人员调取视听资料的原始载体。但是，在现实生活中，因各种原因，如视听资料灭失、毁损，或者原始载体不是当事人制作的特殊情况，执法人员无法调取视听资料的原始载体的，可以调取复制件，并注明出处。

2.注明制作方法、制作时间、制作人和证明对象等

行政执法人员调取视听资料时，应当注明制作方法、制作时间、制作人和证明对象等。但对于电子数据交换，执法人员无法确认和调取制作方法、制作时间。因此，对电子数据交换一般要求调取下载的方法、下载的时间、下载人和证明对象等。

3.声音资料应当附有该声音内容的文字

由于声音资料缺乏直观性，将其转化为文字资料有利于对声音资料的审查和判断。因此，执法人员在调取声音资料时，应附有该声音内容的文字记录。这里应注意的问题是，有些声音内容无法用文字记录或者文字记录没有实际意义，如尖叫的录音和机器、汽车等声音就没有必要要求附有关于该声音内容的文字记录。

证人证言收集规则

证人证言是指证人将其了解的案件有关情况向行政执法机关所做的有可能证明案件真实情况的陈述。所谓证人，是指非本案的利害关系人了解案件情况，并根据行政执法机关的要求作证的人。根据法律的要求，证人必须同时具备两个条件：一是证人必须是直接或者间接知道案件情况的人。这是证人资格的基本条件；二是证人必须具有明辨是非和正确表达的能力。精神上有缺陷或者年幼不能辨别是非、不能正确表达的人应排除在证人范围之外。凡符合这两个条件的自然人不分性别、种族、职业、宗教信仰、文化程度即可成为证人，并有作证的义务。行政执法人员在收集证人证言时，一般应符合以下要求：

（1）收集证人证言，应当写明证人的姓名、年龄、性别、职业、住址等基本情况；

（2）证人证言有证人的签名，不能签名的，应以盖章等方式证明；

（3）证人证言应当证明出具日期，具体要求是，应当写明出具证人证言的年、月、日；

（4）证人证言应当附有身份证复印件等证明证人身份的文件。这里需要注意的是，行政执法机关及其执法人员要根据具体情况对证人的住址、工作单位等采取适当的保密等措施予以保护。

当事人陈述是指在案件调查过程中，当事人对关于案件事实的情况向行政执法机关所作的陈述。它与证人证言均属于言词证据，两者在很多方面具有相同性，所不同的是，证人不是案件的当事人，当事人陈述是当事人自己对其所了解的案件事实所做出的叙述。因此，对当事人自己的陈述，没有特别要求的必要。只是执法人员在对当事人的陈述做记录时，应将记录的内容与当事人的陈述内容核对，经核对无误后，由陈述的当事人签字或者盖章。

鉴定结论收集规则

鉴定结论是鉴定机构或者行政执法部门指派具有专门知识或者技能的人，根据所提供的材料，对案件中某些专门性问题，通过分析、检验、鉴别、判断做出的书面结论意见。在行政执法案件中常见的有产品质量鉴定、食品安全鉴定、审计分析鉴定等。鉴定结论作为一种独立的法定证据形式，可以依法用于证明案件事实。不过，鉴定结论能否发挥证明作用，除了与其鉴定内容的客观性、可靠性和准确性有直接的关联外，同时还取决于鉴定过程以及鉴定结论形式的合法性。鉴定结论的科技成分主要体现在鉴定过程中和鉴定结论上。除此以外，鉴定人资格和鉴定程序也是其能够作为证据使用的法定条件。因此，鉴定结论必须具备以下内容：

（1）委托鉴定的委托人和委托事项；

（2）委托人向鉴定部门提交的相关材料；

（3）鉴定的依据和使用的科学技术；

（4）鉴定部门和鉴定人的资格说明；

（5）鉴定人的签名和鉴定部门的盖章；

（6）通过分析的鉴定结论应当说明分析过程。

对现场笔录、勘验笔录的规则要求

现场笔录是指行政执法机关及其执法人员在调查案件过程中，对某些事项当场制作的能够证明案件事实的记录，如工商执法人员对出售商标侵权商品现场制作的笔录等。现场笔录与其他证据相比，具有明显的两个特性：一是制作现场笔录的主体仅限于行政执法机关，是由其执法人员在当事人的参与下制作的；二是现场笔录所记载的内容是正在发生的现场事实。

鉴于现场笔录所记载的违法行为存在当时若不及时制作笔录，就造成事后取证难的问题。因此，行政执法机关非常有必要在现场检查时，由其执法人员对事件发生的过程制作现场笔录。但为了防止执法人员滥用这一权力，最高人民法院行政证据规定对行政执法人员制作现场笔录提出了以下两项要求：一是现场笔录应当载明时间、地点和事件的内容等。如果现场笔录没有记载案件的内容和过程，这个现场笔录不能作为有效证据；二是现场笔录应有执法人员、当事人或者其他在场人的签名。当事人拒绝签名的，应注明原因。有其他人在场的，也可由其他人签名。

勘验笔录是指行政执法机关的执法人员对现场或者物品进行勘查、检验、测量、拍照、绘图时所做的笔录。因为勘验笔录与现场笔录性质基本相同，对勘验笔录的要求应当与现场笔录的要求基本相同。

电子证据的收集规则

从理论上来看，电子证据包括的范围相当广泛，但是不同的电子证据都有自己的特点，应该针对具体的情况进行收集。下面简要分析几种特殊对象的电子证据收集应该注意的问题。

1.手机短信形式电子证据的收集

近年来，手机短信成为人们的重要联络方式。由于其具有便捷性和隐蔽性，往往也被犯罪分子作为犯罪手段和犯罪工具使用，如利用短信指挥犯罪活动或者直接进行诈骗恐吓或传播淫秽物品等违法犯罪活动。例如，福建曾经出现过短信诈骗团伙利用手机短信假冒中奖进行诈骗。在这类案件中，若能收集该类证据，对证实案件往往能起到一锤定音的作用，因为每个手机用户的手机号码和入网证号都是唯一的，短信发出后，接收者手机又能显示对方的手机号码，这样就可以确定发送者是谁，起到证实案件事实的作用。在收集该类证据时，可以采取以下方法：一是在接收信息者未将短信删除的情况下，直接将此信息予以储存，并将手机封存，作为最终审判的证据材料。二是在与案件有关的短信被删除的情况下，可以通过手机短信运营商来调取短信内容。在收集时，可以通过运营商的储存信息将对应的手机短信的发送时间、双方手机号码及内容打印出来，并由在场的工作人员签字盖章证实出处，以供侦查和审判使用。三是某些具有电脑功能的手机，在短信被删除后，可采取技术手段进行恢复，以证实犯罪。

2.电子邮件形式电子证据的收集

电子邮件是基于互联网而产生的一种新型通信方式，与传统的通信方式的区别在于把人们所要表达的意思转化为数字信号，并通过网络传输呈现在对方的电脑屏幕上。电子邮件区别于其他形式电子证据的特点是每个电子邮件使用者必有一个电子信箱，而每个电子信箱用户名、账户名以及密码是唯一的，纯电子邮件的信头都带有收发件人、网址及收发时间。任何人掌握了某一注册用户的用户名、账户名和密码，就可以收发或删除邮件。因此，收集时首先要注意电子邮件本身的特征，如信头信息等，其次还要注意恢复被删除的邮件，如通过收发信人的电脑恢复，通过服务商来调取等。

3.网络聊天形式电子证据的收集

网络聊天是随着网络技术的发展出现的一种即时双向沟通的通信方式，主要有两种：聊天室聊天和利用即时聊天工具聊天。聊天室聊天是通过网站上开设的聊天室进行“一人对多人”的公聊，而利用即时聊天工具聊天是指“一对一或一对多”的私聊。相对于电子邮件来讲，存在的环境更加开放，收集起来更难。因此，在收集网络聊天证据时要收集四类证据：一是聊天内容数据，包括聊天对话的内容，也包括聊天者简单的个人信息。二是系统数据，包括计算机硬件和软件数据是否正常，用以辅助证明网络聊天证据的可靠性。三是通信数据，如lP地址、所借助的服务器、上网账号、信息传递的路径等，从而将聊天者与某个特定的行为人联系起来。四是日志数据，包括系统及网络的日志文件。对于聊天内容，可以通过网络服务商以拷贝、打印的方式收集，在网络服务商未保存的情况下，可以从聊天者双方电脑记录中收集，并将其以拷贝或打印的方式固定下来。对于被篡改的聊天记录，可以聘请专门技术人员对其进行恢复，因为当前的技术足以保证每一次硬盘的擦写记录都可以进行恢复，计算机对文件的修改也不是完全意义的删除或覆盖。对此类收集的证据，我们可以由相关专家出具鉴定结论的方式予以固定，在运用时可以作为再生证据加以运用。

4.数码照片形式电子证据的收集

数码相机已逐渐进入千家万户。但从案件角度看，它也可能成为各类违法犯罪的手段，如借助数码相机偷拍国家秘密、侵犯他人隐私等。从电子证据存储位置看，数码相机使用的是各类存储卡，因而，收集证据的对象应该收集记忆卡或记忆棒。主要有三种收集方法：一是按照法定程序利用相匹配的数码相机直接调阅有关照片，以揭露和证实犯罪行为。二是在符合有关法律要求的前提下，利用照片打印机输出结果，以证实违法犯罪活动。三是按照有关法律要求，利用电脑操作在屏幕上显示信息，以获取法庭认定。

特殊证据收集规则

特殊证据主要是指域外取得证据、涉及外语的证据，涉及国家秘密、个人隐私和商业秘密的证据。由于这三种证据均具有一定的特殊性，所以对调取这三种特殊证据有着特殊的规则要求。

1.对调取域外证据的要求

域外证据，是指行政执法机关调取的在中华人民共和国领域外以及在我国港、澳、台地区形成的证据。对于调取域外形成的证据，应当说明来源，经所在国公证机关证明，并经中华人民共和国驻该国使领馆认证，或者履行中华人民共和国与证据所在国订立的有关条约中的有关规定的证明手续；对于调取在中华人民共和国港、澳、台地区现成的证据，应当具有按照有关规定办理的证明手续。

2.对调取外文文书和外语视听资料证据的要求

行政执法机关调取外文文书和外语视听资料的，应当附有具有翻译资质的机构翻译的或者其他翻译准确的中文译本，由翻译机构盖章或者翻译人员签名。行政执法机关调取的外文文书和外语视听资料的中文译本，可经如下途径证明：一是外国公证机构公证、外交部或者外交部授权机构认证及我国使领馆认证；二是驻外使领馆直接公证；三是国内公证机关公证。对于调取的在香港、澳门形成的书证的中文译本，其证明途径既可以通过香港、澳门公证机构的公证，也可以通过内地公证机关公证。

3.对调取涉及国家秘密、个人隐私和商业秘密证据的要求

行政执法机关对调取的证据涉及国家秘密、个人隐私和商业秘密的，应当做出特别标注，并按照有关规定予以保密。

证据的确认

证据确认，是指证据提供人通过签名或盖章等形式对自己提供的证据和提供证据的行为予以认可的意思表示。证据确认的目的是解决证据来源的合法性问题，是证据材料获得证据能力的法定要件，未经确认的证据因来源难以判断，其合法性和有效性也就无从谈起。

我国还没有制定证据法，其他法律法规关于证据确认的规定较少且比较分散。实践中确认证据的方式方法多种多样，有些是法定或司法解释规定的，有些是从实践中形成的。由于证据确认的目的是解决证据来源的合法性问题，因此，只要能够实现这一目的且不损害证据提供人合法权益和不违背证据提供人意愿的情况下，可根据证据形式和内容等具体情况，选择适用证据确认的方式方法。

书证确认

1.书证的确认方式

（1）在书证材料本身的空白处确认。书证材料的空白处是确认书证的最佳位置，可以使证据确认与书证融为一体，增强书证的整体性。因此，书证材料本身有空白的，应当在书证材料的空白处确认。

（2）在证据提取单上确认。证据提取单，是指专门用于粘贴固定书证材料的制式空白文书。书证材料本身没有空白的，调查人员应当将书证材料粘贴固定在证据提取单上，并在证据提取单上确认证据。

（3）制作书证确认书。书证确认书，是指由调查人员制作的，专门用于确认书证材料的法律文书。当书证材料来源复杂或难以采用上述方式确认时，调查人员应当制作书证确认书。书证确认书应当与书证材料统一编页，证据提供人和调查人员应当在书证确认书上签名或盖章。

书证确认书应当载明下列内容：

1）证据名称（全称，不得使用简称或别称）；

2）证据提供人、证据提取时间和地点；

3）证据种类（原件还是复制件）；

4）证据内容摘要；

5）证据件数、页数；

6）需要说明的其他事项；

7）证据提供人签名或盖章；

8）调查人员签名；

9）书证确认书的制作时间等。

2.书证的确认方法

（1）原件的确认方法。原件，是书证制作者最初制作的原始文本，证据提供人应当在原件或证据提取单上签名或盖章，并注明原件的来源；调查人员应当在原件或证据提取单上签名，并注明书证提供人、提取时间和提取地点等相关情况。

（2）复制件的确认方法。复制件，是以原件为依据且在不改变原件形式和内容的前提下，采取复印、抄录、拍照等方法制作的书证材料，应采用下列方式确认：复制件由证据提供人制作的，证据提供人应当在复制件或证据提取单上注明“经核对与原件无误”字样，并注明原件提供者、复制件的制作时间、地点和制作人员等情况后签名或盖章；调查人员应当在复制件或证据提取单上签名。复制件由调查人员制作的，原件提供人应当对复制件进行认真审查核实，无异议后在复制件或证据提取单上注明“经核对与原件无误”字样，并签名或盖章。调查人员应当在复制件或证据提取单上签名，并注明原件提供人、复制件的制作时间、地点和制作人员等情况。

注明原件提供人、复制件制作时间、制作地点和制作人的意义主要有三个方面：一是表明复制件来源的合法性；二是补强复制件的证据效力；三是当案件调查处理需要时，为查阅原件提供指引。

物证确认

与书证相比，物证确认有一定的困难，因为很多物证材料本身没有可以签名或盖章的条件，因此，应当根据物证材料的具体情况采取不同的确认方法。

1.实体物证的确认

物证材料本身有签名或盖章条件的，在物证材料上签名或盖章是物证确认的最佳方法，但签名必须使用钢笔和碳素笔，不能用刀刻等具有破坏性的方法签名。物证材料是复制品的，证据提供人在签名或盖章的同时，还必须注明“经核对与原物无误”字样。无论是原物还是复制品，调查人员都应当在物证材料上签名，并注明证据提供人、证据提取时间、地点和复制品的制作时间、地点和复制人员等。

物证材料本身没有签名或盖章条件的，应当制作物证确认书。证据提供人和调查人员应当在物证确认书上签名或盖章。物证确认书应当载明下列内容：

1）物证材料的名称、规格、型号、质量、数量等具体情况；

2）证据提供人、证据提取时间和地点；

3）物证材料的种类（原物还是复制品）；

4）物证材料的外部形态、属性和特征；

5）需要说明的其他事项；

6）证据提供人签名或盖章；

7）调查人员签名；

8）确认书制作时间等。

2.替代物证的确认

替代物证，是指照片、图形、录像等能够代替实体物证的证据。在收集原物、复制品有困难的情况下，可以收集照片、图形等替代物证。一般情况下，替代物证本身具备了与书证材料相同的确认条件，因此，照片、图形等替代物证可以采用书证确认方法确认。

言词证据的确认

证据提供人对言词证据的确认从形式上看，是满足法律对言词证据的形式要求，而本质上却是证据提供人对自己提供的言词证据所做的进一步认可或肯定。言词证据的确认方法应当根据具体情况而定，书面形式的应当以书证确认方法确认；录音录像形式的既可以在录音录像时一并录入“上述内容由本人陈述”之类的内容予以确认，也可以制作证据确认书予以确认；口头形式应当按照询问笔录确认。

音像证据的确认

音像证据的确认方法应当根据具体情况而定，只要能够证明音像证据来源或出处的方法都是可以的。一是利用音像证据原始载体本身的条件确认，如在当事人、证人录音陈述的结尾录入“以上内容由本人口述”等内容；二是利用证据确认书的形式确认。

现场检查笔录的确认

现场检查笔录制作完成后，应当交由当事人审查核实，核实无误的，当事人应当在最后一页注明“共N页；已看过，内容属实”等字样，并在每一页的下端签名或盖章，对笔录中的数据和修改处加按手印或盖章；调查人员应当在现场检查笔录的最后一页签名。无论当事人还是调查人员，确认证据的签名必须手写，事前打印在笔录纸上的姓名原则上无效。

一般情况下，对现场检查笔录采取上述方法确认就可以了，但有的调查人员还将现场检查笔录逐页错边叠放，让当事人在错边处再骑缝按手印或盖章。这种方法与在现场检查笔录的每一页签名或盖章具有同等效力，两种方法取其一即可，无需兼用。

鉴定结论的确认

鉴定结论应当由鉴定人员签名或盖章，并注明各自的技术职称和附鉴定人员的执业资格证明复印件，并由鉴定机构盖章。鉴定人员分别做出不同结论的，应当在各自的结论项下签名或盖章。

其他证据确认方法

其他证据确认方法主要有以下几种，且对各种证据都适用：一是制作证据取得笔录；二是公证；三是制作询问笔录、现场检查笔录时，对其他证据的来源、取得和制作情况予以说明和印证。

证据的保全

证据保全，是指对不能即时取得且过后难以取得或可能灭失、毁损的证据材料采取的保护性措施。证据保全的目的，是保护证据材料及其证据价值不受损害，为获取证据赢得时间和条件，是证据调查的重要环节和组成部分。证据调查不仅会受到证据调查主体职责、权限和手段的限制，还会受到其他各种主客观因素的限制，使应当即时取得的证据有时难以即时取得。不能即时取得的证据材料可能因自然因素导致变质或变形而失去证据价值，或因人为因素（如被转移、隐藏或销毁）而失去取证机会，因此，执法机关在注重及时收集证据的同时，对不能即时收集的证据材料要注重保全，防止因自然或人为因素导致证据材料灭失、毁损或证据价值灭失而给案件调查处理带来不利影响。因未及时采取保全措施导致证据材料灭失或失去证据价值，进而影响案件调查处理的，执法机关应当承担相应的法律责任。

证据保全的条件

证据保全既涉及执法成本和效率，也涉及当事人合法权益的有效维护，因此，对需要取得且能够即时取得的证据必须即时取得。不能即时取得的证据材料在下列情况下才能采取保全措施：

1.证据材料可能灭失

证据材料可能灭失，是指因自然或人为因素使证据材料消失的情形。如实物证据材料被隐匿、销毁、转移，或因自然因素而从客观世界中消失；证人病亡或移居国外；等等。

2.证据材料可能失去证据价值

证据材料可能失去证据价值，是指实物证据材料因自然或人为因素引起物理、化学变化导致腐烂、变质或变形而失去证据意义的情形。如实物证据材料腐蚀、霉烂或变形后，既难以提取和辨认，也不能作为鉴定样品予以鉴定，从而失去证据价值。

3.过后难以取得

过后难以取得，是指不能即时取得的证据材料虽然不会在客观世界中消失，但取得非常困难的情形。任何时间、任何场合和环境下，对应当取得的证据必须即时取得，这是证据调查的基本准则和常识。不能即时取得但过后可以取得时不宜采取保全措施，只有不能即时取得且过后难以取得时，才能采取保全措施。过后难以取得的原因既可能是证据材料灭失或失去证据价值，也可能是人为障碍，但无论何种原因，只要存在过后难以取得的可能，就应当采取保全措施。

证据保全措施

具体来说，证据保全措施主要有以下几种：

1.查封

是指工商行政管理机关对需要保全的证据予以封存，禁止转移和处理。查封一般是针对不易或者不能移动的物品。查封的方式有两种，一般采取加贴封条的方式，对不便加贴封条的应当张贴公告。

2.扣押

是指工商行政管理机关把需要保全的证据移到另外的场所予以扣留，不准其持有人或者保管人占有、使用和处分。扣押与查封的不同点是，扣押以容易移动的证据为对象，并应异地进行，被扣押的证据只能由工商行政管理机关自行保管或者委托其他单位和个人保管。对被扣押的证据，保管人不得使用。

3.拍照

是指工商行政管理机关对需要保全的证据通过技术设备将其图像固定到底片或者记忆储存器中，经过洗印或者打印成照片的方法。拍照主要适用于对书证、物证

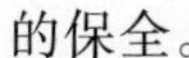

的保全。

4.录音

是指工商行政管理机关通过磁带、数码录音机等技术设备将事件发生过程中的声音记录下来的方法。录音可适用于对视听资料、当事人陈述、证人证言等证据类的保全。

5.录像

是指用一定的技术设备将一定的活动影像记录下来的方法。录像主要适用于对视听资料、当事人陈述、证人证言、物证等证据形式的保全。

6.复制

是指通过一定的方法或者使用一定的技术设备，按照原物的各种特征制作仿制品的方法。复制的方法包括摹写、复印、翻拍、转录、扫描等。复制的方法可以广泛应用于对书证、物证、视听资料等证据的保全。

7.鉴定

是指鉴定人运用自己的专门知识和技能，以及必要的技术手段，对案件中存疑的专门性问题进行检测、分析和鉴别的活动。作为一种保全证据的方法，鉴定的适用范围较为广泛，如物证、书证、视听资料等。

8.勘验

是指工商行政管理机关对与案件事实有关的场所、物品进行现场勘测，以发现、提取、收集和保全物证的一种重要方法。勘验人应当将勘验情况和勘验结果制作成笔录，并由勘验人、当事人和被邀请人签名或者盖章。

9.制作笔录

是指工商行政管理机关对所要保全的证据以笔录的形式固定证据材料的方法。它适用于言词、活动和状态为内容的证据材料，如证人证言、当事人陈述、对于物证的勘验笔录、文件材料的摘录、现场检查笔录、询问笔录等。

工商行政管理机关在采取保全证据措施时，应当注意以下三个问题：一是工商行政管理机关可以采取的方法并不应仅局限这九种措施。二是由于情况不同，工商行政管理机关可以采取的具体措施不同，有的仅可以采取其中的一种，有的却需要同时采取几种措施。三是工商行政管理机关在进行证据保全时，要严格按照收集证据的法定要求注明时间、提供人及提供人确认意见，确保证据的合法有效。

证据保全方法

1.人证保全

当证人因健康、出国定居等原因可能导致过后难以取得言词证据时，调查人员应当通过询问调查取得证言，或要求调查对象通过书面形式或录音录像形式提供证言。

2.书证保全

书证种类繁多，形式多样，应当根据具体情况分别采取不同的保全方法。对不能即时取得的，应当登记保存或查封或查扣；对已经登记保存或查封查扣的，应当及时审查认定，经审查对没有证据价值的应当及时返还证据提供人，对有证据价值的应当及时依法定程序提取；对易变质受损的，应当及时复制、拍照或录像保全，将原件及时返还证据提供人。保全机密书证时，应当对机密书证的封面、编号、标题等予以记录或拍照，作为机密书证的索引存入案卷，将书证材料本身密封保存，防止内容外泄。

3.物证保全

物证材料本身依附着当事人的财产权利，保全难度相对较大，应当根据物证材料的具体情况分别采取不同的保全方法。对可能毁损、灭失或以后难以取得的应当登记保存、查封或查扣；对已经取得或采取登记保存和查封、查扣措施的易腐烂、变质或变形的物证材料，应当拍照、录像、鉴定、仿制或制作检查勘验笔录，检查勘验笔录应当对物证材料的来源、所有人、外部形态、数量、质量等予以详细记载。对黄色书刊、非法出版物、淫秽光碟等特殊物证应当制作清单作为证据索引，然后将证据材料封存保管，防止扩散。

4.音像证据保全

对可能灭失或过后难以取得的音像证据材料，应当登记保存或查封查扣；对可能损毁或变质变形的，应当及时复制；对涉及国家机密、当事人商业秘密和个人隐私或黄色淫秽的，应当及时封存，妥善保管，严格保密。

5.电子证据的保全

对于电子证据的保全可采用如下的方法：

（1）凡是将可擦写的原始软件、查获的媒体作为证据的，为了保证其证据的不可变性，应当在现场对所有原始软件、查获的媒体采取写保护措施，并由现场见证人、当事人签名（盖章）、按指印。

（2）勘查中发现的一切有用证据都要及时固定，按照有关规定要求拍摄现场全过程的照片、录像，制作《现场勘查笔录》及现场图。并记录现场照相、录像的内容、数量以及现场图的种类和数量。

（3）用打印输出的方式将电子证据进行文书化。打印后标明提取时间、地点、计算机、提取人、见证人。在电子证据文书化后，统一在文书材料右上角加盖印章并逐项填写。

（4）电子数据的备份一般应当将存储介质中的内容按其物理存放格式（如逐扇区，包括坏扇区）进行备份。作为证据使用的电子数据存储介质，应记明案由、对象、内容和录取、复制的时间、地点、规格、类别、存储容量和文件格式等，并要复制两个以上的电子数据的备份。

（5）妥善保管存储电子数据证据的介质，远离高磁场、高温环境，避免静电、潮湿、灰尘、挤压和试剂的腐蚀。使用纸袋装电子元件或精密设备，不能使用塑料袋，防止静电消磁。证据要集中保存，以备随时重组、试验或展示。

二、工商行政执法证据认定

非法证据排除规则

非法证据排除规则是指在行政程序中，行政机关非法获取的证据不具有证据能力，依法应予以排除，不得作为证据的一项证据规则。非法证据与合法证据是相对的。非法证据是指证据内容、证据形式、收集或提供证据的人员、程序及方法不符合法律规定的证据材料。它包括四种情形：证据内容不合法；证据表现形式不合法；收集或提供证据的人员不合法；收集或提供证据的程序、方法、手段不合法。只要具有这四种情形之一就是非法证据。非法证据违反了法律禁止性规定或侵犯了他人的合法权益，因此，不具有合法性。

《最高人民法院关于行政诉讼证据若干问题的规定》第五十七条规定，下列证据材料不能作为定案依据：

（1）严重违反法定程序收集的证据材料；

（2）以偷拍、偷录、窃听等手段获取侵害他人合法权益的证据材料；

（3）以利诱、欺诈、胁迫、暴力等不正当手段获取的证据材料；

（4）当事人无正当事由超出举证期限提供的证据材料；

（5）在中华人民共和国领域以外或者在中华人民共和国香港特别行政区、澳门特别行政区和台湾地区形成的未办理法定证明手续的证据材料；

（6）当事人无正当理由拒不提供原件、原物，又无其他证据印证，且对方当事人不予认可的证据的复制件或者复制品；

（7）被当事人或者他人进行技术处理而无法辨明真伪的证据材料；

（8）不能正确表达意志的证人提供的证言；

（9）不具备合法性和真实性的其他证据材料。

《最高人民法院关于行政诉讼证据若干问题的规定》第五十七条确立了行政诉讼中的非法证据排除规则，该证据规则对工商执法证据认定有着重大参考价值。由于工商执法证据认定与行政诉讼的司法认证有很大区别，因此，工商执法证据认定中该规则的具体内容与行政诉讼中非法证据排除规则的内容也有差别。工商执法证据认定中的非法证据排除规则主要包含以下几个方面的内容：

1.严重违反法定程序收集的证据材料

程序是由步骤、方式、时间和顺序组成的，是由行为的时间因素和空间因素所组成的。严重违反法定程序收集的证据材料，必然会侵犯公民、法人或者其他组织的合法权益，不利于保障人权和维护社会公共利益，也违背了程序本身体现的正义、公平的价值理念。因此，对违反法定程序收集的证据，无论严重还是轻微都应当排除。

2．以偷拍、偷录、窃听等手段获取的证据的效力

工商执法机关在工商执法程序中通过偷拍、偷录、窃听等秘密方式收集的证据一般都是未经当事人同意私自录取的证据。《最高人民法院关于未经对方当事人同意私自录音取得的资料能否作为证据使用问题的批复》（法复〔1995〕2号）中认为：“证据的取得首先要合法，只有经过合法途径取得的证据才能作为定案的根据。未经对方当事人同意私自录制其谈话，系不合法行为，以这种手段获得的录音资料，不能作为证据使用。”而2002年7月由最高人民法院通过的《最高人民法院关于行政诉讼证据若干问题的规定》第五十七条规定，“以偷拍、偷录、窃听等手段获取侵害他人合法权益的证据材料”不能作为定案的依据，即采取偷拍、偷录、窃听等手段获取的证据材料，只要不侵害他人合法权益，就能被人民法院采用作为定案依据，实际上是承认了工商执法中可以采用偷拍、偷录和窃听证据作为定案依据，但不能侵害当事人合法权益。该条款以是否给当事人合法权益造成损害作为合法性标准，弥补了以往法律规范对取证手段规定上的不足，进一步完善了工商执法权力，也起到了防止该手段滥用的效果。以是否侵害他人合法权益作为是否排除通过秘密手段取得证据的标准符合工商执法讲求效率的要求，也避免了工商执法取证行为对当事人合法权益的影响。因此，以偷拍、偷录、窃听等手段获取的，但没有侵害他人合法权益的证据材料可以作为定案依据。

3.以利诱、欺诈、胁迫、暴力等不正当手段获取的证据的效力

以利诱、欺诈、胁迫、暴力等不正当手段获取的证据材料，是指工商执法机关采用利益引诱的方法，故意捏造虚假情况和歪曲、掩盖事实真相的方法或以不法损害相恐吓以及采用激烈的强制方法所获取的证据，因其手段违反法律的规定，应予以排除。所谓利诱是工商执法机关采取利益引诱的方法获取证据材料；所谓欺诈是工商执法机关故意捏造虚假情况或者歪曲、掩盖真实情况，而使他人陷入错误认识而做出行为；所谓胁迫包括威胁和强迫，是工商执法机关以未做的不法损害相恐吓，使他人陷入恐怖并由此做出行为，或者是工商执法机关以现实的身体强制使他人处于无法反抗的境地而做出行为；所谓暴力就是采用激烈的强制方法使人就范的行为。工商执法机关以利诱、欺诈、胁迫、暴力等不正当手段获取的证据材料，其实并不一定不具有真实性和关联性，但是，如采信这些证据，必然会鼓励工商执法机关采用不正当的手段获取证据，严重地侵害当事人的合法权益。因此，以利诱、欺诈、胁迫、暴力等不正当手段获取的证据材料，属于应予排除的非法证据。这一规定充分体现了对当事人基本人权的尊重，对工商执法机关的执法行为也起到了一定的监督作用。如果采信通过暴力、胁迫手段收集的证据，就会助长工商执法机关工作人员采取暴力、胁迫手段收集证据之风，这对当事人权利的保护是极为不利的。因此，在工商执法过程中应当排除通过利诱、欺诈、胁迫、暴力等不正当手段收集的证据。以利诱、欺诈、胁迫、暴力等手段收集的证据因提供证据人意志不自由而不真实，《最高人民法院关于行政诉讼证据若干问题的规定》确定“以利诱、欺诈、胁迫、暴力等不正当手段获取的证据材料”不能作为定案的依据体现的是非法性排除的精神，具有合理性。

4.其他以违反法律禁止性规定或者侵犯他人合法权益的方法取得的证据的效力

“其他以违反法律禁止性规定的方法”是指工商执法机关获得证据的方法属于法律明文禁止的行为，工商执法机关通过这种方法获得证据，违反了法律的禁止性规定。这里的法律禁止性规定既包括实体法规定，如工商执法机关不得通过非法拘禁的方式获得证人证言；也包括程序法规定，如工商执法机关不得在具体行政行为做出后再自行向相对人收集证据。“以侵犯他人合法权益的方法”是指工商执法机关获得证据的方法侵犯了他人受法律保护的权利或利益，如公民的隐私权或者法人、其他组织的商业秘密权。以违反法律禁止性规定或者侵犯他人合法权益的方法取得的证据，亦属应予排除的非法证据。

5.在中华人民共和国领域以外或者在中华人民共和国香港特别行政区、澳门特别行政区和台湾地区形成的未办理法定证明手续的证据材料

当事人向人民法院提供的在我国领域外形成的证据，应当说明来源，经所在国公证机关证明，并经我国驻该国使领馆认证，或者履行我国与证据所在国订立的有关条约中规定的证明手续。当事人提供的在我国香港、澳门和台湾地区内形成的证据，应当具有按照有关规定办理的证明手续。当事人向法院提供外文书证或者外国语视听资料的，应当附有由具有翻译资质的机构翻译的或者其他翻译准确的中文译本，由翻译机构盖章或者翻译人员签名。当事人向人民法院提供上述证据必须符合上述要求。参照此规定，如果工商执法机关提供在我国领域以外或者在我国香港、澳门和台湾地区形成的未办理法定证明手续的证据材料，也不能作为定案依据。

6.被当事人或者他人进行技术处理而无法辨明真伪的证据材料

在工商执法实践中，经常会面临被当事人改动的书证，如账簿、记账凭证等，这就属于经过技术处理的证据。这些证据不能想当然地作为定案证据，要判断其内容能否被证实。如有其他证据证明其伪，则直接予以排除；如有其他证据证明其真实，则可以认定为证明案件事实的证据。

7.不能正确表达意志的证人提供的证言

证人证言是工商执法案件中较为重要的证据形式，由于证人证言是证人感知的案件情况，因此证明力较高，对查明案件事实具有非常重要的作用。证人证言是再现案件发生、演变的过程，因此，就需要证人正确地感知、清楚地回忆、准确地表述。不同证人的感知能力、记忆能力和表达能力并不相同，即使是同一个证人，在不同时期证言的内容可能也不相同。通常情况下，年轻时的感知、记忆、表达能力高于年龄大的时候，身体素质好时高于身体素质差的时候。因此，证人最终所述的事实并不一定就是客观的案件事实。证人对案件事实的感知需要有一定的辨别能力和表达能力，证人要对作证事项有亲身的感知、回忆并正确地表达出来。如果证人不能正确地表达意志，其真实性就受到质疑，不能正确地表达意志的证人证言应当予以排除。

8.不具备合法性和真实性的其他证据材料

证据的真实性、关联性和合法性是证据被采信的起码要求，否则便不具有法律效力，不能作为定案的根据，也无须再做进一步审核。由于证据不具备证据的客观性和相关性，没有事实上的证明能力。即便其表现形式、取证人员与程序等合法，也不能作为证据采用。证据的内容必须客观真实，才能最大限度地体现法律真实，保证案件处理结果的客观公正，实现行政诉讼的价值取向。《最高人民法院关于行政诉讼证据若干问题的规定》第五十七条第九项规定，“不具备合法性和真实性的其他证据材料”不能作为定案依据。

行政案卷排他性规则

行政案卷排他性规则是指行政机关做出影响当事人权利义务的行政决定所根据的证据，原则上必须是该决定做出前，行政案卷中已经记载的，并听取当事人陈述、申辩或者经过质证的证据，否则应当予以排除。行政案卷排他性规则要求行政机关的决定只能以行政案卷中已经记载的，并听取当事人陈述、申辩或者经过质证的证据为根据，即行政机关认定的事实和理由应是当事人所知悉并经其申辩和质证的，而不能在笔录以外，以当事人所未知悉的和未申辩、质证的事实作为根据来做出行政决定。

《行政诉讼法》《最高人民法院关于行政诉讼证据若干问题的规定》以及其他的法律规范对行政案卷排他性规则做出规定，以下结合工商执法实践逐一说明：

（1）工商执法机关应当根据听证笔录，做出工商行政许可决定。《行政许可法》第四十八条第一款第（五）项规定：“听证应当制作笔录，听证笔录应当交听证参加人确认无误后签字或者盖章。”第四十八条第二款规定：“行政机关应当根据听证笔录，做出行政许可决定。”行政行为只能以案卷作为根据，经过正式程序的行政行为必须以经过听证在卷的证据为事实根据，不能在案卷之外，以当事人未知悉的和

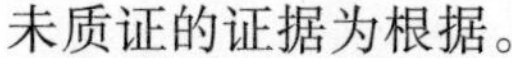

未质证的证据为根据。

（2）《最高人民法院关于行政诉讼证据若干问题的规定》第六十条第（二）款规定，被告在行政程序中非法剥夺公民、法人或者其他组织依法享有的陈述、申辩或者听证权利所采用的证据不能作为认定被诉具体行政行为合法的依据。工商执法过程中如果存在着剥夺当事人陈述、申辩权利的违法行为，因此而获取的证据仍可使用为工商执法案件的处理、处罚的根据，不仅会侵害当事人的合法权益，还会造成工商执法的随意性、不规范，直接损害工商行政管理机关及其人员的形象。

（3）如果工商执法案件引起行政复议，根据《行政复议法》的规定，复议机关在复议过程中，可以调查取证，核实原行政机关做出原具体行政行为的依据。但复议机关在复议过程中收集和补充的证据只能供复议机关在判断原具体行政行为合法性和适当性时使用，不能作为认定原具体行政行为合法的根据。第一，被告在行政复议过程中，向复议机关提供的证据，不能证明原具体行政行为所认定的事实。复议机关在行政复议过程中收集和补充的证据，可以证明该具体行政行为合法，这恰恰说明了被告做出原具体行政行为时主要证据不足。如果复议机关在行政复议过程中收集和补充的证据，可以作为维持原具体行政行为的根据，显然有悖于“先取证后裁决”的原则。第二，《行政复议法》第二十八条第（三）项规定，具体行政行为主要事实不清、证据不足的，应当决定撤销、变更或者确认该具体行政行为违法。因此，复议机关在行政复议过程中收集和补充的证据，不能作为维持原具体行政行为的根据。

（4）如果工商执法案件引起行政诉讼，根据《行政诉讼法》第三十三条明确规定，被告不得自行向原告或证人收集证据。《最高人民法院关于行政诉讼证据若干问题的规定》第六十条第（一）项明确规定，被告及其代理人在做出具体行政行为后或者在诉讼程序中自行收集的证据不能作为认定被诉具体行政行为合法的根据。因为工商执法机关做出具体行政行为的程序应当是在查清事实的基础上做出具体行政行为。如果先决定，后取证，尤其是再补充主要的证据，是不符合依法行政的原则的。所以工商执法机关在行政诉讼开始后不能再自行向原告和证人收集证据。这样规定，可以促使工商执法机关依法行政，防止工商执法机关轻率、片面地做出具体行政行为，防止工商执法机关在重新取证时向原告和证人施加压力，更好地保护公民和组织的合法权益。所以，工商执法机关在工商执法过程中要做到“先取证，后裁决”，在“事实清楚、证据充分确凿”的基础上做出具体行政行为。

补强证据规则

补强证据规则是指某一证据能够证明案件事实，但其证明力较弱，不能将其单独作为认定案件事实的依据，只有在其他证据以佐证方式对其证明力给予补充、加强的情况下，才能将该证据作为认定案件事实的根据的规则。能够证明案件事实的证据，是主要证据。补强证据与主要证据相对应，又称“佐证”，主要用于加强主要证据的真实性和证明作用。

补强证据的主要内容

《最高人民法院关于行政诉讼证据若干问题的规定》第七十一条规定，下列证据不能单独作为定案依据：

（1）未成年人所作的与其年龄和智力状况不相适应的证言；

（2）与一方当事人有亲属关系或者其他密切关系的证人所作的对该当事人有利的证言，或者与一方当事人有不利关系的证人所作的对该当事人不利的证言；

（3）应当出庭作证而无正当理由不出庭作证的证人证言；

（4）难以识别是否经过修改的视听资料；

（5）无法与原件、原物核对的复制件或者复制品；

（6）经一方当事人或者他人改动，对方当事人不予认可的证据材料；

（7）其他不能单独作为定案依据的证据材料。

《最高人民法院关于行政诉讼证据若干问题的规定》第六十三条确立了行政诉讼中的补强证据规则，该规则对执法证据认定有重要的指导作用。工商执法证据认定属于行政认证，其与行政诉讼中的司法认证有很大区别，因此，工商执法证据认定中补强证据规则包含的具体内容与行政诉讼中补强证据规则的内容也并不完全相同。工商执法证据的补强证据规则主要包含以下几个方面的内容：

1.未成年人所作的与其年龄和智力状况不相适应的证言不能单独作为定案依据，需要补强

每个证言都可能受到客观因素和主观因素的影响、干扰而导致其具有不稳定与多变性，即使一个最诚实的证人，其证言也可能有失真的时候。未成年人可能经历了案件过程，对案件事实有所了解，但因其辨别、表达能力的限制，表达不一定完全准确。因此，对未成年人提供的与其年龄和智力状况不相符的证言要经过证据补强才能使用，不能仅依此证据作为定案根据。但是，未成年人所作的与其年龄和智力状况相适应的证言，可信度较大，无须其他证据补强。工商执法证据认定中，对于未成年人作证能力的认定，应当根据工商违法案件的复杂程度、作证能力对证人智力发育的要求程度，并结合未成年人的年龄、生理、性格、习惯、受教育的条件和程度，以及证言形成时的客观环境因素，加以认证。应当注意的是，证人的年龄只是一个相对概念，不能因年幼而一概否定其作证能力。

2.与当事人有亲属关系或者其他密切关系的证人所作的对该当事人有利的证言，或者与当事人有不利关系的证人所作的对该当事人不利的证言，不能单独作为定案依据，需要补强

对上述证据的可靠性会产生合理怀疑，此类证据需要补强，必须符合两个条件：一是发现证人与当事人有亲属关系或者其他密切关系等利害关系；二是发现证人是为有亲属关系或密切关系的当事人所作的有利证言，或是为不利关系当事人所作的不利证言。一旦同时出现这两种情形，该证据则须补强。证人如果与当事人有法律上的利害关系，证人证言的真实性就弱，甚至可能会是虚假证言；如果证人与当事人没有法律上的利害关系，则证言的真实性就强，可靠程度高。证人如果与当事人有亲属、朋友关系，或出于偏见、嫉妒、仇恨，或受到利诱、威胁，或与案件的处理结果存在一定的利害关系时，均可能做出不真实或者不完全真实的证言。与当事人有亲属关系或者其他密切关系的证人所作的对该当事人有利的证言，或者与当事人有不利关系的证人所作的对该当事人不利的证言需要证据补强。人是有感情的，证人所作证言在一定程度上会受主观因素影响。为保证证言的可靠性，一旦发现证人与被证明的当事人有密切关系，且其证言是对该当事人有利的证言，或者证人与被证明的当事人有不利关系，且其证言是对该当事人不利的证言，该证人的证言就不能单独作为定案证据使用，必须要有其他证据对该证据的证明力予以补强才可使用。根据亲属关系产生原因的不同而将亲属分为：

（1）配偶，即夫妻。

（2）血亲，即具有血缘联系的亲属，又包括自然血亲和拟制血亲。自然血亲是出自同一祖先，因出生而自然形成的具有真实血缘关系的亲属，如父母与子女、祖父母与孙子女、兄弟姐妹、伯叔与侄子女、舅姨与外甥子女；拟制血亲是本无该种血亲应具有的血缘关系，而由法律确认其与该种自然血亲具有同等权利义务的亲属，如养父母与养子女之间的关系。

（3）姻亲，即配偶一方与另一方的血亲之间因婚姻而发生的亲属关系，包括血亲的配偶、配偶的血亲、配偶的血亲的配偶及血亲的配偶的血亲。这里比较难认定的是“其他密切关系”，通常可以理解为同事关系、同学关系、老乡关系等有法律上利害关系的关系。

3.难以识别是否经过修改的视听资料，不能单独作为定案依据，需要补强

视听资料是一种独立的法定证据形式，它是通过录音、录像、计算机等电磁方式所储存的信息资料，对案件事实起证明作用。采用现代科技手段可以对视听资料所储存的信息进行修改，其真实性往往会发生难以判断的情况。为保证视听资料作为证据使用的合法性和真实性，就有必要对难以识别是否经过修改的视听资料适用补强规则。否则，难以识别是否经过修改的视听资料就不能单独作为定案证据使用。因此，《民事诉讼法》第六十九条规定："人民法院对视听资料，应当辨明真伪，并结合本案的其他证据，审查确定能否作为认定事实的根据。"既然对视听资料应"结合本案的其他证据"审查确定能否作为定案依据，这就意味着其本身不能单独作为定案依据，需要补强。《最高人民法院关于行政诉讼证据若干问题的规定》第七十一条第（四）项规定，"难以识别是否经过修改的视听资料"，不能单独作为定案依据，也是基于此理。

4.无法与原件、原物核对的复制件或者复制品，不能单独作为定案依据，需要补强

证据复制件和复制品是否与原件、原物一致，只要与原件核对即可。但是在实践中，确有无法与原件核对的情形。在无法与原件核对的情形出现时，复制件、复制品的证明力则不够完整，是其证明质量上的弱点，不能单独作为定案根据使用。如果其想作为证据使用，必须得到其他证据的证实即补强，才可能作为证据使用。如果经过核对证明复制件或者复制品没有确切来源和出处，不能断定其真实性和可靠程度，就不能作为定案依据。无法与原件、原物核对的复制件、复制品，其证明效力不够完整，不能单独作为定案依据，其补强方法为经过当事人承认、认可或有其他证据印证。无法与原件核对一致的复印件，不能单独作为定案的依据。但需要注意的是，如果有其他的证据，如物证、书证、证人证言、视听资料、鉴定结论以及当事人陈述等，对该复印件进行相互印证，形成了工商执法证据链，那么该复印件就可以作为有效证据被采信，也就有了证明力。

5.其他不能单独作为定案根据的证据材料需要补强

其他不能单独作为定案根据的证据材料如其他的传来证据。传来证据能及时地把人们了解的案件情况，调查收集起来，既可以认定案件事实，又可用来鉴别其他证据的真伪。但是，由于此类证据是主观对客观的认识和反映，比较容易受主观因素影响。同时，客观事物本身较为复杂，人们主观反映客观的情况又有所不同，这就使证据情况较为复杂，真假交错。《最高人民法院关于行政诉讼证据若干问题的规定》第六十三条第（六）项规定，原始证据的证明力一般大于传来证据。同时，由于传来证据在转述、传抄、复制过程中有可能出差错，在工商执法实践中，也只有在无法取得原始证据的情况下，才使用传来证据，而且必须有其他证据证明传来证据的可靠性。由此可见，传来证据是不能单独作为认定案件事实的依据的，需要有其他证据予以补强。

补强证据规则的适用条件

1.某一特定证据已具证据能力

即补强证据规则通常只涉及证据的证明力问题，不涉及证据能力问题。如果是

《最高人民法院关于行政诉讼证据若干问题的规定》第五十七、五十八条规定的证据，如严重违反法定程序收集的证据材料，以偷拍、偷录、窃听等手段获取侵害他人合法权益的证据材料，以利诱、欺诈、胁迫、暴力等不正当手段获取的证据材料，以及以违反法律禁止性规定或者侵犯他人合法权益的方法取得的证据等是无证据能力的证据，则首先适用非法证据排除规则，不考虑适用补强证据规则。也就是说一个证据既属于非法证据，又属于需要补强的证据时，非法证据排除规则优先于补强证据规则适用。

2.某一特定证据的证明力比较弱

证据证明力弱的表现形式是多种多样的，如证人是未成年人，证人与案件当事人有利害关系，难以识别是否经过修改的视听资料，无法与原件、原物核对的复制件或者复制品等情形。

3.某一特定证据的证明力弱，影响到该证据独立发挥证明作用

如果某一特定证据的证明力弱，未达到足以影响证据独立发挥证明作用的程度，则不需要适用补强证据规则。

4.某一特定证据的证明力弱需要被补强

被补强证据必须具有一定数量的其他证据才能补强其证明力，也就是说，补强证据不但要有证据能力，而且要有一定的具体数量，才能弥补被补强证据证明力弱的缺陷。

适用补强证据规则要注意的问题

在工商执法证据的审核认定中，适用补强证据规则要注意以下几个方面的问题：

（1）《最高人民法院关于行政诉讼证据若干问题的规定》第七十一条所列的七种证据，其本身并不属于补强证据，而属于被补强的证据。这七种证据只有在其他证据对其证明力予以补强的情况下，才能作为证据在工商执法证据审核、认定中加以运用；否则，不能以这七种被补强证据单独作为认定案件事实的依据。

（2）补强证据本身必须具有证据能力。如果没有证据能力，如证人的个人意见或猜测等，则这种所谓的证据不能成为补强证据。

（3）关于补强证据的数量。需要有多少数量的补强证据，才能与被补强证据共同作为认定案件事实的依据？《最高人民法院关于行政诉讼证据若干问题的规定》对此没有做出明确的规定。案件审理人员在运用证据认定事实时，应当依照法定程序和证据规则，遵循职业道德，运用逻辑推理和日常生活经验，对补强证据以及被补强的证据有无证明力以及证明力大小、强弱进行综合分析判断，并以此来作为认定案件事实的依据。如果补强证据与被补强证据相互结合，能够达到违法案件的证明标准，则可以对案件事实做出认定。

（4）要防止补强证据规则的滥用。《最高人民法院关于行政诉讼证据若干问题的规定》第七十一条是对行政诉讼中补强证据规则的规定，由此可见其适用范围是宽泛的，不仅规定六种证据补强情形，而且用了第（七）项这一兜底条款，由此，也易造成补强规则的滥用。这些证据的证明作用不同，有的是直接证明案件事实，有的是间接证明案件事实，有的只能证明部分事实。也就是说，这些证据并非都可作为主要证据，在实践中不能将有疑点的不能证明案件事实的证据作为主要证据进行补强。

最佳证据规则

最佳证据规则是指某一特定案件的事实，只能采用最令人信服和最有说服力的最佳证据予以证明。工商执法实践中，执法人员经常会遇到用数个不同的证据来证明同一事实的情形。这数个证据之间可能会相互矛盾，有的肯定该事实，有的否定该事实，有的模棱两可，工商执法人员需要依据一定的证据规则对这些证据的证明力进行取舍。最佳证据规则是工商执法人员在证据认定中选择最有证明力的证据作为认定案件事实的根据所应遵循的规则。

最佳证据规则的基本内容

《最高人民法院关于行政诉讼证据若干问题的规定》第六十三条规定，证明同一事实的数个证据，其证明效力一般可以按照下列情形分别认定：

（1）国家机关以及其他职能部门依职权制作的公文文书优于其他书证；

（2）鉴定结论、现场笔录、勘验笔录、档案材料以及经过公证或者登记的书证优于其他书证、视听资料和证人证言；

（3）原件、原物优于复制件、复制品；

（4）法定鉴定部门的鉴定结论优于其他鉴定部门的鉴定结论；

（5）法庭主持勘验所制作的勘验笔录优于其他部门主持勘验所制作的勘验笔录；

（6）原始证据优于传来证据；

（7）其他证人证言优于与当事人有亲属关系或者其他密切关系的证人提供的对该当事人有利的证言；

（8）出庭作证的证人证言优于未出庭作证的证人证言；

（9）数个种类不同、内容一致的证据优于一个孤立的证据。

《最高人民法院关于行政诉讼证据若干问题的规定》第六十三条确立了行政诉讼中的最佳证据规则，对工商执法证据认定有重要指导意义。但是，工商执法证据认定中的最佳证据规则的具体内容与行政诉讼中最佳证据规则的内容有所区别。工商执法证据认定中的最佳证据规则主要包含以下几个方面的内容：

1.国家机关以及其他职能部门依职权制作的公文文书一般优于其他书证

根据《国家行政机关公文处理办法》的规定，公文包括：命令（令）、指令；决定、决议、指示、公告、布告、通告、通知、通报、报告、请示、批复、函、会议纪要。根据法治国家的要求，国家机关、社会团体依职权制作的公文一般应符合法律规定的条件，包括制作主体的资格、职权、条件、程序等。公文的制作机关是国家机关及其他社会团体，公文的内容体现的是制作单位的意志，有时就是国家意志；公文体式规范，其文字、格式、印章等都有严格的要求，更具客观性。因此，其证明力一般可以认为大于其他书证。适用本条应当注意以下问题：

（1）对于公文文书的证明力不能做机械的理解，不能认为一切公文文书证明力无条件地高于其他形式的证据。对于公文文书首先应从证据的真实性、合法性与关联性三个方面来加以审查，确认其真实性，然后才可以与其他文书比较证明力的大小。

（2）国家机关以及其职能部门制作的文书并非都是公文文书。国家机关以及其职能部门非行使职权而制作的文书，如基于民事主体的身份出具的合同、收据、信函等不属于公文文书，与其他主体制作的文书效力相同，不属于最佳证据。

（3）公文文书证明的事实可以根据当事人的相反证据予以推翻。公文文书并不具有绝对的确定力，允许依反证而推翻。

2.鉴定结论、现场笔录、档案材料以及经过公证或者登记的书证一般优于其他书证、视听资料和证人证言

档案、鉴定结论经过公证、登记的书证在真实可靠性方面大于其他书证、视听资料和证人证言。档案通常是由官方机构收集、整理的对事实的记载，往往在工商违法案件发生前就已经形成，虚假的可能性较小。鉴定结论一般由与案件没有利害关系的、具有专门知识的专业人士依据其知识或技能，运用科学的方法或者借助科学仪器，经过认真的检验、鉴别和判断之后，依法定程序所得出的结论。鉴定人是某一方面的专家，对案件所涉及的专门性问题具有分析判断能力，他可以从专业角度，运用科学仪器和科学方法解决裁判者无法解决的技术难题，而且，鉴定结论的做出受到了严格的程序约束，因此，鉴定结论有专家技术上的权威和科学的程序作为保证，较为真实可靠，具有较大的可靠性。从这个角度看，鉴定结论的证明力优于其他书证、证人证言和视听资料是有客观基础的，是对鉴定结论的特点的正确认识，而并非主观的臆想。经过公证、登记的书证，在没有证据足以推翻之前，推定其真实。经过公证、登记的书证真实性也较高。公证、登记本身就有严格的程序要求，且要经过合法性和真实性审查，这就赋予了这两类书证较高的公信力，因此，推定其具有较强的证明力。与之相比较，其他书证、视听资料和证人证言由于易于造假和易于受人的主观因素影响等原因，证明力相对较低。值得注意的是，本项规则中并没有涉及鉴定结论、现场笔录、档案资料、经过公证或者登记的书证之间的证明力大小问题，如果它们之间发生冲突，证明力大小如何判断没有排序，也没有涉及其他书证、视听资料、证人证言之间的证明力大小问题，只是规定前一类证据的证明力大于后一类证据的证明力。

3.原件、原物一般优于复制件、复制品

证据理论的通说一般认为，原件、原物一般优于复制件、复制品。因为，原件、原物属于原始证据，复制件、复制品属于传来证据，原始证据的证明力要大于传来证据。由于原件、原物在转述、复制、复印的过程中，人的主观因素、技术设备的客观因素等都有可能使复制件、复制品偏离原始证据，减弱其证明力。实践也证明，转述、复制、复印的次数越多，复制件、复制品出现偏差的可能性就越大。所以根据《最高人民法院关于行政诉讼证据若干问题的规定》第十条、第十一条的规定，书证应当提供原件，提供原件确有困难的，可以提供与原件核对无误的复印件、照片、节录本；物证应当提供原物，提供原物确有困难的，可以提供与原物核对无误的复制件或者证明该物证的照片、录像等其他证据。原件、原物是对案件事实情况的最原始的记载，具有很高的证明价值，而复制件和复制品因其经过了复制过程，是第二手证据材料，其真实性必然受到怀疑。执法过程中，原则上应收集或提供原件、原物，只有在收集或提供原件或原物确有困难的情况下，才能收集或提供复制件和复制品。同时，复制件和复制品只有在与原件和原物核对无误或经过鉴定证明是真实的情况下，才具有与原件、原物同等的证明效力。如果证据是复制件或复制品，没有原件、原物给予核对的，又无其他证据印证的，则该复制件或复制品不能作为定案根据。

4.法定鉴定部门的鉴定结论一般优于其他鉴定主体的鉴定结论

法定鉴定部门是指由法律、法规、司法解释或规章规定享有司法鉴定权的鉴定部门，如公、检、法机关设立的鉴定机构和国家设立的专门鉴定机构。其他鉴定部门是指非经法律、法规、司法解释或规章规定享有司法鉴定权的鉴定部门，如院校、医院或相关的学会、协会也都成立了鉴定机构。法定鉴定部门依据法律规定所产生，且其具有较高的鉴定水平，鉴定人员一般都是本专业、本部门、本领域的专家，具有较高的专业技术水平，所做出的鉴定结论准确率较高，故其做出的鉴定结论效力具有法定性、权威性。法定鉴定部门的鉴定结论效力优于其他鉴定部门所做的鉴定结论。

5.原始证据一般优于传来证据

原始证据与传来证据是证据理论分类中的一种，前文已经探讨过。原始证据直接来源于案件事实，是第一手证据；传来证据是间接来源于案件事实的证据，即通过转述、复制、复印后形成的第二手证据。就来自同一案件事实的证据，距原始证据越近的通常越可靠，转手和复制的次数越多，离证明对象越远，其所含信息发生减损或者扭曲的可能性越大。原始证据与案件事实有着直接的关系，没有中间环节，所以它能够比较客观地反映案件事实的本来面貌。传来证据虽然是从原始证据中派生出来的，其与案件事实之间，经过了中间环节，其证明的案件事实在中间环节的传递中就可能出现差错或失真。所以，原始证据的证明价值一般要大于传来证据。在工商违法案件中，应重视原始证据，但也不能忽视传来证据的作用。在查明案情，认定案件事实的过程中，经查证属实的传来证据，同样具有重要的证明作用。大量、充分的传来证据形成一个完整的证据体系，排除其他冲突的可能后，也可以作为定案的依据。传来证据的作用，主要有以下几个方面：

（1）可作为发现原始证据的线索。原始证据并不是唾手可得的，有的原始证据是在取得传来证据之后才收集到的。

（2）可以作为审查原始证据的手段，审查原始证据是否可靠。在特定情况下，原始证据的可靠性可以通过传来证据的检验而得到核实。

（3）在不能获得原始证据或原始证据无法直接取得或不便直接提取时，经查证属实的传来证据可以作为定案的根据。当然，在采用传来证据时，应当尽可能地收集最接近原始来源的传来证据。

6.直接证据一般优于间接证据

直接证据就是能够直接证明案件主要事实的证据。直接证据对案件主要事实的证明不需要经过任何中间环节，也无须借助于其他证据进行逻辑推理，就可以直接证明案件主要事实，这种直接性，使得运用直接证据认定案件主要事实比较容易，只要查证属实，就可以认定案件的主要事实，对案件迅速做出处理。一般来说，直接证据的可靠性大，证明力较强。间接证据是指不能单独直接证明，而需要与其他证据结合起来才能证明案件主要事实的证据。间接证据的证明作用取决于它能否与其他证据相结合，并组成一个排除一切合理怀疑的完整的证据体系，进行分析、推理，即可说明或推论出案件事实。因此，直接证据的证明力一般要大于间接证据。

间接证据运用起来虽然不如直接证据方便。但是，也不能低估间接证据的作用。间接证据在工商案件查办中发挥的主要作用有：

（1）间接证据是发现、获取直接证据的一种手段。大多数情况下，如果没有大量的间接证据作为媒介，直接证据是难以得到的。

（2）间接证据可以鉴别直接证据的真伪。直接证据有的可能是真实的，有的则可能是伪造的材料，因此，对这些证据必须结合全案所有的证据材料进行鉴别，而运用间接证据鉴别直接证据是一种重要手段。人们根据间接证据，在经验上可以认定案件事实是否发生、变更和消灭，间接证据还可以影响直接证据的证明力。

（3）在没有直接证据的情况下，大量、充分、确凿的间接证据，也可以作为定案的依据。

其实，在工商执法实践中，绝大多数违法案件都是既有直接证据又有间接证据的，两者互相补充，互相印证，共同证明违法案件的事实。认识和把握直接证据与间接证据各自发挥的作用，并能在工商执法实践中自觉运用，是提高收集和审查判断证据的能力和水平，确保工商执法案件质量的保证。

7.其他证人证言一般优于与当事人有亲属关系或者其他密切关系的证人提供的对该当事人有利的证言

证人证言作为言辞证据的一种，受证人意志的支配。证人对事物的认识能力，证人的立场、观点、方法都对证言的真实性、客观性产生直接影响。与当事人有亲属关系或其他密切关系的证人往往会因为上述关系做出有利于该当事人但不切合实际的证言，因此，这样的证言证明力一般小于其他证人的证言。工商执法证据认定实践中需要注意的是，如果与当事人有亲属关系或者其他密切关系的证人提供的是不利于该当事人的证言，则不按该条处理，其效力并不一定低。

8.经过听证质证的证人证言一般优于未经听证质证的证人证言

质证是审核认定证据效力的一种重要方式，接受当事人的发问、质疑、对质，有利于工商执法人员辨别证人证言的真实性，弄清楚证人证言中相互矛盾的问题。一些地方政府规章或者规章征求意见稿对此做出明确规定，例如，《辽宁省行政复议证据规则》第三十五条第七项规定，证明同一事实的数个证据，其证明效力一般可以按照下列情形分别认定：……出席听证会作证的证人证言优于未出席听证会作证的证人证言。再如，《甘肃省行政复议证据规则（征求意见稿）》第五十一条第八项规定，证明同一事实的数个证据，其证明效力可以按照下列情形分别认定：……参加听证会作证的证人证言优于未参加听证会作证的证人证言。因此，查办工商违法案件时，如果该案件经过听证，证人出席听证会，并对其证言进行质证，则该证人证言的证明力要大于未经质证的证人证言。

9.数个种类不同、内容一致的证据一般优于一个孤立的证据

数个种类不同、内容一致的证据，可以从不同角度、不同方面证明同一案件的事实，彼此之间相互印证；而孤立的证据只能从一个角度、一个方面来证明案件事实。因此，如果数个种类不同、内容一致的证据都具有证明力，其证明力优于一个孤立的证据。执法人员在审核认定案件时，应当优先以前者为定案根据。适用本项规则应当具备以下条件：

（1）必须存在数个种类不同的证据。“数个”必须是两个以上，“种类”不同是指法定七种证据种类中的数个，比如书证+物证+证人证言等，而不是多个书证或者多个物证相加。

（2）数个证据的内容一致。即数个证据各自的内容必须是证明同一事实的，而不是证明不同事实的。

（3）数个证据必须都是适格的证据，即具备证据真实性、合法性和关联性，如果数个种类不同、内容一致的证据并不能真实地反映客观事实，与客观事实之间仍存在矛盾，就不能确认这些证据的证明效力。

上述九项证据规则均是在一般情况下的规定，通常都允许当事人举出相反的证据予以推翻。当事人提供的反证足以推翻上述最佳证据规则时，工商执法机关即不能以最佳证据作为定案的依据。

适用最佳证据规则的注意事项

（1）证据是否有优势是对证据证明力的评价，而不是单纯对证据数量的衡量。证据具有优势，必须达到足以令人确信其待证的事实确实存在的程度，但所要求的证明标准是一种相对的“法律真实”，而非绝对的“客观真实”。最佳证据规则并不是要比较证据的数量，而是要比较证据的质量。

（2）对最佳证据规则任何一项内容的理解都不应当是机械的，不能一见到公文证据就认为其证明力理所当然地大于一切其他书证；也不能一见到案件有了直接证据就认为可以进所当然地排除一切间接证据的证明力。要充分注意到适用《最高人民法院关于行政诉讼证据若干问题的规定》第六十三条规定的前提条件，并且对每个具体证据仍然要从其与案件事实的关联性、合法性、真实性三方面加以综合分析。

（3）最佳证据并不排斥最佳证据以外的其他证据。如果最佳证据与同一案件中最佳证据以外的其他证据指向同一案件事实，内容一致，则这两类证据可以同时使用，相互印证，共同发挥证明作用。

免证规则

免证规则在司法实践中运用得比较多，常见的免证规则包括司法认知和推定。在英美法系国家，司法认知通常被视为证据形式之一。在工商违法案件中也存在免证规则：行政认知与推定。行政认知是指行政机关根据众所周知或常识，直接认定案件事实，无须证据证明。行政认知是证明程序的简略。无须当事人举证，无须行政机关取证，行政机关根据众所周知或常识直接认定。行政认知是举证责任的例外情形，行政机关举证事项属于自然规律、众所周知的事实可以直接认定。

在证明活动中有些事实是无须证明的事实，工商执法人员可以直接认定。根据《最高人民法院关于行政诉讼证据若干问题的规定》第六十八条的规定，下列事实无须证明，可以直接认定：

（1）众所周知的事实；

（2）自然规律及定理；

（3）按照法律规定推定的事实；

（4）已经依法证明的事实；

（5）根据日常生活经验法则推定的事实。

前款（1）、（3）、（4）、（5）项，当事人有相反证据足以推翻的除外。参照《最高人民法院关于行政诉讼证据若干问题的规定》第六十八条的规定，工商执法人员在证据认定中对下列情形直接认定，无须举证。

1.众所周知的事实

众所周知的事实，也叫公知的事实，是指在一定范围内为普通知识经验的人所知晓的事实。如10月1日是国庆节，如月亮圆缺的周期为30天，地球自转的周期为1天等。这里所指的一定范围内为人知晓，当然包括工商执法人员。

2.自然规律及定理

所谓自然规律，是指客观事物在特定条件下内在的、本质的联系。所谓定理，是指在科学上通过特定条件已被反复证明其发生变化过程的某种必然规律，被人们普遍采用作为原则性命题或公式。自然规律和定理已经为人们所认识并反复验证，所以无须加以证明。

3.按照法律规定推定的事实

推定是一种法律规则，根据法律或者已知的事实可以认定推定事实存在，除非有相反的证据推翻这种推论。需要注意的是，推定是一种证据规则，而非证据，分为事实推定和法律推定。法律上的权利推定，是指法律对某种权利或法律关系是否存在直接加以推论的情况。但法律上的权利推定并不是证据规则，所以，证据理论所说的法律推定只包括法律上的事实推定。

工商执法证据认定中适用事实推定规则应当同时满足以下条件：

（1）推定的事实通常是无法直接用证据来证明的事实。在证据认定过程中，如果能够直接用证据来证明有待推定的事实，则该事实不是事实推定的对象，而应当是证据直接证明的对象。

（2）事实推定的前提事实必须客观真实，且已经得到法律上的确认。这些前提事实主要有已由证据证明的事实、众所周知的事实等。

（3）前提事实与推定事实之间应当具有必然的逻辑关系。即根据前提事实，按照正常的生活经验完全可以推论出推定事实的客观真实性。

（4）推定事实可以推翻。事实推定作为建立在日常生活经验规则基础上的一种判定，应当准许对该推定结论承担不利后果的当事人提出确凿的证据予以推翻。如果当事人能够以充分的证据否定事实推定的真实性，则该事实推定不能成立。在事实推定的实践中，可以从两个方面来否定事实推定的真实性：其一，通过相反证据证明事实推定的前提事实具有不真实性；其二，通过相反证据证明前提事实与推定事实之间没有必然的逻辑关系，而导致推定的事实不存在。推定事实不一定是确定的事实，因此，当当事人有足够证据推翻推定事实时，就不能以该推定事实作为行政处罚决定的事实根据。赋予当事人以提出证据推翻推定事实的机会，有利于工商执法机关客观、公正地认定案件事实。

4.已为人民法院发生法律效力的裁判所确认的事实

为裁判所确认的事实，是指工商违法案件所涉及的事实已经在人民法院审结的案件中被人民法院确认。被确认事实的裁判，可能是基层人民法院做出的，也可能是其他各级人民法院做出的。对一些显而易见的事实，譬如人民法院生效裁判所确认的事实等，如果要求当事人进行不必要的举证，无疑会增加诉讼的负担。正是基于对程序正义和诉讼效益的追求，通过司法实践人们认识到，无谓的举证造成了讼累和经济损失，而确认认知的事实免除举证，既节约当事人为证明事实而支出过多的费用，又为人民法院节省了审理时间，是效益原则在证据规范上的具体体现。一旦当事人主张的事实被认定为司法认知的事实，该事实就成为没有争议的事实，对当事人和人民法院有约束力。同理，在工商执法实践中，对于人民法院发生法律效力的裁判所确认的事实，工商执法机关可以直接认定，无须加以证明。

5.已为仲裁机构的生效裁定所确认的事实

仲裁机构的生效裁定与人民法院生效裁判具有同样的法律效力，因此，已为仲裁机构的生效裁定确认的事实，工商执法机关可以直接认定，无须加以证明。

6.已为有效公证文书所证明的事实

公证文书是公证机关依照法定程序对有关法律行为、法律事实以及文书加以证明的法律文书。《民事诉讼法》第六十七条规定，经过法定程序公证证明的法律行为、法律事实和文书，人民法院应当作为认定事实的根据，但有相反证据足以推翻公证证明的除外。同理，在工商执法实践中，对于已为有效公证文书所证明的事实，工商执法机关可以直接认定，无须加以证明。

7.根据日常生活经验法则推定的事实

事实推定，是指依照法律规定或者经验法则，从已知的某一事实推断未知的另一事实存在，并允许当事人提出反证推翻的证据法则。前一事实称为前提事实，后一事实称为推定事实，一旦前提事实得到证明，可以根据前提事实认定推定的事实，无须再对推定事实加以证明。推定是建立在严密的逻辑推理和人们日常生活经验的基础之上的，成立事实上的推定必须具备以下条件：一是存在已知的事实或日常生活经验作为推定的前提事实；二是这些前提事实必须是真实的；三是需要推论的事实无法直接证明；四是有经验法则作为推定的桥梁。经验法则把握了已知事实与推定事实之间经常发生的合理联系，没有经验法则，事实推定无法进行。

日常生活经验是指人们在长期生产、生活以及科学实验中对客观外界普遍现象与通常规律的一种理性认识。日常生活经验法则之所以可以直接认定，是因为其作为事物发展的一种常态，经过人类长期反复实践验证，规律性较强，具有一定的确定性、合理性。日常生活经验被工商执法人员掌握，并运用于工商执法证据认定工作中，为判断免证事实打下了逻辑推理的基础。

上述几类无须证明的事实，除自然规律及定理外，其余五类事实，即众所周知的事实、根据法律规定或者已知事实和日常生活经验法则能推定出的另一事实、已为人民法院发生法律效力的裁判所确认的事实、已为仲裁机构的生效裁决所确认的事实和已为有效公证文书所证明的事实，都可反证推翻。

第五章　工商经检调查取证方法

一、调查取证方法

现场检查

现场检查，是指工商执法机关为获取证据，依法定程序和方法对违法现场实施的清理、查验和证据搜集等活动的总称。现场检查既是制止违法行为和搜集证据的重要方法与手段，又是查处各类违法行为的必经阶段与程序。未经现场检查，就无法确认违法行为发生地，案件事实就缺少空间要素。因此，组织实施好现场检查既是调查处理案件的实体需要，也是调查处理案件的程序需要。

现场检查的准备

现场检查是检查人员与当事人之间法律知识、才能智慧和心理素质等综合能力的全面较量，为了把握现场检查的主动权，提高现场检查的成功率，检查人员不仅要有充分的思想准备，而且应当从以下几个方面做好充分的事实准备：

1.分析判断基本情况

现场检查前，检查人员应当通过对现有案件材料认真、细致的分析和研究，对案件材料所反映的涉案时间、地点、人员和场所以及现场周围环境等情况有所了解和预判。必要时，应当通过外围调查实地了解与涉嫌违法行为和涉案现场有关的信息，增强现场检查的预见性和针对性。

2.制订现场检查方案

现场检查方案，是检查人员为了增强现场检查的计划性、针对性和有效性而围绕现场检查任务、思路和策略等事项制作的文案，是组织实施现场检查的基本依据，要力求周到细致，全面稳妥。现场检查方案主要应当规划好下列问题：

（1）选定现场检查时机

现场检查时机是否适当对检查结果具有重要影响，时机选择适当既可能抓住现行，也有利于现场检查活动的顺利实施，因此，应当根据案件材料反映的情况、违法行为的一般规律和以往的经验等因素综合考虑。最佳时机应当是执法机关准备充分之后，违法行为正在实施之时。违法行为尽管种类繁多，情况各异，但有一定规律可循，如加工不合格食品的违法行为大多发生在清晨，制造其他假冒伪劣商品的违法行为大多发生在夜间等。

（2）明确分工

现场检查要有足够的人力，重要事项应当专人负责，但也不是人员越多越好，要根据案件材料反映的情况和对现场规模、地域环境等情况的分析判断等因素来确定。无论人员多少，任务小组的划分必须明确，使每个小组和每个人员都清楚自己的具体任务和协作配合事项。分工应当把握以下几点：一是明确组织指挥人员。组织指挥人员应当根据个案的具体情况来确定，既可以由检查人员中职务最高的人员担任，也可以由检查人员中专业能力强、办案经验丰富的人员担任。二是扬长避短。要注重发挥检查人员各自的业务专长、个性特点和经验等方面的优势，尽可能让每个人承担最擅长完成的任务。三是明确任务，如现场控制小组、检查勘验小组、调查询问小组和机动小组等。

（3）困难、问题和意外情况的预测与应对

现场检查过程出现各种困难、问题和意外情况既是可能的，也是正常的，如当事人拒绝接受检查或抗拒检查，或煽动围观人员起哄、干扰检查等。为了有效应对各种困难、问题和意外情况，现场检查方案一是要根据以往的经验和教训，结合个案的具体情况分析、预测现场检查过程可能遇到的困难、问题和意外情况；二是对分析预测的困难、问题和意外情况可能给现场检查造成的不利影响予以评估，并研究制定应对策略和办法；三是在人员分工时，应当将处置困难、问题和意外情况的任务落实到人。

（4）协作与注意事项

现场检查具有复杂性和综合性特征，不仅要求检查人员必须具备全局观念和协作观念，现场检查方案也应当明确前后方之间、小组与小组之间的协作配合事项和注意事项。

3.熟悉现场检查方案

现场检查方案是组织实施现场检查的基本依据，为了保证现场检查顺利有效地进行，检查人员应当熟悉方案，明确现场检查的任务、内容、重点难点和注意事项等。

4.搞好内外协调

内外协调主要包括两个方面：一是与上级和有关执法机关的协调。通过事前协调，让上级机关或有关执法机关及时了解案情或有关情况，以便必要时能够及时得到他们的理解和支持，如向上级机关汇报案情和现场检查时可能遇到的、需要上级机关帮助解决的困难、问题和意外等；对案情重大或违法现场规模和范围较大、情况比较复杂或夜间实施现场检查的，应当事前与公安机关取得联系，通报案情并商请公安机关派出警力协助检查等。二是内部统筹协调。对重大复杂案件的违法现场实施检查时，案件调查机关要统一意志、统一组织和统一行动，不仅要组织强有力的现场检查队伍，必要时还应当组织应急或预备力量，做好随时增援的准备。

5.后勤保障

兵马未动，粮草先行。现场检查前必须从以下几个方面做好充分的物资准备：一是执法文书齐全，如询问通知书、查封或查扣财物所需的登记、封存文书等；二是交通、通信、拍照、录音录像器材的准备要全面，并调试到良好状态；三是查扣财物所需运输车辆、储存场所要有所安排等。

现场检查的组织实施

1.划定现场范围

划定现场范围可以提醒并防止无关人员进出，以免影响现场检查的正常进行。因此，检查人员到达现场后，应当及时勘察掌握现场方位、范围、进出通道和现场基本情况，确定现场范围，并设定警戒线明确标示。必要时还应划定重点检查范围或区域，以便抓住重点，提高效率，缩短检查时间。范围划定应当符合现场情况和现场检查的实际需要，既不能过大，过大会将与违法行为没有关系的部分划进来，浪费人力和时间；但也不能过小，过小可能遗漏证据材料和线索。

2.现场控制

现场控制，是指检查人员通过对现场人员和财物的有效管理维护现场秩序，保证现场检查顺利、有效实施的情形。现场控制主要包括以下几个方面：

（1）进出通道的控制

①现场人员不得出走。现场人员无论是否涉案，未经检查人员许可一律不得出走。只有经过审查，确认与违法行为和涉案人员无关的闲杂人员，在现场人员登记表上签名后方可离开；涉案人员只有经过询问，确认其身份和相关情况，并在现场人员登记表和询问笔录上签名之后，经许可才能离开；确有生活必需或特殊情况需要暂时离开现场的，应当先接受询问，或有两名以上检查人员陪同方可离开。

②无关人员不得进入。与违法行为和涉案人员或现场检查活动没有关系的人员不得进入现场。无关人员进入现场不仅影响现场检查秩序，还可能成为涉案人员利用的对象，为涉案人员对外通风报信或求援求助创造方便，从而给现场检查造成不必要的干扰或麻烦。对因生活或工作急需而必须进入的：一是必须登记；二是不得与涉案人员接触；三是在办理完相关事宜后请其尽快离开。

③财物不得进出。在整个现场检查过程中，不允许任何财物进出现场。现场财物流出就摆脱了检查人员的控制，可能被隐藏或转移；外部财物进入会与现场财物相混淆，既给清点、登记和认定涉案财物造成困难，又可能给当事人可乘之机。现场以外的涉案财物需要进入的，应当另行清点登记之后再进入，并应当另行堆放和控制。

（2）现场人员和财物的控制

①人物分离。为防止涉案人员出逃或破坏现场原始状态，或隐匿和毁损重要证据

材料，方便对现场人员和财物的清点登记和审查确认，应当及时将现场人员与财物分离。分离的方法是财物原地不动，人员适当集中在一个或几个相对空闲的区域。现场检查结束之前，现场人员不得相互接触，也不得与现场财物接触。

②人人分离。人人分离，是指以身份或其他因素为依据让现场人员在不同区域等待调查确认的情形。人人分离的目的：一是尽快查明确认主要涉案人员，如当事人、会计人员和营销人员等，以便对重点人员进行重点控制和调查；二是防止现场人员相互之间和现场人员与场外涉案人员串供或订立攻守同盟；三是避免因现场人员自由聚集而引发意外情况。

现场人员情况比较复杂，既有务工人员，也可能有当事人或当事人的法定代表（负责）人和会计人员等重要涉案人员。现场人员在违法行为实施过程中分别扮演不同角色和发挥不同作用，不仅与违法行为之间存在不同的利益关系，对执法机关查处违法行为的态度也会各不相同，只有采取适当措施分别管理和调查，才能在一定程度上解除部分涉案人员说实话的顾虑。如果让现场人员自由聚集，他们可能在重要涉案人员的组织下串供或订立攻守同盟，为案件调查制造障碍。因此，应当根据现场的客观条件和可能，将当事人或当事人的法定代表（负责）人、财务人员、营销人员和其他务工人员四分离；客观条件不允许时，至少应当将当事人或当事人的法定代表（负责）人、财务人员、营销人员等主要涉案人员三分离，使主要涉案人员在现场检查期间不要相互接触。

③物物分离。物物分离，是指在固定现场原始状态之后，根据具体情况对现场财物采取的分类集中措施。物物分离的目的，是方便清点登记和审查确认涉案财物，有利于发现和搜集证据，提高现场检查效率。物物分离是相对的，且应当在静态检查勘验之后进行。

（3）意外情况的控制

违法现场不是独立存在的，通常与周围环境和民情、社情有错综复杂的联系，有些违法现场甚至与周边群众具有密切的经济利益关系。过路人员和周边群众出于好奇、看热闹或因自身利益需要等原因而聚集、围观的情况比较普遍，有时可能引发起哄、干扰现场检查等意外情况的发生。因此，检查人员必须随时注意观察和掌握现场人员及周围情况的变化，及时发现和控制意外情况。

3.固定原始状态

固定原始状态，是指采用文字、拍照、录像等方法记录现场原始态势的情形。原始状态无论是动态的还是静态的，都是当事人实施违法行为或破坏、伪装违法现场的客观事实，是分析案情、查寻证据材料和线索的基础条件。固定原始状态不仅对收集现场证据材料和线索具有重要意义，固定了的原始状态本身也属于证据范畴。鉴于原始状态和固定原始状态的重要性，检查人员进入现场后，不能急于检查勘验，首先要利用各种记录工具固定原始状态。原始状态固定之前，非经现场检查负责人同意，任何人不得搬动或破坏现场物品和痕迹的情景或状态。

4.清理登记

清理登记，是指在固定原始状态的基础上，对现场人员、财物、痕迹等进行的清点和记录。清理登记是确认涉案人员、财物和发现、搜集证据材料与线索的基础性工作，必须及时、全面、详细。

（1）人员清理登记

一般情况下，时间和条件都不允许在现场完成对所有涉案人员的询问调查，为了保证现场检查之后对涉案人员的调查能够顺利进行，必须对现场人员记录在案。人员登记应当制作登记表，登记表主要应当载明下列内容：

①姓名、性别、年龄、学历等基本情况；

②居住地。居住地应当以身份证或暂住证登记的住址为准，实际居住地与身份证或暂住证登记的住址不一致的，应当将实际居住地和身份证或暂住证登记的住址全部予以记录；

③务工时间和具体工作或任务；

④与当事人的关系；

⑤联系方式等。

（2）财物清理登记

清理登记现场财物的目的，是便于审查确认涉案财物和方便证据材料和线索的收集。静态检查勘验结束之后，应当及时清理、分类、清点和登记现场财物。财物登记应当制作现场财物登记表，登记表主要应当载明财物名称、类别、规格、数量、质量、单价、总货值等。

5.检查

为了防止遗漏存留在现场的证据材料和及时获得主要证据材料，要根据现场的具体情况采取不同的检查思路和方法。

（1）从中心现场向外围现场检查

中心现场，是指当事人实施违法行为的主要场所、区域或证据材料和线索留存较多的场所、区域；外围现场，是指当事人实施违法行为的辅助场所、区域或证据材料和线索留存较少的场所、区域。从中心现场向外围现场检查有利于抓住重点，尽快获得主要证据材料和线索，因此，适用于中心或重点场所或区域明确，证据材料和线索相对集中的违法现场。

（2）从外围现场向中心现场检查

从外围现场向中心现场检查适用于涉案场所范围较大，中心或重点区域不明确，证据材料和线索相对分散的违法现场。对这类违法现场通常应当先从外围检查，待掌握违法现场的中心场所或区域之后，再及时对中心现场进行检查。

（3）分片分段检查

分片分段检查，是指根据违法现场的具体情况分片或分段，并逐片逐段实施检查的方法。分片分段检查主要适用于涉案场所点多、分散的情形。分片分段检查的特征是全面出击，不给当事人隐藏、转移或销毁证据材料和线索的机会。如制造销售假冒伪劣商品的违法行为通常生产加工、销售与仓储三分离，原料、半成品与成品三分离，营业、住宿与钱款票证等三分离。涉案场所点多且分散的，应当通过外围调查掌握涉案场所的分布情况，然后将检查人员分成若干小组，责任到组，突然出击，不给当事人销赃灭证的机会。

6.勘验

勘验，是指检查人员利用专业知识、经验和科技手段对现场物品、痕迹等实施的观察、测量、查验、分析和记录活动的总称。勘验是现场检查的重要内容，是发现和收集隐蔽证据材料和线索，透过现象看本质的重要方法和手段。勘验可以分为静态勘验与动态勘验两个阶段。静态勘验与动态勘验是相对而言的，难以截然分开，但顺序决不能颠倒。静态勘验可以与检查同时进行或在检查结束之后进行，动态勘验必须在静态勘验结束之后进行。颠倒顺序必然破坏原始状态，使静态勘验失去意义，既不利于证据材料和线索的收集，也不利于对案情做出正确判断。

（1）静态勘验

静态勘验，是指在不破坏原始状态的情况下实施的勘验。静态勘验的特点是检查人员通过感知（眼看、耳听、鼻嗅、手摸等）和逻辑思维活动，对现场物品、痕迹的位置、状态及其与违法行为之间的相互关系做出直观判断。静态勘验阶段不宜挪动或改变现场物品、痕迹的位置和状态，不破坏现场原始情景。对有证据意义的物品和痕迹在保持原始状态的前提下进行观察、测量和分析，并将观察、测量和分析结果予以记录和说明。

（2）动态勘验

动态勘验，是指在静态勘验的基础上，通过翻转移动，对现场物品、痕迹做进一步观察、测量、查验和分析，以便发现和收集隐蔽证据材料和线索的活动。动态勘验的目的，是发现和收集隐蔽证据材料和线索，必须认真细致，有计划、有秩序地推进。翻转移动现场物品时，要轻拿轻放，保证现场物品和痕迹完好无损，以便测量、查验和分析研究。动态勘验的过程与结果应当详细记录和说明，为分析案情创造条件。

7.搜集证据

检查勘验是手段，搜集证据材料和线索才是目的，是贯穿于现场检查全过程的主要任务。

（1）发现证据材料和线索

搜集证据材料和线索的前提，是全面发现证据材料和线索。为了全面发现现场存留的证据材料和线索，一是及时对现场人、财、物进行清理、登记，并认真审查确认；二是检查和静态勘验必须认真细致，不遗漏直观的证据材料和线索；三是动态勘验要全面、深入和细致，不能遗漏隐蔽的证据材料和线索；四是及时询问涉案人员，在情况允许的前提下，应当及时调查访问现场周边群众和知情人。

（2）登记证据材料和线索

登记证据材料和线索的目的，是明确证据材料和线索的来源或出处，增强证据的客观性，因此，对发现的证据材料和线索应当分类、编号和登记。登记内容主要包括序号、名称、规格、数量、种类（原件、原物或复制件、复制品）、在什么地方和情况下发现的等。

（3）搜集证据材料和线索

一是对现场发现的证据材料和线索必须全面收集，不能选择性收集；二是能够提取原件和原物的，应当提取原件和原物，不能提取原件和原物的，应当收集复制件和复制品；三是不能当场收集的，必须采取保全措施；四是需要技术鉴定的，可以当场抽样送检的必须当场抽样送检，时间或条件不允许当场抽样送检的，应当先行保全，事后再抽样送检；五是需要查封或查扣的，应当查封或查扣。

现场检查的注意事项

1.当事人应当在场

现场检查时当事人应当在场。当事人在场有以下几方面的法律意义：一是规制现场检查行为。当事人在场可以对检查人员的现场检查行为发挥全程监督作用，有效督促检查人员依法定职权、程序和方法实施检查；二是有利于现场检查顺利有效地进行。当事人在场方便检查人员随时了解、核实有关情况，方便现场财物的清点登记和强制措施的实施；三是方便证据确认。当事人在场可以即时确认现场收集的证据材料，保证现场所获证据的合法性。

当事人是组织的，法定代表（负责）人或委托代理人应当在场；当事人是个体经营者的，当事人本人或委托的代理人应当在场。当事人不在场或拒绝到场的，应当有见证人在场。见证人既可以是管段民警或街道、社区工作人员，也可以是具有民事权利能力和民事行为能力并有固定住所或职业的其他人员。

2.注重预防意外情况

现场检查过程中，相关或不相关人员的聚集容易形成围观、起哄等混乱现象，严重影响现场检查的正常进行，处理不当还可能引发意外事件，进而造成不良社会影响或后果。因此，必须从以下几个方面注意预防：

（1）思想上高度重视

检查人员对现场检查过程中可能遇到的各种困难既要事前有所分析预判，更要思想上高度重视；既要有敢于面对的勇气和胆识，更要有应对困难的策略和办法。

（2）外围调查要细致

为了有针对性地预防闲杂人员聚集、围观、起哄等意外情况的发生，重大案件现场检查前应当通过外围调查充分了解和掌握下列情况：一是违法现场所在地的经济社会发展状况；二是违法现场所在地的民情和社情；三是当事人在当地的政治、经济、社会地位和影响；四是违法行为和违法场所与周边群众有无利害关系，如果有的话是何种利害关系（如劳务合同关系或场地租赁关系等）。必要时应当与当地基层政府或公安机关取得联系，向他们了解有关情况并听取建议和意见，以便取得他们的理解、支持或协调配合。

（3）预防措施要得当

对可能发生意外情况的违法现场（如在闹市区、当事人在当地享有较高经济社会地位、务工人员大多是当地居民或农民、当事人与当地农民是场地租赁关系、现场存放大量现金等）实施检查时，应当采取下列预防措施：一是安排专门人员组成意外情况处置小组，负责监控和处置意外情况；二是设置警戒线，谢绝闲杂人员进入现场，并及时劝离围观人员，防止由少到多形成聚集；三是缩短现场检查时间。在保证完成现场检查任务的前提下，缩短现场检查时间是预防闲杂人员聚集的有效措施之一，现场时间越短，闲杂人员聚集的机会和可能性就越小。

（4）现场处置要谨慎

一旦发生闲杂人员聚集、围观和起哄等意外情况时，检查人员特别是现场负责人要保持清醒、冷静的头脑，既要勇敢面对，果断处置，更要注意政策和策略，做到稳妥处置。一是要密切关注围观人员的情绪变化和动向，对聚集围观的性质（如是否具有组织性）、意图和发展走向等基本情况及时做出判断；二是努力控制现场态势，为寻求解决办法和得到后方支援赢得时间；三是在可能的情况下，尽快与当地警方取得联系，请求警方帮助维持秩序；四是将意外情况和对意外情况的基本判断、处置建议及时向上级领导汇报，以便上级领导准确了解、判断现场情况和做出正确的决策结论；五是保证检查人员与围观人员不发生直接冲突，防止局面失控。必要时，应当暂停现场检查，等待上级指示和后方支援。

现场检查笔录

现场检查笔录，是指检查人员在现场检查时对现场原始状态、现场检查过程和结果所做的文字记录。现场检查笔录是固定现场原始状态、真实记录现场检查过程和结果的法定形式，具有非常重要的证据价值。因此，检查人员应当在思想上高度重视现场检查笔录的证据意义，行动上高度重视现场检查笔录的制作。制作现场检查笔录不仅是现场检查的一项重要任务，也是检查人员必须熟练掌握的一项专业技能。

1.现场检查笔录的结构和内容

现场检查笔录由首部、正文和尾部三大部分组成。

（1）首部

首部，是现场检查笔录的开始部分，主要记载下列内容：①当事人名称（姓名）、住址等基本情况；②违法现场的具体位置、周边环境等；③现场是否采取了保护措施，采取了什么保护措施；④检查人员进入现场的时间、检查开始时间和结束时间；⑤检查人员表明身份、告知当事人权利、义务的内容和具体情形；⑥检查人员和现场检查负责人的姓名；⑦其他相关情况，如天气、温度等。

（2）正文

正文是现场检查笔录的主体部分，主要记载下列内容：

①现场控制情况

检查人员进入现场后，首先应当对现场实施有效控制，为检查勘验创造方便。现场检查笔录应当将现场控制情况详细予以记录，如现场控制人员姓名与分工、控制进出通道和人、财、物的具体情况。

②现场原始状态

对现场原始状态的记录可以概括为两个层次：一是基本情况。如办公区、生产加工区、营业区、仓储区、生活区各自在现场的位置和布局；现场物品、大型生产经营设备、工具所处的位置、名称、数量等和室内财物、设施的位置、名称、数量等具体情况；涉案人员姓名、人数和所在位置或分布情况等。二是原始态势。对现场原始状态的记录不仅应当是原始的，而且必须是全面细致的。如下面这段文字对现场原始态势的描述非常客观翔实："生产区有两台白酒灌装设备，一台正常运转，一台停机；库房门前停放一辆装满酒类包装物的东风货车，四名工人正在卸货；经理办公桌正中有一份当事人与某某公司订立的原料供应合同，并翻过去两页；办公桌上的台历翻到当日，即××××年××月××日，并记录有下列内容：'下午为某某公司送酒10件'……"

③现场人员和物品记录

固定现场原始状态后，对现场人员、财物应当及时清点登记，但现场人员和财物登记表不能代替现场检查笔录对现场人员和财物基本情况的记录。现场检查笔录对现场人员和财物可以概括记录，但应当将现场人员和财物登记表作为附件。

④检查勘验情况

检查勘验情况是现场检查笔录主体部分的重点内容，主要包括下列几个方面：a.检查勘验人员的姓名和分工；b.检查勘验的内容、顺序和过程；c.勘验采取的方法、措施和技术手段；d.检查勘验结果；等等。

⑤证据材料和线索收集情况

记录证据材料的收集情况有助于证明证据材料的合法来源或出处，记录证据线索收集情况可以为证据调查提供帮助。证据材料和线索收集情况主要应当记载下列内容：a.已取得证据材料和线索的名称、种类和数量等；b.发现、提取证据材料和线索的具体情形；c.证据提供人提供证据材料或线索的具体情形；d.现场抽取的样品和抽样的具体情形；e.涉案人员接受询问的情况；f.现场采取的证据保全措施，等等。

⑥强制措施的实施情况

现场检查过程采取的证据登记保存、查封或查扣涉案财物等强制措施是制止违法行为和保全证据的重要方法和手段，现场检查笔录应当详细予以记录。

⑦存在的疑问

存在的疑问，是指经现场检查仍然无法解释或回答的与违法行为有关的问题。详细、准确记录疑问的目的，是为了有利于案情的分析和确定下一步证据调查的范围、方向和思路。

（3）尾部

尾部内容大多属于证据要件的范畴，直接关系到现场检查笔录的证据效力问题，必须齐全、完整。尾部主要包括下列内容：

①当事人签署的审阅意见和签名或盖章。当事人审阅和签名或盖章是现场检查笔录的法定要件，制作完成后必须由当事人审阅核对，并签署“已审阅，共××页，内容属实”的字样和签名或盖章。

②当事人拒绝签名或盖章的，有见证人在场的，应当由见证人审阅和签名或盖章；没有见证人的，应当详细注明当事人拒绝签名或盖章的理由和具体情形。

③检查人员签名；

④制作日期等。

2.现场检查笔录的制作要求

（1）客观真实

客观真实既是现场检查笔录的最本质特征，也是现场检查笔录具有证据价值的重要因素之一，因此，记录人员必须注意把握以下两点：一是实事求是。检查人员既不能将查明案件事实的全部希望寄托于现场检查，也不能将现场检查看作是可有可无的程序过程，要实事求是，手下无情，笔下有法，一是一，二是二，不掺杂任何个人意志，心平气和地检查和记录。二是记录顺序应当与检查勘验顺序相一致。顺序一致不仅有利于记录，更有助于增强现场检查笔录的客观性。

（2）准确全面

准确全面是对现场检查笔录内容的深度和精度要求，如对涉案物品价款的记录要具体到单价元、角、分和总价款元、角、分，凡凭经验判断得出结论的，应当说明经验判断的根据和理由等。当然，现场检查笔录的准确全面程度，是建立在现场检查的详细具体程度之上的，只有现场检查详细具体了，现场检查笔录才能做到准确全面。

（3）不加评论

为了强化现场检查笔录的证据作用，现场检查笔录的用语必须专业化和中性化，不应当带有感情色彩，更不得使用评论性、结论性语言。

（4）注重辅助手段的运用

制作现场检查笔录的辅助手段包括制作图表、拍照和录音录像等。图表、照片、录音录像资料具有直观、真实记录现场原始状态和现场检查过程，再现现场音像信息的功能，有条件和可能的，应当在文字记录的基础上制作图表、拍照和录音录像。

（6）把握“现场”与“检查”两个重点

现场，是要求制作人员必须注重现场检查笔录内容的即时性和客观性；检查，是要求制作人员必须注重记录检查勘验和证据收集的具体情形。

询问调查

询问调查，是指调查人员通过与调查对象的问答式谈话收集言辞证据的证据调查行为。调查人员应被称为询问人，调查对象应被称为被询问人或询问对象。询问调查的作用或意义主要有以下几个方面：一是收集言辞证据。询问调查是收集言辞证据的基本方法和手段，询问对象可以就自己亲历或了解的与违法行为有关的情况向调查人员陈述，调查人员通过制作询问笔录的方式取得言辞证据。二是核实证据。通过询问收集的言辞证据除本身具有独立的证据价值外，还可以核实鉴别其他证据的客观性。三是获取证据线索，因为询问对象的陈述内容有些具有证据价值，有些仅具有线索价值。四是为确定证据调查范围、方向和重点提供参考。询问调查获得的言辞证据或线索既可以帮助调查人员综合分析案情和评估案件调查进展情况，也有利于调整或确定下一步证据调查的范围、方向和重点，增强证据调查的针对性和有效性。

询问调查策略

询问调查策略，是指为促使询问对象如实回答问题，根据不同询问对象、内容等因素采取的不同询问思路、办法或对策的总称。询问调查策略是询问调查实践与调查人员探索思考相结合的结晶，有实用之效，无优劣之分。询问调查策略的运用不具有法律规定性，但不得违反法律法规的强制性规定，不得侵害调查对象和他人的合法权益。在此前提下，调查人员可以充分发挥自己的聪明才智，根据个案的具体情况因案而异、因人而异，大胆构思、创新和运用。询问调查策略不是一成不变的，可能一案一策，也可能一案多策，应当根据具体情况随机应变，灵活运用，不能生搬硬套和盲目效仿。下面简介几种实践中常用的询问调查策略：

1.循序渐进、各个击破

循序渐进、各个击破，是指当个案需要询问的涉案人员较多和需要通过询问解决的重点、难点问题较多时从易到难、逐一突破的询问策略。当涉案人员和需要通过询问解决的重点、难点问题较多时，既不能四面出击，也不能盲目出击，应当对涉案人员的个性特征、各自在违法行为实施过程中充当的角色或发挥的作用，以及重点、难点问题的症结之所在逐一认真分析研究，准确把握易难程度，合理安排突破顺序。在此基础上既可以选择最容易突破的涉案人员或重点、难点问题先行突破，再扩大战果；也可以分组同时展开询问：一方面可以及时固定事态现状，防止因涉案人员串供而增加新的难点；另一方面，询问小组相互之间可以及时交流询问结果，利用已经取得的结果突破一点，各个击破。

2.正面出击、重点突破

正面出击、重点突破，是指单刀直入，直奔主题和重点，充分运用现有证据和强有力的语言攻势迫使询问对象如实陈述的策略。正面出击、重点突破策略具有在短时间内给予询问对象强烈的心理冲击和压力，压缩其编造谎言的空间，堵死其撒谎之路的优势，但也有容易暴露意图和出现僵局的劣势。正面出击、重点突破策略既适用于个体询问对象，也适用于个案询问调查的整体谋划。是否运用正面出击、重点突破策略应当根据询问对象的个性特点、案情和案件调查进展情况而定。一般情况下，正面出击、重点突破策略适用于初犯、胆小怕事、情节和危害后果轻微的当事人，或主要案件事实已经清楚，重点事项或证据需要通过询问调查查证核实的情形。运用正面出击、重点突破策略既需要调查人员事前认真研究其可行性并做好应对各种意外情况的准备，又要求提问一针见血，击中要害，不给询问对象回避和狡辩的余地。

3.虚实结合、迂回包抄

虚实结合、迂回包抄，是指提问有虚有实，虚实结合，以虚击实的策略。虚实结合、迂回包抄策略运用得当，容易让询问对象产生错觉，使其难以判断调查人员对违法行为有关情况的了解程度，或认为询问内容与违法行为关系不大等。这种错觉能够在一定程度上转移询问对象的注意力，减少其防范、戒备心理和回答问题的顾虑，从而提高其陈述内容的客观真实性。调查人员可以充分利用询问对象的错觉，通过一系列虚虚实实的提问，逐渐查清与违法行为有关的外围问题，全面封堵询问对象编造谎言、虚假陈述的余地或退路，最后迫使其如实陈述事实真相。虚实结合、迂回包抄策略类似于“温水煮蛙”，从虚到实，从外围到核心迂回包抄，当涉及关键问题时询问对象的回旋余地已经不大，想编造谎言也就难以自圆其说了。

4.说服教育、攻心为上

我国古代就有攻心策略的大量记载，如“攻心为上，攻城为下”，“夺城先夺人，夺人先夺心”，等。询问调查理应动之以情，晓之以理，明以利害，使询问对象了解法律规定，认识其违法行为已经或可能给国家、社会、他人和自身长期利益造成的不利后果，以及法网恢恢，疏而不漏，任何人只要实施了违法行为，就必须承担法律责任的道理，从而动摇、瓦解其侥幸和抗拒心理。从严格意义上讲，宣传法律，说服教育是调查人员在案件调查过程中应当履行的法定义务，是惩罚与教育相结合原则在证据调查活动中的具体体现，因此，说服教育、攻心为上适用于所有询问对象，但效果因人而异、因案而异。

询问调查方法

询问调查方法，是指询问调查时提问和语言运用的技术或技巧。询问调查方法与询问调查策略不是同一个层次的问题。询问调查策略是战略层面的问题，是对个案询问调查的整体谋划和布局，贯穿于个案询问调查全过程并发挥统领和指导作用；而询问调查方法是战术层面的问题，是提问技巧、语言艺术和矛盾利用技巧在询问调查中的运用。询问调查是一种特殊的语言交流艺术，看似简单一致，实则各不相同，每一次询问和对每一个询问对象的询问都是新的课题，因为没有两个询问对象或两次询问的具体情况是完全一样的。下面简介几种实践中常用的询问方法：

1.巧妙提问

询问，是调查人员与询问对象之间谈话交流的艺术，要想取得理想效果，就必须研究和探索提问艺术，使提问既有策略性和技巧性，又有针对性和实用性。常见的提问技巧如声东击西、开门见山、穷追猛打等。

声东击西的字面意义，是声言击东，其实击西，示形于东而击于西。为了减轻或消除询问对象的紧张戒备心理或抵触情绪，提问不直接触及重要、敏感事项，而从外围、一般或次要事项谈起，使询问对象在不清楚调查人员真实意图的情况下不经意间进入常态陈述。调查人员应当不急不躁，给其足够的陈述时间。当其陈述涉及重要、敏感事项时，应当认真听取和记录，既不喜形于色，更不急于追问，以免引起询问对象的警觉而影响陈述进程或思路，待其对某一问题陈述完毕之后再提问。

调查人员声东击西的提问和沉稳持重的心态，使询问对象既难以判断调查人员最想知道什么，也难以判断什么问题对行政处罚结果具有重要影响，因此，也就难以取舍陈述内容，只能根据自己的认知陈述。只要全面准确地记录陈述内容，案件事实通常就体现在笔录记载的细节之中了。如果提问直接涉及重要、敏感事项，询问对象即刻明白调查人员最想知道什么，而调查人员最想知道的问题必然对行政处罚结果具有重要影响。

这种情况下询问对象的戒备、抵触心理就会加剧，询问调查就难以收到好的效果。

开门见山又可以分为启发式和揭发式两种，应当根据不同案情、不同询问对象和内容灵活运用。对相对诚实和配合调查的，可以启发式开门见山，提问应当简单直白，语言真挚热情和关心体贴，引导其相信法律和执法机关的公正性，如实陈述客观事实，以便执法机关尽快查明案件事实和了结案件；对态度蛮横、狡辩或抵赖心理较强的询问对象，应当揭发式开门见山，抓住要害，一针见血，不给其留有编造谎言的余地。当询问对象的陈述或申辩内容出现矛盾或漏洞时，应当抓住不放，充分运用现有证据和逻辑推理揭发其陈述或申辩中的狡辩或谎言，使其难以自圆其说，逼其如实陈述。

穷追猛打，是指当询问对象的陈述触及核心问题时抓住不放，连续出击，一问到底，不给其重新整理思路、寻找对策的时间和机会。穷追猛打的前提是调查人员对案情和需要通过询问解决的重点、难点问题心中有数，并具有较强的职业敏锐性，能够从片言只语中捕捉到涉及重点、难点的信息。实践中可以穷追猛打的机会较多，但多数情况下由于调查人员对案情和需要通过询问解决的重点、难点问题把握不准，或因职业敏锐性不强而未能抓住。

2.巧用语言

语言，是询问调查的主要工具，看似一问一答，形式简单，但内涵却极为丰富。因此，面对同一询问对象和内容，不同的调查人员可以演绎出不同的询问过程和结果，有的皆大欢喜，有的不欢而散。此中原因虽然多种多样，但语言运用技巧肯定是原因之一。询问调查常用的技巧性语言主要有婉转语言、刺激语言、模糊语言和精确语言等。

婉转，是委婉缠绵的意思，即不直接表明真实意思或本意，而采用暗示或烘托类语言表达本意。调查人员要尊重询问对象，要顾及询问对象的自尊心理、戒备心理和怀疑心理等因素，委婉含蓄的语言既可以满足其心理需要，也容易营造出缓和、融洽的谈话氛围，能够在一定程度上缓解或减少询问对象的顾虑。

刺激，与“反应”相对，在生理学和心理学上，将刺激物作用于有机体并引起其反应的现象叫刺激。刺激语言，是指对人的心理状态能够产生激烈冲击效果的语言。刺激语言通常适用于性格外向、豪爽、仗义的询问对象。这类询问对象非常看重自己在“业内”或朋友中“豪爽仗义、敢于担当”的名声，使用刺激语言往往能对其心境产生强烈的冲击作用，使其心理状态即刻进入到一种激动亢奋状态，为了维护自己“敢于担当”的名声通常会如实陈述案件事实。当然，刺激语言可能产生两种结果，要么使询问对象暂时抛弃其他顾虑而如实陈述，要么反而强化了其抵触、防范心理而更不愿意如实陈述。因此，调查人员事前应当认真研究询问对象的个性特征等具体情况，恰到好处地运用刺激语言。

模糊，是不清楚、不明确的意思。模糊语言，是指主旨或主题不清楚、不明确的语言。模糊语言通常适用于案情重大复杂，或违法行为持续时间长，危害后果严重等大、要案件的当事人和重要证人。使用模糊语言的目的，是不让询问对象立刻明白调查人员所提问题的真实意图或具体指向，使其思维进入到一种无所适从的混乱状态。当询问对象的思维处于无所适从的混乱状态时，其陈述内容通常比较混乱或漏洞百出，从而为调查人员掌握事实真相创造条件和机会。当然，语言模糊不等于言之无物，调查人员提出的问题必须意有所指。

精确，是明确、准确的意思。精确语言，是指意思明确的语言。精确语言一方面给询问对象的强烈感觉是调查人员对案件事实心中有数、胸有成竹，另一方面能够有效挤压询问对象狡辩、撒谎等虚假陈述的空间。使用精确语言提出问题时，对问题的表述必须具体、肯定和准确，且有证据予以证明，经得起询问对象的申辩和反驳。如：请你将2007年8月10日9时到18时，贵公司给××路××号××栋住宅楼180户住户安装天然气炉具的情况详细叙述一遍。上述提问时间、地址和户数具体、肯定和准确，询问对象只能直接回答问题，没有东拉西扯的余地。

3.巧用证据

巧用证据，是指利用证据运用技巧取得理想询问效果的询问方法。在询问调查过程中，选择适当时机对症下药地运用已经取得的证据能够有效揭穿询问对象编造的谎言，击碎其拒绝、抵触调查的心理防线，从而收到理想的询问效果。巧用证据的“巧”主要指证据和出示证据时机的选择。询问过程选用的证据必须是铁证，且调查人员必须准确把握证据作用和证据与待证事实之间的关系。只有这样，选用证据才不可能被询问对象质疑，调查人员对证据的说明才可能准确、全面和无懈可击。出证时机的选择不能一概而论，应当具体情况具体对待，但下列情况应当是可供选择的时机，如询问对象心理没有防备、思想认识动摇、存有侥幸过关心理、故意狡辩抵赖、供后翻供顽抗之时，等等。在上述情况下，出其不意地出示证据，可能产生较为理想的效果，但必须注意以下两个问题：

一是选用证据真实可靠，万无一失。询问调查过程出示的证据必须经过调查核实且真实可靠、万无一失，否则，会被询问对象轻易反驳并推翻，反而增强其狡辩、顽抗的信心，调查人员则会变主动为被动，增加询问调查的难度。

二是以小证换大证。询问调查中出示证据的目的是抛砖引玉，获取更多、更重要的证据，因此，只能以证明价值小的证据，换取证明价值大的证据，绝不能以大证换小证。

4.巧用矛盾

矛盾，是任何事物普遍存在的运动规律，合理利用矛盾，是促进事物发展或相互转化的重要法则。询问调查可以利用的矛盾主要有以下几种：

（1）心理矛盾

询问对象在接受询问时存在心理矛盾是必然的，原因主要有两个：一是对其行为是否构成违法心中无数。由于多数询问对象法律知识有限，对自身行为法律属性的认识和评判能力不足，通常对自己的行为是否构成违法心存矛盾。二是是否如实陈述心中无数。询问对象为了维护既得利益，既有侥幸过关的心理，又鉴于违法行为给国家、社会和他人造成了危害，存在不如实陈述可能受到重罚，严重时还会受到社会舆论和道德的谴责，使自身生存空间越来越小的心理。询问对象的矛盾心理既是客观的，也是可以转化的，只要善于发现和利用，并根据其文化水平、个性特征及其与违法行为之间的关系等因素，有针对性地说服教育，可以使其矛盾心理向配合询问的方向转化。

（2）询问对象相互之间的矛盾

重要涉案人员都是询问调查的对象，为了应对执法机关的调查，他们会共同商量对策，订立攻守同盟。但由于他们在违法行为实施过程充当的角色、发挥的作用、与违法行为之间的利害关系以及应当承担的法律责任不同，对待调查的态度也会不同，且案件调查的不断深入通常会促使他们对违法行为的原有认识和相互之间原有的信任基础产生动摇，有的可能会选择合作，有的可能会选择不合作。不同的思想认识和态度决定了他们接受询问时会各说各话，陈述内容真假程度不一甚至相互矛盾，从而为调查人员发现、利用矛盾提供机会和可能。只要善于发现和利用这种矛盾，就可以进一步动摇和瓦解他们之间原有的信任基础，“我不说，别人会说”的心态就会占上风，如实陈述案件事实的可能性就会增大。

（3）前后陈述之间的矛盾

为了搜集证据或核实证据材料，有时需要对同一询问对象进行多次询问。随着案件调查的深入和案件事实逐渐被查明，询问对象对违法行为的认识也会发生变化，并将这种变化反映在前后陈述内容之中，使其前后陈述的内容出现矛盾。调查人员要善于通过对询问对象前后陈述内容的分析研究，发现和利用矛盾，使询问对象陷入自我矛盾之中难以自圆其说，迫使其如实陈述案件事实。

（4）陈述内容与其他证据之间的矛盾

当事人、证人和受害人的陈述内容能够证明的案件事实应当与实物证据能够证明的案件事实基本一致，不能相互矛盾，否则，说明其中存在虚假证据。鉴于此，询问之前调查人员应当对已经获得的实物证据认真细致地分析研究，熟悉和把握实物证据的证明价值和作用。询问过程不仅要认真听取询问对象的陈述和申辩，而且，要注意将其陈述内容与实物证据比对分析，以便发现和利用矛盾。在实物证据被核实确认的情况下，询问对象的陈述内容表明的案件事实与实物证据证明的案件事实不一致时，说明询问对象的陈述内容是虚假的。

询问调查的准备

1.确定询问人员

询问调查应当根据案情和询问对象的具体情况，选择确定两名以上职业能力和应变能力强、心理素质好和办案经验丰富的调查人员承担询问调查任务。被指定的调查人员应当根据各自的特点分别承担询问和记录任务。

2.熟悉案情和现有证据

为了增强询问调查的针对性和有效性，调查人员事前应当认真研究、熟悉案情和现有证据，准确地把握现有证据的证据价值以及对询问调查的辅助作用或意义。

3.确定询问内容

准确确定询问内容是询问调查能够取得理想效果的前提，询问内容不确定时不能盲目询问，盲目询问不仅难以取得预期效果，还可能错失取证良机，给案件调查处理造成意外困难。因此，询问人员应当在熟悉案情的基础上，根据案情和实际需要确定询问内容和重点、难点，避免问到哪儿算哪儿，提问得不少，但有价值的提问不多等现象。询问内容因案情和案件调查进展情况的不同而不同，不能一概而论，但归纳起来通常有以下两部分：

（1）常规内容

①询问对象和当事人的基本情况。当询问对象不是当事人时，不仅对询问对象的姓名、年龄、文化程度、职业、居住地及其在违法行为实施过程中充当的角色和发挥的作用等基本情况要核实清楚，而且，应当了解核实当事人的基本情况，以增强询问调查的针对性。

②违法行为的基本情况。如违法行为发生时间、发生地、违法主体和是否接受过其他执法机关的调查处理等。

③违法行为的实施过程和具体情况。违法行为实施过程包括准备情况、持续时间、重要违法事实发生的先后顺序，等等；违法行为的具体情况主要包括违法事实、情节、危害后果和当事人实施违法行为时的主观动机，等等。

④实施违法行为的方法与手段。方法与手段是认定违法行为性质、情节的重要依据，是必须查明的重要事项。当事人实施违法行为的方法与手段是客观存在的，但只有通过证据使客观事实转化为案件事实，才能对认定案件性质和情节发挥作用。实践中通常能够取得证明方法与手段的实物证据，但与实物证据静态、间接和不全面的证明特征相比，言辞证据具有动态、直接和全面的特征，对方法与手段的证明或描述更准确、清楚和全面。

（2）非常规内容

非常规内容取决于个案的特殊性和案件调查的进展情况，应当根据个案的特殊性和案件调查的进展情况确定。

4.确定和熟悉询问对象

询问对象与询问内容之间具有关联性和互动性，既可能由询问对象决定询问内容，也可能由询问内容决定询问对象，但通常应当根据需要解决的问题确定询问内容，再根据询问内容和待选对象的年龄、文化程度以及对违法行为基本情况的了解程度等因素确定询问对象。当事人和受害人是必须询问的对象，没有选择的余地；其他涉案人员和知情人是选择询问的对象，应当根据询问内容等因素选择确定。询问对象的选择既要有利于查明案件事实，又要符合效率原则，因为询问对象的多少与询问结果的好坏不必然成正比，询问对象越多，需要付出的时间和精力就越多，执法成本就会越高。

询问对象确定之后，调查人员必须研究和熟悉询问对象的基本情况、性格特征、社会阅历、文化知识和法律意识等。孙子兵法云："知己知彼，百战不殆。"只有熟悉了询问对象，才能"对症下药"，采取有针对性的询问策略和方法。

5.熟悉法律规定

询问调查前，询问人员必须熟悉两个方面的法律规定：一是程序规定。熟悉并严格遵守法定程序，是询问调查结果合法有效的前提，否则，无论询问结果多么客观真实，都不具有证据效力。二是实体规定。熟悉实体规定的目的，有利于依法、即时地对询问对象陈述内容的证据意义做出基本判断。

6.了解询问内容涉及的专业知识和术语

了解询问内容涉及的专业知识和术语的必要性体现在以下几个方面：一是有利于询问人员与询问对象之间的有效沟通；二是提高询问人员表述专业问题的准确性，方便询问对象理解与回答；三是有利于询问人员对询问对象陈述内容涉及的专业问题及时做出正确判断。

7.确定询问策略

询问策略是针对不同的询问对象采取不同的询问调查思路和对策，对确定询问方法和技巧，制订询问计划和提纲具有重要的指导意义。因此，询问人员应当高度重视询问策略的确定，并根据询问对象和询问内容等因素确定询问策略。

8.制订询问计划

询问计划，是对个案询问调查所做的整体安排或布局。为了使询问调查有目的、有计划地推进，应当依据询问调查策略并结合案情和实际需要制订询问计划。通过询问计划对询问目的、任务、内容、重点和难点、询问方法、技巧和可能遇到的困难、问题，以及应对办法和措施做出具体安排。制订询问计划属于战术层面的问题，应当高度重视，决不能在没有计划或心中无数的情况下轻率出击，摸着石头过河。否则，可能导致所提问题既没有明确的目的和指向，也缺少顺序性、逻辑性和严谨性，不仅让记录人员难以记录，还可能给询问对象漫无边际的狡辩提供机会。当然，案情、询问对象和询问内容的复杂性，以及询问调查的动态性，要求询问人员在询问过程中不能死守计划，应当适时调整计划和应变各种新情况、新问题。

9.拟定询问提纲

询问提纲，是根据询问策略、内容和重点、难点拟定的提问顺序和表述要点。询问提纲主要应当解决好以下几个问题：一是根据询问目的和任务将询问内容细化为一个个的具体问题，并明确每一个问题的表述要点，进一步解决好“问什么”的问题；二是根据询问策略和事物发展的客观规律确定提出问题的顺序，解决好“先问什么，后问什么”的问题；三是根据询问策略和询问对象的个体特征确定提出重点、难点问题的方法和技巧，解决好“如何问”的问题。

询问提纲的设计越科学合理，询问调查可能就越顺利，结果就会越理想。当然，无论询问提纲多么科学合理，毕竟是依据事前判断拟定的，只能作为提问时的参考，不能生搬硬套，照本宣科，应当根据具体情况善于变通，灵活应对。

询问调查程序

1.表明身份

表明身份，是指询问人员运用法定标志和方法，主动向询问对象表明身份和职权的程序制度。表明身份既是询问人员必须履行的法定程序和义务，也是询问结果具有法律效力和证据价值的程序保证，更是询问对象履行接受、配合调查义务的法定前提，因此，询问人员必须主动向询问对象出示合法有效的资格证件，并以口头形式将资格证件的内容告知询问对象，以表明自己具有合法身份和职权。

2.告知权利和义务

告知权利和义务，是指询问人员在表明身份之后，提出问题之前，告知询问对象在接受询问时依法享有权利和承担义务的程序制度。询问对象在接受询问时依法既享有陈述和申辩的权利，又承担接受、配合询问，如实陈述并对自己的陈述内容承担法律责任的义务。告知权利和义务是询问人员必须履行的法定程序和义务，无论询问对象是否知道上述权利和义务，都应当履行告知程序。

3.提出问题

提问看似简单，实则包含很多玄机和技巧，同样的问题，提问的顺序、语言、语气和技巧不同，结果也会不同。因此，提问时必须注意以下几点：一是提问顺序要符合客观事物发生、发展的规律和人类思维规律，以方便询问对象思考和陈述，不能东一榔头，西一棒子。二是循序渐进，由浅入深，环环相扣，所提问题相互之间应当有某种内在、必然的逻辑联系和互证作用。三是抓住重点。重点问题既可能是询问人员提出的，也可能是询问对象陈述的，但无论是询问人员提出的还是询问对象陈述的，重点话题一经出现，必须不动声色地抓住不放，追根溯源，一问到底。四是集中精力。询问人员不仅要合理、准确地提出问题，还要在认真听取陈述的同时，集中精力察言观色，思考归纳，综合各种信息判断和把握询问对象陈述内容的客观真实性，为提出下一个问题做准备。

4.询问对象陈述

每提出一个问题，都应当给予询问对象充分的思考和陈述时间。对询问对象的思考和陈述要有足够的耐心，不能有任何不耐烦的情形，也不轻易打断其陈述，以保证询问对象思考和陈述的连续性。

5.排除疑问

从一定意义上讲，案件调查过程就是发现和排除疑问的过程，疑问全部排除之后，案件事实也就清楚了，调查过程也就完成了。需要通过询问排除的疑问，有的是询问之前存在的，有的是询问过程中发现的。对询问之前已经存在的应当设计在询问提纲中，对询问过程中发现的应当及时、准确地记录，待询问对象陈述结束之后，再要求询问对象解释和说明。

询问过程中发现的疑问，既有可能是询问对象未表述清楚形成的，也有可能是询问对象有意不表述清楚形成的。未表述清楚形成的疑问经询问人员提出后，询问对象通常能够如实解释和说明；有意不表述清楚形成的疑问通常是认定案件事实的重点问题，询问人员提出后询问对象可能仍不愿清楚地说明。对此应采取下列措施：一是教育引导，向询问对象重申其有如实陈述的法定义务，否则，将承担不利的法律后果。二是出示与疑问有关的证据，要求询问对象对证据做出解释和说明，有可能排除疑问。三是对抵赖狡辩的，要求其出示证据，以证明其狡辩理由成立；对不能出示证据的，可以通过说服教育和充分利用现有证据推翻其抵赖、狡辩的理由，打消其蒙混过关的企图。四是有备选答案但需要询问对象确认的，可直接说出备选答案，只要求其回答“是”或“不是”即可。

询问调查的注意事项

1.询问调查必须个别进行

无论对当事人、其他涉案人员、受害人还是证人都应当个别询问。要求个别询问的意义有以下几点：一是尊重询问对象。接受询问调查说明询问对象与违法行为有某种联系，而询问对象都不希望他人知道自己与违法行为有联系，更不希望他人知道自己接受执法机关询问的事实。这种心态虽然上升不到法律保护的层面，但有权利受到理解和尊重。二是有利于维护询问对象的合法权益。如果对两名以上询问对象共同进行询问，相互之间会知晓对方的陈述内容，特定情况下可能给询问对象造成不利后果。这种情形必然增加询问对象的顾虑和心理压力，不利于其如实陈述。三是有利于保密。询问对象的陈述内容有时可能涉及当事人隐私和商业秘密，只有个别询问，才有利于保守询问内容涉及的秘密事项。

2.注重询问场所的选择

询问场所对询问对象能否如实陈述有时也会产生一些影响，因此，询问场所的选择首先应当方便询问对象，让询问对象在宽松和不受或少受外界影响的情况下接受询问。对当事人、其他涉案人员和受害人的询问既可以选择执法机关的办公场所，也可以选择当事人、其他涉案人员或受害人认为方便的场所。证人虽然依法有作证的义务，但证人没有必须到执法机关办公场所接受询问的义务，到执法机关接受询问会使证人心理上产生一定的顾虑，这种顾虑可能影响其陈述内容的客观性，而且，接受询问本身可能影响证人的正常工作、学习和生活。因此，应当选择方便证人、减少证人顾虑和对其工作、学习影响较小的场所询问。

3.不能诱导性提问

诱导性提问与将已经查明的案件事实直接提出，要求询问对象回答“是”或“不是”是两个不同的概念。后者提出的是已被证据证明的案件事实，让询问对象回答“是”或“不是”的目的是为了核实或确认，而前者提出的问题不是已被证据证明的案件事实，而是询问人员根据案情、案件调查的实际需要提出的有利于执法机关的问题，有诱导询问对象按照询问人员的意图回答问题之嫌。实践中，有些询问人员没有准确把握询问调查的本质特征，对询问对象条理不清、逻辑性不强的陈述没有耐心倾听，于是，要么根据案情、案件调查的实际需要提出有利于执法机关的问题，要么对询问对象的陈述内容加工整理，再根据自己的需要或意图提出问题，要求询问对象回答“是”或“不是”，从而构成诱导性提问。

4.记录人员要注意配合

记录人员在做好记录的同时要充分发挥协助配合作用。一是要仔细观察询问对象的肢体语言和情绪变化，准确判断和把握询问对象陈述内容中的疑点或矛盾，并及时与提问人员交换意见，帮助提问人员牢牢地把握询问调查的主动权；二是为强化提问人员的观点和完善对问题的表述，在不打乱提问人员思路的前提下应当适时地补充提问。

询问笔录

询问笔录，是指由询问人员制作的实录询问调查过程和内容并由询问对象核实确认的文字材料。它是行政处罚案件不可缺少的证据之一。

1.询问笔录的结构和内容

询问笔录的结构和内容与现场检查笔录大同小异，也由首部、正文和尾部三部分组成。

（1）首部

首部，是指询问笔录首页记载的内容。询问笔录的首页通常使用制式文书，主要有以下两部分内容：

①询问对象的基本情况

询问对象的基本情况包括姓名、年龄、职业、身份等。如果询问对象是当事人时，还应当包括其登记注册和生产经营状况，是否有前科，等等。其中要特别注意下列几项内容的核实与记录：

首先，询问对象的姓名。准确记录询问对象的姓名具有以下法律意义：一是姓名权受法律保护，准确地记录姓名是对询问对象姓名权的尊重和维护；二是姓名涉及身份认定，准确地记录姓名有利于分析判断其在违法行为实施过程中充当的角色和发挥的作用；三是姓名涉及违法主体的认定，记录不准确可能导致主体认定的错误。

其次，询问对象的年龄。《行政处罚法》第二十五条规定："不满十四周岁的人有违法行为的，不予行政处罚，责令监护人加以管教；已满十四周岁不满十八周岁的人有违法行为的，从轻或者减轻行政处罚。"从这一规定可以看出，年龄不仅涉及询问笔录的证据效力问题，当询问对象是当事人时更涉及责任主体的认定问题。

最后，询问对象的登记注册情况。登记注册情况涉及当事人行为能力的大小，应当认真核实，准确记录。登记注册情况主要包括是否领取了营业执照，需要行业许可的是否取得许可文件，证、照的有效期限和证、照是否年检，等等。

2）询问调查的基本情况

询问调查的基本情况包括三部分：一是询问时间、地点和询问人员的姓名。二是询问人员表明身份和告知询问对象权利义务的情形。三是回避的情形。询问对象申请询问人员回避的，询问笔录应当将回避申请的提出和回避事项的处理情况详细予以记录；询问对象未申请回避的，询问笔录应当注明"询问对象未提出回避申请"等字样。

（2）正文

正文是对询问内容的记录，归纳起来主要包括以下三个方面：

一是提问与陈述、申辩内容。为了增强询问笔录的证据价值，必须完整、准确地记录询问人员的提问内容和询问对象的陈述、申辩内容。能记录原话的应当记录原话，记录原话有困难时，应当记录原意。对重要内容来不及记录的，应当请提问人员或询问对象放慢语速或复述。必要时可以制作录音录像资料作以补充、完善和佐证询问笔录的内容。

二是质证内容。为了核实确认证据或拆穿询问对象的虚假陈述，通常询问人员在询问过程中会出示已经取得的证据，由询问对象解释、说明和确认；询问对象有时也会出示证据，以证明其陈述申辩内容的真实性。无论双方出示证据的目的是什么，也不论双方对对方出示的证据是如何确认、说明和解释的，询问笔录都应当对出示证据的过程，以及确认、说明和解释的内容完整、准确地予以记录，不能有任何遗漏或省略。

三是询问对象的肢体语言、情绪及变化。肢体语言、情绪及变化是人的心理状态的直接反映，通过对询问对象肢体语言、情绪及变化情况的观察和分析，有助于准确判断其陈述内容的客观真实性。随着询问调查逐渐涉及实质问题，询问对象的心理状态会发生变化，并通过肢体语言和情绪变化表现出来，如突然起立又坐下、低头沉默、烦躁不安等，询问笔录应当详细记录。

（3）尾部

尾部内容大多属于证据要件的范畴，直接关系到询问笔录的证据效力，必须齐全、完整。主要包括两部分内容：一是确认记录；二是询问人员签名和制作日期。

2.询问笔录的确认

确认，是指询问对象审阅核实询问笔录并签名或盖章的情形。经询问对象确认，是询问笔录具有法律效力或证据价值的法定要件，未经确认的询问笔录没有任何证据意义。因此，询问结束后，应当将询问笔录交由询问对象审阅核实；询问对象没有阅读能力的，询问人员应当向其宣读询问笔录的内容。询问对象认为需要补漏、纠错或修改的，可以补漏、纠错和修改。询问对象经审阅核实认为内容完整准确的，应当签名或盖章（或按手印）确认；拒绝确认的，询问人员应当在询问笔录的最后一页注明其拒绝确认的情形和理由。

询问对象对询问笔录的确认方法如下：一是在最后一页的空白处注明“共N页。经本人核对，内容属实”字样；二是在每一页的空白处签名或盖章（或按手印）；三是在违法经营额、违法所得额等数据和补漏、纠错、修改过的地方盖章或按手印。

3.询问笔录的制作要求

（1）要件齐全

要件，是指询问笔录具备证据效力的法定条件。一是调查人员必须两人以上，且必须在询问笔录的首部记载询问人员的姓名。二是询问人员履行表明身份、告知询问对象权利义务等程序履行情况的详细记录。详细记录程序履行情况的目的，是将程序事实转化为程序证据，保证询问调查和询问笔录的合法性。三是确认记录必须完整、详细。

（2）内容客观、准确

客观，是指询问笔录对询问过程和内容的记录必须实事求是。记录人员必须客观公正、实事求是地记录询问过程和内容，既要记录对当事人不利的，更要记录对当事人有利的；既要记录有利于认定案件事实成立的，更要记录不利于认定案件事实成立的。是什么，就记什么，不得任意取舍、修改或变动。

准确，是指对询问调查过程和内容的记录“不走样”。特定情况下一个字、一句话或询问对象的一个表情、举止等对认定陈述内容的客观性都具有重要影响，因此，只有准确无误地实录询问过程和内容，才能客观真实地反映询问调查的具体情况和完整、准确地表述询问对象陈述的真实意思，保证询问笔录的证据价值。

（3）形式规范

形式规范是对询问笔录的外在要求：一是格式统一规范。二是要件合法规范。三是书写规范，卷面洁净，清晰美观。四是用语规范，必须使用法律语言和专业语言，要求语言流畅，文理通顺，表述准确，意思清楚；对方言、民族语言和习惯称谓应当先理解，不理解的应当要求询问对象详细地解释和说明，在理解的基础上记录原话，并加括号对原话予以解释和说明。

（4）不评判，不涂改

询问笔录只能实录询问调查过程和内容，不得录入肯定或否定等评判性文字，否则，将影响询问笔录的客观性并削弱其证据价值；询问笔录的证据价值不仅来源于齐全完善的形式要件，也来源于完整准确的内容要件，乱改、乱画、乱加注解或乱画线条、做记号都会严重弱化其客观性、严肃性和规范性，进而影响其证据价值。

（5）协调配合

提问与记录是完成询问调查任务的两个重要方面，虽由不同人员负责完成，但二者是一个不可分割的有机整体，需要双方讲究技巧、相互配合、密切协作。提问人员应当了解记录人员的文化程度和书写速度，以便合理地把握提问语速和进度，并适当引导、控制询问对象的语速，为记录人员创造方便。记录人员应当了解询问调查的主要目的和重点内容，为抓住关键词句打好基础。当询问对象语速较快，难以记录时，记录人员既可以提示其放慢语速，也可以根据询问目的和重点在笔录纸上留出适当空白，等询问对象陈述结束后再补充记录。

抽样检验

这里的抽样检验，是指工商行政管理部门在办案过程中，依据《行政处罚法》第三十七条第二款进行的抽样，对涉案商品的个案抽检，它既是调查取证的一种重要手段——抽样取证，又是获取定案的主要证据种类——鉴定结论。这种抽样检验一般发生在立案之后的案件调查阶段。它的程序及工作要求与流通领域商品质量抽查检验都是一样的，可依据《流通领域商品质量抽查检验办法》（国家工商行政管理总局令第61号）进行。

概念

抽样检验又称抽样检查，是指从批量为N的一批产品中随机抽取其中的一部分单位产品组成样本，然后对样本中的所有单位产品按产品质量特性逐个进行检验，根据样本的检验结果判断产品合格与否的过程。它与全面检验的不同之处在于，后者需对整批产品逐个进行检验，把其中的不合格品拣出来。抽样检验是根据产品样本的检验结果来推断整批产品的质量，如果推断结果认为该批产品符合国家产品标准或生产商明示的产品标准，就判定该批产品合格，采用抽样检验可以显著地节省工作量。在破坏性试验（如检验产品的寿命）以及散装产品（如矿产品、粮食）和连续产品（如棉布、电线）等检验中，都只能采用抽样检验。抽样检验是统计质量管理的一个组成部分。

方法

抽样的方法有以下三种：简单随机抽样、系统抽样和分层抽样。

1.简单随机抽样

简单随机抽样是指一批产品共有N件，其中任意N件产品都有同样的可能性被抽到，如抽奖时摇奖的方法就是一种简单的随机抽样。简单随机抽样时必须注意不能有意识地抽好的或差的，也不能为了方便只抽表面摆放的或容易抽到的。

2.系统抽样

系统抽样是指每隔一定时间或一定编号进行的，而每一次又是从一定时间间隔内生产出的产品或一段编号产品中任意抽取一个或几个样本的方法。这种方法主要用于无法知道总体的确切数量的场合，如每个班的确切产量，多见于流水生产线的产品抽样。

3.分层抽样

分层抽样是指针对不同类产品有不同的加工设备、不同的操作者、不同的操作方法时对其质量进行评估时的一种抽样方法。在质量管理过程中，逐批验收抽样检验方案是最常见的抽样方案。无论是在企业内还是在企业外，供求双方在进行交易时，对交付的产品验收时，多数情况下验收全数检验是不现实或者没有必要的，往往是抽样检验，以保证和确认产品的质量。抽样检验的具体做法通常是：从交验的每批产品中随机抽取预定样本容量的产品项目，对照标准逐个检验样本的各项指标和性能，并依据检验的结果判定该批产品是否合格。

检验标准

所谓检验标准，是指抽查的质量检验判定依据是被抽查产品的国家标准、行业标准、地方标准和国家有关规定，以及企业明示的企业标准或者质量承诺。主要分为三种情况：一是当企业明示的企业标准或者质量承诺中的安全、卫生等指标低于强制性国家标准、强制性行业标准、强制性地方标准或者国家有关规定时，以强制性国家标准、行业标准、地方标准或者国家有关规定作为质量判定依据。二是除强制性标准或者国家有关规定要求之外的指标，可以将企业明示采用的标准或者质量承诺作为质量判定依据。这里的质量承诺可以表示在产品的供销合同中，也可以表示在产品的包装、合格证、产品说明书或产品销售的价格牌、店堂告示和广告宣传中。三是没有相应强制性标准、企业明示的企业标准和质量承诺的，以相应的推荐性国家标准、行业标准作为质量判定依据。需要明确的是，抽查检验判定依据的标准必须是现行、有效的标准，凡是作废或尚未实施的标准，均不得作为检验判定的依据。

由于标准制定的层次不同，其效力也不同，所以《中华人民共和国标准化法》将标准划分为国家标准、行业标准、地方标准和企业标准等4个层次。各层次之间有一定的依从关系和内在联系，形成覆盖全国又层次分明的标准体系。

国家标准。对需要在全国范围内统一的技术要求，应当制定国家标准。国家标准由国务院标准化行政主管部门编制计划和组织草拟，统一审批、编号、发布。国家标准的代号为“GB”，是“国标”两个字汉语拼音的第一个字母“G”和“B”的组合。

行业标准。对没有国家标准又需要在全国某个行业范围内统一的技术要求，可以制定行业标准，作为对国家标准的补充，当相应的国家标准实施后，该行业标准应自行废止。行业标准由行业标准归口部门审批、编号、发布，实施统一管理。行业标准的归口部门及其所管理的行业标准范围，由国务院标准化行政主管部门审定，公布该行业的行业标准代号。

地方标准。对没有国家标准和行业标准而又需要在省、自治区、直辖市范围内统一的下列要求，可以制定地方标准：

（1）工业产品的安全、卫生要求；

（2）药品、兽药、食品卫生、环境保护、节约能源、种子等法律、法规规定的要求；

（3）其他法律、法规规定的要求。

地方标准由省、自治区、直辖市标准化行政主管部门统一编制计划、组织制定、审批、编号、发布。

企业标准。是对企业范围内需要协调、统一的技术要求、管理要求和工作要求所制定的标准。企业标准由企业制定，由企业法人代表或法人代表授权的主管领导批准、发布。企业产品标准应在发布后30日内向政府备案。

1998年，为适应某些领域标准快速发展和快速变化的需要，于规定的四级标准之外，增加一种“国家标准化指导性技术文件”，作为对国家标准的补充，其代号为“GB/Z”。符合下列情况之一的项目，可以制定指导性技术文件：

（1）技术尚在发展中，需要有相应的文件引导其发展，或具有标准化价值，尚不能制定为标准的项目；

（2）采用国际标准化组织、国际电工委员会及其他国际组织（包括区域性国际组织）的技术报告的项目。

指导性技术文件仅供使用者参考。

标准效力的不同决定了标准的不同属性，依据《中华人民共和国标准化法》的规定，国家标准、行业标准均可分为强制性和推荐性两种属性的标准。保障人体健康和人身、财产安全的标准和法律、行政法规规定强制执行的标准是强制性标准，其他标准是推荐性标准。省、自治区、直辖市标准化行政主管部门制定的工业产品安全、卫生要求的地方标准，在本地区内是强制性标准。

强制性标准是由法律规定必须遵照执行的标准。强制性标准以外的标准是推荐性标准，又叫非强制性标准。推荐性国家标准的代号为“GB/T”，强制性国家标准的代号为“GB”。行业标准中的推荐性标准也是在行业标准代号后加个“T”字，如“JB/T”即机械行业推荐性标准，不加“T”字即为强制性行业标准。

除了上述国内标准外，还有国际标准。国际标准是指国际标准化组织（ISO）、国际电工委员会（IEC）和国际电信联盟（ITU）制定的标准，以及国际标准化组织确认并公布的其他国际组织制定的标准。国际标准在世界范围内统一使用。目前，被国际标准化组织确认并公布的其他国际组织是：国际计量局（BIPM）、国际人造纤维标准化局（BISFA）、食品法典委员会（CAC）、时空系统咨询委员会（CCS-DS）、国际建筑研究实验与文献委员会（CIB）、国际照明委员会（CIE）、国际内燃机学会（CIMAC）、国际牙科联盟会（FDI）、国际信息与文献联合会（FID）、国际原子能机构（IAEA）、国际航空运输协会（IATA）、国际民航组织（ICAO）、国际谷类加工食品科学技术协会（ICC）、国际排灌研究委员会（ICID）、国际辐射防护委员会（ICRP）、国际辐射单位和测试委员会（ICRU）、国际制酪业联合会（IDF）、万围网工程特别工作组（IETF）、国际图书馆协会与学会联合会（IFTA）、国际有机农业运动联合会（IFOAM）、国际煤气工业联合会（IGU）、国际制冷学会（IIR）、国际劳工组织（ILO）、国际海底组织（IMO）、国际种子检验协会（ISTA）、国际电信联盟（ITU）、国际理论与应用化学联合会（IUPAC）、国际毛纺组织（IWTO）、国际动物流行病学局（OIE）、国际法制计量组织（OIML）、国际葡萄与葡萄酒局（OIV）、材料与结构研究实验所国际联合会（RILEM）、贸易信息交流促进委员会（TarFIX）、国际铁路联盟（UIC）、经营交易和运输程序和实施促进中心（UNICEFACT）、联合国教科文组织（UNESCO）、国际海关组织（WCO）、国际卫生组织（WHO）、世界知识产权组织（WIPO）、世界气象组织（WMO）。

检验报告知识

产品质量检验报告是由独立于生产商或销售商、工商行政管理机关的第三方专业检验机构完成的。第三方专业检验机构是依法具有检验鉴定资质的独立的、有资格向社会出具公正数据（检验报告）的机构。生产商或销售商对自己经营的产品所做的质量表示，由于利益相关，向社会出具数据的公正性有可能受到质疑；工商行政管理机关一方面不具有检验鉴定的能力，另一方面为保证执法的公正性也不宜自己来检验鉴定，因此，对抽样检查的商品必须委托有检验鉴定资质的第三方机构来完成。

检验鉴定机构对鉴定的意见以检验报告的形式表现。打开检验报告，第一页也称首页的信息量最多，也最重要，上面罗列产品名称、规格型号、生产厂家、制造日期等是检验报告的基本信息。在审阅检验报告时必须注意以下重要信息：

检验性质——监督检验和委托检验：

监督检验是国家有关部门下达的质量抽查检验，检验样品是由检验机构的人员在生产厂仓库或经销商经营点随机抽取，取样有一定的公正性，能较真实地代表产品的质量水平。

企业委托检验，样品是由企业送交的。样品可以是经企业特殊加工的，也可以是经反复检验合格后才送检验机构检测的，当然也可以是企业质检部门代表厂方抽样后再送检验机构检测的，因此，存在样品的代表性较差，或不具备公正性的可能。

检验依据——检验所依据的标准：

标准按照执行的强度分为强制执行的标准和推荐执行的标准；按照标准制定的等级分为国家标准、行业标准、地方标准和企业标准或产品技术条件。工商行政管理机关在执法办案过程中对商品的抽样检查一般多依据国家强制标准及部分行业标准，也可以是企业明示的企业标准，对某些新研制的产品可用“产品技术条件”进行检测，对进口的商品，还可依据进口合同规定的技术要求进行检测。

检验项目——监督抽查的检验项目一般针对危及人身安全、卫生的相关项目和消费者投诉较集中的、存在较大质量问题所对应的项目进行检验，这种选择项目的检验，有一定的针对性，也有一定的局限性。如果条件许可，应依据标准，做全项目的检验。

检验结果是检验鉴定机构依据标准，对被检商品质量做出的合格或不合格的判定，有时因检验项目不全，而不做合格与否的判定，只在检验报告中表达各单项检验的数据和结果。

以上是检验报告首页上的一些信息，反映了检验报告综合性的内容。在检验报告后面的几页中，还有各单项检验的详细结果。

检验机构为了方便审阅检验报告，把检验依据的有关技术要求、标准值都一一列出，同时列出对应的实测结果，在检验报告后页还有关于部分检验项目分包的说明。

在工商日常监管检查中，对经营单位查验商品质量检验报告时应验看检验报告原件（盖有红章的检验报告），同时保留复印件，而不应仅验看报告复印件，避免所取的检验报告出现复印伪造等情况。

CMA——是检测机构计量认证合格的标志。根据《中华人民共和国产品质量法》的有关规定，在中国境内从事面向社会检测、检验产品的机构，必须由国家或省级计量认证管理部门会同评审机构评审合格，依法设置或依法授权后，才能从事检测、检验活动。计量认证考核的内容重点是人员的资格（水平），检验设备仪器的准确、精密程度，是否有必要的工作场地和工作条件，是否有健全的工作、管理规程、规章制度，是否有正确的工作依据和检验方法等。

CAL——是经国家质量审查认可的检测、检验机构的标志，具有此标志的机构有资格做出仲裁检验结论。具有CAL主要意味着检验人员、检测仪器、检测依据和方法合格，而具有CAL标志的前提是计量认证合格，即具有“CMA”资格，机构的质量管理等方面也符合要求。由此可以认为，具有CAL比仅具有CMA的机构，工作质量、可靠程度更进了一步。

CNAL——国家级实验室的标志。有这一标志，表明该检验机构已经通过了中国国家实验室认证委员会的考核，检验能力已经达到了国家级实验室水平（CMA、CAL仅表示通过了省级质量技术管理机构的考核、认可。根据中国加入世贸组织的有关协定，“CNAL”标志在国际上可以互认，譬如说能得到美国、日本、法国、德国、英国等国家的承认）。

以上三个标志任何一个都有效，特别是第一个标记CMA，是国家法律对检测检验机构的基本要求。目前，由于市场竞争和消费者的消费心理日益成熟，也为了对付行业日益高超的作假手段，检测机构必须不断地提高自己的技术水平、检测能力和管理手段，因此很多检测检验机构都同时具备了以上三个标志，具备了三个标志所要求的能力和水平。

操作程序和要求

1.准备工作

（1）确定抽检机构和人员

一般情况下，工商行政管理机关既可以自行抽样，也可以委托检验机构抽样。但法律、法规、规章或者国家有关规定，对于抽样机构、抽样人员有特别要求的，工商行政管理机关应当委托相关机构和人员抽样。委托抽样的，应将所出具的抽样委托书或者签订的抽样委托合同，在案卷中存档。

（2）制订抽检方案

根据工商行政管理机关的抽检计划，结合商品质量动态监管的需要，在抽检时应当制订详细的抽检方案。抽检方案应包括以下内容：

①抽样方法；

②检验依据；

③检验项目；

④检验机构。

（2）确定承检机构

《产品质量法》第十九条规定：产品质量检验机构必须具备相应的检验条件和能力，经省级以上人民政府产品质量监督部门或者其授权的部门考核合格后，方可承担产品质量检验工作。工商行政管理机关委托承担抽检任务的检验机构必须依法设立，具备与检验商品质量工作相适应的检验条件和能力。在实际操作中选择承检单位与制订抽检计划同步开展。工商行政管理机关在选择承担抽检任务的检验机构时：首先，要审查检验机构的计量认证证书（CMA），看其是否在有效期内；其次，要审查通过认证产品和项目目录，看所要检验的商品，包括商品要检验的具体项目是否在计量认证证书批准的项目中。

2.工作要求

（1）抽样方法

依据产品标准抽样。

（2）抽样的实施

实施抽检的工商行政管理执法人员不得少于两人，并应当向被抽检的经营者出示行政执法证和抽检通知书。抽检通知书是以公文的形式告知被抽检人提样抽检的内容和方式，及其需要配合的工作。在抽样时，应通知被抽检人在场，并严格按照标准实施抽样。现场检查时抽样的，应在现场检查笔录中注明抽样过程。对抽取样品要当场加贴封条，由工商执法人员和被抽检人在封条上和相关记录等文书上共同签名或者盖章。经通知被抽检人不到场，或者无法找到被抽检人，或者被抽检人在场但拒绝签名或者盖章的，执法人员应在相关记录和清单上注明情况，邀请有关人员作为见证人到场见证，并由见证人在相关记录、清单和样品封条上签名或者盖章。

（3）抽样记录

对于工商部门自行抽样的，执法人员应现场制作抽样记录。抽样记录应当如实记录抽样人、抽样时间、抽样地点、抽样过程和抽样方法以及封样情况，详细记录抽样基数、样品数量和所抽样品的经销商、型号规格、重量或者数量、外观、标称生产者、商标、生产日期、执行标准等客观情况。对于委托检验机构抽样的，一般由该机构制作抽样记录或者抽样清单，同时要留存抽样人员的抽样资格证明材料。如果仍由工商部门制作抽样记录的，应注明受托抽样的机构名称及其委派的抽样人员姓名，并由抽样人员本人在相应的栏目签名确认。

（4）做好证据固定工作

被抽检人以及相关组织和个人应当积极配合抽检工作，如实提供被抽检商品的相关票证账簿、货源、数量、存货地点、存货量、销售量等信息。组织实施抽检的工商部门对被抽检人提供的信息应当记录在案，并由被抽检人签字确认。被抽检人拒不配合的，由工商部门依照《产品质量法》第五十六条规定进行处理。提取的样品也应当由抽样单位人员和工商部门执法人员使用共同封样，并由抽样人员、工商执法人员、被抽检人三方签字确认。

（5）备份样品的保存

检验所需备份样品可以由抽样单位带回，也可以封存于被抽检人处保管，被抽检人不得私自拆封、调换、毁损样品。在实践操作中可根据商品的性质和价值的具体情况具体处理，例如：需要特殊保存条件以及容易破损的商品，如成品油等商品的备份样品一般由承检单位保存；价值较高、不易被移动和转移的商品，如建材、家具、机械器具及配件等商品的备份样品由被抽检人自行保存。

（6）样品要按被抽检人进货价格购买。检验不进行破坏性测试且对样品质量不造成实质影响的，经被抽检人同意，可以由被抽检人无偿提供。抽检所需备份样品由被抽检人无偿提供。无偿提供的样品，检验合格的，退回被抽检人；检验不合格的，由组织实施抽检的工商行政管理机关按照有关规定处理。

3.检验结果确认

检验结果的确认分为两个方面：一是对生产厂家方面的确认，抽检结束后，由承检单位将“不合格结果确认送达书”及《检验报告》一并邮寄或送达给生产厂家。二是被抽检人方面的确认，由组织实施抽检的工商行政管理机关自收到检验结果后五个工作日内将《检验报告》送达被抽检人，并履行送达手续。

4.复检程序

被抽检人或标称生产企业对检验结果有提出异议的权利。一是时效。被抽检人对抽检结果提出异议的，应当在收到检验结果确认书之日起15日内提出，逾期视为承认检验结果。二是提出方式。要向组织实施抽检的工商部门提出书面复检申请，并加盖被抽检人单位公章（个人提出复检申请要在书面复检申请上按手印。并提交身份证复印件）。三是处理程序。工商部门收到复检申请后，经审查，认为有必要复检的，应当及时确定具备法定资质的复检机构，并书面通知复检申请人和承检机构。复检申请人和承检机构应当自收到通知之日起七日内，按照要求分别办理复检手续和向复检机构送达样品。复检工作原则上由原承检单位承担，但是工商部门也可以根据需要另行委托符合法定条件的检验机构进行复检。复检应当对原样品或备份样品进行检验，复检机构应当及时将复检结果报送实施抽检的工商行政管理部门。实施抽检的工商行政管理部门应当自收到复检结果之日起五个工作日内通知复检申请人。复检结果判定商品合格的，复检费用由工商行政管理部门承担。复检结果判定商品不合格的，复检费用由复检申请人承担。复检结果为最终结论。

被抽检人私自拆封、调换或者毁损备份样品的，视为放弃复检。

鉴定

鉴定是法定证明方法之一，是指对案件调查处理过程遇到的专业技术性问题，由工商执法机关或当事人委托法定鉴定机构或鉴定人员运用专业知识和技术，依照法定程序予以鉴别判定的活动。鉴定机构，是指具有法定鉴定资格的中介组织。我国的鉴定机构大多设置在相关行政部门、大专院校或司法机关，如质检、财政、科技、公安、司法等部门和部分大专院校都设有与其管理教育领域或专业有关的鉴定机构。鉴定人，是指具有鉴定人资格，并依委托或鉴定机构指定对鉴定事项依法实施鉴定并做出判断结论的专业技术人员。鉴定人必须是经过专业训练，具备鉴定所需的专业技能和经验，并具有客观公正、尊重科学、尊重事实和专业精神的技术人员。鉴定实行鉴定人负责制度，鉴定人应当依法独立、客观、公正地实施鉴定并对鉴定结论负责。

鉴定人与证人不同。鉴定人以经过专门训练，具备某一专业技术，能够承担鉴定任务为条件，不以知道违法行为有关的情况为条件；鉴定人依法适用回避制度，因而可以替代。一个证据材料由几个鉴定人鉴定的，可以共同讨论、共同得出结论、共同签名和承担责任，也可以各自签署自己的结论并对自己的结论承担责任。而证人以知道违法行为有关情况为条件，既不能回避，也不可替代，且对自己的证言承担责任。

鉴定的种类

行政处罚案件涉及的鉴定种类较多，但常见的主要有书证鉴定、物证鉴定、会计鉴定和痕迹鉴定等。

书证鉴定，也称笔迹鉴定，是指执法机关为了确认书证材料的真实性，委托鉴定机构运用笔迹检验的专门知识和技术，对书证材料的真伪所做的鉴定活动。实践中对涉案合同、发票、印章、信函和标志等书证材料的真实性不能确认时可以通过鉴定对其形成时间、是否经过涂改、伪造等事项予以鉴定，以帮助调查人员确认书证材料的真伪或书证材料与当事人和违法行为之间的关联关系等。

物证鉴定，是指执法机关为了确认物证材料的真实性或属性等事项，委托鉴定机构对物证材料实施的鉴定活动。物证鉴定的目的，是对物证材料的真实性或属性做出判断，以帮助调查人员确认物证与当事人或违法行为之间的关联关系。随着科学技术的发展，造假、仿冒的技术含量越来越高，只有通过物证鉴定，调查人员才能对物证材料涉及的专业技术性事项做出正确判断或认定。

会计鉴定，是指执法机关为了查明案件事实，委托鉴定机构对涉案会计核算资料实施的鉴别认定活动。当事人为了规避法律制裁和追逐高额利润而造假账、两本账、使用假发票、不按会计法规计账等现象屡见不鲜，但面对专业技术性很强的会计核算资料，调查人员很难对其真实性等专业技术性问题做出正确判断，只能借助于会计鉴定结论予以认定。与书证和物证鉴定客观性较强的特征相比，会计鉴定具有较强的主观性特征，因此，会计鉴定人员不仅应当对鉴定结论的客观性负责，更应当对鉴定程序的客观性负责，严格遵循职业道德和执业纪律，客观、公正、实事求是地做出鉴定结论。

痕迹鉴定，是指执法机关为了查明案件事实，委托鉴定机构对当事人实施违法行为时遗留在客观事物中的印迹实施的鉴定活动。如通过对作案工具、设备和违法场所留下的指纹、脚印等印痕的鉴定，帮助调查人员确认涉案人员和工具、设备等。

鉴定标准

鉴定标准，是指鉴定人员对送检样品做出鉴定结论时所依据的专业技术标准或规范。鉴定标准通常依下列次序确定：

（1）国际标准；

（2）国家标准；

（3）行业或地方标准；

（4）企业标准或鉴定事项所属专业领域多数专家认可的技术标准；

（5）没有上述标准或技术规范的，可以采用当事人自己的技术标准或鉴定机构自行制定的技术标准或规范。

鉴定期限

我国法律、法规没有就鉴定期限做出规定，但《人民法院司法鉴定工作暂行规定》第二十一条规定：“鉴定期限是指决定受理委托鉴定之日起，到发出鉴定文书之日止的时间。一般的司法鉴定应当在30个工作日内完成；疑难的司法鉴定应当在60个工作日内完成。”根据这一规定，鉴定机构应当从受理委托之日起30个工作日内做出鉴定结论。鉴定事项涉及复杂、疑难、特殊技术问题或者检验过程需要较长时间的，应当在60个工作日内做出鉴定结论，但鉴定过程中补充样品或重新提取样品的时间除外。

鉴定程序

1.抽样

抽样，又称取样，是指调查人员或鉴定人员依法定程序和方法，取得鉴定物样品的活动。抽样主要是针对批量物品，单位物品即使需要鉴定也不存在抽样问题。批量物品，是指达到一定数量的同品种、同规格、同型号、同批次的物品，如一批服装、一批食品或一批单据等；单位物品，是指人们在生产生活中使用的单件物品，如一辆汽车、一台电视机或一张单据等。

2.委托

委托，是指执法机关将证据调查中遇到的专业技术性问题托付给鉴定机构鉴别认定的情形。委托，是鉴定程序的启动程序，执法机关应当向鉴定机构出具鉴定委托书，并提供鉴定所需的鉴定材料。鉴定委托书应当载明执法机关名称、鉴定机构名称以及委托鉴定事项、内容、要求和鉴定事项的用途等。执法机关不得要求或暗示鉴定机构或鉴定人员按照委托人的意图或其他特定目的提供鉴定结论。鉴定材料包括检材和鉴定资料。检材是指与鉴定事项有关的生物材料和非生物材料；鉴定资料是指各种与鉴定事项有关的信息材料。执法机关应当向鉴定机构提供真实、完整、充分的鉴定材料，并对鉴定材料的真实性与合法性负责。

3.审查受理

鉴定机构应当认真细致地审查委托鉴定事项，对属于本机构鉴定业务范围，且鉴定事项、内容、要求合法和鉴定材料真实、完整、充分的应当受理；对不属于本机构鉴定业务范围的不予受理并说明理由；对鉴定材料不真实或不完整、不充分的，应当要求执法机关补充，执法机关补充齐全的，应当受理，否则，不予受理。

有下列情形之一的鉴定委托，鉴定机构不得受理：一是委托鉴定事项超出本机构鉴定业务范围和技术条件或能力的；二是鉴定材料不真实或不完整、不充分或取得方式不合法的；三是鉴定目的或鉴定结论的用途不合法或违背社会公德的；四是鉴定要求不符合鉴定职业或鉴定技术规范的等。鉴定机构对不予受理的，应当向委托人说明不予受理的理由并退回鉴定材料。

4.指定鉴定人员

鉴定机构受理鉴定委托后，应当指定两名以上具有该鉴定事项执业资格的鉴定人员负责鉴定，对疑难、复杂或特殊鉴定事项，可以指定多名鉴定人员负责鉴定。

鉴定人员或其近亲属与鉴定委托人或鉴定事项涉及的案件有利害关系，可能影响其独立、客观、公正鉴定的应当回避。鉴定人员自行提出回避和鉴定委托人、当事人要求鉴定人员回避的，都应当向鉴定机构提出回避申请，由鉴定机构决定是否回避。委托人和当事人对鉴定机构是否回避的决定有异议的，可以撤销委托。

5.送样

送样，是指将已经封记好的样品送达鉴定机构的情形。送样方式应当根据具体情况而定，可以邮寄、托运，也可以直接送达且以直接送达为宜。送样是鉴定程序中的重要环节，无论采取哪一种送样方式，送样人员都应当认真负责地将样品安全送达鉴定机构，既要保证样品的安全性和可识别性，也要保证送样程序的合法性和有效性。

直接送达的，应当由两名以上送样人员（抽样人员或调查人员）会同当事人或其委托代理人将样品送达鉴定机构。送样人员接受样品后，样品的保管责任也随之由送样人员承担。为了明确责任，保证样品在运送途中的安全，送样人员应当制作送样笔录。送样笔录主要应当载明下列内容：一是送样人员、送样日期、送样形式（公路、铁路或航空等）、送样路线（途经主要站点）等；二是样品在途中的保管运行情况（如负责样品保管的值班人员姓名、时段等）；三是样品到达鉴定机构的时间和鉴定机构受理情况；四是验封人员姓名和验封情况等；五是送样人员、当事人和受理人员或验封人员签名或盖章。

当事人拒绝送样，也拒绝委托代理人送样的，应当在送样笔录中详细记录其拒绝送样的具体情形和理由。

6.验封

验封，是指样品送达鉴定机构后，由鉴定人员按照鉴定作业标准或规范，对样品封记和样品是否完好等情况进行的检查验收活动。验封的目的，是查验样品在封记之后验封之前的这段时间内是否出现过意外，如封条是否完好、样品数量是否减少或是否出现其他意外情况等。只有经专业鉴定人员检查验收，确认“封记、样品完好”，样品才能进入鉴定程序。

经验封样品完好无损的，鉴定机构应当及时受理，并向送样人员出具样品受理书。样品受理书应当详细记载送样人员、样品到达时间、验封人员、验封情况等内容，并注明“经验封，样品完好无损”的字样。验封人员和送样人员应当在样品受理书上签名或盖章。对样品封记受到损坏，难以确认样品是否完好的不予受理，但应当出具不予受理的法律文书并说明不予受理的理由。

7.鉴定

鉴定人员受理样品后，应当严格依据科学实验和检测等技术操作规范对样品进行鉴定，并依据鉴定结果和鉴定标准客观公正地做出鉴定结论。

8.做出鉴定结论

鉴定作业结束后，鉴定人员应当依据鉴定结果和鉴定标准，对送检样品做出具有法律效力的结论性意见。

9.制作鉴定实录

鉴定实录，是鉴定人员对鉴定过程所做的实时记录，目的在于证明鉴定过程和鉴定人员技术操作的合法性和规范性。鉴定实录应当以文字记录为主，以录音、录像和拍照为辅，鉴定人员应当在鉴定实录上签名或盖章确认。鉴定实录的内容应当客观、准确、完整、清晰。鉴定机构对鉴定实录及其辅助资料应当妥善保存，以备查证。

鉴定的特殊情形

1.补充鉴定

补充鉴定，是指执法机关在委托鉴定事项的基础上追加鉴定材料或鉴定事项、鉴定要求的情形。补充鉴定是已委托鉴定的组成部分，不是重新委托鉴定。补充鉴定应当以书面形式提出申请，并就补充鉴定的相关事项做出具体说明。有下列情形之一的应当补充鉴定：一是委托鉴定事项、内容或要求有遗漏，需要增加新的鉴定事项、内容或要求的；二是委托人又提供或补充了新的鉴定材料；三是其他需要补充鉴定的情形。

2.重新鉴定

重新鉴定，是指就同一鉴定事项再次实施的鉴定。重新鉴定是相对于第一次鉴定而言的，重新鉴定可以由执法机关主张，也可以由当事人主张。有下列情形之一的应当重新鉴定：一是鉴定事项超出原鉴定机构的业务范围或技术能力；二是原鉴定人员不具备从事委托鉴定事项的执业资格；三是原鉴定人员按规定应当回避而没有回避；四是鉴定程序违法或鉴定结论依据不足；五是执法机关或当事人对原鉴定机构出具的鉴定结论有异议，并能提出合法的异议理由；六是其他需要重新鉴定的情形。

重新鉴定有两种情形：一是由原鉴定机构重新鉴定。如因原鉴定人员未回避导致的重新鉴定，可以委托原鉴定机构重新指定鉴定人员鉴定，原鉴定人员和为原鉴定结论提供过咨询意见的专家应当回避。二是委托新的鉴定机构鉴定。原则上，重新鉴定应当委托原鉴定机构以外的其他法定鉴定机构鉴定，且受托鉴定机构的资质条件应当高于原鉴定机构。

3.终止鉴定

终止鉴定，是指鉴定活动尚未完成之前停止鉴定活动的情形。终止鉴定可以由委托人主张，也可以由鉴定机构主张。终止鉴定的，主张终止鉴定的一方应当以书面形式通知另一方，并详细说明终止鉴定的理由。有下列情形之一的可以终止鉴定：一是委托人撤销委托或要求终止鉴定的；二是鉴定人员发现委托鉴定事项或鉴定事项的用途不合法或违背社会公共道德的；三是鉴定材料不真实，或取得方式不合法的；四是鉴定材料不完整、不充分或已耗尽、损坏，委托人不能或拒绝补充提供鉴定材料的；五是鉴定要求或完成鉴定所需要的技术超出鉴定机构的技术条件和鉴定能力的；六是委托人不履行配合义务，鉴定无法继续进行的；七是因不可抗力鉴定无法继续进行的。

4.复核

复核，是指鉴定事项完成后，鉴定机构指定专人对鉴定程序、技术标准或规范和鉴定结论的合法性、有效性和准确性进行的复查核实活动。复核人员对复核过程中发现的问题，应当坚决予以纠正，以保证鉴定结论的准确性、有效性和合法性。对重大、复杂、疑难或特殊鉴定事项，必要时应当提请鉴定机构的主管部门或鉴定行业协会组织专家对鉴定结论进行复核。

调取

通过职权向有关单位或个人调取证据是证据调查的重要手段之一。我国法律、法规对执法机关能不能向持有证据材料的单位或个人调取证据，如何行使证据调取权没有具体规定，但从法律的原则精神和证据调查实践来看，应当是可以的。因为执法机关调查搜集证据的唯一目的是及时制止违法行为，有效维护国家、社会公共利益和公民的合法权益。只有执法机关有权调取证据，才能及时查明案件事实，有效地维护国家、社会和公民的合法利益。正是从这个意义上讲，从持有证据材料的单位或个人调取证据既是执法机关的权利，也是执法机关应当履行的法定义务。

要求当事人提供证据

《行政诉讼证据规定》第五十九条规定：“被告在行政程序中依照法定程序要求原告提供证据，原告依法应当提供而拒不提供，在诉讼程序中提供的证据，人民法院一般不予采纳。”从这一规定可以看出，当事人有义务依要求向执法机关提供证据，但没有义务主动向执法机关提供证据，因为行政程序中的举证责任依法由执法机关承担。因此，需要当事人提供证据时，执法机关必须依法定程序要求其提供。要求当事人提供证据的形式必须是书面的，不能是口头的。口头形式不仅难以形成和保留有效程序证据，无法证明执法机关履行了要求当事人提供证据的程序或义务，还可能造成当事人拒绝向执法机关提供，但不影响其在诉讼程序中向法院提供执法机关在行政程序中要求其提供的证据，且法院一般可以采信的不利后果。而书面形式可以形成并保留程序证据，当事人拒不提供而在诉讼程序中向法院提供的，法院一般不予采纳。

委托调查

委托调查是指工商执法机关在办案中因受地域管辖或工作专业的局限，往往需要到异地或提请相关部门协助调查有关事项，这时大多采用委托调查方式。委托调查应当出具书面《协助调查书（函）》，并做好协调工作，特别要注意的是受委托单位应具有法定的调查资格和相当的业务能力，《协助调查书（函）》与调查结论一并使用才能成为证据。

二、查账的方法

查账是指通过对企业账证及有关资料的检查，查核企业会计资料所反映的经济活动是否真实、合法，有无经济违法行为的一项检查活动。但查账必须“懂账”，对于未系统学习过会计知识的人来讲，应掌握必要的会计基础知识。会计基础知识请查阅相关会计学书籍，本节只介绍查账的基本方法和技巧。

查账的一般步骤

调取并检查日记账或者明细账

实施这一步骤的中心任务，是查找与案件有关的账簿记载，以便进一步查找和检查其他有关的财务会计资料。这一步骤包括调取账簿和检查账簿两个具体过程。

1.调取账簿

根据事先确定的检查范围，向被查单位调取现金日记账、银行存款日记账、明细分类账等。调取账簿的范围，可以根据已掌握需要查证的事实内容和任务而确定。例如：

（1）若需要查明该单位收到或者支付某笔现金的情况，可调取现金日记账；

（2）若需要查明该单位收到或者签发某笔银行转账业务的，可调取银行存款日记账；

（3）若需要查明商品交易情况但尚不明确结算方式的，可调取往来账、库存账或者销售收入明细账；

（4）若需要查明费用结算情况但尚不明确结算方式的，可调取费用明细账等。

各个单位的现金日记账、银行存款日记账通常都是单独账本，但明细账则会存在不同的情形。例如，小型单位通常只有一本明细账，所有明细账户都在该账簿中；中型单位可能会分别设置费用明细账、收入明细账、应收类明细账、应付类明细账、库存商品账、库存材料账、产成品账等；大型单位的明细账的类型会更多，划分得也会更细。

2.检查账簿

根据需要查证的会计业务的发生时间、发生金额及业务内容等，通过审阅账簿所记载的会计事项及发生额，从中找出该笔业务的账簿记载。检查账簿时，若所查的业务内容涉及货币资金收付的，通常先查日记账，日记账中查不到的，再查相应的明细分类账；若所查的业务内容不涉及货币收付的，则应直接检查明细分类账。

（1）对收款事项的检查

若需要查明该单位收取某笔现金收款业务的，根据业务大致时间，顺着现金日记账的“借方金额”栏查看有无相同金额，看到相同金额时，再查看同行的“摘要”栏，看是否是需要查找的业务，如果是，则该笔发生额已经查到；如果不是，则需要继续查找，直到找到该笔发生额。

若是需要查明该单位收取某笔银行存款收款业务的，检查银行存款日记账，方法与前述相同。

（2）对付款事项的检查

若需要查明该单位支出某笔现金业务的，根据业务大致时间，顺着现金日记账的“贷方金额”栏查看有无相同金额，看到相同金额时，再查看同行的“摘要”栏，看是否是需要查找的业务，如果是，则该笔发生额已经查到；如果不是，则需要继续查找，直到找到该笔发生额。

（3）对往来账记录的检查

若需要核对被查单位与某单位的往来账项，可以先检查往来账簿资料：一是根据往来业务的性质确定需要查找的账簿（如贷款往来，查找应收账款或者应付款，或预收账款、预付账款等账簿；非货款的一般资金往来，查找其他应付款、其他应收款等账簿）；二是翻阅账簿找到明细科目名称为某单位的账页；三是根据需要核对的账项检查账页，其中被查单位收到某单位给付资金的账页可以从应收账“贷方金额”栏中查到；被查单位支付某单位资金的账项可以从应付账“借方金额”栏中查到。

（4）对其他账簿记录的检查

如能够确定为货物、收入、费用等业务，但不能确定结算方式，无法先查日记账或者往来账，或者从日记账、往来账中没有查到记录的，可以根据实际业务性质，直接检查存货、收入、费用等明细账。检查时，涉及的借、贷发生额记账事项主要有：一是收取货物业务的发生额，应当记在存货类账簿的“借方金额”栏，付出货物的发生额，应当记在存货类账簿的“贷方金额”栏；二是支付费用的发生额，应当记在费用支出类账簿的“借方金额”栏；三是收取销售收入的发生额，应当记在收入类账簿的“贷方金额”栏；退回贷款等收入款项发生额，可能用蓝字记在收入类账簿的“借方金额”栏，也可能用红字记在收入类账簿的“贷方金额”栏。

调取并检查会计凭证

实施这一步骤的中心任务，是查明与查证事项有关的会计凭证记录和会计处理方法。一般包括调取会计凭证和检查会计凭证两个过程：

1.调取会计凭证

根据账簿记载的所查业务的记账凭证号码，向被检查单位调取该记账凭证及其所附原始凭证。调取会计凭证时，若查证事项需要对会计凭证持有人保密的，可不告知其具体的凭证号码，而是向其调取包括需要调取凭证在内的一本或者数本会计凭证使其搞不清需要检查的具体会计凭证。如果查账人员自行查找会计凭证，需要熟悉会计凭证的一般编号方法及其账页记载编号的规律。查账人员根据账页左方记录的记账日期、凭证种类、凭证号数，查找具体的会计记账凭证。

2.检查会计凭证

检查会计凭证时，应当通过查阅记账凭证、原始凭证记载的内容，确定是否是需要查找的会计事项，如果不是，则需要重新进行上一步骤的查账过程；如果是，则对会计凭证进行下列检查：

（1）检查记账凭证所列会计分录中的记账方向、记账金额与前一步骤中账簿的记载是否相符。

（2）检查会计凭证所列会计分录是否符合收付原始凭证的内容，即通过核对原始凭证确认会计分录的真实性和正确性。

（3）检查记账凭证的格式、填写特点等与前后凭证是否符合习惯（如形状、颜色、字迹、签名、章讫等是否近似或者相同），凭证的粘贴、装订是否符合常规，防止单位为应付检查而临时填制凭证。如果发现有虚假嫌疑，应查明原因，并追查真实的会计处理凭证。

调取并检查其他相关会计资料

实施这一步骤的中心任务，是查清与查证事实有关的全部会计资料，并据以查明某笔财务业务的来龙去脉。这一步骤的具体过程与查账目的和查账结果有关。

1.调取、检查相关科目的账簿

根据上一步骤查到的记账凭证所列会计分录，查找分录中记载的其他科目的账簿。例如，会计分录为：

借：银行存款30万元

贷：销售收入30万元

第一步骤已经调取了银行存款的账簿，这一步骤中就需要调取销售收入的明细账簿。

有些情形中，同一会计凭证中会出现多组会计分录，这就需要根据会计常识来选择本步骤需要调取的对应科目账簿。如果查账人员无法识别对应科目，则可以将会计分录中所列的所有科目的账簿均调取并检查。

检查相关科目的账簿，主要是看该账簿记载的事项、记账方向和记账金额，与上一步骤取得的记账凭证所列记账事项以及会计分录是否相符。如果不符，应当注意是否看错了记账凭证编号，如果会计凭证编号无误，则说明可能存在记账错误。

2.调取、检查其他财务资料

通常情况下，需要考虑调取、检查的其他财务资料包括：

（1）属于转账收、付款业务的，应当根据银行票据或者票据存根，核对银行对账单，确认款项是否收到或者付出。

（2）属于销售收入业务的，考虑有无必要调取并检查发票的存根联、提货联，其中销售货物的，考虑是否检查运输费用账或者自运的运输记录，以验证销售货物的真实性。

（3）属于收款业务的，考虑有无必要调取、检查收款收据的存根联。

（4）属于采购货物业务的，应当考虑检查货物的入库单、运输费用凭证或者运输记录，以验证采购业务的真实性，其中使用增值税发票扣税的，还应当检查抵扣税联。

（5）属于支付职工工资、奖金业务的，考虑有无必要核对职工花名册，以验证支付业务的真实性。

（6）属于支付外来费用的，考虑有无必要检查与费用有关的业务凭证，如报销运输费，可以考虑检查货物购销凭证，验证运输费的真实性。

（7）经济业务涉及各类合同的，应当考虑检查合同原本等。

3.调取、检查相关外来业务的账项

上述检查发现查账取证事项涉及往来结算业务的，还应当专门检查往来结算业务账簿证，以便查明结算的原因。

（1）前面查账结果涉及往来账户借方发生额，应当追查该账户贷方发生额，查明该笔业务的结算原因。

（2）前面查账结果涉及往来账户贷方发生额，应当追查该账户借方发生额，查明该笔业务的结算原因。

如果查账人员看不懂往来账务关系，应当将前后年度往来账页一并调取，账页反映业务量极少的（如只有几笔业务），可以连同账页加上其他发生额的凭证一并调取。例如，查证一笔付款业务涉及的对应科目为“应收账款——甲”账户时，应当通过检查该账户账簿中的贷方发生额，查找该笔款项收回的记录，并继续调取核算收回款项的会计凭证，确认该款项收回的时间、金额和结算方式、经办人等情况。

收尾工作

需要查找的检查完成以后，应做好收尾工作，主要包括：

1.确定需要调取的财务会计资料证据

（1）根据已经查明的财务会计事实来确定需要调取哪些财务会计资料证据。调取财务会计资料证据的最低标准为：查证业务涉及的原始凭证、记账凭证和账页。例如，当查明了一笔收付款业务时，应当调取的会计资料证据的最低标准是：该项收付款业务存在的发票、收据、银行票据存根、银行收入款通知等原始凭证；核算该笔收付款业务的记账凭证；该记账凭证所列会计分录所涉及的科目的会计账页；涉及银行存款收付业务的银行对账单。

（2）检查中发现的其他与案件有关的财务会计资料证据，应一并调取待继续查证时使用。

2.固定并调取财务会计资料证据

固定并调取财务会计资料证据的方法主要有：

（1）固定法。将原件固定于专用书证粘贴纸或者A4纸的中央，左边留出装订线。在原件粘贴区下方预留出的位置注明原存放地点并由调查人员和持有人签名，注明调取日期。原件为成册凭证、账簿的，不便采用此类固定的方法，应当考虑扣押。实践中，除特殊需要外，一般不采用固定原件的方法。

（2）复印法。复印应当采用A4纸张，并尽可能将资料复印至纸张的中间位置。原资料中含有红字记录的数字的，采用黑白复印方法固定时，应在复印件上单独标注说明。复印后，下方预留出的位置注明原存放地点并由调查人员和持有人签名，注明调取日期。复印法是目前查账中常用的一种固定、调取财务会计资料证据的方法。

（3）拍照法。因文件鉴定的需要，在复印固定证据的同时，应当对文件的原件实施拍照固定，并在勘验、检查笔录中注明。在没有复印条件，必须采用拍照固定的情况下，应当将原件置于A4纸张的中央，下方预留出的位置注明原存放地点并由调查人员和持有人签名，注明调取日期后一起拍照。

（4）绘制法。在不具备前三种固定方法的情况下，可以采取测绘方法固定。通常采用A4空白纸张，绘制后下方预留出的位置注明原存放地点并由调查人员和持有人签名，注明提取日期。

3.电子证据的固定与调取

电子证据，是指存放于被检查单位或者个人计算机存储设备中的电子文件。由于电子文件具有可修改的特点，因而应当采用特殊的固定方法与调取程序。

（1）有条件打印的，应当打印后按照前述复印法进行固定。

（2）需要扣押计算机存储设备的，应当由计算机专业人才协助固定，并保持设备的原状。在固定计算机存储设备时，应现场检验存储设备的内容，并制作勘验、检查笔录。

（3）因计算机文件过多原因，无法打印固定的，可以单独固定电子证据，但应当实施下列电子证据的特别固定程序：

①储存电算化资料的计算机有刻录设备的，直接将电算化资料拷贝于光盘中；没有刻录设备的，采用U盘、移动硬盘等进行拷贝，并在现场人员的监督下，利用其他刻录设备将拷贝的资料转入光盘中。

②同一份资料应当同时刻录两张光盘。其中一盘当场进行密封留存备查，另一盘可用于随后的调查活动中。

（4）固定、调取电子证据应注意的事项：

①对电子文件内容较多，且内容可能作为审计检材的，在打印固定的同时，应当复制电子文件。

②复制电子文件后，查账人员应当使用随身携带的计算机对该文件进行查毒处理，并观察与原件计算机文件是否一致。

③了解阅读该电子文件所需软件，必要时应同时调取专用软件。

④固定、提取电子文件的过程，应当在勘验、检查笔录中做专门记述，包括文件名称、大小、创建时间、修改时间、在原计算机中的文件位置、文件复制人等。

查账的基本方法

核对法

就是用复核或者核对（对账）的方法，看原来的会计记录和数据是否正确无误，有无计算错误，有无错账、漏账等。一个数字重复计算一次，看其是否相符的称之为复核。两个数字核对一次，看其是否符合的称之为核对。通过复核或者核对从中找出差距之所在，以进一步分析差距的原因，确定有什么后果，是否是有意造成的；然后分析有关账目是否有舞弊或者弄虚作假等情况。这里所讲的无意造成的差错，是指过失造成错账、漏账，如会计原理应用上的错误，数字计算上或者记账上的错误，遗漏某些会计事项的记录等。有意造成的差错，则是有意经过事先策划、安排而故意造成错账、漏账，甚至是伪造账目。这些错账、漏账和假账，只要应用核对法，一般都能查找出来。

核对法的具体做法如下：

（1）复核原始凭证上的数量、单位、金额和合计数是否准确无误。

（2）核对记账凭证所附原始凭证的张数和金额是否相符，即证证相符。

（3）核对记账凭证及原始凭证是否记入或者进入总分类账、明细分类账或者日记账，数字是否相符，借贷方是否记错，即账证相符。

（4）核对明细分类账账面账户余额的合计数与总分类账有关账户的余额是否相

符，即账账相符。

（5）核对总分类账各账户余额借贷方的合计数是否平衡。

（6）核对总分类账各账户的余额是否与会计报表上有关项目的数字相符，即账表相符。

（7）复核会计报表上的有关数字是否计算无误。

（8）核对外来账单（如银行对账单、客户往来清单等）与本单位有关账户的记载是否相符。

（9）核对账、卡、物三者是否相符（如材料、固定资产、产成品等），即账物相符。

（10）必要时还要核对其他原始记录，如生产记录、托运单、出车记录、考勤记录、职工名册等。

比较分析法

比较是指将有关账户、报表数字进行对比，以便发现差异和问题。分析是根据取得的有关资料，分析产生差异和问题的原因以及有无不规则的变化。比较分析可用不同时期同样的经济活动进行比较，也可用标准或者定额来衡量已发生的经济活动。因此，比较分析常常是揭露问题的有效手段。例如，对属于企业管理费中其他费用的项目，将借方发生额参照摘要按照不同用途归类分析，可用查明有无请客送礼、回扣、佣金等不合理开支及其数额。

查询法

就是调查询问的方法，它是指根据其他查账方法发现的问题、疑点以及需要进一步证实的问题，找有关单位和人员进一步了解情况，弄清某些问题，并取得旁证材料的一种查账方法。此法包括面询和函询。面询，是指直接找有关人员面谈。查账人员一定要以事实为根据，注意询问的方式、方法，掌握政策，切不可诱供诱证。在这里对一些经济案件的查证落实更要谨慎，在没有真正找出问题之前，不能在思想上先入为主，主观臆断。函询，是指在查账时利用信函询问的方式进行核实查对。对经济交易中未达账项以及采用原始凭证张联不符的等，检查有无资金转移，多记少记收支的情况。

顺查法

是指查账方法顺着记账程序，从原始凭证的审核开始，进而以原始凭证为依据，核对并检查记账凭证，再根据凭证核对和检查日记账、总分类账、明细分类账，最后以账簿核对会计报表。检查程序为“凭证——账簿——报表”。顺查法是从凭证开始，从小处着手，由点到面，着重于单据账表之间的核对，它对会计制度不健全、账物不符的企事业单位比较适用。但此法的工作量大，难以抓住重点，只能适用于审查一些业务量不大或者会计凭证较少的单位。如果大中型企业的会计凭证能按照业务（科目）分类装订的，也可用顺查法。其查账的内容和步骤如下：

（1）审阅订购单并核对订购单。

（2）将订购单与购料发票核对，并审阅购料发票。

（3）将购料发票核对验收单，并审阅验收单。

（4）将购料发票核对付款凭证。

（5）将付款凭证核对转账支票存根。

（6）将付款凭证所附发票、验收单核对材料明细账。

（7）将付款凭证核对汇总记账凭证。

（8）总账与报表核对并加以分析。

逆查法

是指按记账程序的反方向检查的查账方法。即从审阅、分析会计报表并核对账簿，再审阅账簿并核对记账凭证，再审阅记账凭证并核对原始凭证，最后审阅原始凭证。逆查法的特点是反向思维，容易发现问题。它开始于会计报表的分析，从大处着手，由表及里，由面到点。它着重于"面"的观察分析，根据分析结果，再确定审查的重点。逆查法广泛地应用于大中小企业或者业务量大、会计凭证比较多的单位，重点是数字较大的收支。

逆查法的优点是：能够从整体上了解企业的生产经营活动情况，有利于发现问题，掌握线索，明确主攻方向，较快地弄清问题的症结所在，提高查账效率；能够按业务、科目系统地进行查账，便于专案检查；能够按同类业务实行抽样查账，同时密切结合判断抽样法，选择重点项目或者账项详细检查。逆查法的缺点是，检查有可能不够详细全面，或者遗漏问题。

以上介绍的是几种基本的查账方法，现实中还有很多查账方法。实际工作中，将各种查账方法根据实际情况灵活运用，这样才能提高查账效率，达到查账的目的。

查账的基本技巧

会计资料是查账的重要依据，面对众多的会计资料和纷繁复杂的业务记录，应运用查账技巧，巧妙地从大量的数据、文字以及其他证据中发现问题。

从数字中发现问题

1.从数字值的大小变化发现奇异数字

要从数字值的大小变化发现奇异数字，首先要把握经济业务本身的界限。例如，一个企业单位的企业管理费用平常在2.5万~3.4万元之间，而本月达到5.7万元之巨，这5.7万元对这个企业一个月的管理费用来讲，就是一个奇异数字，这就是需要进一步弄清的一个疑点，这个企业每月企业管理费用的正常值在2.5万~3.4万元之间，这就是该项经济业务本身的界限。

2.从数字的正负方向发现奇异数字

会计资料的数字，有整数有小数，而且有正数有负数。从数字的正负方向发现奇异数字，首先应把握经济业务本身应该是正数，还是应该是负数，或者既可能是正数又可能是负数。例如，资金收入可以看成是正数，资金的付出可看成负数；盈利表现为正数，亏损表现为负数；材料采购实际成本与计划成本比较，正数是超支数，负数是节约数。因此，从企业拥有一定数量的固定资产、材料、产成品、现金来看，都应该是正数，如果出现负数（实际工作中称之为红字），便是奇异数字，需要进一步查明。

3.从数字的精确度发现奇异数字

在会计核算数字中，该精确的没有精确，不该精确的而精确到脱离实际的程度，均是奇异数字，就需要问一个为什么。例如，办案人员在审查某医院销售收入账时，发现多笔销售收入为2万元、3万元、5万元、5000元等整数。医院的销售收入主要是通过买卖药品而获得的收入，而药品的定价是精确到角和分的，出现整数的概率较低，这是一个奇异数字。通过进一步调查，就发现该医院以各种名义收受了供药商给予的商业贿赂款。

从奇异的购销单位与往来单位发现问题

企业之间经济联系是广泛的，其关系也是错综复杂的。但是，从一个单位的一笔经济业务内容分析，其关系又是相对固定和明确的，这是由该企业所从事的生产经营活动的地位相对固定和明确决定的。实践中，要注意从以下几个方面入手审查：

1.从购销单位的业务范围发现奇异购销单位

任何一个经济实体，都有一定的经营业务范围。在查账过程中，如果发现有的凭证反映的经济内容与出具凭证的单位的业务范围明显不符，则视为奇异购销单位，将其作为疑点，进一步查证。

2.从购销单位与货款结算单位的矛盾发现奇异购销单位

在正常情况下，购货单位则是付款单位，供货单位则是收款单位。如果在查账中，发现某笔经济业务的购货单位是甲，而付款单位却是乙；或者发现供货单位是A，而收款单位却是B。这些情况都是一种不正常的现象，应作为疑点进一步查证。

3.从往来结算的期限长短发现奇异往来单位

一般正常的往来单位，其经济业务的发生都有一定的频率，其业务往来也有一定的幅度。在查账中，如发现有的往来单位名称陌生，或者长期不发生业务，挂账数额又比较大，就应视为奇异往来单位，需要进一步查明。

从账户之间的奇异对应关系发现问题

检查账户对应关系是查账的一个重要内容，而发现账户之间奇异对应关系的方法，归纳起来有：

1.从资金运转的去向发现奇异对应关系

也就是说，按正常的经济业务本应该反映对应关系的账户，出现的情况却是另一回事。例如，“材料”账户贷方，对应“银行存款”或者“应收销货款”或者“材料成本差异”等账户的借方，这都是非正常去向，需要进一步查看原始凭证，把问题搞清楚。

2.从资金运转的来路发现奇异的账户对应关系

如产成品入库这项业务，一方面反映产成品增加，另一方面反映生产费用减少。生产费用是产成品的来路，如果出现借：产成品，贷：银行存款，那么对这种不伦不类的账户对应关系要注意审查。

3.从没有原始凭证的应收款、应付款的转账中发现奇异的账户对应关系

现实生活中，许多单位弄虚作假、违反财经纪律，其主要手法就是通过应收、应付款账户做手脚，虚列应收款、应付款账户；有的通过虚转应收款、应付款套取现金；有的通过应付款账户过渡截留利润等。因此，应注意对没有原始凭证的应收款、应付款的转账给予特别审查。

从奇异的时间中发现问题

1.从经济业务发生的特定时间上发现奇异时间

任何一项经济业务的发生都有其特定的时间，如果会计凭证上没有反映经济业务发生的特定时间，或者所反映的特定时间与经济业务的内容有明显矛盾，均应视为奇异时间，需要进一步查证。

2.从时间长短中发现奇异时间

在商品、材料采购过程中，会出现在途商品或者在途材料物资，根据供货单位的距离远近和所采用的运输工具，可以测算出正常的在途时间。如果在查账中发现在途商品、物资在途时间大大超出正常时间，需要进一步查明原因。

从奇异的地点发现问题

一般说来，发生地点与经济业务的内容出现违反常理或者逻辑的情况，都应视为奇异地点，需要进一步调查清楚。

1.从距离的远近发现奇异地点

在企业采购业务中，同一商品、材料、物资可以从多渠道、多地点采购。在其他条件（价格、质量）相同的情况下，一般就近采购，以节约成本。但在实际经济生活中，舍近求远，损害国家和集体利益的情况时有发生。对此，应从舍近求远的情况做进一步查明。

2.从物资运转流向发现奇异地点

经济业务的内容与经济活动的地点有着内在的联系，什么地点主要生产什么商品都是比较固定的。如果经济活动涉及的地点与经济业务的内容无关，或者与经济业务的内容矛盾，就应视为奇异地点，比如产地向销地购买，主要产地向非主要产地购买，就应注意查明原因。

运用逻辑推理发现问题

运用逻辑推理发现问题，就是根据事物之间的逻辑关系去揭示假象认识真相。

1.从数量之间的逻辑关系上发现问题

在会计账簿中，有许多数字存在逻辑关系，如总账金额应等于所属明细账金额之和；某产品的总成本绝对不会小于其单位成本等。

2.从事物之间的主从逻辑关系上发现问题

如材料采购费用是从属于材料采购业务发生而增加，如果只有采购费用发生，而没有采购业务发生，在逻辑上讲不通，需要进一步查明。

3.从时间、地点的逻辑关系上发现问题

某种产品销售时间肯定在该产品生产时间之后，某种材料的领用肯定在该材料的采购时间之后。材料运费所涉及的地点，必然与供货单位的地点有直接联系，如果从济南进货，取得的却是南京某单位的运费凭证，在地点上显然不合逻辑。

会计资料的检查

会计资料检查，也叫查账，是指办案人员运用查账方法对企事业单位的会计凭证、会计账单、会计报表等会计资料进行审查核对，确定该会计资料所记载的经济业务是否恰当、是否合理合法和真实正确的监督检查过程。一般对下列会计资料进行核对：（一）原始凭证同有关原始凭证、记账凭证相核对；记账凭证同汇总记账凭证核对。核对的内容是日期、业务、内容、金额是否相符；记账凭证所记载的会计科目与原始凭证反映的业务是否衔接。（二）记账凭证或者原始凭证与账簿（账户）记录核对。核对的内容是凭证的日期、会计科目、明细科目、金额同账面上记录的内容是否一致。（三）明细分类账与总分类账核对。核对的内容是有关明细分类账同总账金额是否相符。（四）明细分类账与所编会计报表核对。核对的内容是账户记录与有关报表内容是否相符。（五）报表间有关项目进行核对。核对的内容是这些项目之间存在的对应关系是否存在问题。

会计凭证的检查

对会计凭证的检查，一方面，从形式上进行检查，即检查凭证要素是否齐全、手续是否齐全。这往往是问题的"苗头"，是会计人员无意，还是故意造成差账？另一方面，从内容进行检查，即检查凭证所记载的经济业务是否合理合法、真实可靠。通过会计凭证弄虚作假是一些违法乱纪人员常用的一种方法，而通过会计凭证检查又是某些案件的突破口和有效证据。因此，会计凭证的检查是查账工作中工作量最大，也是最基本的工作内容。

1.原始凭证的检查

（1）从形式上检查原始凭证要素是否齐全、手续是否完整。检查的内容主要有：

①凭证的名称；

②填制凭证的日期；

③凭证编号；

④填制凭证的单位公章；

⑤填制人员的签章；

⑥按照规定的审批权限经手人和审批人的签字或者盖章；

⑦接受单位名称；

⑧经济业务内容摘要；

⑨属于实有财产构成变化的凭证应填写品名、规格、单位、数量、单价及大小写金额、合计金额等；

⑩有无涂改、刮擦、挖补等痕迹；

⑪对凭证上的数量、金额进行复算，核对是否与其原值等相一致。

（2）从内容上检查凭证所记载的事项是否真实和妥当。检查内容主要有：

①所记载的经济业务是否同实际相符；

②按照国家有关财务制度规定来检查凭证所反映的内容是否合法、合理、合规；

③通过与其他凭证核对，证实其真实性，如将收料单同供应单位发票相核对，购买的固定资产凭证（发票）同验收单据相核对来发现有无不符的情况；

④有时还要向有关人员调查核实或者直接查看实物；

⑤白条单据应格外注意核查。

对于存在问题的凭证，查账人员应逐一登记归类，然后一项一项地进行调查，询问核实。对于多联的原始凭证，查账人员还需要注意上下联的内容、金额是否相符，以查清有无违法乱纪情况存在。

2.记账凭证的检查

记账凭证是由被检查单位财会人员所做，若存在问题，其责任也很容易分清。实践中，有许多问题的会计分录，与违法乱纪和收受“好处费”有关系。

（1）从形式上检查记账凭证要素是否齐全、手续是否完整。检查的内容主要有：

①摘要填写是否清楚；

②会计科目运用是否恰当；

③科目是否采用总科目和子科目同时记录；

④会计科目对应关系是否不清或者错误；

⑤填写内容不全；

⑥有关负责人是否都签名或者盖章；

⑦有无涂改、损坏和不合规定的更正。

（2）记账凭证的内容检查。当前较多地存在着转账记账凭证没有附原始凭证及其他有关材料的问题，并且也没有说明，这给查账工作带来了极大困难。大部分企业的记账凭证上应签章的人员，如会计主管、记账、复核、制单等均无齐备的签字手续，这样常常使责任落实不到人。

对记账凭证的检查应分重点、有目的地进行，如为了检查费用开支和现金等项目，可重点检查费用和现金收支记账凭证。检查主要是发现、分析进而调查核实记账凭证中出现的奇异数字、奇异的购销单位往来、奇异的时间、奇异的地点等线索。

3.现金收支凭证的检查

（1）现金收入凭证的检查。对自制的收据存根，应逐笔与现金日记账核对，不必先与记账凭证核对，再以记账凭证与现金日记账核对。

核对时，应注意以下几点：

①对所有的收据存根应统统收集起来，注意其中未使用过的收据，是否妥善保存，有无缺页，收据印数、页码是否相符。

②已使用过的收据存根、号码是否连续，有无缺页。

③作废的收据，是否盖有“作废”的戳记，并粘附在存根上。

④有无不给收据而收现金的情况，如果发现有这种情况，应全面审查，以便发现是否存在商业贿赂等违法问题。

⑤有关账上的收据号码是存根上所没有的。如果发现这种情况，说明收据存根没

有收齐，应进一步查明原因。

⑥收据的抬头、日期、摘要、金额等有无涂改，现金多写的字迹是否一致，以防止正本与存根不相符。

⑦收据日期与入账日期是否接近，如果相距过远，应查明原因。

（2）现金支出情况的审查。根据我国现行的现金管理制度，现金的支付是有一定范围的。对现金支出凭证的审查，主要是查支出是否合法、合理，弄清支付现金的原因、现金的数额，特别是发现超过限额仍用现金或者现金支票的，更要注意审查。

（3）对外来原始凭证的审查。外来原始凭证包括外来的发票和收据。

对外来原始凭证进行形式上的审查。重点审查：

①发票上的外单位名称是否真实。

②同一单位发票是否存在短时期内同时出现几次号码相连或者相近的情况。

③对统一发票，应注意图章中的单位名称和地址，并注意发票上单位图章、银货两讫图章是否清晰，发票上的金额计算是否正确，大小写是否相符。

④对白条发票、收据要重点检查，查清是否套取现金用于商业贿赂等。

（4）对外来原始凭证进行内容上的审查。要弄清为什么会发生这笔现金支出，是否符合实际需要和现行规定，内容是否具有真实性、合理性和合法性，特别是对诸如支付劳务费、广告宣传费、运输费等更要重点审查，审查其是否存在商业贿赂问题。

（5）对付款凭证审查的方法：主要采用与记账凭证核对以及与有关现金明细账核对的方法，查看记账凭证上所写的金额数与所附原始凭证数是否相符，原始凭证的金额与记账凭证的金额是否相符。

会计账簿的检查

会计凭证检查出的问题往往会反映到账簿上来，而会计报表所反映的问题也要从账簿上查找。从会计核算程序看，账簿是中间环节，无论采用顺查还是逆查，都要经过账簿。

1.会计账簿检查的方法

账簿检查主要是检查账簿所反映的经济业务是否真实、合理、合法，账簿的记录是否正确，账簿的设置是否齐全，对各项经济业务的处理是否符合会计制度的要求，记账、结账、对账是否及时，账证、账账、账表、账物是否相符。账簿检查的主要方法是核对法，即通过核对检查记录是否正确来确定有无弊端。比如，把总账与有关明细账核对，把账户的记录与有关的凭证核对，把账面记录与有关实物和货币资金的盘存数核对，把账户记录与有关报表进行核对，等等。若发现问题，则进一步检查会计凭证，查明真相。

2.会计账簿检查的步骤

实际工作中，既可以从凭证或者报表检查中已发现的问题入手，直接检查有关账簿的记录；也可以从某种案件线索或者问题入手，先确定所涉及的账簿，然后进行检查。检查分形式性检查和实质性检查。

所谓形式性检查，就是检查各种账簿的启用，初期和末期金额的结转、承前页、转下页，月结和年结是否符合会计制度的规定；检查各种账簿登记的内容是否齐全；检查各种账簿的摘要栏，特别要注意阅读多栏式明细账的摘要栏；检查借贷方的登记是否记反了方向，是否登错栏次，有无更正错误的记录。

所谓实质性审查，是指检查各种收入支出明细账中记载的内容是否合规、合法，有无把不应列支的费用，采取弄虚作假、巧立名目的手法进入费用账户。国家对每一个账户核算的经济内容、会计制度都有明确规定，每个账户的借方（贷方）记什么，贷方（借方）记什么，余额在哪方，表示什么，以及这个账簿只能与某些账簿发生对应关系等都必须符合这些规定。办案人员必须掌握这些规定，明确不同账簿的核算内容，才能据以核查出有无不符合账户核算内容和违反法律、法规和相关财务制度的会计事项。为了能够及时发现和查明问题，在检查中，一般可以通过查看摘要，发现突出的数额和可疑的记录。对可疑的记录，要进一步从会计凭证中进行检查；对于可疑的转账事项要根据会计分录，查明对应账户，一查到底。

会计报表的检查

会计报表的检查包括形式和内容上的检查。所谓形式上的检查，是指检查报表的种类是否齐全，格式、手续是否完备，报送时间是否及时。所谓内容上的检查，是指报表上的各项指标是否真实，与账簿有关材料是否相符，与有关财产的实有数是否相符。换言之，要检查会计报表编制的真实性、及时性、正确性和完整性。

会计报表检查的方法主要是通过相关项目的核对，如先进行报表内部项目之间、会计报表与其他报表之间、会计报表与相关账簿之间的核对，发现问题，再进行账簿凭证的检查，这属于逆查方法。也可以运用比较分析法进行检查等。

下面是对工业企业主要会计报表的检查方法：

1.资产负债表的检查

主要检查和分析企业资产、负债、所有者权益的全部情况，查明资金的使用和分布是否合理，尤其要分析资产和负债加所有者权益的适应程度。

由于资产负债表的特殊结构，促使查账人员采用相应的平衡分析法和各项目对应关系进行检查，查明资金使用中的问题和成绩。具体检查方法是：首先，检查“资产负债表”的资产总额和负债加所有者权益总额是否相等，如果不等，各分项目的会计计算就会有误，否则就可能存在会计的失误或者其他原因。其次，从分析资金各项目的对应关系上检查。例如“固定资产原值减去已提累计抵旧的净值”应等于“固定基金”项目额。

2.利润表的检查

主要是检查企业利润计划完成、利润分解、税收的缴纳等真实情况，也可以比较全面地评价企业经营成果和资金利用效果。检查的主要内容包括：是否将账户的销售收入如实反映在报表内，利润总额是否等于销售利润加上其他销售利润和营业外损益；所有的利润收入和应分解利润计算是否正确，是否及时结交；其计划完成情况如何，与上期相比有什么变化等；检查分析影响利润变化的因素，即分析销售量、销售价格、销售成本、销售税金、销售结构等变化对利润的影响程度，分析原因，明确责任。

小金库的检查

小金库的含义及其特征

1.含义

所谓小金库，又称账外账，是指违反国家财经制度和其他有关规定，挤占、截留国家或者单位收入，未列入本单位财务会计部门账内或者未纳入预算管理，私存私放的各项现金。从广义上说，凡是收入或者支出不受该单位财务会计报告控制的单位资金，统统属于小金库的范围。各单位或者部门对小金库进行专门核算所形成的账户资料属于账外账。

2.特征

（1）小金库的收支业务通常会取得财务凭证。但多数小金库业务在记账前不编制记账凭证，而是直接根据财务凭证登记账簿。

（2）小金库的账簿一般仅有日记账账簿（流水账）。个别单位利用小金库资金进行账外经营的，可能会建有内容较为完备的总账和明细账。

（3）小金库账簿的形式多种多样，有的使用正规的账簿，有的使用笔记本记录，也有的在计算机中单独制作文件进行记录，还有个别的单位在正式账中设置具有来往性质的特设账户核算小金库的收支。

（4）除账外经营情形外，通常不存在专门针对小金库业务编制的会计报表。

小金库的资金来源

1.截留收入的款项

截留收入款项是一般单位小金库资金来源的主要渠道，即将各种收入不通过或者不全部通过财务会计部门列收，将截留的收入资金转为小金库。这类收入通常包括：

（1）正常的业务收入；

（2）仓库物资的销售收入；

（3）废旧物资的销售收入；

（4）销售退货不入库重新销售所得的收入；

（5）提价销售商品取得的“差价”收入；

（6）零星业务收入；

（7）经营中取得的回扣、佣金、手续费等收入；

（8）通过非法经营取得的收入；

（9）各种会议中向到会人员收取的会务费收入；

（10）公款投资形成的利息、分红收入等。

2.核销虚假费用，形成账外款项

有些单位出于不同目的，使用虚假费用凭证，通过财务会计部门“支出”后，将“支出”的款项直接转入小金库。常见的这类“支出”有：

（1）材料采购进价；

（2）运输费；

（3）货物运输途中损耗；

（4）空名、多人头工资；

（5）加班费；

（6）加工修理费；

（7）回扣、佣金、手续费等。

3.小金库资金运营收入

小金库资金在使用中所产生的收益，也可以形成小金库的部分资金来源。如：

（1）小金库存款的利息收入；

（2）小金库资金投资形成的股息、分红；

（3）资金使用费收入；

（4）利用小金库进行生产经营（账外循环）取得的利润等。

小金库的检查方法

小金库的资金主要来源于隐匿应当入账的收入和虚报开支。发现小金库的主要方法，就是通过检查财务会计资料，发现未进行会计处理的财务收入和虚报的开支。

1.通过检查库存现金发现小金库

（1）对于小金库与库存现金混放的，由于小金库库存现金不通过库存现金账户核算，因而在检查库存现金并核对现金日记账余额时发现现金大量长库（库存现金多于账面余额）；

（2）对于小金库的资金存入储蓄机构的，在查库时可能会发现储蓄存单。也就是说，当检查库存现金发现现金长库或者储蓄资料时，应当考虑是否存在小金库。

2.通过检查银行存款发现小金库

有的单位将小金库存放于其在银行单独开设的账户。对此，在查账中若能收集到被查单位的全部财务会计资料，则会发现这一账户的银行对账单或者银行结算凭证。具体方法是：检查被检查单位的银行存款资料时，应当完整地收集银行存款对账单，同时检查被检查单位银行日记账簿。如果该单位是按照银行账户分别进行核算的，应当将银行存款对账单所列开户行名称、账号逐一与银行日记账中所列具体账户名称进行核对。核对后发现某一银行对账单所列账户，被查单位没有设置银行存款账户进行核算，即该存款账户没有银行存款账户所控制，应当考虑是否是小金库。

3.通过检查收入凭证发现小金库

通过核对收入凭证，可以发现收入不入账形成小金库的情况。常用的方法有：

（1）将被查单位开出的发票存根联与记账联或者提货联（提货凭证）进行核对，若缺少记账联或者记账联的金额少于存根联和提货凭证金额，应当考虑是否存在收入不入账形成小金库的情形；

（2）将发票记账联、收据的收据联与记账凭证、销售收入账簿进行核对，可以发现收入未入账情形。现金收入不入账会造成现金长库，这时查账人员应当及时检查并核对现金库存，如果没有出现长库现金，通过追查现金的去向可能发现小金库；如果未记账收入涉及转账存款业务的，应当检查银行存款确定有无形成小金库的可能。

4.通过检查支出凭证发现小金库

主要是在检查采购成本、经营费用支出凭证时注意查找虚假的财务凭证，并通过追查虚列支出款项的去向，查出小金库。

5.通过检查往来账簿发现小金库

许多单位都会虚设往来账簿隐匿收入或者虚报支出。一般情况是将收入账项虚列为应付账项，或者将虚报支出的账项转为应付账项，即收入款项时不作为收入处理，而作为应付其他单位款项处理。因此，通过检查核对应收、应付、暂收、暂付等往来科目，可以发现核算小金库的特设账户或者虚假账户，并通过核查其款项收支情况，确认小金库。

检查小金库应注意的问题

（1）在查账中，无论是通过何种途径发现小金库时都应当立即控制有关账证，经检查与案件无关或者核实相关事实后，方可移交被查单位或者有关部门处理。

（2）查账中一旦发现小金库，应立即对小金库资金的实际结存情况进行检查。小金库的存放形式，多为现金和储蓄存折、信用卡，但也有表现为有价证券、存货已经存入开户银行等情形。因此，在检查小金库的资金结存量时，对以各种形式存放的小金库资金应一并检查，防止遗漏。

（3）在检查小金库的存单、银行对账单时，应与小金库账簿进行核对，查明有无收支账项（特别是银行存款利息收入）未入小金库账簿的情形。

（4）在检查小金库账簿时，应注意分析其资金形成规律，发现并查明其他私存私放的资金。

（5）小金库本身具有隐蔽性，通常其账证的内容比较真实。但在检查时还应注意检查其收支的真实性，不可轻信其账证。这样做：一是可以从中发现新的案件线索；二是可以防止因小金库资料不实而影响办案质量。

三、常见案件类型调查方法

商业贿赂案件调查方法

商业贿赂行为的发案特点

1.热点领域的发案率仍居高不下

从发案领域看，权力比较集中、资金比较密集、资源比较紧缺、竞争比较激烈、商业利润空间比较大的领域，往往容易成为商业贿赂的高发领域。商业贿赂的“潜规则”根深蒂固，今后一个时期，应采取得力措施予以整治。

2.违法主体已呈多元化态势，并向组织化蔓延

随着市场竞争日趋激烈，商业贿赂逐渐成为一种主要的不正当竞争手段，蔓延到各行各业，违法主体已呈多元化态势，几乎涵盖与商业活动有关的各类组织、法人和个人。目前，商业贿赂主体的组织化倾向更为明显。在专项治理的打击和重压下，个人对个人或个人对组织的商业贿赂行为大为收敛，转而向组织对组织的方式发展。从当前法律惩治和行政制裁的力度来看，对于涉案的个人在定性和处理时较为容易判断和掌握，而对于组织间的涉案，则较难把握尺度。一是行贿方大都以行业规则和商业惯例为借口，行贿的目的不是谋取个人利益，而是确保企业生存与发展，决定也是由领导班子集体做出的，是一种“组织”行为；二是受贿方收受的贿赂进入单位的小金库，主要用于职工福利，同样属于组织行为。这种商业贿赂主体的组织化倾向，可以大大分散贿赂主体的法律的和行政的风险，查处起来较为困难，成为今后治理商业贿赂的一个重点和难点。

3.商业贿赂的手段多样性，且日趋隐蔽和狡猾

随着社会经济发展和查处的力度加大，商业贿赂的花样不断翻新，行贿方式日益呈现多样性，手段也越来越隐蔽。一是以赞助费、信息费、科研费、促销费、宣传费、劳务费、咨询费、红包、礼金等名义，或者以报销各种费用的方式，给付对方单位或者个人的现金；二是给付对方单位或者个人债券、股票及各种卡、券、提货单等；三是给付对方单位或个人高档用品、奢侈消费品、收藏品，甚至房屋、车辆等；四是向对方单位的有关人员提供国内外各种名义的旅游、考察、免费娱乐、子女就业就学、各种荣誉及性服务等非财产性利益等。这种贿赂尽管种类繁多、形式多样，但都有一个共同点，即涉案财物在交易双方的往来账目上都有所反映，调查取证相对容易些。

但随着治理商业贿赂工作的深入和打击力度的加大，商业贿赂的手段也日趋隐蔽和狡猾，现在大多采取对方乐意接受，又易规避风险的方式秘密进行，其贿赂手段主要有：

（1）一些医药代表首先与医务人员暗中接触达成共识，在银行办理个人储蓄卡，然后定期或不定期地通过药局了解这些医务人员在一定期限内为其开出药品处方的数量和药品销售的数量，按照比例提取现金存入医务人员的个人银行储蓄卡上，行为十分隐蔽。

（2）经营者按照一定比例给业务人员“提成”或“奖金”，再由业务人员暗中支付对方相关人员费用或赠送实物等。

（3）经营者邀请相关人员打麻将以故意输钱等方式给对方好处。

（4）经营者将自己的车辆、手机等高档商品长期借给对方无偿使用，所发生的费用自己买单等。所有这些，进一步加大了获取案件线索和调查取证工作的难度。

4.从案发的领域看，尚存在案件查办的难点和盲点

工程建设、产权交易、医药购销、土地出让、政府采购及资源开发和经销六大领域是市场经济转轨时期权力寻租的重灾区，其领域所发生的商业贿赂案件往往都是大案、要案和窝案、串案。但从目前工商系统查处的商业贿赂案件看，除医药购销领域外，其他领域涉及案件很少。究其原因是多方面的，除了工商行政管理机关职能权限、执法人员素质和办案装备等因素外，还有两个重要原因：一是在这些领域商业贿赂的案件线索发现难，打开案件突破口难，调查取证难，已成为治理商业贿赂的难点。在高度垄断行业和充分竞争的经济领域，商业贿赂也大量存在，并作为行规支配着企业的经营行为，甚至影响到企业的经营决策和发展方向。对于在市场中处于劣势地位的企业来说，在与垄断和优势企业打交道时，遵循潜规则，则意味着市场机会的取得或交易的持续进行；抵制潜规则，则意味着自己的市场地位和交易机会被另外参与贿赂的竞争对手所取代。只要存在这种潜规则，而又没有其他正常经营之路可走时，再严厉的制裁和惩治措施都将失去效力。当前，正常的法律、行政、市场规则和制度正在建立完善之中，商业贿赂的潜规则仍在发挥较强的效力。二是在这些领域反商业贿赂运转机制不畅。1993年《反不正当竞争法》颁布实施以来，工商行政管理机关作为反不正当竞争的执法主体，依法查处了一大批垄断行业的商业贿赂案件，切实有效地维护了市场经济秩序。但随着体制改革，银监会、保监会、证监会、电监委等职能部门的相继设立，加之《中华人民共和国保险法》《商业银行法》等法律的修改，以及《中华人民共和国电信条例》等新的法规的实施，发生在上述领域（包括商业贿赂行为）内的不正当竞争等违法行为的监督检查权已由工商部门划归其行业主管部门。这些新设立机构在监管自己管辖领域方面做了很多工作。但由于主客观原因，工商行政管理机关与这些职能部门工作机制尚须对接，工作机制尚未健全，造成了工商行政管理机关查处此类案件大幅度下降，暂时出现了执法盲点。

商业贿赂案件的一般调查方法

1.审查商业贿赂的案件线索

商业贿赂案件线索的审查，是指工商行政管理机关受理案件线索后，必须从职业的角度对线索的内容进行分析、判断，初步判明该线索是否真实可靠，进而确定是否可以立案调查。

（1）商业贿赂案件线索审查的基本要求

工商行政管理部门在商业贿赂案件线索审查阶段，必须严格遵循“迅速、秘密和适度”的要求。所谓“迅速”，就是要求工商行政管理机关在案件线索审查过程中要以快制胜，及时审查材料，尽量避免因拖沓而造成不必要的工作被动。所谓“秘密”，就是要求在不惊动被调查对象和不让其他有关人员知情的情况下，对案件线索予以审查，尽量避免打草惊蛇。所谓“适度”，就是要求工商行政管理机关对案件线索的审查掌握必要限度，即只要确认有违法事实发生即可，切忌“以审代查”。

（2）商业贿赂案件线索审查的基本方法

商业贿赂案件线索的审查方法主要包括对案件线索的书面审查、接谈审查和必要的初查。

①书面审查。就是对已经受理的投诉、举报或者有关单位和部门移送或者交办的有关文字材料进行深入、细致的分析、研究，主要应做好以下工作：

a.初步判明事件的性质；

b.初步判明成案的可能性的大小；

c.初步判明所获材料的真实性；

d.初步判明线索的管辖权；

e.初步判明有无法定的不予处罚的情形等。

②接谈审查。就是对提供和反映案件线索等有关情况的人员、发案场所进行接触或者接访，通过谈话的方式，了解、核实案件线索的有关情况。

③初步调查（初查）。初查是审查的一种方式，是指工商行政管理机关对管辖范围内的案件线索进行必要的初步调查，以判明是否予以立案调查的活动。商业贿赂案件的初查是围绕案件线索材料的内容而展开的。实践中，对商业贿赂案件的初查一般采取不公开的方式进行。一般说来，初查的内容主要有：

a.围绕商业贿赂发生的前提条件进行调查，重点了解掌握被举报人购买或者销售大件或者大宗商品的业务经营情况；

b.案件线索所反映的违法事实发生的时间、地点、项目等情况是否存在；

c.了解被举报的行贿方与被举报受贿方是否存在某种业务往来；

d.寻找线索材料中提及的知情人，进一步了解相关情况，寻找获取新的线索；

e.有条件的情况下，可以约请举报人或者投诉人进一步了解情况，查明人与人、事与事、人与事之间的相互关系等。

2.选择调查商业贿赂案件的突破口

要善于发现和抓住已暴露的违法事实，针对调查对象的具体情况及当事人的心理弱点和障碍，尽力做好工作，步步深入；要善于捕捉和利用战机，赶在可能出现的串供、毁证、改账之前，抓紧取证。

取证要做到相互印证，忌单一片面。应以当事人收取或给付贿赂的直接证据为主线进行调查，全面获取当事人的笔录、财务凭证及相关证据材料，查明某笔贿赂具体交易的来龙去脉，对于涉及的时间、地点、商品数量、价格、金额以及由此获取的利润等都应予以证明。对行贿与受贿两方证据所反映的数额、方式应当一致，形成证据链，环环相扣，相互印证。

同时商业贿赂的特性要求必须重视书证的收集，仅有一串口供和数字对应，是不足以定案的。应从竞争对手处入手，行贿方证据互为印证，从查账、清查固定资产入手。

3.清查账目，获取相关书证

清查账目是获取商业贿赂案件书证的重要手段。在商业贿赂案件调查中，往往涉及账册、单据、凭证等会计资料，贿赂行为人也往往会在这些资料上留下“烙印”。因此，工商行政管理机关通过查账，可以迅速发现案件线索和获取相关证据。具体的查账方法与技巧措施，请参阅本书第五章第八节内容。但由于商业贿赂案件具有其特殊性，在查账时还要注意以下几点：

（1）做好精心准备，理清查账思路

在商业贿赂案件中，由于账册、单据等都在行贿人、受贿人的控制之下，为了防止与案件有关的原始账册、单据被销毁，查账前要严格保密，并做好精心准备。在进入案发单位后，若有必要可采取法律手段，查封或者扣押有关会计资料，以保证查账活动的顺利进行。必要时，可以聘请有关专业人员，协助清查账目。

查账前要理清查账思路，重点核实商业贿赂嫌疑账项，其主要方法有：

①从受贿单位发现贿赂嫌疑账项时，可以据账调查可能核销行贿费用的单位，重点检查该单位有无核销行贿费用的嫌疑账项。

②从行贿单位发现支付不正常费用的账项，可以据账调查收取费用的单位，查明该单位是否收到费用，进而查出行贿单位支付行贿费用的嫌疑账项。

③从行贿单位发现购入低值易耗品、固定资产等物品可能是行贿物品的账项时，应立即核实其实物，进而发现物品已被用于贿赂的案件事实。

（2）明确贿赂标的，掌握行贿费用的核销账项

概括地讲，贿赂标的包括财、物和其他利益三种情形，但在执法实践中，行贿人给予受贿人贿赂的支付名义是五花八门的，如赠与、借用、试用物品；支付回扣、佣金、提成、奖励、酬谢费、劳务费、宣传费、广告费、手续费、培训费、考察费、利息、利润分成、投资收益；低价销售财物、高价购买财物等。

行贿费用的核销账项，是指单位的费用支出中，可能与支付行贿资金有关的嫌疑账项。实践中，常见的核销行贿费用的嫌疑账项有：

①以现金支付各种名义的高额回扣、手续费、佣金及各种杂费等账项；

②转账支付各种名义的高回扣、手续费等，但收款单位与开具收据的单位不一致的账项；

③重复支付费用或者其他款项的账项；

④现金收入未入账的款项；

⑤支付、核销高额费用但内容不真实的账项；

⑥购入高档商品等未入实物账簿，核查时无实物的账项；

⑦应转账支付的利息等费用，实际使用现金支票支付的账项；

⑧销售单位可以直接开具发票的，却通过税务机关代开发票的账项；

⑨小金库中明确记载支付贿赂款项的账项等。

（3）行贿费用核销账项的方法

行贿单位给予受贿人财物后，需要通过一定的财务会计处理，将行贿费用进行核销，并构成经营成本的组成部分。行贿单位支付行贿费用的财务处理方法有明账核销、隐账核销和账外核销三种。

①明账核销。是指行贿单位不隐瞒行贿费用的用途，以支付提成、回扣、佣金、手续费、交易费、股利、送礼等事由，将行贿费用列入有关费用账户核销。对此，执法人员可以根据贿赂原因及行贿单位对所接受的经济利益的日常处理账户，确定该单位核销该项行贿费用所涉及的账户。

②隐账核销。通常是指行贿单位采用伪造虚假的费用凭证，隐瞒行贿费用的真实用途，将行贿费用隐瞒并列入成本费用等账户核销。发现隐账核销账项的主要方法是

分析原始凭证的真实性，一旦发现虚假原始凭证，可以通过追查虚假原始凭证所涉及的相关资金的去向，发现并查证贿赂事项。

③账外核销。是指行贿单位不通过财务会计部门直接核销行贿费用，而是利用“小金库”等账外资金支付和核销费用。一种是直接从本单位“小金库”中列支行贿费用，另一种是账外抵销收入，即在应当收回的收入中直接扣减行贿费用。执法人员需要通过检查收入资料，查找行贿单位隐瞒收入的账项，查明应付款单位的应付账款的实际支付情况，即可找到行贿单位利用隐匿收入通过其他单位支付行贿费用的证据。

查证行贿单位非法所得的账项时，可以通过检查其应缴税金、资本公积金、待处理财产损益、收入类、收益类等账户资料，收集相关凭证和账页等，查明其所获得的非法收入金额。

4.通过查账，辨认商业贿赂行为的几种方法

（1）从账目记载方法入手辨认捕捉折扣折让掩盖下的商业贿赂行为

①弄清企业财务会计制度关于“折扣折让”的规定和“折扣折让”概念

在财务会计制度中的“折扣折让”与在《反不正当竞争法》中的规定相比有所不同，应分析区别对待。《企业会计准则》《〈企业会计准则——收入〉指南》《企业财务通则》《企业会计制度》规定：“现金折扣”是指债权人为鼓励债务人在规定的期限内付款，而向债务人提供的债务扣除。现金折扣通常发生在以赊销方式销售商品及提供劳务的交易中。卖方（债权人）可在交易前与买方（债务人）达成协议，约定买方（债务人）在不同的期限内付款可享受不同比例的折扣。企业在确认销售收入时（或确认前）不能确定相关的现金折扣，销售后现金折扣是否发生应视买方的付款情况而定。“商业折扣”是指企业为促进销售而在商品标价上给予的扣除。商业折扣在销售时即已发生，企业销售实现时，按扣除商业折扣后的净额确认销售收入。如果在销售收入确认前约定相关的“现金折扣”为必须履行，则使“现金折扣”演变为商业折扣。“销售折让”是指企业因售出商品的质量不合格等原因（非促销目的），在收入确认之后在售价上给予的减让。现实中，企业为促进销售在收入确认后给予对方销售折让，应视同“商业折扣”处理，但在以上制度中未予提及。对于以上销售收入确认的时间要求，情况比较复杂，应按《企业会计准则》第45条、《企业会计制度》第85条等规定执行。对卖方企业而言，“现金折扣”在实际发生时作为当期费用，借记“财务费用”科目；买方则应冲减当期“财务费用”科目。销售折扣折让在实际发生时冲减（或抵减）当期销售收入或营业收入，根据业务类型分别抵减“主营业务收入”或“其他业务收入”科目。

②检查辨析企业的“折扣折让”

企业对折扣折让不在法定账簿按规定处理账务的，或者不按规定做挂账处理，隐瞒真相的，应视为未明示和如实入账，构成账外暗中。虽然记入法定账簿、法定科目，但在会计凭证和账簿记载中未如实明确表示或说明，隐瞒真相的，也应构成账外暗中。现实中，折扣折让在合同、发票、记账凭证和明细账中常常以“优惠”“让利”“打折”“退货款”“退让”“退款”“赞助”“捐赠”等名目出现，关键要把握实质。卖方为实现促销，买方为挪用或逃避监督，往往不做明示和如实入账，有的不在规定会计科目反映，有的不在会计凭证账簿说明，或兼而有之。

卖方支付销售折扣折让常采取以下隐蔽方式：

a.“红字冲账”法。“红字冲账”本是会计制度规定的账务处理方法和更正错账的方法，但经常被变相滥用。此法对企业很实惠，且貌似合法，迷惑性强，应特别注意。

b.将折扣折让记入成本或销售费用、管理费用等。如以会议费、业务招待费、办公用品、宣传费、手续费、考察费、差旅费、让利、销售代表费、业务提成、销售奖金、装卸搬运费、临时工工资等名目入账付款或为买方报销各种费用。

c.收入不入账直接支付折扣折让。

d.以虚报存货或固定资产盘亏（损失）或损耗、抽空库存、捐赠等形式支付实物折扣折让。

e.在应收应付款等往来过渡科目抵账付出款物或付出款物后长期挂账。

接受销售折扣折让的买方常常采取以下隐蔽方式：

a.不入账私分。

b.入“账外账”形成“小金库”。

c.列入专用基金、福利基金、奖励基金、其他收入科目。

d.冲减福利费、奖励费等支出。

e.列入应收应付款等往来过渡科目，用于抵账挪作他用，或长期挂往来账不做处理。

f.作为未达账项长期不做处理。

检查中，买卖双方企业对于“销售折扣”不按规定处理账目，不能反映真实情况，不能分别抵减营业收入或购进成本，应视为账外暗中的回扣。对于“销售折让”不按规定处理账目，不能分别抵减营业收入或购进成本，同时有证据证明该“销售折让”不是因售出商品的质量不合格等正当原因而在售价上给予的减让，属促销竞争行为的，应视为账外暗中的回扣。对于“现金折扣”，如果确属销售确认后为鼓励客户提前付款而给予的债务扣除，买卖双方分别按上述规定明确地反映在“财务费用”增（借）、减（贷）方，不构成商品（含服务）交易中附赠行为的，应排除商业贿赂行为。相反，如果按“现金折扣”的规定明示和入账，并属在销售确认前事先约定为必须履行，或未实际发生提前还账行为而给予“现金折扣”，其目的属于争取交易机会交易条件或约定为将来争取交易机会交易条件的，应视为假借“现金折扣”的一种回扣。对于上述“现金折扣”按照关于“商业折扣”的规定核算的应排除商业贿赂。经营者“现金折扣”构成交易中附赠行为，违反国家工商行政管理局《关于禁止商业贿赂行为的暂行规定》第八条规定的，应视为商业贿赂行为。

③辨析事业行政单位折扣折让问题

对于事业行政单位而言，交易中发生的折扣折让应按事业行政单位会计制度处理，已纳入企业会计核算体系的事业单位，按企业会计制度执行。不及时按规定处理隐瞒真相的也应视为账外暗中。

（2）从账目记载的真实性入手辨认捕捉佣金掩盖下的商业贿赂行为

佣金常以劳务费、介绍费、手续费、信息费、酬谢费等形式在合同协议、会计凭证、明细账中出现。

对于佣金的账务处理，企业会计制度、事业单位会计制度没有具体的规定，应按照开支用途和会计制度原则性规定处理。有行业特别规定的从其规定。从会计科目核算范围看，属企业主营业务的佣金收入列主营业务收入，属兼营业务的列其他业务收入，事业单位收取佣金的列经营收入。支付佣金的企业依用途列入销售费用或管理费用等科目，或列入固定资产、存货等采购成本，事业单位相应地列入有关支出科目。暂时不能确认的可在应收、应付款等科目过渡核算。个人接受佣金无法入账的，应按规定申报纳税。

佣金明示入账的要求与折扣一样，除了按相应的会计账户（科目）入账外，还应将有关发票、收据、合同协议和文字说明等凭证资料作为入账依据。对于给予或接收佣金不明示和如实入账的，可能是商业贿赂行为，也可能是违反财经纪律的行为，应该进行个案分析，符合商业贿赂特征的应视为商业贿赂行为。应按照明细账、记账凭证、发票、资金结算凭证到合同协议的顺序查证“佣金”数额及真实性，为进一步查证中间人、交易相对人、收受人身份等提供依据。判断其是否构成商业贿赂，查证的重点是“佣金”实际收受者身份及其与交易当事人的关系。

重点检查符合商业贿赂特征的以下事项：

①经营者为促成交易，“佣金”实际给付交易对方经营者，并非合同、账簿、凭证中表明的中间人。

②经营者给予佣金的中间人（不论是否持有法定资格证件）为交易对方的相关人，其属于对交易对方具有决定权或显著影响的个人或单位，包括与交易对方有法定继承关系、行政隶属关系、监督管理关系、共同投资关系、控股关系、合作经营关系等，并利用这种关系促成交易，其收取“佣金”违反了国家禁止性规定。

③交易双方经营者达成约定将“佣金”支付给中间人（不论是否持有法定资格证件），并将给付其“佣金”作为成交条件，而中间人却未实际发生与成交有关的服务

行为。

④经营者为促成交易支付中间人佣金，超出国家禁止性规定标准的应视为商业贿赂。

⑤经营者为促成交易，“佣金”支付人与中间人串通，共同向交易对方及其相关人行贿的，属商业贿赂行为。以上行为仅凭查账手段难以取证，应通过查证大额“佣金”的实际流向凭据（银行转账凭证）和发票、收据等取得进一步查证的线索。

（3）从账目处理规律入手辨认捕捉回扣掩盖下的商业贿赂行为

回扣形式复杂多样，隐蔽性很强，是其“账外暗中”的特征所决定的。对给予回扣的经营者而言，以非现金方式支付回扣，处理账目的手段更多，更“方便灵活”；对收受回扣的单位或个人而言，也常常认为收取现金违法，感到不安，要求以实物或其他方式收受。支付或收受回扣多发生在竞争性强、数量大或利润高的市场领域，体现在价格畸高畸低的交易中，畸高畸低的收支或往来账目中。

另外还需要注意，在执法检查过程中，有的当事人可能先“动手脚”，蒙蔽检查人员，对此，应从以下方面识别应对：

①全程全面核查。即按照会计账务处理的程序，从原始凭证（发票、收据、银行结算单据、验货单、合同协议等）、记账凭证（复式记账分录）、出纳账、相关明细账、科目汇总表、总账、会计报表及说明、总账科目之间，直至相关单位、开户银行、发票收据存根，账证、账实、账款、账账、账表全程全面核对，发现疑点，细查深究。如果核对多处不符，或自相矛盾，很可能属临时更改，也可能是账外账。临时改账的一般不能全程全面更改。如果只是明细账一处或几处更改，原始凭证、记账凭证、总账、会计报表等有关项目几处没变，自相矛盾，则不能改变隐匿性质。

②审查更正方法。不按照会计制度规定更正方法临时更正的，视为造假账，改变不了原有的错误事实。例如，从原始凭证、记账凭证、明细账、出纳账、科目汇总表、总账到报表，对于同一项目的连续记载全部或有两处以上采取连续画线更正，即属不按规定更正。

③分析法律后果。按照会计制度规定更正方法更正的，还要依据更正时间分析其法律后果。如果违法危害后果既成事实，改账后没有挽回或消除的，不改变违法性质，只是情节问题。商业贿赂的法律后果是排挤经营者的公平竞争，妨害市场秩序，谋取不正当利益。例如，如果医院隐匿折扣（让利）的账目记载更正时间较晚，则无法改变对原来药品和医疗收费价格的核定的误导和不正当利益的形成。如果没有将不正当利益上缴国库，则没有消除影响和后果。如果上缴国库原数，还有资金时间收益的问题。如果只更正了入账科目，还有在交易合同、发票和账簿中未按规定明示和如实说明的问题。如果交易中双方串通不明示折扣，则已造成不正当利诱促成交易的事实，侵犯了其他经营者的公平竞争机会，即使事后在账目中更正也改变不了违法性质。

5.调查询问，获取证人证言

由于商业贿赂案件在调查的初期阶段一般都有明确的违法当事人，而没有诸如商标侵权、制假售假等案件那样的反映违法结果的现场可供勘验，因此，调查询问就成为首先采取的措施。工商行政管理机关通过调查询问，可以发现商业贿赂案件的线索，收集违法证据，查清违法事实。至于如何具体地询问证人，可参考本书第二部分第一章的相关内容。但要注意以下事项：

按照证人与案件的关系和态度，可区分以下三种情况分别采用不同的方式进行询问：

（1）肯于积极作证的人

主要是指投诉人和举报人，对这些人应当鼓励其提供真实可靠的证言。

（2）被动作证的人

主要是行贿或者受贿单位的会计、出纳和相关业务人员等，他们当中不少人抱着多一事不如少一事的态度，一般不肯作证，有的怕打击报复，有所顾虑，但只要工作做得细致，大多会采取配合的态度。

（3）不愿作证的人

这主要是指与贿赂案件有利害关系的人，如行贿单位具体负责行贿事宜的业务人员和主管领导等。对这种证人，必须运用谋略和灵活机动的方法来获取证言。

6.询问违法行为人，获取当事人陈述

询问违法当事人是商业贿赂案件调查的关键。初查、查账、询问证人等调查活动，从某种意义上说，都是为询问违法行为人创造了有利条件。商业贿赂案件能否成立，在很大程度上也取决于询问违法行为人能否取得成效。对此，工商行政管理机关必须高度重视。至于如何具体地询问违法行为人，可参考本书第二部分第一章的相关内容。但要注意以下事项：

（1）认真准备

询问前要做好充分准备，要熟悉案情，研究违法行为人的心理特点，制订好询问计划，选择好询问地点，营造询问气氛，选择好询问突破口，切忌在案件初始就盲目询问违法行为人而造成工作被动。

（2）做好第一次询问

要讲究询问的时机和方式，突出询问重点；要讲究询问的策略、方法，争取“以智取胜”。

（3）做好总结性询问

应在案件结束前，对违法行为人做一次全面、细致的询问。这次询问主要是对整个案件事实的发生经过进行还原，进一步夯实和完善证据体系，也是对前一段调查工作的总结，并问清实施贿赂的思想动机和对自己行为的认识等。

7.实施现场检查，扣押相关书证、物证

由于商业贿赂案件言辞证据的地位突出，所以通过实施现场检查，扣押相关书证、物证，对于固定证据、防止翻供、扩大战果、证实违法行为等具有重要意义。至于如何具体地实施现场检查，可参考本书第二部分第一章的相关内容。但要注意以下事项：

（1）对涉案单位的检查

重点检查物资采购招投标情况、物资采购供应情况、物资采购货款结算情况等，若发现与案件有关的招投标说明书、记事本、合同书、来往信函、电报、电话记录、通讯录、供应商名单、名片、发票和其他可疑的数据和物品的，应依法予以扣押。

（2）对财务部门的检查

重点检查与供应商之间的来往账目和结算情况，若发现在与供应商的正常结算之外，又收到供应商支付的任何款项或者物品的账册，应依法予以扣押。

（3）对材料采购供应部门的检查

重点检查供应商的材料供应情况，材料入库出库情况，若发现在供应商按照合同供货之外，又收到供应商的供货或者其他物品的，应依法予以扣押。

（4）对固定资产的检查

重点检查在原有的合法固定资产之外，还有没有其他固定资产。对于发现的供应商赠送、借用或者试用的设备或者其他物品的，应依法予以扣押。

医药行业商业贿赂案件的调查方法

医药行业的商业贿赂行为是社会长久以来的一个公开秘密，几乎存在于医药购销的每一个环节，成为医药市场药价虚高不下的重要原因之一。既加重了患者负担，败坏了社会风气，又破坏了医药行业公平竞争秩序。既是群众关注的热点问题，也是一个社会难点问题，是整顿商业贿赂行为的重点行业之一。

1.医药行业商业贿赂行为的手段

（1）账外暗中给付或者收受的回扣。其手段有三种：

①不入账。利用小金库、账外账实施，不入法定财务账。

②做假账。在法定财务账上有记载，但是作了假，假借其他名义入账。如：红票冲账，或者送实物后虚报损耗入账等，把支出的回扣以包装费用、宣传费、开发费、咨询费、学术推广费用（请科室医生开座谈会）、信息费（付给医药公司推销人员统计共售出多少药品的劳务费）、统计费（给予药房处方统计人员的费用）、仓储费等名义列支，放在“管理费用”科目。

③转入其他财务账，把回扣收入和支出转入法定财务账的其他科目上，如把收受回扣计入“其他收入”，把支出计入“销售费用”或“管理费用”。

（2）账内价外给予或者收受贿赂

与其他行业商业贿赂的手段不同，医药行业商业贿赂行为有相当一部分是属于公开给付。如一些医药公司为争取交易机会，公开“赠给”医院医疗设备等，医院计入“固定财务账”科目。这种情况下，虽然医院和医药公司对“赠与”的医疗设备都在账目上有记载，但不影响商业贿赂的构成。为争取交易机会给付对方财物，无论是否上账，均构成商业贿赂。

2.医药行业商业贿赂的法定账目

在实践中，医药行业商业贿赂的手段是纷繁多样、形形色色的。以药品购销中的商业贿赂手段为例，从赤裸裸的馈赠钱物，到巧立名目，以“宣传费”“广告费”“促销费”等为名，行贿赂之实；从“开大处方”“卖病号”获取回扣，到提供居室装修、提供住房使用权、安排国内外旅游考察等，贿赂手段可谓名目繁多，花样层出不穷。商业贿赂认定的复杂性主要体现在贿赂手段的多样性上。就目前已经办理的医药行业商业贿赂来看，医药行业商业贿赂往往涉案案值比较大。医院往往在药品购销活动中，收受相关医药企业和有关业务单位的款项和实物，并将收受的款项和实物记入医院财务的“其他收入账”中。对医院的这种入账方式是否构成商业贿赂，关键就是要看这种入账方式是否属于法定的入账方式、入的是否是法定的财务账。对于账，应该说是指按照财会制度设立的、能够如实反映经营活动的账目，不是指除此以外的其他账目。根据《财务通则》第二十九条第二款规定：“企业发生的销售退回、销售折让、销售折扣，冲减当期营业收入。”《会计准则》第四十六条规定：“销售退回、销售折让和销售折扣，应作为营业收入的抵减项目记账。”《商品流通企业财务制度》第四十八条第二款规定：“企业购进商品发生的购进折扣、退回折让及购进商品发生的经确认的索赔收入冲减商品进价成本。”企业发生折扣应冲成本账目，而不能记入其他科目。将收受的财物入了账，但所入的并非反映药品购销活动的经营账，而是其他账，这种方式不能如实反映接受财物与采购药品之间的联系，不能反映所购药品的实际成本。而是将其记入“其他收入”会计科目，没有冲减购药的实际成本，让“赞助款药品让利、药品返回款、药品回扣、药品优惠收入、赠款”等行为已丧失了本来面目，变成了商品价款之外收取对方财物的一种方式，也就是变成了收受贿赂的商业贿赂行为。

3.目前医院商业贿赂行为存在的形式

（1）以“赠与协议”为名，行商业贿赂之实。该类商业贿赂案件，其典型之处在于以附条件、附期限的赠与协议为名，行商业贿赂之实，并且涉及“财物手段”和“其他手段”。具体地说，就是医院与相关单位之间签订的“赠与协议”是一个附条件、附期限的协议，即以医院采购一定期限内一定的药品价值，满足了“赠与协议”规定的条件，相关单位就赠予医院一定的好处。

（2）假借代支运费、运杂费收受回扣。主要表现为：医院在购销药品过程中，以“代支运费、运杂费”的名义收受相关供货单位给付的款项，并将上述收入记入“其他应收款”“预收账款”科目。但当事人收受的所谓“代支运费、运杂费”并不是用于药品运输，而是假借这些名义返还的回扣，属未如实入账的账外暗中收受回扣的商业贿赂行为。

（3）采取增大发票金额，实际少收销货款，医院对少支付的购药款则以“其他收入”入账。主要表现为：增大发票金额，实际少收销货款，医院按发票金额记账，对少支付的购药款则以“其他收入”入账，显然隐瞒回扣的真实性，其行为不仅违反了财会制度，而且虚列了商品成本，损害的是消费者的利益。

（4）利用“开方费”“介绍费（劳务费）”收受回扣。医疗商业贿赂的主要表现为药品生产或销售单位给医疗单位回扣、医疗单位给医生“开方费”等几种形式，其中药品回扣现象在医疗行业较为普遍。

（5）名为捐助实为索贿。有的医院借口“公益事业”要求企业“捐助”医疗设备，被要求企业为维持或进入医院这个市场，捐赠医疗设备，这种情况在三甲以上医院尤为普遍。

（6）开具“白条”，或者虽然有正规发票，但未入正常科目进行的“返利”。在商业经营中并非不允许正常的“返利”存在。如果“返利”有国家正式的发票，在入账时按照《会计法》的规定入账，有规范的科目，是允许的。但如果“返利”开具“白条”，或者虽然有正规发票，但未入正常科目，则属于商业贿赂。

（7）通过开学术会议或“帮助”医院的“专家”或“准专家”在国内外专业刊物上发表论文，或赞助他们的学术研究等方式，将医生捧红或捧得更红，达到销售的目的。

（8）“索贿”披上利息的外衣。主要表现为：医院不给供货方结算货款。由供货商先给该医院支付利息，然后医院再付药材款。医院以其他收入科目记入财务会计账。

（9）借赞助之名收回扣。医院的药品回扣收入未在依法设立的反映其生产经营活动或者行政事业经费收支的财务账上，且未按照财务会计制度规定明确如实记载，属于账外暗中收受贿赂行为。

（10）做假账，掩盖回扣。

（11）利用合作方式，掩盖药品、药械经销商的无照经营行为和超范围经营行为。

4.医药行业商业贿赂行为的查处方法

近几年来，工商系统在查处医药行业商业贿赂行为工作中，已取得了许多行之有效的经验方法，最为典型的是“三步法”：

第一步：以理论指导作为先导。查处医药行业商业贿赂行为，不仅需要法律知识，还需要会计、医药行业经营运作模式等方面的专业知识。在调研的基础上，明确医药行业商业贿赂行为的含义及其表现形式、查处方法、证据取得方式、案件切入角度、查处此类案件应注意的问题等，以指导基层办案。实践中，“四查四看”是比较行之有效的调查取证方法，即查电脑、看费用，查邮件、看申请，查协议、看条款，查账目、看科目。

第二步：选择突破口，以点带面。应先易后难，选择查处阻力小、易收集证据的医院作为突破口，解剖麻雀，以点带面，逐步稳妥地推开。

第三步：适时总结经验，及时解决问题。适时召开工作汇报和案例研讨会，集中解决执法中存在的如下问题：

（1）医院拒不配合调查取证。实践中，可以采取以下办法解决：一是请上级或者本级医药纠风办、纪律检查部门干预或者参与案件的调查，通过这种比较有力的手段，得到医院方面的配合，获取定案的证据；二是通过对与有合同关系的医药公司倒查，调取相关证据；三是根据掌握的线索，怀疑涉嫌构成犯罪的，请检察院提前介入等。

（2）医院内部倒账，致使药价虚高。如有的医院在账上将批发价倒成零售价，由库房倒给药剂科等，使价格虚高。在这种情况下，因为不存在商业贿赂的给付方，所以不构成商业贿赂。

（3）医院在折让前的基础上加价而非在折让后的基础上加价。医药销售方明示折扣入账，没有发生商业行贿行为，医院方面对折让如实记载但仍以折让前的价格计算零售价，违反了财会制度规定，但不属于商业贿赂行为。

限制竞争案件调查方法

鉴于公用企业限制竞争行为的产生，有其历史的渊源和行业的特殊性，查处公用企业限制竞争行为是工商行政管理机关执法的难点。这就需要执法人员认真学习《反不正当竞争法》，深刻领会其立法精神和实质，提高驾驭法律和政策的水平。同时，还要加强对限制竞争行为发案特征及个案研究，并从中找出带有普遍性、规律性的东西，从而指导执法实践。

精心设计，搞好立案前的初查工作

限制竞争案件与制售假冒伪劣商品案件、传销案件、走私贩私案件等案件查处相比，有着本质的区别，对于后者的查处必须突出一个“快”字，否则就贻误战机、放纵了违法行为，但对于前者的查处则不能急于求成，要在摸准排查好线索的基础上，稳扎稳打。执法实践证明，大多数限制竞争案件的突破都在初查阶段。只有计划周密，部署得当，方法正确，才可能很快打开突破口，给立案后的正式调查工作打下坚实的基础。否则将会失去主动权，甚至使案件调查工作陷入僵局。

1.分析案件线索，初步判断出性质和违法程度

立案前的初查依据，一般是工商行政管理机关已经受理的投诉、举报以及其他部门或者单位移送的涉嫌违法材料等。但这些材料，大多都是轮廓不清、界限模糊的案件线索，必须对这些材料进行认真的分析判断，通过认真细致的分析判断，初步判断出问题的性质、程度、案件事实是否有存在的可能，以及有无对案件线索进行初查的必要性，从而做到心中有数，避免初查工作的盲目性和徒劳性。

2.要制订初查计划

初查为立案提供较为可靠的初步证据即可，不必像立案后的正式调查那样，需要调取大量的确凿证据，需要查清全部的违法事实。因此，初查计划不同于调查计划，初查计划一般包括：

（1）确定需调查的具体内容和急需的关键证据；

（2）确定初查的方向、方法、步骤和应急措施；

（3）安排初查人员和必要的物质保障，包括交通工具及通信和录音、摄像设备，以及各种法律文书等；

（4）明确初查工作中应注意的事项和工作纪律等。

最后，通过初查获取案件所需要的关键证据。在公用企业限制竞争案件中，公用企业采用什么样的强制手段是关键证据，而这种强制手段又往往是以文件、通知、内部规定的形式表现出来的。在初查阶段，就是要采取各种有效措施获取这些书证。如装扮成客户或者通过内部知情人一般不难获取，必要时也可以通过高科技手段如秘密录音录像等获取。由于在查处阶段不能以工商局的名义公开进行，更不能采取行政强制措施，这就要求对初查工作必须部署周密，把在工作中可能发生的相关情况都要考虑到，并做好各种应急预案。对于初查的案件不能拖得太久，更不能“久查不立”，贻误战机；对于时间性比较强、随时都有可能灭失的证据，要及时采取证据保全措施，该提取的提取，该固定的固定，不要拖到立案后再提取。

适时立案，全面收集相关证据

通过初查，只要掌握了能够证明公用企业实施限制竞争行为存在的相关证据后，就要立即予以立案，从此案件就由初查阶段转入调查阶段。在这一阶段，调查人员以执法机关的名义，表明自己的身份，按照法定的程序，行使法定的职权，全面核实限制竞争行为的违法事实，并全面收集能够证明该违法事实存在的各种证据。

1.选择薄弱环节，确定主攻方向，打开案件突破口

一些公用企业，自恃财大气粗，有上级“红头文件”做依据，借口单位特殊，往往蛮横无理，拒绝检查，调查此类案件的难点和阻力是可想而知的。在这种情况下，如果从正面直接进行调查，往往容易形成僵局，难以突破案件。但是根据限制竞争行为的表现形式和发案特征分析，限制竞争行为往往具有一定的关联性和寻租性，即“指定”与“被指定”两个经营者之间存在一定程度的权力寻租的经济利益联系。一般说来，被指定的经营者（如保险公司）往往通过支付佣金、劳务费、代理费、回扣等物质利益的方式贿赂公用企业及其工作人员，收受贿赂的公用企业及其工作人员就自然出租了自己的权力，应被指定的经营者（如保险公司）的要求，利用其独占地位限定或者强制其用户必须购买或接受行贿者经营的商品或者提供的服务（如强制购买某种保险等），被指定的经营者也往往借机销售质次价高的商品或者滥收费用。从这一对违法关系来看，被指定的经营者既是违法的始作俑者，又是违法的归宿者，它与公用企业相比，其抗拒执法的意识比较薄弱。在执法过程中，要紧紧咬住这个薄弱环节，查清该经营者经营了什么商品或者服务，通过什么方式经营了该商品或者服务；查清该经营者和指定其独家经营的公用企业等经营者之间的关系是什么，他们之间是否存在商业贿赂等不正当经济利益；查清该经营者是否借此销售了质次价高商品，是否存在滥收费用等坑害消费者权益的行为，等等。对于确实存在商业贿赂等违法行为的，要以此为突破口，深追细挖，并顺藤摸瓜，反查至公用企业等垄断性经营者里面去，从而一举突破该公用企业实施的限制竞争行为。如××市工商局在查处××车站限制竞争案件时，先从保险公司支付高额保险代理费入手，查清了保险公司与××车站之间存在商业贿赂行为，进而一举查处了××车站实施的强制保险和铁路延伸服务等限制竞争行为。

2.发动群众举报，夯实证人证言等证明材料

由于公用企业在市场经营中处于绝对的优势地位，消费者与其处于“惹不起、离不开”的微妙关系之中，多年来广大消费者一直在忍受着垄断性经营者实施的限制竞争行为的侵害。一些弱小经营者，也苦于自己势单力薄，逆来顺受，习以为常。同时，根据限制竞争行为具有公开性的特点，垄断性经营者在实施限制竞争行为时，自恃“财大气粗”或者有上级“红头文件”规定，凭借自己某种独占的地位，往往毫不掩饰地强制消费者或者其他经营者购买其指定的商品或者接受其指定的服务，并且还能给购买商品或者接受服务的客户开具内容真实的收据凭证。因此，只要发动群众，群众一般都会踊跃举报，而且他们的证言证词具有稳定性和可靠性。这是认定限制竞争行为的最为有力的证据之一，也是开展反不正当竞争工作的坚强后盾。

3.进行账目审查，获取必要书证，并查清违法所得

根据限制竞争行为具有关联性的特点，指定的经营者与被指定的经营者之间必然存在着某种经济利益的联系，如代理费、劳务费、“回扣”和其他物质利益等，而这些物质利益又必然在财务账册上有所反映。因此，审查财务账目是获取限制竞争行为书证的关键手段，也是扩大案源和发现其他经济违法线索的重要途径。在执法实践中，被检查的单位常存在三种情况：

（1）财务账目有问题，推诿搪塞，拒绝检查；

（2）账面清清楚楚，似乎无懈可击；

（3）账面混乱，让你无从下手。

这就要求执法办案人员有耐心，保持清醒的头脑，深追细查，从杂乱的账面数据中发现蛛丝马迹。查账的方法可以视案件的具体情况灵活掌握，是全面地查还是抽查，是“顺查”还是“逆查”，是由内到外地查还是由外到内地查，是先易后难地查还是先难后易地查，是从特殊到一般地查还是从一般到特殊地查，无论采取哪种方法查账，都应做到“死账”与“活账”相结合地审查。同时，在查账过程中，还要做到内查与外调相结合，查账与询问知情人相结合。通过查账，彻底查清商业贿赂的具体数额，查清销售质次价高商品和滥收费用的违法所得。这项工作，技术性和专业性比较强，可以聘用专业会计师或者审计师进行，并就审查情况做出审计或者会计鉴定报告，此报告可以作为法定证据之一鉴定结论采用。

4.运用询问策略，迫使当事人承认违法事实

在查处公用企业限制竞争案件时，可以采用“先沟通，后调查”的方法，避免在案件调查初期产生抵触情绪，形成僵局。但在与公用企业负责人进行询问时，应采取“先取证，后谈话”的方法进行，并注意谈话的方式、方法和策略。要耐心地宣传讲解《反不正当竞争法》的立法精神及其有关规定，通过法律宣传教育，使其逐步消除抵触情绪，并逐步自觉地接受执法部门的调查处理。如果此时仍然拒绝配合检查，可以向其讲明国家打破地区封锁和行业垄断的决心，并运用已经掌握的大量、确凿的证据，抓住重点部位，攻其要害，促使其承认违法事实，接受处理。如果当事人拒绝配合，办案人员可以明确告诉当事人：根据有关法律规定，没有当事人的配合，只要证据确实、充分，仍可定性处罚。同时，明确指出抗拒执法的法律后果。如果当事人同意配合检查，要尽快制作询问笔录，促使其彻底承认违法事实。

商标侵权案件调查方法

商标侵权案件发案特点

1.商标侵权的主体多元化，商标侵权的领域广泛化

从当前商标管理的实践看，商标侵权主体由过去的个体工商户、私营企业主的“专利”，发展成现在一些进城务工人员的“致富捷径”，一些大的企业、公司也靠“傍名牌”生产“高保真”产品“壮大”自己，在流通领域商标侵权的主体更为复杂，商标侵权主体多元化。商标侵权的领域由过去的传统商品领域发展到服务领域，又扩展到科技领域，现在又延伸到网络领域。商标侵权的领域广泛化，市场监管的难度增大。

2.涉外侵权案件持续上升

涉外商标侵权案件逐年增加，特别是侵犯国际知名商标案件在商标侵权假冒案件中占较高比例。

3.大案要案数量明显增加，移送司法机关案件数量大幅增加

近年来，商标侵权案件涉案金额越来越高，动辄几十万、几百万甚至上千万元，严重侵害了商标权利人的合法权益，扰乱了市场经济秩序。一些违法分子为谋取非法利润，生产、销售假冒知名商标的伪劣食品、药品、化妆品等，严重危及人民群众的生命健康，影响社会稳定。工商部门移送司法机关涉嫌商标侵权案件呈逐年递增趋势。

4.商标侵权手段呈现“科技化、智能化、专业化”趋势

随着互联网技术的发展，商标侵权作案手段呈现“科技化、智能化、专业化”趋势，主要表现为私自架设网络游戏服务器，提供盗版软件、歌曲、影视作品供人下载以牟利等。这种网络商标侵权行为，具有隐蔽性、智能性和跨地域等特点，工商部门监管存在着技术瓶颈、管辖瓶颈、取证瓶颈、效力瓶颈、程序瓶颈等一系列问题。

5.商标侵权案件越来越复杂，仿冒“傍名牌”案件层出不穷

商标侵权通过精心策划，假冒案件花样不断翻新，仿冒“傍名牌”案件有愈演愈烈之趋势，“傍名牌”常见的表现形式主要有：

（1）在商品或商品包装上突出使用在境外注册的企业名称中的与他人注册商标相同或者近似的字号。如：在香港注册“皮尔·卡丹香港国际服饰有限公司”，授权内地某企业生产并销售，在包装上突出标注“皮尔·卡丹”字体，使人误认为是法国皮尔·卡丹的产品。

（2）简化使用企业名称。如简化企业名称中的行政区划或者所属行业，使得企业名称与他人注册商标近似。如：将前述公司名称简化为“皮尔·卡丹公司”。

（3）仅仅标注境外商标许可人的名称和地址。如上述公司授权内地某企业使用其注册商标“高山”牌。被授权的某企业只在包装上标注“皮尔·卡丹香港国际服饰有限公司”及其地址，不标注本企业的名称和地址，误导消费者。

（4）突出标注境外商标许可人的名称和地址，境内被许可人的名称和地址标注在包装非常不显眼的位置或者字体比境外许可人的名称、地址的字体小。

6.共同违法现象明显，家族式共同违法现象成为新特点

近年来，在移送司法机关处理的侵犯知识产权案件中，共同违法犯罪占总人数的七成。许多违法犯罪团伙组织严密，分工明确，形成产、供、销一条龙，有明显的组织化、集团化趋势。由于侵犯知识产权行为都是市场经营行为，制假分工、进货渠道、销假对象，以及售假分赃等，都具有极强的隐蔽性和保密性，因此，家族式共同违法犯罪现象成为新特点。同时，从市场监管的实践看，商标侵权违法行为已显现出“南产北销”的格局，商标侵权行为产、运、销各个环节多在异地分别进行，具有明显的“异地侵害”特征，且地域跨度较大。由于产销分离，本地工商部门只能对销售领域的违法实施打击，不能有效打击上游违法，导致了商标侵权违法行为的持续高发。

商标侵权案件的调查方法

1.审查案件线索，初步判断是否存在商标侵权

（1）查看商标投诉人的主体资格、《商标注册证》、商标使用合同或商标授权委托书等资料，以核定商标权利人的权利范围。商标的专用权是以核准注册的商标和核定使用的商品为限。

（2）了解被投诉人使用的商标和使用的商品，初步判定两者使用的商标和商品是否存在相同和近似。

（3）通过侧面调查，多方收集资料。对可能存在违法事实的现场进行暗访等形式的初查。初查后，对在管辖范围内确有违法事实发生，应当予以处罚，构成立案条件的，应当立案。

2.迅速出击，全面、细致地进行现场检查

商标侵权行为一般是以很隐蔽的方式进行，明目张胆的制假并不多见，场所多在城乡结合部、偏远的乡村、单门独院的住宅，制假的当事人主观故意的恶性程度高，对抗执法的心态也十分突出。因此，对此案件的现场检查，事先要尽量做到“四清”：一是具体地点搞清楚，以便迅速找到现场；二是违法活动及其规模搞清楚，以便组织执法力量；三是被查处对象的活动规律搞清楚，以便考虑切入现场的时机；四是当地的外部环境、人际关系搞清楚，以便考虑行动之时，当地的支持状态及对策。

（1）依法实施现场检查

依据《商标法》第六十二条之规定，工商行政管理机关可以对涉嫌侵犯他人注册商标权的行为实施现场检查。在检查时，执法人员应有两人以上，出示证件表明身份，向当事人交代其权利义务，制作的笔录、依法提取的证据须经当事人确认签名，扣留财物应出具通知书及清单，只有依法检查才能确保检查工作及提取的证据合法有效。

（2）做好现场检查的组织实施工作

事先抓策划。实施检查前，做好案情分析，根据具体案件的难易程度，设定工作方案，明确现场指挥员，出发前要让参加检查的人员熟悉案情，明确本次检查的预期目标，以及每一位参检人员进入现场后的具体位置和任务，对于何时、哪条道路、哪道门进入现场，谁做检查笔录，谁控制重要现场，谁负责对当事人进行教育谈话等，均应做精心安排，对规模大、情况复杂的现场或夜间行动应尽量请公安机关派警力协助，只有事前搞好策划，才能临阵不乱，取得预期效果。

临场抓配合。执法人员按预定方案进入现场后，要做到既分工又协作，同心协力。在现场指挥员的组织下，围绕总目标，集中精力，抓紧时间，首先控制现场的人、财、物不走失，然后分头定位检查取证。现场情况千变万化，指挥人员要使自己处于核心机动位置，充分掌握现场情况，灵活调动人员，控制工作进度，尽量以速战速决的方式达到预期目的。

重点抓证据。由于现场检查中所取得的证据可靠程度高，执法人员在检查中要重点抓好现场证据收集。检查时，要通过询问、查看、清理，细心收集和控制住现场证据，尤其是制假的工具、原料、半成品、商标标识、包装及有关的往来书证、财务凭证等证据，均应固定提取并拍照，并积极追寻涉案财物。制作好现场检查笔录，以固定现场违法事实；做好对涉案财物的登记保存或封存扣留，以避免危害后果的延续。总之，现场检查是收集证据的重要措施，办案人员必须抓住这一机会把该取的证据尽量取到手，为办案工作的下一步开展打好基础。

（3）做好对当事人的思想教育工作

执法人员一旦进入检查现场，就应当由专人负责接触当事人，耐心地做好当事人的工作，尽量消除当事人的抵触情绪，尤其要避免别有用心者煽动不明真相的人围攻检查人员。

3.收集、分析关键证据

（1）收集证据

在商标侵权案件中需要收集的证据有：

①确认商标的注册情况及相关商品的类别，明确商标的权利人、使用人、责任人。

②查清当事人生产、销售相关商品或者商标标识的情况，特别要注意核实其经营额及违法所得，同时要收集其明知或应知的证据。

③开展外围调查，力争将非法印制、买卖商标标识、生产和销售商标侵权商品等各个环节的商标违法行为全部查清。

④对商标是否相同或相似、商品是否同类或近似等案件中，应注意收集是否造成市场混淆或足以使消费者误认误购和产生错误联想等方面的证据。

（2）分析鉴定证据

涉嫌假冒的商品与制假现场相分离的，如销售侵犯注册商标专用权商品的，对使用注册商标的商品及标识的真伪，可以通过委托抽样鉴定和抽样送检鉴定两种方式，制定《委托鉴定证书》，委托法定专业机构进行检验。或者由该注册商标的权利人、合法所有人进行鉴定，并出具鉴定报告书，再结合全案证据综合认定。

4.适时采取强制措施，对案件进行定性定量分析

对有证据证明属于侵犯他人商标专有权的物品，可以采取查封或扣押物品的强制措施。

“有证据证明”的理解，可参考最高人民法院、最高人民检察院《关于办理侵犯知识产权刑事案件具体应用法律若干问题的解释》中对《刑法》第二百四十一条规定的“明知”的解释，可作为在流通领域查处商标侵权时理解“已经取得”“违法嫌疑证据”的参考：（一）知道自己销售的商品上的注册商标被涂改、调换或者覆盖的；（二）因销售假冒注册商标的商品受到过行政处罚或者承担过民事责任，又销售同一种假冒注册商标的商品的；（三）伪造、涂改商标注册人授权文件或者知道该文件被伪造、涂改的；（四）其他知道或者应当知道是假冒注册商标的商品的情形。

当侵权证据不充分时，应对涉案物证依法采取先行登记保存，以防止证据的灭失。

定性分析，是指对已查封、扣押的物品或者样品送权威检测检验机构进行检验检测，或者进行样品比对、辨认，确认其侵权的性质和程度。

定量分析，是指对侵权主体的经营状况进行盘点，查清其非法经营额和非法所得。

制售假冒伪劣商品案件调查方法

假冒伪劣商品案件的核心证据

每一种不同类型的案件，都有反映自身特点的核心证据类型。假冒伪劣商品案件的核心证据集中表现在商品（物证）、业务和财务资料（书证）、现场笔录和鉴定结论等三种证据上。三种核心证据是否在案发第一时间内发现、控制、占有、固定，直接影响着案件的成功与失败。因此，假冒伪劣商品案件的调查十分强调在案发的第一时间内，特别是在现场检查完成前要完成核心证据的控制、占有和固定。

1.假冒伪劣商品（物证）

假冒伪劣商品（物证）是案件的根本核心证据，没有物证的存在就不能确定案件的性质。因此，在法律条件具备的情况下，要积极采取强制措施控制或占有该物证。所谓法律条件具备是指工商行政管理机关查处假冒伪劣商品案件时，实施查封案发场所和扣押物证的法律依据。目前，常见的依据有《商标法》《产品质量法》《无照经营查处取缔办法》《奥林匹克标志保护条例》《国务院关于加强食品等产品安全监督管理的特别规定》《工业产品生产许可证管理条例》《世界博览会标志保护条例》

《易制毒化学品管理条例》等法律和法规。

2.现场笔录、鉴定结论

现场笔录、鉴定结论是证明当事人客观行为的核心证据。现场笔录要着重记录假冒伪劣商品现场的状况和数量，初步认定假冒伪劣商品的依据，假冒伪劣商品的实际控制人。鉴定结论是认定假冒伪劣商品性质的决定性要件，实施现场检查后要及时委托检验单位进行检验。委托法定检验机构检验时，要注意审查其机构资质的合法性、所检商品和项目的资格性。委托权利人或商品生产者鉴别是否为其生产时，所出具的《鉴定报告》应当详尽描述涉案商品的内在与外观差异和特征，同时要注明鉴定的方法、时间、鉴定人姓名，并加盖公章。没有涉案商品差异和特征的描述，直接得出“涉案商品不是我单位生产（销售）”的结论，一般情况下不可以采信。

3.业务（记录）、财务资料

业务（记录）、财务资料是证明当事人行为结果或是情节的核心证据，它是认定违法行为数额的核心证据。与涉案商品有关联的业务（记录）、财务资料，属案件的原始证据。作为原始证据，无论是记录在纸张中，还是记录在电脑中，工商行政管理机关均应依法收集，即积极控制或占有。

假冒伪劣商品案件的调查方法

假冒伪劣商品案件的调查，除适用普通案件的调查方法外，还应注意以下几点：

1.全面细致地做好查处前的准备工作

一是发挥举报人、权利人对当事人有所了解的作用，指导举报人、权利人进一步摸清当事人行为规律、自然情况和社会关系，做到知己知彼；二是暗访当事人实施违法行为的场所，熟悉地形，酝酿拟订查处计划；三是组织查处人员的编组，明确任务分工，完善调查方案；四是准备必要的办案工具、法律文书，做好应急预案。

2.实施现场检查，控制核心证据

及时开展现场检查是获取证明制售假劣商品违法行为核心证据的关键手段。现场检查的重点：

（1）检查生产、销售、储存等经营场所。主要针对从事生产、销售、储存等经营活动，目的是收集、固定能够证明其从事相关营业活动的证据。检查时应注意收集以下方面的证据：从事该营业活动的责任人、组织形式、使用名称；该营业活动所具有的场地、设施、务工人员等经营条件；该营业活动的交易形式，商品的种类、数量、价格、特征等；是否有其他违法行为。

（2）检查违法生产、销售、储存的产品。主要针对正在生产、销售或储存的假冒伪劣产品、国家明令禁止或者明令淘汰的产品、商标侵权的产品等实施检查，目的是查明产品的名称、特性、数量、状态、价格、相关手续等情况。检查时应注意收集以下方面的证据：产品所有权人或者管理人的情况；产品的品名、规格、数量、价格、成色、摆放状态及附着在产品上的标牌、标记、文字内容等；产品的说明书、包装及其特征等；有关生产、销售或者出入库记录、账册、凭证、业务函电、合同等。

（3）检查违法生产、经营现场

主要针对采取非法手段从事加工、制作或者销售活动的现场实施检查，目的是收集证据，取缔非法窝点。违法现场按其性质可分为掺杂使假现场和生产违禁物品或者假冒物品现场；按其环节可分为原料现场、装配现场、包装识别物现场、储存现场等。检查时应注意收集以下方面的证据：现场相关人员的身份；生产规模，方法，原料，半成品，成品的规格、数量、状态，有关标识、包装、生产工具等；有关生产和出入库记录、账册、凭证、文件、钱物等；生产场所和设施所有者或者管理者情况与现场活动的关系。

3.在第一时间内展开对当事人的询问

在开展现场检查的同时，应及时开展询问当事人工作，现场制作询问笔录。通过询问违法当事人，重点查明以下情况：生产假冒伪劣商品所使用的原材料、机器、设备及生产过程；假冒伪劣商品的成本、销售价格和销售金额；销售假冒伪劣商品的“上家”及购买假冒伪劣商品的“下家”；行为人实施违法行为的动机和是否存在主观故意。

在询问违法当事人时，要注意把握以下几点：一是办案人员应在初步掌握案件基本情况和基本证据的前提下，理清询问思路，有针对性地进行询问。二是掌握询问技巧。这就要求办案人员要随时了解违法当事人的心理状态和变化过程，与之打“攻心战”。三是追查“上家”和“下家”。查找销售假冒伪劣商品的“上家”，就是查找假冒伪劣商品的来源；查找购买假冒伪劣商品的“下家”，就是查找假冒伪劣商品的流向。四是注意挖掘未知违法线索。通过对违法案件的询问，在某些情况下是能够发现其他违法线索的。因而，办案人员在询问过程中，要密切注意违法当事人的回答方式和内容，找到其他违法案件的蛛丝马迹，争取查获“窝案”和“串案”，扩大打击制售假冒伪劣商品行为的战果。

4.迅速采取强制措施

实施现场检查完毕后，对涉案假冒伪劣商品应当依法采取强制措施。依法采取强制措施不仅是控制占有物证的需要，同时也是防止假冒伪劣商品继续流向社会的需要。在制作强制措施文书时，要特别注意涉案商品种类、规格的填写，以及数量单位的使用，要依现场的实际情况，使用不可再分数量单位。

在最短的时间内做出鉴定结论。为全面展开调查，防止外来干扰，应在最短的时间内完成鉴定工作。

无照经营案件调查方法

无照经营行为的发案特点

根据近年来清理无照经营行为的情况分析，无照经营具有以下发案特点：

1.无照经营的范围广

一是发案的地域广。城市的商业街区有，小街小巷有，居民小区有，农村村屯有，基本上无孔不入。二是涉及的行业范围广。无照经营涉及交通运输、食品、餐饮、游戏网吧、歌厅舞厅、建筑工程、商贸服务、种植养殖、采矿加工、电子商务等，几乎涵盖所有需要前置审批或后置审批的行业。三是无照经营的形式广。既有固定的，又有流动的，除个体形式外，还涉及合伙组织、个人独资、有限责任公司等多种主体形式。

2.无照经营“六多”现象严重

长期以来，无照经营一直未得到根治，“六多”现象严重：一是“前置户”多。因为无法取得前置审批而无法办照或者不愿意办照，如小餐饮店、副食店、理发店。二是“扰民户”多。集中在社区周围的小餐饮、小娱乐场所、小铝合金加工等“六小行业”，属于劳动密集型行业，人流大，影响周围居民生活。三是“黑户”多。表现为流动性大、隐蔽性强或者无固定场所，主要从事低档劣质商品的生产经营或者居间经营，如“食品加工黑窝点”“非法屠宰点”等。四是“钉子户”多。既不办照，也不服从管理。五是“观望户”多。不主动办照，打着试营业的幌子，盈利则办，无利则不办。六是“租赁户”多。主要是各类商场、市场中的柜台承租户，以协议、联销经营或者特许经营为名，行无照经营之实。

3.无照经营的隐蔽性强

一是经营场所隐蔽。随着国务院《无照经营查处取缔办法》颁布实施，在各相关职能部门不断加大清理力度下，很多无照经营者纷纷将场所转到更加偏僻、更加隐蔽的地方，如居民住宅小区或者人烟较少的偏远地区。特别是无照经营的生产加工行业，其生产加工场所通常都非常隐蔽，我们的工商巡查人员在市场巡查中很难发现。二是经营行为隐蔽。一些具有一定规模的长期无照经营者，具有很强的反“侦查”能力，其经营行为通常很隐蔽。如“地下网吧”，有的白天不从事经营活动，晚上营业。即使白天营业，也往往是关闭显眼处的大门，开隐蔽的小门。更有甚者，有的设置眼线，发现有执法人员立即报告违法行为人，使其有充分的时间转移逃避。

4.无照经营人员结构集中

据某省统计，从事个体无照经营的主体主要由外籍务工人员、本籍农村进城人员和当地下岗失业人员三大群体构成，占无照经营者总数的90%，人员结构相当集中。

同时，由于受经济收入、文化程度、消费层次等因素的制约，质次价低的商品是社会低端消费群体的首选，上述这三大群体既是无照经营的主体，也是无照经营商品的主要消费群体。

无照经营案件的调查方法

无照经营案件的调查取证适用一般案件调查取证方法，同时注意以下特点和方法的运用：

1.无照经营案件的法律特征及构成要件

无照经营的主体特征是一般主体，以自然人居多，法人和其他组织也偶尔存在，构成这一主体的要件是无照（证）或其他批准文件。其主观特征是故意，构成这一特征的要件是以营利为目的。其行为特征是实施法律法规禁止的行为，构成这一特征的要件是具体的经营行为。无照经营行为主体证据和主观方面证据的调取较为容易，应着重注意经营行为证据的收集。

（1）行为人的直接证据

无证无照经营的违法主体基本上是自然人，特点是无财务账，交易以现金或个人信用卡结算。针对这些特点，需要对生产加工、经销或服务的现场（车间、店铺、库房等）进行拍照或录像，固定店铺门面、产品、商品、工具、店堂告示、价格标签（表）及行为人指认等证据，以补强财务证据；在现场提取经营信息材料，如计算机数据、手工记录的流水账、采购进货票据、工艺流程、销售小票、合同协议等；强化现场检查笔录和行为人询问笔录的制作。

有照无证的以超出核准经营范围擅自从事需要取得前置审批项目经营的行为为主，证据主要集中在财务账上。财务账簿与凭证作为一种直接的客观证据，关联性强，具有其他间接证据和主观证据所不具备的证明力。需要调取的是涉案科目的销售收入明细账；针对生产加工、商品经销和服务的经营项目不同，依次查阅原材料明细账、库存商品明细账、银行日记账、现金日记账、税金等账目，并提取相关证据。财务证据之外，亦要注重经营合同（协议）、工艺流程、产品商品等证据的提取。对于生产加工的车间和经销的店铺要进行拍照，用照片固定现场情况等。

（2）交易相对人的间接证据

主要是与当事人发生交易的相对人的财务数据，尤其是自然人的无照无证，由于没有直接的财务证据的支持，交易相对人的证据就显得十分重要。缺少这份证据，当事人的经营行为证据就只能剩下孤立、薄弱的供述材料了。

（3）其他间接证据

主要包括两方面：一是证人证言，如雇员证言、社区（村委会）证明、居民证实、投诉举报材料等；二是提供便利条件的证明材料，如租房协议、运输协议、仓储协议等。

2.进场调查前的准备

（1）分析摸清当事人的基本情况

分析摸清当事人的基本情况，是制订调查方案、组织调查行动、管理配备调查力量的基础。要重点摸清场所的布局、产销环节、人员活动规律、反映经营行为证据可能存放的位置，以及当事人可能采取的反调查措施和能力。

（2）确立管辖权

无照经营案件的查处权很多不在工商机关，《办法》第十四条第二款规定，“对无照经营行为的处罚，法律、法规另有规定的，从其规定”。从而确立了其他职能部门对无照经营的管辖权，如金融、电信、城市燃气等。因此，办案人员一定要查阅相关的法律法规，其他法律法规规定对无证经营行为有管辖权的，应当转交其他部门处理。

（3）制订调查计划

很多的无照经营行为由于没有长期固定的场所，没有恒产，没有财务账，案件证据很容易流失或灭失，取证的机会往往只存在于第一时间。因此，事前做好详尽的取证计划，显得十分重要。相比之下，无照经营案件的现场控制尤为重要，办案人员事前要根据已经掌握的信息，模拟出现场情形，做好人员分工。

（4）备齐法律文书及相关器材

如现场笔录，行政强制措施通知书，封条，扣押物品清单，送达回证，照（摄）录等音像证据设备等。

3.现场检查

（1）现场控制

自然人从事的无照经营往往人员成分复杂，容易产生执法对抗。现场的控制考验着办案人员的执法能力，即便事前制订了详细的计划，往往也有例外情形发生，要求案件主办人头脑冷静机智，力争在最短时间内发现当事人心理和性格上的弱点，避其强势、攻其弱处、稳定局势，在强势而不失和谐中检查，在和谐而不失强势中取证。

（2）制作现场检查笔录

现场笔录作为无照经营案件的证据是核心中的核心，应注意四点：一是只能记录现场客观情形，不能有主观的认定；二是要记录无照经营现场的经营活动，如店员、交易行为等；三是要记录检查人员的执法行为，如清点、称重、拍照、封存、扣押等；四是语言要中性，叙述要客观全面，条理清楚，如对一个无照经营农药的商店的检查，办案人员这样记录：当事人经营农药的商店位于××村东西大街中段路南，门口上方悬挂着一条广告条幅，屋内的墙上有一块小黑板，上面写着各种农药的价格，屋内摆放着各种各样的农药，墙上没有悬挂营业执照，执法人员当场要求当事人出示营业执照，当事人说还未办呢。这个现场检查笔录虽然概括地描述了当事人经营现场的情况，但缺点很明显，如广告条幅上的内容，农药的品种、数量、价格等，这些关键内容都没有记录下来。

（3）询问经营行为人

在问清楚“七何”要素的基础上，重点搞清楚涉案财物的数量、经营的规模、参与人的情况以及违法行为的来龙去脉；当事人所生产经营商品的进销差价、成本核算等，以及当事人是否已缴纳税费的情况（为计算违法所得、量罚提供依据）；当事人以何种名义（即公司、个人独资、合伙企业等）从事经营活动（为具体法律适用提供依据）；有无营业执照并要求提供，以及未到工商机关办理营业执照的原因；是否有过无照经营行为前科，如有还应问清楚持续时间、次数、违法事实，以及有关部门实施处罚的情况，并要求当事人提供受过处罚的相关证据（按照一次不再罚原则，避免重复处罚）。

对于没有财务账的违法经营者，计算违法所得主要靠询问，这是因为“难以确认或计算非法所得的个人无照经营案件，可以按工商行政管理机关确认的违法行为人的口述或提供的书面清单作为确定其经营额及非法所得的依据”（国家工商行政管理总局《关于查处无照经营违法违章案件非法所得计算方法的问题的答复》）。根据最高人民法院《行政诉讼证据若干问题的解释》“在行政程序中依法要求当事人提供有关证据，当事人拒不提供的，在诉讼阶段又提供的证据视为无效证据”的规定，办案人员在询问中必须询问行为人有没有账目，并且要求提供。

（4）适时采取强制措施

《无照经营查处取缔办法》（国务院令第370号）规定工商机关在查处无照经营行为时，可以查阅、复制、查封、扣押与无照经营行为有关的合同、票据、账簿以及其他资料；查封、扣押专门用于从事无照经营活动的工具、设备、原材料、产品（商品）等财物；查封有证据表明危害人体健康、存在重大安全隐患、威胁公共安全、破坏环境资源的无照经营场所。现行法律法规赋予执法机关扣押合同、票据、账簿的职权，为数不多，可见《办法》赋予了执法机关充分的强制措施权力，但要结合《行政强制法》，依法运用。

传销案件调查方法

传销活动的特点

1. 与互联网的结合更加紧密

利用互联网从事传销的现象日趋严重，一些传销组织租用境外服务器建立互联网站，将人员招募、产品销售、酬金发放等各个环节全部放在网上进行，使其传销活动的各个环节实现了网络化，其违法活动成本更低，发展更快，传播地域更广。

2.组织更加严密，层级分工更加明确，呈现出专业化、高智化特点

一些多年从事传销的骨干分子，虽屡遭打击，仍不思悔改，带领“下线”队伍，整体“挂靠”到新的公司，继续从事传销活动。同时，还出现了高学历人员专门从事传销软件设计，为传销组织提供网络技术支持和服务的现象。

3.违法手段更加隐蔽

传销组织往往打着“直销”“连锁经营”等幌子从事非法活动。有的传销活动场所与财物、核心资料数据管理场所分离，遇到紧急情况，立即通知关闭服务器，毁灭证据；有的设立两套财务账，开设多个个人账户，用于收取传销经营款、支付会员奖金和隐匿违法资金，规避执法机关检查。一些传销组织还不断修改计酬制度，通过降低入门费用、发放高额奖金、缩短会员奖金结算时间（如由每周结算改为每日结算）等手段，增强诱惑力和欺骗性，刺激传销网络迅速扩大。

4.传销案件涉案地域更广、人员更多、参加人员复杂

动辄涉及多个省市，数千甚至上万人员，案值千万元至几十亿元。同时，诱骗在校学生参与传销活动的情况有所抬头。

5.正式注册公司从事传销违法活动的情况增多

有的在甲地注册公司，在乙地从事传销活动。注册公司从事违法行为，欺骗性强，发展迅速，涉及地域广泛。

6.传销“经济邪教”的特征凸显

传销组织内部趋向职业化，头目遥控指挥，人员分工明确，运作制度周密。暴力抗法事件及群体性事件时有发生。

一般传销案件的调查方法

由于传销行为复杂，活动隐蔽，必须采取一定的策略和技巧，才能抓头目、破网络，突破案件。传销案件查办可以酌情采取以下技巧：

1.重视掌握的情况，挖掘线索

掌握的情况和线索是突破传销案件、查获传销头目的基础。办案机关可以通过12315综合执法体系、打击传销志愿者、基层防控网络等方式建立禁止传销信息网络，对群众申诉举报、日常监管发现、信息网络获取、媒体披露等途径掌握的传销活动线索进行汇总分析和归集研判，深入挖掘有价值的线索和信息，做好排查摸底工作，掌握传销组织结构、活动场所、活动规律及组织领导者等准确信息后，及时组织查处，提高查案针对性和有效性。

2.加强配合，部门联手

由于传销涉及面广、跨地域活动、组织严密，在具体查处过程中，工商行政管理机关需要加强与相关部门密切配合和支持。查处传销案件时，办案机关可以加强与公安、通信管理部门的协作，及时交换信息、会商分析、研究对策，联手监控传销组织，联手调查收集证据，联手深挖上线头目，建立良好的案件查办互动协作关系，依托他们的专业优势和技术优势，查明案件事实。对工商行政管理机关为主查办的案件，可以商请公安部门提前介入，协助工商部门分析排查和控制传销组织者、领导者，收集固定违法证据，追缴、冻结传销违法资金。对公安机关为主侦查的案件，可以积极协助公安机关研判案情，分析特点，梳理证据，对传销行为进行分析认定。

3.通过内线，里应外合

针对传销活动隐蔽、传销组织对外封闭的特点，可以利用内线进行突破。在分析研判的基础上，选择条件合适、时机恰当的传销案件，通过内线人员在传销组织内部摸清传销组织结构和活动情况。可以寻求传销受骗后积极举报传销、自愿配合执法部门打击传销、具有一定思想觉悟和素质的群众作为内线进行协助，摸清传销组织网络结构、上下线人员、手机号码、联络暗语、交易方式、计酬制度、银行账号、网络用户名及密码、传销组织活动规律等信息和资料，然后里应外合，有针对性地采取执法行动，收集和固定违法证据。采用这个方法要慎重，切记要注意保护内线人身安全。

4.把握战机，人赃并获

在收集信息、内线发挥作用的基础上，及时掌握涉嫌传销的组织者和骨干头目的行踪及传销组织重大活动信息，提前进行布控。在传销组织召开“成功分享会”、奖金发放会、激励会、表彰会，或者在传销组织者集中“入账”上缴业务款项时，组织工商、公安执法人员果断出击，控制现场，将传销组织者和骨干头目人赃并获，依法扣押传销活动违法资金、银行卡、资金登记表、奖励制度、领导名册等违法财物和证据，对传销违法人员依法进行询问取证，提请公安机关依法采取强制措施，从而突破案件，摧毁传销网络，取得事半功倍的效果。2010年7月，某市工商局获得信息后，周密安排，在一名传销高级组织者到该市收取传销款项、完成收款登记时，一举将其查获，当场查扣传销违法资金17万余元，并查清了该传销组织1900多名下线、50多个层级、103个会馆、分布全国8个省市区的传销活动情况。

5.现场排查，加强甄别

在清理传销活动现场、处置参与传销人员时，应当加强现场排查和甄别工作，根据涉嫌传销人员正在从事的活动，所处的方位，携带的证件、资料、设备、物品，脸色、表情、神态，手机短信和通信记录，及参与人员的交代指认等信息和情况，进行综合分析判断，发现违法证据和有价值线索，锁定重点嫌疑人员，进行重点询问和突破，并依法进行查处，从而取得案件突破。某市工商局在取缔一传销窝点时，开展现场排查、甄别，获取了一条有关传销高级组织者叶某、贺某在该地活动的重要信息，于是会同公安部门深入追查，最终将叶某、贺某查获，并转战外地查获其他3名高级组织者和10名中级骨干头目，案值3000余万元，相关组织者和骨干头目均被追究刑事责任。

6.讲究策略，深入挖掘

传销案件的查办不能一蹴而就，需要与传销组织者、领导者斗智斗勇，需要执法人员的智慧和谋略，工商行政管理机关查办传销案件时要善于深入挖掘案件，全面收集违法证据，全力查明案件事实。对案件线索、情报、信息、证据，进行细心梳理排查，确定查案方向和重点；对案件的细节留心观察，从中发现有价值的信息和疑点；对案件查办进行精心谋划，采取发展内线、跟踪监控等策略，对案件进行突破，力争取得较好的查案效果。某市工商局在查处一起以“连锁销售”名义从事传销的案件时，针对传销组织的反调查能力，派执法人员着便装和驾驶普通车辆进行跟踪监控、驻点蹲守，准确掌握了传销组织活动信息，现场查获传销组织者2名，扣押传销资金和物品10万余元。

7.组织查账，查明事实

对建立了会计账册的传销案件当事人，可以查核其会计资料和账证，以查明案件事实和获取证据。查账既可以组织办案人员自行开展，也可以委托或聘请会计师事务所对当事人相关账务进行稽查和出具会计鉴定结论。查账要事先确定查账目的人和任务，拟订查账方案，搜集有关被查当事人经营活动的资料，了解并分析被查当事人的会计制度，制订查账计划，确定查账重点以及索取有关账簿、凭证、报表及合同等资料，并有序组织开展，复制有关证据材料。

8.运用技术，严密取证

在涉及电子证据的传销案件中，可以运用技术手段进行取证。可以通过商请公安部门实施远程勘查取证、委托司法鉴定机构实施数据鉴定、聘请专家分析数据、聘请公证员公证等方式收集和固定电子证据，查明传销行为的组织结构、人员网络、复式计酬等事实。

一般传销案件的证据要求

传销案件收集的证据必须具有真实性、合法性和关联性才能证明传销行为的违法事实。真实性主要根据对证据本身进行辨认和核实来确定，下面重点对传销案件证据的合法性、关联性进行分析。

1.证据的合法性要求

（1）书证

书证是指以文字、符号、图形等记载的内容和表达的思想来证明案件事实的书面文件和其他物品。例如，传销组织的管理制度、计酬制度、培训资料、宣传资料、会计账册、成员和领导名册、网络结构图、奖金分配登记表等。书证的收集应当按照以下规则进行：一是书证应采用原件。原本、正本和副本均属于书证的原件。提供原件确有困难的，可以提供与原件核对无误的复印件、照片、节录本。二是采用由有关部门保管的书证原件的复制件、影印件或者抄录件的，应当注明出处，经该部门核对无异后加盖其印章。三是采用报表、图纸、会计账册、专业技术资料、科技文献等书证的，应当附有说明材料。四是对传销案件有关人员的询问、陈述、谈话类笔录（即当事人陈述），应当有行政执法人员、被询问人、陈述人、谈话人签名或者盖章。询问应当个别进行。询问笔录应当交被询问人核对；对阅读有困难的，应当向其宣读。笔录如有差错、遗漏，应当允许其更正或者补充。涂改部分应当由被询问人签名、盖章或者以其他方式确认。经核对无误后，由被询问人在笔录上逐页签名、盖章或者以其他方式确认。办案人员亦应当在笔录上签名。

（2）物证

物证是指以其外部特征、物质属性和存在场所证明案件真实情况的物品。例如，传销组织从事传销行为所销售、储存的产品，收取入门费的资金，发放报酬、奖金所用的现金、银行卡，传销培训所使用的工具、场所等。物证应当采用原物。获取原物确有困难的，可以提供与原物核对无误的复制件或者证明该物证的照片、录像等其他证据；原物为数量较多的种类物的，提供其中的一部分。

（3）视听材料、计算机数据

视听材料、计算机数据是指以录音磁带、录像带、电影胶片、光盘、电子储存介质、计算机、互联网络或者其他高科技设备储存的信息作为证明案件事实手段的证据。例如，传销组织培训光盘，传销组织聚会、培训拍摄的录像，传销组织管理传销网络和计算业绩的计算机、服务器、管理软件及用于宣传、发展人员的网站、网页所储存的相关信息。视听材料、计算机数据应当采用有关资料的原始载体。提供原始载体确有困难的，可以提供复制件，但应注明制作方法、制作时间、制作人和证明对象等。

（4）证人证言

证人证言是指证人向行政执法机关所做的与案件事实有关的陈述。例如，传销受骗人员对传销组织、上线人员情况所做的陈述，传销一般参加人员对传销组织者、领导者进行揭发所做的陈述。证人证言要写明证人的姓名、年龄、性别、职业、住址等基本情况，由证人签名；不能签名的，应当以盖章等方式证明；要注明出具日期；要附有居民身份证复印件等证明证人身份的文件。

（5）鉴定结论

鉴定结论是指由鉴定人接受委托或聘请，运用自己的专门知识和现代科学技术手段，对案件中所涉及的某些专门性问题进行检测、分析、判断后所出的结论性书面意见。例如，工商行政管理机关委托或聘请会计师事务所对传销组织者或经营者进行会计鉴定，委托或聘请司法鉴定机构对传销组织的计算机数据、网络数据进行专门数据鉴定所形成的报告，都属于鉴定结论。鉴定结论应当载明委托人和委托鉴定的事项、向鉴定部门提交的相关材料、鉴定的依据和使用的科学技术手段、鉴定部门和鉴定人鉴定资格的说明，并应有鉴定人的签名和鉴定部门的盖章。通过分析获得的鉴定结论，应当说明分析过程。

（6）勘验笔录、现场笔录

勘验笔录是指执法机关用文字形式固定勘察与案件有关的现场工作情况和现场状况所做的实况记录。现场笔录是指执法机关对有违法嫌疑的物品或者场所进行检查时，对与案件有关的事实制作的文字记载材料。例如，工商行政管理机关对传销经营场所、培训场所进行现场执法检查所制作的现场笔录。勘验现场时应当绘制现场图，注明绘制的时间、方位、绘制人姓名和身份等内容。现场笔录应当载明时间、地点和事件等内容，并由执法人员和当事人签名。当事人拒绝签名或者不能签名的，应当注明原因。有其他人在现场的，可由其他人签名。法律、法规和规章对现场笔录的制作形式另有规定的，从其规定。

此外，采用域外形成的证据，应当说明来源，经所在国公证机关证明，并经驻该国使领馆认证，或者履行与证据所在国订立的有关条约中规定的证明手续。采用我国香港、澳门特别行政区和台湾地区形成的证据，应当按照有关规定办理证明手续。严重违反法定程序收集的证据材料，以偷拍、偷录、窃听等手段获取侵害他人合法权益的证据材料，以利诱、欺诈、胁迫、暴力等不正当手段获取的证据材料，不能正确表达意志的证人提供的证言，以违反法律禁止性规定或者侵犯他人合法权益的方法取得的证据等不能作为证明案件事实的证据。

2.证据的关联性要求

关联性是指作为证据内容的事实与案件待证事实之间存在的客观联系。若提出的证据与待证事实之间不存在客观联系，不具有借以判断争议事实的能力，这样的证据就是无关联性的证据。由于传销行为的复杂性、复合性，需要特别注重证据的关联性，提高证据的证明力。传销案件证据的关联性应当围绕传销行为的主体事实、行为事实和结果事实来组织，即所收集的证据要与传销行为的主体、行为、结果相关联。传销案件的主体事实、结果事实的证据与事实相关联相对容易，行为事实的证据与事实相关联则有一定的难度。下面对传销行为事实的证据关联性进行分析。

（1）“拉人头”传销

该类传销行为事实方面的证据主要应当围绕“发展人员”（即“介绍加入”）、“要求被发展的人员发展他人加入”（即“组织网络”或“人员链”）、“以直接或间接滚动发展人员数量为依据计算和给付报酬”（即“复式计酬”或“资金链”）等三个方面调查取证和组织证据。

（2）“收取入门费”传销

该类传销行为事实方面的证据主要应当围绕“介绍加入”（即“发展人员”）、“要求被发展人员交纳费用或者以认购商品等方式变相交纳费用”（即“交纳入门费”）、“取得加入或者发展他人加入的资格”（即“组织网络”或“人员链”）等三个方面调查取证和组织证据，可以不需要“复式计酬”方面的证据。

（3）“团队计酬”传销

该类传销行为事实方面的证据主要应当围绕“发展人员”（即“介绍加入”）、“要求被发展的人员发展他人加入、形成上下线关系”（即“组织网络”或“人员链”）、“以下线的销售业绩为依据计算和给付上线报酬”（即“复式计酬”或“资金链”）等三个方面调查取证和组织证据。

三类不同传销行为的证据都有具体的关联性要求，相关证据的取证要点主要有几方面：

（1）介绍加入

就是传销组织者或经营者发展人员，要求新加入者必须通过已加入者介绍，成为已加入人员的下线，才能加入传销组织，并获得介绍他人加入的资格。这一证据主要是获取传销组织的管理制度、营销制度、发展计划、发展人员的登记册、传销组织的宣传资料、培训资料、参与人员的听课笔记等资料，并通过当事人、参与人员的询问笔录来确定参与人员是如何加入传销组织以及加入组织的条件等事项。

（2）人员链

就是传销组织者根据介绍加入的先后关系，将发展的人员进行排序，形成“上线”与“下线”的组织隶属关系和紧密联系的“金字塔”式人际网络。这一证据主要是获取传销组织的管理结构图、人员关系名册、上下级排序表、人员职务登记表、团队成员名单、参与人员的笔记记录、手机通话记录、手机短信、聊天记录等资料，并通过当事人、参与人员的询问笔录来确定上下线是谁、如何管理、如何联系等事项，还可以通过询问绘制每个传销人员的网络图，绘制成一张整个网络机构图，交由当事人及参与人员签字确认。

（3）资金链

就是传销参加者不仅按其本人直接发展的下线人员数量或者销售业绩为依据计提报酬，而且以其下线再发展的下线人员数量或销售业绩为依据计提报酬，并按照这一方式分配传销资金，形成传销资金链。这一证据主要是获取传销组织的奖金分配制度、计酬制度、宣传培训资料、参与人员笔记，并通过对当事人、参与人的询问确定奖金、报酬分配的方式、标准、比例等传销计酬资料，获取传销组织的账户及与存款有关的会计凭证、账簿、对账单等银行资料，以及传销组织的账册、记账单、奖金发放登记表、资金结算凭证、资金往来明细等会计资料，传销组织、领导者及参与人员的存折、银行卡、对账折、汇款凭证等资料。

在强调证据关联性的基础上，还应当强化证据与待证事实的关联程度，形成证据链，使证据相互印证和关联，建立证据与案件事实之间的紧密联系，从而证明案件的全部事实。证据链的形成，需要围绕案件待证事实，多方面、多角度收集证据，形成证据环。

网络传销案件调查方法

1.线索获取

一是利用工商行政管理机关现有的投诉举报渠道。充分利用工商行政管理机关现有的12315消费者申诉举报网络、违法案件来信来访、日常巡查监管、相关部门线索移交等传统线索获取渠道，全方位加强对网络传销行为线索的收集。二是公开网络信息的浏览和挖掘。网络传销行为的载体虽然是虚拟的互联网络，但其发展人员、组成团队非法牟利的本质是不会改变的，其社会属性是现实存在的，它的社会属性表现在其用于欺骗的宣传以及用于发展人员进行沟通的交流渠道上是无法完全隐蔽的。所以网络传销的信息发布、制度宣传、交流沟通都会在网络上进行，而这些散落的信息资料都会被公共搜索引擎纳入其数据库当中。工商行政管理机关可以通过总结、归纳、积累网络传销的各种宣传、交流行为关键词，充分利用大型公共搜索引擎的公共信息搜索功能，加强对日常网络公开信息的浏览挖掘。包括网络传销信息内容的挖掘、网络传销信息潜在链接结构模式的挖掘和网络传销信息交流过程中用户访问信息的挖掘，以便于获取大量网络传销行为的关键线索信息，摸清各种网络传销行为的运作模式，通过“以网管网”在网络世界中获取网络传销案件的线索。三是建立专用的工商行政管理机关网络经营监管工作平台。全面开通工商网络监管工作平台的公众服务功能，畅通网络投诉举报、实时咨询交流、特定网络传销行为网络公开研讨等线索获取渠道。同时实现与各大门户网站的对接，利用专业及先进的网络搜索技术方式进行网络基础数据信息的搜索。

2.线索的核实

一是初步分析筛选核实。对有实质性举报内容的网络传销线索或者多点集中的案件线索，应指定专门人员对其进行初步分析、筛选。利用技术手段调查核实网络传销网站主体资料等网络公开信息、域名登记信息、服务器托管地信息、网站备案信息等情况，并登录相关网站了解其公开信息，根据工作经验，初步进行线索核定。同时结合日常收集形成的网络传销主体、制度等网络传销信息目标样本数据库，进行数据比对，初步确定传销涉案主要人员、辖区内传销人员活动场所、网络传销会员平台网址、奖金制度等信息资料。二是实地核实。将初步分析筛选核实的网络传销线索信息通过相关程序规定移交属地工商行政管理机关，由其根据《行政处罚法》《工商行政管理机关行政处罚程序规定》的有关规定进行现场检查，通过现场检查结果进行实地核实。对实地核查当中，有初步证据表明网络传销行为的存在，应立即立案调查，进入案件调查阶段。

3.违法现场保护与检查

针对传销行为的违法场所进行检查时，为避免任何更改系统设置、损坏硬件、破坏数据或病毒感染的情况出现，首要工作便是进入涉嫌违法现场进行第一时间的保护，重点是保护目标计算机系统。执法人员进入现场后，应迅速封锁整个计算机区域，将人、机、物品之间进行物理隔离，不给违法当事人破坏证据的机会；保护好计算机日志，对数据进行备份，切断远程控制；封存现场的信息系统、各种可能涉及的磁介质、内部人员使用的工作记录、程序备份和数据备份；提取涉案计算机硬盘、移动磁介质、光盘等。如有初步证据确认违法行为存在的可能性，可以及时采取行政强制措施对现场所有计算机以及电子存储介质进行封存或扣押，在封存及扣押前，应采用软件或硬件方式确保设备在运输和保存过程中的数据原始性与完整性。

4.现场电子证据采集与固定

电子证据采集与固定是个复合性的行为，它包含了寻找、记录、保护、分析、恢复、备份、固定、确认、打印、下载、封存、提取、保管等具体行为。采集和固定电子证据时，必须确保对目标计算机中的原始数据不产生任何改动和破坏，只有这样才能保证电子证据的真实性、完整性和安全性。在采集过程中，应在对违法行为有关的计算机中的数据和资料不进行任何改动或损坏的前提下进行备份，记录备份的时间、地点、数据来源、提取过程、使用方法、备份人及见证人名单并签名。

电子证据采集与固定通常分为以下几个步骤：一是确定电子证据。在计算机存储介质容量越来越大的情况下，必须根据系统的破坏程度，在海量数据中区分哪些是有用电子证据，哪些是无用数据。要寻找那些由违法当事人留下的活动记录作为电子证据，确定这些记录的存放位置和存储方式。二是采集电子证据。记录系统的硬件配置和硬件连接情况，以便将计算机系统转移到安全的地方进行分析。对目标系统磁盘中的所有数据进行镜像备份。对关键的证据数据用光盘备份或打印成文本证据。利用程序的自动搜索功能，将可疑为电子证据的文件或数据列表，确认后发送给取证服务器。对网络防火墙和入侵检测系统的日志数据，可先进行光盘备份。三是保护电子证据。电子证据的保护包括：将调查取证的数据镜像备份介质加封条存放在安全的地方；对获取的电子证据采用安全措施保护，无关人员不得操作存放电子证据的计算机；不轻易删除或修改文件，以免使有价值的证据文件永久丢失。

5.在线电子证据采集

网络传销核心证据通常与违法行为发生地分处两地，即核心电子数据存储所在的服务器与违法行为人不在同一地。因此，违法行为地现场采集的电子证据往往难以全面证明违法行为事实。这就需要进行在线电子证据的采集或远程电子证据采集。远程电子证据的采集工作应提交公安部门予以实施，其证据的效力应由相关司法鉴定中心来确认。

6.电子数据分析

工商行政管理机关获取的网络传销数据，部分形式较为复杂，不能直接形成电子证据，这就需要对数据进行分析，将网络传销的电子数据转化为需要的电子证据格式。所取得的电子证据可刻录成光盘或制成书面材料以达到证据固定目的。

需要特别强调的是，电子数据分析是一项技术性很强的工作，必须由专业技术人员来完成，这是保证电子证据效力的关键所在。在已经获取的数据或信息流中寻找、匹配关键词或关键短语是目前的主要数据分析技术，具体包括：文件属性分析技术；文件数字摘要分析技术；日志分析技术；根据已经获得的文件或数据的用词、语法和编程风格，推断出其可能的作者的分析技术；发掘同一事件不同证据间的联系的分析技术；数据解密技术；密码破译技术；对电子介质中的被保护信息的强行访问技术，对于获取数据环境的仿真技术等。

应当注意的是，所有的检查和分析工作应该在备份件上进行，以保证原始证据的可靠性和可信性。对电子证据进行数据分析，必须考虑计算机的类型，采用的操作系统，是否有隐藏的分区，有无可疑外设，有无远程控制、木马程序及当前计算机系统的网络环境。对数据进行全面的分析，还应该注意检查所有的日志文件，对在该系统上使用过的用户操作时间以及操作记录进行登记，查看可能进入或使用过该机器系统的可疑程序。

电子证据采集工作与电子数据分析工作可以同时进行。

7.责任主体的锁定

网络传销责任主体的锁定是保证网络传销案件查办工作能否真正实施到位的关键。只有锁定了组织者与骨干参与者，才能有效地追究其行政或刑事责任，才能根除网络传销组织，才能达到震慑和惩处首恶分子的目的。

由于网络传销行为本身所具有的组织者主体虚拟性的特点，对于工商行政管理机关来说，责任主体的锁定是一个关键。综合多年的执法实践情况，利用技术手段进行网络IP定位是现阶段锁定网络传销行为责任主体较为有效的一个办法。这里包括对于网络服务器托管地或租用地、参与者所在地、会员交费地、网站内容维护更新地等的定位。在当前的网络传销案件中，大部分网络传销网站内容日常维护更新地就是组织者或骨干力量的所在地，他们负责发布传销信息，对于网络传销平台进行日常更新与维护，并收取会员“报单费”，对于参与者进行“排网”等。对他们的IP地址进行锁定和追踪，并适时提请公安机关对特定人员网络登录情况进行监控，掌握其上网地点及相关网上活动情况，直至进行落地调查应是案件调查的关键。

8.资金流的快速控制

网络传销一般涉及大量的资金，在变现之前，这些资金在各个金融机构和流通渠道内的流动会有一条记载明确的线路图。网络传销一般有这样一条规律：不管其资金流程多么纷繁复杂，资金最终一定会流入到组织者的手中。在其流动过程中，暂时流入的企业或个人账户多数只是起了一个中转站的作用。在资金整个流转过程中，会有不同的关联企业、个人和关联交易介入。因此，顺着资金流动线路图调查，是发现网络传销证据的一个重要方法。

控制网络传销资金流向是实现行政处罚到位的必要途径。将传销资金流向进行控制，适当时机予以停止结算或申请公安机关配合予以冻结、扣押。一是案件调查中争取了主动；二是满足行政处罚对于账务证据的要求。另外，切断网络传销的资金链将会彻底铲除网络传销组织者的物质基础，将会使此网络传销活动彻底崩盘，同时对其他网络传销组织者也是有力的震慑，其经济效益和社会效益都是巨大的。

广告违法案件调查方法

依法收集与案件有关的证据

按照有关法律规定，广告违法行政处罚案件需要收集的证据包括书证、物证、证人证言、视听资料、计算机数据、当事人陈述、鉴定结论、勘验笔录、现场笔录等。办案人员应紧紧围绕涉嫌违法的广告主要违法点来收集证据，把所有证据组织成一个逻辑联系紧密合理的证据链，所有证据必须指向广告所存在的违法点，证明这些违法点的真实存在并证明这些违法点违反了相关法律法规规章的规定。办案人员对收集到的证据要依法查证属实，才能作为认定事实的依据。一般情况下，违法广告案件查处中办案人员都要求当事人及证明人提供证明材料或者与违法行为有关的其他材料，并由材料提供人（包括案件涉及的单位和单位经办人）在有关材料上签名或者盖章。

明确涉嫌违法广告所涉及的商品或服务的属性

例如，在查办广告主涉嫌违法发布减肥保健食品广告的案件中，针对广告中夸大食品减肥功效的违法点，需要收集广告涉及的保健食品批准文件、生产厂家的相关批准文件并向食品药品监督管理部门核实这些证据的真实性，确认广告涉及的这种产品是不是合法的保健食品，为整个案件的定性判断奠定坚实的基础。如果缺少这些证据而广告涉及的产品其实是药品，那么适用法律必然也会出现严重的错误。

注意查明广告主、广告经营者和广告发布者的身份

一般情况下，广告主、广告经营者和广告发布者是容易认定的。但是，在特殊情况下办案人员就需要查明违法广告当事人。例如，在药店发布的违法药品印刷品广告，如果是药品生产厂家或药品代理销售商出资印制违法印刷品广告，广告内容主要介绍和推销药品生产者或代理企业所代理的药品，仅仅在广告中标明经销单位是×××药店，并没有宣传该药店其他服务项目的，一般不应将销售该药品的药店认定为广告主施行处罚。

第三部分

工商违法行为认定处理

第六章　概　述

一、工商违法行为构成及认定

工商行政违法及构成

行政违法的特征

工商行政管理部门在维护社会主义市场经济管理秩序，指导市场主体公平竞争、诚信经营，促进社会经济又好又快发展等方面发挥了巨大作用。在转变工商行政管理方式、创新市场监管和行政执法机制的新形势下，深入研究行政违法的概念，弄清行政违法的内涵和外延，了解行政违法的本质特征，把握行政违法的构成，对于准确认定行政违法、划清行政违法与刑事犯罪的界限，及时认定和移送涉嫌刑事犯罪，严厉打击各种违法犯罪行为，维护公平竞争、诚实守信的市场经济秩序，维护经营者和消费者的合法权益具有十分重要的意义。

《行政处罚法》第三条规定："公民、法人或者其他组织违反行政管理秩序的行为，应当给予行政处罚的，依照本法由法律、法规或者规章规定，并由行政机关依照本法规定的程序实施。"第四条第二款规定："设定和实施行政处罚必须以事实为依据，与违法行为的事实、性质、情节以及社会危害程度相当。"第七条规定："公民、法人或者其他组织因违法受到行政处罚，其违法行为对他人造成损害的，应当依法承担民事责任。违法行为构成犯罪的，应当依法追究刑事责任，不得以行政处罚代替刑事处罚。"根据上述规定，我们可以将行政违法的概念概括为：公民、法人或者其他组织违反行政管理法律、法规和规章，造成一定的社会危害后果但又尚未构成犯罪，并由行政机关依法给予行政处罚的行为。行政违法的概念，阐明了行政违法的基本特征，是我们认定违法，划清违法与合法、违法与犯罪界限的基本法律依据。

从上述行政违法的概念中，可以看出行政违法具有以下三个基本特征：

1.行政违法是触犯行政法律、法规和规章的行为，即具有行政违法性

行政管理是掌握国家政权的统治阶级，依据法律，通过政府机构，采取一定的程序方法，实施其政策，以实现其政治目的的管理活动。根据我国《宪法》，国务院及县级以上地方各级人民政府行使国家的行政管理权，依照法律规定的权限，领导和管理经济、教育、科学、文化、卫生、体育事业、城乡建设事业和财政、民政、公安、民族事务、司法行政、监察、计划生育等行政工作。按照依法治国方略和依法行政的原则，国家在行政管理的各个方面都制定了比较完备的法律、法规或者规章，任何组织和个人都必须严格遵守相关行政法律规范，并自觉接受各级人民政府及其职能部门依法进行的监督管理。在社会生活中，如果某一组织或者个人违反了国家行政管理法律规范，就构成了行政违法，必须承担相应行政法律责任。工商行政管理部门是市场监管和行政执法的承担者，负责各类市场主体的准入、经营和退出的全程监督管理，执行《公司法》《反不正当竞争法》《商标法》《广告法》《合同法》等市场监督管理法律规范，管辖和处理各种违反市场监督管理法律规范的行政违法行为。

2.行政违法是危害社会的行为，即具有一定的社会危害性，但这种危害性尚未严重到构成犯罪的程度

任何组织和个人违反了行政法律法规，必然侵害了受行政法保护的行政关系，因而具有一定的社会危害性。行政违法行为具有一定的社会危害性，是违法行为最基本的特征。在社会主义中国，人民当家做主，国家和人民的利益是完全一致的。所谓行政违法行为社会危害性，即指对国家与人民利益的危害性。违法的本质就在于它危害了国家和人民的利益，危害了社会主义社会。如果行为不具有社会危害性，法律就没有理由把它规定为违法或者犯罪，予以处罚。但并不是一切具有社会危害性的行为，都是违法。如正当防卫行为和紧急避险行为，这两种虽然都具有一定的社会危害性，但这两种行为都是受《刑法》保护的合法行为。值得注意的是，行政违法在性质上属于一般违法，其社会危害性较小，尚未达到犯罪的程度。如果行政违法性质严重，社会危害性大，已经涉嫌构成了犯罪，则要及时移送司法部门处理。

违法行为对社会的危害程度，是决定行政处罚的基础。社会危害性的轻重大小，通常取决于行为侵犯的客体，行为的方式、手段、后果及时间、地点，以及行为人的一些主观因素等。我们在考查行为的社会危害性时，要用历史的观点看问题，既要全面地看问题，又要善于透过现象看本质，抓住事物的本质。只有用历史的、全面的观点看问题，坚持实事求是的态度，才能得出正确的结论。

3.行政违法是应当受到行政处罚的行为，即具有应受到行政处罚性

行政违法是违反行政法律规范并依照法律规定应当承担行政责任的行为。所有违法行为，都要承担相应的法律后果。民事违法行为要承担民事责任，如赔偿损失、返还财产、支付违约金等；行政违法行为要受到行政处罚，如罚款、行政拘留等。但是，并不是所有的违法行为都要受到行政处罚，如《行政处罚法》第二十五条规定：“不满十四周岁的人有违法行为的，不予行政处罚，责令监护人加以管教。”第二十六条规定：“精神病人在不能辨认或者不能控制自己行为时有违法行为的，不予行政处罚，但应当责令其监护人严加看管和治疗。”第二十七条第二款规定：“违法行为轻微并及时纠正，没有造成危害后果的，不予行政处罚。”

上述违法行为的三个特征是紧密相连、缺一不可的。一定的社会危害性是违法的本质属性，也是行政违法性和应该受到行政处罚性的基础；而危害社会的行为符合

《刑法》规定的正当防卫或者紧急避险的法律特征，就不能认为是违法。因此任何行政违法行为都是危害社会、触犯行政法律，并依法受到行政处罚的行为。

行政违法与刑事犯罪的关系

违法和犯罪是两个不同的法律概念，二者既有联系又有区别。违法是指一切违反国家的宪法、法律、法令、行政法规和行政规章的行为，其外延极为广泛。而犯罪则必须符合我国《刑法》关于犯罪的规定，必须具备以下特征：第一，犯罪是危害社会的行为。行为对社会的危害性，是犯罪最本质的特征。第二，犯罪是触犯刑律的行为。也就是说，危害社会的行为必须同时是触犯《刑法》规定的行为，才构成犯罪。第三，犯罪必须是应受刑罚处罚的行为，只有应受刑罚处罚的危害社会的行为，才被认为是犯罪。上述特征是确定任何一种犯罪必须具备的缺一不可的条件。《刑法》同时还规定，情节显著轻微、危害不大的，不认为是犯罪。这就说明，行为的情节和对社会危害的程度是区分违法和犯罪的重要界限。违法并非犯罪，但犯罪行为必然是违法，二者既有联系又有区别，而根本的区别就在于行为的社会危害性的情节和程度不同。由此可见，行政违法与刑事犯罪是一种交叉关系，各种行政违法中交融、掺杂着一些犯罪行为。从法学理论说，行政违法与刑事犯罪是一种竞合关系，即当事人实施的某种危害社会的行为既违反行政法律规定，又同时触犯了刑事法律规定。正确把握行政违法与刑事犯罪的关系，对于准确区分违法与犯罪的界限，及时移送刑事犯罪案件具有十分重要的意义。

违法与犯罪的区别：

1.一切犯罪行为，都已经违反了《刑法》的有关规定

根据不同的犯罪构成触犯相应《刑法》条文，构成不同的犯罪，即“罪刑法定”原则。如果《刑法》并没有规定某种危害社会的行为是犯罪行为，那么不管这种违法行为的性质多么严重，都不能认为是犯罪，更谈不上犯罪移送问题。

2.社会危害性的程度不同

一般违法行为因为情节轻微，或者数额没有达到《刑法》规定的犯罪条件，因而不构成犯罪，只是一般违法，由行政管理法律规范予以调整。犯罪则是触犯了《刑法》的规定，达到刑事责任年龄，应当受到《刑法》处罚的行为。

3.对构成主观方面的要求不同

《刑法》规定的犯罪，绝大多数都是故意犯罪，极少数是过失犯罪。对于过失犯罪，必须是《刑法》分则中有明确法律条文规定的，才构成犯罪。而对于一般行政违法行为，只要求行为人在主观上具有过错即可，并不像《刑法》那样对行为人的主观过错做严格的界定和区分。一般说来，主观过错是故意还是过失，并不直接影响行政违法的构成，只要主观上有过错，客观上实施了违反行政管理法律规范的行为，就可构成行政违法。但对于一些特殊违法行为，如为无照经营和商标侵权行为提供便利条件的违法行为，必须要求行为人在主观上具备明知为要件的。

违法与犯罪的联系：二者应该是从量变到质变的关系。是质和量上的不同。有的违法行为因为质的不同，所以不可能转化。比如因为没有达到刑事责任年龄，所以不可能构成犯罪。而有的违法行为则仅仅因为没有达到量的要求，所以不构成犯罪，一旦超过量的限度，就可能被追究刑事责任。比如生产、销售伪劣产品行为，如果生产、销售金额达到了法定数额，就构成生产、销售伪劣产品罪，应追究其刑事责任；未达到法定数额则不构成了生产、销售伪劣产品罪，只是一般违法行为。通俗地讲，违法一般是指违反法律之行为。而犯罪则指情节严重、触犯刑法的行为。

行政违法的构成

所谓行政违法构成，是指构成行政违法必须具备的一切主观和客观条件的总和，它是确认行政违法行为从而追究其行政责任的根据。这里所谓“总和”，是指构成行政违法必须具备一切主、客观诸要件的有机统一、密不可分的整体。任何一种行政违法构成，都包括了一系列主、客观要件，而这些诸要件之间密切关联，共同组成一个有机整体的行政违法构成，并不是行政违法行为一系列主、客观要件的简单相加。

行政违法行为的表现形形色色、各式各样，如制假售假、掺杂使假、仿冒侵权、消费欺诈、商业贿赂、虚假出资、抽逃资金、虚假宣传等。不同的违法行为，有不同的违法构成，而不同的违法构成，其构成要件也不尽相同。在实际生活中，任何一种违法都是具体的，其违法构成也都是具体的。借鉴传统的犯罪构成理论，将这些各式各样的违法行为进行科学的概括，就不难看出一切违法行为都是由以下四个要件组成的：

1.客体要件

行政违法所侵犯的客体，即任何违法行为都侵犯了行政法律规范所保护的各种社会关系和利益。

2.主体要件

行政违法的实施主体，即任何实施行政违法的人都是必须达到行政责任年龄并具有行政责任能力的法人、其他经济组织和个人。

3.主观要件

行政违法主体主观上有过错即行政违法主体在实施行政违法时主观上出于故意或者过失的心理态度。故意是指明知自己行为的社会危害性而希望或放任其发生的主观心理状态。凡故意违反行政法律规范的，都应当依法承担行政责任。过失是指应当预见自己行为的社会危害性，由于疏忽大意没有预见或虽然预见但轻信能够避免的主观心理状态。过失违反行政法律规范，并且造成危害后果的，也应当依法承担行政责任。故意和过失是行政违法主体承担行政责任的主观要件。所以，如果行为在客观上违反了行政法律规范，但不是出于故意和过失，而是不可抗拒或不能预见的原因引起的，不能认为是行政违法而追究行政责任。

4.客观要件

构成行政违法的客观事实情况，即行政违法主体必须实施了某种危害的行为，造成某种客体的直接或间接损害等。行为是行政违法客观要件最重要的内容。行为包括积极的作为和消极的不作为。作为行政违法客观要件的行为通常具有一定的社会危害性。在某些情况下，行政违法的确定并不取决于其是否具有直接的危害结果，而只要有违反行政法律规范的过错行为就足够了。

任何一种行政违法构成，都是由上述四个要件组成，它们相互联系、相互作用、相互依存，缺一不可，只有同时具备，才能成为违法。

工商行政违法的认定

在执法实践中，认定某一种具体行为是否构成违法，一般要根据行政违法的构成要件，从以下四个方面进行认定。

违法客体的认定

一切违法行为都必然侵犯一定的客体。不侵犯任何客体的行为，就不会危害社会，当然也不能认为是违法，更不能认为是犯罪。违法客体是违法构成的基本要件之一。在我国，违法客体是指被法律所保护而又为违法行为所侵害的社会主义社会关系。所谓社会关系，是指人们在生产和共同生活活动中所形成的人与人之间的相互关系。我国法律、法规规定保护的各种经济秩序、管理制度、经营者和消费者权益等都是违法行为所侵犯的社会关系。在现实生活中，违法现象是十分复杂的，违法行为所侵害的社会主义社会关系也是多样的。某一种违法行为不仅直接侵犯某一种具体的社会关系，有可能直接侵犯两种以上具体的社会关系，甚至也可能直接侵犯某一类违法行为所共同侵犯的我国社会主义社会关系的某一部分或者某一方面。

违法客观方面的认定

违法客观方面是违法构成的基本要件之一，缺乏客观方面，就没有违法构成，也就不能认为是违法。违法客观方面，是指说明侵犯某种客体的行为所造成的社会危害性诸客观事实特征。这些诸客观事实特征主要有：危害行为、危害结果、危害行为与危害结果之间的因果关系，以及违法的时间、地点和方法等。没有这些客观事实，就不可能对社会造成危害，也无法认定其违法。违法客观方面与违法客体是密切相连的，在每一个违法构成中，违法客体是说明违法行为侵犯了什么，而违法客观方面是说明在什么样的条件下、通过什么样的违法行为使客体受到侵害的。现实生活中，违法客观方面的事实特征是多种多样的，但任何违法行为都是在一定的时间、地点和条件下，通过一定的行为方式或者手段来实行，并且会对社会造成各种不同程度的损害结果。因此，对违法客观方面的认定也是有规律可循的，实践中一般可以从以下几个方面进行认定。

1.对危害行为的认定

从《行政处罚法》意义上讲，危害行为就是违反社会管理秩序的行为。危害行为是一切违法构成都必须具备的要件，它在整个违法构成中占据核心地位。危害行为的表现形式有多种多样，如制假售假、掺杂使假、仿冒侵权、消费欺诈、商业贿赂、虚假出资、抽逃资金、虚假宣传等，但其基本形式不外乎只有两种：作为和不作为。所谓“作为”，是指积极的行为，即行为人以积极的行动去实施法律上所禁止的行为。如伪造商标、商业贿赂等。法律意义上的作为，不是指单个的动作或者环节，而是由人的一系列积极的动作有机组成。它不仅包括人自身的一系列动作，也包括利用或者借助工具、动物、自然力甚至他人的行动等。所谓“不作为”，是指消极的行为，即行为人负有特定的义务并且有能力履行而不去履行的行为，或者拒不履行法定责任行为。例如××省××市工商所副所长白××、李××在接到一起投诉后，在明知经销商销售劣质奶粉导致一名婴儿死亡的情况下，仍然接受了请吃、贿赂而违法调解，不调查、不汇报、不移交司法机关，没有按照法律规定的职守要求，以致没有履行其职务，造成严重的社会后果。这就是典型不作为违法甚至犯罪行为。

不作为以应当为前提，即以行为人负有必须履行的义务为前提。从一般意义理解，这种义务的来源主要有：

（1）法律、法规明文规定的义务。

（2）职务或者业务要求的义务。

（3）法律行为引起的义务。例如，合同行为、自愿接受行为等可能导致行为人负有实施一定积极行为的义务。

（4）先前行为引起的义务。这是指由于行为人的某种行为使刑法所保护的合法权益处于危险状态时，行为人负有的排除危险或者防止危害结果发生的特定积极义务。例如，成年人带着儿童游泳时，就负有保护儿童生命安全的义务等。

2.对危害结果的认定

根据我国现行法律、法规的规定，在一般情况下，行政相对人实施了违反行政管理秩序的行为，就应当给予行政处罚。但对一些特殊情况，行政处罚以造成一定的危害后果为法定要件。危害后果的表现形式有两种：一种是显现后果。即违法行为所造成的危害后果通过一定的形式表现出来。对违法行为有显现危害后果的，均应当在行政处罚决定书中表述出来。另一种是隐形危害后果。即违法行为给社会造成的危害后果难以一定形式直接表现出来。例如，某乙无驾驶执照在交通道路上驾车行使，其危害后果就难以以一定形式表现出来。对于隐形危害后果的，在行政处罚决定书中可以不反映出来。

危害结果，是指危害行为给法律所保护的社会管理秩序所造成的具体的实际侵害或者是现实的危险状态。

危害结果属于违法客观方面的一个要件，它一经产生就成为不以人的主观意志为转移的客观事实。它同违法客体有着内在的有机联系。违法行为的社会危害性质及其程度，主要是通过危害行为对违法客体的直接侵害和威胁体现出来，而这种侵害和威胁的客观表现形式，即是危害结果。危害结果包括两方面内容：一是危害行为对违法客体所造成的直接实际侵害，如被害人的身体受到了损伤，侵犯了被害人的身体健康权；侵吞国家巨额资产，侵犯了国家所有权等。二是危害行为对违法客体所造成的直接的现实的危险状态，如交通工具或者交通设施被破坏后出现的“足以使火车发生倾覆、毁坏危险”。这种危险具有现实的可能性，是一种客观存在的状态，有具体的事实可查，而不是人们主观的随意推定。

由于违法客体有物质性和非物质性之分，故危害结果也有物质性和非物质性两种。前者是指现象形态表现为物质性变化的危害结果，它往往是有形的，通常可以根据数量、重量、状态或者价值等直接认定和测量出来的，如非法经营数额、违法所得、财产损失等，都是物质性结果。后者是指现象形态表现为非物质性变化的危害结果，它往往是无形的、抽象的，一般不能或者难以具体认定和测量，如诋毁商业信誉等，属于非物质性危害结果。

危害结果作为违法客观方面的一个重要因素，对于行政处罚具有重要的决定意义，是影响量罚轻重的因素之一。在一切行政违法中，危害结果对量罚都起影响作用。因为危害结果是反映社会危害性的事实现象，实施行政处罚与违法行为相适应，必须与当事人的违法行为的事实、性质、情节及社会危害程度相适应，轻重有度，所以，危害结果的发生与否、轻重如何，必然影响量罚。例如，根据《行政处罚法》第二十七条规定，当事人实施违法行为后主动消除或者减轻违法行为危害后果的，应当依法从轻或者减轻行政处罚；当事人的违法行为轻微并及时纠正，没有造成危害后果的，不予行政处罚等。在这里，“主动消除或者减轻违法行为危害后果的”关键是“主动”，是违法当事人对实施违法行为的补救，是从主观积极的角度来消除或者减轻违法行为的危害后果。所说的不予行政处罚的情形是“违法行为轻微并及时纠正，没有造成危害后果”。在这里，违法行为轻微、及时纠正与没有造成危害后果是统一的，不可分割的。

3.对危害行为和危害结果之间因果关系的认定

法律上研究的因果关系，是指人的危害行为同危害结果之间的引起与被引起的内在的、必然的关系。危害结果是由危害行为造成的，危害行为是因，危害结果是原因引起的后果；不是危害行为造成的结果，就不是危害结果；由于危害结果是由危害行为造成的，故危害结果的性质取决于危害行为的性质。危害结果固然是危害行为引起的，但不能认为，任何危害行为都必然造成危害结果。法律因果关系是行为人承担法律责任的客观基础。一个人对某种危害结果有无罪责，决定条件之一就是他的行为与该结果之间有无因果关系。因此，当危害结果发生时，要使某人对该结果负责任，就必须查明他所实施的行为与该结果之间具有因果关系。换言之，查明某人的行为同危害结果有无因果关系，是正确认定违法、解决法律责任的必要条件。

在实践中，对于危害行为与危害结果之间的因果关系，通常并不难确定。但是，违法情况复杂多样，某种危害结果的发生既有其内部原因，也有外部原因，有主要原因，也有次要原因，有直接原因，也有间接原因等。

因果关系与法律责任。查明了因果关系，只是解决了违法构成的客观要件，只解决了法律责任的客观基础问题。而任何具体违法构成都是违法客观要件和主观要件的统一。因此，不能把因果关系问题与法律责任混为一谈；解决了因果关系问题，并不等于解决了法律责任问题。具体法律规定“知道或者应当知道”为违法主观构成要件的，是否要承担法律责任，还必须查明行为人主观上有无故意或者过失的罪过。如果行为人的行为与客观上造成的危害结果虽然有因果关系，但其主观上缺乏罪过，就不能让其负法律责任。否则，就是“客观归罪”。“客观归罪”和“主观归罪”都是违反法律原则的，必须注意克服和防止。

4.对违法的时间、地点和方法的认定

违反行政法律规范的行为分为作为和不作为两种。行政处罚决定认定行政相对人实施了作为的违法行为的事实主要有：实施违法行为的时间（含期间）、地点、手段或方式，违法行为的结果，对多次进行违法行为的要将各次的时间、地点、结果等情节问题一一表述清楚。行政处罚决定认定行政相对人实施不作为的违法行为的事实主要有：行政相对人应在什么地点、条件下，在什么时间内履行其法定的义务，其在何种具体情况下未履行法定义务。

违法的时间、地点、方法是任何违法都必须具有的客观事实，它们对是否构成违法没有影响。构成要件的时间，指法律规定的违法构成必须具备的特定时间。例如，根据《反不正当竞争法》第十一条规定，对于以低于成本的价格销售季节性商品的行为，或者处理有效期限即将到期的商品或者其他积压的商品的，或者销售鲜活商品的，或者因清偿债务、转产、歇业降价销售商品的，均不构成不正当竞争违法行为。根据《行政处罚法》第二十九条规定，某种违法行为如果从违法行为发生之日起算起，或者违法行为有连续或者继续状态的，从行为终了之日起算起，在两年内未被发现的，就不再给予行政处罚。因此，准确认定行政相对人的违法时间，对于正确地行使追罚权具有重要的意义。

构成要件的地点，指法律规定的某些违法构成必须具备的特定场所。例如生产、销售假冒伪劣商品行为，必须在某个经营场所生产、制造或者销售假冒伪劣商品。同时，确定行为人的行为在什么地点实施，对正确行使案件管辖权具有十分重要的意义。

构成要件的方法，指法律规定的某些违法构成必须具备的实施危害行为的特定方式。例如，《反不正当竞争法》第十条规定的侵犯商业秘密行为，侵犯他人商业秘密行为，通常必须“以盗窃、利诱、胁迫或者其他不正当手段”等方法实施。同时，研究违法的方法，对于研究案发规律特征、预防违法、综合治理意义也重大。

有时违法的时间、地点、方法等不是违法构成要件，但影响到违法行为本身社会危害程度的大小，因而对正确量罚有重要意义。

违法主体的认定

《行政处罚法》第三条规定：“公民、法人或者其他组织违反行政管理秩序的行为，应当给予行政处罚的，依照本法由法律、法规或者规章规定，并由行政机关依照本法规定的程序实施。”根据此条规定实施行政违法的主体包括公民、法人和其他组织三类。违法主体是违法构成的必要要件。任何违法行为，都是由一定的违法主体实施的，没有违法主体就不存在，更不会发生法律责任问题。因此，搞清楚违法主体是追究法律责任的前提。

1.公民（自然人）主体的认定

根据《行政处罚法》规定，公民（自然人）成为违法主体必须具备两个条件：一是达到法定责任年龄；二是具有行政责任能力。二者缺一不可，否则不能够成为违法主体。

（1）行政责任年龄

行为人应对自己的违法行为负行政法律责任必须达到的年龄。根据《行政处罚法》第二十五条的规定，行政责任年龄划分为两个阶段：

1）完全不负责任年龄阶段。即“不满十四周岁的人有违法行为的，不予行政处罚，责令监护人加以管教”。不满十四周岁的人还处于幼年时期，社会知识少，对自己行为的后果没有预见能力，也没有承担责任的能力。这些未成年人违反治安管理，主要应当进行教育，使其明辨是非，不再给予处罚，更有利于他们的健康成长。我国《宪法》《未成年人保护法》《民法通则》《刑法》《治安管理处罚法》等对未成年人的法律责任也做了特殊规定。不处罚不等于放任不管，本条同时规定，要责令其监护人严加管教，以教育行为人，防止其继续危害社会。本条规定的不满十四周岁的人的“监护人”，《民法通则》是这样规定的：“未成年人的父母是未成年人的监护人。未成年人的父母已经死亡或者没有监护能力的，由下列人员中有监护能力的人担任监护人：（一）祖父母、外祖父母；（二）兄、姐；（三）关系密切的其他亲属、朋友愿意承担监护责任，经未成年人的父、母的所在单位或者未成年人住所地的居民委员会、村民委员会同意的。对担任监护人有争议的，由未成年人的父、母的所在单位或者未成年人住所地的居民委员会、村民委员会在近亲属中指定。对指定不服提起诉讼的，由人民法院裁决。没有第一款、第二款规定的监护人的，由未成年人的父、母的所在单位或者未成年人住所地的居民委员会、村民委员会或者民政部门担任监护人。”这些具体的法律规定，是为了保证每一个未成年人都能有人监护，教育培养其健康成长。监护人也应切实负起监护职责，对有违法行为的被监护人严加管教，防止其危害社会。

2）限制负责任年龄阶段。即“已满十四周岁不满十八周岁的人有违法行为的，从轻或者减轻行政处罚”。这一年龄阶段的人，虽然已具有一定的识别能力，可以对自己的某些行为负责，但毕竟社会知识缺乏，还不具有完全辨认和控制自己的能力，不能完全预见自己的行为可能对社会发生危害的结果，也不能完全理解自己的行为的法律后果，所以，已满十四周岁不满十八周岁的人有违法行为的，从轻或者减轻行政处罚。《治安管理处罚条例》《刑法》等都有相关规定。

（2）行政责任能力

责任能力，是指行为人对自己行为的辨认能力与控制能力。辨认能力，是指行为人认识自己特定行为的性质、结果与意义的能力；控制能力，是指行为人支配自己实施或者不实施特定行为的能力。辨认能力与控制能力密切联系。辨认能力是控制能力的基础和前提，没有辨认能力就谈不上有控制能力。控制能力则反映辨认能力。有控制能力就表明行为人具有辨认能力。但在某些情况下，有辨认能力的人可能由于某种原因而丧失控制能力。所谓具有责任能力，是指同时具有辨认能力与控制能力；如果缺少其中一种能力，则属于没有责任能力。根据《行政处罚法》第二十六条规定，行政责任能力分为两种情况：

1）绝对无行政责任能力。即“精神病人在不能辨认或者不能控制自己行为时有违法行为的，不予行政处罚，但应当责令其监护人严加看管和治疗”。精神病人有违法行为，不予行政处罚的规定，是以精神病人在行为时的无责任能力状态为根据的。无责任能力状态，是指精神病患者在精神病发作时，他的正常精神活动发生了紊乱现象，因而不能辨认或者控制自己的行为。这是法律规定精神病人对自己的违法行为不负行政责任的理由。《治安管理处罚法》《刑法》对此也做了明确规定。这里规定的“不能辨认自己的行为”“不能控制自己的行为”是有选择性的，即只要精神病人符合其中的一种情形，就不予处罚。

2）相对行政责任能力。即“间歇性精神病人在精神正常时有违法行为的，应当给予行政处罚”。间歇性精神病人是指精神并非一直处于错乱而完全失去辨认或者控制自己行为的能力，其精神疾病有时发作、有时不发作，精神有时正常、有时不正常的精神病人。

间歇性精神病人在实施违法行为时，如果精神是正常的，没有丧失辨认或控制自己行为的能力，应当给予行政处罚。《治安管理处罚法》《刑法》也做了明确规定。

在处理精神病人，特别是间歇性精神病人实施的行政违法行为案件时，必须请有关人员进行科学鉴定，并进行认真细致的调查研究，全面了解行为人的各方面情况，特别是实施违法行为前后的精神状态。只有确定违法当事人在实施违法行为时确实处于精神病状态，而且，由于这种病症而不能辨认或者不能控制自己的行为，才能认定为无责任能力。精神病人实施了行政违法行为，即使不予处罚，也不能放任不管，任其危害社会和他人，要责令其监护人严加看管和治疗。这里所说的“监护人”是指对精神病人的人身、财产以及其他一切合法权益，依法予以监督与保护的人。《民法通则》第十七条有明确界定。规定中的各个顺序，是在法定的上一顺序的监护人不存在或者不具有监护能力的情况下，方可确认下一顺序的监护人为法定监护人。“对担任监护人有争议的，由精神病人的所在单位或者住所地的居民委员会、村民委员会在近亲属中指定。对指定不服提起诉讼的，由人民法院裁决”，如果规定的几个顺序的监护人均不存在或者均无监护能力，“由精神病人的所在单位或者住所地的居民委员会、村民委员会或者民政部门担任监护人”。监护人履行监护职责，不仅是对被监护人应尽的义务，也是为了维护正常的社会秩序，对国家和社会应尽的义务。

2.法人主体的认定

根据我国《民法通则》第三十六条规定，所谓法人是具有民事权利能力和民事行为能力，依法独立享有民事权利和承担民事义务的组织。法人是一种社会组织，但并非任何社会组织都是法人，因为法人必须具备法律规定的要件。《民法通则》第三十七条规定，一个法人应当具备下列要件：依法成立；有必要的财产或经费；有自己的名称、组织机构和场所；能够独立承担民事责任。法人在法律上具有拟制人格，能够像自然人一样享有法律上的权利与义务，可以发起或接受诉讼，也可以承担刑事责任，不过跟自然人不同之处就是自由刑对法人而言并不适用，法人所接受的刑罚一般以罚款为限。根据《民法通则》的规定，我国的法人主要有四种：企业法人、机关法人、事业法人和社团法人。

（1）企业法人

是指依据《公司法》《企业法人登记管理条例》等法律、法规设立，经各级工商行政管理机关登记注册取得法人资格的社会经济组织。它包括：全民所有制企业、集体所有制企业、内资有限责任公司、股份有限公司以及在中华人民共和国领域内设立的中外合资经营企业、中外合作经营企业和外资企业。需要注意的是，按照《公司法》设立的有限责任公司和股份有限公司是虚假注册资本金、虚假出资和抽逃出资等违法犯罪的违法主体，而其他类型的企业法人则不能构成。

（2）机关法人

是指依照法律或者行政命令设立，经国家机构编制部门核准的，有独立的财政预算经费，因行使职权的需要而享有民事权利能力和民事行为能力的各级国家机关，包括立法机关、行政机关、军事机关和司法机关。机关法人不得从事商业经营，但它可以法人资格与其他主体进行经济交往，因此它不是一般意义上的市场经营违法主体，但在特殊情况下也可成为限制竞争、地区封锁、乱征土地等行政违法的主体。

（3）事业单位法人

是指为社会公益目的，由国家机关举办或者其他组织利用国有资产举办的，经事业单位管理部门核准，依法取得法人资格的，从事教育、科技、文化、卫生等活动的社会服务组织。除了按照《公务员法》规定参照公务员管理的事业单位外，其他事业单位可以构成行政违法的主体。

（4）社团法人

是指由其成员自愿组织的，并经民政部门批准而取得法人资格，从事社会公益、文学艺术、宗教等活动的各类社会组织，如协会、学会等。注意除了政治团体（如各民主党派）和人民群众团体（如工会、妇联、共青团）外，其他团体也可以构成行政违法的主体。

3.其他组织的认定

其他经济组织，是指根据我国有关法律规定，除公民、法人外，还有一种介于两者之间的“其他组织”。最高人民法院《关于适用〈中华人民共和国民事诉讼法〉若干问题的意见》将“其他组织”界定为：“民事诉讼法第四十条规定的其他组织，是指合法成立、有一定组织机构和财产，但又不具备法人资格的组织，包括：（一）依法登记领取营业执照的私营独资企业、合伙组织；（二）依法登记领取营业执照的合伙型联营企业；（三）依法登记领取我国营业执照的中外合资企业、外资企业；（四）经民政部门核准登记领取社会团体登记证的社会团体；（五）法人依法设立并领取营业执照的分支机构；（六）中国人民银行、各专业银行设在各地的分支机构；（七）中国人民保险公司设在各地的分支机构；（八）经核准登记领取营业执照的乡镇、街道、村办企业；（九）符合本规定条件的其他组织。”工商部门可参照上述规定精神，严格掌握“其他经济组织”的内涵和外延。

4.在认定违法行为责任人时应注意以下几个问题

（1）有关隶属关系的问题

在我国单位之间存在的隶属关系有两种情况：

1）一方单位是另一方的下属单位，不具有独立法人资格，不能以自己的名义从事民事活动。

2）虽然一方单位对另一方单位具有一定的领导权力，但双方均是独立的法人，各自均独立核算并可以独立对外从事民事活动。

对于前一种情况，其下属单位的违反行政管理秩序行为的行政责任可以由具有法人资格的一方承担。后一种情况，因双方均为独立的法人，各自仅对各自的行为负责，谁实施的行为，由谁承担法律责任。

（2）有关企业承包关系的问题

承包人在承包期间以企业的名义实施的违反行政管理法规范的行为，应当认定为企业的违法行为，而不应认定为个人的违法行为。承包人在承包期间实施承包合同规定的权利范围以外的行为，或者承包以前、以后所实施的行为违法，则应当认定为承包人的违法行为，而不应当认定为企业的违法行为。

（3）有关雇佣关系的问题

在具有雇佣关系的情况下，被雇人按照雇主的要求所实施的行为，该行为能否得到实施一般取决于雇主，所以对这种情况一般应认定为雇主的行为，所产生的行政法律责任应当由雇主承担，而不应当由被雇佣人承担。但是需要注意的是，被雇佣人所进行的雇佣关系以外的行为，应当认定为被雇佣人自己的行为，而不能认定为雇主的行为。

（4）有关委托关系的问题

主要有以下几种情况：

1）被代理人委托代理人实施民事法律行为合法，委托代理人超出了被代理委托的权限范围实施了违反行政管理秩序的行为，在没有被代理人追认的情况下，违法行为人应当认定为委托代理人，而不应当认定为被代理人。

2）委托人委托代理人代理的行为违反行政管理秩序，有证据证明委托代理人确实不知道该行为违法的，该违法行为是由于被委托人的委托造成的，所以应当认定被委托人为违法行为的责任承担人，而不应当认定委托代理人为违法行为的责任承担人。

3）委托人和被委托人都知道委托代理的行为违反行政管理秩序，只要委托人实施了委托的行为，被委托人与委托代理人应当是共同违反行政管理秩序的行为人。

（5）单独违法还是共同违法的问题

对于单独违法，行政机关应当有证据认定是单独实施违反行政法律规范的行为，证据应当排除共同实施违法行为的可能性。对认定共同实施违法行为的，行政处罚决定应当写明共同违法行为人在实施违法行为中所处的地位、作用和实施的具体内容，并提供相关的证据证实上述事实。

（6）关于无证经营，但有字号或有雇员的单位应认定为公民还是其他组织的问题公民和法人的概念现行法律有明确规定，较易理解。关于“其他组织”，通常都是指不具备法人资格的组织，即“非法人组织”，它们虽设有代表人或管理人，但不一定具有独立的财产、营业机构和组织章程。其应具备的要件之一必须是有自己目的的社会组织，目的可分为非营利性和营利性两种。其中营利目的在我国现行法律上表现为经营范围。因此，对于营利性非法人组织来说，应当具有特定的经营范围。非法人组织必须依法进行核准登记，否则不享有非法人资格。综上，虽有字号或有雇员的无证经营者，应认定为公民，而不宜认定为其他组织。

违法主观方面的认定

违法的主观方面，亦称违法主观要件或者过错，是指行为人对自己的危害社会的行为及其危害社会的结果所持的故意或者过失的心理态度。违法主观方面是违法构成的必要组成要件，缺少了违法的主观方面无法判定是否构成违法，也不能给予行政处罚。人在实施违法时的心理状态是十分复杂的，概括起来有故意和过失这两种基本形式。根据我国现行法律、法规的规定，应当给予行政处罚的违反行政管理秩序的行为，绝大多数以过错为法定要件，即无论是故意的，还是过失的，都可以给予行政处罚。少数是以应知为法定要件。法律、法规没有明确规定故意作为法定要件的，均属于以过错为法定要件。

1.违法故意的认定

所谓故意，是指行为人明知自己的行为会发生危害社会的结果，并且希望或者放任这种结果发生的主观心理态度。从过错的内容上看，故意具有两方面特征：其一，在意识因素上，行为人明知自己的行为会发生危害社会的结果。其二，在意志因素上，行为人对危害结果的发生抱着希望或放任的态度。根据意识和意志这两个方面的不同情况，法学理论将故意分为直接故意和间接故意。

直接故意，是指行为人明知自己的行为会发生危害社会的结果，并且放任这种结果发生的心理态度。在认识因素上，直接故意表现为明知自己行为必然或者可能发生危害社会的结果。其中，一种是行为人明知自己的行为必然发生危害社会的结果。另一种是行为人明知自己的行为可能发生危害社会的结果。在意志因素上，直接故意表现为希望这种结果发生。我国法律规定的大部分违法都可以由直接故意构成。

间接故意，是指行为人明知自己的行为可能发生危害社会的结果，并且放任这种结果发生的心理态度。在认识因素上，间接故意表现为明知自己行为可能发生危害社会的结果。在意志因素上，间接故意表现为放任这种结果发生。

直接故意和间接故意的异同。共同点是：两者同属故意的范畴，在认识因素上都是明知即明确认识到自己的行为会发生危害社会的结果，在意志因素上都不排斥危害结果的发生。不同点是：一是在认识因素上，两者对行为导致危害结果发生的认识程度有所不同。直接故意既可以是明知自己的行为必然发生危害结果，也可以是明知自己的行为可能发生危害结果。间接故意则只能是明知自己的行为可能发生危害结果。二是在意志因素上，两者对危害结果发生的心理态度显然不同。直接故意是希望即积极追求危害结果的发生。间接故意则是放任危害结果的发生。所谓放任，就是对结果的发生与否采取听之任之，满不在乎，无所谓的态度。意志因素上的不同是两种故意区别的关键所在。

2.违法过失的认定

所谓过失，是指行为人应当预见自己的行为可能发生危害社会性的结果，因为疏忽大意而没有预见，或者已经预见而轻信能够避免，以致发生了危害社会的结果的主观心理态度，它是与故意并列的过错形式之一。从过错内容上看，违法过失具有两方面特征：一是在意识因素上行为人应当预见自己的行为可能发生危害社会的结果，但是因疏忽大意而没有预见，或者已经预见但是轻信能够避免。二是在意志因素上，行为人对危害结果的发生是持根本否定态度的。根据过错内容方面特点，法学理论将犯罪过失分为疏忽大意的过失和过于自信的过失。

（1）疏忽大意的过失，是指行为人应当预见自己的行为可能发生危害社会的结果，因为疏忽大意而没有预见，以致发生这种结果的主观心理态度。

1）在认识因素上，行为人应当预见到自己的行为可能发生危害社会的结果。所谓应当预见，是指行为人在行为时负有预见到行为可能发生危害结果的义务。这种预见的义务范围很宽，来自于法律规定、职务、业务、公共生活准则的要求。应当预见是以可能预见为基础的。判断能否预见，一般是以主观标准为根据，以客观标准作为参考的。也就是说，以在当时的具体条件下，以行为人本身的能力和水平为主来衡量，有时以社会上一般人的水平来衡量。

2）在意志因素上，行为人对危害结果的发生持绝对排斥、绝对否定的态度。

（2）过于自信的过失，是指行为人应当预见自己的行为可能发生危害结果，但是轻信能够避免，以致发生这种结果的主观心理态度。

1）在认识因素上，行为人已经预见到自己的行为可能发生危害社会的结果。

2）在意志因素上，行为人是绝对否定或排斥危害结果的发生的；之所以实施导致危害结果发生的某种行为，是由于轻信能够避免危害结果的发生。所谓轻信，是指行为人过高地估计了可以避免危害结果发生的有利因素（包括自身和客观的两个方面），而过低地估计了自己行为导致结果发生的可能程度。

（3）过于自信的过失与间接故意的异同。

二者在心理上有相似之处：在认识因素上都预见到行为可能发生危害社会的结果；在意志因素上都不是希望危害结果的发生。但是，两者有着重大区别：

1）在认识因素上有所不同：间接故意对危害结果发生的可能性转化为现实性并

未发生认识上的错误；过于自信的过失则是误认为危害结果发生的可能性不会转化为现实性。

2）在意志因素上有重要的区别：尽管间接故意不是希望而是有意放任危害结果的发生，但是行为人对危害结果的发生依然持肯定的、认可的态度，因而他不会凭借什么条件和采取什么措施去防止危害结果的发生；过于自信的过失是行为人对危害结果的发生持绝对排斥、绝对否定的态度，希望避免危害结果的发生，而且还借助自认为能够避免危害结果发生的一定的条件和因素以防止危害结果的发生，却犯了轻信可以避免危害结果发生的错误。

3.单位过错的认定

执法实践中，在认定被处罚单位主观上是否具有过错的问题上，有些行政机关往往将被处罚单位主要领导人主观上有无过错，作为判断该单位主观上是否具有过错的标准。这种认定方法是不正确的，只要是单位员工在执行工作职务的行为中主观上存在过错，无论是经过领导同意，还是没有经过同意的均应推定为该单位的过错，而不能认定该单位主观上没有过错。

4.意外事件和不可抗力的认定

意外事件，是指行为虽然在客观上造成了损害结果，但不是出于行为人的故意或者过失，而是由于不能预见的原因所引起的一种情况。意外事件是无过错的，因此刑法不认为是犯罪，也不负刑事责任，当然更不能认为是违法，也不承担任何行政责任。所谓不能预见，是立足于主观方面观察问题的，是指行为人对其行为发生损害结果不但未预见到，而且根据其实际认识能力和当时的具体条件也不可能预见。

不可抗力，是指行为虽然在客观上造成了损害结果，但不是出于行为人的故意或者过失，而是由于不能抗拒的原因所引起的一种情况。不可抗力也是无过错的，因而刑法不认为是犯罪，也不负刑事责任，当然更不能认为是违法，也不承担任何行政责任。不能抗拒是立足于客观方面观察问题的，是指行为人由于客观上的原因对其行为发生损害结果无法排除或者阻止。

共同违法行为的认定

共同违法，简称共犯，它是指二人以上共同故意违法。它是与单个违法相对而言的。在现实生活中，大多数违法是一个人单独实施的，但也有为数不少的违法是二人以上共同故意实施的。就共同违法来说，二人以上可以共同谋划、相互分工、相互配合，更容易完成违法过程；也可以商讨对策、相互串通、相互包庇，更容易逃避打击，因此往往比单独违法具有更大的社会危害性，特别是有组织的共同违法更是如此，历来是行政执法打击的重点。

共同违法的成立要件

1.行为人必须为二人以上

共同违法的主体，必须是两个以上达到行政责任年龄、具有行政责任能力的人或单位。

首先，共同犯罪必须是二人以上共同实施犯罪，一个人单独犯罪，不发生共同违法问题。同时，二人以上必须是达到行政责任年龄、具有责任能力的人。一个达到行政责任年龄的人和一个未达到行政责任年龄的人，或者一个精神健全有行政责任能力的人和一个由于精神障碍无行政责任能力的人共同实施危害行为，不构成共同违法。

由于我国法律规定的行政违法主体包括法人和其他组织（以下简称单位），因而可能出现单位共同违法，即两个以上的单位共同故意违法，如甲公司与乙公司共同违法故意制售假冒伪劣商品行为，即构成单位制售假冒伪劣商品行为的共同违法；也可能出现单位和个人共同违法，如某甲教唆乙公司生产、销售伪劣产品，即构成单位与个人生产、销售伪劣商品的共同违法。

2.必须是共同的违法行为

从违法的客观方面来看，构成共同违法必须二人以上具有共同的违法行为。所谓共同的违法行为，指各行为人的行为都指向同一违法，互相联系，互相配合，形成一个统一的违法活动整体。

（1）各行为人所实施的行为，必须是违法行为，否则不可能构成共同违法。

例如共同在不可抗力下实施的造成危害的行为，或者共同在正当防卫或紧急避险条件下实施的造成损害的行为，或者共同实施的情节显著轻微危害不大的行为，等等，都不成为共同违法。

（2）危害行为的基本形式有作为和不作为。

据此，共同违法行为表现为三种形式：

1）共同的作为，如甲、乙共同实施制售假冒伪劣商品行为，甲负责生产、乙负责销售，获利后两人共同分赃。这种共同作为的违法是共同违法行为的主要形式。

2）共同的不作为，如甲、乙夫妻二人共同遗弃年老有病的父亲丙，致丙走投无路而自杀。

3）作为与不作为的结合。如仓库值班员甲与意图盗窃人乙按照事前约定，乙夜间去仓库盗窃时，甲佯装睡觉，不加制止，致乙盗窃大量财物。

（3）共同实施的违法结果发生时，每一个共同违法人的行为与危害结果之间都存在因果关系。

3.必须是共同的违法故意

从违法的主观方面来看，构成共同违法必须二人以上具有共同的违法故意。所谓共同的违法故意，指各共同违法人认识到他们的共同违法行为和行为会发生的危害结果，并希望或者放任这种结果发生的心理态度。共同违法故意虽然与个人的违法故意有所不同，但其内容同样可以从认识因素与意志因素两个方面来分析。

（1）共同违法故意的认识因素，包括如下内容。

1）共同违法人认识自己与他人互相配合共同实施违法行为；

2）共同违法人认识到自己的行为的性质，并且认识到共同违法行为的性质；

3）共同违法人概括地预见到共同违法行为与共同危害结果之间的因果关系，即认识到自己的行为引起的结果以及共同违法行为会引起的危害结果。

（2）共同违法的意志因素，即共同违法人希望或者放任自己的行为引起的结果和共同违法行为会发生的危害结果。例如，甲教唆乙伤害丙，甲希望自己的教唆行为引起乙产生伤害丙的意思，并且希望发生丙被伤害的结果。共同犯罪人一般是希望共同违法行为所引起的危害结果发生，但在个别情况下也可能是放任危害结果发生。

（3）在共同的违法故意要件上需要特别说明的是：为了成立共同违法，共同违法人之间必须存在意思联络或称意思疏通。意思联络是共同违法人双方在违法意思上互相沟通，它可能存在于组织犯与实行犯之间，教唆犯与实行犯之间或者帮助犯与实行犯之间，而不要求所有共同违法人之间都必须存在意思联络，如组织犯、教唆犯、帮助犯相互间即使没有意思联络，也不影响共同违法的成立。

构成共同违法的法定情形

（1）最高人民法院、最高人民检察院《关于办理生产、销售伪劣商品刑事案件具体应用法律若干问题的解释》第九条规定：“知道或者应当知道他人实施生产、销售伪劣商品犯罪，而为其提供贷款、资金、账号、发票、证明、许可证件，或者提供生产、经营场所或者运输、仓储、保管、邮寄等便利条件，或者提供制假生产技术的，以生产、销售伪劣商品犯罪的共犯论处。”

（2）最高人民法院、最高人民检察院《关于办理生产、销售假药、劣药刑事案件具体应用法律若干问题的解释》第五条规定：“知道或者应当知道他人生产、销售假药、劣药，而有下列情形之一的，以生产、销售假药罪或者生产、销售劣药罪等犯罪的共犯论处：1．提供资金、贷款、账号、发票、证明、许可证件的；2．提供生产、经营场所、设备或者运输、仓储、保管、邮寄等便利条件的；3．提供生产技术，或者提供原料、辅料、包装材料的；4．提供广告等宣传的。”

（3）最高人民法院、最高人民检察院、公安部《关于办理侵犯知识产权刑事案件适用法律若干问题的意见》规定：“明知他人实施侵犯知识产权犯罪，而为其提供生产、制造侵权产品的主要原材料、辅助材料、半成品、包装材料、机械设备、标签标识、生产技术、配方等帮助，或者提供互联网接入、服务器托管、网络存储空间、通信传输通道、代收费、费用结算等服务的，以侵犯知识产权犯罪的共犯论处。”

（4）最高人民法院、最高人民检察院《关于办理非法生产、销售烟草专卖品等刑事案件具体应用法律若干问题的解释》第六条规定：“明知他人实施本解释第一条所列犯罪，而为其提供贷款、资金、账号、发票、证明、许可证件，或者提供生产、经营场所、设备、运输、仓储、保管、邮寄、代理进出口等便利条件，或者提供生产技术、卷烟配方的，应当按照共犯追究刑事责任。”

（5）《公司法》第一百九十九条规定：“公司的发起人、股东虚假出资，未交付或者未按期交付作为出资的货币或者非货币财产的，由公司登记机关责令改正，处以虚假出资金额百分之五以上百分之十五以下的罚款。”在执法实践中，对于虚假出资这种违法行为，大多是不止一个违法行为人，有时甚至是整个公司的发起人，或者股东都存在这种违法行为，对这种情况要具体分析。这些违法行为人如果没有合谋共同实施虚假出资行为，则不存在共同违法问题，即存在若干个虚假出资行为案件；如果违法行为人事先通谋共同实施虚假出资，则存在共同违法，也就是说存在一个虚假出资案件，应根据他们在该案共同违法的情节、所起的作用分别实施行政处罚。

（6）《无照经营查处取缔办法》第十五条规定：“知道或者应当知道属于本办法规定的无照经营行为而为其提供生产经营场所、运输、保管、仓储等条件的，由工商行政管理部门责令立即停止违法行为，没收违法所得，并处两万元以下的罚款；为危害人体健康、存在重大安全隐患、威胁公共安全、破坏环境资源的无照经营行为提供生产经营场所、运输、保管、仓储等条件的，并处五万元以上五十万元以下的处罚。”

（7）《反垄断法》第四十六条第一款规定：“经营者违反本法规定，达成并实施垄断协议的，由反垄断执法机构责令停止违法行为，没收违法所得，并处上一年度销售额百分之一以上百分之十以下的罚款；尚未实施所达成的垄断协议的，可以处五十万元以下的罚款。”第二款规定：“经营者主动向反垄断执法机构报告达成垄断协议的有关情况并提供重要证据的，反垄断执法机构可以酌情减轻或者免除对该经营者的处罚。”第三款规定：“行业协会违反本法规定，组织本行业的经营者达成垄断协议的，反垄断执法机构可以处五十万元以下的罚款；情节严重的，社会团体登记管理机关可以依法撤销登记。”

（8）《反不正当竞争法》第十条第二款规定：“第三人明知或者应知前款所列违法行为，获取、使用或者披露他人的商业秘密，视为侵犯商业秘密。”

第二十二条规定：“经营者采用财物或者其他手段进行贿赂以销售或者购买商品，构成犯罪的，依法追究刑事责任；不构成犯罪的，监督检查部门可以根据情节处以一万元以上二十万元以下的罚款，有违法所得的，予以没收。”第二十四条第二款规定：“广告的经营者，在明知或者应知的情况下，代理、设计、制作、发布虚假广告的，监督检查部门应当责令停止违法行为，没收违法所得，并依法处以罚款。”

第二十七条规定：“投标者串通投标，抬高标价或者压低标价；投标者和招标者相互勾结，以排挤竞争对手的公平竞争的，其中标无效。监督检查部门可以根据情节处以一万元以上二十万元以下的罚款。”

（9）《价格法》第十四条规定：“经营者不得有下列不正当价格行为：（一）相互串通，操纵市场价格，损害其他经营者或者消费者的合法权益。”

（10）《价格违法行为行政处罚规定》第五条第一款规定：“经营者违反价格法第十四条的规定，相互串通，操纵市场价格，造成商品价格较大幅度上涨的，责令改正，没收违法所得，并处违法所得五倍以下的罚款；没有违法所得的，处十万元以上一百万元以下的罚款，情节较重的处一百万元以上五百万元以下的罚款；情节严重的，责令停业整顿，或者由工商行政管理机关吊销营业执照。”第二款规定：“除前款规定情形外，经营者相互串通，操纵市场价格，损害其他经营者或者消费者合法权益的，依照本规定第四条的规定处罚。”第三款规定：“行业协会或者其他单位组织经营者相互串通，操纵市场价格的，对经营者依照前两款的规定处罚；对行业协会或者其他单位，可以处五十万元以下的罚款，情节严重的，由登记管理机关依法撤销登记、吊销执照。”

（11）《禁止传销条例》第二十四条第一款规定：“有本条例第七条规定的行为，组织策划传销的，由工商行政管理部门没收非法财物，没收违法所得，处五十万元以上两百万元以下的罚款；构成犯罪的，依法追究刑事责任。”第二款规定：“有本条例第七条规定的行为，介绍、诱骗、胁迫他人参加传销的，由工商行政管理部门责令停止违法行为，没收非法财物，没收违法所得，处十万元以上五十万元以下的罚款；构成犯罪的，依法追究刑事责任。”第三款规定：“有本条例第七条规定的行为，参加传销的，由工商行政管理部门责令停止违法行为，可以处两千元以下的罚款。”

第二十六条第一款规定：“为本条例第七条规定的传销行为提供经营场所、培训场所、货源、保管、仓储等条件的，由工商行政管理部门责令停止违法行为，没收违法所得，处五万元以上五十万元以下的罚款。”第二款规定：“为本条例第七条规定的传销行为提供互联网信息服务的，由工商行政管理部门责令停止违法行为，并通知有关部门依照《互联网信息服务管理办法》予以处罚。”

（12）《关于禁止串通招标投标行为的暂行规定》第六条规定：“串通招标投标行为是共同违法行为，对参与串通招标投标的各个违法行为人，应当根据情节，分别按照本规定第五条规定的幅度予以行政处罚。”

（13）《产品质量法》第六十一条规定：“知道或者应当知道属于本法规定禁止

生产、销售的产品而为其提供运输、保管、仓储等便利条件的，或者为以假充真的产品提供制假生产技术的，没收全部运输、保管、仓储或者提供制假生产技术的收入，并处违法收入百分之五十以上三倍以下的罚款；构成犯罪的，依法追究刑事责任。"

（14）《广告法》第三十八条第一款规定："违反本法规定，发布虚假广告，欺骗和误导消费者，使购买商品或者接受服务的消费者的合法权益受到损害的，由广告主依法承担民事责任；广告经营者、广告发布者明知或者应知广告虚假仍设计、制作、发布的，应当依法承担连带责任。"第二款规定："广告经营者、广告发布者不能提供广告主的真实名称、地址的，应当承担全部民事责任。"第三款规定："社会团体或者其他组织，在虚假广告中向消费者推荐商品或者服务，使消费者的合法权益受到损害的，应当依法承担连带责任。"

（15）《合同法》第五十二条规定："有下列情形之一的，合同无效……（二）恶意串通，损害国家、集体或者第三人利益。"

（16）《拍卖法》第六十五条规定："违反本法第三十七条的规定，竞买人之间、竞买人与拍卖人之间恶意串通，给他人造成损害的，拍卖无效，应当依法承担赔偿责任。由工商行政管理部门对参与恶意串通的竞买人处最高应价百分之十以上百分之三十以下的罚款；对参与恶意串通的拍卖人处最高应价百分之十以上百分之五十以下的罚款。"

（17）《药品管理法》第七十七条规定："知道或者应当知道属于假劣药品而为其提供运输、保管、仓储等便利条件的，没收全部运输、保管、仓储的收入，并处违法收入百分之五十以上三倍以下的罚款；构成犯罪的，依法追究刑事责任。"

二、工商行政处罚法律适用规则

法律适用概述

工商行政处罚法律适用是指工商违法案件调查处理人员依法定职权和程序，将法律规定适用于特定人或特定事件的情形。

法律适用的原则

1.合法性原则

合法性原则既是法律适用的基本准则和要求，也是法律适用结果具备法律效力的前提。合法性原则有以下基本含义。

（1）法律适用主体及职权合法

法律适用主体，是指将法律规定适用于特定人或特定事件的专门机关及其所属的具有执法资格的国家公务人员。从经济检查的角度而言，只有执法机关及其所属的具有执法资格且被授予个案调查处理权的执法人员才具备法律适用的主体资格。职权合法，是指法律适用主体必须在法定职权范围内适用法律，不得超越法定职权适用法律。

（2）法律适用行为合法

法律适用行为合法主要体现在两个方面：一是适法行为具有正当目的，即维护国家、社会、公民和当事人合法权益不受侵害，背离这一目的的适法行为都是违法的；二是适法行为有据，即所有法律适用行为必须以查证属实的案件事实和法律规定为依据，没有事实和法律依据的法律适用行为都是无效或违法的。

（3）法律适用程序合法

程序，是指法律适用的方法、步骤和时间、顺序。程序合法是法律适用结果合法有效的基本保证，违反法定程序的法律适用行为都是无效或违法的。

2.合理性原则

合理性原则有以下几层含义：

（1）法律面前人人平等

法律面前人人平等的核心思想是合理而不是绝对平等，主要含义有以下几层：一是法律地位平等。任何人只要实施了违法行为便都是案件当事人，没有高低、贵贱、贫富、官民、种族、性别和亲疏远近之分。二是权利义务平等。所有当事人依法享有一样的权利，承担一样的义务，没有例外。三是法律保护和制裁平等。法律对当事人基本权利的保护是公平的和不加区分的，“王子犯法，与庶民同罪”，任何人只要实施了违法犯罪活动都必须受到公平公正的法律制裁。

（2）协调照顾各方利益

贯彻合理性原则时，要以法律原则精神为指导，综合考虑各种相关因素，不仅要公平公正地对待当事人，也需要尽可能协调照顾各相关方的利益，在多方利益冲突之中找准法理、事理和情理的最佳结合点，使法律适用结果既符合法理，又符合事理和情理。

（3）正确处理合理与合法的关系

合理与合法是相互依存，相辅相成的。合法是对法律适用的形式要求，是合理性存在的前提或基础；合理是对法律适用的本质要求，既是合法性的延伸或升华，更是合法性的价值所在。没有合法性，合理性就无从谈起；没有合理性，合法性也将失去实际意义。做到合法并不难，因为合法的标准是法定、明确和具体的，但做到合理并不易，因为合理的标准是心定的和模糊的。正是从这个意义上讲，所谓提高执法水平，本质上就是提高法律适用的合理性水平。

3.以事实为根据，以法律为准绳

（1）以事实为根据

以事实为根据是马克思主义实事求是原则在法律适用中的具体运用和法律化，是正确适用法律的前提。以事实为根据中的“事实”，是指案件事实，而非哲学意义上的客观事实（即违法事实）。所谓案件事实，是指调查人员运用法律和专业语言在执法文书中对证据证明结果的描述，即执法文书对违法行为的“重构或再现”。所谓客观事实，是指不以人们是否感知为前提和不以人们的意志为转移而存在的违法事实。违法行为一经发生就成为客观事实，只有将客观事实转化为案件事实，执法机关才能以此为据对违法行为定性和对当事人定过量罚。证据，是将客观事实转化为案件事实的转换器，是客观事实过渡到案件事实的桥梁。不能被证据证明的违法行为可能也是客观存在的事实，有些可能还是调查人员亲眼所见或亲耳所闻，但却不是案件事实，因而不能作为定性量罚的依据。

（2）以法律为准绳

以法律为准绳，是指执法机关对违法行为定性量罚时必须以法律规定为准则或尺度，而不能以其他什么为准则或尺度。

1）不能以政策为准绳

政策是应对和处理经济社会发展过程中不断出现的新情况、新问题的措施或对策，具有应急性、灵活性和不稳定性特点，只能适用于现行法律法规没有做出规定的事项，不能适用于现行法律法规已经做出规定的事项。不能以政策为准绳意味着更不能以其他类似于政策的所谓开拓创新提法和做法为准绳。改革创新既是时代的特征，更是时代发展的主要动力和方式，没有改革创新，就不可能有更好的发展。为了适应和促进我国经济社会和民主法治建设的发展，需要改革创新，但涉法方面的改革创新必须有一个底线，既不能突破现行法律法规的具体规定，更不能以所谓改革创新的提法和做法作为法律适用的依据。

2）不能以道德为准绳

从理论上讲，执法机关适用法律时不能以道德为准绳是非常清楚的，但道德作为重要社会行为规范对法律适用的影响是客观存在的，因为个案法律适用时，在法律与道德之间做出正确选择有时不是一件容易的事情。如当事人属于弱势群体时，面对执法机关的查处，一般社会公众容易就事论事而对当事人产生同情，有时还会因为同情当事人而给调查人员施加一定的压力甚至给现场执法活动制造麻烦。一般社会公众就事论事而同情弱势当事人是可以理解的，但案件调查处理人员不能就事论事，以情代法，应当将对各类违法行为的查处和制裁放在维护经济社会发展的大背景下来考量，坚持以法律为准绳。如果案件调查处理人员考虑道德因素过多，就可能做出于法无据或违背法律规定的结论。

当然，对违法行为情节、后果轻微的弱势当事人给予适当宽容，不予处罚或从轻处罚是必须的、适当的和人性化的，但这种宽容必须限定在法律允许的范围之内，否则，就是不适当的和非人性化的。理由主要有两点：一是执法机关通过适用法律追求和维护的是社会公正或全体公民的长远利益，而不是个别社会成员的眼前利益，以此为标准，给予弱势当事人宽容或照顾所具有的经济社会意义，与通过严格执法维护社会公正或全体公民的长远利益所具有的经济社会意义相比，就是微不足道的；二是所谓人性化执法强调的主要不是结果，而是过程，即依法、依理、文明和尊重当事人，以及体现国家公信力、体现案件调查处理人员亲和力和良好职业道德的理性执法。

3）不得以个人意志为准绳

案件调查处理人员是法律实施者，而不是法律实施结果的利益关系人，应当做的只能是将法律规定公正合理地适用于案件事实和当事人，而不能将个人意志、个人好恶、个人恩怨掺杂其中，思想意志应当专注于如何公正合理地适用法律，而不能专注于左右法律适用结果。

3．以事实为根据，以法律为准绳是一个整体

以事实为根据，以法律为准绳是正确适用法律的两个支点，缺一不可，只有将以事实为根据，以法律为准绳作为一个整体理解和认识，才能准确把握其精神实质和正确贯彻执行。以事实为根据，是以法律为准绳的前提，不能以事实为根据，以法律为准绳就是无源之水；以法律为准绳，是以事实为根据的必然要求和结果，不能以法律为准绳，以事实为根据同样不会得出正确的法律适用结果。

法律适用的要求

1．正确

正确是法律适用的最基本要求，因为一方面法律适用既涉及国家和社会公共利益，也涉及当事人利益，只有正确适用法律，才能实现既合理维护国家和社会公共利益，也合理维护当事人利益；另一方面法律内容浩如烟海，相同或相近（似）的法律规定比比皆是，一个法律规定适用几种违法行为，或几个法律规定适用一种违法行为的情形不少见。面对复杂多样的违法行为，要在浩如烟海的法律文件中准确选择适用于个案的法律条文是一件非常困难的事情。因此，为了正确适用法律，案件调查处理人员必须注意以下几点：一要努力培养法治意识和法律思维方法，增强运用法律解决现实问题的自觉性；二要通过努力学习全面了解和熟悉与经济检查有关的法律规范，丰富法律知识和提高识读理解法律的水平；三要研究总结法律适用的一般规律，掌握法律适用的各种方法和技能，提高法律适用的操作能力；四要特别注意消除当事人意志对法律适用结果的影响。实践中，为了缓解行政处罚执行难，案件调查处理人员在个案法律适用时，普遍存在这样的心理态度，即揣摸、预测、判断当事人对法律适用结果的预期，并尽量使法律适用结果接近当事人预期，从而，为当事人意志间接影响法律适用结果创造了条件。

2.及时

及时制止违法行为和恢复经济社会秩序是法律适用的首要任务。违法行为发生后，执法机关应当快查快结，缩短调查处理过程，使法律尽快发挥应有的作用，防止违法行为的社会危害继续发生，尽量减少违法行为给国家、社会和公民利益造成的侵害，以及减少案件调查处理活动给当事人正常生产经营活动带来的不便和影响。

法律适用规则

法律适用一般规则

1.宪法至上

宪法是效力等级最高的法律，具有至高无上的法律地位和权威。我国《立法法》第七十八条规定："宪法具有最高的法律效力，一切法律、行政法规、地方性法规、自治条例和单行条例、规章都不得同宪法相抵触。"宪法的这种效力、地位和权威主要体现在三个"一切"：

一切社会主体必须无条件服从，即在我国领土主权范围内的所有自然人、法人和其他组织都必须服从宪法。无论中国人，还是外国人、无国籍人；无论内资企业还是外资企业；无论国家机关、武装力量，还是各类事业单位、社团组织，在中国领土主权范围内都必须无条件服从宪法，都必须在宪法规定的范围内开展各自的经济社会活动。

一切法律和立法活动都不得与宪法相抵触，即各级立法机关、司法机关、行政机关制定和修改的法律及其立法活动本身，都必须以宪法规定为根本依据，不得与宪法规定相抵触。

一切法律实施行为都必须有宪法依据。宪法不是日常的、具体的执法依据，也很少在个案法律适用中引用宪法的具体规定作为定案依据，但任何个案的调查处理必须符合宪法的原则精神。

2.上位法优先

（1）上位法优先的含义

上位法优先，是指当上位法与下位法对同一事项的规定不一致时，优先适用上位法的法律适用规则。上位法与下位法的划分是相对的而不是绝对的，且仅在个案法律适用时才有实际意义。从法律形式的角度看，相对于宪法，法律是下位法，但相对于行政法规，法律是上位法；相对于行政法规，地方法规是下位法，但相对于规章，地方法规是上位法。从法律内容的角度看，原则的效力高于规则；规则的效力高于细则；总则的效力高于分则；宣言性、概括性规范的效力高于陈述性、具体性规范。

（2）上位法优先规则的适用

1）适用于不同位阶的法律

上位法优先仅适用于不同位阶的法律规范，不适用同一位阶的法律规范。同一位阶的法律规范在适用时应当遵循特别法优先或后法优先规则。

2）优先适用上位法

对同一事项上位法与下位法都有规定，但上位法与下位法的规定不一致时必须优先适用上位法，即下位法服从上位法，不能适用下位法，否则，构成适用法律不当。

对同一事项上位法与下位法都有规定且规定相一致时，也必须适用上位法。这种情况下，对当事人而言适用上位法与下位法的结果相同，但对执法机关和法治建设而言，适用上位法的结果和意义是不同的。适用上位法既能够体现上位法的权威性，又能够体现执法机关的法律适用水平，减少复议或诉讼的可能。

3）优先适用下位法的特别规定

当上位法允许或授权下位法对某一事项做出特别规定的，个案法律适用时应当优先适用下位法的特别规定。如《反不正当竞争法》第三条第二款规定："县级以上人民政府工商部门对不正当竞争行为进行监督检查；法律、行政法规规定由其他部门监督检查的，依照其规定。"《担保法》第四十二条规定："办理抵押物登记的部门如下：（一）……（二）以城市房地产或者乡（镇）、村办企业的厂房等建筑物抵押的，为县级以上地方人民政府规定的部门；（三）……"等，都是上位法对下位法制定特别规定的一种许可或授权。凡是下位法依据上位法的授权制定了特别规定的，个案法律适用时应当优先适用下位法的特别规定。

4）上位法没有规定时适用下位法

对同一事项上位法没有规定，而下位法有规定的，应当适用下位法，但适用前应当认真分析下位法规定的合法性，即下位法的具体规定与上位法的原则规定或立法精神是否一致，下位法的具体规定与上位法的原则规定或立法精神相抵触的，原则上不得适用。

3.特别法优先

（1）特别法优先的含义

特别法优先，是指当特别法与一般法对同一事项的规定不一致时，应当优先适用特别法的法律适用规则。《立法法》第八十三条规定："同一机关制定的法律、行政法规、地方性法规、自治条例和单行条例、规章，特别规定与一般规定不一致的，适用特别规定……"根据这一规定，个案法律适用时应当优先适用特别法。特别法优先仅适用于同一位阶的法律规范，不适用于不同位阶的法律规范。不同位阶的法律规范适用上位法优先规则。

（2）特别法优先规则的适用

1）优先适用特别法

当特别法与一般法对同一事项的规定不一致时，应当优先适用特别法，如相对于《担保法》而言，《合同法》是一般法，《担保法》是特别法，当《合同法》与《担保法》对担保事项的规定不一致时，应当优先适用《担保法》。

2）优先适用特别规定

特别规定，是指同一法律文件内，与一般规定或原则规定相比更为明确、详细的具体规定。如《反不正当竞争法》第二条对不正当竞争行为做了原则规定，第五条又对不正当竞争行为做了明确、详细的列举式规定。第二条与第五条相比，第二条是一般规定，第五条是特别规定。同一法律文件对同一事项有一般规定和特别规定的，应当优先适用特别规定。

4.新法优先

新法（也称后法）是相对于旧法（也称前法）而言的，新法优先也称“后法优先”，是指当同一机关制定的法律规范新的规定与旧的规定不一致的，个案法律适用时应当优先适用新的规定的法律适用规则。新法优先的实质，是有关同一事项的旧法归于废止。《立法法》第八十三条规定：同一机关制定的法律、行政法规、地方性法规、自治条例和单行条例、规章……；新的规定与旧的规定不一致的，适用新的规定。根据这一规定，新法的效力优于旧法，当新法与旧法对同一事项的规定不一致时，应当优先适用新法。如《反不正当竞争法》（1993）和《广告法》（1994）是同位法，都对“利用广告做引人误解的虚假宣传”做了规定，《广告法》既是特别法，也是新法，因此，对“利用广告做引人误解的虚假宣传”的违法行为应当优先适用《广告法》。

5.国际法优先

（1）国际法优先的含义

国际法与国内法互不从属，也不存在效力等级高低的问题，但在个案法律适用时却存在优先适用的问题。国际法优先，就是在个案法律适用时，优先适用本国参加或认可的国际法的法律适用规则。

（2）国际法优先的适用

1）立法适用

国家或地区签订或参加国际公约后，该国际公约便对缔约方的国内法产生约束力，缔约方应当根据该国际公约的规定，制定、修改和补充国内法中与该国际公约不一致的内容，并承担相应的国际法义务。

2）执法适用

任何国家或地区一旦加入或订立某一国际公约后，就必须承担该公约设定的义务。当需要具体履行该公约设定的义务时，应当以国内法服从国际法，履行自己应当履行的国际法义务，不得以国内法的相关规定为由拒绝履行。如《联合国宪章》中的一个重要原则是“主权至上”，因此，尊重别国主权独立，是所有联合国会员国的国际法义务，任何国家不得以其国内法和其他任何理由践踏别国主权。

其他情况下的法律适用规则

1.联合制定的部门规章优先

两个以上国务院职能部门就其职权范围内的经济社会管理事务联合制定的部门规章，效力优于其中任何一个职能部门单独制定的部门规章，个案法律适用时应当优先适用。

2.法律规范的专业含义优先

对法律规范的含义应当按照通常语义予以解释，但法律规范有专业或特定含义的，应当按照专业或特定含义优先解释和适用。语义不清或有歧义的，应当根据上下文的含义、立法宗旨、目的和原则确定其含义并优先适用。

3.应用解释与其他规范性文件不能作为行政处罚的依据

应用解释，是指为指导法律的执行和适用，国务院各职能部门就一般行政措施或个案法律适用中的法律问题做出的关于具体应用法律的解释；其他规范性文件，是指各级人民政府及其职能部门制定的具有普遍约束力的决定、命令等。应用解释与其他规范性文件不是正式的法律形式，不具有法律规范意义上的效力，因此，只能作为法律适用的参考而不能作为行政处罚的依据。

法律适用中的其他问题

1.冲突裁决机制

冲突裁决机制，是指执法机关不能确定如何适用法律时，报请有关机关对如何适用法律做出裁决的制度安排。现实经济社会生活的复杂性和多变性与法律制度建设的滞后性，决定了法律冲突和法律适用冲突是不可避免的。当不同法律规范对同一事项的规定不一致，执法机关根据“上位法优先”“特别法优先”和“新法优先”等法律适用规则仍然不能确定如何适用时，应当依据《立法法》规定的法律冲突裁决程序报请有关机关裁决。根据《立法法》第八十五条、第八十六条的规定，冲突裁决机制主要包括下列几种情形。

（1）同一机关制定的法律规范之间的冲突裁决

同一机关制定的法律规范新的一般规定与旧的特别规定不一致，执法机关依据“新法优先”规则仍不能确定如何适用时，应报请制定机关裁决。

（2）根据法律授权制定的法规与法律之间的冲突裁决

根据法律授权制定的法规与法律规定不一致，执法机关不能确定如何适用时，报请全国人大常委会裁决。

（3）地方法规、规章之间的冲突裁决

根据《立法法》第八十六条的规定，地方法规、规章之间的冲突裁决主要有以下几种情形。

1）地方法规与部门规章对同一事项的规定不一致，执法机关不能确定如何适用时，报请国务院提出裁决意见——国务院认为应当适用地方法规的，直接裁决适用地方法规；国务院认为应当适用部门规章的，报请全国人大常委会裁决。

2）部门规章之间、部门规章与政府规章对同一事项的规定不一致，执法机关不能确定如何适用时，提请国务院裁决。

2.转致适用机制

（1）转致适用的概念

转致适用，是指个案法律适用时，根据法律、法规关于转移适用其他法律、法规或规章的规定，转而适用其他法律、法规和规章的法律适用规则。转致适用法律的目的，是既维护法律制度和执法的统一性与协调性，又兼顾特定行业和领域的特殊性，因此，当法律、法规有转致适用要求时，应当转致适用。转致适用的本质是行政处罚权和行政处罚依据的转移。

行政处罚权转移，是指案件调查机关对调查终结但没有行政处罚权的案件，根据法律关于转致适用的规定将案件移送给有行政处罚权的机关做出行政处罚决定的情形。行政处罚权转移的本质是处罚主体的转移，如《药品管理法》第六十二条规定："省、自治区、直辖市人民政府药品监督管理部门应当对其批准的药品广告进行检查，对违反本法和《广告法》的违法广告行为，应当向广告监管机关通报并提出处理建议，广告监管机关应当依法做出处理。"该规定是典型的行政处罚权转移的转致适用规定。

行政处罚依据转移，是指案件事实和性质认定与处罚决定所依据的不是同一个法律规范，而是两个法律规范的情形。如《反不正当竞争法》第二十一条第一款规定："经营者假冒他人的注册商标，擅自使用他人的企业名称或者姓名，伪造或者冒用认证标志、名优标志等质量标志，伪造产地，对商品质量做引人误解的虚假表示的，依照《商标法》《产品质量法》的规定处罚。"该规定是典型的行政处罚依据转移的转致适用规定。

（2）转致适用的形式

1）有明确的转致要求和指引。法律条款既有关于转致适用的要求，又有关于如何转致适用的具体规定，如《药品管理法》第六十二条的规定和《反不正当竞争法》第二十一条第一款的规定既有转致要求，也有转致指引。

2）有转致要求但没有转致指引。法律条款仅要求转致适用，但没有规定如何转致适用，如《无照经营查处取缔办法》第十四条第二款规定："对无照经营行为的处罚，法律、法规另有规定的，从其规定。"我国大多数法律关于转致适用的规定都采用这一表述，即有转致要求但没有转致指引。这一表述虽具有适应性好、扩展性强的特点，但转致适用的难度较大，需要案件处理人员具有较强的法律适用能力。实践中当有转致要求但没有转致指引时，应当根据违法主体、案件性质和法律规定等因素确定转致适用方向和法律规范。如以公司名义实施无照经营活动的，可以依据《无照经营查处取缔办法》实施调查，但做出行政处罚决定时应当根据《办法》第十四条第二款的规定，转致适用《公司法》第二百一十一条处罚。

3）没有转致要求但依据立法精神或法理应当转致适用。法律没有转致要求，但依据立法精神或法学理论应当转致适用法律的情况不多见，且大多属于法律救济的范畴。如《商标法》第五十条规定："对工商行政管理部门根据本法第四十五条、第四十七条、第四十八条的规定做出的罚款规定，当事人不服的，可以自收到通知之日起十五日内，向人民法院起诉；期满不起诉又不履行的，由工商行政管理部门申请人民法院强制执行。"该规定仅规定了诉讼权，没有规定当事人是否享有复议权，但执法机关在做出行政处罚决定时应当转致适用《行政复议法》，根据《行政复议法》的相关规定告知当事人复议权。因为根据《行政复议法》的立法精神和法学理论，一般情况下当事人既享有诉讼权和复议权，也享有从中做出选择的选择权。

（3）转致适用规定发生竞合时的转致适用

转致适用规定发生竞合的情形非常少见，但不是没有，如《反不正当竞争法》《产品质量法》《产品质量认证管理条例》都对冒用认证标志的违法行为做了禁止性规定。根据《反不正当竞争法》第二十一条第一款的规定，对冒用认证标志的违法行为应当转致适用《产品质量法》的规定处罚。但《产品质量法》第七十条却规定："法律、行政法规对行使行政处罚权的机关另有规定的，依照有关法律、行政法规的规定执行。"而《产品质量认证管理条例》第十八条又规定："对于违反法律、行政法规、国务院标准化行政主管部门会同国务院有关行政主管部门制定的规章规定的有关认证的行为，依据法律、行政法规和规章的规定进行处罚。"从而构成典型的转致适用规定相互竞合的现象。

当法律、法规和规章关于转致适用的规定发生竞合时，应当按照上位法优于下位法、特别法优于普通法、新法优于旧法的规则适用。如对冒用认证标志的违法行为依照《反不正当竞争法》第二十一条第一款和《产品质量认证管理条例》第十八条的转致适用规定，依据《产品质量法》第五十三条的规定处罚。因为与《产品质量认证管理条例》相比，《反不正当竞争法》和《产品质量法》是上位法，与《反不正当竞争法》相比，《产品质量法》是特别法。

法律规范中特殊用语的理解与适用

1.法律规范中“等”“其他”用语的理解与适用

我国很多法律规范在列举其适用的典型事项后，又以“等”“其他”等词语表述做概括性规定，如《合同法》第九十一条规定“有下列情形之一的，合同的权利义务终止：……（七）法律规定或者当事人约定终止的其他情形”；《商标法》第十条规定“……（八）有害于社会主义道德风尚或者有其他不良影响的”规定；等等。

由于法律制度的建立完善速度通常落后于经济社会的发展速度和现实需要，为了增强法律的适应性和稳定性，给执法机关处理未来经济社会发展过程中出现的各种新情况、新问题留有必要余地，法律规范在明示列举事项之后使用“等”“其他”概括性用语，表述和规范与明示列举事项相类似的未来经济社会发展过程中可能出现的各种新情况、新问题是常见的立法技术。当个案法律适用对象不在列举事项之内，但与列举事项相类似时，通常可以根据法条中“等”“其他”概括性规定适用该法律，但执法机关必须对该事项进行认真细致的分析研究，确认该事项与明示列举事项具有共同特征和内在本质，适用该法律符合其原则规定和立法精神。否则，应当就该事项的法律适用问题专题向上级执法机关请示，不能盲目适用概括性规定。

2.法律规范中“以上”和“以下”的理解与适用

法律规范中有很多“以上”和“以下”的表述，特别是法律责任条款中这类表述比比皆是，如《公司法》第二百二十四条规定：“未依法登记为有限责任公司或者股份有限责任公司，而冒用有限公司或者股份公司名义的，责令改正或者予以取缔，并可处以一万元以上十万元以下罚款。构成犯罪的，依法追究刑事责任。”《反不正当竞争法》第二十二条规定：“经营者采用财物或者其他手段进行贿赂以销售或者购买商品，构成犯罪的，依法追究刑事责任；不构成犯罪的，监督检查部门可以根据情节处以一万元以上二十万元以下的罚款，有违法所得的，予以没收。”等等。

据专家考证，从有文献记载可查考的上古汉语开始，表述类似于“以上”和“以下”、“本数”或“本级”等范围概念时，从来就包括范围的“起点”和“终点”，而且是非常明确和一贯的。“以上”和“以下”都是由两个词组成的，“以”是连词，“上”和“下”与“上楼”“下楼”的“上”“下”一样，是动词，上楼必须从第一个台阶开始，下楼当然必须从倒数第一个台阶开始。可见，“以上”和“以下”的含义与用法本源是清楚的，但实践中有人认为“以上”和“以下”包含本数，也有人认为“以上”和“以下”不包含本数，久而久之，使人们对“以上”和“以下”的理解与适用出现了混乱，甚至正误难分。主要表现有以下两种。

一是结构并列，语义重复。在部分法律文件和执法文书中经常出现这样的用语：“两个或者两个以上”“县级或者县级以上”等。如《商标法》第二十九条：“两个或者两个以上的商标注册申请人，在同一种商品或者类似商品上，以相同或者近似的商标申请注册的，初步审定并公告申请在先的商标；同一天申请的，初步审定并公告使用在先的商标，驳回其他人的申请，不予公告。”结构并列本身违背了“以上”的本来含义和用法，必然使语义重复，因为“两个以上”“县级以上”已包括“两个”“县级”在内，“两个以上”“县级以上”前面的词语“两个或者”和“县级或者”是重复和多余的。

二是画蛇添足，乱加括号。如“处以上（含处级）”“省以下（含省级）”等。实际上，“处以上”和“省以下”的表述已经很清楚，“处以上”和“省以下”包含处级和省级，加括号再注明含处级、含省级便是画蛇添足了。

第七章　各类工商违法行为的认定查处

一、不正当竞争违法行为

仿冒行为

《反不正当竞争法》第五条前三项列举了三种行为：（一）假冒他人的注册商标；（二）擅自使用知名商品特有的名称、包装、装潢，或者使用与知名商品近似的名称、包装、装潢，造成和他人的知名商品相混淆，使购买者误认为是该知名商品；（三）擅自使用他人的企业名称或者姓名，让人误认为是他人的商品。这三项行为可以概括称为仿冒行为。

仿冒行为是指盗用他人商业信誉和商品声誉致使与他人商品发生混淆，并导致或足以导致市场误认或混淆的行为。商业信誉或商品声誉是经营者在市场开拓中付出劳动和资本，经过努力创造而来的。它往往通过商品的名称、商标、包装、装潢及经营者的名称、标记等体现出来，形成经营者特定的知识产权，并成为经营者市场竞争的优势。法律保护的是有效能的竞争，鼓励经营者在市场上以较有利的价格、质量、服务或其他条件去争取交易机会，鼓励经营者通过诚实的和创造性的经营去创造自己的品牌形象和企业形象，建立自己的商业信誉和商品声誉。法律反对不顾商业道德，盗用他人的商业信誉谋取非法利益的仿冒行为。仿冒行为主要有以下几个特点：一是盗用对象一般为他人商标、企业名称、特有的商品名称、包装、装潢等区别商品的标记和特征；二是盗用方式主要表现为模仿和冒充，即做相同使用或近似使用；三是盗用的后果是产生市场混淆，足以造成市场误认。仿冒作为传统的、典型的和常见的不正当竞争行为被各国反不正当竞争法所制止。

假冒他人注册商标

《反不正当竞争法》中规定的“假冒他人注册商标”指的就是《商标法》（2013年修正）第五十七条中规定的侵犯他人注册商标专用权的几种情况：

（1）未经商标注册人的许可，在同一种商品上使用与其注册商标相同的商标的；

（2）未经商标注册人的许可，在同一种商品上使用与其注册商标近似的商标，或者在类似商品上使用与其注册商标相同或者近似的商标，容易导致混淆的；

（3）销售侵犯注册商标专用权的商品的；

（4）伪造、擅自制造他人注册商标标识或者销售伪造、擅自制造的注册商标标识的；

（5）未经商标注册人同意，更换其注册商标并将该更换商标的商品又投入市场的；

（6）故意为侵犯他人商标专用权行为提供便利条件，帮助他人实施侵犯商标专用权行为的；

（7）给他人的注册商标专用权造成其他损害的。

虽然《商标法》已经为注册商标提供了法律保护途径，但由于假冒他人注册商标这种行为的不正当竞争性质十分明显，属于典型的违背诚实信用等商业道德、危害社会经济秩序的不正当竞争行为。所以，作为确立市场竞争规则基本法的《反不正当竞争法》也从规范竞争行为的角度将该行为列举在其中。但如果某一违法行为既构成假冒他人注册商标的不正当竞争行为，又违反了《商标法》对注册商标专用权的保护规定，按照特别法优于普通法的原则，应优先适用《商标法》。

仿冒知名商品特有的名称、包装、装潢

《反不正当竞争法》第五条第（二）项规定的“擅自使用知名商品特有的名称、包装、装潢，或者使用与知名商品近似的名称、包装、装潢，造成和他人的知名商品相混淆，使购买者误认为是该知名商品”，就是仿冒知名商品特有的名称、包装、装潢行为。名称、包装、装潢作为商品的外在特征，本身就是知名商品的象征，属于经营者努力创造财富的成果。

1.构成要件

仿冒知名商品特有的名称、包装、装潢行为的基本构成，要件是：仿冒的对象是知名商品特有的名称、包装、装潢；仿冒表现为对知名商品特有的名称、包装、装潢擅自做相同或者近似使用，而且只要对知名商品特有的名称、包装、装潢三者之一做相同或者近似使用就符合这一要件；从仿冒行为的后果看，造成和他人的知名商品相混淆，使购买者误认为是该知名商品。

2.认定关键点

认定仿冒知名商品特有的名称、包装、装潢行为，需要着重把握以下几个关键点：

（1）对知名商品的认定

根据《反不正当竞争法》的立法精神以及国家工商行政管理总局《关于禁止仿冒知名商品特有的名称、包装、装潢的不正当竞争行为的若干规定》的界定，知名商品为“在市场上具有一定知名度，为相关公众所知悉的商品”。认定知名商品，应重点掌握以下几点：第一，关于知名度。知名商品是具有一定知名度的商品。知名度达到何种程度才能称为知名商品，并无绝对的、量化的标准，要结合行销地区、时间、广告宣传量、市场占有率等多种因素来做出综合考量和判断。第二，关于相对性。知名商品的知名度表现为相关公众所知悉。相关公众是指在一定市场内与该商品有可能发生购买、使用、销售等关系的人，主要是该商品现实的或者潜在的消费者。由于不同

种类的商品特性、用途、诉求对象不同，其所处的市场领域也不尽相同，因此判断是否广为人知不应也不可能以全社会任何人是否知悉为依据，而应控制在相关市场领域的相关大众范围内。因此知名商品是一个相对的概念，是相对于特定的市场情况而言的。第三，知名商品不是荣誉称号。知名商品代表着行销广泛、广为人知、有较好信誉或形成特定商品形象，但不是荣誉称号。县级以上工商行政管理部门在监督检查该类违法行为时，对知名商品和特有的名称、包装、装潢一并予以认定。

（2）对特有的商品名称、包装、装潢的认定

《关于禁止仿冒知名商品特有的名称、包装、装潢的不正当竞争行为的若干规定》对特有的名称、包装、装潢做了具体界定，即指“商品名称、包装、装潢非为相关商品所通用，并具有显著的区别性特征”。因其特有，才产生了仿冒的行为，才有了混淆的可能性。其中，特有的商品名称是指与相关商品通用的名称有显著区别的商品名称，它属于知名商品独有的名称。已经作为商标注册的名称，虽然也是特有的名称，但归于商标领域，不再适用本项规定。特有的商品包装是指为识别商品以及方便携带、储运而使用在商品上的辅助物和容器。特有的商品装潢是指为识别与美化商品而在商品或者包装上附加的文字、图案、色彩及其排列组合。认定特有名称、包装、装潢，应当从两方面具体分析：第一，分析商品名称、包装、装潢是否具有显著的区别性特征；第二，分析确定“特有”的权利归属问题，归谁特有，应依照“使用在先”的原则予以认定。

（3）对使用与他人相同或近似的名称、包装、装潢的认定

《反不正当竞争法》第五条第（二）项规定的行为有两种基本表现形式：一是擅自使用知名商品特有的名称、包装、装潢，简称相同使用；二是使用与知名商品近似的名称、包装、装潢，简称近似使用。

（4）对混淆或者误认的认定

《反不正当竞争法》第五条第（二）项所称的“造成和他人的知名商品相混淆，使购买者误认为是该知名商品”，既包括实际已经发生混淆或误认，也包括足以造成混淆或误认。根据《关于禁止仿冒知名商品特有的名称、包装、装潢的不正当竞争行为的若干规定》，对使用与知名商品近似的名称、包装、装潢，可以根据主要部分和整体印象相近，一般购买者施以普通注意力会发生误认等综合分析认定。一般购买者已经发生误认或者混淆的，可以认定为近似。同时，混淆或误认的后果既可以表现为直接将甲商品当成乙商品，也可以表现为对甲商品和乙商品之间的关系产生联想。

（5）对使用在先原则的把握

使用在先原则用来分析确定“特有”的权利归属问题，仿冒行为各环节设计可能是不露破绽的，但从时间节点上看，仿冒的产品一定是迟到的，因此，谁使用在先谁就是权利人，这就是“使用在先”的原则。

（6）对侵权物品和销售者的处理问题

《反不正当竞争法》并未对涉案侵权物品的处理做出规定，但《关于禁止仿冒知名商品特有的名称、包装、装潢的不正当竞争行为的若干规定》第八条列举了四种处理方式：（一）收缴并销毁或者责令并监督侵权人销毁尚未使用的侵权的包装和装潢；（二）责令并监督侵权人消除现存商品上侵权的商品名称、包装和装潢；（三）收缴直接专门用于印制侵权的商品包装和装潢的模具、印版和其他作案工具；（四）采取前三项措施不足以制止侵权行为的，或者侵权的商品名称、包装和装潢与商品难以分离的，责令并监督侵权人销毁侵权物品。同时，对于销售明知或者应知是仿冒知名商品特有的名称、包装、装潢的商品的，比照《关于禁止仿冒知名商品特有的名称、包装、装潢的不正当竞争行为的若干规定》第七条、第八条的规定予以处罚。在此，对于销售者要有“明知或应知”的主观要件要求。

（7）与专利权的关系问题

《国家工商行政管理总局关于擅自将他人知名商品特有的包装、装潢做相同或者近似使用并取得外观设计专利的行为定性处理问题的答复》中明确，知名商品特有的包装、装潢受《反不正当竞争法》保护，对其应当按照使用在先的原则予以认定和保护。经营者擅自将他人知名商品特有的包装、装潢做相同或者近似使用，并取得外观设计专利的行为，侵害他人知名商品特有的包装、装潢的在先使用权，造成或者足以造成购买者误认或者混淆的，违反了《反不正当竞争法》第五条第（二）项的规定，构成不正当竞争行为，应当按照《反不正当竞争法》和国家工商行政管理总局《关于禁止仿冒知名商品特有的名称、包装、装潢的不正当竞争行为的若干规定》予以查处。

3.法律责任

仿冒知名商品特有的名称、包装、装潢的法律责任，依据为《反不正当竞争法》第二十一条第二款的规定，即“经营者擅自使用知名商品特有的名称、包装、装潢，或者使用与知名商品近似的名称、包装、装潢，造成和他人的知名商品相混淆，使购买者误认为是该知名商品的，监督检查部门应当责令停止违法行为，没收违法所得，可以根据情节处以违法所得一倍以上三倍以下罚款；情节严重的，可以吊销营业执照。销售伪劣商品，构成犯罪的，依法追究刑事责任”。

仿冒他人企业名称或者姓名

《反不正当竞争法》第五条第（三）项规定，禁止“擅自使用他人的企业名称或者姓名，引人误认为是他人的商品”。企业名称或者姓名是经营者区别商品或服务来源的营业标志，是显示经营者营业或服务活动的外在特征。企业名称或者姓名体现了经营者通过付出努力和资本获得的无形财产，主要保护的是依附于名称中的商业信誉，并使参与市场竞争的不同经营者之间相区别。因此能否构成这种不正当竞争行为，关键看是否会产生引人误认或足以引人误认的后果。

1.相关法律规定

我国《民法通则》确定了法人的名称权和公民的姓名权。国家工商行政管理总局发布的企业名称登记管理方面的相关规定确定了企业名称专用权的确认制度，该规定对企业名称提供了防御性保护，企业名称一经登记即取得专用权，在一定范围的地域内不允许同行业另一企业以该名称登记和使用该企业名称。《产品质量法》从产品质量管理的角度做出了生产者、销售者不得伪造或者冒用他人的厂名的规定。在《反不正当竞争法》中，企业名称或者姓名是一个广义的概念，与《产品质量法》不同，并非从产品质量角度，而是从盗用商业信誉角度，从保护公平竞争的角度对仿冒他人企业名称或者姓名的行为予以规范，为制止利用他人企业名称或者姓名进行不正当竞争提供了法律依据。

2.行为特征

该行为具有两个基本特征：一是擅自使用他人的企业名称或者姓名，即未经他人许可而使用其企业名称或者姓名；二是引人误认为是他人的商品。引人误认为是他人的商品实质上是制造市场交易中商品来源的混淆，在此，“引人误认”并不要求在市场交易中已经造成购买者误认的实际后果，只要足以造成购买者对商品来源的误认，仿冒行为就已构成。如果经营者擅自使用他人的企业名称或者姓名不是用于商业目的，如在通信、文章中使用，不产生商品来源混淆的后果，则不构成仿冒行为；如果经营者在善意使用自己名称的过程中，客观上引起人们对商品来源的误认，也不构成仿冒行为，但对此种情况经营者应附加必要的说明或标注，以避免因混淆而使购买者受到损害。

在仿冒他人的企业名称或者姓名的行为中，被仿冒的企业名称或者姓名一般具有一定的知名度或较好的信誉，仿冒的目的常常是为推销伪劣和质次的商品，谋取非法利益。至于该项规定中的“擅自使用”，其含义是指违法使用。违法使用既包括未经他人许可而使用他人的企业名称或者姓名的情况，也包括经他人非法许可而使用其企业名称或者姓名的情况。

3.法律责任

根据规定，仿冒他人企业名称或者姓名给被仿冒的经营者造成损害的，应当承担民事损害赔偿责任和行政法律责任。行政法律责任依照《产品质量法》或《商标法》的相关规定承担。

“傍名牌”问题

“傍名牌”本身并非严格意义上的法律概念，工商行政管理部门一直以来对“傍名牌”现象予以关注的原因是现实的需要。近年来，一些搭知名商品便车的新手法不断出现、不断翻新，突出表现在利用商标权与名称权的冲突问题大做文章，如把他人企业名称注册为商标、把他人商标作为自己的名称商号等，其中虽然可能进行过一定的“技术处理”，对他人的名称或商标经过深思熟虑进行过部分改动，但这种行为本身表明了当事人的主观恶意，客观上也已经或足以造成市场混淆。

目前“傍名牌”现象主要有以下几种表现方式：

（1）与知名企业文字及图形商标相同或者近似，涉嫌违反《商标法》规定的商标侵权行为。

（2）产品包装装潢与知名企业授权生产的产品相近似，足以造成市场混淆的行为。

（3）利用权利冲突造成市场混淆的行为，包括在先注册的商标与在后登记的企业名称之间的权利冲突；在先登记的企业名称与在后注册的商标之间的权利冲突；在先登记的企业名称中的字号与在后登记的企业名称中的字号之间的权利冲突，即甲将乙在先登记注册的企业名称中的字号在不同的行政区划（包括境外）或者同一行政区划内的不同行业类别中登记注册为字号。

在查处“傍名牌”不正当竞争行为的法律适用方面，早在1999年4月，国家工商行政管理总局专门下发了《关于解决商标与企业名称中若干问题的意见》，在一定程度上缓解了商标专用权与企业名称权冲突的问题。2007年8月，为进一步加大对“傍名牌”不正当竞争行为的打击力度，国家工商行政管理总局下发了《关于开展打击“傍名牌”不正当竞争行为专项执法行动的通知》，要求各级工商行政管理机关充分认识“傍名牌”不正当竞争行为的社会危害性，认真领会《反不正当竞争法》的立法本意，参照《最高人民法院关于审理不正当竞争民事案件应用法律若干问题的解释》的相关规定，根据“傍名牌”不正当竞争行为的具体表现，综合运用《反不正当竞争法》《商标法》《企业名称登记管理规定》等有关法律法规，依法调查处理“傍名牌”不正当竞争案件。对此，《通知》中制定了三条意见，便于在执法中具体操作：一是对突出、放大使用企业名称中的字号，构成假冒他人注册商标，侵犯他人注册商标专用权的，可以依照《反不正当竞争法》第五条第（一）项或者《商标法》第五十二条的规定认定处理。二是对简化使用企业名称，构成对商品的产地、生产者等做引人误解的虚假表示或虚假宣传的，可以依照《反不正当竞争法》第五条第（四）项或者第九条的规定认定处理。三是对企业名称（包括在中国境内进行商业使用的外国或者地区企业名称）中使用他人具有一定的市场知名度、为相关公众所知悉的企业名称中的字号，引人误认为是他人的商品的，可以依照《反不正当竞争法》第五条第（三）项的规定认定处理。总局《关于开展打击“傍名牌”不正当竞争行为专项执法行动的通知》下发后，各地工作蓬勃开展，但也有一些地方的工商行政管理部门心存顾虑，认为企业名称都是经过合法程序注册的，如果认定其侵权，工商行政管理部门会面临行政诉讼败诉的风险，因此在工作中不能充分施展拳脚。2008年2月，最高人民法院出台了《关于审理注册商标、企业名称与在先权利冲突的民事纠纷案件若干问题的规定》，明确了虽然具有工商登记注册的合法形式，但实体上构成不正当竞争行为的，依法可以认定为不正当竞争，这就进一步完善了反不正当竞争法律体系。该司法解释与总局在《通知》中关于处理“傍名牌”案件法律适用的规定是一致的，可以说司法机关与工商行政管理部门在处理“傍名牌”不正当竞争案件上已经形成共识。新《商标法》（2013年修正）第五十八条规定：将他人注册商标、未注册驰名商标作为企业名称中的字号使用，误导公众，构成不正当竞争行为的，依照《反不正当竞争法》处理。对商标权利人给予了更高层次的法律保护，保护对象更加广阔，包括所有的注册商标权利人以及未注册的驰名商标所有人。

误导行为

《反不正当竞争法》禁止的误导行为主要分为虚假表示和虚假宣传两种。

虚假表示

虚假表示是指《反不正当竞争法》第五条第（四）项规范的行为，即“在商品上伪造或者冒用认证标志、名优标志等质量标志，伪造产地，对商品质量做引人误解的虚假表示”。具体地说，是指经营者在商品上对商品的品质、荣誉、制造加工地、制作成分、性能用途、数量、有效期限等内容做虚伪不实或引人误解的表示或标注的行为。它包括三种类型：一是在商品上伪造或者冒用认证标志、名优标志等质量标志；二是伪造产地；三是对商品质量做引人误解的虚假表示。

虚假表示的行为表现具有广泛性，体现在商品上或其标签、包装上，这一点与虚假宣传不同，后者可游离于商品之外，通过广告或其他载体实现；该行为并不侵害特定经营者特有的财产权利，与仿冒行为也不同，更多地表现在对自身产品的虚假描述上；该行为或者虚构事实，或者隐瞒事实真相，对商品的质量、信誉等做虚假的或引人误解的表示。其本质表现为造成或者足以造成引人误解的后果。具体的行为表现为：

1.伪造或者冒用认证标志、名优标志等质量标志

认证标志是质量认证机构准许经其认证产品质量合格的企业在产品或者其包装上使用的质量标志。名优标志是经国际或国内有关机构或社会组织评定为名优产品而发给经营者的质量荣誉标志。未经认证或未参加评比，以及经认证但不合格、经评比但未获名优的商品，经营者不得使用相关标志。实践中有擅自使用、到期限或被取消后继续使用、张冠李戴以低级别冒充高级别等违法形式。

伪造或冒用认证标志具体表现形式主要有以下几种：

（1）产品未经合法认证机构认证，擅自使用认证标志；

（2）经认证不合格的产品，擅自使用认证标志；

（3）认证被依法撤销后，不及时停止使用认证标志；

（4）非法制造或使用编造的虚假认证标志；

（5）擅自篡改、变造认证标志图案并加以说明。

伪造或冒用名优标志具体表现形式主要有以下几种：

（1）未获名优标志的产品，擅自使用名优标志；

（2）产品虽获名优标志，但因质量下降，名优标志被撤销或责令停止使用后仍继续使用名优标志；

（3）使用编造的虚假名优标志；

（4）级别低的名优产品冒用级别高的名优产品标志，等等。

2.伪造产地

商品的产地是指商品的制造地、加工地或商品生产者的所在地。

商品品质常与产地的地理特点、技术优势、地区信誉相联系，一旦标注就必须真实。《反不正当竞争法》对产地的规定旨在落实诚实信用原则，即标注产地必须诚实，不能对公众产生误导，如果在商品上隐匿真实产地或不标注真实产地，则构成伪造产地的不正当竞争行为。

3.对商品质量做引人误解的虚假表示

这是指经营者在商品上对反映商品质量的各种内容做不真实的或令人误解的标注，使消费者无法或难以了解商品的真实情况，从而发生误认、误购的行为。对商品质量方面的标识，《产品质量法》及相关配套规定有明确的要求，如安全标准、使用性能、用途、规格、等级、主要成分和含量、计量单位、生产日期、有效期限、使用方法、生产者、警示标志等内容，违反上述规定做虚假或引人误解的标注构成虚假表示行为。

根据《反不正当竞争法》第二十一条的规定，对虚假表示行为依照《产品质量法》的相关规定处罚。

虚假宣传行为

经营者的宣传是其市场营销活动的一部分，是重要的促销手段，也是现代商品经济社会中广大消费者和用户了解、选择商品或服务的重要依据。但是引人误解的虚假宣传将导致消费者无法正确选择商品以及市场秩序混乱，必须予以制止。

引人误解的虚假宣传是《反不正当竞争法》第九条规范的行为，是指经营者利用广告或者其他方法，对商品（含服务）的质量、制作成分、性能、用途、生产者、有效期限、产地等做引人误解的虚假宣传。虚假宣传行为的本质特征是造成或足以造成引人误解的后果。可能虚假，也可能真实但有歧义或使人产生错误联想，“引人误解”是指宣传的后果会导致消费者对商品质量造成错误的认识和理解，欺骗和误导消费者。根据《反不正当竞争法》第九条的规定，不论宣传的形式上是真还是假，只要存在引人误解的后果都是虚假宣传。不能简单以内容与事实是否相符来认定，如“意大利聚酯漆家具”的表述，尽管的确是存在两种断句方式，商家也辩称是用意大利漆生产的国产家具，但实际很可能造成消费者对家具由意大利生产的误解，构成虚假宣传行为。

引人误解的虚假宣传涉及的内容是很广的，《反不正当竞争法》列举出来的有商品的质量、制作成分、性能、用途、生产者、有效期限、产地等，但未列举的还有商品的规格、等级、生产日期、销售者、价格、售后服务、获奖获优情况、质量认证情况等，难以列举穷尽。应当认为凡会使消费者产生误解，影响消费者选购商品的内容都应当包括在内。

引人误解的虚假宣传，其表现方式是利用广告或者其他方法。“其他方法”指的是除广告方法之外的宣传方法，如新闻发布会、散发说明书、现场虚假演示、销售诱导等。

虽然《反不正当竞争法》第九条规定的重点是禁止经营者做引人误解的虚假宣传，但并未排除广告经营者的责任。广告经营者对广告该审查的不审查或者草率审查，发布虚假广告都要承担责任。

引人误解的虚假宣传，严重妨碍公平竞争，损害消费者利益，被称为“社会公害”。《反不正当竞争法》第二十四条对此规定了相应的责任：“经营者利用广告或者其他方法，对商品做引人误解的虚假宣传的，由监督检查部门责令停止违法行为，消除影响，可以根据情节处以一万元以上二十万元以下的罚款。”这里的消除影响，应由监督检查部门根据虚假宣传的影响程度，决定消除影响的方法、范围、次数及期限。广告经营者在明知或应知的情况下，代理、设计、制作、发布虚假广告的，由监督检查部门责令停止违法行为，没收违法所得，并依法处以罚款。

商业贿赂行为

商业贿赂的特征

商业贿赂是贿赂的一种形式，是随着商品经济的发展而逐步产生和发展起来的一种社会现象。在当今世界各国，商业贿赂行为普遍存在，已成为最主要的贿赂形式之一。

《反不正当竞争法》第八条对商业贿赂行为做了禁止性规定，即“经营者不得采用财物或者其他手段进行贿赂以销售或者购买商品。在账外暗中给予对方单位或者个人回扣的，以行贿论处；对方单位或者个人在账外暗中收受回扣的，以受贿论处”。根据国家工商行政管理总局《关于禁止商业贿赂行为的暂行规定》的界定，商业贿赂是指经营者为销售或者购买商品而采用财物或其他手段贿赂对方单位或者有关人员，以争取交易机会或交易优惠条件的行为。

商业贿赂行为是市场交易当中的贿赂行为，具有以下几个特征：

（1）从主观目的上看，是为了销售或购买商品，即争取交易机会或者交易优惠条件。

（2）从行为本身看，是采用财物或者其他手段进行收买。其中财物是指现金、实物，如假借促销费、宣传费、赞助费、科研费、劳务费、咨询费、佣金等名义，给予对方单位或个人的财物。其他手段包括出国考察、免费旅游或度假，以及提供高额学费等方式。

（3）从贿赂的对象看，一般是对方单位或者个人，但还包括对商品购销有直接影响的其他单位或个人。其中，经营者的员工采用商业贿赂手段为经营者销售或者购买商品的行为，属于执行职务的行为，在法律上应当认定为经营者的行为，应该由经营者承担责任。

与商业贿赂行为相关的几个概念

1.回扣

《关于禁止商业贿赂行为的暂行规定》第五条规定，本规定所称回扣，是指经营者销售商品时在账外暗中以现金、实物或者其他方式退给对方单位或者个人一定比例的商品价款。给予、收受回扣是违法行为，《反不正当竞争法》第八条明确指出：“在账外暗中给予对方单位或者个人回扣的，以行贿论处；对方单位或者个人在账外暗中收受回扣的，以受贿论处。”

概括起来回扣有以下几个法律特征：一是秘密性，回扣是账外暗中给予或者收受的。“账外暗中”是指未在依法设立的反映其生产经营活动或者行政事业经营收支的财务账上按照财务会计制度规定如实记载，包括不记入财务账、转入其他财务账或者做假账。“账外暗中”是回扣的重要特征和法律要件，是合法与非法的本质界限。二是价内性，回扣是一定比例的商品价款，与某一交易的商品价款相关联。三是单向性，回扣是卖方退给买方单位或者个人的。

需要注意的是，回扣是最典型的商业贿赂行为表现方式，与其他类型的商业贿赂行为既有联系又有区别。实质都是通过给付对方不同形式的好处，进行收买、买通，促使交易达成。但“账外暗中”是回扣的法定要件，并不是其他商业贿赂行为的构成要件；回扣是一定比例的商品价款，而其他商业贿赂是在商品价款之外给付对方的好处；回扣一般发生在商品交易达成之时或之后，而其他商业贿赂未必发生在交易达成之时或之后；回扣是卖方退给买方单位或者个人的，而其他商业贿赂既可以是卖方给付买方的，也可以是买方给付卖方的。

2.折扣

折扣是指经营者在销售商品时，为鼓励多买或及时付款，以明示并如实入账的方式给予对方的价格优惠。折扣包括两种形式：一是买方在支付价款时对价款总额按一定比例即时予以扣除，按照让利后的实际价款支付，双方均按让利后的价款开票入账；二是买方先支付价款总额，然后卖方再在价款总额中按约定的比例或数额退回一部分。《反不正当竞争法》第八条第二款规定："经营者销售或者购买商品，可以以明示方式给对方折扣，可以给中间人佣金。经营者给对方折扣、给中间人佣金的，必须如实入账。接受折扣、佣金的经营者必须如实入账。"

折扣的实质是商品买卖中的让利、减价，是卖方给买方的价格优惠。对买方而言，所得的折扣实际上是自己省下来的钱，不是额外收入；对卖方而言，折扣是营业收入的减少。

需要注意的是，折扣与回扣是两个对应的概念，即二者都是卖方给买方的，都是商品价款的一部分。二者的区别主要体现在：第一，是否在账上明示是折扣和回扣的本质区别，也是区分合法与违法的界限。折扣明示入账，是买卖中正常的让利或减利，是一种合法行为；回扣账外暗中，是不正当竞争行为，按照商业贿赂论处。第二，给付的对象不完全相同。折扣只能给交易对方单位，而不能给予其经办人员；而回扣既可能给交易对方单位，落入单位小金库，也可能给对方单位的主管或者经办人员，落入其个人腰包。

3.佣金

佣金是经营者销售或者购买商品时以明示和如实入账的方式给予为其提供服务的具有合法经营资格的中间人的劳务报酬。

佣金具有以下法律特征：佣金是商业活动中中间人所得的劳动报酬，它可以是买方给予的，也可以是卖方给予的，还可以是买卖双方给予的；收受佣金的中间人既要有独立的地位，又要有合法的经营资格，包括居间人和代理人，依法不具有合法经营资格的人不能拿佣金；交易者给予佣金必须以明示的方式，给予和接受佣金的，都必须如实入账，并依法纳税。

法律责任

《反不正当竞争法》第二十二条规定："经营者采用财物或者其他手段进行贿赂以销售或者购买商品，构成犯罪的，依法追究刑事责任；不构成犯罪的，监督检查部门可以根据情节处以一万元以上二十万元以下的罚款，有违法所得的，予以没收。"

国家工商行政管理部门相关批复要点

（1）关于医院给付医生“CT介绍费”的问题。医院以给付“介绍费”“处方费”等名目的费用为手段，诱使其他医院医生介绍病人到本院做 CT检查或者其他检查的行为，构成《反不正当竞争法》第八条和国家工商行政管理总局《关于禁止商业贿赂行为的暂行规定》所禁止的不正当竞争行为。这种行为不仅损害医疗服务秩序，而且极易增加公费医疗、劳保医疗单位及患者的负担，应当依法予以查处。

（2）关于以收买瓶盖方式推销啤酒的行为定性处理问题。啤酒公司以给付现金等方式向酒店服务员回收啤酒瓶盖，诱使酒店服务员向顾客推销其产品，实质是经营者为销售商品，采用给予财物的方式贿赂对其商品销售有直接影响的人。其行为在一定程度上排挤了其他经营者，也极易限制消费者的选择权，损害消费者的合法权益，扰乱正常的市场竞争秩序，构成《反不正当竞争法》第八条和国家工商行政管理总局《关于禁止商业贿赂行为的暂行规定》第二条所禁止的商业贿赂行为，应当依法予以查处。

（3）关于旅行社或导游人员接受商场支付的“人头费”“停车费”等费用的定性处理问题。《反不正当竞争法》第八条禁止经营者为销售或购买商品而采用财物或其他手段进行贿赂的行为，其实质是禁止经营者以不正当的利益引诱交易。经营者无论将这种利益给予交易对方单位或个人，还是给予与交易行为密切相关的其他人，也不论给予或收受这种利益是否入账，只要这种利诱行为以争取交易为目的，且影响了其他竞争者开展质量、价格、服务等方面的公平竞争，就构成《反不正当竞争法》第八条禁止的商业贿赂。

（4）关于以贿赂手段承包建筑工程项目的定性处理问题。《反不正当竞争法》第二条第三款中的“营利性服务”，是指以有偿提供劳务、技术、设施、信息、资金、产权及其他利益或条件等为主要特征的经营活动。建筑施工企业承包建筑工程项目，是以其劳务、技术、设施等来完成建设单位委托的建筑工程项目，并以此获取报酬的经营行为，其性质属于提供营利性服务，建筑施工企业属于《反不正当竞争法》规范的经营者。

（5）关于医院非法收受保险公司给予的“劳务费”定性处理问题。医院违反国家有关规定从事保险代理业务，收取保险公司给予的“劳务费”，利用自己的便利条件为保险公司向患者推销保险，属于非法收受经营者给予的财物并为其谋取交易机会的行为。医院无论是否将收取的“劳务费”入账，其行为均违反了《反不正当竞争法》第八条和国家工商行政管理总局《关于禁止商业贿赂行为的暂行规定》，构成商业贿赂行为，应当依法予以查处。

（6）关于工商行政管理部门能否查处收受贿赂的行为问题。《反不正当竞争法》第八条规定“经营者不得采用财物或者其他手段进行贿赂以销售或者购买商品”，其中所指的贿赂既包括行贿也包括受贿。对于有关当事人在商品购销中收受贿赂的行为，工商行政管理部门应当依照《反不正当竞争法》的有关规定和国家工商行政管理总局《关于禁止商业贿赂行为的暂行规定》进行查处。

（7）关于非营利性医疗机构是否属于《反不正当竞争法》规范主体问题。无论是营利性医疗机构，还是非营利性医疗机构，只要在购买药品或者其他医疗用品中收受回扣的，都应当按照《反不正当竞争法》的规定依法查处。

（8）关于公办学校收受商业贿赂行为问题。国家工商行政管理总局《关于禁止商业贿赂行为的暂行规定》第九条第二款中的“有关单位”，是指在商品交易中收受商业贿赂的单位。无论是公办学校，还是其他性质的学校，只要在购买商品（包括购买书籍）时收受商品销售者给予的商业贿赂，就可以按照《反不正当竞争法》和国家工商行政管理总局《关于禁止商业贿赂行为的暂行规定》的有关规定予以处理。

侵犯商业秘密行为

概念和特征

《反不正当竞争法》第十条第三款规定：“本条所称的商业秘密，是指不为公众所知悉、能为权利人带来经济利益、具有实用性并经权利人采取保密措施的技术信息和经营信息。”

在我国，商业秘密作为一个法律概念，最早出现在《民事诉讼法》中。我国在其他有关立法中对商业秘密问题虽也有所涉及，但没有形成专门的商业秘密保护制度。而《反不正当竞争法》不仅确认了商业秘密是一项知识产权，并且为其提供了行政保护手段。从保护公平竞争，制止不正当竞争的角度，将侵犯商业秘密的行为作为一种不正当竞争行为予以禁止，是对我国知识产权保护法律制度的发展和补充。它一方面体现在该法为权利人开发出来的不具备《专利法》上授予专利权条件的商业秘密提供了保护，另一方面体现在为权利人开发出来的虽然具备《专利法》上授予专利权的条件，但因不愿牺牲其秘密性而不申请专利的发明创造提供了保护途径。

根据《反不正当竞争法》商业秘密的法律特征和范围做出的界定，商业秘密具有以下法律特征：

（1）秘密性。这是商业秘密的本质所在。只有未经公开或不为公众知晓，才能成为权利人特有的财产。商业秘密的秘密性，是指某项技术信息或某项经营信息没有为公众普遍知晓且不能从公开渠道直接获得。所谓“公开渠道”，一般包括：在公开发行的出版物上公开发表，并能付诸实施的；产品被公开销售、陈列的；有关信息被公开使用的；有关信息以口头谈话、报告发言、视听报道、模拟演示等形式为公众所知的。

（2）价值性。即能为权利人带来现实的或潜在的经济利益或竞争优势，经营者由于拥有该项技术或经营诀窍，与其他竞争者相比具有更强的竞争能力。如果某项技术革新在经营中创造的某项经营方法，不能提高劳动生产率或者增进经营效益，即使它不为公众所知晓，也不是商业秘密，因为它没有经济价值。

（3）保密性。这是权利人寻求法律保护的前提所在。作为商业秘密的技术信息和经营信息，首先它的权利人应当认为它是一项商业秘密，对该秘密予以保密，并采取了适当的合理的保密措施。所谓适当的保密措施，是指权利人根据不同信息的特点，采取的能够有效地对该信息进行控制和保护的措施。我国现阶段企业保护商业秘密的措施主要有：制定内部的保密规章制度，比如订立企业内部资料、文件、图纸的管理方法以及职工守则；与相关人员订立保密合同，如在聘用合同中明确规定在一定时期内不得泄露商业秘密等；加强对某些特殊领域的管理工作，如对涉及本企业商业秘密的关键部门、车间、资料室，严格限定人员出入、加强内部保密措施、禁止参观等。另外，企业与其他企业之间商业秘密的保密措施主要以合同约定为主。经营者是否采取保密措施，不仅是某项信息能否成为商业秘密的条件，也是寻求法律保护的前提。

商业秘密的权利人

商业秘密权利人包括依法对商业秘密享有所有权和使用权的公民、法人和其他组织，即合法拥有或控制商业秘密的人。在申请制止侵犯商业秘密行为问题上，商业秘密所有权人与被许可使用人具有同等的地位。

侵犯商业秘密行为的类型

1.以盗窃、利诱、胁迫或者其他不正当手段获取权利人的商业秘密

（1）盗窃商业秘密

盗窃商业秘密是指行为人采用秘密手段窃取权利人商业秘密的行为。

（2）以利诱手段获取商业秘密

以利诱手段获取商业秘密是指行为人为获取权利人的商业秘密，以金钱、物品或其他利益为诱饵，指使或收买他人去获取权利人商业秘密的行为。

（3）以胁迫手段获取商业秘密

以胁迫手段获取商业秘密是指行为人为了获取他人的商业秘密，对权利人本人或其他涉及商业秘密的人员进行恐吓、威胁，甚至施以暴力，以获取商业秘密的行为。

（4）以其他不正当手段获取商业秘密

《反不正当竞争法》在列举了“盗窃、利诱、胁迫”三种手段后，又用“或者其他不正当手段”做了兜底的规定，这样，实际上不管行为人采用什么不正当手段，只

要违背商业秘密权利人的意愿，采用不正当手段，获取权利人的商业秘密，就是以不正当手段获取权利人商业秘密的不正当竞争行为。

以不正当手段获取他人的商业秘密是不正当竞争行为，但是以正当手段获取他人的商业秘密就不会构成侵权。主要包括：（1）通过独立研制开发取得相同或者近似的商业秘密。（2）通过反向工程获取他人的商业秘密：反向工程是指通过对合法取得的他人产品（如从市场上买入他人商品）进行解剖分析，从而破译获取该产品中有关商业秘密的行为。由于对该产品的占有是合法的，对此进行的反向研究也就不具有手段的不正当性。（3）经商业秘密权利人的授权而获取或使用该商业秘密。（4）他人或者第三人以善意的方式取得该商业秘密。如他人不知道或不应当知道是他人的商业秘密而获取，第三人在不知道或不应当知道他人是以不正当手段获取权利人的商业秘密而获取或者使用该商业秘密。

2.披露、使用或者允许他人使用以不正当手段获取的权利人的商业秘密

披露是指行为人将其用不正当手段获取的商业秘密告知他人或公之于众的行为；“使用或者允许他人使用”是指行为人以不正当手段获取他人的商业秘密以后，自己使用或者允许、转让给他人使用该商业秘密的行为。

3.与权利人有业务关系的单位和个人违反约定或者违反权利人有关保守商业秘密的要求，披露、使用或者允许他人使用其所掌握的商业秘密

这里的“业务关系”应该是一个广义的概念，指一切与权利人有业务关系的单位和个人。包括：

（1）业务合作者，如贷款银行、供货商、代理商、加工商、销售商等；

（2）服务提供者，如企业顾问、律师、注册会计师、专利代理人等；

（3）取得商业秘密使用权的受让者；

（4）以商业秘密作为投资时的合资、合作者等。

另外，由于执行公务或受委托以及其他种种原因而知悉权利人商业秘密的人员，如审计人员、税务人员、行政机关工作人员、司法机关工作人员等，也都有保守权利人商业秘密的义务。

4.权利人的职工违反合同约定或者违反权利人保守商业秘密的要求，披露、使用或者允许他人使用其所掌握的权利人的商业秘密

侵犯商业秘密行为认定中的举证责任

按照《关于禁止侵犯商业秘密行为的若干规定》的规定，权利人（申请人）认为其商业秘密受到侵害，向工商行政管理部门申请查处时，应当提供商业秘密及侵权行为存在的有关证据。被检查的单位和个人（被申请人）及利害关系人、证明人，应当如实向工商行政管理部门提供有关证据。权利人能证明被申请人所使用的信息与自己的商业秘密具有一致性或者相同性，同时能证明被申请人有获取其商业秘密的条件，而被申请人不能提供或者拒不提供其所使用的信息是合法获得或者使用的证据的，工商行政管理部门可以根据有关证据，认定被申请人有侵权行为。

侵犯商业秘密行为的法律责任

由于侵犯商业秘密行为侵害的客体既有商业秘密权利人的合法权益，也有公平竞争秩序，因此侵犯商业秘密行为既可能承担民事责任，也可能承担行政责任、刑事责任。

1.侵犯商业秘密的民事责任

根据我国《民法通则》以及《反不正当竞争法》的规定，侵犯商业秘密民事责任的承担方式，主要有停止侵害、排除妨碍、赔偿损失、支付违约金、恢复名誉、荣誉等。其中，司法实践中最常用的是赔偿损失和支付违约金。《反不正当竞争法》第二十条规定："经营者违反本法规定，给被侵害的经营者造成损害的，应当承担损害赔偿责任，被侵害的经营者的损失难以计算的，赔偿额为侵权人在侵权期间因侵权所获得的利润；并应当承担被侵害的经营者因调查该经营者侵害其合法权益的不正当竞争行为所支付的合理费用。"这一规定对其他不正当竞争行为同样适用。

2.侵犯商业秘密的行政责任

根据《反不正当竞争法》第二十五条的规定，由监督检查部门责令违法者停止违法行为，可以根据情节处以一万元以上二十万元以下的罚款。监督检查部门为县级以上人民政府的工商行政管理部门，工商行政管理部门依法对侵犯商业秘密的处罚方法有两种：一是监督检查部门根据受案人的请求，或依职权认定侵犯商业秘密行为确实存在，就依法责令侵权人停止违法行为。停止违法行为的适用对象主要包括：停止正在进行的非法获取行为、停止使用非法获得的商业秘密、停止非法允许他人使用的商业秘密。对非法披露商业秘密的行为，因秘密一旦被披露就丧失其秘密性，从防止秘密进一步扩散的角度看，除了停止继续披露这一违法行为外，还应依法采取消除影响的民事措施。二是根据情节处以罚款，即根据被侵犯的商业秘密的价值、给权利人造成的损失或者可能造成的损失、侵权人因侵权行为所获得的利润大小、侵权行为的恶劣程度等情节在法定的罚款幅度以内予以处罚。

3.侵犯商业秘密的刑事责任

根据我国《刑法》关于侵犯商业秘密罪的相关规定处理。

保护商业秘密执法中的热点问题

随着市场竞争越发激烈，尤其是人才大战愈演愈烈，跨国公司大量进入市场，而国内人才市场发育程度不高，因人才大战引发的商业秘密流失问题随之而来。但是目前的立法和执法工作与现实经济生活还存在着不尽适应之处，存在着若干问题。

1.技术信息的鉴定问题

技术信息作为商业秘密比较多见，但技术信息往往具有较强的专业性和专属性，在是否构成商业秘密、秘密点的判断上，尤其在同一性比对方面，一般来讲都需要由专业部门鉴定。但是目前工商行政管理部门对侵犯商业秘密的认定并不仅仅建立在鉴定的基础上，请专家对产品同一性做鉴定只是调查取证的一个环节，此外还要结合当事人的陈述、相关单位的证明等证据互相佐证方可认定。科学可行的同一性比对分析可以避免侵权人为掩盖事实真相而使原有证据灭失的可能，也使权利人的合法权益得以保护。

2.经营信息的认定问题

与技术信息相比，经营信息作为商业秘密的认定更具难度，对证据关联性的要求更高。如客户名单中，客户作为经营者的交易相对人，本来是公开的。就某个个体而言，并不是不为公众知晓的秘密组织或个人，当事人往往也以这个理由进行抗辩。虽然，就单独某一个体而言，其本身不是商业秘密，但是众多个体成为一个集合，作为一个公司重要的业务来源和支撑的时候，它就具有了商业秘密的特性。除客户名单外，商业秘密还会以报价单、申请书、销售计划等多种载体形式出现，其中也包括不少专业领域的调查报告等，为执法实践带来了困难。

3.对内部职工侵权行为的处罚问题

实践中企业职工包括在职的、临时的、离退休的、“跳槽”的和“自立门户”的等，因工作关系有机会接触到商业秘密，其侵权行为是企业商业秘密流失的一个重要渠道。但是《反不正当竞争法》对此无详细规定。国家工商行政管理总局在《关于禁止侵犯商业秘密行为的若干规定》中做了细化规定，为这类行为的查处提供了依据。对内部职工侵权行为的处罚，与人才市场发育完善程度有着密切的关系，使开放的人才市场能够在一个相对完善的法制框架中规范运行，这也是保护商业秘密的一条重要通道。

4.侵权赔偿额的计算问题

目前按照《反不正当竞争法》第二十条的规定，赔偿额的计算有两种：权利人的损失或侵权人的利润。但实践中全部赔偿原则往往得不到最终落实，对赔偿额的量化计算缺乏标准，存在“十赔九不足”的现象，甚至在现有的补偿性赔偿制度下，侵权人在承担了损害赔偿责任后，仍存在赢利可能性，威慑力不够。

5.侵权物品的处理问题

《反不正当竞争法》对侵权物品的处理未做明确规定。国家工商行政管理总局《关于禁止侵犯商业秘密行为的若干规定》规定了两种处理方式：责令并监督侵权人将载有商业秘密的相关资料返还；监督侵权人销毁相关产品，但权利人同意收购、销售等其他处理方式的除外。上述规定对于处理侵犯商业秘密中技术信息的侵权物品比较适用，但对于侵犯经营信息的侵权物品照此处理则不尽合理。一味销毁也不符合物尽其用、节约资源的原则，对类似物品的处理方式应该具体分析。

6.执法手段有限的问题

要通过案件办理落实对商业秘密的行政保护措施，就需要针对商业秘密的特殊性提供必要的强制措施，来保证案件的证据取得和定性处理。1998年12月国家工商行政管理总局在修改《关于禁止侵犯商业秘密行为的若干规定》的过程中，按照《行政处罚法》的规定，取消了“扣留”当事人财物的权力，将第六条改为：“对被申请人违法披露、使用、允许他人使用商业秘密将给权利人造成不可挽回的损失的，应权利人请求并由权利人出具自愿对强制措施后果承担责任的书面保证，工商行政管理部门可以责令被申请人停止销售使用权利人商业秘密生产的产品。”强制措施的运用对于商业秘密案件的调查取证工作至关重要，但目前的法律规定力度较弱，在一定程度上影响到实际执法的效果。

7.权利人自我保护问题

随着市场经济的不断发展，各种各样的侵犯商业秘密行为以多变的形式和载体出现在现实经济生活中，给打击和防范工作带来不小难度。行政保护仅仅是商业秘密保护的途径之一，商业秘密保护工作是一项长期性工作和综合性工作，必须立法先行、齐抓共管、共铸诚信，才能从根本上应对新形势的需要。就企业而言，首先要加强自律，提高自主维权的意识和能力；其次要从企业制度上杜绝侵权行为产生的土壤，如对于掌握核心机密的岗位实行定期轮换、相关人员定期支付保密费和离职补偿费等、在劳动合同中将保密条款与竞业禁止条款有机结合。力争做到事前有防范、事后有措施，逐步形成政府监管、行业自律、舆论监督、群众参与的长效机制。

不正当有奖销售行为

概念和特征

有奖销售活动是指经营者销售商品或者提供服务时，附带性地向购买者提供金钱、物品或其他利益以奖励购买者的行为。对于有奖销售，各国因经济状况、市场观念等因素的不同而在法律规定上也有所不同。有的国家明确规定禁止有奖销售，其目的在于提高竞争效能；有的国家对有奖销售做了严格的限制，把有奖销售作为一种不可忽视的市场竞争行为加以规范。我国经济生活中，有奖销售到处可见。它作为经营者的促销手段，确实可以起到促进商品流通的作用，但这种促销手段一旦超过限度滥用，就会带来市场秩序的混乱，也会损害消费者的利益。从全社会的综合效益看，进行有奖销售的经营者所获得的经济利益是一种短期效益，并不能产生提高质量、降低成本、提高技术的效果，没有产生明显的整体经济利益。因此，有奖销售是一种在严格的限定并恰当运用的情况下不会产生破坏竞争效果的竞争手段。《反不正当竞争法》并未对有奖销售一概否定，而是对有奖销售做了严格的限制。

具体认定有奖销售的正当合法与否，应注意以下几个特征：

（1）行为主体是经营者，非经营者不能构成本行为。根据国家工商行政管理总局的答复，有线电视台是通过有线方式向有线电视系统终端户提供有偿电视节目服务的经营者。有线电视台为招揽广告客户和消费者，在提供电视节目服务中进行有奖竞猜活动的，构成有奖销售，应当遵守《反不正当竞争法》第十三条的规定；有线电视台为招揽广告客户和消费者，在提供电视节目服务所进行的有奖竞猜活动中，以带有偶然性的方法决定购买者是否中奖，且其最高奖的金额超过五千元的，妨碍了电视媒体之间的公平竞争，构成《反不正当竞争法》第十三条第（三）项所禁止的不正当的抽奖式有奖销售，应当依法予以处理。

（2）经营者是否具有损害消费者利益排挤竞争对手的目的和动机。竞争的根本就是发展自己，抢占市场。在这一点上，无论是正当有奖销售还是不正当有奖销售，其目的都是一样的，但正当有奖销售是在公平、诚实、合法的竞争原则下进行的，它不具有损害消费者利益，排挤竞争对手的目的和动机，因此，《反不正当竞争法》并没有禁止所有的有奖销售。

（3）经营者所称的有奖销售是否真实，即奖品是否存在，是否与公开宣称的数额符合。如果没有奖品，或者少于公开宣称的奖品的数额，则此有奖销售带有欺骗性质，属不正当竞争行为。

（4）经营者与中奖人员是否有联系，中奖人员是不是通过正当途径中奖的。

有奖销售行为的分类

主要包括附赠式有奖销售和抽奖式有奖销售两种形式。附赠式有奖销售是经营者奖励所有购买者的有奖销售行为。抽奖式有奖销售也称抽彩式或者悬赏式有奖销售，是指经营者以抽签、摇号或者其他偶然性的方式确定购买者是否中奖的有奖销售行为。抽签、摇号是典型的抽奖式有奖销售方式，但抽奖式有奖销售并不限于这些方式。在有奖销售中，凡以偶然性的方式决定参与人是否中奖的，均属于抽奖式有奖销售，而偶然性的方式是指具有不确定性的方式，即是否中奖只是一种可能性，既可能中奖，也可能不中奖，是否中奖不能由参与人完全控制。如营利性保龄球场馆举办的以一定的得分来决定消费者是否中奖的有奖销售活动，属于以带有偶然性的方式决定消费者是否中奖的抽奖式有奖销售。举办此类有奖销售活动，凡最高奖的金额超过五千元的，均构成不正当竞争行为。又如在证券经营者实施的以投资收益率或者利润率的高低确定部分投资者是否中奖的各种奖赛、比赛等活动中，各个投资者获取的投资收益率或者利润率等以及由此决定的能否中奖，取决于多种主客观因素，均不能完全以投资者的主观愿望、努力和能力为转移，投资者能否中奖具有偶然性和不确定性，因此，此类奖赛活动也属于抽奖式有奖销售。

不正当有奖销售行为的表现形式

不正当有奖销售行为是指违反《反不正当竞争法》第十三条规定所从事的有奖销售活动。我国《反不正当竞争法》第十三条明确禁止三种不正当的有奖销售行为：

1.欺骗性不正当有奖销售行为

欺骗性不正当有奖销售行为，即采用谎称有奖或者故意让内定人员中奖的欺骗方式进行有奖销售。“谎称有奖”既包括将根本无奖说成有奖的情况，但又不限于此。根据国家工商行政管理总局《关于禁止有奖销售活动中不正当竞争行为的若干规定》第三条的规定，属于欺骗性有奖销售行为的有：谎称有奖销售或者对所设奖的种类、中奖概率、最高奖金额、总金额、奖品种类、数量、质量、提供方法等做虚假不实表示的；采取不正当的手段故意让内定人员中奖的；故意将设有中奖标志的商品、奖券不投放市场或者不与商品、奖券同时投放市场的；故意将带有不同奖金金额或者奖品标志的商品、奖券按不同时间投放市场的；其他欺骗性有奖销售行为。

2.利用有奖销售的手段推销质次价高的商品

“质次价高”的商品包括质价不符的商品和劣质商品。根据《关于禁止有奖销售活动中不正当竞争行为的若干规定》的规定，是否属于“质次价高”，“由工商行政管理机关根据同期市场同类商品的价格、质量和购买者的投诉进行认定，必要时会同有关部门认定”。这种有奖销售的突出特点是名为有奖销售，实为变相涨价、推销质次商品，本质上属于误导、欺骗消费者。这里的质次商品一般是指质量差但有使用价值的商品。如果是劣质商品，不论是否采用有奖销售都不得推销。利用有奖销售推销劣质商品的，既属于不正当竞争，同时还触犯有关制售伪劣产品的法律规定。

3.巨奖销售

指抽奖式的有奖销售，最高奖的金额超过人民币五千元。《反不正当竞争法》对巨奖销售做了禁止性规定。最高奖的金额是指在一项有奖销售活动中所设的最高一个档次的奖品的金额。以非现金的物品或者其他经济利益作奖励的，按照同期市场同类商品或者服务的正常价格折算其金额。同时经营者以价格超过五千元的物品的使用权作为奖励（不论使用该物品的时间长短）；以提供就业机会、聘为各种顾问等名义，并以解决待遇、给付工薪等方式设置奖励，不论奖励的现金、物品（包括物品的使用权）或者其他经济利益，也不论是否要求中奖者承担一定义务，最高奖的金额（包括物品的价格、经济利益的折算）超过五千元的，都属于巨奖销售。

法律责任

《反不正当竞争法》第二十六条规定："经营者违反本法第十三条规定进行有奖销售的，监督检查部门应当责令停止违法行为，可以根据情节处以一万元以上十万元以下的罚款。"

除外规定

《关于禁止有奖销售活动中不正当竞争行为的若干规定》第二条第三款规定："经政府或者政府有关部门依法批准的有奖募捐及其他彩票发售活动，不适用本规定。"这一规定排除了《反不正当竞争法》对有奖募捐及其他彩票发售活动的适用。但是，如果彩票发售活动与其他商品销售混合，影响商品市场的竞争，就要受《反不正当竞争法》的规范。同时，经营者举办有奖销售活动不需要工商行政管理部门前置审批，公证也不是必经程序。所以，只要构成了不正当有奖销售行为，不论是否经过公证，都应依法严格制止。

商业诋毁行为

概念和特征

商业诋毁行为，是指经营者违反《反不正当竞争法》第十四条的规定，捏造、散布虚伪事实，损害竞争对手的商业信誉或商品声誉的行为。商业信誉是社会对经营者的评价，常常包含社会对经营者的能力、品德、商品声誉等多方面内容的积极反映，如经营者守法经营、讲究职业道德、服务良好、商品品质精良、风格独特、价格合理、经济实力雄厚、技术水平先进、严格履行合同、对消费者负责任等。所以，其评价的高低，关系着经营者的经营活动，甚至关系到经营者的生存。商品声誉是社会对商品的品质、特点的积极评价，往往也体现着经营者的商业信誉，并最终归属于经营者的商业信誉。由于经营者与用户和消费者之间的直接联系纽带是商品，人们往往直接根据商品声誉选择商品，使商品声誉有了相对的独立性和特殊性。在商业信誉中，商品声誉是核心的内容，某些损害商业信誉的行为一般也是直接针对商品声誉的，所以对商品声誉的强调和保护是必要的。商业信誉或商品声誉是经营者通过参与市场竞争连续的一系列活动形成的，它包括大量的市场研究、技术开发、广告宣传、公关活动和事后优质的服务等。经营者一旦有了良好的商业信誉和商品声誉，就会受到社会各方的欢迎，带来巨大的经济效益和市场竞争中的优势地位，甚至可能成为其在市场竞争中的最大资本。商业信誉和商品声誉是竞争的重要资本和支柱，其受损害的损失难以量化，但客观存在，《反不正当竞争法》对其保护是维护良好的市场竞争秩序的需要。

商业诋毁行为具有如下几个基本特征：

（1）有着明确的意在贬低竞争对手的目的性，直接打击、削弱竞争对手与其进行竞争的能力，谋求自己的市场竞争优势。

（2）行为本身表现为捏造、散布虚伪事实，包括无中生有、对已有事实恶意歪曲等。

（3）有特定的诋毁对象。诋毁的对象必须是竞争对手，即存在竞争关系的同业竞争者，既可以是某个竞争对手，也可以是多个竞争对手。

（4）后果上损害的是竞争对手的商业信誉或商品声誉的行为。商业信誉包括经营者的信用情况、资产状况、经营能力、经营作风等；商品声誉主要包括商品的性能、用途、质量、效果等。

商业诋毁行为的主要表现形式

商业诋毁的表现形式是多种多样的，按照不同的标准可以做不同的分类。这里只按照“散布”虚伪事实的方式略作介绍。

（1）广告。广告是覆盖面最广、受众最多的信息载体。利用广告形式进行商业诋毁往往是对竞争对手商誉造成最大损害的一种诋毁形式。常见的形式是刊登对比性广告或声明性广告，借以贬低竞争对手，抬高自己。有些鞋油生产厂家、洗衣粉生产厂家、方便面生产厂家等在广告上以各种方法吹嘘自己产品的质量、性能，贬低“一般生产厂家”的产品声誉或商业信誉。有的发表“声明”，甚至“严正声明”，而其实质只是在贬低他人抬高自己。

（2）信函。行为人将捏造的虚伪事实通过信函的形式，向特定或不特定的经营者或消费者投寄，进行商业诋毁。例如，某市某物理研究所因为与某市江北电器厂的产品发生竞争，某物理研究所向有关单位发函，称江北电器厂的产品为质量低劣的假冒产品，提请有关单位注意不要采用其产品，而应选用该物理研究所与某化工材料厂生产的该产品，致使江北电器厂遭受重大损失。

（3）产品说明书、传单、小册子。这些也是商业诋毁常用的手法。由于这些形式往往不像广告那样需要审查，所起的影响作用又很大，因此也常被采用。

（4）语言。既有通过商业信息发布会、商品交易会等会议散布诽谤言词，也有通过单独的商务洽谈、电话交谈等实施商业诋毁行为的；既有经营者本人利用言词实施商业诋毁，也有经营者指使、唆使本单位职工或其他人实施诋毁行为，有的甚至根本就是制造、散布谣言。

（5）指使、诱使某些人以消费者名义，投书有关部门，贬低竞争对手的商誉。有的甚至将竞争对手的商品搞得变质，然后让其进入流通，搞臭竞争对手的商业信誉和商品声誉。

从以上商业诋毁行为的主要表现形式来看，与误导宣传不正当竞争行为是很相似的，也都是“采用广告或其他方法”。应该说，误导宣传与商业诋毁之间有着紧密的联系，经常是：误导宣传为商业诋毁服务，商业诋毁以误导宣传为手段。两者是目的与手段的关系，误导宣传是手段，商业诋毁是目的。两者的范围有重叠的部分，也有不同的地方。误导宣传的方法与商业诋毁中的“捏造、散布虚伪事实”往往重叠，但误导宣传是针对“商品的质量、制作成分”等，而商业诋毁是针对经营者的商业信誉、商品声誉；虚假宣传的目的是引人误解，而商业诋毁的目的是诋毁、贬低经营者的商誉。现实生活中的一些案件往往是商业诋毁和误导宣传交织在一起，一般可以根据牵连案的处理原则进行处理。

法律责任

损害竞争对手商业信誉的行为，会给竞争对手的正常经营活动造成消极影响，甚至使竞争对手遭受严重的经济损失，破坏了正常的市场竞争秩序。因此，《反不正当竞争法》明确规定，“经营者不得捏造、散布虚伪事实，损害竞争对手的商业信誉、商品声誉”。现行的《反不正当竞争法》对于损害竞争对手商业信誉或商品声誉的行为没有规定行政责任。但如果给竞争对手造成损害的，应按《反不正当竞争法》第二十条和《民法通则》的有关规定，由违法者承担损害赔偿责任。

商业诋毁与虚假宣传

商业诋毁与虚假宣传行为的表现方式近似，散布与宣传都可以是借助媒体或通过其他方式进行；行为的内容都是虚假不实或引人误解的；行为的后果都对他人产生误导作用。二者的区别是：

（1）商业诋毁行为产生双重后果，既误导公众，也损害竞争对手，直接诋毁竞争对手的商誉和信誉，虚假宣传则主要产生引人误解的后果，误导公众；

（2）商业诋毁行为主要针对竞争对手实施，虚假宣传则主要针对自己的商品实施；

（3）商业诋毁行为有特定的诋毁对象，诋毁的对象必须是竞争对手，既可以是某个竞争对手，也可以是多个竞争对手，虚假宣传行为则可以指向不特定的对象，对不特定的对象产生影响。

公用企业及其他依法具有独占地位经营者的限制竞争行为

公用企业的概念和特征

《反不正当竞争法》第六条规定：“公用企业或其他依法具有独占地位的经营

者，不得限定他人购买其指定的经营者的商品，以排挤其他经营者的公平竞争。”根据国家工商行政管理总局《关于禁止公用企业限制竞争行为的若干规定》对公用企业的界定，公用企业是指涉及公用事业的经营者，包括供水、供电、供热、供气、邮政、电信、交通运输等行业的经营者。

根据这一定义，公用企业具有以下特征：

（1）公用企业是通过网络或者其他关键设施（基础设施）提供公共服务的经营者；

（2）公用企业是国家特殊管制的企业，涉及国计民生和社会稳定；

（3）公用企业是具有独占地位的经营者。

但是，到底哪些企业属于公用企业，在执法实践中也不是没有困惑的。国家工商行政管理总局先后以答复的形式，认定了以下执法实践中涉及的公用企业以及它们的限制竞争行为。

（1）国家工商行政管理总局关于邮电局强制用户购买其提供的不必要的商品行为定性处理问题的答复（1999年4月20日工商公字〔1999〕第90号）。

邮电局利用公用企业的优势地位，对用户已由其他经营者安装调试正常的数字程控用户交换机，采取不予批准的方式强制用户购买其提供的不必要的商品（含服务）的行为，排挤了其他经营者的公平竞争，也损害了用户和消费者的合法权益，违反了《反不正当竞争法》第六条和国家工商行政管理总局《关于禁止公用企业限制竞争行为的若干规定》第四条第（三）项的规定，构成限制竞争行为，应当依照《反不正当竞争法》第二十三条的规定予以处罚。

（2）国家工商行政管理总局关于公用企业限定用户接受其指定的金融机构的服务构成限制竞争行为问题的答复（1999年5月24日工商公字〔1999〕第132号）。

邮电局属于提供邮电服务的公用企业，用户在接受其提供的电话服务时，有选择交费方式的自由。邮电局利用其独占地位，限定用户办理牡丹邮电卡，并到其指定的金融机构交纳电话费，不论是否收取牡丹邮电卡的工本费，其实质均在于限定用户接受其指定的金融机构的结算服务，既限制了用户选择交费方式的自由，又排挤了其他金融机构的竞争，构成《反不正当竞争法》第六条规定的限制竞争行为，应当依法予以查处。

（3）国家工商行政管理总局关于电信局对不从该局购买手机入网者多收入网费的行为是否构成不正当竞争行为问题的答复（1999年7月27日工商公字[1999]第190号）。

电信局属于提供电信服务的公用企业，其滥用独占地位，采取差别待遇的方式，对申请移动电话入网的用户根据其购买移动电话来源的不同，收取不同的入网费，即对从本局购买移动电话者少收入网费，对从本局以外购买移动电话者多收入网费，迫使用户购买其移动电话，排挤了其他经营者的公平竞争，损害了用户和消费者的合法权益，违反了《反不正当竞争法》第六条、《关于禁止公用企业限制竞争行为的若干规定》第四条第（七）项的规定，构成限定他人购买其提供的商品的限制竞争行为以及滥收费用的行为，应当依照《反不正当竞争法》第二十三条的规定，一并予以处罚。

（4）国家工商行政管理总局关于对供电企业限制竞争行为定性处罚问题的答复（1999年10月26日工商公字〔1999〕第275号）。

电力管理站是提供电能服务的企业，属于《反不正当竞争法》第六条规定的公用企业，应当受《反不正当竞争法》的调整。电力管理站利用其改造电网的垄断地位，以拒绝提供电能服务等措施强行向用户推销用电计量装置，损害了用户的合法权益，排挤了其他经营者的公平竞争，违反了《反不正当竞争法》第六条的规定，构成公用企业限定他人购买其指定的经营者的商品的行为，应当依据《反不正当竞争法》第二十三条规定予以处罚。

（5）国家工商行政管理总局关于邮政企业强制他人接受其邮政储蓄服务的限制竞争行为的答复（1999年10月26日工商公字〔1999〕第276号）。

邮政企业作为提供邮政服务的公用企业，利用其提供邮政服务的独占地位，强制他人接受其提供的邮政储蓄服务，侵害了消费者的合法权益，排挤了其他经营者的公平竞争，扰乱了市场竞争秩序，构成《反不正当竞争法》第六条规定的公用企业限制竞争行为，工商行政管理机关应当依照该法第二十三条规定予以查处。

（6）国家工商行政管理总局关于对电信部门强行向用户收取话费预付款、话费抵押金行为定性处罚问题的答复（1999年10月26日工商公字〔1999〕第277号）。

电信部门是向社会公众提供电信服务的企业，属于公用企业的范畴。电信部门在提供电信服务时，违反国家有关规定，以拒绝提供电信服务等措施强行向用户收取话费预付款、话费抵押金等，实质上是向用户限定交易条件，以强制用户交付话费预付款、话费抵押金等不合理条件作为其提供电信服务的交易条件，违反了《反不正当竞争法》的规定，属于《关于禁止公用企业限制竞争行为的若干规定》第四条第六项所列“对不接受其不合理条件的用户、消费者拒绝、中断或者削减供应相关商品，或者滥收费用”的强制交易行为，应当依据《反不正当竞争法》第二十三条规定予以处罚。

（7）国家工商行政管理总局关于铁路运输部门限定用户接受其指定的经营者提供的铁路运输延伸服务是否构成限制竞争行为及行为主体认定问题的答复（1999年10月26日工商公字〔1999〕第278号）。

1）铁路运输部门滥用其优势地位，在办理货物运输业务时，违背自愿原则，限定用户接受其指定的经营者提供的铁路运输延伸服务，违反了《反不正当竞争法》第六条和国家工商行政管理总局《关于禁止公用企业限制竞争行为的若干规定》第四条第（二）项的规定，构成限制竞争行为，应当依据《反不正当竞争法》第二十三条的规定予以处罚。

2）按照《反不正当竞争法》第二条规定，该法只适用于经营者实施的不正当竞争行为。据此，依据该法给予行政处罚的行政相对人必须是从事商品经营或者营利性服务的法人、其他经济组织或者个人，其中，其他经济组织是指依法成立、具有营业资格而又不具有法人资格的经济组织。未经依法成立而不具有营业资格的经济组织，不具有法律主体资格和行政责任能力，其实施的不正当竞争行为应当由设立该经济组织的法人或者个人承担行政责任。铁路公司所属火车站等生产经营机构未办理营业登记、领取营业执照的，不属于法人和其他经济组织，不具有法律主体资格和行政责任能力，其实施的限制竞争行为应当视为其所属铁路公司的行为，应当以设立该生产经营机构的铁路公司作为行政处罚的行政相对人。

（8）国家工商行政管理总局关于对移动通信公司强行向用户收取来电显示费行为定性处理问题的答复（2000年8月28日）。

移动通信公司属于《反不正当竞争法》第六条规定的公用企业。移动通信公司滥用其提供电信服务的垄断地位，强行向用户收取来电显示费，其行为实质上是限定用户接受其提供的来电显示服务，违反了《反不正当竞争法》第六条的规定，构成《关于禁止公用企业限制竞争行为的若干规定》第四条第三项所列的限制竞争行为，应当依照《反不正当竞争法》第二十三条的规定予以处罚。

（9）国家工商行政管理总局对火车站限制竞争行为行政处罚当事人认定问题的答复（2001年7月11日工商公字〔2001〕第179号）。

火车站属于《反不正当竞争法》第六条规定的公用企业。火车站滥用其优势地位在办理货物运输业务时，强制客户接受其提供的铁路运输延伸服务，违反了《反不正当竞争法》第六条的规定，应当依据该法第二十三条的规定予以处罚。根据《行政处罚法》的有关规定及国家工商局《关于认定违法主体有关问题的答复》（工商企字〔1999〕第233号），虽然火车站及其上级单位铁路分局、铁路局均未按照国家有关规定办理企业法人登记或营业登记，但不影响对其违法行为的处罚。本案中，火车站是限制竞争行为的实施者，应当作为行政处罚当事人。

（10）《国家工商行政管理总局关于工商行政管理部门对自来水公司强制收取水增容费行为是否具有管辖权问题的答复》（2002年11月13日工商公字〔2002〕第260号）。

自来水公司属于《反不正当竞争法》第六条规定的公用企业。公用企业滥用其优势地位，强制向用户设定不合理交易条件和滥收费用的行为，违反了《反不正当竞争法》第六条和《关于禁止公用企业限制竞争行为的若干规定》第四条第六项“对不接受其不合理条件的用户、消费者拒绝、中断或者削减供应相关商品，或者滥收费用”的规定。构成限制竞争行为，工商行政管理机关有权依据《反不正当竞争法》第二十三条的规定予以处罚。

（11）《国家工商行政管理总局关于自来水公司强行收取底度费行为定性处理问题的答复》（2002年12月17日工商公字〔2002〕第278号）。

自来水公司属于《反不正当竞争法》第六条规定的公用企业。自来水公司利用其提供自来水服务的独占地位，违反国家有关规定，以拒绝、中断提供自来水服务等方式强行向自来水用户收取底度费，违反了《反不正当竞争法》第六条的规定，属于《关于禁止公用企业限制竞争行为的若干规定》第四条第六项所列“对不接受其不合理条件的用户、消费者拒绝、中断或者削减供应相关商品，或者滥收费用”的限制竞争行为，应当依据《反不正当竞争法》的规定予以处罚。

（12）《国家工商行政管理总局关于电力局在农网改造中实施限制竞争行为及被指定的经营者借此滥收费用问题的答复》（2002年12月31日工商公字〔2002〕第287号）。

1）电力局属于《反不正当竞争法》第六条规定的公用企业。电力局滥用其优势地位，在农村电网改造中，采取不拉线、不送电等手段，强制用户向其劳动服务公司购买其招标采购的电能表及进户线等器材的行为，违反了《反不正当竞争法》第六条和《关于禁止公用企业限制竞争行为的若干规定》第四条第二项规定，构成限制竞争行为，工商行政管理机关应当依据《反不正当竞争法》第二十三条规定予以处罚。

2）对于被指定的经营者借此滥收费用的行为，工商行政管理机关有权依据《反不正当竞争法》第二十三条规定予以处罚。

其他依法具有独占地位的经营者

《反不正当竞争法》第六条使用了“其他依法具有独占地位的经营者”一词，但未对其内涵和认定标准做出规定。国家工商行政管理部门根据对有关立法精神、法律用语、地方性法规的理解以及一些学理解释，并在总结近年来查处此类案件经验的基础上，对“其他依法具有独占地位的经营者”的含义和认定标准做了一些行政解释，即“其他依法具有独占地位的经营者”，就是公用企业以外的由法律、法规、规章或者其他合法的规范性文件赋予其从事特定商品（包括服务）的独占经营资格的经营者。

1.相关批复

针对新华书店是否为具有独占地位的经营者，《国家工商行政管理总局关于如何认定其他依法具有独占地位的经营者问题答复》指出：《反不正当竞争法》第六条规定的“其他依法具有独占地位的经营者”，是指公用企业以外的由法律、法规、规章或者其他合法的规范性文件赋予其从事特定商品（包括服务）的独占经营资格的经营者。所谓独占地位，是指经营者的市场准入受到法律、法规、规章或者其他合法的规范性文件的特别限制，该经营者在相关市场上独占经营或者没有充分的竞争，以及用户或者消费者对其提供的商品具有较强的依赖性的经营地位。按照国家有关规定，中小学教材由新华书店统一归口征订和发行。据此，新华书店依法具有从事中小学教材征订和发行经营活动的独占地位，在中小学教材征订和发行经营中属于《反不正当竞争法》第六条规定的“其他依法具有独占地位的经营者”。新华书店滥用其征订和发行中小学教材的独占地位，在征订和发行中小学教材时限定他人同时购买其指定的其他图书的，损害了中小学教材购买者的自由选择权，排挤了其他图书经营者的公平竞争，违反《反不正当竞争法》第六条的规定，应当依法予以查处。上述答复实际给出了“其他依法具有独占地位的经营者”的定义，同时还对独占地位进行了解释。

2.其他依法具有独占地位的经营者的具体类型

（1）专营专卖行业。此类行业主要是具有暴利或者需要特殊管制的行业，如烟草、盐业等。

（2）为国民经济运行提供基础性服务的行业，如保险业、商业银行业、证券业等。

（3）国家需要特别管制的行业或产品，如石油、石化、电视台、殡葬业、新华书店（中小学教材发行）、机动车驾驶员培训学校等。

正是由于这些行业的特殊性，法律既赋予其特别的行业权利，又对其进行特别的管制，由此而形成特殊的独占或者优势地位。这些行业的经营者或者由法律明确赋予其独占地位，或者由特别的法律规定对其准入和经营进行特殊的管制。

至于其他依法具有独占地位的经营者限制竞争行为的表现形式，因限制竞争行为涉及的领域不同，不同行业限制竞争行为有其特殊的表现形式。保险公司限制竞争行为的表现形式包括：滥用保险公司在理赔中的优势地位，强制被保险人或者受益人接受其指定的经营者的服务，如要求车主到指定汽车维修点接受服务和指定更换某品牌的零部件；利用保险公司办理法定保险的优势地位搭售其他保险，等等。商业银行限制竞争行为的表现形式包括：在住房贷款中强制贷款人到其指定的保险公司办理保险；限定贷款人必须购买其指定的开发商的房屋或汽车等商品。殡仪行业限制竞争行为的表现形式包括限制死者家属购买、使用其指定的骨灰盒、遗体告别厅等。机动车驾驶员培训学校限制竞争行为的表现形式包括强制学员购买人身意外伤害附加意外医疗保险费等。

公用企业及其他依法具有独占地位经营者限制竞争行为的表现形式

根据《关于禁止公用企业限制竞争行为的若干规定》第四条的规定，公用企业在市场交易中，不得实施下列限制竞争的行为：

（1）限定用户和消费者只能购买和使用其提供的相关商品，而不得购买和使用其他经营者提供的符合技术标准要求的同类商品；

（2）限定用户和消费者只能购买和使用其指定的经营者生产或者经销的商品，而不得购买和使用其他经营者提供的符合技术标准要求的同类商品；

（3）强制用户、消费者购买其提供的不必要的商品及配件；

（4）强制用户、消费者购买其指定的经营者提供的不必要的商品；

（5）以检验商品质量、性能等为借口，阻碍用户、消费者购买、使用其他经营者提供的符合技术标准要求的其他商品；

（6）对不接受其不合理条件的用户、消费者拒绝、中断或者削减供应相关商品，或者滥收费用；

（7）其他限制竞争的行为。

本类行为与《反不正当竞争法》第十二条称的强制搭售行为有联系也有区别。从行为主体方面来说，强制搭售行为一般主体都能构成，而本类行为只有公用企业和其他依法具有独占地位的经营者才能构成，所以，本类行为的主体也能够成为搭售行为的主体；从客观方面来说，“限定”也可以表现为“搭售”，搭售是“限定”的表现形式。但是，限定他人购买指定经营者的商品，这种商品本身往往是顾客所需要的，或者说是必不可少的，这些商品也大多是合格产品。如果推销的是不合格产品。其触犯的法律不仅仅是《反不正当竞争法》，还可能同时触犯《产品质量法》《消费者权益保护法》等。而搭售者的搭售行为，往往是把不合格、质次价高或者消费者根本不需要的商品与消费者需要的商品强行搭售。

公用企业或其他依法享有独占地位经营者限制竞争行为的法律责任

根据《反不正当竞争法》第二十三条规定：“公用企业或者其他依法具有独占地位的经营者，限定他人购买其指定的经营者的商品，以排挤其他经营者公平竞争的，省级或者设区的市的监督检查部门应当责令停止违法行为，可以根据情节处以五万元以上二十万元以下的罚款。被指定的经营者借此销售质次价高商品或者滥收费用的，监督检查部门应当没收违法所得，可以根据情节处以违法所得一倍以上三倍以下的罚款。”该条款体现了对此类行为处罚的特殊性。

1.实施处罚的主体特殊

实施处罚的主体级别较高，为省级或者设区的市的工商行政管理部门，《关于禁止公用企业限制竞争行为的若干规定》第七条规定，省级或者设区的市的工商行政管理部门可以委托县级工商行政管理部门调查案情。

2.对第三方有条件的处罚

被指定的第三方不必然成为违法主体，但对其中借机销售质次价高商品、滥收费用的，予以处罚。“质次价高”“滥收费用”和“违法所得”是密切相关的三个法律概念。“质次价高商品”是指被指定的经营者所销售的商品属于不合格商品，或者质量与价格明显不符的合格商品，即商品虽然合格，但其价格明显高于同类商品的通常市场价格，而同类商品的通常市场价格是指政府定价、政府指导价或者同期市场同类商品的中等市场价格。“滥收费用”是指超出正常的收费项目或者标准而收取不合理的费用，包括应当收费而超过规定标准收取费用，或者不应当收费而收取费用。“违法所得”是指被指定的经营者通过销售质次价高商品或者滥收费用所获取的非法收益，主要包括下列情况：销售不合格商品的销售收入；超出同类商品的通常市场价格销售商品而多获取的销售收入；应当收费而超过规定标准收费所多收取的费用；不应当收费而收取的费用。

政府及其所属部门的限制竞争行为

主要表现为行政垄断和地区封锁行为。《反不正当竞争法》第七条规定：政府及其所属部门不得滥用行政权力，限定他人购买其指定的经营者的商品，限制其他经营者正当的经营活动。政府及其所属部门不得滥用行政权力，限制外地商品进入本地市场，或者本地商品进入外地市场。作为我国《反不正当竞争法》的一大创举和特色，该类行为的主体不是经营者，而是政府机关，针对的是市场上经营者自主经营商品的行为，是行政权力被滥用以后对市场竞争的直接干预，影响全国统一大市场形成，使市场自身的运行规则屈从于行政干预，破坏了公平交易机制。

行政垄断

行政垄断的表现形式主要有：

（1）以政府文件、会议纪要、规定等形式，限定或变相限定单位或者个人只能经营、购买、使用本地生产的产品或者只能接受本地企业、指定企业、其他经济组织或者个人提供的服务。

（2）以不正当的或者歧视性的质检、准销证、前置审批、加收费用等方式，实行歧视性待遇，抬高外地商品进入本地的“门槛”，阻碍外地商品或者服务进入本地。

（3）以拒绝给予行政许可等方式，强制他人购买其指定的商品或服务。例如，政府依法设立并授予行政权力的住房基金管理部门，滥用管理住房基金的行政权力，限定他人购买其指定的保险公司提供的保险服务。又如，旅游行政管理机关滥用其审核出境旅游手续的行政权力，限定其他具有出境旅游经营权的旅行社等旅游服务机构接受其指定的旅游服务机构提供的代办手续服务。

地区封锁

2001年4月公布实施的国务院《关于禁止在市场经济活动中实行地区封锁的规定》第四条规定：各级地方人民政府及其所属部门（包括被授权或者委托行使行政权的组织）不得违反法律、行政法规和国务院的规定，实行地区封锁行为。在列举的七种地区封锁行为中，工商行政管理部门有权调查处理以下几种行为：

（1）以任何方式限定、变相限定单位或者个人只能经营、购买、使用本地生产的产品或者只能接受本地企业、指定企业、其他经济组织或者个人提供的服务；

（2）采取专门针对外地产品或者服务的专营、专卖、审批、许可等手段，实行歧视性待遇，限制外地产品或者服务进入本地市场；

（3）以采取同本地区企业、其他经济组织或者个人不平等的待遇等方式，限制或者排斥外地企业、其他经济组织或者个人在本地投资或者设立分支机构，或者对外地企业、其他经济组织或者个人在本地投资或者设立分支机构实行歧视性待遇，侵害其合法权益。

法律责任

《反不正当竞争法》第三十条规定："政府及其所属部门违反本法第七条规定，限定他人购买其指定的经营者的商品、限制其他经营者正当的经营活动，或者限制商品在地区之间正常流通的，由上级机关责令其改正；情节严重的，由同级或者上级机关对直接责任人员给予行政处分。被指定的经营者借此销售质次价高商品或者滥收费用的，监督检查部门应当没收违法所得，可以根据情节处以违法所得一倍以上三倍以下的罚款。"

建议权的使用

滥用行政权力排除、限制竞争行为是当前中国经济生活中经常被社会各界所诟病的一大现象。虽然其形成有着复杂成因，但其危害性也非常大，从根本上扭曲了竞争的本质，还直接影响到政府部门的公信力和社会公众对公平正义的美好追求。因此，有效规制滥用行政权力排除、限制竞争行为的必要性和紧迫性日益突出。工商行政管理部门依据《反不正当竞争法》在反限制竞争的执法实践中进行了不断的探索。2008年《反垄断法》的出台使这一难题的解决有了更加有力的法律武器。但是从理论上和国际通行做法看，这种行为在实质上属于行政权力的不当行使，不是依靠反限制竞争和反垄断执法能够完全解决的问题。其本质是违反合法原则、合理原则行使行政权，是滥用行政权力对经济生活的不当干预。从实务角度，对滥用行政权力排除、限制竞争行为，无论是在《反不正当竞争法》还是《反垄断法》中，工商行政管理部门可以行使的都只是建议权，处理权则属于上级机关。

低于成本价销售

认定低于成本应遵循的原则

低于成本价销售，国外常称为掠夺性定价，是指以排挤竞争对手为目的，以低于成本的价格销售商品的行为，一般是经营者在一定时期内和一定市场上实施的阶段性行为。

低于成本的认定程序

1.认定低于成本应遵循的基本原则

（1）依法认定原则

认定商品是否以低于成本的价格进行销售，是一项非常严肃的工作，必须依法进行，必须按照《中华人民共和国会计法》《企业会计准则》《企业财务通则》和行业财务会计制度的规定进行。

（2）按照实际成本认定原则

根据规定，成本认定应该遵循会计核算的基本原则和一般原则，按照实际成本认定。生产费用归集和分配时，直接费用直接计入成本核算对象，间接费用按规定的标准或一定的比例分摊计入成本核算对象。企业成本计算及分摊方法一经确定，不得随意变更。间接费用的分配标准确定后，一个会计年度内不得变动。

（3）承认折旧成本差异原则

成本认定时，一般承认在国家规定的折旧提取范围内产生的折旧成本差异。但以下情况造成的成本差异不予承认，应在成本认定时追加：

1）企业折旧率低于国家规定的低限折旧率造成的成本差异；

2）企业因享受特殊优惠政策造成的成本差异；

3）企业未按权责发生制进行核算，期间费用应提未提、应摊未摊造成的成本差异；

4）企业采取不正当手段降低成本造成的成本差异。

（4）生产企业、经销企业的具体确定原则

成本认定时，生产企业按上月成本为确认依据，必要时可根据情况考核企业以前的成本；经销企业按当批商品的实际发生成本为确认依据。

2.低于成本的认定程序

（1）立案

根据规定，政府价格主管部门对以低于发布行业平均成本的价格销售，造成市场秩序混乱，受到有关单位和个人举报的涉嫌低价倾销行为要及时立案。

（2）成本调查

涉嫌低价倾销案件立案后，需要进行成本调查的，政府价格主管部门可直接进行成本调查，也可委托有关行业主管部门或行业协会组织、中介机构进行成本调查。调查人员（不得少于2人）应按照《中华人民共和国会计法》《企业会计准则》《企业财务通则》及行业财务会计制度和企业真实、可靠数据，认定企业成本。在核实确认的基础上，出具成本认定报告。

（3）认定和处罚

政府价格主管部门在审核成本认定报告基础上，做出被调查企业是否低价倾销的判定，确属低价倾销行为的，依法进行处罚。

（4）紧急情况的处理

如被调查企业提供资料不全，使成本认定难以进行，或短期内难以核定其成本，但企业的降价行为已明显对市场秩序和国民经济造成重大影响，严重损害了其他经营者利益，必须及时制止时，国务院价格主管部门可临时直接依据行业平均成本和合理下浮幅度的办法认定其是否为低价倾销行为。行业平均成本下浮幅度由国务院价格主管部门会同行业主管部门根据市场状况、行业先进生产水平等情况确定。

低于成本销售的例外

只有以排挤竞争对手为目的的低于成本销售行为才是不正当竞争行为，仅仅以低于成本的价格销售商品并不能构成不正当竞争行为。相反，只有不以排挤竞争对手为目的，低于成本价格销售商品不但属于企业自由定价权的范围，而且也为法律所明确肯定甚至鼓励，《反不正当竞争法》第十一条第二款规定，虽然以低于成本的价格销售商品，但有下列情形之一的，不属于不正当竞争行为：

（1）销售鲜活商品；

（2）处理有效期即将到期的商品或其他积压商品；

（3）季节性降价；

（4）因清偿债务、转产、歇业降价销售商品。

上述四种情形是《反不正当竞争法》明确规定不属于不正当竞争行为的情形，但是我们不能据此得出结论说，除了上述四种情形外，凡低于成本价格销售商品的行为都是不正当竞争行为。如上海和天津的地方性法规就补充规定了因拆迁而降价销售商品也不属于不正当竞争行为。

法律责任

《反不正当竞争法》并无低于成本价销售行为的行政责任和刑事责任的规定，但已有一些地方性法规规定了行政责任。

搭售或者附加其他不合理条件的行为

《反不正当竞争法》第十二条规定："经营者销售商品不得违背购买者的意愿搭售商品或者附加其他不合理的条件。"搭售以及附加其他不合理条件的行为，违反公平销售的原则，妨碍市场的竞争自由，影响交易相对人自由选购商品的经营活动，还会导致竞争对手的交易机会相对减少的后果，因而具有明显的反竞争作用。

违法搭售行为的构成

构成不正当竞争行为的违法搭售应由下列条件组成。

1.行为的主体是实施违法搭售的销售经营者

一般是占有一定经济优势的生产厂家、批发商、零售商构成违法搭售的主体，买方不能作为违法搭售行为的主体。即使是买方提出搭售条件的，实施搭售行为的仍是销售经营者。

有一种观点认为，这里的搭售并不是指中小零售企业在向消费者销售名牌、优质、畅销商品时硬性搭配杂牌、劣质、滞销的商品。零售企业搭售质次价高的商品，虽然侵害了消费者的利益，但从竞争关系的角度讲，却不是《反不正当竞争法》所调整的内容。对这种行为可以在有关保护消费者权益的法律中加以规范。从竞争理论和竞争法学的角度而论，这样理解当然是有道理的。但是从法条规定及其世俗实用的角度来看，似乎没有理由要人们将中小零售企业的违法搭售行为排除在《反不正当竞争法》第十二条的适用范围之外。从该条的文字表述来说，只要违背购买者意愿搭售商品或者附加其他不合理条件的经营行为，都应该构成不正当竞争行为。

2.行为人实施违法搭售行为主观上出于故意

这表现为故意附条件强使购买者接受。对于购买者来说，则是违背了其意愿，违反了自愿原则。如果购买者自愿接受搭售，那么搭售就是其协议或合同的内容，谈不上违法。有些搭售甚至是购买者所要求的，如有些商品的售后服务、高新技术产品的售后培训、紧俏商品的零配件等。因此，从形式上说，判断一个搭售行为是否合法，是看搭售或所附条件是否合理，而判断一个搭售行为是否合理，往往是看购买者是否自愿，自愿的就是合理的、合法的，不自愿的就是不合理的、不合法的。当然，为法律所承认的搭售总是合法的，但困难在于：自愿在多大程度上是反映购买者的真正意志而绝不仅仅是形式上的无奈表示。

3.行为人确实实施了违法搭售行为

确实实施了违法搭售行为是指销售者确实违背购买者的意愿，强迫购买者附带购进其不需要的商品或附带接受其不需要的服务。这种行为既损害了购买者的利益，又破坏了市场的竞争秩序。如果销售者只有违法搭售的意愿而没有违法搭售的行为，就不能构成违法搭售的不正当竞争行为。违法搭售的形式一般比较简单，就是在销售商品或提供服务时硬性搭配其他商品或服务。在日常生活中常见的违法搭售行为有：

（1）搭售与正售商品或服务有关联的商品或服务。如销售冰箱时搭售冰箱保护器、销售复印机时搭售复印纸等、销售教材时搭售教辅资料等。

（2）搭售与正售商品同类但并不是一个品牌的商品，如销售好烟时搭售次烟、销售好酒时搭售次酒等。

（3）搭售与正售商品风马牛不相及的商品。所有商品都可以与正售商品搭售。

4.违法搭售行为在客观上有给购买者和其他经营者造成损害的事实

违法搭售行为往往同时给商品的购买者和实施搭售行为的经营者的竞争对手造成损害。例如，销售者的违法搭售行为会使经销被搭售商品的销售商受到不公平、不公正的竞争压力，影响其营业和盈利。

上述四个条件必须同时具备，才能构成违法搭售。

附加其他不合理条件行为的构成

附加其他不合理条件的行为，是指除了搭售商品之外的附加其他不合理条件的行为。经营者对购买者附加的条件，主要是价格、销售地区、销售顾客等方面的条件。附加不合理交易条件行为主要有以下几种表现形式。

1.限定价格

限定价格是指生产厂家或者批发商利用自己优势的供货地位，以拒绝供货相威胁，在向批发商或销售商提供商品时，要求批发商或者销售商等必须按限定的价格销售商品的行为。其行为的目的是防止商品在市场上竞争过度，造成商品经销成本提高，影响工厂利润和商业利润，也可以防止市场上的过度竞争反馈到生产领域，影响生产的正常进行。

2.限定销售地区

例如，生产厂家向不同地区批发商供货时，要求这些批发商只能批发给特定区域的零售商店，或者批发商在向零售商店供货时，要求零售商店只能在特定区域销售等，以避免同地区内同一商品之间的相互竞争。

3.独家经销

生产厂家或者批发商在提供产品时，要求经销商只销售自己的产品，而不得销售竞争对手的产品。

4.在技术转让中附加其他不合理的条件

这类行为主要有：

（1）在转让技术的同时硬性搭售其他技术或产品，即强制对方接受不需要的技术、技术服务、原材料、产品、设备等，不接受搭售就不予转让；

（2）通过合同条款限制另一方在合同标的技术的基础上进行新的研究开发，限制另一方从其他渠道吸收技术，或者阻碍另一方根据市场的需求，按照合理的方式充分实施专利和使用非专利技术；

（3）产品产量和价格的限制，即规定受让方利用该技术生产产品的数量及销售价格；

（4）销售区域限制和销售数量限制，等等。

法律责任

《反不正当竞争法》并没有以专条规定本类不正当竞争行为的法律责任，这也就意味着，对于本类行为不能追究行政责任和形式责任，而只能按《不正当竞争法》第二十条的规定追究民事责任。

值得注意的是《反不正当竞争法》第六条规定："公用企业或者其他依法具有独占地位的经营者，不得限定他人购买其指定的经营者的商品，以排挤其他经营者的公平竞争。"由于实施附加不合理条件交易行为的经营者往往是经济上占据优势地位的企业，而这一经营者往往又可以由"公用企业或者其他依法具有独占地位的经营者"构成，因此，如果这一企业属于《反不正当竞争法》第六条所指的"用企业或者其他依法具有独占地位的经营者"，那么其违法搭售和附加其他不合理条件的行为就有可能不按照《反不正当竞争法》第十二条，而是按照第六条和第二十三条处理。

不少地方性法规已经对此做出了补充性规定。

串通招标投标行为

串通招标投标行为也有人称为"恶意通谋的投保行为""串通、勾结招标投标行为"，《反不正当竞争法》第十五条规定："投标者不得串通投标，抬高标价或者压低标价。投标者和招标者不得相互勾结，以排挤竞争对手的公平竞争。"

串通招标投标行为的构成要件

根据《反不正当竞争法》第十五条和《招标投标法》第三十二条的规定，按照不同的主体，串通投标可以分为两类：一类是投标人与投标人之间的串通投标；一类是招标人与投标人之间的串通投标。

1.投标人之间串通投标行为的构成要件

投标人之间串通投标行为的主体是两个或两个以上的投标人。在主观方面，两个或两个以上的投标人必须具有故意，即他们之间有明确的意思联络和意思表示，其目的是限制相互之间的竞争。在客观方面，投标人之间的串通投标具有以下几种表现形式：

（1）投标者之间相互约定，一致抬高或者压低投标报价；

（2）投标者之间相互约定，在招标项目中轮流以高价位或者低价位中标；

（3）投标者之间先进行内部竞价，内定中标人，再参加投标；

（4）投标者之间的其他串通投标行为。

2.招标人与投标人之间串通投标行为的构成要件

招标人与投标人之间的串通投标行为的主体是投标人和招标人。根据我国《招标投标法》的规定，投标人一般是法人或者其他组织，个人只可以依法参加法律规定的可以由个人参加投标的科研项目的投标。招标人必须是法人或者其他组织，自然人不能成为招标人；招标人与投标人之间串通投标行为的主观方面必须是故意，且具有排挤竞争对手的目的。非常清楚，无利不早起，投标者之所以要与招标者进行串通、勾结，就是为了在排挤竞争对手、避免投标者之间相互竞争的条件下获得中标。而招标者之所以要与投标者进行串通、勾结，也必然是为了取得某种非法利益。在客观方面，表现为下列行为：

（1）招标者在公开开标前，开启标书，并将投标情况告知其他投标者，或者协助投标者撤换标书，更改标价；

（2）招标者向投标者泄露标底；

（3）招标者与投标者商定，在招标投标时压低或者抬高标价，中标后再给投标者或者招标者额外补偿；

（4）招标者预先内定中标者，在确定中标者时以此决定取舍；

（5）招标者和投标者之间其他串通投标行为。

串通招标投标行为的表现形式

根据国家工商行政管理总局《关于禁止串通招标投标行为的暂行规定》的规定，串通投标行为表现为：

（1）投标者之间相互约定，一致抬高或者压低投标报价；

（2）投标者之间相互约定，在招标项目中轮流以高价位或者低价位中标；

（3）投标者之间先进行内部竞价，内定中标人，再参加投标；

（4）投标者之间其他串通投标行为。

串通招投标行为表现为：

（1）招标者在公开开标前，开启标书，并将投标情况告知其他投标者，或者协助投标者撤换标书，更改报价；

（2）招标者向投标者泄露标底；

（3）投标者与招标者商定，在招标投标时压低或者抬高标价，中标后再给投标者或者招标者额外补偿；

（4）招标者预先内定中标者，在确定中标者时以此决定取舍；

（5）招标者和投标者之间其他串通招标投标行为。

法律责任

《反不正当竞争法》第二十七条规定："投标者串通投标，抬高标价或者压低标价；投标者和招标者相互勾结，以排挤竞争对手的公平竞争的，其中标无效。监督检查部门可以根据情节处以一万元以上二十万元以下的罚款。"对"中标无效"法律性质的理解应当是双重的，即既可以作为责令停止违法行为或者责令改正违法行为的一种具体形式，又可以作为民事责任的一种方式。

从行政处罚角度而言，串通招投标行为是一种行政违法行为，宣告"中标无效"是消除违法后果的一种形式，属于责令停止违法行为或者责令改正违法行为的一种具体形式。从民事责任的角度而言，串通招投标行为无效，即自始没有法律约束力，串通招投标人因民事行为无效而给他方造成损害的，还应当承担赔偿责任。实践中，行政执法机关查处串通招投标案件，有的是在合同签订之前，有的是在合同签订之后。在合同签订之前查处结案，宣告中标无效的，行政执法机关可依法消除违法后果。如果在合同签订之后查获此类案件的，因有的项目已经开始施工甚至已经完工，此时在处罚中宣告中标无效，善后工作会涉及民事权利义务问题，因此在这种情况下，宣告中标无效后的问题，主要由权利人通过民事诉讼途径解决。

二、无照经营行为

对《无照经营查处取缔办法》除外规定的理解

《无照经营查处取缔办法》第十四条第二款规定："对无照经营行为的处罚，法律、法规另有规定的，从其规定。"这里所指的"无照经营行为"应该是《无照经营查处取缔办法》第四条中所列全部"违法行为"，而不单单是指第四条第一款前四项的"无照经营行为"。另外，《无照经营查处取缔办法》第九条关于县级以上工商行政管理部门对涉嫌无照经营行为进行查处取缔时，可以行使的职权的规定；第十四条关于对无照经营行为，由工商行政管理部门依法予以取缔，没收违法所得等处罚的规定；第十五条关于对知道或者应当知道属于本办法规定的无照经营行为而为其提供生产经营场所、运输、保管、仓储等条件的行为的处罚规定等规定中使用的“无照经营行为”也应该理解为是指条例中涉及的全部“违法行为”，而不单单是指第四条第一款前四项的“无照经营行为”。

该条的除外规定，对执法人员适用《无照经营查处取缔办法》查处无照经营行为提出了非常高的素质要求。首先，执法人员要熟练掌握哪些法律法规中有关于“无照经营”的处罚规定。有规定的，要从其规定，没有规定的，才能适用《无照经营查处取缔办法》处罚。特别是在不同的法律规范中，对无照经营行为的处罚种类和幅度可能会有差异。这就更加要求执法人员要准确适用法律法规，使查处的案件经得住复议和诉讼的考验。其次，执法人员要能够抓住无照经营行为的实质特征，准确定性，这是正确适用法律的基础。

无照经营违法行为的处罚对象

在查处无照经营违法行为过程中，认定无照经营违法行为的主体，准确确定无照经营违法行为的处罚对象，是一个非常重要的问题。如果行政处罚案件的处罚对象确定不准，查到谁就处理谁，那么，就会出现该受处罚的没有受到处罚，不该受处罚的却受到了处罚，引发行政复议或诉讼。执法实践中，要认定无照经营违法行为的主体，首先要严格审查实施无照经营行为当事人的资格，这是确定无照经营违法行为被处罚对象的关键。具有合法主体资格，能够依法承担法律责任的自然人和组织，才能成为处罚对象，不具有合法主体资格的自然人和组织，不能成为行政处罚对象。

自然人的主体资格

主要审查其民事权利能力和民事行为能力。根据《民法通则》规定，十八周岁以上的公民为完全民事行为能力人；十六周岁以上不满十八周岁的公民，以自己劳动收入为主要生活来源的，视为完全民事行为能力人。不能辨认或者不能完全辨认自己行为的精神病人属于无民事行为能力人或者限制民事行为能力人。完全民事行为能力人可以独立承担法律责任，包括民事责任、行政责任、刑事责任。根据《行政处罚法》规定，不满十四周岁的人没有行政责任能力，实施违法行为的，不能给予行政处罚，责令监护人加以管教。不能辨认或者不能完全辨认自己行为的精神病人也不能给予行政处罚。所以，执法实践中，要注意查验当事人的年龄和精神状况。

法人和其他组织的主体资格

主要审查该组织是否依法成立。依法成立的机关法人、企业法人、事业法人、社团法人和合伙企业、个人独资企业，实施无照经营行为的，可以作为行政处罚的对象。关于个人独资企业和合伙企业的法律主体地位，《民事诉讼法》第四十九条规定："公民、法人和其他组织可以作为民事诉讼的当事人。"《最高人民法院关于适用〈中华人民共和国民事诉讼法〉若干问题的意见》第四十条规定，民事诉讼法第四十九条规定的其他组织是指合法成立、有一定的组织机构和财产，但又不具备法人资格的组织，包括依法登记领取营业执照的私营独资企业、合伙组织。所以，依法登记领取营业执照的私营独资企业和合伙企业属于民事诉讼法上"其他组织"的范畴。从法律上讲，个人独资企业是"其他组织"，虽然不具有法人资格，无独立承担民事责任的能力，但其本身是独立的民事主体，可以自己的名义从事民事活动。"其他组织"违反行政管理秩序依法应给予行政处罚的，应该以"其他组织"本身作为处罚对象。合伙企业的性质与个人独资企业的性质相同，也属于"其他组织"范畴，其本身具有独立的民事主体资格。

执法实践中，对依法登记的个人独资企业和合伙企业违法经营，将其投资人认定为行政处罚当事人是不妥的。虽然个人独资企业和合伙企业不具有法人资格，其投资人对企业的债务承担无限责任，但依法登记的个人独资企业或合伙企业具有法律上的人格，不能与其投资人混同。非依法成立、不具备法人或其他组织的主体资格的，不能以该组织本身作为行政处罚的对象，而应以具有主体资格的实际开办单位或者个人作为行政处罚的对象。开办者属于个人行为的，应以该一个或者多个个人作为行政处罚对象；属于法人或其他组织的行为的，应以该法人或者其他组织作为处罚对象。

"名义主体"不能作为行政处罚对象

无照经营违法行为，一般总是有一个"名义"，如"某某公司"或者"某某厂"等，而这个"名义主体"之下的组织本身未经依法核准登记，不具有合法的主体资格，不能以其自己的名义承担法律责任，而要以其实际开办者承担法律责任。所以，处罚对象是设立该"名义主体"组织的具有合法主体资格的法人、其他组织或者个人。

应该注意的问题是，无照经营的"名义"在确定处罚对象和决定适用的法律依据两个问题上所起的作用是不同的。未经核准登记注册，以"公司""合伙企业""独资企业"等"名义"经营的，决定适用的法律依据时，要适用与其"名义"相适应的《公司法》《合伙企业法》《个人独资企业法》等相适应的法律法规处罚，但处罚的对象并不是"名义主体"本身，而是该"名义主体"的设立者。所以，以什么"名义"经营在决定适用的法律依据问题上起着至关重要的作用，而在确定处罚对象的问题上不起作用，无论以什么“名义”经营，都是以其设立者作为处罚对象。

适用的法律依据

无照经营行为的内容是不是行政许可项目，在适用法律时是有区别的。如：对于超出核准登记的范围从事经营活动，是行政许可经营项目的，工商行政管理部门才能够按照《无照经营查处取缔办法》查办，适用《无照经营查处取缔办法》中的行政强制措施；不属于行政许可项目的，不能适用《无照经营查处取缔办法》实施处罚以及采取《无照经营查处取缔办法》中的强制措施。

无照经营行为涉及行政许可项目

涉及行政许可项目的无照经营行为，包括无证无照、有证无照、有照无证和“超范围经营应该办理行政许可的项目”四种情况。这里的“照”，既包括无照经营者本身的“照”，也包括擅自设立分支机构的“照”。首先要看涉及行政许可项目的相关实体法律法规对无照经营行为有无规定，有规定的，按照其规定执行；没有规定的，按照《无照经营查处取缔办法》实施处罚。

（1）查处的无照经营行为涉及行政许可经营项目，其他涉及该行政许可项目的相关实体法律规范对工商行政管理部门有授权规定的，按照相关法律的规定实施处罚。如：《烟草专卖法》第三十五条规定，“无烟草专卖零售许可证经营烟草制品零售业务的，由工商行政管理部门责令停止经营烟草制品零售业务，没收违法所得，并处罚款”。所以，对于无照无证或者超出核准登记的经营范围，无烟草专卖零售许可证经营烟草制品零售业务的，应该适用《烟草专卖法》实施处罚，而不再适用《无照经营查处取缔办法》实施处罚。

（2）查处的无照经营行为涉及行政许可经营项目，相关实体法律法规中对工商行政管理部门没有授权的，由工商行政管理部门按照《无照经营查处取缔办法》的规定对“无照行为”实施处罚，其他相关行政许可部门按照相关法律规定对“无证行为”实施处罚。如《烟草专卖法》第三十二条规定：“无烟草专卖生产企业许可证生产烟草制品的，由烟草专卖行政主管部门责令关闭，没收违法所得，并处罚款。无烟草专卖生产企业许可证生产卷烟纸、滤嘴棒、烟用丝束或者烟草专用机械的，由烟草专卖行政主管部门责令停止生产上述产品，没收违法所得，可以并处罚款。”所以，对于无烟草专卖生产企业许可证生产烟草制品的，除了烟草专卖行政主管部门可以按照上述规定处罚外，工商行政管理部门还可以按照《无照经营查处取缔办法》实施处罚：没有营业执照的，按照《无照经营查处取缔办法》第四条第一款第（一）项定性处罚；有营业执照但是超出了核准登记的经营范围、无烟草专卖生产企业许可证生产烟草制品的，按照《无照经营查处取缔办法》第四条第一款第（五）项定性处罚。

（3）超出核准登记的范围属于行政许可事项，相关企业登记管理法律法规对此有特别规定的，按照其规定执行。注意公司制法人和非公司制法人、其他经营主体在适用法律上的区别。对于超出核准登记的范围属于行政许可事项，相关企业登记管理法律法规将其纳入企业登记事项进行管理，并在企业登记管理法律法规中对此有特别规定的，按照其规定执行；企业登记管理法律法规中没有特别规定，与行政许可事项有关的相关实体法律法规中有规定的，依照其规定执行；企业登记管理法律法规和相关实体法律法规均没有规定的，按照《无照经营查处取缔办法》实施处罚。

《公司登记管理条例》（2014年修正）第六十九条规定："公司登记事项发生变更时，未依照本条例规定办理有关变更登记的，由公司登记机关责令限期登记；逾期不登记的，处以一万元以上十万元以下的罚款。其中，变更经营范围涉及法律、行政法规或者国务院决定规定须经批准的项目而未取得批准，擅自从事相关经营活动，情节严重的，吊销营业执照。"所以，对于公司变更经营范围涉及法律、行政法规或者国务院决定规定须经批准的项目而未取得批准，擅自从事相关经营活动的，应该首先责令限期变更登记，逾期不登记的，再给予行政处罚，未责令限期变更登记，不能直接给予行政处罚。

《个人独资企业法》第三十七条第二款规定："个人独资企业登记事项发生变更时，未按本法规定办理有关变更登记的，责令限期办理变更登记；逾期不办理的，处以两千元以下的罚款。"该条规定中，没有关于行政许可事项的特别规定，所以，对于个人独资企业超出的经营范围属于行政许可事项的，应该适用相关实体法律法规实施处罚；相关实体法律法规没有规定的，适用《无照经营查处取缔办法》实施处罚。《企业法人登记管理条例》《合伙企业法》《个人独资企业法》等，均未对变更的经营范围涉及法律、行政法规或者国务院决定规定须经批准的项目而未取得批准，擅自从事相关经营活动做出特别规定，均应该按照相关实体法律法规或者《无照经营查处取缔办法》的规定实施处罚。执法实践中要注意2003年3月1日《无照经营查处取缔办法》施行后，新修改和颁行的企业登记管理法律法规中，有关类似于《公司法》对于超出的经营范围属于行政许可项目的特别规定。

所以，超出的经营范围属于行政许可项目，违法者是公司的，按照《公司法》的规定处罚；是公司以外的其他经营主体，行政许可项目涉及的专项法律法规有特别规定的，按照该规定执行；没有特别规定的，按照《无照经营查处取缔办法》实施处罚。

无照经营行为不涉及行政许可项目（单纯无照经营）

未经登记擅自从事一般经营项目的，企业登记管理法律法规中一般都有规定。企业登记管理法律法规是经营主体市场准入的基本法律依据。其中，既有程序方面的规定，又有实体方面的规定，只有依照这些法律法规进行了市场准入登记，才能取得合法的主体资格。所以，对于单纯无照经营这类案件一般要按照《无照经营查处取缔办法》第十四条第二款关于“对无照经营行为的处罚，法律、法规另有规定的，从其规定”的规定，转至适用企业登记管理方面的法律法规处理。无照经营涉及的主体有个人也有单位，同是无照经营行为，不同主体类别的无照经营行为，由于触犯的法律法规不同，其处罚也有很大不同。如公司类无照经营的罚款最高为十万元，非公司企业法人类无照经营的罚款最高为三万元，而合伙、个人独资企业类无照经营和个体类无照经营的罚款最高不超过五千元。因此，准确把握无照经营主体的类别及其适用的法律，对正确查办无照经营案件至关重要。无照经营主体的类别及其适用的法律依据，大体可以分为以下几种情况。

1.公司类企业无照经营

（1）公司类企业无照经营：《公司法》（2014年修正）第二百一十条规定：“未依法登记为有限责任公司或者股份有限公司，而冒用有限责任公司或者股份有限公司名义的，或者未依法登记为有限责任公司或者股份有限公司的分公司，而冒用有限责任公司或者股份有限公司的分公司名义的，由公司登记机关责令改正或者予以取缔，可以并处十万元以下的罚款。”《公司登记管理条例》（2014年修正）第七十五条也有类似规定。

实践中要注意审查和把握无照经营主体的外在表现形式，看是以什么“名义”从事经营活动。公司法、个人独资企业法、合伙企业法均对冒用“公司名义”“个人独资企业名义”“合伙企业名义”从事无照经营活动的行为做出了处罚规定。以这些“名义”从事无照经营活动的，依照这些相关法律规定实施处罚。

（2）公司擅自设立分支机构：《公司登记管理若干问题的规定》第三十二条规定：“公司擅自设立分公司的，责令改正，有非法所得的，处以非法所得额三倍以下的罚款，但最高不超过三万元；没有非法所得的，处以一万元以下的罚款。”

2.非公司类企业无照经营

（1）企业法人无照经营

案件主体是机关法人、事业法人、团体法人、非公司企业法人等法人或其他组织，只要其组建的企业具备企业法人基本规格和条件，而未依法申领营业执照并从事经营活动，就可适用《企业法人登记管理条例》和《企业法人登记管理条例施行细则》的规定，对当事人进行定性处罚。《企业法人登记管理条例》（2014年修正）第三十条规定：“企业法人有下列情形之一的，登记主管机关可以根据情况分别给予警告、罚款、没收非法所得、停业整顿、扣缴、吊销《企业法人营业执照》的处罚：（一）……未经核准登记注册擅自开业的。”《企业法人登记管理条例施行细则》（2014年修正）第六十三条规定：“对有下列行为的企业和经营单位，登记主管机关做出如下处罚，可以单处，也可以并处：（一）未经核准登记擅自开业从事经营活动的，责令终止经营活动，没收非法所得，处以非法所得额三倍以下的罚款，但最高不超过三万元，没有非法所得的，处以一万元以下的罚款。”

实践中要注意审查和把握无照经营主体的内在组织形式。《企业法人登记管理条例》《个体工商户条例》等没有将以什么名义经营作为适用本法的条件，因此，要看主体的内在组织形式。如：某人未办理营业执照开了一个服装店，自称“实惠服装店”，应该按照《个体工商户条例》实施处罚。如果是两个法人企业未领取营业执照共同投资开办“实惠服装厂”，约定了投资额、投资方式和盈亏分配方式，各自以出资额对服装厂承担有限责任，则应该按照《企业法人登记管理条例》实施处罚。

（2）企业法人擅自设立分支机构

案件主体是擅自设立分支机构的企业法人本身，设立分支机构未向属地登记主管机关申请登记注册并从事经营活动的，适用《企业法人登记管理条例施行细则》（2014年修正）第六十三条的规定，对其进行定性处罚。

3.非法人类企业无照经营

（1）合伙企业无照经营

合伙企业是指在中国境内设立的由各合伙人订立合伙协议，共同出资、合伙经营、共享收益，并对合伙企业债务承担无限连带责任的营利性组织。案件主体是两个以上的自然人，两个人以上的出资者实施合伙经营，具备合伙企业规格和条件，以合伙企业名义从事经营活动，但未依法申领营业执照，依照《合伙企业法》和《合伙企业登记管理办法》的规定，对其进行定性处罚。《合伙企业法》第六十七条规定：“违反本法规定，未依法领取营业执照，而以合伙企业名义从事经营活动的，责令停止经营活动，可以处以五千元以下的罚款。”《合伙企业登记管理办法》（2014年修正）第二十六条规定：“未经企业登记机关依法核准登记并领取营业执照，以合伙企业名义从事经营活动的，由企业登记机关责令停止经营活动，可以处五千元以下的罚款。”

（2）个人独资企业无照经营

个人独资企业，是指依法在中国境内设立，由一个自然人投资，财产为投资人个人所有，投资人以其个人财产对企业债务承担无限责任的经营实体。案件主体是一个自然人，具备个人独资企业的规格和条件，以个人独资企业名义从事经营活动，但未依法申领营业执照，依照《个人独资企业法》或《个人独资企业登记管理办法》的规定，对其进行定性处罚。《个人独资企业法》第三十七条规定：“违反本法规定，未领取营业执照，以个人独资企业名义从事经营活动的，责令停止经营活动，处以三千元以下的罚款。”《个人独资企业登记管理办法》（2014年修正）第三十五条规定：“未经登记机关依法核准登记并领取营业执照，以个人独资企业名义从事经营活动的，由登记机关责令停止经营活动，处以三千元以下的罚款。”

（3）非法人企业擅自设立分支机构

如合伙企业和个人独资企业擅自设立分支机构。案件主体是设立分支机构的企业本身。合伙企业和个人独资企业设立分支机构未向属地登记机关申领营业执照而从事经营活动的，分别依照《合伙企业登记管理办法》（2014年修正）第二十六条关于“未经登记机关依法核准登记并领取营业执照，以合伙企业名义从事经营活动的，由企业登记机关责令停止经营活动，可以处五千元以下罚款”和《个人独资企业登记管理办法》（2014年修正）第三十五条关于“未经登记机关依法核准登记并领取营业执照，以个人独资企业名义从事经营活动的，由登记机关责令停止经营活动，处以三千元以下的罚款”的规定进行定性处罚。

注意《合伙企业登记管理办法》规定的罚款处罚是“可处以五千元以下罚款”，而《个人独资企业登记管理办法》规定的罚款处罚是“处以三千元以下的罚款”，前者是可处也可不处，后者是必处。

执法实践中，要注意个人独资企业和合伙企业的区别。虽然个人独资企业和合伙企业都是在中国境内，依据有关法律规定而设立，但是两者有区别。一是个人独资企业是一个自然人，合伙企业是两人以上。二是个人独资企业在设立登记时申报出资，而合伙企业在设立登记时要实缴出资。三是个人独资企业承担无限责任，而合伙企业承担无限连带责任。

4.个体类无照经营

《个体工商户条例》对个体工商户无照经营行为又未做处罚规定，工商总局也未出台与之配套的《个体工商户条例实施细则》加以明确。似乎对个体工商户无照经营行为的处罚就没了依据，其实则不然。

《个体工商户条例》第二条规定：“有经营能力的公民，依照本条例规定经工商行政管理部门登记，从事工商业经营的，为个体工商户。”也就是公民从事经营活动，经工商部门登记的叫“个体工商户”，没有登记就叫“自然人”或者叫“公民”。或者说，公民从事经营活动经过工商登记后，就取得了“个体工商户”的身份；自然人（公民）未经工商登记从事经营活动的，不能认为就是个体工商户。因为他不具有“个体工商户”的身份。

《无照经营查处取缔办法》第二条规定：“任何单位和个人不得违反法律、法规的规定从事无照经营”，这里的“个人”就是指的自然人（含非中国公民的外国人）。

自然人从事经营活动的，不仅可以依照新《个体工商户条例》第八条“申请登记为个体工商户，应当向经营场所所在地登记机关申请注册登记”申请登记为个体工商户；还可以依照《独资企业法》《公司法》《合伙法》等法律法规的规定登记为企业。

自然人没有依据这些主体法律法规的规定经过登记后就从事经营活动的，就违反了《无照经营查处取缔办法》第二条的规定。构成该《办法》第四条的无照经营行为；就应当按照该《办法》第十四条予以处罚。

执法实践中，要注意个人独资企业和个体工商户的区别。两者虽然都是非法人经营主体，但是有区别。一是出资人不同。个人独资企业的出资人只能是一个自然人；个体工商户既可以由一个自然人出资设立，也可以由家庭共同出资设立。二是承担责任财产的范围不同。个人独资企业的出资人在一般情况下仅以其个人财产对企业债务承担无限责任，只是在企业设立登记时明确以家庭共有财产作为个人出资的才依法以家庭共有财产对企业债务承担无限责任；而根据《民法通则》第二十九条的规定，个体工商户的债务如属个人经营的，以个人财产承担，家庭经营的，则以家庭财产承担。三是适用的法律不同。个人独资企业依照《个人独资企业法》设立，个体工商户依照《民法通则》、《城乡个体工商户管理暂行条例》的规定设立。四是法律地位不同。个人独资企业是经营实体，能以自己的名义从事经营活动；个体工商户则不能以自己的名义从事经营活动，而要以业主的名义从事经营活动并对外承担法律责任。

与无照经营违法行为有关的几个问题

出租、出借、转让或者变相出租、出借、转让营业执照问题（分三种情况）

（1）受让方为企业或个体户，有自己的营业执照，有相同经营范围，对出让方可定性为出租、出借营业执照；

（2）受让方为企业或个体户，有自己的营业执照，没有相同的经营范围，对受让方还可同时定性为超范围经营，属于行政许可项目的，定性为“违法行为”，按《无照经营查处取缔办法》第四条第一款第五项处罚。

（3）受让方没有营业执照，出让方定性为出租、出借、转让营业执照，受让方定性为无照经营。

适用的法律依据：

（1）属于个体户出借、出租、转让营业执照的，对出租（借）、转让方应该按照《个体工商户条例》（2014年修正）第二十三条的规定处罚：“个体工商户提交虚假材料骗取注册登记，或者伪造、涂改、出租、出借、转让营业执照的，由登记机关责令改正，处四千元以下的罚款；情节严重的，撤销注册登记或者吊销营业执照。”对受让方应定性为无照经营。1995年10月9日国家工商局在《对（关于个体户可否由他人承包经营的请示）的答复》中明确：根据《民法通则》和《个体工商户条例》的有关规定，个体工商户在领取营业执照后自己不经营而由他人承包经营是违法的。

（2）企业出租、出借、转让营业执照，违法者属于公司的，依照《公司登记管理条例》（2014年修正）第七十二条规定处罚：“伪造、涂改、出租、出借、转让营业执照的，由公司登记机关处以一万元以上十万元以下的罚款；情节严重的，吊销营业执照。”对受让方按照第七十五条规定处罚：“未依法登记为有限责任公司或者股份有限公司，而冒用有限责任公司或者股份有限公司名义的，或未依法登记为有限责任公司或股份有限公司的分公司，而冒用有限责任公司或股份有限公司的分公司名义的，由公司登记机关责令改正或者予以取缔，可以并处十万元以下的罚款。”

（3）企业出租、出借、转让营业执照，违法者属于一般企业法人的，按照《企业法人登记管理条例》（2014年修正）第三十条第四项规定处罚：“企业法人有下列情形之一的，登记主管机关可以根据情况分别给予警告、罚款、没收非法所得、停业整顿、扣缴、吊销《企业法人营业执照》的处罚：……（四）伪造、涂改、出租、出借、转让或者出卖《企业法人营业执照》《企业法人营业执照》副本的”对受让方按照第三十条第一项的规定处罚：“登记中隐瞒情况、弄虚作假或者未经核准登记注册擅自开业的。”

（4）属于合伙企业、独资企业出租、转让营业执照的，分别按照《合伙企业法》《独资企业法》的有关规定处罚。

联营

1.个人之间的联营

属于个人合伙或者合伙企业，按照个体工商户或者合伙企业进行登记。未经登记开展经营活动的，分别依照《个体工商户条例》《合伙企业法》实施处罚。

2.企业之间的联营

如果是在联营一方的住所内或者经营场所内联合经营，并符合《民法通则》规定的协作型联营条件的，可不再办理营业执照。如：一些饮品公司与饮料加工厂签订饮料生产线的租赁合同，公司负责技术、原料等，加工厂负责生产线的维护和工人的管理等。但是，如果是在住所外或者经营场所外新设立经营实体，或者属于法人型联营或者合伙型联营的，应该办理营业执照，否则，属于无照经营。联营企业以公司名义经营的，按照《公司法》实施处罚，属于一般法人的，按照《企业法人登记管理条例》实施处罚。

承包经营和以“承包”为名，变相出租营业执照违法行为

（1）承包经营的内涵：承包经营是所有权与管理权的分离。是企业转变经营方式，转换经营机制，提高经济效益的有效手段。发包方除了保留所有权和收益权外，还保留对企业一定的管理权。如：企业的发展规划、内部分配、管理指标等，所有权与管理权只是相对分离。承包人获得的是经营管理权，而不是独立的经营主体资格，收益来自于承包的企业，而不是独立的经营活动。

（2）以“承包”为名，变相出租营业执照违法行为的特征：

一是通过承包，获得的是独立的经营资格，发包方对承包方的一切经营行为不干预，只是收取所谓“管理费”，对职工分配、企业发展等一概不参与管理；

二是承包人的收益来自于自身独立的经营活动，与发包方无关，不是按照承包合同领取报酬，只要上缴了管理费，承包人收益多少与发包方无关。

所以，以“承包”为名，变相出租营业执照违法行为的实质是承包人独立使用了发包人的经营资格，获得了独立经营的收益。

对无照经营行为做出了规定的法律法规

1.工商登记管理法律规范

（1）《公司法》

第二百一十条规定：“未依法登记为有限责任公司或者股份有限公司，而冒用有限责任公司或者股份有限公司名义的，或者未依法登记为有限责任公司或者股份有限公司的分公司，而冒用有限责任公司或者股份有限公司的分公司名义的，由公司登记机关责令改正或者予以取缔，可以并处十万元以下的罚款。”

（2）《个人独资企业法》

第三十七条规定：“违反本法规定，未领取营业执照，以个人独资企业名义从事经营活动的，责令停止经营活动，处以三千元以下的罚款。”

（3）《合伙企业法》

第六十七条规定：“违反本法规定，未依法领取营业执照，而以合伙企业名义从事经营活动的，责令停止经营活动，可以处以五千元以下的罚款。”

（4）《合伙企业登记管理办法》

第二十六条规定：“未经登记机关依法核准登记并领取营业执照，以合伙企业名义从事经营活动的，由企业登记机关责令停止经营活动，可以处五千元以下罚款。”

（5）《企业法人登记管理条例》

第三十条规定：“企业法人有下列情形之一的，登记主管机关可以根据情况分别

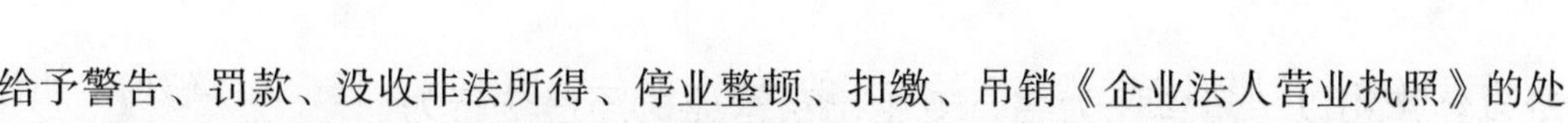

给予警告、罚款、没收非法所得、停业整顿、扣缴、吊销《企业法人营业执照》的处罚：（一）登记中隐瞒真实情况、弄虚作假或者未经核准登记注册擅自开业的。”

（6）《个体工商户条例》

第八条第一款规定：“申请登记为个体工商户，应当向经营场所所在地登记机关申请注册登记。申请人应当提交登记申请书、身份证明和经营场所证明。”

2.工商行政管理部门与其他部门共同执行的法律、行政法规

（1）《拍卖法》

第六十条规定：“违反本法第十一条的规定，未经许可登记设立拍卖企业的，由工商行政管理部门予以取缔，没收违法所得，并可以处违法所得一倍以上五倍以下的罚款。”

（2）《文物保护法》

第七十二条规定：“未经许可，擅自设立文物商店、经营文物拍卖的拍卖企业，或者擅自从事文物的商业经营活动，尚不构成犯罪的，由工商行政管理部门依法予以制止，没收违法所得、非法经营的文物，违法经营额五万元以上的，并处违法经营额两倍以上五倍以下的罚款；违法经营额不足五万元的，并处两万元以上十万元以下的罚款。”

（3）《互联网上网服务营业场所管理条例》

第二十七条规定：“违反本条例的规定，擅自设立互联网上网服务营业场所，或者擅自从事互联网上网服务经营活动的，由工商行政管理部门或者由工商行政管理部门会同公安机关依法予以取缔，查封其从事违法经营活动的场所，扣押从事违法经营活动的专用工具、设备；触犯刑律的，依照刑法关于非法经营罪的规定，依法追究刑事责任；尚不够刑事处罚的，由工商行政管理部门没收违法所得及其从事违法经营活动的专用工具、设备；违法经营额一万元以上的，并处违法经营额五倍以上十倍以下的罚款；违法经营额不足一万元的，并处一万元以上五万元以下的罚款。”

（4）《娱乐场所管理条例》

第十四条规定：“任何单位未经文化行政主管部门、公安机关、卫生行政部门依照本条例审核合格，并领取营业执照，不得从事娱乐场所经营活动。”第三十一条规定：“违反本条例规定，擅自设立娱乐场所经营单位的，由工商行政管理部门予以取缔，没收违法所得和从事违法经营所使用的器材设备等，违法所得四千元以上的，并处违法所得两倍以上五倍以下的罚款；没有违法所得或者违法所得不足四千元的，并处四千元以上两万元以下的罚款。”

（5）《音像制品管理条例》

第三十九条规定：“未经批准，擅自设立音像制品出版、制作、复制、进口、批发、零售、出租、放映单位，擅自从事音像制品出版、制作、复制业务或者进口、批发、零售、出租、放映经营活动的，由出版行政部门、工商行政管理部门依照法定职权予以取缔；依照刑法关于非法经营罪的规定，依法追究刑事责任；尚不够刑事处罚的，没收违法经营的音像制品和违法所得以及进行违法活动的专用工具、设备；违法经营额一万元以上的，并处违法经营额五倍以上十倍以下的罚款；违法经营额不足一万元的，并处五万元以下的罚款。”

（6）《电影管理条例》

第五十五条规定：“违反本条例规定，擅自设立电影片的制片、发行、放映单位，或者擅自从事电影制片、进口、发行、放映活动的，由工商行政管理部门予以取缔；依照刑法关于非法经营罪的规定，依法追究刑事责任；尚不够刑事处罚的，没收违法经营的电影片和违法所得以及进行违法经营活动的专用工具、设备；违法所得五万元以上的，并处违法所得五倍以上十倍以下的罚款；没有违法所得或者违法所得不足五万元的，并处二十万元以上五十万元以下的罚款。”

（7）《出版管理条例》

第十五条规定：“设立出版单位的主办单位应当自收到批准决定之日起六十日内，向所在地省、自治区、直辖市人民政府出版行政部门登记，领取出版许可证。登记事项由国务院出版行政部门规定。出版单位经登记后，持出版许可证向工商行政管理部门登记，依法领取营业执照。”第四十五条规定：“未经批准，擅自设立出版单位或者擅自从事出版物的出版、印刷或者复制、发行业务的，予以取缔，没收出版物和从事非法活动的主要专用工具、设备以及违法所得，并处违法所得两倍以上十倍以下的罚款；构成犯罪的，依法追究刑事责任。”

（8）《印刷业管理条例》

第三十四条规定：“违反本条例规定，擅自设立印刷企业或者擅自从事印刷经营活动的，由公安部门、工商行政管理部门依据法定职权予以取缔，没收印刷品和违法所得以及进行违法活动的专用工具、设备，违法经营额一万元以上的，并处违法经营额五倍以上十倍以下的罚款；违法经营额不足一万元的，并处一万元以上五万元以下的罚款；构成犯罪的，依法追究刑事责任。”

（9）《邮政法》

第七十二条第一款规定：“未取得快递业务经营许可经营快递业务，或者邮政企业以外的单位或者个人经营由邮政企业专营的信件寄递业务或者寄递国家机关公文的，由邮政管理部门或者工商行政管理部门责令改正，没收违法所得，并处五万元以上十万元以下的罚款；情节严重的，并处十万元以上二十万元以下的罚款；对快递企业，还可以责令停业整顿直至吊销其快递业务经营许可证。”

（10）《粮食流通管理条例》

第四十一条第一款规定：“未经粮食行政管理部门许可或者未在工商行政管理部门登记擅自从事粮食收购活动的，由工商行政管理部门没收非法收购的粮食；情节严重的，并处非法收购粮食价值一倍以上五倍以下的罚款；构成犯罪的，依法追究刑事责任。”

（11）《旅行社条例》

第四十六条第（一）项规定：“违反本条例的规定，有下列情形之一的，由旅游行政管理部门或者工商行政管理部门责令改正，没收违法所得，违法所得在十万元以上的，并处违法所得一倍以上五倍以下的罚款；违法所得不到十万元或者没有违法所得的，并处以十万元以上五十万元以下的罚款：（一）未取得相应的旅行社业务经营许可，经营国内旅游业务、入境旅游业务、出境旅游业务的。”

（12）《城市房地产管理法》

第六十五条规定：“违反本法第三十条的规定，未取得营业执照擅自从事房地产开发业务的，由县级以上人民政府工商行政管理部门责令停止房地产开发业务活动，没收违法所得，可以并处罚款。”

三、商标违法行为

商标侵权行为

新《商标法》和新《商标法实施条例》对商标侵权行为新设立的规定

1.增加惩罚性赔偿的规定，提高侵权赔偿额

新《商标法》引入了惩罚性赔偿制度，规定对恶意侵犯商标专用权、情节严重的，可以在权利人因侵权受到的损失、侵权人因侵权获得的利益或者注册商标使用许可费的一到三倍的范围内确定赔偿数额。同时，新《商标法》还将在上述三种依据都无法查清的情况下法院可以酌情决定的法定赔偿额上限从五十万元提高到三百万元。

2.增加侵权人举证责任

新《商标法》规定在商标侵权诉讼中，人民法院为确定赔偿数额，在权利人已经尽力举证，而与侵权行为相关的账簿、资料主要由侵权人掌握的情况下，可以责令侵权人提供与侵权行为相关的账簿、资料，侵权人不提供或者提供虚假的账簿、资料的，人民法院可以参考权利人的主张和提供的证据判定侵权赔偿数额。

此举大大减轻了商标权利人在主张侵权赔偿时的举证负担，使人民法院在确定赔偿数额时更有法可依，对打击商标侵权行为具有积极意义。

3.被抢注商标侵权与赔偿

针对目前抢注商标不当获利较为突出的现状，新《商标法》设置了一项前所未有的条款，第五十九条规定：“商标注册人申请商标注册前，他人已经在同一种商品或者类似商品上先于商标注册人使用与注册商标相同或者近似并有一定影响的商标的，注册商标专用权人无权禁止该使用人在原使用范围内继续使用该商标，但可以要求其附加适当区别标识。”

此项条款新增了一种注册商标权利人不能制止他人使用相同相似商标的情形，对于商标被抢注的企业来讲，此条是有利的，但对于商标注册人来讲，此条会加大商标维权的难度，实践中，很多企业，特别是中小企业是在生产经营达到一定规模后才申请注册商标，商标申请的时间大大晚于使用的时间，甚至商标具有一定知名度之后才开始申请，在新法的环境下，这些申请人能够从容应对商标抢注，但是如果没有被抢注，而是商标顺利注册，在特定条件下，商标权利人可能不能制止他人使用相同和相似商标，不能享有注册商标的专用权利。

解决此种困局，一些商标申请人需要改变申请观念，即在商标设计好还未使用时即提出注册申请，以获得更早的申请日，有助于注册后的维权工作。

新《商标法》虽然将法定的侵权赔偿额由“五十万元以下”修改为“三百万元以下”，即权利人因侵权受到的损失、侵权人因侵权获得的利益或者商标使用许可费难以确定的情况下，由法院根据侵权行为的情节判决给予三百万元以下的赔偿，但新商标法也新设置了一项不予赔偿的条款，新《商标法》第六十四条规定：“注册商标专用权人请求赔偿，被控侵权人以注册商标专用权人未使用注册商标提出抗辩的，人民法院可以要求注册商标专用权人提供此前三年内实际使用该注册商标的证据。注册商标专用权人不能证明此前三年内实际使用过该注册商标，也不能证明因侵权行为受到其他损失的，被控侵权人不承担赔偿责任。”

新《商标法》此条的本意是在遏制目前较为突出的抢注他人商标索赔牟利的问题，但实施起来必然引发的问题是商标权利人索赔时增加了近三年实际使用的举证义务，从时间看，商标使用的证据好装备，但时间证据相对较难，常见的商品实物、商品包装都难以证明产生的时间，不能提供合格的三年内的使用证据导致商标被撤销的案例时有发生。

新商标法的此项条款，可能使商标使用证据成为商标索赔的先决条件，商标权利人应当注重对使用证据，特别是带时间的使用证据的收集和保存，常见的能证明使用时间的证据主要包括合同、发票以及报纸杂志上刊登的广告，合同、发票虽然是常见的证据，但很多企业在这些证据上不使用商标导致证据无效，在新法的环境下，在合同和发票上需要注明和商标注册证一致的商标名称变得极其重要。

4．商标和企业名称的冲突有了更高层次的法律保证

2001版《商标法》中没有设置商标和企业名称冲突的解决条款，在商标法实施条例中虽然有相关规定，但保护的对象仅限于驰名商标，由于企业名称注册是区域性登记，商标注册是全国性登记，两种注册制度的差异给了不法分子可乘之机，利用他人享有知名度商标作为企业字号使用的不正当竞争行为越来越突出，在类似冲突案件中给予商标权利人充分的法律保护成为业界的共识，在这次颁布的新商标法中，终于设置了解决关于商标企业名称冲突的条款，新《商标法》第五十八条规定："将他人注册商标、未注册驰名商标作为企业名称中的字号使用，误导公众，构成不正当竞争行为的，依照《中华人民共和国反不正当竞争法》处理。"

从规范性文件到行政法规再上升到法律，新商标法给予了商标权利人更高层次的法律保护，新《商标法》五十八条保护的对象包括所有的注册商标权利人以及未注册的驰名商标所有人，保护的对象是比较广泛的，但此条款不能简单地理解为不能使用他人的注册商标作为企业字号。

1999年颁布的《国家工商行政管理局关于解决商标与企业名称中若干问题的意见》对商标权利人给予保护的要件是引起"他人对市场主体及其商品或者服务的来源产生混淆（包括混淆的可能性）"，而新《商标法》第五十八条的构成要件是"误导公众"，这使商标权利人要求制止侵权时提交的证据要求不一样，前者需证明有客观事实或可能，新法则需要证明有主观故意，两者是有差异的。

5.对"正当使用"的认定

新《商标法》增加了一条，即第五十九条规定："注册商标中含有的本商品的通用名称、图形、型号，或者直接表示商品的质量、主要原料、功能、用途、重量、数量及其他特点，或者含有的地名，注册商标专用权人无权禁止他人正当使用。"

"三维标志注册商标中含有的商品自身的性质产生的形状、为获得技术效果而需要的商品形状或者使商品具有实质性价值的形状，注册商标专用权人无权禁止他人正当使用。"

"商标注册人申请商标注册前，他人已经在同一种商品或者类似商品上先于商标注册人使用与注册商标相同或者近似并有一定影响的商标的，注册商标专用权人无权禁止该使用人在原使用范围内继续使用该商标，但可以要求其附加适当区别标识。"

6.明确了商标侵权判定中"为侵权人提供便利条件"等术语的具体含义

新《商标法实施条例》第七十五条规定："为侵犯他人商标专用权提供仓储、运输、邮寄、印制、隐匿、经营场所、网络商品交易平台等，属于商标法第五十七条第六项规定的提供便利条件。"

7.明确将他人商标用于商品包装、装潢上，误导公众的，属于商标侵权行为

新《商标法实施条例》第七十六条规定："在同一种商品或者类似商品上将与他人注册商标相同或者近似的标志作为商品名称或者商品装潢使用，误导公众的，属于商标法第五十七条第二项规定的侵犯注册商标专用权的行为。"

8.规定了工商行政管理部门实施行政处罚时，计算"违法经营额"可以考虑的因素

新《商标法实施条例》第七十八条规定："计算商标法第六十条规定的违法经营额，

可以考虑下列因素：（一）侵权商品的销售价格；（二）未销售侵权商品的标价；（三）已查清侵权商品实际销售的平均价格；（四）被侵权商品的市场中间价格；（五）侵权人因侵权所产生的营业收入；（六）其他能够合理计算侵权商品价值的因素。”

商标侵权行为的表现形式

（1）未经商标注册人的许可，在同一种商品或者类似商品上使用与其注册商标相同或者近似的商标的；

（2）销售侵犯注册商标专用权的商品的；

（3）伪造、擅自制造他人注册商标标识或者销售伪造、擅自制造的注册商标标识的；

（4）未经商标注册人同意，更换其注册商标并将该更换商标的商品又投入市场的；

（5）在同一种或者类似商品上，将与他人注册商标相同或者近似的标志作为商品名称或者商品装潢使用，误导公众的；

（6）故意为侵犯他人注册商标专用权行为提供仓储、运输、邮寄、印制、隐匿、经营场所、网络商品交易平台便利条件的；

（7）将他人未注册驰名商标作为企业名称中的字号使用，误导公众，构成不正当竞争行为的；

（8）将与他人注册商标相同或者相近似的文字作为企业的字号在相同或者类似商品上突出使用，误导公众，构成不正当竞争行为的；

（9）复制、模仿、翻译他人注册的驰名商标或其主要部分在不相同或者不相类似商品上作为商标使用，误导公众，致使该驰名商标注册人的利益可能受到损害的；

（10）将与他人注册商标相同或者相近似的文字注册为域名，并且通过该域名进行相关商品交易的电子商务，容易使相关公众产生误认的；

（11）在相同或者类似商品上使用的商标是复制、模仿或者翻译他人未在中国注册的驰名商标，容易导致混淆的；

（12）在不相同或者不类似的商品上使用的商标是复制，模仿或者翻译他人已经在中国注册的驰名商标，误导公众，致使该驰名商标所有人的利益可能受到损害的；

（13）将与他人注册商标相同或者近似的标志在商品交易文书上，或者将商标用于广告宣传、展览以及其他商业活动中误导公众的也属于商标侵权。

在上述13种商标侵权行为中，第（1）~（3）种已被纳入《刑法》调整的犯罪范畴，特别是第（1）种侵权行为是最基本的商标侵权行为，为直接侵权行为，其他侵权行为，都是由此发展而派生出来的。第（2）种侵权行为是第（1）种侵权行为的延伸，即将商标侵权从生产领域发展到销售领域，这种侵权行为不涉及商标的具体使用，为间接侵权行为。第（1）~（6）种侵权行为是《商标法》《商标法实施条例》规定的常见商标侵权行为。第（7）（9）（11）（12）种侵权行为是对驰名商标的特殊侵权。第（7）种侵权行为是企业名称与商标之间的冲突。第（8）种侵权行为是企业字号与一般注册商标之间的冲突。第（1）种侵权行为是将商标侵权延伸到广告宣传等领域。

商标侵权行为的构成要件

商标侵权行为，既是民事侵权行为，又是行政违法行为，性质严重的还是犯罪行为。行政违法行为的构成要件，本书已有专节论述。这里重点介绍商标侵权行为的特殊构成要件。

1.商标侵权行为的一般构成要件

（1）未经许可

认定商标侵权必须先认定是否经过许可，没有商标注册人是否许可的相关证明，商标侵权就无法认定。在实践中，未经许可的证明可以通过商标权人的投诉来确定，也可以在依职权查处商标侵权行为时主动联系相关商标权人对涉嫌侵权人的商标使用行为是否许可、做出的声明或者鉴定，如果被侵权人放弃禁止权的，工商行政管理机关一般不应继续追究涉嫌侵权人的侵权责任。

（2）擅自使用

侵权人对其所侵权的商标必须在营利性商业过程中使用，非商业目的使用，如个人研究与收藏、公益活动，不构成侵权。

（3）造成混淆或者误认

对他人注册商标的擅自使用必须达到一定的程度或者造成一定的后果才能构成商标侵权行为，这种后果不仅包括已经发生、真实存在的实际后果，也包括潜在的、容易导致、可能发生的即发状态，这种后果便是可能造成市场混淆或者容易导致相关公众误认。至于“可能造成市场混淆或者容易导致相关公众误认”的内涵，可参阅本节有关“商标侵权行为的认定”内容。

2.常见商标侵权行为的构成要件

在商标侵权的13种类型中，第（1）至第（6）种类型是《商标法》和《商标法实施条例》明确规定的商标侵权类型，也是工商行政管理机关在执法中常见的商标侵权行为。第（1）种是最典型的商标侵权行为，多发生在生产环节，是直接的侵权行为，可以按照前面论述的商标侵权的一般构成要件进行认定。第（2）至第（6）种是由第（1）种侵权行为派生出来的，其构成要件有自己的特殊性，工商行政管理执法人员应按照下列所述要件，分别予以认定：

（1）销售侵犯注册商标专用权的商品的行为

此类侵权行为发生在商品流通领域，是一种间接侵权行为，主体是商品经销商，包括批发商、中间商和零售商。其构成要件如下：

1）经销的商品是侵犯他人注册商标专用权的商品。要确定“侵犯他人注册商标专用权的商品”，必须以第（1）种商标侵权行为的发生为前提，不存在第一种侵权行为，就不会产生此类侵权行为的对象。

2）存在经销行为。与第（1）种侵权行为要求的“使用”要件不同的是，此类侵权行为在客观方面要件上要求行为人实际参与了侵权商品在市场上的流通，但并没有改变注册商标在侵权商品上的标识状态。

3）以营利为目的或者具有商业目的。行为具有商业目的是第（1）种侵权行为的构成要件之一，也是流通领域商标侵权行为构成要件之一。

4）过错不是此类侵权行为的构成要件。这与第（1）种侵权行为相同。只要在客观上经销了侵权商品，即构成商标侵权，经销者应当承担立即停止侵权、销毁侵权商品的侵权责任。但经销者是否尽到了合理的注意义务与其是否承担民事赔偿责任密切相关，《商标法实施条例》（2014年修正）第80条规定：“销售不知道是侵犯注册商标专用权的商品，能证明该商品是自己合法取得并说明提供者的，由工商行政管理部门责令停止销售，并将案件情况通报侵权商品提供者所在地工商行政管理部门。”这里并没有要求销售者承担赔偿责任。

（2）伪造、擅自制造他人注册商标标识或者销售伪造、擅自制造的注册商标标识的行为

此类是在商标印制环节发生的商标侵权行为。虽然其本身不是对注册商标的直接使用，但它与商标的侵权性使用有着直接的关系，它往往是第（1）种商标侵权行为发生的前提条件，业界称之为商标侵权的源头。其构成要件如下：

1）未经商标注册人许可或者超出商标注册人许可的范围。这一要件与第（1）种在生产加工环节的商标侵权相同。

2）存在伪造、擅自制造他人注册商标标识或者销售伪造、擅自制造的注册商标标识的行为。伪造，一般是指未经商标注册人或其被许可人同意而印制注册商标标识；所谓擅自制造，一般是指超过商标注册人或其被许可人委托或者许可的范围而印制其注册商标标识，例如商标注册人委托某商标印制单位印制5000个外包装盒，而该印制单位印制了10000个，并将超出委托范围的5000个据为已有或者出售。

3）具有商业目的。以教学、科研为目的少量地印制他人注册商标标识，一般不构成侵权行为。

4）不以过错为构成要件。虽然此类侵权行为一般存在过错或者能够推定其存在过错，但执法者无须证明行为人存在过错，这一点与第（1）种侵权行为和第（2）种侵权行为相同。

（3）未经商标注册人同意，更换其注册商标并将该更换商标的商品又投入市场的行为

此类是反向假冒行为，即此行为虽然未假冒他人注册商标，但行为人借助他人注册商标声誉，隐瞒或者虚构商品的真正来源，谋取不正当的市场利益，并因此截断了他人注册商标与最终消费者之间的直接联系，抑制了他人注册商标价值的发挥，损害了商标注册人的商标权益，因而《商标法》将其规定为商标侵权行为。其构成要件如下：

1）商品来自商标注册人或者其被许可使用人，被更换的商标是有效的注册商标；

2）行为人未经商标注册人或者其被许可使用人的同意；

3）行为人存在更换或者撤换商品上商标标识的行为；

4）行为人将更换或者撤换商标标识的商品又投入到市场上销售。

（4）在同一种或者类似商品上，将与他人注册商标相同或者近似的标志作为商品名称或者商品装潢使用，误导公众的行为

此类侵权行为与第（1）种侵权行为不同，其行为方式是从“作为商标使用”变为“作为商品名称或者商品装潢使用”，其目的是利用他人注册商标的声誉进行不正当竞争。商品名称、商品装潢、商品商标在本质上都属于商业标志，均封贴在商品上，共同构成商品的外观。因不同的商业标志具有不同的视觉效果，将他人注册商标作为商品名称或者商品装潢使用，不仅可能使消费者对商品的来源产生混淆或者误认，也可能淡化其注册商标的显著性和声誉，逐步将他人注册商标演化为通用名称。此类商标侵权行为的构成要件如下：

1）行为人在商品上使用的商品名称或者商品装潢与他人注册商标标识相同或者近似；

2）涉嫌侵权商品与他人注册商标核定使用的商品相同或者类似；

3）这种利用可能会使相关公众对商品的来源产生混淆或者误认。《商标法实施条例》规定此类侵权行为时，使用了“误导公众”字眼。所谓“误导公众”，是指使相关公众对商品的来源产生混淆的可能性，执法者无须刻意搜集实际误导或者实际混淆的证据。普通公众以一般注意力在正常距离观察条件下能够得出可能混淆的结论即可；

4）不以过错为构成要件。

（5）故意为侵犯他人商标专用权提供仓储、运输、邮寄、印制、隐匿、经营场所、网络商品交易平台等便利条件的行为

此种行为是辅助侵权行为，应与主行为人构成共同侵权并承担共同侵权责任，此类侵权应具备主观和客观两个方面的要件即可。在主观上，行为人必须具有主观故意，行为人不知道或者不应当知道此行为是为他人侵权提供便利条件的不构成此类侵权行为；在客观上，行为人实施了为商标侵权行为提供仓储、运输、邮寄、印制、隐匿、经营场所、网络商品交易平台等便利条件的行为。实践中，客观方面要件不难认定，关键在于如何认定行为人是否具有主观故意。执法实践中，一般从行为人疏于货

源审查、行为人自认、证人证言、经商标权利人警告提示后继续提供便利等方面综合判断。

商品商标的侵权行为认定

1.相同商标、近似商标、相同商品、类似商品

这四个概念是商标注册与保护过程中经常遇到的，也是《商标法》和《商标法实施条例》中使用的法律概念。《商标法》和《商标法实施条例》没有对这些概念做出解释，最高人民法院《关于审理商标民事纠纷案件适用法律若干问题的解释》则对这些概念的含义做出了明确规定。

根据该解释第九条第一款的规定，“相同商标，是指被控侵权的商标与原告的注册商标相比较，二者在视觉上基本无差别”。

根据该解释第九条第二款的规定，“近似商标，是指被控侵权的商标与原告的注册商标相比较，其文字、读音、含义或者图形的构图及颜色，或者其各要素组合后的整体结构相似，或者其立体形状、颜色组合近似，易使相关公众对商品的来源产生误认或者认为其来源与原告注册商标的商品有特定的联系”。

根据该解释第十一条的规定，“类似商品，是指在功能、用途、生产部门、销售渠道、消费对象等方面相同，或者相关公众一般认为其存在特定联系，容易造成混淆的商品。类似服务，是指在服务的目的、内容、方式、对象等方面相同，或者相关公众一般认为存在特定联系，容易造成混淆的服务。商品与服务类似，是指商品和服务之间存在特定联系，容易使相关公众混淆”。

在类似商品与服务的判断上，需要注意的是，《商标注册用商品和服务国际分类》及《类似商品和服务区分表》并不是判断商品或服务是否类似的依据和标准，只能作为判断的参考。商品国际分类是在总结、吸收了许多国家商标注册管理经验的基础上逐渐完善起来的，它为各国商标的检索、申请和档案管理提供了方便和工具，为实现商标国际注册创造了条件，同时也在不断地进行修订。对由于商品分类组别的变动使得原来非类似商品成为类似商品的情况，已经注册的商标只能以核定使用的商品为限，不允许商标所有人擅自扩大注册商标使用范围，否则将被认定为商标侵权。

2.判定商标相同或近似的方法

《关于审理商标民事纠纷案件适用法律若干问题的解释》第十条规定，认定商标相同或近似应当按照的原则，一是以相关公众的一般注意力为标准；二是既要进行对商标的整体比对，又要进行对商标主要部分的比对，比对应当在比对对象隔离的状态下分别进行；三是判断商标是否近似，应当考虑请求保护注册商标的显著性和知名度。

（1）要以包括相关消费者和经营者及公众的一般注意力为标准判断。这种注意

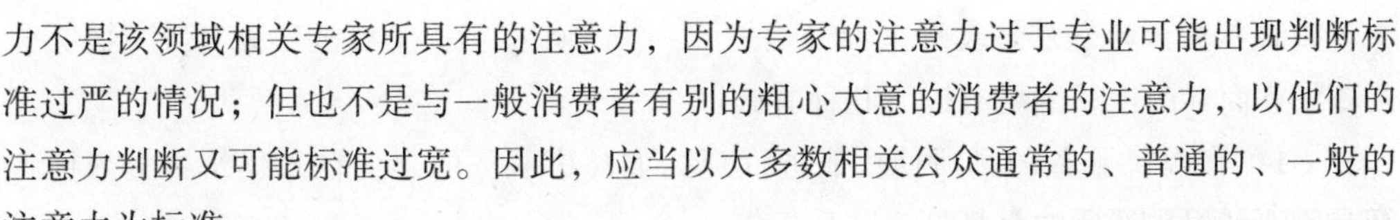

力不是该领域相关专家所具有的注意力，因为专家的注意力过于专业可能出现判断标准过严的情况；但也不是与一般消费者有别的粗心大意的消费者的注意力，以他们的注意力判断又可能标准过宽。因此，应当以大多数相关公众通常的、普通的、一般的注意力为标准。

（2）准确地掌握对商标相同或者近似的整体、要部和隔离的比较方法。整体比对，是指将商标作为一个整体来进行观察，而不是仅仅将商标的各个构成要素抽出来分别进行比对。要部比对，是指将商标中发挥主要识别作用的部分抽出来进行重点比较和对照，是对整体比对的补充。隔离比对，是指将注册商标与涉嫌侵权的商标放置于不同的地点在不同的时间进行观察比对，不是把两个要比对的商标摆放在一起进行对比观察。应当尽量从消费者的角度、以消费者的心态、用一般消费者在购买时的观察判断习惯，去进行两者之间的比对判断。

（3）判断商标近似中的注册商标显著性和知名度要素。显著性，又称为以别性，是指将商标使用于商品或其包装以及服务上时，能够引起一般消费者的注意，并凭此与其他商品或者服务相区别。商标的知名度是重要的考虑因素，知名度越高的商标越容易受到他人的仿冒，因而判断的标准就应当更加严格。

商标主管行政机关与司法机关对于商标相同、近似的判断原则上并无分歧。在商标实际使用过程中，商标权人经常不按核准注册的商标和核定使用的商品使用注册商标，或在使用中对注册商标随意改变。司法机关往往强调商标在实际使用过程中的侵权判断；商标主管行政机关则在商标注册申请审查过程中一般坚持书面审查原则，在商标使用过程中判断是否构成商标侵权，则坚持诚实信用原则并倾向促进商标的实际使用行为。对于商标权人自己并不使用注册商标，但根据商标专用权禁止他人擅自使用的情况，应弱化对不实际使用注册商标的权利人的保护，对商标实际使用人从轻或免于行政处罚。

服务商标的侵权行为认定

随着第三产业在全世界范围内的蓬勃发展，服务贸易在全球贸易总额中的比重不断上升，服务商标的保护已经受到越来越多国家的重视。1993年《商标法》增加了对服务商标的保护内容，但仅是在第四条第三款规定“本法有关商品商标的规定，适用于服务商标”。新《商标法》仍然是这种情况，没有更加具体、有针对性的规定。由于服务与商品在本身特性上的不同，服务商标与商品商标在使用方式上有着显著不同，所以对服务商标侵权行为的认定和处理与商品商标侵权案件有所不同。此外，由于服务与商品之间存在着紧密联系，服务往往需要通过商品来提供，而服务商标也需要通过物质载体来表现，所以服务商标侵权形式不仅包括服务商标对服务商标的侵权，还包括服务商标对商品商标的侵权和商品商标对服务商标的侵权。

1.服务商标的使用方式

服务商标的使用主要有以下几种方式：

（1）在提供服务的场所使用服务商标，如从事服务的企业在其建筑物上悬挂牌匾或招牌，娱乐场所的霓虹灯、陈列柜等；

（2）在提供服务的设备或实施服务的工具上使用服务商标，如在运输企业使用的汽车、飞机上表明服务商标；

（3）在广告与展览中使用服务商标，如利用电视、广播、报纸杂志、广告牌、各种展览会使用服务商标；

（4）在实施服务的对象上使用服务商标，如大陆汽车救援在其会员的汽车上使用的标志；

（5）利用赞助或赠送纪念品等交际形式使用服务商标；

（6）在商业交易文书、合同、发票和用于商业联系的名片上使用服务商标。

由于服务行业的特殊性，在确认服务商标的使用时，还应当区分标志性的使用方式和非标志性的使用方式。餐馆、饭店门前使用的招牌、霓虹灯属于标志性的使用方式；经营者在提供服务的部分工具上使用的标志，就不一定属于标志性的使用方式。确认服务商标的使用方式，不仅对于注册服务商标的保护有意义，而且对于服务商标专用权的保护有重要意义。

2.服务商标侵权行为的认定

服务商标侵权行为认定过程中，应当考虑以下因素：

（1）原则上只有在服务项目上或与服务相类似的商品上使用他人已注册的服务商标才构成侵权。如果在服务中所涉及的商品上使用他人服务商标，或通过带有该服务商标的商品提供服务，消费者可以通过服务商标地域性特点（即在特殊的地方得到特殊的服务）加以辨别，如果没有误认的就不构成侵权。服务商标侵权认定过程中，是否发生误认是判定是否构成侵权的重要因素。

（2）由于服务必须通过商品来提供，所以商品商标的使用有可能对服务商标构成侵权。例如，一家美容院用带有另一家美容企业注册商标的美容工具，员工穿着带有该商标字样的服装为客人提供服务等，均有可能使消费者产生误认。从另一个方面讲，服务商标的注册人应当在其服务所涉及的商品上注册，以求得更加全面的保护。

（3）涉及服务商标的商标侵权假冒行为给商标注册人带来的主要是信誉损失、精神损害，侵权行为的经营额难以计算。所以，工商行政管理部门在处理此类案件时，应以制止商标侵权为主，对于有确凿证据的，可以按照法律有关规定进行处罚。

涉及异议、争议商标的侵权行为认定

在工商行政管理部门查处商标侵权行为的过程中，经常遇到涉嫌侵权的商标或请求保护其商标专用权的商标处于商标异议或争议程序中的问题，给行政执法工作带来困难。为了解决这一问题，国家工商行政管理总局于1996年制定了《关于商标侵权案件涉及异议、争议等程序问题的处理意见》，做出了有关规定。

（1）被投诉人使用的商标已经向商标局提出注册申请但尚未核准注册（包括处于异议期）的，工商行政管理部门如认为该商标与投诉人注册商标相近似，构成侵权的，有权立案查处。

对于未注册商标与注册商标的对抗，工商行政管理部门要依职权保护注册商标。未注册商标提出注册申请的，经审查和异议程序，有可能被驳回，也有可能核准。在前一种情况下，工商行政管理部门立案查处未注册商标的侵权行为，是完全合法的。在后一种情况下，如果尚未做出处理决定，则可以撤销案件；如果已做出处理决定并执行，则维持原处理决定，因为该商标被核准注册后，对在核准注册前工商行政管理部门做出并已执行的处理决定，不具有追溯力。

（2）被投诉人在被查处过程中以注册不当为由向商标评审委员会请求撤销投诉人注册商标的，工商行政管理部门可以中止处理，但被投诉人应当提供相应的经济担保。

一般来讲，中止处理需要具备4个条件：第一，在被查处过程中提出注册不当请求。如果在查处前提出，工商行政管理部门对侵权的投诉不予受理；如果在处理后提出，且处理决定已得到执行，则不存在中止问题。第二，商标评审委员会已受理，并有书面通知。第三，是否中止，由工商行政管理部门视情况决定。一般来说，如果工商行政管理部门认为撤销的可能性较大的，可以中止处理；反之，也可以不中止处理。第四，中止处理应当提供相应的经济担保。经济担保的目的，是为了便利今后对案件的处理和执行。经济担保的方式，主要是金钱，还可以是其他动产和不动产。如果被投诉人提供了相应的经济担保，被封存的物品应当发还；如果投诉人提供了相应的经济反担保，可以不发还被封存的物品，并可以不中止处理。

（3）投诉人对被投诉人的注册商标提出争议，同时又请求工商行政管理部门查处商标侵权行为的，工商行政管理部门不予立案。

商标争议是在先注册商标对在后注册商标提出的权利之争。在后注册商标在被撤销之前仍享有商标专用权，理论上不存在侵犯在先注册商标专用权的问题。只有在后注册商标被撤销了，才有可能存在侵犯在先注册商标专用权的问题，工商行政管理部门可以立案查处。

商标一般违法行为

1.未经核准注册的，擅自在市场销售依法必须使用注册商标的商品

违反条款：《商标法》第六条。

处罚条款：《商标法》第五十一条。

2.将未注册商标冒充注册商标使用的

违反条款：《商标法》第四条。

处罚条款：《商标法》第五十二条。

3.将不得作为商标使用的标志作为未注册商标使用的

违反条款：《商标法》第十条。

处罚条款：《商标法》第五十二条。

4.生产、经营者将“驰名商标”字样用于商品、商品包装或者容器上，或者用于广告宣传、展览以及其他商业活动中

违反条款：《商标法》第十四条第五款。

处罚条款：《商标法》第五十三条。

5. 商标代理机构办理商标事宜过程中，伪造、变造或者使用伪造、变造的法律文件、印章、签名的

处罚条款：《商标法》第六十八条第一款第（一）项。

6. 商标代理机构以诋毁其他商标代理机构等手段招徕商标代理业务或者以其他不正当手段扰乱商标代理市场秩序的

违反条款：《商标法实施条例》第八十八条。

处罚条款：《商标法》第六十八条第一款第（二）项。

7. 商标代理机构违反规定接受委托办理商标注册申请的

违反条款：《商标法》第十九条第三款。

处罚条款：《商标法》第六十八条第一款第（三）项。

违反特殊标志管理行为

1.擅自改变特殊标志文字、图形的

处罚条款：《特殊标志管理条例》第十五条第（一）项。

2.许可他人使用特殊标志，未签订使用合同的

违反条款：《特殊标志管理条例》第十四条第二款。

处罚条款：《特殊标志管理条例》第十五条第（二）项。

3.许可他人使用特殊标志，使用人在规定期限内未报国务院工商行政管理部门备案或者未报所在地县级以上工商行政管理机关存查的

违反条款：《特殊标志管理条例》第十四条第三款。

处罚条款：《特殊标志管理条例》第十五条第（二）项。

4.特殊标志所有人或者使用人超出核准登记的商品或者服务范围使用的

处罚条款：《特殊标志管理条例》第十五条第（三）项。

5.擅自使用与所有人的特殊标志相同或者近似的文字、图形或者其组合的

处罚条款：《特殊标志管理条例》第十六条第（一）项。

6.未经特殊标志所有人许可，擅自制造、销售其特殊标志的

处罚条款：《特殊标志管理条例》第十六条第（二）项。

7.未经特殊标志所有人许可，擅自将其特殊标志用于商业活动的

处罚条款：《特殊标志管理条例》第十六条第（二）项。

8.未经奥林匹克标志权利人许可，为商业目的擅自使用奥林匹克标志的

违反条款：《奥林匹克标志保护条例》第四条。

处罚条款：《奥林匹克标志保护条例》第十条第一款。

9.经许可使用奥林匹克标志，未在使用时标明许可备案号的

处罚条款：《特殊标志管理条例》第九条。

10.侵犯世界博览会标志专有权的

违反条款：《特殊标志管理条例》第四条第二款。

处罚条款：《特殊标志管理条例》第十一条。

商标印制违法行为

1.擅自设立商标印刷企业或者擅自从事商标印刷经营活动的

《印刷业管理条例》第七条。

《商标印刷管理办法》第十二条；《印刷业管理条例》第三十四条。

2.印制假冒他人注册商标标识的

《商标法》第五十七条第（四）项。

《商标法》第六十条第二款。

3.印制明知或者应知与他人注册商标近似、引起公众误认的商标标识的

《商标法》第五十七条第（六）项。

《商标法》第六十条第二款。

4.未对商标印制委托人提供的证明文件和商标图样进行核查，或者违反规定承接商标印制的

《商标印刷管理办法》第七条。

《商标印刷管理办法》第十一条。

5.商标印制业务管理人员没有按照要求填写《商标印制业务登记表》的

《商标印刷管理办法》第八条。

《商标印刷管理办法》第十一条。

6.未建立商标标识出入库制度的

《商标印刷管理办法》第九条。

《商标印刷管理办法》第十一条。

7.商标印制档案及商标标识出入库台账未按要求存档备查的

《商标印刷管理办法》第十条。

《商标印刷管理办法》第十一条。

四、消费侵权行为

消费侵权违法行为的主要表现

销售违法商品

1.销售《产品质量法》禁止销售的产品

（1）销售不符合保障人身、财产安全的国家标准、行业标准的产品；

（2）销售掺杂掺假、以次充好、以假充真或者以不合格产品冒充合格的产品；

（3）销售明令淘汰并停止销售的产品；

（4）销售失效、变质的产品；

（5）销售伪造商品的产地，伪造或者冒用他人的厂名、厂址，篡改生产日期，伪造或者冒用认证标志等质量标志的产品。

2.销售未取得生产许可证的重要工业产品

依据《工业产品生产许可证管理条例》第五条：“任何企业未取得生产许可证不得生产列入目录的产品。任何单位和个人不得销售或者在经营活动中使用未取得生产许可证的列入目录的产品。”列入这一目录的重要工业产品包括六类。常见的是：乳制品、肉制品、饮料、米、面、食用油、酒类、电热毯、压力锅、燃气热水器、卫星电视接收设备、安全帽、建筑扣件等。实施工业产品生产许可的商品，出厂前必须在其包装或者标识上加印（贴）工业产品生产许可标志，没有工业产品生产许可标志的，不得出厂销售。

3.销售未获得“中国强制认证”标志的相关产品

依据《强制性产品认证管理规定》的有关规定，“3C”或“CCC”（china compulsory certification）即“中国强制认证”标志，国家规定的相关产品必须经过认证，并取得认证标志后，方可出厂、销售、进口或在其他经营活动中使用。根据国家认监委2007年第9号公告《关于发布〈强制性认证产品目录描述与界定表〉的公告》，强制性认证产品范围已由最初的电线电缆、低压电器、家用电器设备、音视频设备、机动车辆及安全附件、农机产品、医疗器械等19大类132种商品扩展为22大类159种商品。

对商品或者服务做虚假或引人误解的宣传

《反不正当竞争法》第九条规定：“经营者不得利用广告或者其他方法，对商品的质量、制作成分、性能、用途、生产者、有效期限、产地等做引人误解的虚假宣传。广告的经营者不得在明知或者应知的情况下，代理、设计、制作、发布虚假广告。”新《消费者权益保护法》将第三十九条改为第四十五条第一款，其中的“利用虚假广告”修改为“利用虚假广告或者其他虚假宣传方式”，“广告的经营者”修改为“广告经营者、发布者”，“真实名称、地址”修改为“真实名称、地址和有效联系方式”。同时增加两款，“广告经营者、发布者设计、制作、发布关系消费者生命健康商品或者服务的虚假广告，造成消费者损害的，应当与提供该商品或者服务的经营者承担连带责任”；“社会团体或者其他组织、个人在关系消费者生命健康商品或者服务的虚假广告或者其他虚假宣传中向消费者推荐商品或者服务，造成消费者损害的，应当与提供该商品或者服务的经营者承担连带责任”，明确广告经营者、发布者、代言人、推销人的连带赔偿责任。

从法律规定看，这种行为的具体表现形式为经营者利用虚假广告或者其他虚假宣传方式向消费者推荐商品或者服务，主要表现如下：

（1）滥用各种夸张性语言和绝对化语言。

（2）滥用公众对名人、专家、领导人、权威机构的信任，利用他们与商品或者服务无任何联系的名义和形象做广告宣传。

（3）使用含糊其辞、模棱两可的语言或者形象做广告，设置圈套让购买者产生误解。

（4）虚构产品或者服务的获奖情况、商标权或者专利权的授予情况、销售地区或者数量情况等。

（5）隐瞒商品或者服务本身具有的法律法规要求应予以明示的瑕疵。

（6）无根据地使用各种数据、百分比做广告宣传。

（7）利用广告宣传未经审批的活动，非法骗取培训费、服务费等。

（8）假冒他人注册商标、专利、厂商名称等侵权性广告，让消费者误以为所购买的商品或者服务是被侵权人的商品或服务。

对消费者提出的修理、重做、更换、退货、补足商品数量、退还货款和服务费用或者赔偿损失的要求，故意拖延或者无理拒绝

新《消费者权益保护法》第二十四条第一款规定："经营者提供的商品或者服务不符合质量要求的，消费者可以依照国家规定当事人约定退货，或者要求经营者履行更换、修理等义务。没有国家规定和当事人约定的，消费者可以自收到商品之日起七日内退货；七日后符合法定解除合同条件的，消费者可以及时退货，不符合法定解除合同条件的，可以要求经营者履行更换、修理等义务。"第二十五条规定："经营者采用网络、电视、电话、邮购等方式销售商品，消费者有权自收到商品之日起七日内退货，且无需说明理由。""经营者应当自收到退回商品之日起七日内返还消费者支付的商品价款。退回商品的运费由消费者承担；经营者和消费者另有约定的，按照约定。"

商品和服务的质量，关系消费者的日常生活，涉及消费者人身、财产安全。从工商部门和消费者协会受理的申诉投诉案件看，一半是有关商品和服务质量的案件。"三包"规定是实现产品质量担保的一种方式，指的是修理、更换、退货。自1985年《部分商品修理、更换、退货责任规定》出台以来，有关行政部门按照产品不同属性分别制定了一些"三包"规定，如：移动电话、固定电话、微型计算机、家用视听产品、农机等，这些规定在解决消费者与经营者的消费纠纷中发挥了积极作用。但随着社会发展，"三包"制度也存在一些问题，如覆盖范围过窄、退货时限过短、有些商品实行"三包"的限制条件过多、折旧费收取过高等。

新《消费者权益保护法》规定，经营者提供的商品或者服务不符合质量要求的，消费者可以依照国家规定、当事人约定退货，或者要求经营者履行更换、修理等义务。没有国家规定和当事人约定的，消费者可以自收到商品之日起七日内退货；七日后符合法定解除合同条件的，消费者可以及时退货，不符合法定解除合同条件的，可以要求经营者履行更换、修理等义务。

新《消费者权益保护法》从第四十条至第四十五条规定了生产者、销售者、服务者、展销会的举办者、柜台的出租者、网络平台提供者以及广告经营者、发布者、代言人的赔偿责任。这些赔偿主体应履行下列赔偿义务：

（1）由于经营者未采取必要的安全措施或未提供必要的安全设施而使消费者在购买商品时人身受到伤害或财产受到损失。

（2）由于服务经营者采用的服务方式不当而致消费者人身或财产受到损失。

（3）由于不公平的交易条件而使消费者蒙受的经济损失。

（4）消费者购买商品、接受服务时遭受经营者的侮辱、殴打或不公平对待，而导致其人身或财产遭受损害。

（5）由于商品缺陷而致消费者人身或财产遭受损害。

（6）在解决因以上原因而发生的消费者和经营者之间的争议过程中做出的必要的费用支出。

利用格式条款免除自身责任，侵害消费者权益

格式条款是当事人为了重复使用而预先拟定，并在订立合同时未与对方协商的条款。格式条款在金融、电信、供水、供电等领域广泛应用，具有便利交易、降低成本等优点。但由于格式条款是经营者按照自己单方意愿拟定的，重点必然落在维护自身利益上。一些经营者利用其优势地位，在制定格式条款时只强调权利，有意识地逃避法定义务，甚至将不公平条款强加给消费者，引起消费者的强烈不满。

目前不公平格式条款主要存在五方面问题：

（1）经营者减免自己责任、逃避应尽义务。一些经营者无视国家法律法规，在制定格式条款时，有意逃避法定责任和义务。

（2）权利义务不对等、任意加重消费者责任。

（3）排除、剥夺消费者的权利。有的经营者通过格式条款，事先拟定消费者放弃权利的条款，一旦发生问题，以此为自己免责。还有的则将合同中属于双方约定的条款事先填好，签订时不容协商。

（4）违反法律规定，任意扩大经营者权利。

（5）利用模糊条款掌控最终解释权。一些商场、超市在各种促销活动中，都不忘声明“本公司具有活动最终解释权”，一旦发生消费纠纷，该声明就成为其推卸责任的挡箭牌。

新《消费者权益保护法》第二十六条规定：“经营者在经营活动中使用格式条款的，应当以显著方式提请消费者注意商品或者服务的数量和质量、价款或者费用、履行期限和方式、安全注意事项和风险警示、售后服务、民事责任等与消费者有重大利害关系的内容，并按照消费者的要求予以说明。”

“经营者不得以格式条款、通知、声明、店堂告示等方式，做出排除或者限制消费者权利、减轻或者免除经营者责任、加重消费者责任等对消费者不公平、不合理的规定，不得利用格式条款并借助技术手段强制交易。”

“格式条款、通知、声明、店堂告示等含有前款所列内容的，其内容无效。”

新《消费者权益保护法》对于经营者以不公平格式条款损害消费者权益的行为进行了进一步规制。一是要求经营者使用格式条款的，应当以显著方式提请消费者注意与自身有重大利益关系的内容，如安全注意事项、风险警示、售后服务、民事责任

等；二是细化了利用格式条款损害消费者权益的相应情形，经营者不得以格式条款、通知、声明、店堂告示等方式做出排除或者限制消费者权利、减轻或者免除经营者责任、加重消费者责任等对消费者不公平、不合理的规定；三是针对网络交易等过程中经营者利用技术手段要求消费者必须同意所列格式条款否则无法交易的情形，规定经营者不得利用格式条款并借助技术手段强制交易。

侵害消费者人格尊严、侵犯消费者人身自由或者侵害消费者个人信息

新《消费者权益保护法》对保护消费者人格尊严、人身自由和个人信息做出了新的规定：

（1）消费者在购买、使用商品和接受服务时，享有其人格尊严、民族风俗习惯得到尊重的权利，享有个人信息依法得到保护的权利；

（2）经营者侵害消费者的人格尊严、侵犯消费者人身自由或者侵害消费者个人信息依法得到保护的权利的，应当停止侵害、恢复名誉、消除影响、赔礼道歉，并赔偿损失；

（3）经营者收集、使用消费者个人信息，应当遵循合法、正当、必要的原则，明示收集、使用信息的目的、方式和范围，并经消费者同意；

（4）经营者收集、使用消费者个人信息，应当公开其收集、使用规则，不得违反法律、法规的规定和双方的约定收集、使用信息；

（5）经营者及其工作人员对收集的消费者个人信息必须严格保密，不得泄露、出售或者非法向他人提供；

（6）经营者应当采取技术措施和其他必要措施，确保信息安全，防止消费者个人信息泄露、丢失。在发生或者可能发生信息泄露、丢失的情况时，应当立即采取补救措施；

（7）经营者未经消费者同意或者请求，或者消费者明确表示拒绝的，不得向其发送商业性信息。

将个人信息受到保护作为消费者的一种权益确认下来，这是《消费者权益保护法》修订的一大亮点。针对现实中个人信息泄露、骚扰信息泛滥的情况，新法规定了经营者收集、使用消费者个人信息的原则，对所收集个人信息的保密义务、商业信息的发送限制等，对于保护消费者权益具有积极意义。新法还规定了侵害消费者个人信息应当承担的民事责任、行政责任。并通过记入信用档案，向社会公布的方式增强对不法经营者的震慑力，有助于个人信息得到更好的保护。

拒绝或拖延召回缺陷商品

缺陷商品召回，是指缺陷商品的生产商、销售商、进口商在得知其生产、销售或

进口的商品存在危及人身、他人财产安全的不合理危险时，依法向职能部门报告，及时通知消费者，设法从市场上、消费者手中收回缺陷商品，并采取措施有效预防、控制、消除缺陷产品可能导致损害的活动。召回是以消除缺陷、避免伤害为目的，具体召回活动由生产者组织完成并承担相应费用。2013年1月1日起《缺陷汽车产品召回管理条例》开始实施，明确规定在汽车领域实行召回制度。此外，我国还有11种产品的管理制度中含有召回的用语表述，如：食品、乳制品、儿童玩具等。但这些产品在召回的条件、企业责任、政府职责、处理措施等方面不尽一致。

新《消费者权益保护法》对缺陷商品召回制度做了如下规定："经营者发现其提供的商品或者服务存在缺陷，有危及人身、财产安全危险的，应当立即向有关行政部门报告和告知消费者，并采取停止销售、警示、召回、无害化处理、销毁、停止生产或者服务等措施。采取召回措施的，经营者应当承担消费者因商品被召回支出的必要费用。"

"经营者明知商品或者服务存在缺陷，仍然向消费者提供，造成消费者或者其他受害人死亡或者健康严重损害的，受害人有权要求经营者依照本法第四十九条、第五十一条等法律规定赔偿损失，并有权要求所受损失两倍以下的惩罚性赔偿。"

"经营者有下列情形之一，除承担相应的民事责任外，其他有关法律、法规对处罚机关和处罚方式有规定的，依照法律、法规的规定执行；法律、法规未做规定的，由工商行政管理部门或者其他有关行政部门责令改正，可以根据情节单处或者并处警告、没收违法所得、处以违法所得一倍以上十倍以下的罚款，没有违法所得的，处以五十万元以下的罚款；情节严重的，责令停业整顿、吊销营业执照：拒绝或者拖延有关行政部门责令对缺陷商品或者服务采取停止销售、警示、召回、无害化处理、销毁、停止生产或者服务等措施的。"

"经营者有前款规定情形的，除依照法律、法规规定予以处罚外，处罚机关应当记入信用档案，向社会公布。"

"经营者违反本法规定提供商品或者服务，侵害消费者合法权益，构成犯罪的，依法追究刑事责任。"

新《消费者权益保护法》规定召回范围适用所有商品或者服务，并将法律位阶由行政法规、规章提升至基本法律。原《消费者权益保护法》规定，经营者发现其提供的商品或者服务存在严重缺陷，即使正确使用仍然可能对人身、财产安全造成危害的，应向行政部门报告和告知消费者，并采取防止危害发生的措施。新《消费者权益保护法》删除了"严重"这一限制词，明确只要经营者发现其提供的商品或者服务存在缺陷，有危及人身、财产安全危险的，一要立即报告有关行政部门和告知消费者；二要采取停止销售、警示、召回、无害化处理、销毁、停止生产或者服务等措施；三是消费者因商品被召回支出的必要费用由经营者承担。同时，新法规定了经营者明知商品或者服务存在缺陷，仍然向消费者提供，造成消费者或者其他受害人死亡或者健康严重损害的民事责任；规定了经营者拒绝或者拖延有关行政部门责令其采取消除危险措施的行政责任；规定了违法提供商品或者服务侵害消费者权益的相应刑事责任。

查处消费侵权案件的法律适用

商品质量违法案件查办的法律适用

《消费者权益保护法》第五十六条规定的十种违法行为，其中前五种均属于商品质量违法行为。这五种违法行为，基本与《产品质量法》的规定相对应。因此，在大部分情况下，工商行政管理部门查处流通领域的商品质量违法行为，实际上一般是直接适用《产品质量法》对违法经营者进行处罚。但是，由于《消费者权益保护法》中的“商品”与《产品质量法》中的“产品”的范畴不完全一致，以及具体表述的差异，因此，在商品质量违法案件查办时应注意以下几点：

（1）对于销售的工业产品存在“掺杂、掺假、以假充真、以次充好，或者以不合格商品冒充合格商品”、“失效、变质”以及销售商“伪造商品的产地，伪造或者冒用他人的厂名、厂址，伪造或者冒用认证标志、名优标志等质量标志”等情形的，一般情况下适用《产品质量法》进行处罚。

（2）对于销售的工业产品“不符合保障人身、财产安全要求”的，原则上，按照《标准化法》的规定，这些保障人身、财产安全要求应当都有相应的国家标准、行业标准，因此，可适用《产品质量法》第四十九条的规定。但是，不排除相关标准滞后缺乏的情况，此时难以直接适用《产品质量法》，不过此时应注意的是，不符合保障人身、财产安全要求的，就需要强有力的技术分析报告或者鉴定报告作为前提和支撑。

（3）对于销售的工业产品不符合《消费者权益保护法》和《产品质量法》要求，但是，具体的商品品种有特别法进行规范的，根据特别法优先原则以及《产品质量法》第七十条的规定，应当由特别法规定的有权部门或者工商行政管理部门适用特别法进行处理。如药品、食品、医疗器械、种子、饲料、饲料添加剂、农药、兽药、农业机械、民用爆炸物品、烟花爆竹、危险化学品、易制毒化学品、特种设备，等等。

（4）对于销售的未经加工制作的农产品、矿产品等存在上述情形的，根据《农产品质量法》《煤炭法》《棉花质量监督管理条例》等法律法规，一般是由专门的监管部门依据上述法律法规的规定依法进行处罚。

（5）对于销售的商品“应当检验、检疫而未检验、检疫或者伪造检验、检疫结果”的，根据商品本身特性以及相关管理规定，对于这些商品的检验检疫要求均由《进出口商品检验法》《进出口商品检验法实施条例》《化妆品卫生监督条例》等做出特别规定，因此，原则上也应当由有权部门适用相关法律法规进行处理。

（6）还有些商品，由于商品本身的特性，不具有市场流通的过程，如枪支、航空器、船舶，等等。对这部分商品的质量违法行为，一般是由专门的主管部门或者生产领域的监管部门依法进行处罚。

对商品或者服务做虚假或引人误解的宣传违法行为的法律适用

由于《反不正当竞争法》第二十四条明确规定了对经营者利用广告或者其他方法对商品做引人误解的虚假宣传违法行为的处罚，同时，《广告法》第三十七条也规定了对利用广告对商品或者服务做虚假宣传的广告主的处罚，因此，当经营者利用广告对商品或者服务做虚假或引人误解的宣传时，就存在法条竞合情况，可以选择适用《反不正当竞争法》或者《广告法》，如果不是利用广告的手段，则适用《反不正当竞争法》。值得注意的是，在《反不正当竞争法》中规定了“虚假表示”和“虚假宣传”两种违法行为，根据《反不正当竞争法》第二十一条的规定，经营者对商品质量做引人误解的虚假表示的，适用《产品质量法》的规定处罚。这些虚假表示行为可能构成《产品质量法》中规定的以次充好、以不合格商品冒充合格商品，也有可能仅是标识不符合《产品质量法》要求，需要视具体情形而定。当适用《产品质量法》进行处罚时，工商行政管理部门依据国务院关于生产领域与流通领域的职责分工只能对销售者依法予以处罚。当适用《反不正当竞争法》和《广告法》时，这些法律中规定的“经营者”和“广告主”既包括商品生产者，也包括商品销售者、服务业经营者，根据这些法律以及国务院关于工商行政管理部门职责的规定，工商行政管理部门既可对销售者的违法行为进行处罚，也可对生产者、服务业经营者的违法行为进行处罚。

对消费者提出的修理、重做、更换、退货、补足商品数量、退还货款和服务费用或者赔偿损失的要求，故意拖延或者无理拒绝违法行为查处的法律适用

对于故意拖延和无理拒绝违法行为，由于目前尚没有其他法律法规对此类行为做出具体规定，因此，原则上只能直接适用《消费者权益保护法》第五十六条第一款第（八）项进行处理，即由工商行政管理部门或者其他有关行政部门责令改正，可以根据情节单处或者并处警告、没收违法所得、处以违法所得一倍以上十倍以下的罚款，没有违法所得的，处以五十万元以下的罚款；情节严重的，责令停业整顿、吊销营业执照。并记入信用档案，向社会公布。

侵害消费者人格尊严、侵犯消费者人身自由或者侵害消费者个人信息依法得到保护的权利的违法行为查处的法律适用

此类行为一般同时构成违反《治安管理处罚法》的行为，一些地方法规对此类行

为也做出了具体规定，原则上优先适用相关法律或者地方法规，对于公安部门认为不构成治安管理违法行为的，工商行政管理部门视情节可以依据《消费者权益保护法》第五十六条第一款第（九）项给予行政处罚。

拒绝或者拖延有关行政部门责令对缺陷商品或者服务采取停止销售、警示、召回、无害化处理、销毁、停止生产或者服务等措施的违法行为查处的法律适用

这是新《消费者权益保护法》新增的违法行为，我国在汽车和乳制品等十几种商品的管理制度中规定了召回制度，对于没有具体规定处罚方式和处罚机关的，都可依据《消费者权益保护法》第五十六条第一款第（七）项给予行政处罚。

其他应受处罚行为的法律选择适用

《消费者权益保护法》第五十六条第（十）项做了一项兜底规定："法律法规规定的对损害消费者权益应当予以处罚的其他情形"。法的指引、评价、教育、预测、强制作用，是以法律内容的确定性为前提的。一项法律、法规在认为一类行为违反了其应当保护的社会关系，应予以处罚时，一般均相应地明确规定给予何种处罚。但是，由于法律语言的抽象和概括，为防止一些应受处罚行为因为立法原因而逃脱法律制裁，常常在一些列举性表述中规定兜底条款，为法律对一些违法行为的事后规制提供空间。这类兜底条款一般很少适用，即使适用，也是以有权机关事先根据法律规定的原则，对属于同一类型违法行为作扩充解释为前提的。《消费者权益保护法》的这项规定，以有相应的法律、法规和规章规定某一行为应受处罚为前提。因此，一般是直接适用该法律、法规和规章，只有在法律、法规和规章规定了应受处罚，但因某种原因未规定具体处罚方式和处罚机关时，方可适用《消费者权益保护法》进行处罚。此时，对于具体案件来说，实际上是同时适用相关的法律、法规、规章和《消费者权益保护法》。

几部具体法律法规以及部门规章的适用问题

除《消费者权益保护法》中规定的上述几类违法行为外，在假冒伪劣案件查办中，有一些具体法律法规和规章与工商行政管理部门的监管执法关系密切，在案件查办中，常常面临这些法律法规和规章能否适用以及如何适用的问题。

1.《标准化法》及《标准化法实施条例》的适用

《标准化法》于1989年4月1日实施，《标准化法实施条例》于1990年4月6日颁布实施。根据后法优于前法的原则，在查处商品质量违法行为时，对于销售不符合强制性标准要求的商品的，原则上应当适用《产品质量法》进行认定和处罚。但是，值得注意的是，《标准化法实施条例》规定了责令限期追回已售出商品，监督销毁或者

做必要技术处理的手段，这在《产品质量法》中没有相关要求，在《标准化法实施条例》未废止或者修订前，上述规定仍然可以依法实施。

2.《计量法》及《计量法实施细则》的适用

《计量法》于1985年9月颁布，1986年7月1日实施；《计量法实施细则》于1987年2月1日颁布实施。这两部法律法规对计量器具的质量问题做出了专门规定。按照特别法优先的原则，计量器具质量监管应适用《计量法》和《计量法实施细则》，由相应的主管部门对有关违法行为依法进行查处。工商行政管理部门可以适用《计量法》和《计量法实施细则》对使用不合格计量器具或者破坏计量器具准确度和伪造数据，给国家和消费者造成损失的违法行为予以查处。

3.《工业产品质量责任条例》的适用

《工业产品质量责任条例》（国发[1986] 42号）颁布于1986年4月5日，同年7月1日实施，目前尚未废止，仍为有效行政法规。按照上位法优先和后法优先的原则，对于工业产品质量违法行为，原则上应适用《产品质量法》和《工业产品生产许可证管理条例》。但对《产品质量法》没有规定处罚的行为，如果《工业产品质量责任条例》有规定，也可适用《工业产品质量责任条例》，如销售隐匿厂名厂址的商品、销售没有产品检验合格证的商品以及销售用不合格原材料、零部件生产或组装的商品的。

4.《工业产品生产许可证管理条例》的适用

对于工业产品生产许可证标志问题，根据《工业产品生产许可证管理条例》，主要由质量监督部门依法进行监管。但是，该条例也明确规定，工商行政管理部门可以按职责，适用《工业产品生产许可证管理条例》，对销售或者在经营活动中使用未取得生产许可证的列入目录产品以及流通领域伪造、变造许可证证书、生产许可证标志和编号的违法行为进行查处。

5.《认证认可条例》的适用

根据《认证认可条例》，3C标志问题由认证认可监管部门负责监管，列入目录的产品未经认证，擅自出厂、销售、进口或者在其他经营活动中使用的，由国务院认证认可监督管理部门或者其授权的地方认证监督管理部门进行处罚。工商行政管理部门应当依据职责，适用《产品质量法》，对伪造、冒用、买卖认证标志或者认证证书的违法行为进行查处。

6.其他部门规章适用问题

各部委的规章是各部委根据法律和行政法规以及国务院决定、命令，在本部门权限范围内制定的，除联合规章外，原则上仅适用于本部门，其他部门也不宜直接适用。但是，对于国务院明确规定由相关部门依据职责做出具体规定的，这些部门发布的规章性质文件与假冒伪劣案件查办关系密切，一些可以直接适用作为认定依据，但处罚应当依据相关法律法规和工商行政管理部门的规章。例如：对于国家明令淘汰并停止销售的商品品种，一般是由国家和发展改革委员会以部门令的形式发布《产业结构调整指导目录》，工商行政管理部门可适用该目录来认定商品是否为国家明令淘汰并停止销售的，如果属于国家明令淘汰并停止销售的，则可适用《产品质量法》依法进行处罚。

五、直销违法行为与传销

直销违法行为

《直销管理条例》的有关规定

1.几个基本概念

（1）直销：直销是指直销企业招募直销员，由直销员在固定营业场所之外直接向最终消费者（以下简称消费者）推销产品的经销方式。对这一概念的理解：

1）直销是指销售商品的行为，不包括服务。

2）“在固定营业场所之外”是指“离开固定地点销售”（away from location），不是指“没有固定地点”（without location）。是指直销员离开了招募企业的营业场所进行的直销行为。这里的“固定地点”和传统商业店铺有很大区别，是指直销企业及其分支机构的住所、经营场所以及服务网点。

3）直销是通过人（直销员）直接面对消费者销售，不是通过其他途径，诸如邮购、电子商务等。

（2）直销企业：直销企业是指依照《直销管理条例》规定经批准采取直销方式销售产品的企业。对这一概念的理解：

1）直销企业是个法定概念，是按照条例规定经批准成立的。未经批准的任何单位和组织，不得从事直销活动，不得称为直销企业。

2）转型企业不能自然成为直销企业，未经批准，不得从事直销活动。《禁止传销条例》和《直销管理条例》颁行后，经过一个过渡阶段，经批准进入直销行业的，成为直销企业。否则，应转为一般经营方式经营的企业，转型企业作为特定历史时期的特定称谓，将不复存在。商务部、国家工商总局《关于废止外商投资转型企业有关规定的公告》（2005年第100号）中规定，有关外商投资企业转变销售方式等五个关于外商投资转型企业的规定于2006年12月1日废止。自2006年12月1日起，未依法获得直销许可，以店铺加雇佣推销人员从事经营活动的，比照《直销管理条例》第三十九条关于未经批准从事直销活动的规定查处。所以，2006年11月30日是转型企业存在的最后期限，2006年12月1日起，转型企业将不复存在。

3）直销企业本身不一定是生产型企业，因为《直销管理条例》第四条规定："在中华人民共和国境内设立的企业，可以依照本条例规定申请成为以直销方式销售本企业生产的产品以及其母公司、控股公司生产产品的直销企业。"所以，直销企业首先必须是在中国境内设立的企业；其次，销售的产品可以是本企业生产的产品，也可以是其母公司、控股公司生产的产品。言外之意，直销企业本身不一定是生产型企业。

2.直销产品的范围

直销产品的范围由国务院商务主管部门会同国务院工商行政管理部门根据直销业的发展状况和消费者的需求确定、公布。直销企业必须在国家规定的直销产品的范围内，从事直销活动。目前，直销产品的范围有五种：化妆品、保健食品、保洁用品、保健器材、小型厨具。

3.申请成为直销企业应当具备的条件

（1）投资者具有良好的商业信誉，在提出申请前连续五年没有重大违法经营记录；外国投资者还应当有三年以上在中国境外从事直销活动的经验。

（2）实缴注册资本不低于人民币八千万元。

（3）依照《直销管理条例》规定在指定银行足额缴纳了保证金。《直销企业保证金存缴、使用管理办法》第二条规定："企业申请直销应提交其在指定银行开设的保证金专门账户凭证，金额为两千万元人民币。保证金为现金。"

（4）依照规定建立了信息报备和披露制度。

商务部门负责直销企业设立的前置审批。工商部门主要是了解、掌握和提供申请直销企业有关重大违规经营记录的问题。关于重大违规经营记录，应该看是否存在影响其商业信誉的违法经营行为，是否存在欺诈消费者行为，是否被工商部门多次处罚过等。企业曾被工商部门查处过的传销或变相传销违法行为，应是重大违规经营行为。同时，该违规经营行为必须是由工商部门查处的，如果不是工商部门查处的违法行为，不在此列。

4.设立分支机构及服务网点的规定

（1）关于设立分支机构：直销企业从事直销活动，必须在拟从事直销活动的省、自治区、直辖市设立负责该行政区域内直销业务的分支机构。要不要在市、县设立分支机构，条例未作要求，也没有禁止，由企业根据具体情况自行决定。

（2）关于服务网点：直销企业在其从事直销活动的地区应当建立便于并满足消费者、直销员了解产品价格、退换货及企业依法提供其他服务的服务网点。

1）服务网点的设立应当符合当地县级以上人民政府的要求。条例将服务网点设立的批准权授予了当地县级以上人民政府。县级以上人民政府授权由哪个具体部门负责以及具体的管理办法和措施，有待于做出进一步规定。一般应由商务部门负责。

2）原有的加盟店或者专卖店符合服务网点关于了解产品价格、退换货要求的，也可以同时作为服务网点。

3）服务网点的设立是以“地区”为标准，不受行政区划的限制。如在某行政区域设立的服务网点，服务范围可以跨越两个以上的行政区域，不受该行政区划的限制。

4）服务网点的设立属于前置审批的内容，是在企业申请直销准入时就必须具备的条件之一，由商务部门在批准直销企业成立时负责把关。对已经批准的直销企业，说明其服务网点的设立已经符合了条例的要求。

5）工商部门负责对直销企业成立后的服务网点的监管。虽然服务网点作为申请成立直销企业的条件由商务部门审查把关，但其活动由工商部门监管。

5.直销员及直销员培训制度

（1）直销员

直销员是指在固定营业场所之外将产品直接推销给消费者的人员。对直销员这一概念的理解：

1）直销员是自然人。组织不能成为直销员。个体工商户、独资企业、个人合伙等不能成为直销员，但其个人可以成为直销员。

2）直销员在固定营业场所之内，也可以销售产品。

3）直销员是相对于直销企业的一个法律概念，有其特定含义。其他传统经营方式企业的营销人员不能称为直销员，不能用有关直销员的规定去规范。

4）直销员必须从属于一家直销企业，而且，只能从属于一家直销企业，不能在两个以上的直销企业做直销员。

（2）直销员的招募

1）直销企业及其分支机构可以招募直销员。这里的分支机构应该是指省级分支机构。服务网点、专卖店、省级以下分支机构、直销员等不能招募直销员。直销企业及其分支机构以外的任何单位和个人不得招募直销员。直销企业不能委托县市分支机构或者服务网点招募直销员。

2）不得以缴纳费用或者购买商品作为成为直销员的条件。如：企业规定必须购买一定数额商品才能成为直销员，既违反了《直销管理条例》第十四条的规定，也构成了《禁止传销条例》第七条规定的传销行为。

3）直销企业及其分支机构不得发布宣传直销员销售报酬的广告，但可以发布招募直销员的广告。

4）直销企业及其分支机构招募直销员应当与其签订推销合同，并保证直销员只在其一个分支机构所在的省、自治区、直辖市行政区域内已设立服务网点的地区开展直销活动。未与直销企业或者其分支机构签订推销合同的人员，不得以任何方式从事直销活动。

（3）直销企业及其分支机构不得招募下列人员为直销员：

1）未满十八周岁的人员。

2）无民事行为能力或者限制民事行为能力的人员。

该条主要指无民事行为能力或者限制民事行为能力的精神病人。因为年龄因素的无民事行为能力人或限制民事行为能力人已包括在上述第（1）项规定中。

3）全日制在校学生。

4）教师、医务人员、公务员和现役军人。关于教师，按照《教师法》规定，是指从事教师职业的人员，但是这里可以是指在校的所有正式教职员工，包括行政管理人员。退休、转业军人和退休公务员做直销员不受限制。

5）直销企业的正式员工。就是说，直销企业的正式员工不能同时为直销企业的直销员。反过来讲，直销员不是企业的正式员工。企业的正式员工按照劳动合同的约定拿取报酬；直销员按照自己直接销售产品销售额的一定比例获得报酬，多销售多拿，少销售少拿，与直销企业其他直销员的营销业绩无关。

6）境外人员。这里的"境外"是指海关境外，包括港、澳、台人员。

7）法律、行政法规规定不得从事兼职的人员。

（4）直销员的直销经营活动及其活动范围

1）直销企业及其分支机构招募直销员应当保证直销员只在其一个分支机构所在的省、自治区、直辖市行政区域内已设立服务网点的地区开展直销活动。直销员不能跨越省级行政区域开展直销活动，同时，开展直销活动的地区必须设立了直销服务网点。

2）直销员和直销企业之间是相对松散型的雇佣关系，不是正式的劳动合同关系。直销员与直销企业之间的关系不受《劳动法》的调整。

3）直销员的行为由直销企业承担连带责任，但直销企业能够证明直销员的行为与直销企业无关的除外。

4）直销员应该是自然人。个体工商户、个人独资企业、个人合伙等不能成为直销员，但其业主个人可以成为直销员。

5）作为直销企业的直销员推销直销企业的产品，无需办理营业执照，直销员的合法推销活动不以无照经营行为查处。

6）未取得直销员证，任何人不得从事直销活动。

（5）直销员培训制度

直销员培训，是指直销企业对本企业拟招募的直销员和本企业的直销员进行国家相关法律法规规章、直销基础知识等各种培训活动。

商务部、公安部、国家工商总局2005年11月1日联合下发了《直销员业务培训管理办法》，对直销员业务培训做出了详细规定。

1）直销企业应当对拟招募的直销员进行业务培训和考试，考试合格后由直销企业颁发直销员证。

2）培训的主体必须是直销企业，但法律没有禁止分支机构可以受直销企业委托进行培训。直销企业以外的单位和个人，不得以任何名义组织直销员业务培训。就是说，直销员、培训公司等其他任何个人和组织不能以任何名义搞直销培训。

3）直销企业进行直销员业务培训和考试，不得收取任何费用。

4）培训内容要合法。直销培训不得宣扬迷信邪说、色情、淫秽或者渲染暴力；不得扰乱社会秩序，破坏社会稳定；不得对企业产品进行夸大、虚假宣传，贬低同类其他产品，强迫参加培训的人员购买产品；不得以任何方式宣扬直销员以往的收入情况，宣扬大多数参与者将获得成功；不得从事违反国家宪法、法律法规和国家规定禁止的其他活动。直销企业不得以召开研讨会、激励会、表彰会等形式变相对直销员进行培训。

5）培训地点要合法。直销企业应在本企业设有服务网点的地区组织直销培训。直销培训不得在政府、军队、学校、医院的场所及居民社区、私人住宅内举办。

6）培训情况要公示。直销企业应于直销培训或考试活动7日前将培训或考试计划（包括培训时间、具体地点、内容、人数及直销培训员、培训资料和考试时间、地点、人数）在直销企业中文网站上公布。

6.关于直销培训员

（1）直销培训员的条件

直销培训员对直销员进行业务培训。直销培训员应当是直销企业的正式员工，并符合下列条件：

1）在本企业工作1年以上。

2）具有高等教育本科以上学历和相关的法律、市场营销专业知识。

3）无因故意犯罪受刑事处罚的记录。

4）无重大违法经营记录。

（2）禁止成为直销培训员的人员

境外人员不得从事直销员业务培训。"境外"是指海关境外，包括港、澳、台人员。

（3）直销培训员的管理

1）直销企业应当向符合前款规定的授课人员颁发直销培训员证，并将取得直销培训员证的人员名单报国务院商务主管部门备案。直销企业应在每月15日前将本企业上一个月取得直销培训员证的人员名册，通过企业所在地省级商务主管部门向商务部备案。未经备案的人员，不得对直销员开展培训。国务院商务主管部门应当将取得直销培训员证的人员名单，在政府网站上公布。

2）直销培训员只能接受所属企业指派进行培训，不能跨企业培训。

7.关于直销活动

直销员向消费者推销产品，应当遵守下列规定：

（1）出示直销员证和推销合同；

（2）未经消费者同意，不得进入消费者住所强行推销产品，消费者要求其停止推销活动的，应当立即停止，并离开消费者住所；

（3）成交前，向消费者详细介绍本企业的退货制度；

（4）直销企业应当在直销产品上标明产品价格，该价格与服务网点展示的产品价格应当一致。直销员必须按照标明的价格向消费者推销产品；

（5）成交后，向消费者提供发票和由直销企业出具的含有退货制度、直销企业当地服务网点地址和电话号码等内容的售货凭证；

（6）直销企业对其直销员的直销行为承担连带责任，能够证明直销员的直销行为与本企业无关的除外。

8.直销员报酬控制制度

国家对直销员的报酬实行强制干预和控制制度。因为直销员的报酬计酬方式决定着直销企业经营方式的合法性，报酬的支付保障措施影响着社会稳定，所以，条例规定国家对直销员的报酬实行强制干预和控制制度。包括以下几个方面：

（1）报酬支付期限：条例规定，企业至少应当按月支付直销员报酬。

（2）报酬计算方式：直销企业支付给直销员的报酬只能按照直销员本人直接向消费者销售产品的收入计算，报酬总额（包括佣金、奖金、各种形式的奖励以及其他经济利益等）不得超过直销员本人直接向消费者销售产品收入的30%。

计酬方式和计酬制度是工商部门监管直销企业的核心内容，也是决定直销企业的直销行为是否合法的关键环节。企业为了规避法律，经营中可能会出现以下情况，有待进一步探讨：

一是店发展店，个体户发展个体户，个人独资企业发展个人独资企业。相互之间按照批发、零售价格名义结算，实际是上下线之间的关系。从法律上讲，经营者相互之间以批发、零售价格结算不违反法律规定。但是，允许存在几层计酬关系？直销企业、批发店、零售店为两层计酬关系，再往下发展还允许不允许，是否就构成传销？

二是把直销员作为企业正式员工对待。企业正式员工的报酬没有限制性规定。但是，把直销员作为企业正式员工，直销企业要为这些直销员缴纳“三险一金”，会增加企业成本，一般企业难以承受。

三是境外支付。利用境外支付手段规避法律，工商部门监管起来难度相对较大。

（3）强行支付报酬制度：无正当理由，直销企业不向直销员支付报酬或者直销企业发生停业、合并、解散、转让、破产等情况，无力向直销员支付报酬时，经国务院商务主管部门和国务院工商行政管理部门共同决定，可以用保证金支付。

9.无条件换货和退货制度

直销企业应当建立并实行完善的换货和退货制度。

无条件退货制度又称冷静期制度，是指直销员或者消费者可以在法律规定的期限内，将未消费的产品按照买入价退还直销企业，直销企业必须无条件予以退货的制度。

（1）消费者换货和退货：消费者自购买直销产品之日起三十日内，产品未开封的，可以凭直销企业开具的发票或者售货凭证向直销企业及其分支机构、所在地的服务网点或者推销产品的直销员办理换货和退货；直销企业及其分支机构、所在地的服务网点和直销员应当自消费者提出换货或者退货要求之日起七日内，按照发票或者售货凭证标明的价款办理换货和退货。

（2）直销员换货和退货：直销员自购买直销产品之日起三十日内，产品未开封的，可以凭直销企业开具的发票或者售货凭证向直销企业及其分支机构或者所在地的服务网点办理换货和退货；直销企业及其分支机构或者所在地的服务网点应当自直销员提出换货或者退货要求之日起七日内，按照发票或者售货凭证标明的价款办理换货和退货。

这就说明条例允许直销员买断直销产品之后，再做推销活动。也可以受直销企业委托，代直销企业销售产品。这和转型企业店铺加雇佣推销员的营销方式有很大区别，转型企业不能要求雇佣的推销员买断产品。

（3）不属于前两款规定情形，如：产品已经开封、超出退货期或者产品存在瑕疵的。消费者、直销员要求换货和退货的，直销企业及其分支机构、所在地的服务网点和直销员应当依照有关法律法规的规定或者合同的约定，办理换货和退货。

（4）纠纷的举证责任：直销企业与直销员、直销企业及其直销员与消费者因换货或者退货发生纠纷的，由直销企业承担举证责任。

10.信息报备和披露制度

为了保障直销员和消费者的合法权益，法律规定直销企业必须向监管机构报备并向公众公开披露有关信息的制度。2005年11月1日，商务部、国家工商总局联合下发了《直销企业信息报备、披露管理办法》（商务部、工商总局令[2005]第24号），规定直销企业要建立中文网站向社会披露信息。直销企业向社会公众公开披露的主要信息有企业基本情况，直销业务销售情况，直销员总数、名单及其编号、职业，企业及其分支机构、服务网点名称、地址、负责人，产品目录、价格、适宜人群，计酬和奖励制度，产品退换货方法，售后服务部门地址、电话，推销合同文本，直销培训员名单、考试、培训方案，重大诉讼、仲裁处理情况等。

直销企业要在每月15日前，通过政府直销行业管理网站向商务部、工商总局报备以下信息：保证金的存缴情况、直销员每月的直销收入情况及纳税明细、直销员直销收入金额占销售收入比例、企业每月销售业绩及纳税情况、直销培训员备案。直销企业应当依照国务院商务主管部门和国务院工商行政管理部门的规定，建立并实行完备的信息报备和披露制度。商务部、国家工商总局通过直销行业管理网站向社会公布有关法律、法规和规章，直销产品范围，直销企业名单及其直销产品名录等内容。

11.保证金制度

保证金制度是指要求企业按月缴纳一定数量的保证金，当企业无正当理由或者无力向直销员支付报酬、向直销员和消费者支付退货款时，由监管机构依照法定程序动用保证金偿付报酬或退货款的制度。在我国立法史上，这是首次以法规的形式规定企业缴纳保证金以保障偿付退货款和有关报酬的制度。直销企业被批准从事直销经营活动之前，就要将保证金存入银行。有以下几个方面的要求：

（1）专户储存：直销企业应当在国务院商务主管部门和国务院工商行政管理部门共同指定的银行开设专门账户，存入保证金。

（2）保证金数额：在直销企业设立时为人民币2000万元；直销企业运营后，保证金应当按月进行调整，其数额应当保持在直销企业上一个月直销产品销售收入15%的水平，但最高不超过人民币1亿元，最低不少于人民币2000万元。保证金的利息属于直销企业。保证金依照规定使用后，直销企业应当在1个月内将保证金的数额补足到规定的水平。

（3）保证金的使用：经国务院商务主管部门和国务院工商行政管理部门共同决定，下列情形可以使用保证金：

1）无正当理由，直销企业不向直销员支付报酬，或者不向直销员、消费者支付退货款的；

2）直销企业发生停业、合并、解散、转让、破产等情况，无力向直销员支付报酬或者无力向直销员和消费者支付退货款的；

3）因直销产品问题给消费者造成损失，依法应当进行赔偿，直销企业无正当理由拒绝赔偿或者无力赔偿的。

强行动用保证金有两种情形：

一是国家工商总局和商务部可以共同决定使用保证金；

二是消费者和直销员持法院生效的判决或调解书，可以申请法院强制执行，也可以申请两个行政机关执行。申请两个行政机关执行时，直销员或消费者根据《直销管理条例》和《直销企业保证金存缴、使用管理办法》第五条规定要求使用保证金的，应当持法院生效判决书或调解书，向省级商务主管部门或工商行政管理部门提出申请，省级商务主管部门或工商行政管理部门接到申请后十个工作日内将申请材料报送商务部和工商总局。直销员除持法院生效判决书、调解书外，还应出示其身份证、直销员证及其与直销企业签订的推销合同。消费者除持法院生效判决书、调解书外，还应出示其身份证、售货凭证和发票。商务部和工商总局接到申请材料后六十个工作日内做出是否使用保证金支付赔偿的决定，并书面通知指定银行、直销企业和保证金使用申请人。在法律上，首次规定法院的生效判决或调解由行政机关强制执行。这一规定，不仅能保证相关权利人的权利能够实现，保持相关社会关系稳定，具有现实意义，而且具有历史意义，是对我国法律制度的一大发展。

（4）不得使用保证金的情形：直销企业不得以保证金对外担保或者违反条例规定用于清偿债务。

（5）保证金的日常监督管理：国务院商务主管部门和国务院工商行政管理部门共同负责保证金的日常监管工作。直销企业保证金使用情况应当及时通过商务部和工商总局直销行业管理网站向社会披露。

12.监督管理

（1）监督管理部门：工商行政管理部门负责对直销企业和直销员及其直销活动实施日常的监督管理。商务部门负责直销企业准入审批，而日后的监管，则主要由工商部门负责。所以，工商部门在直销企业监管问题上，任务重，责任大。

（2）工商行政管理部门进行现场检查可以采取的措施：

1）进入相关企业进行检查；

2）要求相关企业提供有关文件、资料和证明材料；

3）询问当事人、利害关系人和其他有关人员，并要求其提供有关材料；

4）查阅、复制、查封、扣押相关企业与直销活动有关的材料和非法财物，其中“财物”包括现金；

5）检查有关人员的直销培训员证、直销员证等证件。

具体直销违法行为的查处

1.擅自从事直销活动的

定性要点：违法当事人没有获得商务部批准的直销经营许可和依法办理工商登记，擅自开展直销活动或以直销的方式开展经营活动。

证据要点：

（1）当事人资格证明、经营管理制度、经营方式状况、宣传资料、人员招募、产品销售收入等方面证据。包括市场计划书、经营管理制度文件、人员招募名册、银行资金往来凭证等。

（2）税务、卫生等相关部门证明材料，消费者、社会群众及其他相关企业投诉举报、证明等相关旁证材料。

（3）当事人经营活动的视听资料、电脑资料、照片等其他证据。

违反条款：《直销管理条例》第九条、第十条。

处罚条款：《直销管理条例》第三十九条。

2.直销企业擅自变更许可事项的

定性要点：直销企业擅自改变其申请直销经营许可时提交的文件、资料确定的事项，相关内容发生重大变更，未按照规定的程序报国务院商务主管部门批准。

证据要点：

（1）当事人的主体资格证明。如营业执照、直销许可批准文件等。

（2）当事人申请直销经营许可提交的文件、资料及发生重大变更的证明材料。

（3）国务院或省级商务主管部门证明当事人未按程序报批的证明材料。

（4）当事人直销经营的相关资料、文件、账目等证据材料。

违反条款：《直销管理条例》第十一条。

处罚条款：《直销管理条例》第四十一条。

3.超出直销产品范围直销的

定性要点：直销企业及其分支机构，擅自直销超出直销产品范围的产品，或直销未经许可和批准的产品。扩大其直销的产品范围有三种违法方式：一是直销《直销产品范围公告》之外的产品。二是直销非本企业或其母公司、控股公司生产的产品。三是直销非经许可和批准的本企业生产或其母公司、控股公司生产的其他产品。

证据要点：

（1）直销企业及其分支机构的主体资格情况及获得直销经营许可的批准文件、直销产品范围目录等材料。

（2）直销的产品的品种、规格、生产者及生产者与当事人的关系等情况的证明材料。

（3）产品购销协议、销售记录、销售账目、物流仓储等证明材料。

（4）直销员、消费者及其他企业的投诉、举报材料等。

处罚条款：《直销管理条例》第四十二条。

4.违反规定招募直销员的

定性要点：直销企业及其分支机构聘用了不得聘用的人员为直销员，扰乱直销市场管理秩序。不得招聘的人员包括：《直销管理条例》第十五条规定的未满十八周岁的人员、无民事行为能力或者限制民事行为能力的人员等七种人，以及行政法规规定不得从事兼职的人员。

证据要点：

（1）当事人违法招聘的直销员的真实身份证明、直销员证、推销合同等证据材料。

（2）当事人直销员名册、直销员报名表或审查表、报酬发放记录、培训记录、购货凭证等证据材料。

处罚条款：《直销管理条例》第四十四条。

5.违规进行直销员培训的

定性要点：

（1）有直销企业聘用不符合法定条件的培训人员，培训收费、委托其他组织和个人培训，或没有为培训人员颁发直销培训员证，或没有将培训人员名单按要求进行报备，或培训地点、场所不符合规定等情形。

（2）直销企业的直销培训人员教授内容不符合规定。

（3）直销企业以外的单位和个人从事直销业务的培训活动。

证据要点：

（1）证明违规培训活动违法主体资格情况及应承担的行政责任的证据材料。

（2）证明培训场所、内容、培训人员资格等不符合规定的证据。如场地租赁合同、培训录音录像、授课人员身份证明等。

（3）有收取培训费用的违法行为，取得当事人获取违法所得的记账凭证、票据或数据等证据材料。

（4）直销企业以外的公民或其他组织非法培训直销业务的，取得其直销资质、身份证明，以及从事直销培训业务的内容、事项、目的、违法所得、使用的场所等情况的证据材料。

违反条款：《直销管理条例》第十八条、第十九条。

处罚条款：《直销管理条例》第四十六条。

6.直销员违反规定推销产品的

定性要点：直销员在其推销直销产品或商品时，有不出示直销员证，或不出示其直销企业的推销合同，或未经消费者同意擅入消费者住所强行推销直销产品或商品，或不详细地向消费者介绍其企业的退货制度，或不向消费者提供发票、服务网点地址、电话、售货凭证等行为。这些行为，违反了《直销管理条例》规定的推销程序和要求。

证据要点：

（1）当事人直销员的身份证明材料。如身份证、直销员证、推销合同等材料。

（2）当事人已经实施违法推销行为的证据。如消费者申诉举报材料、推销现场监控录像等材料。

（3）取得当事人违法推销产品的种类、数量及相关销售凭证、票据等材料。

违反条款：《直销管理条例》第二十二条。

处罚条款：《直销管理条例》第四十七条。

7.违反直销员报酬、退货规定的

定性要点：

（1）违法当事人有不按月支付直销员推销产品的报酬，或给付直销员的报酬不是按照该直销员直接向消费者销售产品的收入计算，或给付直销的报酬的总额超过该直销员直接向消费者销售产品收入的30%。

（2）直销企业未建立并实行换货和退货制度，消费者或直销员未能按照规定的条件和期限退换货。

证据要点：

（1）证明当事人违反直销付酬规定的违法行为时，应取得直销企业对直销员发放报酬的登记表、汇款或转账凭证、会计记账凭证、直销员购买直销产品的单据或账目，及直销员申诉举报等证据材料。

（2）证明当事人违反退换货规定的违法行为时，应当取得直销企业未建立退换货制度或拒不按规定期限和条件为消费者和直销员办理退换货的证据及消费者和直销员的申诉举报等证据材料。

违反条款：《直销管理条例》第二十四条、第二十五条。

处罚条款：《直销管理条例》第四十九条。

8.直销企业不按照规定进行信息报备、披露的

定性要点：

当事人不按照《直销管理条例》及相关规定报备、披露信息，或报备、披露信息的内容不真实、不准确、不完整，或报备、披露信息的时间和方式不符合要求，造成消费者、直销员无法及时了解直销企业及其直销活动的相关信息，政府监管部门无法及时掌握直销企业的经营管理状况。

证据要点：

（1）当事人的主体资格证明材料。

（2）当事人报备、披露信息的记录材料。

（3）当事人直销经营管理活动的相关资料、文件、账簿及消费者、直销员投诉举报材料等。

（4）当事人中文网站及商务部、国家工商行政管理总局直销行业管理网站刊载的信息资料。

（5）相关政府监管部门或法院、仲裁机构的证明材料等。

违反条款：《直销管理条例》第二十八条第一款。

处罚条款：《直销管理条例》第五十条。

9.直销企业违反保证金制度规定的

定性要点：

国务院商务主管部门和工商行政管理部门的指定银行内，当事人的保证金存缴数额没有达到法定的保证数额及增长要求，或未按照相关规定违规使用。

证据要点：

（1）取得银行账户余额、存款凭证、对账单、企业销售额、验资报告等证据材料，证明当事人未按规定存缴保证金。

（2）取得当事人记账凭证、账户资金支出明细、对外担保情况等证据材料，证明当事人未按规定使用保证金。

处罚条款：《直销管理条例》第五十一条。

传销案件

一般传销案件查办

一般传销案件是指一般情形的传销案件，它相对于网络等新兴领域的传销案件而言比较常见、普通。传销案件的查办必须严格依据《行政处罚法》《行政强制法》《禁止传销条例》《工商行政管理机关行政处罚程序规定》等法律法规及行政规章的规定，这些规定是所有传销案件查办必须遵循的共性规范。一般传销案件的一般性主要体现在其违法构成、查办要求、查处措施、调查手段、查办技巧及证据要求等方面，对所有的传销案件都适用。

1.传销行为的构成要件

（1）主体要件

传销行为的主体是具有行政责任能力，并实施传销行为的行政相对人。公民、法人和其他组织都可以成为传销行为的主体，包括自然人、个体工商户、公司、企业、社会团体等。自然人应当具备行政责任能力，即能自觉和独立辨认、控制自己实施的行为并承担相应责任，法人和其他组织基于拟制人格，也应当具备责任能力，责任承担方式依据相关法律规定确定。在《禁止传销条例》关于传销的定义中，“组织者”和“经营者”被明确为传销主体，这两个概念将公民、法人和其他组织都包含在其中，只是概括的角度不同。“组织者”强调的是组织、策划、介绍、诱骗、胁迫他人加入传销的法人、其他组织和个人，“经营者”强调的是从事商品经营或营利性服务的公司、企业、个体工商户、其他经济组织等。

（2）客体要件

传销行为侵犯的客体是《禁止传销条例》所调整和保护的社会关系。由于传销容易引起欺诈，扰乱市场经济秩序，危害社会稳定，1998年4月18日，《国务院关于禁止传销经营活动的通知》对传销活动予以明令禁止。2005年8月23日，国务院公布的《禁止传销条例》再次以行政法规的方式对传销活动予以禁止。传销行为侵害的客体就是国家禁止传销的制度、市场经济秩序及社会稳定，它具有行政违法性，因此应当受到行政责任追究。传销行为情节严重的还会构成犯罪，受到刑事责任追究。

（3）主观要件

从传销行为的特征来分析，传销行为的主体在主观状态上对传销行为本身及违法结果的认知是明知，并且希望追求行为违法结果的发生，因此传销行为主观要件是故意。组织策划传销，介绍、诱骗、胁迫他人参加传销，参加传销等违法行为都是在主观故意的心理支配下进行的。

（4）客观要件

传销客观方面是指构成传销行为必须具备的诸多客观事实特征，包括违法行为、危害结果、方法（手段）等，而违法行为则是客观方面的核心。根据《禁止传销条例》对传销行为的界定，传销行为的构成主要是组织要件和计酬要件两个方面。传销行为的危害结果主要是扰乱经济秩序，影响社会稳定。这种危害结果是一种非物质的、无形的、不能具体测量的结果，违法行为一旦发生，这种危害结果就同时出现，危害结果不是违法行为构成要件，不需要单独进行考量。

传销行为的组织要件和计酬要件前面章节已作分析，这两个要件在办案实践中有着具体的表现或载体。

传销行为的组织要件在实践中常具体表现为传销组织和网络发展的各种制度，如级差制、太阳线制、矩阵制、双轨制、混合制等，其中较为常见的是双轨制。双轨制，又称“两条腿走路制度”或者“双赢制”，这一制度对每一层下线的横向数量进行了限制，要求参加者同时发展两名下线，形成左右两区和下线网络。当其发展第三名或三名以上的下线时，就要置于其发展的两条下线网络之下，而不能直接下辖，以此类推，形成的几何倍增网络结构。参加者虽然只需发展两名直接下线，但其还需要对其所辖左右两个下线网络进行管理，帮助其下线再发展下线，形成上下互动，进行扩张，才能获得业绩。

传销行为的计酬要件在实践中具体表现为各种计酬或奖励制度，其中比较常见的是五级三阶制。以传销组织为例，其“五级”是人员职位的五个级别：即E级（会员或实习业务员）、D级（推广员或业务组长）、C级（培训员或业务主任）、B级（代理员或业务经理）、A级（代理商或高级业务员），A级最高，提成比例最大。“三阶”即加入者晋升的三阶段：第一个阶段指从E级升为D级，再升为C级；第二个阶段指从C级升为B级；第三个阶段指从B级升为A级。“五级三阶制”一般有四大奖励制度：一是直接销售奖，或者称作直销奖、直接提成，即每新加入一个人交纳入门费或者认购商品后其上线就可以获得相应的奖励，各级提取报酬比例为15%～50%不等。二是能力差额奖，或者称作级别差额奖、间接提成，即用上一级所得奖励减去下一级所得奖励所得出的金额。三是育成奖，或者称作辅导奖、销售补助，在C级和B级层面，从下线的整体业绩里提取一定比例的奖励。四是福利或分红奖，只有A级才能享受，A级一般可以从每个“人头”数或每单业绩的7%获得提成，而且当其下线也发展成A级时就不能享受。有些传销组织的计酬制度还会在“五级三阶制”的基础上进行一些演变。

2.查处措施及注意事项

《禁止传销条例》规定了传销行为的查处措施，这些查处措施是查明案件事实、制止违法行为、防止证据损毁、避免危害发生、控制危害扩大所必需的有效手段。根据《禁止传销条例》第十四条的规定，县级以上工商行政管理机关对涉嫌传销行为进行查处时可以采取七个方面的八项措施。这些措施既有行政强制措施，也有非强制措施，既有制止违法行为的措施，也有收集固定证据的措施，具体适用需要注意以下事项：

（1）责令停止相关活动

责令停止相关活动是一种行政命令，即工商行政管理机关在禁止传销执法中，在做出行政处罚前，为预防传销行为发生或制止传销行为、控制传销社会危害，而采取的强制性具体行政行为。这一强制措施的适用条件是：工商行政管理机关经初步调查，只要有证据证明行政相对人存在传销行为或者可能开展传销活动，即可行使“责令停止相关活动”的职权。“责令停止相关活动”的范围主要是传销行为本身及与传销行为相关的商品销售、聚会、培训、“洗脑”、宣传、联络等活动，与传销行为无关的活动则不在范围内。在实施该措施时应当载明停止活动的范围，以便行政相对人执行。

（2）调查、了解有关情况

县级以上工商行政管理机关在查处传销时，可以向涉嫌传销的组织、经营者和个人调查、了解有关情况。调查、了解有关情况的对象是涉嫌传销的组织、经营者和个人，主要方式是询问及制作询问笔录，范围是与传销行为有关的情况。当事人或有关人员应当如实回答询问，并协助调查或检查，不得阻挠。

（3）实施现场检查

县级以上工商行政管理机关可以进入涉嫌传销的经营场所和培训、集会等活动场所，实施现场检查。现场检查是对当事人涉嫌与违法行为有关的财物及场所进行察看、清理、了解、掌握现场状况的执法活动。现场检查应当有当事人或者第三人在场，并制作现场笔录，载明时间、地点、事件等内容，由办案人员、当事人、第三人签名或者盖章。必要时，可以采取拍照、录像等方式记录现场情况。现场检查的对象是涉嫌传销活动场所，包括各类传销经营、培训、集会、住宿等活动的场所，用于传销活动的民宅也属于传销活动场所。现场检查的方式，主要是和平的方式，不同于搜查，对加锁的房屋、抽屉、箱柜等检查时，需要由当事人开锁后才能检查，不能毁坏财物强行检查。

（4）查阅、复制涉嫌传销的资料

县级以上工商行政管理机关可以查阅、复制涉嫌传销的有关合同、票据、账簿等资料。查询、复制的前提是调取原始证据有困难，范围是与传销行为有关的合同、票据、账簿等资料，与传销行为无关的私人资料、商业资料及其他资料不得随意查阅或复制，同时应当对查阅、复制的材料注意保密。复制的材料应由提供人标明“经核对与原件无误”、注明取证日期、证据出处，并签名或者盖章。

（5）查封、扣押

查封、扣押是《禁止传销条例》规定的强制性最强的查处措施。查封主要是指将涉嫌传销的财物、资料及场所现场检查以后，就地封闭，加贴封条，任何人不得动用。扣押是指用强制手段将涉嫌传销的资料、财物从当事人处转移，暂时置于工商行政管理机关的控制、保管之下。根据《禁止传销条例》，可以行使查封、扣押强制措施的情形有三类：

一是查封、扣押涉嫌传销的资料。县级以上工商行政管理机关可以查封、扣押涉嫌传销的有关合同、票据、账簿等资料。查封、扣押涉嫌传销的资料的条件是合同、票据、账簿等资料必须与传销行为有关。实施查封、扣押，应当向当事人当场交付查封、扣押决定书和查封、扣押财物及资料清单。查封的资料不宜委托第三人保管。

二是查封、扣押专门用于传销的财物。县级以上工商行政管理部门可以查封、扣押涉嫌专门用于传销的产品（商品）、工具、设备、原材料等财物。查封、扣押财物必须有证据表明是专门用于传销活动的，不得查封、扣押与传销活动无关的财物。财物的范围除法条所列举的外，还应当包括金钱、银行卡等。查封、扣押财物应当当场清点，开具清单，并当场交付查封、扣押财物决定。

三是查封涉嫌传销的经营场所。查封的条件是有证据表明经营场所与传销活动有关联。查封的范围是涉嫌从事传销的经营场所，即传销组织者或经营者从事主要业务活动、经营活动的处所。当事人的场所已被其他国家机关查封的，不得重复查封。实施查封应当当场向当事人交付查封决定书和清单，加贴封条。

《禁止传销条例》第二十七条还规定了查封、扣押的行政强制措施，即“当事人擅自动用、调换、转移、损毁被查封、扣押财物的，由工商行政管理部门责令停止违法行为，处被动用、调换、转移、损毁财物价值5%以上20%以下的罚款；拒不改正的，处被动用、调换、转移、损毁财物价值一倍以上三倍以下的罚款”。

（6）查询账户及与存款有关资料

县级以上工商行政管理机关可以查询涉嫌传销的组织者或者经营者的账户及与存款有关的会计凭证、账簿、对账单等。该措施不是强制措施，而是一种调查取证的措施，目的是为了授权工商行政管理机关查清传销行为的“资金链”，查明案件事实，获取传销行为违法证据。查询的账户和与存款有关资料的条件是账户必须是涉嫌传销的组织者或经营者所有、资料与涉嫌传销的组织者或经营者存款相关。工商行政管理部门还可以提取账户明细及与存款有关的会计凭证、账簿、对账单复制件、影印件或者抄录本。

（7）冻结资金

《禁止传销条例》第十四条第一款第（八）项规定，对有证据证明转移或者隐匿违法资金的，可以申请司法机关予以冻结。工商部门不能直接采取冻结资金的行政强制措施，因此在查办传销案件中应注意加强与司法部门的衔接。

3.责任主体的认定

《禁止传销条例》第二十四条针对传销活动中的不同人员设定了三个层次的法律责任，三种不同主体分别为组织策划传销者，介绍、诱骗、胁迫他人参与传销者，一般参加者。在认定传销行为后，需要根据传销参加者在传销活动中的地位、作用、证据指向认定传销的责任主体。

（1）组织策划传销者

指在传销中负责组织策划者，具有核心和不可替代的作用。对单位（包括法人和其他组织）组织从事传销的，一般该单位即是组织者；对自然人、个体工商户、个人合伙企业、个人独资企业组织从事传销的，处于人员链和金钱链顶端的应是组织者。对于传销组织中负责财务、行政、运营等管理的高级管理人员，可以认定为组织者。具体认定中，证据指向处于金钱链或人际网络顶端的即为组织策划者。

（2）介绍、诱骗、胁迫他人参与传销者

指在传销组织中介绍、诱骗、胁迫他人参与传销，在传销组织中起着发展人员扩大传销网络等重要作用的人员。对于传销组织中专门从事讲课、培训的，可以认定为介绍、诱骗、胁迫者。

（3）一般参加者

任何公民、法人或其他组织，只要交纳入门费成为传销组织成员，获得发展他人加入的资格，即构成违法，应当承担相应行政责任。

7.涉嫌犯罪传销案件移送

传销行为构成犯罪的，应当依法移送司法机关追究刑事责任。传销行为可以构成犯罪的罪名主要有组织、领导传销罪，非法经营罪，非法拘禁罪，诈骗罪等罪名。对达到《刑法》及《最高人民检察院、公安部关于公安机关管辖的刑事案件立案追诉标准的规定（二）》的追诉标准的涉嫌犯罪行为，应当及时移送公安机关。涉嫌犯罪传销案件移送程序应当按照国务院《行政执法机关移送涉嫌犯罪案件的规定》和《最高人民检察院、全国整规办、公安部、监察部关于在行政执法中及时移送涉嫌犯罪案件的意见》（高检会[2006]2号）等规定执行。移送涉嫌犯罪案件应当制作《涉嫌犯罪案件移送书》，及时将案件向同级公安机关移送，并抄送同级人民检察院。对未能及时移送并已做出行政处罚的涉嫌犯罪案件，应当于做出行政处罚十日以内向同级公安机关、人民检察院抄送《行政处罚决定书》副本，并书面告知相关权利人。现场查获的涉案情节明显达到刑事追诉标准、涉嫌犯罪的，应当立即移送公安机关查处。

8.传销案件维稳处置

传销案件做出处罚决定后，有的传销组织者、领导者或骨干头目会组织或者煽动传销人员聚众抗议，提出不合理要求，或者围堵、冲击政府机关、公安机关、工商行政管理机关，容易引发社会不稳定事件。办案机关要及时做出应急反应，按照前文所述传销应急事件的处置方法和预案进行处置，做好维稳工作。按照地方政府的决定、指示做好传销受骗群众的被骗资金的追缴等工作，做好辖区从事传销活动的公司、企业的债权、债务的清算，资产清收、保全和实物资产的变现等工作。关于传销违法资金的清退问题，一般认为根据《禁止传销条例》规定，参加传销就是违法行为，违法资金不应当予以清退。但是，确属于受胁迫、受欺骗参加传销，财物损失较大的，被骗资金可以酌情清退。

网络传销案件查办

网络传销是传销组织者通过互联网络为载体进行的一类传销行为，其本质上与传统传销是一致的。通常被包装成网络倍增、网络连锁、网络营销、网络直销、网络加盟、电子商务、资本运作等多种形式，具有虚拟化和隐秘化等特点。

1.网络传销行为构成要件

网络传销行为通常由行为主体、行为客体、行为主观要件与行为客观要件四部分组成，基本内容与一般传销行为一致，但其有着具体的内涵。

（1）行为主体

网络传销的行为主体与传统传销没有区别，仍然是由组织策划网络传销活动或者从事、参与网络传销活动的法人、公民及其他组织构成。有所区别的是网络传销主体人员从知识结构与层次方面出现了新的变化，大量的掌握计算机及网络应用知识的高级知识分子等人员参与其中。

（2）行为客体

网络传销组织策划者或者从事、参与者以各种利诱手段集众人之财，据为己有。其行为不仅严重损害人民群众的利益，扰乱社会经济秩序，破坏传统的价值观念与道德基础，影响社会和谐稳定，而且对于新型的互联网经济的发展也有极大的负面作用。

（3）行为主观要件

违反《禁止传销条例》相关规定，网络传销策划组织者或者从事、参与者通过互联网络，构建网络传销平台，发展人员组成网络，以直接或间接发展人员的数量，或以其发展人员的销售业绩为依据计算并计提报酬。上述行为在进行认定时，不需考虑当事人是否具有主观故意性。

（4）行为客观要件

组织策划利用互联网络从事传销活动的行为或者介绍、诱骗他人参加网络传销活动的行为。

2.网络传销行为分析

（1）网络传销行为表现的共同点

1）一般共同点。一是建立多个网络平台（其中至少一个为独立会员系统），绝大部分核心服务器位于境外。二是在互联网上建立网站或网页发布传销信息或者建立专题网络空间进行宣传或培训。以发展电子商务、普及网络教育或者网络资本运作为借口，采用高额回报为诱饵进行诱导加入。三是采用网站会员制度，通过网上注册加入。四是采用网上支付平台、银行卡等现代结算方式进行费用收缴、报酬发放等资金流转活动。五是组织者对于加入会员的注册情况、资金账户、奖金收入、汇款地址、制度、通知等关键性信息采取多级加密措施。六是加入者之间的信息交流往往通过电子邮件或QQ等即时通信软件进行，人与人之间不直接接触。

2）近年来出现的变化。一是服务器租用或托管境外化、数量多元化、应用并行化。传销组织者越来越多采取租用境外服务器建立核心平台或将核心服务器托管在境外并使用多台服务器运行的方式逃避执法部门的监控。二是传销主体、传销标的虚拟化，传销组织者采取境外注册空壳公司或者伪造、冒用主体身份，同时传销标的以网络虚拟产品为主要内容的行为方式逐渐增多。三是传销资金电子化与多样化，网上银行结算额逐步减少，代之以QQ币、游戏点卡、电信充值卡等结算方式，甚至自行设定电子货币进行资金结算，“洗钱”迹象明显。四是传销行为演变迅速，向更广范围内扩散，出现了“网游”、代理机构推广等新类型的网络传销行为。五是网络传销组织培训网络化、常态化，大量使用互联网视频会议平台，建立常态化的网络传销培训课堂，进行远程培训。六是交流通信软件独立化，所使用交流通信软件由公共软件向专业软件过渡。七是商品使用属性越来越弱化，概念炒作盛行，甚至于参与者也并不真正关注商品本身的使用属性。八是向金字塔欺诈方向倾斜趋势加大，网络传销组织者境内实体投入少，境外身份多。形成极快，扩张极快，转向极快，资金获取额预期周期越来越短，一些网络传销组织者可以在较短的时间内获取大量钱财而逃逸，其社会危害性有逐步加大的趋势。

（2）网络传销类型分析

根据全国工商行政管理机关查处的网络传销案件分析，目前国内网络传销行为大体可以分为以下四种类型：

1）虚拟网络类

通常表现：标注为国外公司，大多宣传为普及网络教育或推广网络应用服务，传销标的多为网络虚拟产品（虚拟空间、会员资格、网络应用服务）。行为特点是传销主体、传销标的、传销资金均以虚拟形式出现，即所谓的“三虚”。

此种类型又有四种主要表现形式：

一是所谓的“网赚”。打着“点广告，有钱赚”的旗号，通过购买会员卡等方式变相收取入门费，靠发展大量的下线会员增加广告点击率来获得回报，并通过网络浏览付费广告获得积分。后期由单一的点击广告发展为点击广告、收发电子邮件、在线注册等多种方式并存。

【案例】自2008年底，“S”网络传销开始迅速在国内蔓延。该传销宣称，花两万多元注册成为“S”的代理商，每天只要点击相应软件上的广告，月收入就可达2700元，连续点击5年就可轻松赚取13万元。正是靠着这样所谓的“致富神话”，导致不少人上当受骗，深陷非法传销泥潭之中。根据掌握情况，公安部、国家工商行政管理总局在全国范围部署开展对“S”公司网络传销案件的查处工作。

经查，犯罪嫌疑人S某等人为非法牟利，使用虚假身份，以香港S国际科技有限公司名义，组织人员编写“LINK－WORLD”手机软件，打着“点广告，有钱赚”的旗号，通过变相收取入门费、分级复式计酬等手段，层层发展传销下线。先后在全国20多个省、自治区、直辖市发展网络传销下线13.5万人次，销售“LINK－WORLD”软件卡480余万张，非法经营额近10亿元。“S”公司用于支付终端用户和下线的回馈、奖励及提成，均来自于下线人员购买“LINK－WORLD”软件卡费用。“S”公司播放的广告都是从互联网下载或电视上截屏的过时广告、无主广告或试播广告。在公安部、国家工商行政管理总局的统一部署和指挥下，全国各地打击“S”违法犯罪工作全面展开。截至2010年3月底，江苏、湖南、内蒙古、安徽、陕西等23个省、自治区、直辖市公安机关共查处“S”网络传销案件重大犯罪嫌疑人105人，其中经检察机关移送起诉51人，经法院判决7人。

“S”网络传销案作为近年来全国范围内影响较大的一起网络传销案具有典型的所谓“网赚”特点。首次投入较小，操作简单，欺骗性强，组织严密，从中不难发现组织者中专业网络技术从业人员的影子。此类网络传销组织采用的传销标的大都是网络应用软件，不存在物流上的问题，理论上没有数量限制的可复制性，可以极大地减少组织者的成本与精力，因此门槛较低，形成快、发展快。在各地查处发现的传销参与者当中，大量刚走出校门的大学生以此作为所谓的“创业起点”。

二是多层次信息网络营销模式。多数以“网络电话”和“网络教育资源”为产品幌子。该类型的传销标的包括：会员资格、企业策划、个人理财、远程教育、网络培训、宣传服务、信息服务、虚拟空间、个人网店等。注册用户只要交纳一定数额的费用，即可申请到一个用户名，用来使用网站提供的平台。成功加入该网站后，即可取得推荐、发展他人加入的资格，并可以按照成功推荐加入的人数获取报酬。

【案例】2007年7月7日，西南某市公安局某区经侦支队接到群众举报，“XZ网”

网站利用收取每人2380元入门费的方式吸纳会员，并要求会员发展人员加入成为新会员，按发展会员人数提取报酬，该网站涉嫌传销，要求公安机关查处。

经查，“XZ网”是XZ国际公司的网站，而XZ国际公司又是新加坡CZ集团下的网络营销公司。“XZ网”运行模式是吸纳人员并交纳价格为A级1230元、B级2380元、C级4680元三级不等的年费成为该网站的会员，成为会员后可以登录“XZ网”，对该网站上的相关内容进行所谓的学习和使用。同时获得推荐他人加入的资格，推荐者可以根据推荐加入人员的数量获得报酬，并且可以获得该公司原始股票，以及汽车等所谓奖励。XZ国际公司自2003年开始在我国从事传销活动，发展网络会员众多，涉及多个省市，涉案金额达2亿余元。专案民警辗转上海、深圳、北京、江苏等地，将网站骨干成员Z某、D某等犯罪嫌疑人一举抓获。

通过该案例可以发现此类网络传销发展周期长、范围广、参与人员多的特点。“XZ网”作为早期网络传销行为的类型代表，采用的传销制度较为简单，参与人员也往往层面较低。2009年后此类网络传销行为在所谓“普及网络教育”名义上又增加了“慈善捐赠”的面具，其发展方向转向网络经济不是很发达的农村地区。

三是网络游戏传销。通过网络游戏，发展会员加入，会员只需在游戏中充值，就可以通过游戏赚取所谓虚拟货币并获得推荐其他用户加入的资格。虚拟货币又可以量化为现实货币，推荐其他用户注册充值即可获返现金。

【案例】2010年8月，某省工商行政管理机关在工作中发现，互联网上出现一个名为“某某庄园”的网络游戏，在各游戏论坛、聊天室、QQ群发布诱人广告，号称会员只需在游戏中充值300元，就可通过采摘果实赚取金币，金币能兑换现金。同时推荐其他用户注册充值可以获返现金，即使不推荐他人注册，只在种菜的情况下，一年也可以纯赚3000元以上，最高收入可达4万元。

经查，该网站是打着游戏的幌子进行网络传销活动，全国各地已经有不少网民上当受骗。“某某庄园”的网站服务器设在美国，网站上没有标明《网络文化经营许可证》《增值电信业务经营许可证》及经营性网站备案号等“网游”网站的常规信息。“某某庄园”游戏还有一个号称官网的网站，对游戏进行推广和宣传。通过工业和信息化部网络备案系统查询，该网站备案信息登记资料为个人。该网站的玩家只有在会员的推荐下才可以注册，一般玩家交纳300元成为普通会员并获返现金36元；当会员发展17人后成为推广员，周薪300元；发展50人后成为初级代理，周薪1000元；发展167人后成为中级代理，周薪3000元；发展500人后成为高级代理，周薪1万元。此外，玩家在游戏中充值消费，所有玩家按推荐上下级关系排列，可获得相应提成。经过调查取证，执法部门认定，所谓“某某庄园”网站涉嫌以网络游戏为传销标的进行网络传销活动。

此案网络传销组织者利用游戏平台，通过虚拟游戏币进行结算，虚拟货币可以量化为现实货币，而是否能将现实货币拿到手需要的是推荐新人员加入，传销组织发展人员加入的行为特点显露无遗。

四是金钱游戏。借助网络在线激活功能，披着“金钱游戏”的“馈赠互助”的外衣，属于新兴的“拉人头”式网络传销。

【案例】2010年5月，某市工商行政管理机关根据群众举报捣毁了以“流动的财富”金钱游戏为名的网络传销团伙。该团伙在当地仅用了短短一周时间，就发展40多人，涉案金额15万余元。

根据当事人S某的交代，S某并不是这个传销团伙的组织者，传销团伙由F某等三人组织，其中，F某负责市场联系发展下线，S某就是由F某介绍入伙的。按照F某要求，S某先交了3100元在网站上注册了两个ID编号，并推荐了两个朋友。之后，她又陆续交了5份钱，每份3100元，相当于注册了5个新用户。到执法人员端掉这个窝点为止，做着发财梦的S某仅仅收到了2000元的“回报”，而她之前交的注册费达到1.86万元。

经调查，“流动的财富”实际是一种起源于美国的新型网络传销。它以“私人馈赠的金钱游戏”为幌子进行活动，参与人员要先注册成该网站的非正式会员。为使自己成为正式会员而能够参与该“金钱游戏”进行所谓的“私人馈赠”，即向4名上线分别汇款1000元、600元、600元、800元，向该网站汇款100元，之后由这4名上线和网站将其账号激活，成为正式会员。被激活账号的人便可开始拉人成为下线，并通过激活下线账号获取数额不等的提成。

2）“资本运作”类

号称“资本运作”，实质是从事传销活动。其通常表现：标注为国外大型投资公司，以高额返利、回报为诱饵，以所谓上市融资、债券、期货、项目投资为幌子发展人际网络。美国H网、PE私募股权、某某共同基金、e-GOLD等为典型类型。这种传销模式多种多样，出现的名目和主体名称也较多，其单笔报单金额及短期资金流量很大，社会危害性极强。

【案例】2007年初，某省工商行政管理机关查处了“某某共同基金”网络传销案，两名山东省内主要嫌犯被审查起诉。与此同时，多省工商行政管理机关已经对此案件着手调查，国家工商行政管理总局也高度关注此案。据统计，该案涉案人员达17万余人，涉案金额13.6亿元。

经查，所谓“某某共同基金”，是一支号称建在欧洲某国的境外私募基金，拥有英国伦敦证券交易所、摩根大通银行等豪华阵容的合作伙伴，吸引大批大师投资者参与。以“投资1000美元，保证平均收益300%，30个月后变成40万元人民币”的高额回报为诱饵，通过网站广告、博客、QQ广泛宣传传播，在多地大肆发展人员。实际上该基金自称的外国创始家族并不存在，所谓“基金存在50年后注册网站，多国央行支持”更属无稽之谈，美国证交所也无据可查。

工商行政管理机关经过反复调查取证，查清了“某某共同基金”的奖金分配制度，包括联营计划（SAP）和收入计划（SRP）等多种奖金分配制度（也称财务工具）。联营计划，指每介绍一个投资者，介绍人可以获得被介绍人本金的10%回报。收入计划，指每介绍一个投资者，介绍人可获得被介绍人投资、再投资所获全部收益10%的回报。“某某共同基金”实行“双轨制”，介绍人拉来的投资者呈金字塔状依次向下排列，每增加8000元销售额，介绍人可提取10%的佣金。新人加入，必须到公司主页注册，且在15天内汇款，才能开通账户，否则账户作废。每个投资人的基础投资额为8030元（8000元投资金额，30元手续费）。所有资金流转均通过网络进行。

这是一起典型的以境外基金为名义、以互联网络为平台、以高额利润回报为诱饵、以诈骗钱财为目的的网络传销活动。

3）复合传销类

通常表现：大多使用网络购物及电子商务的名义，主体多以“某某电子商务公司”或者“某某科技发展公司”为名。组织策划者通过建立网络购物及会员营销双平台网站，并以该网络平台为中心，组织发展传销团队进行传销活动。参与者只要通过购物平台购进一定数额的商品即可取得发展他人加入的资格，并根据所发展人员数量及其购买商品数额计提报酬。具有交纳入门费、发展人员及复式计酬等典型传销行为表现。此类网络传销组织者大多没有实体企业存在，平台销售商品多采用所谓“招商”而来。因此，其传销的商品存在违禁、劣质、侵权等大量问题。

【案例】2010年7月，由西北某省区工商局统一指挥，7个地州市工商行政管理机关执法人员联合行动，将借用电子商务名义作掩护的传销窝点捣毁，共查获非法网上传销网点11个。

经查，涉案的某电子商务有限公司对外宣传是某香港国际集团在国内投资创办的一家集经贸、代理、批发及连锁加盟于一体的电子商务公司。该公司利用网上平台开展所谓网上购物业务，自称为“空中的沃尔玛”。经营的商品涉及美容、保健、服装、饰品、家居、日用、数码、母婴、礼品、玩具、农产品、收藏品等。该公司宣称，只要在该公司的网上购物平台上消费一定金额的产品就可成为VIP会员，入会后不但购物可以终身享受会员价，更重要的是还能通过这个平台赚钱，所谓“花钱办张会员卡，介绍会员就能赚钱，不跑业务、不卖产品，日薪2400元”。同时该传销组织还有很多的门道，最诱人的是百万元的房产奖励或者五十万元的车奖励等。虽然花样繁多，但无法掩饰其传销的行为本质。

此案表明，一些传销组织利用国家鼓励支持发展网络经济的宏观政策，开始以发展电子商务、从事网络商品交易为诱饵，大肆进行网络传销活动。此类传销活动采用的制度普遍为典型的“双轨制”或其变种，其奖励制度完全符合传销行为的三个要素，一是交纳入门费，二是通过发展下线获利，三是通过发展下线或者以下线发展下线人数和销售额累计为报酬依据来获取非法所得。其所利用的“电子商务交易平台”中出现最多的就是一些保健类产品而且数量类型集中，所谓的低折扣日常用品基本上处于断货状态，商品只是用来掩饰传销活动的道具。

4）实体网络传销类

通常表现：该类型的网络传销组织者多为国内大型实体型企业。常规做法是先在境外注册一个空壳公司，以其名义建立网上核心营销管理平台，并招募大型传销团队头目，利用其原有团队人员从事网络传销活动。传销标的为该实体企业生产的产品。同时采用企业生产主体与市场营销相脱离方式，刻意规避法律法规相关规定。这是目前国内网络传销最为猖獗也最为普遍的类型。

（3）网络传销行为特征分析

1）虚拟性。在大多数网络传销案件中，网络传销组织者利用大部分中国公民对境外经营主体身份难以进行有效确认的弱点，在境外注册登记一个空壳企业主体或者虚构一个所谓高科技、现代化、国际化的境外主体，再为其传销活动披上“创新型电子商务”“新型网络直复营销模式”“高效能资本运作”等外衣。

与此同时，传销标的也从传统的商品逐渐演变为网络商业广告通讯数据量、经营资金份额、计算机软件、网络远程教育、网络服务空间容量等虚拟服务甚至虚拟概念，传销标的类型趋于复杂化、虚拟化且不易于判断和控制。

2）欺骗性。利用网站作为传销平台，比传统意义上的传销更具欺骗性。这些传销网站多打着“远程教育”“培训个人创业”“电子商务”“新能源开发”的旗号吸引人，掩盖其发展会员（下线）非法牟利的本质。有资料显示，部分传销组织者打着发展本国电子商务、促进信息产业发展的幌子，借助高科技发展传销。在其网站上罗列着企业策划、个人理财、远程教育、网络培训、宣传服务、信息服务、网络虚拟空间等内容，从措辞到口号都极具诱惑性和欺骗性。一些传销组织者更是打着“教育”的旗号，网站的表面是展示从幼儿园到大学的各种教程，实际上当会员购买时，可就不再讲什么教育培训和育人了，纯粹就是“拉人头”非法敛财。同时，在所谓传销奖励制度方面，网络传销组织者编制出所谓的“积分累计”“多线发展”“分支奖励制度”“网络消费返利”等一系列复杂多样的薪酬管理制度系统，鼓吹所谓的“迅速发家致富”和“打造无数超级富翁”等概念以欺诈误导社会公众。

3）隐蔽性。与传统传销相比，网络传销发展会员都是在网络上进行的，会员必须通过网站才能加入传销队伍，并且使用的用户名都是假名或者代号，并且都有各自的登录密码，彼此之间的联系主要通过电子邮件或即时通讯工具来完成。而且，传销组织者还要求汇款一律通过银行转账的方式，这就避免了传统传销中下线与上线必须见面的问题。网络传销组织者大多在境内或境外不同地点分散设置几个资金结算中心，通过电子银行进行资金结算，实现分散资金、避免资金集中性异常流动引起相关监管部门的关注、防止传销资金被执法机关全数冻结和没收的目的。同时利用目前金融业务信息（尤其是电子银行计算记录信息）难以实现跨地区、跨境查询或数据交换的局限性，给监管执法机关的调查取证设置障碍。操纵者由明转暗，躲在幕后。由于会员发展下线的情况只反映在互联网上，再加上会员在传销方式上保持单线联系，增强了其隐蔽性。

4）传播性。互联网传播具有跨地域性，使得传销突破了地域和国界的限制。传销骨干人员经常是在全国各地流窜。网络传销组织者也通常将网站服务器设在境外，对各级组织者和参与者进行网络远程管理，而境内传销组织者和参与者则利用网络跨区域发展传销会员，改变了传统传销的大团队运作、大规模集中、大场所培训、大尺度宣传的运作模式，传销成员分散在各地、隶属不同的团队，彼此之间往往互不认识，平时不直接接触，通过网络即时通讯工具、电子邮件、电话、专用交流工具进行业务培训和信息传播等运作，传销组织裂变繁殖速度加快，传销人员往往成几何级数倍增，涉及面更广，传播速度更快。

3.查处网络传销行为的法律适用原则

（1）网络传销行为行政处罚基本原则

网络传销行为的行政处罚应遵循公开、公正，实施处罚必须以事实为依据，与违法行为的事实、性质、情节及社会危害程度相当，以及教育与处罚相结合的原则，还应坚持电子证据与传统证据共同认证的原则以及技术中立原则。

电子证据与传统证据共同认证是指在查办网络传销案件中所获取的电子证据不能独立地确定违法事实的存在，必须与书证、物证、当事人陈述等传统证据结合起来，形成完整的证据链条，实现对违法行为的最终认定。即电子证据不能作为确定网络传销行为的充分证据要件。

技术中立原则是指在针对网络传销行为进行行政处罚时所采用的技术手段及技术人员应与案件传统手段以及执法人员严格区分开来，保持各自的独立性，形成技术层面的中立地位，确保利用技术手段进行数据分析、电子证据采集等行为的合法、有效。

（2）网络传销行为管辖原则

由于网络传销活动过程具有时空的跨越性和信息媒介的无体性，因此各地工商行政管理机关就网络传销行为管辖权问题产生了较多的争论。根据《行政处罚法》的相关规定，我国实行属地管辖，即违法行为发生地管辖为基础，级别管理和指定管辖为补充的行政管辖制度。在确定网络传销行为行政管辖权时，仍然要坚持违法行为发生地管辖为主、级别管辖及指定管辖为辅的原则，同时在加强地区间合作的基础上，通过指定管辖对属地管辖范围加以适度扩大。

（3）电子证据取证原则

电子证据也被称为计算机证据，是指在计算机或计算机系统运行过程中产生的以其特定格式记录的内容来证明违法行为事实的电磁记录物。与传统的证据相比，电子证据有高科技性、无形性、复合性、易破坏性的突出特点。因此电子证据的合法性认证有别于传统证据，具体体现在证据形式合法，取证主体、程序和方法合法，证据来源合法三个方面。

工商行政管理机关在网络传销案件进行电子证据取证时应严格遵循以下原则：

1）及时性原则。对于证据的提取应及时，防止证据被损毁。

2）合法性原则。证据的主体、形式及收集程序或提取方法必须符合法律的有关规定。合法性原则当中还包含保证证据的连续性以及专业人士鉴定等方面的内容。

3）全面性原则。既收集存在于计算机软硬件上的电子证据，也收集其他相关外围设备中的电子证据；既收集文本，也收集图形、图像、动画、音频、视频等媒体信息；既收集对当事人不利的证据，也收集对其有利的证据。

4）专业人士取证原则。收集电子证据的人员必须掌握计算机与网络的知识和技能。遇到高难度的取证问题时，应聘请计算机网络专家协助。

5）潜在证人协助原则。电子证据的潜在证人是指虽然对案件事实不能起到证明作用，但是可以对电子证据的真实性及其内容起到一定的证明作用的人。潜在证人一般包括用计算机及外设记录其营业管理活动状况的人、监视数据输入的管理人、计算机及外设的硬件和程序编制的负责人。在收集电子证据的过程中，执法人员应该取得这些潜在证人的协助。

6）利用专门技术工具取证原则。电子证据和传统的证据不同，它是依托于计算机技术、微存储技术、网络技术而存在的，是以数字化的信息编码的形式出现的。它的产生、储存和传输的每一步过程都必须借助于高新技术，离开了高新技术电子证据就根本无法保存和传输。正是以这种高新技术为依托，使它很少受主观因素的影响，其精确性决定了电子证据具有较强的证明力。因此，为了保证电子证据的证明力，在收集电子证据时应使用专门的技术工具，而且这种技术常常是尖端的科学技术。

（4）电子证据效力合法性认证原则

1）关联性原则。证据必须与需要证明的违法行为事实或其他争议事实具有一定的联系。这在很大程度上是一个事实问题，电子证据是否具有关联性与传统证据形式相比并无特别之处。

2）合法性原则。证据收集的主体、形式、程序及提取方法必须符合法律的有关规定。电子证据的合法与否特别体现在其生成、传递、存储、显现等方面。

3）真实性原则。用于证明违法行为事实的证据必须真实，完全虚假或者伪造的证据不得被采纳。由于电子证据所依赖的计算机系统容易受到攻击、篡改且不易被发觉，电子证据本身容易遭受修改且不易留痕，因此真实性对于电子证据亦具有特别意义。

（5）我国现行法律制度对电子证据的效力认证规定

1）《合同法》第十一条规定：“书面形式是指合同书、信件和数据电文（包括电报、电传、传真、电子数据交换和电子邮件）等可以有形地表现所载内容的形式。”

2）《电子签名法》第三条规定：“民事活动中的合同或者其他文件、单证等文书，当事人可以约定使用或者不使用电子签名、数据电文。当事人约定使用电子签名、数据电文的文书，不得仅因为其采用电子签名、数据电文的形式而否定其法律效力。”第五条规定：“符合下列条件的数据电文，视为满足法律、法规规定的原件形式要求：（一）能够有效地表现所载内容并可供随时调取查用；（二）能够可靠地保证自最终形成时起，内容保持完整、未被更改。但是，在数据电文上增加背书以及数据交换、储存和显示过程中发生的形式变化不影响数据电文的完整性。”第七条规定：“数据电文不得仅因为其是以电子、光学、磁或者类似手段生成、发送、接收或者储存的而被拒绝作为证据使用。”

3）《最高人民法院关于民事诉讼证据的若干规定》第二十二条规定：“调查人员调查收集计算机数据或者录音、录像等视听资料的，应当要求被调查人提供有关资料的原始载体。提供原始载体确有困难的，可以提供复制件。提供复制件的，调查人员应当在调查笔录中说明其来源和制作经过。”第七十二条第一款规定：“一方当事人提出的证据，另一方当事人认可或者提出的相反证据不足以反驳的，人民法院可以确认其证明力。”第七十三条规定：“双方当事人对同一事实分别举出相反的证据，但都没有足够的依据否定对方证据的，人民法院应当结合案件情况，判断一方提供证据的证明力是否明显大于另一方提供证据的证明力，并对证明力较大的证据予以确认。因证据的证明力无法判断导致争议事实难以认定的，人民法院应当依据举证责任分配的规则做出裁判。”

4）《最高人民法院关于行政诉讼证据若干问题的规定》第六十四条规定：“以有形载体固定或者显示的电子数据交换、电子邮件以及其他数据资料，其制作情况或真实性经对方当事人确认，或者以公证等其他有效方式予以证明的，与原件具有同等的证明效力。”

网络传销认定证据要点

1.行为证据

主要是确定的违法事实存在的基础证据，具体体现为三个行为特征：首先，以发展电子商务、网络教育等网络应用为借口，通过构建多个网络平台进行网络培训、即时交流、网络支付等方式发展网络会员，形成网络上下线关系并以其直接或者间接滚动发展的人员数量为依据计算和给付报酬，谋取非法利益。其次，通过网络吸纳会员，同时以交纳会员费，向上线交纳介绍费或认购商品取得发展其他人员的资格。第三，通过发展网络会员、形成网络，实行复式计酬，谋取非法利益。

2.制度证据

主要是指传销的所谓营销制度、营销计划或者奖金制度，是吸引大量人员参与的核心内容，当然也是界定其传销行为的关键证据。目前网络传销的奖金制度大部分为“双轨制”或其变种，网络传销制度证据多数会以电子证据形式存在。

3.账务证据

主要包括网络传销主体银行资金对账单、财务账册以及网上银行资金流转电子凭证，或者虚拟货币充值、买卖等电子凭证。由于网络传销大量使用“网银”或虚拟货币进行结算，因此，账务证据的获取更多地应考虑借助大型商业银行或者第三方支付平台的支持。

4.网络证据

由于网络传销是利用互联网为载体进行的，组织者如要有效地对遍布各地的参与者进行管理，就必须建立一个中心网络工作平台用于总指挥与协调，同时负责中心结算与人员管理。存储在服务器当中的网站后台的核心证据资料是能否将网络传销案件定成“铁案”的关键。这部分网络传销证据包括网络传销平台后台人员谱系图、会员注册资料、报单金额及获利金额表单等。同时，网络传销通过即时通讯软件、电子邮件进行信息传播和交流。因此，网络传销人员的聊天记录、电子邮件等也是网络证据内容。

六、农资市场违法行为

种子市场

种子的概念

《种子法》明确规定，种子是指农作物和林木的种植材料或者繁殖材料，包括籽粒、果实和根、茎、苗、芽、叶等。

种子市场实行准入制度

1.种子生产经营主体准入

《种子法》对种子生产经营主体的准入进行了详细的规定，主要农作物和主要林木的商品种子生产实行许可制度。种子经营实行许可制度，种子经营者必须先取得农业和林业主管部门种子经营许可证后，方可凭种子经营许可证向工商行政管理机关申请办理或者变更营业执照。农民个人自繁、自用的常规种子有剩余的，可以在集贸市场上出售、串换，不需要办理种子经营许可证，种子经营者专门经营不再分装的包装种子的，或者受具有种子经营许可证的种子经营者以书面委托代销其种子的，可以不办理种子经营许可证。

2. 种子商品准入

《种子法》对种子商品的市场准入进行了详细规定，商品种子要符合《种子法》有关品种审定、新品种保护、质量要求、加工包装、标签标注等规定。主要农作物品种推广前应当通过国家或省级审定；生产经营转基因植物种子要取得农业部颁发的生产、经营许可证；发布转基因植物种子广告要经农业部审查批准；销售的种子应当附有标签。标签应当标注种子类别、品种名称、产地、质量指标、检疫证明编号、种子生产及经营许可证编号或者进口审批文号等事项。标签标注的内容应当与销售的种子相符。销售进口种子的，应当附有中文标签。销售转基因植物品种种子的，必须用明显的文字标注，并应当提示使用时的安全控制措施。

工商行政管理部门查处的种子市场违法行为

1.生产、经营假种子的

主要表现形式：

（1）以非种子冒充种子或者以此品种种子冒充他品种种子的行为。

对于此种行为一般可以通过以下方式检查判定：

1）一般经营者向农民售种时告知此种非标明的品种；

2）通过标明的审定编号查与标明的种子种类品种与审定名称是否一致；

3）请有关部门鉴定。

（2）经营的种子种类品种、产地与标签标注的内容不符。

对于此种行为一般可以通过以下方式检查判定：

1）查标签标明的产地与生产许可证登记是否一致；

2）查标签标明的产地与检疫合格证的产地是否一致。

违反条款：《种子法》第四十六条第一款、第二款。

处罚条款：《种子法》第五十九条。

2.生产、经营劣质种子的

表现形式：质量低于国家标准或者低于标签标准的指标。

违反条款：《种子法》第四十六条第一款、第三款。

处罚条款：《种子法》第五十九条。

3.经营的种子应当包装而没有包装的

违反条款：《种子法》第三十四条；《商品种子加工包装规定》第二条。

处罚条款：《种子法》第六十二条第一项。

认定及处理依据：《种子法》第三十四条、第六十二条第（一）项和农业部《农作物商品种子加工包装规定》第二条、第三条的有关规定。

4.种子标签不符合规定的

主要表现形式：销售的种子没有标签，或者进口种子没有中文标签；标签内容不全；伪造或涂改标签；标签标注的内容与销售的种子不相符；种子标签标注的品种名称与种子生产许可证核准的品种不符。

常见行为：

（1）种子生产（经营）许可证过期，套用他人种子企业生产（经营）许可证号、伪造种子生产（经营）许可证号。

（2）销售转基因植物品种种子的，没有用明显的文字标注和提示使用时的安全控制措施。

（3）伪造植物检疫证书标号。

违反条款：《种子法》第三十五条。

处罚条款：《种子法》第六十二条第（二）、（三）项；农业部《农作物种子标签管理办法》第三条。

5.未按规定制作、保存种子生产、经营档案的

主要表现形式：不建立种子经营档案；档案记录不全；只记录主要品种，个别品种不记；种子档案不保存。

违反条款：《种子法》第三十六条。

处罚条款：《种子法》第六十二条第（四）项。

6.经营、推广应当审定而未经审定通过的种子的

违反条款：《种子法》第十七条。

处罚条款：《种子法》第六十四条。

7.主要农作物种子包装上标注的产量、性能等与审定公告不一致（虚假表示行为）

违反条款：《反不正当竞争法》第五条第（四）项；《关于〈反不正当竞争法〉第五条第（四）项所列举的行为之外的虚假表示行为如何定性处理问题的答复》（工商公字[2007]220号）。

处罚条款：《反不正当竞争法》第二十一条。

8.种子宣传与审定公告不一致（虚假宣传行为）

违反条款：《种子法》第三十七条；《反不正当竞争法》第九条。

处罚条款：《反不正当竞争法》第二十四条。

9.种子广告中的违法行为

（详见本书第三部分“七、广告违法行为”）。

10.种子经营中的商标侵权行为

（详见本书第三部分“三、商标违法行为”）。

农药市场

农药的概念

《农药管理条例》明确规定，农药是指用于预防、消灭或者控制危害农业、林业的病、虫、草和其他有害生物以及有目的地调节植物、昆虫生长的化学合成或者来源于生物、其他天然物质的一种物质或者几种物质的混合物及其制剂。

农药市场准入

国家在《农药管理条例》中，对农药市场准入主要规定了三项制度。一是农药登记制度。是指农药生产企业（包括原药生产、制剂加工和分装企业）生产农药和进口农药，必须经农业部审核批准，并获得农药登记证及证号。二是农药生产许可制度。是指开办农药生产企业，包括联营、设立分厂和非农药生产企业设立农药生产车间，必须具备相应的条件，并经国务院工业产品许可管理部门（质检总局）审核批准，发给农药生产许可证或农药生产批准文件。三是农药质量标准制度。农药质量标准制度，是指国家对农药产品质量实行严格的标准化管理制度。企业产品主要执行国标、行标和企标。企业生产的产品标准必须经国家工业行政管理部门（工信部或质检总局）审核批准，并发给标准号。

国家明确规定，凡是没有获得农药登记证、农药生产许可证或生产批准文件及产品执行标准文件的农药产品，一律不得生产和销售，否则就是无证生产、经营行为。但需要指出的是，国外进口的农药产品，因为没有在国内生产，因此就没有生产批准证和产品标准证，但必须要有农药登记证。国外进口农药如果没有登记，进行生产和销售，也将受到处罚。

工商行政管理部门查处的农药违法行为

1.销售假劣农药的

主要表现形式：一是以此种农药冒充他种农药；二是以非农药冒充农药；三是以不合格农药冒充合格农药（检测不合格）。

违反条款：《产品质量法》第三十九条。

处罚条款：《产品质量法》第五十条。

2.经营国家明令禁止销售的农药的

违反条款：《产品质量法》第三十五条

处罚条款：《产品质量法》第五十一条。

3.经营单位违反《危险化学品安全管理条例》的

主要表现形式：一是向未经许可从事危险化学品生产、经营活动的企业采购危险化学品的；二是向不具有相关许可证件或者证明文件的单位销售剧毒化学品、易制爆危险化学品的；三是向个人销售剧毒化学品（属于剧毒化学品的农药除外）和易制爆危险化学品的，等等。

处罚条款：《危险化学品安全管理条例》第八十条、第八十三条、第八十四条。

4.销售的农药违反《工业产品许可证管理条例》的

主要表现形式：销售的农药应当取得许可证而未取得；未在产品、包装或者说明书上标注生产许可证标志和编号的；伪造、变造许可证证书、生产许可证标志和编号。

违反条款：《工业产品许可证管理条例》第五条、第三十四条、第三十五条。

处罚条款：《工业产品许可证管理条例》第四十八条、第四十七条、第五十一条。

5.虚假表示行为

主要表现形式：

（1）农药标签说明超出农药登记范围或与登记内容不符。主要有：扩大使用作物及防治对象、夸大使用剂量。

（2）在商品包装上冒用他人或者套用自己的登记证号。

（3）伪造、冒用他人的企业名称，伪造或者冒用认证标志、名优标志等质量标志，伪造产地。

违反条款：《反不正当竞争法》第九条。

处罚条款：《反不正当竞争法》第二十四条。

6.虚假宣传行为

主要表现形式：宣传单或农药包装箱说明超出农药登记范围或与登记内容不符；经营者销售中宣传的内容与登记内容不符；假借专家推荐等名义，扩大宣传农药的质量、性能、用途等；宣传单或农药包装箱上印制套用登记证号。

违反条款：《反不正当竞争法》第九条。

处罚条款：《反不正当竞争法》第二十四条。

7.农药广告中的违法行为

（详见本书第三部分“七、广告违法行为”）。

8.农药经营中的商标侵权行为

（详见本书第三部分“三、商标违法行为”）。

肥料市场

肥料的概念

肥料是指供给植物养分，保持或改善土壤物理、化学及生物性能，对植物生长、产量、品质、抗逆性起促进作用的无机物、有机物、微生物及其混合物料。

肥料市场准入

1.肥料经营主体准入

2009年国务院印发了《关于进一步深化化肥流通体制改革的决定》（国发[2009]31号），取消对化肥经营企业所有制性质的限制，允许具备条件的各种所有制及组织类型的企业、农民专业合作社和个体工商户等市场主体进入化肥流通领域，参与经营，公平竞争。其中，申请在省域范围内设立分支机构从事化肥经营的企业，企业总部的注册资本（金）不得少于一千万元人民币；申请跨省域设立分支机构从事化肥经营的企业，企业总部的注册资本（金）不得少于三千万元人民币。

2.肥料商品市场准入

主要是肥料登记制度和生产许可制度。肥料登记制度是农业部门对肥料投入市场前通过田间试验等手段检验肥料效果，避免危害的管理措施。肥料生产许可制度是质检部门对肥料生产领域的管理措施。目前列入国家质量监督检验检疫总局公布的《实行生产许可证制度管理的产品目录》的产品有66大类。其中复混肥料和磷肥是列入生产许可证管理的化肥类产品，这些产品必须依法标注QS标志，其他肥料产品尚未实施生产许可制度，不需要标注QS标志。

2009年2月，国家质量监督检验检疫总局发布的第16号公告称：自2009年5月1日起，12类产品的工业产品生产许可由各省级质量技术监督部门负责审批发证，包括部分化肥产品复混（合）肥料、掺混肥料、有机—无机复混肥料等3个单元。

工商行政管理部门查处的肥料市场违法行为

1.无照经营行为

主要表现形式：一是应当取得工业产品生产许可证而没有取得的无照经营行为；二是销售环节的无照经营行为。

违反条款：《无照经营查处取缔办法》第四条。

处罚条款：《无照经营查处取缔办法》第十四条。

2.销售肥料违反《工业产品生产许可证管理条例》的

主要表现形式：销售应当取得许可证而未取得许可证的肥料；在产品、包装或者说明书上未标注生产许可证标志和编号的；伪造、变造许可证证书、生产许可证标志和编号的（流通领域）。

违反条款：《工业产品生产许可证管理条例》第五条、第三十四条、第三十五条。

处罚条款：《工业产品生产许可证管理条例》第四十七条、第四十八条、第五十一条。

3.销售需取得许可证的肥料标识不符合肥料标识规定的

主要表现形式：肥料标识不符合肥料标识国家强制标准（标识GB18382-2001）；需取得许可证的肥料不符合该肥料执行标准。

违反条款：《产品质量法》第十三条

处罚条款：《产品质量法》第四十九条。

4.不需取得许可证的肥料标识不符合肥料标识规定的

违反条款：《标准化法》第十四条。

处罚条款：《标准化法》第二十条；《标准化法实施条例》第三十三条。

5.销售假劣肥料的

主要表现形式：标明复合肥料实为复混肥料；以此肥料标明他肥料；以不合格肥料冒充合格肥料（检测不合格）行为。

违反条款：《产品质量法》第三十九条

处罚条款：《产品质量法》第五十条。

6.肥料广告宣传中的违法行为

（详见本书第三部分“七、广告违法行为”）。

7.肥料经营中的商标侵权行为

（详见本书第三部分“三、商标违法行为”）。

七、广告违法行为

违法广告的查处

违法广告案件的管辖

1.对违法广告案件的地域管辖

《工商行政管理机关行政处罚程序规定》第五条规定，“行政处罚由违法行为发生地的县级以上（含县级）工商行政管理机关管辖。法律、行政法规另有规定的除外”。针对广告案件特殊性，第八条进一步做出规定，“对利用广播、电影、电视、报纸、期刊、互联网等媒介发布违法广告的行为实施行政处罚，由广告发布者所在地工商行政管理机关管辖。广告发布者所在地工商行政管理机关管辖异地广告主、广告经营者有困难的，可以将广告主、广告经营者的违法情况移交广告主、广告经营者所在地工商行政管理机关处理”。

2.对包装物广告内容违法案件的管辖

根据国家工商行政管理总局《关于商品包装物广告监管有关问题的通知》和《关于加强广告执法办案协调工作的指导意见》的规定，除法律有明确规定外，按照以下原则管辖：工商行政管理机关对在本辖区内发现的在商品包装物上含有违法广告内容的案件，在立案前应当按照国家工商行政管理总局的有关规定报送省级广告监督管理机关备案。省级广告监督管理机关发现本省辖区内有两个以上工商行政管理机关对同一广告主的包装物上的违法广告进行查处的，应当协调，必要时可以指定一地广告监督管理机关统一查处。包装物广告内容违法涉及两个以上省（自治区、直辖市），已经立案尚未结案的，省级工商行政管理机关可以报请国家工商行政管理总局，由国家工商行政管理总局进行协调，必要时可以指定一省进行统一查处。

违法广告案件的广告费认定

工商行政管理机关依据《广告法》查处违法广告案件时，依法认定广告费是确定广告主、广告经营者和广告发布者法律责任的基础。违法广告当事人因发布违法广告被工商行政管理机关查处时，往往寻找各种借口，藏匿广告费用的真实凭证，或者谎称未收到广告费用，以逃避法律责任。为准确执行《广告法》的有关法律责任条款，国家工商行政管理总局《关于在查处广告违法案件中如何确认广告费金额的通知》、《关于广告发布者未经委托发布广告有关问题的答复》对涉及广告主、广告经营者、广告发布者的广告费金额做出以下规定：

（1）对广告发布者，广告费用以广告发布费全部金额确认。为被查处的违法广告附带提供其他服务的，则应将服务费与广告发布费合并计算。

（2）对广告经营者，广告费以广告代理费和广告设计、制作费的全部金额确认。为该违法广告附带提供其他服务的，则应将服务费与广告代理费、设计制作费合并计算。

（3）对广告主，广告费用按照其承担的广告设计、制作、代理、发布等费用的总额合并计算。

（4）对已经发布的违法广告，广告经营者、广告发布者尚未收到广告费的，按照发布广告的实际情况计算广告费，其标准以广告主与广告经营者、广告发布者签订的书面合同约定的标准确认；未签订书面合同的，或者合同不能反映真实的广告发布收费金额的，按照广告经营者、广告发布者公布的广告收费标准确认；未公布广告收费标准的，工商行政管理机关比照违法当事人同类广告的收费标准确认。

（5）媒介单位以广告形式，对商品经营者或服务提供者的商品或服务进行宣传的，无论其广告发布行为是否委托、是否收取广告发布费用，均应依照《广告法》等广告管理法律、法规和规章规定，承担广告发布责任。

违法广告案件的非法所得、违法所得认定

工商行政管理机关在适用《广告管理条例》《广告管理条例施行细则》《户外广告登记管理规定》《印刷品广告管理办法》查办违法广告案件时，以及依照《广告法》对伪造、变造或者转让广告审查决定文件行为进行处罚时，需要在调查取证过程中查明违法广告当事人的非法所得或违法所得。有关“非法所得或违法所得”的认定应当依照国家工商行政管理总局制定的《工商行政管理机关行政处罚案件违法所得认定办法》的规定进行计算。

虚假广告的认定

虚假广告是违法广告的一种情形，社会危害性大，是广告监督管理中防范和查处的重点。广告监督管理机关应当加强对虚假广告表现形式的研究，及时准确认定虚假广告，最大限度减小以至消除虚假广告的社会危害。

根据有关法律规定的原则性规定，我国行政执法实践中判定广告真实与否，主要考虑以下几个方面：

（1）广告介绍的商品或者服务应当真实或者客观存在。

（2）广告内容应当能够被科学的依据所证实。

（3）构成某一特定广告的基本情节和要素必须真实、准确，不得夸张。

（4）广告中使用的艺术手法应当能够被普遍接受和认可，不得使人产生误解。

以上几个方面是判定广告是否真实的主要因素。违法广告千变万化，内容各不相同，在认定时需要根据具体情况准确把握。某个具体的广告违反上述任何一点，都有可能导致广告的不真实而构成虚假。在虚假广告案件查处实践中要注意的是，以上判定虚假广告的因素应当结合广告发布环境、广告发布效果、社会危害程度等条件综合衡量，防止不应当认定为虚假广告的情形被误判为虚假广告，或者应当认定为虚假广告的情形又没有被依法认定为虚假广告。

几种广告违法行为的区别

1.使用专利做广告的四种违法行为的区别

（1）行为特征

1）未标明商品或者报备所具有的专利号、种类的违法行为，属于“有而未明”，即拥有了专利权益，而未依法明示，属于真而未露；

2）谎称商品或者服务取得专利权的违法行为，属于“无而冒明”，即没有专利权益，谎称其拥有专利权益，属于以假乱真；

3）广告使用尚未取得的专利的违法行为，属于“未有预明”，即尚未获得专利权益，而提前称自己拥有专利权益，属于借事生势；

4）使用失效、无效专利广告的违法行为，属于“失而仍明”，即已经失去了专利权益，仍然称自己拥有专利权益，属于借尸还魂。

（2）行为属性

1）未标明商品或者报备所具有的专利号、种类的违法行为，属于“疏漏明示”的一般性违法性质；

2）谎称商品或者服务取得专利权的违法行为，属于“欺诈伪示”的侵犯消费者权益性质严重的违法性质；

3）广告使用尚未取得的专利的违法行为，如果当事人最终能够获得专利权益的，属于“预期明示”的一般性违法；如果当事人最终不能获得专利权益的，则属于“臆想明示”的欺诈性的严重违法性质；

4）使用失效、无效专利广告的违法行为，属于“续貂明示”的误导消费者的性质严重的违法性质。

2. “广告不具有可识别性的违法行为”与“大众媒介广告未标明广告标记的违法行为”的区别

（1）从违法标的物上

1）广告不具有可识别性的违法行为：标的物普遍，针对所有载体或者形式的商业广告，既包括大众传播媒介（报纸、杂志、电视、广播、广告牌、户外广告），又包括业主现场演示、展示或者其他演出等载体或者形式。

2）大众媒介广告未标明广告标记的违法行为：标的物特定，仅限于发布载体为大众传播媒介的商业广告。

（2）从法定查处的违法主体上

1）广告不具有可识别性的违法行为：涉案违法的当事人主体，是广义的广告者，既可以是广告主，也可以是广告经营者，又可以是广告发布者。

2）大众媒介广告未标明广告标记的违法行为：涉案违法的当事人主体，一般为广告发布者。

（3）从广告发布后，所对应的效果定性上

1）广告不具有可识别性的违法行为：违法广告不具有可识别性，不能够使消费者辨明其为广告形式的商品或者服务事项的宣传。

2）大众媒介广告未标明广告标记的违法行为：因没有标识广告标记，使其广告与其他非广告信息不易区别，造成消费者产生误解其不属于广告宣传，而是对商品或者服务事项的其他报道、介绍、评论。

（4）在内容与形式的反映上

1）广告不具有可识别性的违法行为，主要是在内容上反映。广告的违法，在其含混的内容掩盖了其商业广告的属性。即使是标明广告标识了，却因为其在设计、制作中，主观故意地使用了混淆或者模糊的手段，而缺失了让受众可以或者容易识别其为商业广告的内容表现。

2）大众媒介广告未标明广告标记的违法行为，主要是在形式上反映。广告的违法，在其未标明广告的标记。

（5）从认定情节上

1）广告不具有可识别性的违法行为，主要是在内容上反映：只要受众对发布者的宣传内容，不能或者不易识别、辨明其商业性广告的属性。

2）大众媒介广告未标明广告标记的违法行为，主要是在形式上反映：只要当事人在大众传播媒介发布的商业内容的广告，没有标示广告标记的。

（6）从违法后果上

1）广告不具有可识别性的违法行为，使受众不能或者不易明辨：当事人所发布的该广告宣传，已经面向社会或者市场，并因此而产生了使受众不能或者不易明辨的负面影响。

2）大众媒介广告未标明广告标记的违法行为，使受众产生误解：当事人所发布的该广告宣传，已经面向社会或者市场，并因此而产生了让消费者误解的负面影响。

3."药品、医疗器械广告含有不科学断言、保证的违法行为"与"药品、医疗器械广告含有治愈、有效率的违法行为"的区别

（1）从广告内容的依据方面

1）药品、医疗器械广告含有不科学断言、保证的违法行为，其广告宣传的断言、保证，是没有科学性或者没有事实依据的。

2）药品、医疗器械广告含有治愈、有效率的违法行为，其广告宣传的说明或者隐含的治愈率或者有效率的内容，是可能有或有依据的。

（2）从广告内容的限制方面

1）药品、医疗器械广告含有不科学断言、保证的违法行为，只有当其广告宣传的断言、保证，没有科学性或者没有科学依据时，它才是违法的，如果该断言或者保证是有科学性或者有科学依据的，是不违法的。

2）药品、医疗器械广告含有治愈、有效率的违法行为，不管其广告的治愈率或者有效率是否有根据、是否真实，都是属于违法的。

（3）从广告内容标的及违法属性方面

1）药品、医疗器械广告含有不科学断言、保证的违法行为，涉及的标的是产品的功效保证，其属性是伪科学的、带有误导或者欺诈性质的。

2）药品、医疗器械广告含有治愈、有效率的违法行为，涉及的标的是产品有效的数量或概率，其属性是违反广告宣传公平竞争秩序的。

（4）从广告内容的句式及语气方面

1）药品、医疗器械广告含有不科学断言、保证的违法行为，其广告句式是“保证或者肯定对××病症具有功效”，是不设前提的、不容置疑的，具有肯定性的语气。

2）药品、医疗器械广告含有治愈、有效率的违法行为，其广告句式是“因质量、性能、功效、技术等好，而在对××病症的应用上，已经具有了××%治愈率或者是××%有效率”，是有前述条件的铺叙，具有陈述、说明的语气。

（5）从违法广告的责任追及方面

1）药品、医疗器械广告含有不科学断言、保证的违法行为，除正常情况下，广告主、广告经营者和广告发布者承担相应的法律责任外，如果广告经营者和广告发布者是在不明知或应知的情况下违法的，可以从轻或者免责。

2）药品、医疗器械广告含有治愈、有效率的违法行为，正常情况下，广告主、广告经营者和广告发布者都应当承担法律责任。

4.“药品、医疗器械广告含有不科学断言、保证的违法行为”与“药品、医疗器械广告保证治愈或隐含保证治愈的违法行为”的区别

（1）从广告内容的依据方面

1）药品、医疗器械广告含有不科学断言、保证的违法行为，其广告宣传的断言、保证是没有科学性或者事实依据的。

2）药品、医疗器械广告保证或者隐含保证治愈的违法行为，其广告保证或者隐含保证治愈率的科学性和依据是不确定的。

（2）从广告内容的限制方面

1）药品、医疗器械广告含有不科学断言、保证的违法行为，只有当其广告宣传的断言、保证，没有科学性或者没有科学依据时，它才是违法的，如果该断言或者保证是有科学性或者有事实依据的，是不违法的。

2）药品、医疗器械广告保证或者隐含保证治愈的违法行为，不管其广告的保证或者隐含保证的宣传是否有根据、是否真实，都是属于违法的。

（3）从广告内容标的及违法属性方面

1）药品、医疗器械广告含有不科学断言、保证的违法行为，涉及的标的是产品的内在成分、功效、性能等的品质保证，其属性是伪科学的、带有误导或者欺诈性质的。

2）药品、医疗器械广告保证或者隐含保证治愈的违法行为，涉及的标的是产品的外在使用的治愈效果，其属性是违反广告宣传公平竞争性质的。

（4）从广告内容的句式方面

1）药品、医疗器械广告含有不科学断言、保证的违法行为，其广告句式是“本产品的科学品质，保证或者肯定对××病症具有功效”，虽然没有前提根据，但是却形似不容置疑的。

2）药品、医疗器械广告保证或者隐含保证治愈的违法行为，其广告句式是“只要购买或者使用该产品，使用者的病症可能得到××治愈率”，虽然其或许有，或许没有准确根据，但是却形似担保无虞的。

（5）从违法广告的责任追及方面

1）药品、医疗器械广告含有不科学断言、保证的违法行为，除正常情况下，广告主、广告经营者和广告发布者承担相应的法律责任外，如果广告经营者和广告发布者是在不明知或应知的情况下违法的，可以从轻或者免责。

2）药品、医疗器械广告保证或者隐含保证治愈的违法行为，正常情况下，广告主、广告经营者和广告发布者都应当承担法律责任。

5．“代理、设计、制作、发布禁止产销商品或者服务事项广告的违法行为”与“代理、设计、制作、发布禁止发布的商品或者服务的广告的违法行为”的区别

（1）在违法标的物性质上

1）代理、设计、制作、发布禁止产销商品或者服务事项广告的违法行为，所广告宣传的商品或者服务事项，是国家禁止生产、销售的。

2）代理、设计、制作、发布禁止发布的商品或者服务的广告的违法行为，所广告宣传的商品或者服务事项，是国家允许生产、销售的，但却禁止为其广告的。

（2）在标的物主人上

1）代理、设计、制作、发布禁止产销商品或者服务事项广告的违法行为，涉及的产销商品或者服务事项者，不广告宣传也违法，广告宣传更违法。

2）代理、设计、制作、发布禁止发布的商品或者服务的广告的违法行为，涉及的产销商品或者服务事项者，不广告不违法，广告后方违法。

（3）在广告的标的物属性上

1）代理、设计、制作、发布禁止产销商品或者服务事项广告的违法行为，涉及的商品或者服务事项是违法产销的（如传销的商品或者服务事项，诲淫诲盗、反动迷信等产品）。

2）代理、设计、制作、发布禁止发布的商品或者服务的广告的违法行为，涉及的商品或者服务事项是合法产销的（如烟草、卷烟等产品），但是却不得广告或者必须经过审查批准方可广告的。

（4）在量度行政处罚上

1）代理、设计、制作、发布禁止产销商品或者服务事项广告的违法行为，涉及的商品或者服务事项是违法产销的（如传销的商品或者服务事项，诲淫诲盗、反动迷信等产品），应当依据《产品质量法》《无照经营查处取缔办法》等法律法规予以没收、销毁。

2）代理、设计、制作、发布禁止发布的商品或者服务的广告的违法行为，涉及的商品或者服务事项是合法产销的（如烟草等产品），不应当予以没收。

广告违法行为查处依据

1.广告中使用中华人民共和国国旗、国徽、国歌的

违反条款：《广告法》第七条第二款第（一）项。

处罚条款：《广告法》第三十九条。

2.广告中使用国家机关或国家机关工作人员名义的

违反条款：《广告法》第七条第二款第（二）项。

处罚条款：《广告法》第三十九条。

3.广告中使用国家级、最高级、最佳等用语的

违反条款：《广告法》第七条第二款第（三）项。

处罚条款：《广告法》第三十九条。

4.广告内容妨碍社会公共秩序和违背社会良好风尚的

违反条款：《广告法》第七条第二款第（五）项。

处罚条款：《广告法》第三十九条。

5.广告含有淫秽、迷信、恐怖、暴力、丑恶内容的

违反条款：《广告法》第七条第二款第（六）项。

处罚条款：《广告法》第三十九条。

6.广告内容反动、荒诞的

违反条款：《广告法》第八条（四）项。

处罚条款：《广告管理条例施行细则》第二十一条。

7.广告含有民族、种族、宗教、性别歧视内容的

违反条款：《广告法》第七条第二款的（七）项。

处罚条款：《广告管理条例施行细则》第二十一条。

8.广告妨碍环境和自然资源保护的

违反条款：《广告法》第七条第二款的（八）项。

处罚条款：《广告管理条例施行细则》第二十一条。

9.广告内容损害民族尊严的

违反条款：《广告管理条例》第八条第（二）项。

处罚条款：《广告管理条例施行细则》第二十一条。

10.广告未清楚、明白表示商品或服务质量等内容的

违反条款：《广告法》第九条第一款。

处罚条款：《广告法》第四十条第一款。

11.广告未真实、准确引用商品或者服务有关数据和出处的

违反条款：《广告法》第十条。

处罚条款：《广告法》第四十条第一款。

12.广告未标明随商品或者服务附赠礼品的品种和数量的

违反条款：《广告法》第九条第二款。

处罚条款：《广告法》第四十条第一款。

13.广告未标明商品或者服务事项所获得的专利号及其种类的

违反条款：《广告法》第十一条第一款。

处罚条款：《广告法》第四十条第一款。

14.广告谎称商品或者服务取得专利权的

违反条款：《广告法》第十一条第二款。

处罚条款：《广告法》第四十条第一款。

15.广告使用尚未取得的专利的

违反条款：《广告法》第十一条第三款。

处罚条款：《广告法》第四十条第一款。

16.使用失效、无效专利做广告的

违反条款：《广告法》第十一条第三款。

处罚条款：《广告法》第四十条第一款。

17.广告不具有可识别性的

违反条款：《广告法》第十三条第一款。

处罚条款：《广告法》第四十条第二款。

18.大众媒介广告未标明广告标记的

违反条款：《广告法》第十三条第二款。

处罚条款：《广告法》第四十条第二款。

19.以新闻报道形式发布广告的

违反条款：《广告法》第十三条第二款。

处罚条款：《广告法》第四十条第二款。

20.药品、医疗器械广告含有不科学断言、保证的

违反条款：《广告法》第十四条第（一）项。

处罚条款：《广告法》第四十一条。

21.药品、医疗器械广告说明治愈率、有效率的

违反条款：《广告法》第十四条第（二）项。

处罚条款：《广告法》第四十一条。

22.发布保证医疗、药品、器械治愈广告的

违反条款：《医疗广告管理办法》第七条第（二）项。

处罚条款：《医疗广告管理办法》第二十二条。

23.广告比较药品、医疗器械功效和安全性的

违反条款：《广告法》第十四条第（三）项。

处罚条款：《广告法》第四十一条。

24.利用与医疗、药品、医疗器械相关人的名义或形象做广告的

违反条款：《广告法》第十四条第（四）项。

处罚条款：《广告法》第四十一条。

25.利用新闻形式发布或变相发布医疗广告的

违反条款：《广告法》第十三条第二款；《广告管理条例》第九条。

处罚条款：《广告法》第四十条第二款；《广告管理条例》第二十二条；《医疗广告管理办法》第十六条第一款。

26.利用资讯服务类专题节目发布或变相发布医疗广告的

违反条款：《医疗广告管理办法》第十六条第一款。

处罚条款：《医疗广告管理办法》第二十二条。

27.药品广告内容不符合被批准说明书内容的

违反条款：《广告法》第十五条第一款。

处罚条款：《广告法》第四十一条。

28.治疗性药品广告未标明医生指导处方购买和使用的

违反条款：《广告法》第十五条第二款。

处罚条款：《广告法》第四十一条。

29.医疗广告涉及医疗技术、诊疗方法、疾病名称、药物等内容的

违反条款：《医疗广告管理办法》第六条第一款、第七条第（一）项。

处罚条款：《医疗广告管理办法》第二十二条。

30.医疗广告内容与《医疗机构执业许可证》不一致的

违反条款：《医疗广告管理办法》第六条第一款。

处罚条款：《医疗广告管理办法》第二十二条。

31.利用淫秽、迷信、荒诞内容做医疗广告的

违反条款：《广告管理条例》第八条第（四）项；《医疗广告管理办法》第七条第（四）项。

处罚条款：《广告管理条例施行细则》第二十一条。

32.使用解放军和武警部队名义做医疗广告的

违反条款：《医疗广告管理办法》第七条。

处罚条款：《医疗广告管理办法》第二十二条。

33.医疗机构篡改医疗广告审查证明内容发布广告的

违反条款：《医疗广告管理办法》第二十一条第一款。

处罚条款：《医疗广告管理办法》第二十二条。

34.做被禁止广告的特殊药品的广告的

违反条款：《广告法》第十六条。

处罚条款：《广告法》第四十一条。

35.广告内容做农药安全绝对化断言的

违反条款：《广告法》第十七条第（一）项。

处罚条款：《广告法》第四十一条。

36.广告对农药功效做不科学断言和保证的

违反条款：《广告法》第十七条第（二）项。

处罚条款：《广告法》第四十一条。

37.广告内容违反农药安全使用规程的

违反条款：《广告法》第十七条第（三）项。

处罚条款：《广告法》第四十一条。

38.做不符合卫生许可事项的食品、酒类、化妆品广告的

违反条款：《广告法》第十九条。

处罚条款：《广告法》第四十一条。

39.做医疗化或药品化的食品、酒类、化妆品广告的

违反条款：《广告法》第十九条。

处罚条款：《广告法》第四十一条。

40.代理、设计、制作、发布禁止产销的商品或者服务的广告的

违反条款：《广告法》第三十一条。

处罚条款：《广告法》第四十一条。

41.代理、设计、制作、发布禁止发布的商品或者服务的广告的

违反条款：《广告法》第三十一条。

处罚条款：《广告法》第四十一条。

42.发布未经法定审查的广告的

违反条款：《广告法》第三十四条。

处罚条款：《广告法》第四十三条。

43.广告经营者、发布者未履行审查义务，发布广告的

违反条款：《广告法》第二十七条。

处罚条款：《广告管理条例》第十一条、第十二条；《广告管理条例施行细则》第二十五条。

44.利用大众传播媒介发布烟草广告的

违反条款：《广告法》第十八条第一款。

处罚条款：《广告法》第四十二条。

45.违法在特定公共场所发布烟草广告的

违反条款：《广告法》第十八条第二款。

处罚条款：《广告法》第四十二条。

46.烟草广告没有或不规范标明“吸烟有害健康的”

违反条款：《广告法》第十八条第三款。

处罚条款：《烟草广告管理暂行办法》第十条、第十二条。

47.利用广告虚假宣传的

违反条款：《广告法》第四条。

处罚条款：《广告法》第三十七条。

48.广告主提供虚假证明文件的

违反条款：《广告法》第二十四条第一款。

处罚条款：《广告法》第四十四条第一款。

49.伪造广告审查决定文件的

违反条款：《广告法》第三十六条。

处罚条款：《广告法》第四十四条第二款。

50.变造广告审查决定文件的

违反条款：《广告法》第三十六条。

处罚条款：《广告法》第四十四条第二款。

51.转让广告审查决定文件的

违反条款：《广告法》第三十六条。

处罚条款：《广告法》第四十四条第二款。

52.利用广告贬低他人的商品或者服务的

违反条款：《广告法》第十二条。

处罚条款：《广告法》第四十条第一款。

八、其他违反市场秩序规范的违法行为

网络交易违法行为

1.自然人违反规定从事网络商品交易的

违反条款：《网络交易管理办法》第七条第二款。

处罚条款：《网络交易管理办法》第五十条。

2.第三方交易平台经营者未对申请进入平台销售商品或者提供服务的经营主体的身份进行审查和登记，未建立登记档案的

违反条款：《网络交易管理办法》第二十三条。

处罚条款：《网络交易管理办法》第五十条。

3.第三方交易平台经营者未依法建立各项管理制度的

违反条款：《网络交易管理办法》第二十五条。

处罚条款：《网络交易管理办法》第五十条。

4.第三方交易平台经营者拒绝配合工商行政管理部门依法采取的执法措施的

违反条款：《网络交易管理办法》第二十六条第二款。

处罚条款：《网络交易管理办法》第五十条。

5.第三方交易平台经营者未以显著方式对自营部分和平台内其他经营者经营部分进行区分和标记的

违反条款：《网络交易管理办法》第二十九条。

处罚条款：《网络交易管理办法》第五十条。

6.第三方交易平台经营者未按规定审查、记录、保存在其平台上发布的商品和服务信息内容及其发布时间的

违反条款：《网络交易管理办法》第三十条。

处罚条款：《网络交易管理办法》第五十条。

7.第三方交易平台经营者拒绝协助工商行政管理部门查处网上违法经营行为，或隐瞒真实情况的

违反条款：《网络交易管理办法》第三十四条。

处罚条款：《网络交易管理办法》第五十条。

8.为网络商品交易提供网络接入、服务器托管、虚拟空间租用、网站网页设计制作等服务的有关服务经营者的违法行为

违反条款：《网络交易管理办法》第三十五条。

处罚条款：《网络交易管理办法》第五十条。

9. 为网络商品交易提供信用评价服务的有关服务经营者的违法行为

违反条款：《网络交易管理办法》第三十六条。

处罚条款：《网络交易管理办法》第五十条。

10.相关服务经营者拒绝协助工商行政管理部门查处网络商品交易相关违法行为，或隐瞒真实情况的

违反条款：《网络交易管理办法》第三十八条。

处罚条款：《网络交易管理办法》第五十条。

11.从事网络商品交易及有关服务的经营主体未在其网站首页或者从事经营活动的主页面醒目位置公开营业执照登载的信息或者其营业执照的电子链接标识的

违反条款：《网络交易管理办法》第八条。

处罚条款：《网络交易管理办法》第五十一条。

12.网络商品经营者、有关服务经营者未按规定向所在地工商行政管理部门报送经营统计资料的

违反条款：《网络交易管理办法》第二十一条。

处罚条款：《网络交易管理办法》第五十一条。

13.网络商品经营者、有关服务经营者在经营活动中违法使用合同格式条款的

违反条款：《网络交易管理办法》第十七条。

处罚条款：《网络交易管理办法》第五十二条；《合同违法行为监督处理办法》第十二条。

14.擅自使用知名网站特有的域名、名称、标识或者使用与知名网站近似的域名、名称、标识，与他人知名网站相混淆，造成消费者误认的

违反条款：《网络交易管理办法》第十九条第（一）项。

处罚条款：《网络交易管理办法》第五十三条；《反不正当竞争法》第二十一条。

15. 擅自使用、伪造政府部门或者社会团体电子标识，进行引人误解的虚假宣传的

违反条款：《网络交易管理办法》第十九条第（二）项。

处罚条款：《网络交易管理办法》第五十三条；《反不正当竞争法》第二十四条。

16.以虚构交易、删除不利评价等形式，为自己或他人提升商业信誉的

违反条款：《网络交易管理办法》第十九条第（四）项。

处罚条款：《网络交易管理办法》第五十三条；《反不正当竞争法》第二十四条。

17.以虚拟物品为奖品进行抽奖式的有奖销售，虚拟物品在网络市场约定金额超过法律法规允许的限额的

违反条款：《网络交易管理办法》第十九条第（三）项。

处罚条款：《网络交易管理办法》第五十三条；《反不正当竞争法》第二十六条。

18.以交易达成后违背事实的恶意评价损害竞争对手的商业信誉的

违反条款：《网络交易管理办法》第十九条第（五）项。

处罚条款：《网络交易管理办法》第五十三条。

19.对竞争对手的网站或者网页进行非法技术攻击，造成竞争对手无法正常经营的

违反条款：《网络交易管理办法》第二十条。

处罚条款：《网络交易管理办法》第五十四条。

违反合同管理行为

1.利用合同实施欺诈行为的

违反条款：《合同违法行为监督处理办法》第六条。

处罚条款：《合同违法行为监督处理办法》第十二条。

2.利用合同实施危害国家利益、社会公共利益的行为的

违反条款：《合同违法行为监督处理办法》第七条。

处罚条款：《合同违法行为监督处理办法》第十二条。

3. 为他人实施合同违法行为提供证明、执照、印章、账户及其他便利条件的

违反条款：《合同违法行为监督处理办法》第八条。

处罚条款：《合同违法行为监督处理办法》第十二条。

4. 经营者在格式条款中免除自己责任的

违反条款：《合同违法行为监督处理办法》第九条。

处罚条款：《合同违法行为监督处理办法》第十二条。

5. 经营者在格式条款中加重消费者责任的

违反条款：《合同违法行为监督处理办法》第十条。

处罚条款：《合同违法行为监督处理办法》第十二条。

6.经营者在格式条款中排除消费者权利的

违反条款：《合同违法行为监督处理办法》第十一条。

处罚条款：《合同违法行为监督处理办法》第十二条。

违法拍卖管理行为

1.未经许可设立拍卖企业的

违反条款：《拍卖法》第十一条。

处罚条款：《拍卖法》第六十条。

2.拍卖人及其工作人员违反规定，参与竞买的

违反条款：《拍卖法》第二十二条。

处罚条款：《拍卖法》第六十二条。

3.拍卖人及其工作人员违反规定委托他人代为竞买的

违反条款：《拍卖法》第二十二条。

处罚条款：《拍卖法》第六十二条。

4.拍卖人在自己组织的拍卖活动中拍卖自己的物品或者财产权利的

违反条款：《拍卖法》二十三条。

处罚条款：《拍卖法》六十三条。

5.委托人委托他人代为竞买的

违反条款：《拍卖法》第三十条。

处罚条款：《拍卖法》第六十四条。

6.竞买人之间恶意串通，损害他人利益的

违反条款：《拍卖法》第三十七条。

处罚条款：《拍卖监督管理办法》第十一条。

7.竞买人与拍卖人之间恶意串通，损害他人利益的

违反条款：《拍卖法》第三十七条。

处罚条款：《拍卖监督管理办法》第十二条。

8.拍卖企业举办拍卖活动，未于拍卖日前到拍卖活动所在地工商行政管理局备案的

违反条款：《拍卖监督管理办法》第五条第一款。

处罚条款：《拍卖监督管理办法》第十七条。

9.拍卖企业备案材料不符合规定的

违反条款：《拍卖监督管理办法》第五条第一款、第二款。

处罚条款：《拍卖监督管理办法》第十六条。

10.拍卖企业未在拍卖现场公布监督电话的

违反条款：《拍卖监督管理办法》第八条。

处罚条款：《拍卖监督管理办法》第十六条。

11.拍卖企业拒绝向到场监督人员提供有关资料的

违反条款：《拍卖监督管理办法》第八条。

处罚条款：《拍卖监督管理办法》第十六条。

12.拍卖企业捏造、散布虚假事实，损害其他拍卖企业的商业信誉的

违反条款：《拍卖监督管理办法》第九条第（三）项。

处罚条款：《拍卖监督管理办法》第十七条。

13.拍卖企业未按照《拍卖法》的规定于拍卖日七日前发布拍卖公告的

违反条款：《拍卖监督管理办法》第七条。

处罚条款：《拍卖监督管理办法》第十六条。

14.拍卖企业未在拍卖前展示拍卖标的

违反条款：《拍卖法》第四十八条；《拍卖监督管理办法》第七条。

处罚条款：《拍卖监督管理办法》第十六条。

15.拍卖标的展示时间少于2天的

违反条款：《拍卖法》第四十八条；《拍卖监督管理办法》第七条。

处罚条款：《拍卖监督管理办法》第十六条。

16.拍卖企业雇佣非拍卖师主持拍卖活动的

违反条款：《拍卖监督管理办法》第九条第（七）项。

处罚条款：《拍卖监督管理办法》第十七条。

违反经纪人管理行为

1.未经登记注册擅自开展经纪活动的

违反条款：《经纪人管理办法》第十八条第（一）项。

处罚条款：《无照经营查处取缔办法》第十四条。

2.超越经核准的经营范围从事经纪活动的

违反条款：《经纪人管理办法》第十八条第（二）项。

处罚条款：《无照经营查处取缔办法》第四条第（五）项、第十七条。

3.在经纪合同中未附有执行该项经纪合同业务的经纪执业人员的签名的

违反条款：《经纪人管理办法》第十六条第二款。

处罚条款：《经纪人管理办法》第二十一条第（一）项。

4.未按规定将聘用的经纪执业人员的情况在经营场所明示的

违反条款：《经纪人管理办法》第十三条。

处罚条款：《经纪人管理办法》第二十一条第（二）项。

5.向工商行政管理机关提交或在经营场所明示虚假经纪执业人员材料的

违反条款：《经纪人管理办法》第十二条、第十三条。

处罚条款：《经纪人管理办法》第二十一条第（三）项。

6.违反约定或者违反委托人有关保守商业秘密的要求，泄露委托人的商业秘密的

违反条款：《经纪人管理办法》第十八条第（五）项；《反不正当竞争法》第十条。

处罚条款：《反不正当竞争法》第二十五条。

7.采取欺诈、胁迫、贿赂、恶意串通等手段损害当事人利益的

违反条款：《经纪人管理办法》第十八条第（七）项。

处罚条款：《合同违法行为监督处理办法》第十二条。

8.对经纪的商品或者服务做引人误解的虚假宣传的

违反条款：《经纪人管理办法》第十八条第（九）项。

处罚条款：《反不正当竞争法》第二十四条第一款。

9.对委托人隐瞒与委托人有关的重要事项的

违反条款：《经纪人管理办法》第十八条第（三）项。

处罚条款：《经纪人管理办法》第二十三条。

10.伪造、涂改交易文件和凭证的

违反条款：《经纪人管理办法》第十八条第（四）项。

处罚条款：《经纪人管理办法》第二十三条。

11.利用虚假信息，诱人签订合同，骗取中介费的

违反条款：《经纪人管理办法》第十八条第（六）项。

处罚条款：《经纪人管理办法》第二十三条。

12.通过诋毁其他经纪人或者支付介绍费等不正当手段承揽业务的

违反条款：《经纪人管理办法》第十八条第（六）项。

处罚条款：《经纪人管理办法》第二十三条。

违反报废汽车回收管理行为

1.出售不能使用的报废汽车零配件的

违反条款：《报废汽车回收管理办法》第十四条第一款。

处罚条款：《报废汽车回收管理办法》第二十四条。

2.出售能够继续使用的报废汽车零配件未标明“报废汽车回用件”的

违反条款：《报废汽车回收管理办法》第十四条第一款。

处罚条款：《报废汽车回收管理办法》第二十四条。

3.利用报废汽车“五大总成”以及其他零配件拼装汽车的

违反条款：《报废汽车回收管理办法》第十五条第一款。

处罚条款：《报废汽车回收管理办法》第二十五条。

4.出售报废汽车整车的

违反条款：《报废汽车回收管理办法》第十五条第一款、第二款。

处罚条款：《报废汽车回收管理办法》第二十五条。

5.出售“五大总成”、拼装车的

违反条款：《报废汽车回收管理办法》第十五条第二款。

处罚条款：《报废汽车回收管理办法》第二十五条。

违反旧货市场规范行为

1.销售没有再利用产品标识的再利用电器电子产品的

违反条款：《循环经济法》第三十九条第一款。

处罚条款：《循环经济法》第五十六条第（一）项。

2.销售没有再制造或者翻新产品标识的再制造或者翻新产品的

违反条款：《循环经济法》第四十条第二款。

处罚条款：《循环经济法》第五十六条第（二）项。

“扫黄打非”

1.未经批准，擅自设立出版物的出版、印刷或者复制、进口、发行单位，或者擅自从事出版物的出版、印刷或者复制、进口、发行业务，假冒出版单位名称或者伪造、假冒报纸、期刊名称出版出版物的

处罚条款：《出版管理条例》第六十一条。

2. 擅自销售卫星地面接收设施的

违反条款：《卫星电视广播地面接收设施管理规定》第五条。

处罚条款：《卫星电视广播地面接收设施管理规定》第十一条第（二）款。

违反军服管理行为

1.非法生产军服、军服专用材料的

违反条款：《军服管理条例》第四条。

处罚条款：《军服管理条例》第十二条第（一）项。

2.买卖军服、军服专用材料的

违反条款：《军服管理条例》第十条第一款。

处罚条款：《军服管理条例》第十二条第（二）项。

3.生产、销售军服仿制品的

违反条款：《军服管理条例》第十一条第二款。

处罚条款：《军服管理条例》第十二条第（三）项。

4.转让军服、军服专用材料生产合同或者生产技术规范，或者委托其他企业生产军服、军服专用材料的

违反条款：《军服管理条例》第五条第二款。

处罚条款：《军服管理条例》第十三条第（一）项。

5.销售或者以其他方式转让未经改制、染色等处理的军服、军服专用材料残次品的

违反条款：《军服管理条例》第六条。

处罚条款：《军服管理条例》第十三条第（二）项。

6.未将军服生产中剩余的军服专用材料妥善保管、移交的

违反条款：《军服管理条例》第六条。

处罚条款：《军服管理条例》第十三条第（三）项。

7.使用军服和中国人民解放军曾经装备的制式服装从事经营活动，或者以“军需”、“军服”、“军品”等用语招揽顾客的

违反条款：《军服管理条例》第十条第二款、第三款。

处罚条款：《军服管理条例》第十四条。

违反烟草专卖制度行为

1.生产、销售没有注册商标的卷烟、雪茄烟、有包装的烟丝的

违反条款：《烟草专卖法》第二十条第一款；《商标法》第四十七条。

处罚条款：《烟草专卖法》第三十六条第一款；《商标法》第四十七条。

2.生产、销售假冒他人注册商标的烟草制品的

违反条款：《烟草专卖法》第二十条第二款。

处罚条款：《烟草专卖法》第三十六条第二款；《商标法实施条例》第五十二条。

3.无烟草专卖零售许可证经营烟草制品零售业务的

违反条款：《烟草专卖法》第十六条；《烟草专卖法实施条例》第六条。

处罚条款：《烟草专卖法》第三十五条；《烟草专卖法实施条例》第六十一条。

违反邮政管理行为

1.未取得快递业务经营许可经营快递业务的

违反条款：《邮政法》第五十一条第一款、第二款。

处罚条款：《邮政法》第七十二条第一款、第二款。

2.邮政企业以外的单位或个人经营由邮政企业专营的信件寄递业务的

违反条款：《邮政法》第五条、第五十五条。

处罚条款：《邮政法》第七十二条第一款。

3.邮政企业以外的单位或个人寄递国家机关公文的

违反条款：《邮政法》第五十五条。

处罚条款：《邮政法》第七十二条第二款。

药品购销违法行为

1.药品的生产企业、经营企业、医疗机构在药品购销中暗中给予回扣或者其他利益的

违反条款：《药品管理法》第五十九条第一款。

处罚条款：《药品管理法》第九十条。

2.药品的生产企业、经营企业、医疗机构在药品购销中暗中收受回扣的

违反条款：《药品管理法》第五十九条第一款。

处罚条款：《药品管理法》第九十条。

3.药品的生产企业、经营企业或者其代理人给予使用药品的医疗机构负责人、药品采购人员、医师等有关人员以财务或者其他利益的

违反条款：《药品管理法》第五十九条第二款。

处罚条款：《药品管理法》第九十条。

违反文物保护行为

1.未经许可，擅自设立文物商店的

违反条款：《文物保护法》第五十三条第一款。

处罚条款：《文物保护法》第七十二条。

2.未经许可，擅自设立经营文物拍卖的拍卖企业的

违反条款：《文物保护法》第五十四条第一款。

处罚条款：《文物保护法》第七十二条。

3.未经许可，擅自从事文物的商业经营活动的

违反条款：《文物保护法》第五十五条第四款。

处罚条款：《文物保护法》第七十二条。

4.文物商店从事文物拍卖经营活动的

违反条款：《文物保护法》第五十三条第二款。

处罚条款：《文物保护法》第七十三条第（一）项。

5.经营文物拍卖的拍卖企业从事文物购销经营活动的

违反条款：《文物保护法》第五十四条第二款。

处罚条款：《文物保护法》第七十三条第（二）项。

6.文物商店销售的文物未经审核的

违反条款：《文物保护法》第五十六条第一款。

处罚条款：《文物保护法》第七十三条第（三）项。

7.拍卖企业拍卖的文物未经审核的

违反条款：《文物保护法》第五十六条第二款。

处罚条款：《文物保护法》第七十三条第（三）项。

违反人民币管理行为

1.未经中国人民银行批准，擅自研制、仿制、引进、销售、购买和使用印刷人民币所特有的防伪材料、防伪技术、防伪工艺和专业设备的

违反条款：《人民币管理条例》第十三条。

处罚条款：《人民币管理条例》第四十一条。

2.非法买卖流通人民币的

违反条款：《人民币管理条例》第二十五条第一款。

处罚条款：《人民币管理条例》第四十四条。

3.未经中国人民银行批准，装帧流通人民币的

违反条款：《人民币管理条例》第二十六条。

处罚条款：《人民币管理条例》第四十四条。

4.未经中国人民银行批准，经营流通人民币的

违反条款：《人民币管理条例》第二十六条。

处罚条款：《人民币管理条例》第四十四条。

5.制作、仿制、买卖人民币图样的

违反条款：《人民币管理条例》第二十七条第一款第（二）项。

处罚条款：《人民币管理条例》第四十四条。

违反旅行社管理行为

1.未取得相应的旅行社业务经营许可，经营国内旅游业务、入境旅游业务、出境旅游业务的

违反条款：《旅行社条例》第七条。

处罚条款：《旅行社条例》第四十六条第（一）项。

2.分社的经营范围超出设立分社的旅行社的经营范围的

违反条款：《旅行社条例》第十条第二款。

处罚条款：《旅行社条例》第四十六条第（二）项。

3.旅行社服务网点从事招徕、咨询以外的活动的

违反条款：《旅行社条例》第十一条第二款。

处罚条款：《旅行社条例》第四十六条第（三）项。

4.受让或者租借旅行社业务经营许可证的

处罚条款：《旅行社条例》第四十七条。

5.旅行社拒不履行旅游合同约定的义务的

违反条款：《旅行社条例》第三十三条第（一）项。

处罚条款：《旅行社条例》第五十九条第（一）项。

6.旅行社非因不可抗力改变旅游合同安排的行程的

违反条款：《旅行社条例》第三十三条第（二）项。

处罚条款：《旅行社条例》第五十九条第（二）项。

7.欺骗、胁迫旅游者购买或者参加需要另行付费的游览项目的

违反条款：《旅行社条例》第三十三条第（三）项。

处罚条款：《旅行社条例》第五十九条第（三）项。

8.旅行社违反旅游合同约定造成旅游者合法权益受到损害，不采取必要的补救措施的

违反条款：《旅行社条例》第三十五条。

处罚条款：《旅行社条例》第六十一条。

互联网上网服务违法行为

1.擅自设立互联网上网服务营业场所的

违反条款：《互联网上网服务营业场所管理条例》第七条、第十一条第五款。

处罚条款：《互联网上网服务营业场所管理条例》第二十七条。

2.擅自从事互联网上网服务经营活动的

违反条款：《互联网上网服务营业场所管理条例》第七条。

处罚条款：《互联网上网服务营业场所管理条例》第二十七条。

第四部分

工商行政管理行政执法涉嫌犯罪案件移送指南

第八章　行政执法涉嫌犯罪案件移送工作规范

一、行政执法涉嫌犯罪案件移送程序基本制度

国务院和最高人民检察院《关于加强行政执法机关与公安机关、人民检察院工作联系的意见》规定要强化案件移送工作，推动涉嫌犯罪案件及时进入司法程序。行政执法机关查处的违法案件，根据法律和司法解释的规定，凡是达到刑事追诉标准、涉嫌犯罪的，应按照《行政执法机关移送涉嫌犯罪案件的规定》，及时向公安机关移送，并向人民检察院备案，切实防止“以罚代刑”现象的发生。对于案情重大、可能涉嫌犯罪的案件，行政执法机关在查处过程中应及时向公安机关、人民检察院通报，并可以就涉嫌犯罪的标准、证据的固定和保全等问题进行咨询，公安机关、人民检察院应当认真研究，及时答复。对于行政执法机关不移送涉嫌犯罪案件，有关单位、个人举报或者群众反映强烈的，人民检察院可以向行政执法机关查询案件情况；经协商同意，还可以派员查阅有关案卷材料，行政执法机关应予以配合。必要时，人民检察院应当向行政执法机关提出检察意见，建议其按照管辖规定向公安机关移送涉嫌犯罪案件，行政执法机关应当反馈落实情况。行政执法机关仍不移送的，检察机关应将情况书面通知公安机关。公安机关经过审查，认为有犯罪事实需要追究刑事责任，且属于公安机关管辖的，应当立案侦查。

案件移送的文书要求

在最高人民检察院、全国整规办、公安部、监察部联合下发的《关于在行政执法中及时移送涉嫌犯罪案件的意见》第一条中规定：“行政执法机关在查办案件过程中，对符合刑事追诉标准、涉嫌犯罪的案件，应当制作《涉嫌犯罪案件移送书》，及时将案件向同级公安机关移送，并抄送同级人民检察院。对未能及时移送并已做出行政处罚的涉嫌犯罪案件，行政执法机关应当于做出行政处罚十日以内向同级公安机关、人民检察院抄送《行政处罚决定书》副本，并书面告知相关权利人。现场查获的涉案货值或者案件其他情节明显达到刑事追诉标准、涉嫌犯罪的，应当立即移送公安机关查处。”

案件移交的案卷制度

在上述意见第六条中确立了案卷制度，即行政执法机关向公安机关移送涉嫌犯罪案件，应当附有下列材料：

（1）涉嫌犯罪案件移送书；

（2）涉嫌犯罪案件情况的调查报告；

（3）涉案物品清单；

（4）有关检验报告或者鉴定结论；

（5）其他有关涉嫌犯罪的材料。

在第十五条中规定了行政执法机关违反本规定，隐匿、私分、销毁涉案物品的行政和刑事责任，即："由本级或者上级人民政府，或者实行垂直管理的上级行政执法机关，对其正职负责人根据情节轻重，给予降级以上的行政处分；构成犯罪的，依法追究刑事责任。对前款所列行为直接负责的主管人员和其他直接责任人员，比照前款的规定给予行政处分；构成犯罪的，依法追究刑事责任。"

案件移交的证据保全制度

在国务院《行政执法机关移送涉嫌犯罪案件的规定》第四条和《关于在行政执法中及时移送涉嫌犯罪案件的意见》第四条中确立证据保全制度，即："行政执法机关在查处违法行为过程中，必须妥善保存所收集的与违法行为有关的证据。行政执法机关对查获的涉案物品，应当如实填写涉案物品清单，并按照国家有关规定予以处理。对易腐烂、变质等不宜或者不易保管的涉案物品，应当采取必要措施，留取证据；对需要进行检验、鉴定的涉案物品，应当由法定检验、鉴定机构进行检验、鉴定，并出具检验报告或者鉴定结论。"

案件移交的程序形式要件

在《行政执法机关移送涉嫌犯罪案件的规定》第五条、第七条、第八条、第九条中确立了行政机关向公安机关移送案件的程序要件。其中第五条确立了时效和形式要件："行政执法机关对应当向公安机关移送的涉嫌犯罪案件，应当立即指定2名或者2名以上行政执法人员组成专案组专门负责，核实情况后提出移送涉嫌犯罪案件的书面报告，报经本机关正职负责人或者主持工作的负责人审批。行政执法机关正职负责人或者主持工作的负责人应当自接到报告之日起三日内做出批准移送或者不批准移送的决定。决定批准的，应当在二十四小时内向同级公安机关移送；决定不批准的，应当将不予批准的理由记录在案。”

案件移交的受理程序

《行政执法机关移送涉嫌犯罪案件的规定》第七条确立了公安机关受理案件的基本程序：“公安机关对行政执法机关移送的涉嫌犯罪案件，应当在《涉嫌犯罪案件移送书》的回执上签字；其中，不属于本机关管辖的，应当在二十四小时内转送有管辖权的机关，并书面告知移送案件的行政执法机关。”在该规定第十六条中确定了行政执法机关违反本规定，逾期不将案件移送公安机关的责任条款，即：“由本级或者上级人民政府，或者实行垂直管理的上级行政执法机关，责令限期移送，并对其正职负责人或者主持工作的负责人根据情节轻重，给予记过以上的行政处分；构成犯罪的，依法追究刑事责任。行政执法机关违反本规定，对应当向公安机关移送的案件不移送，或者以行政处罚代替移送的，由本级或者上级人民政府，或者实行垂直管理的上级行政执法机关，责令改正，给予通报；拒不改正的，对其正职负责人或者主持工作的负责人给予记过以上的行政处分；构成犯罪的，依法追究刑事责任。对本条第一款、第二款所列行为直接负责的主管人员和其他直接责任人员，分别比照前两款的规定给予行政处分；构成犯罪的，依法追究刑事责任。”

案件移交的处理程序和说明理由制度

在《行政执法机关移送涉嫌犯罪案件的规定》第八条中确立了处理程序和说明理由制度：“公安机关应当自接受行政执法机关移送的涉嫌犯罪案件之日起三日内，依照《刑法》、《刑事诉讼法》以及最高人民法院、最高人民检察院关于立案标准和公安部关于公安机关办理刑事案件程序的规定，对所移送的案件进行审查。认为有犯罪事实，需要追究刑事责任，依法决定立案的，应当书面通知移送案件的行政执法机关；认为没有犯罪事实，或者犯罪事实显著轻微，不需要追究刑事责任，依法不予立案的，应当说明理由，并书面通知移送案件的行政执法机关，相应退回案卷材料。”按照最高人民检察院、全国整规办、公安部、监察部联合发布的《关于在行政执法中及时移送涉嫌犯罪案件的意见》第五条的规定，将案件立案决定的审查日期延长到了十日，并规定公安机关对不属于本机关管辖的案件，应当在二十四小时以内转送有管辖权的机关，并书面告知移送案件的行政执法机关、同级人民检察院及相关权利人。

案件移交的救济程序

《行政执法机关移送涉嫌犯罪案件的规定》第九条、第十条是公安机关不受理行政执法机关移送案件的救济程序。第九条规定行政执法机关接到公安机关不予立案的通知书后，认为依法应当由公安机关决定立案的，可以自接到不予立案通知书之日起三日内，提请做出不予立案决定的公安机关复议，也可以建议人民检察院依法进行立案监督。做出不予立案决定的公安机关应当自收到行政执法机关提请复议的文件之日起三日内做出立案或者不予立案的决定，并书面通知移送案件的行政执法机关。移送案件的行政执法机关对公安机关不予立案的复议决定仍有异议的，应当自收到复议决定通知书之日起三日内建议人民检察院依法进行立案监督。公安机关应当接受人民检察院依法进行的立案监督。第十条规定不符合立案标准的案件处理方式，即行政执法机关对公安机关决定不予立案的案件，应当依法做出处理；其中，依照有关法律、法规或者规章的规定应当给予行政处罚的，应当依法实施行政处罚。

案件移交的责任承担

公安机关的责任

在《行政执法机关移送涉嫌犯罪案件的规定》第十七条中确立了公安机关违反本规定，不接受行政执法机关移送的涉嫌犯罪案件，或者逾期不做出立案或者不予立案的决定的责任条款，即："除由人民检察院依法实施立案监督外，由本级或者上级人民政府责令改正，对其正职负责人根据情节轻重，给予记过以上的行政处分；构成犯罪的，依法追究刑事责任。对前款所列行为直接负责的主管人员和其他直接责任人员，比照前款的规定给予行政处分；构成犯罪的，依法追究刑事责任。"最高人民检察院制定的《人民检察院办理行政执法机关移送涉嫌犯罪案件的规定》第九条规定了移送涉嫌犯罪案件的行政执法机关对公安机关不予立案决定或者不予立案的复议决定有异议，建议人民检察院依法进行立案监督的，统一由人民检察院侦查监督部门办理。并在第十条、第十一条中规定了侦查监督部门办理此类案件的程序。

行政机关的责任

根据《行政执法机关移送涉嫌犯罪案件的规定》第十四条规定，行政执法机关移送涉嫌犯罪案件，应当接受人民检察院和监察机关依法实施的监督。行政执法机关对应当移送的涉嫌犯罪案件，不按规定向公安机关移送的，任何单位和个人均可向人民检察院、监察机关或者上级行政执法机关举报。人民检察院、监察机关或者上级行政执法机关应当根据有关规定及时处理，并向举报人反馈处理结果。

根据《行政执法机关移送涉嫌犯罪案件的规定》第十六条，行政执法机关违反《行政执法机关移送涉嫌犯罪案件的规定》，对应当向公安机关移送的案件不移送，或者以行政处罚代替移送的，由本级或者上级人民政府，或者实行垂直管理的上级行政执法机关，责令改正，给予通报；拒不改正的，对其正职负责人或者主持工作的负责人直接负责的主管人员和其他直接责任人员给予记过以上的行政处分；构成犯罪的，依法追究刑事责任。

人民检察院等接到行政执法机关不移送涉嫌犯罪案件控告、举报，经审查或者调查后认为情况基本属实的，可以向行政执法机关查询案件情况、要求行政执法机关提供有关案件材料或者派员查阅案卷材料，行政执法机关应当配合。确属应当移送公安机关而不移送的，人民检察院应当向行政执法机关提出移送案件的书面意见，行政执法机关应当移送。

根据《刑法》第四百零二条规定，行政执法人员徇私舞弊，对依法应当移交司法机关追究刑事责任的不移交，情节严重的，处3年以下有期徒刑或者拘役；造成严重后果的，处3年以上7年以下有期徒刑。

二、行政执法与刑事司法衔接程序机制

案件移送标准

“行政犯罪”会在行政违法与犯罪之间、行政处罚和刑罚之间摇摆、变迁，从静态角度看，也显示出模糊性。当前，理论上和实践中要求执法机关加强移送和要求加强移送监督的声音和要求多，理性看待移送的少。如何把握案件移送标准是困扰当前工商行政管理执法工作的一个重要难题。一方面，不移送，执法机关可能面临责任追究；另一方面，不当移送又会耗费司法资源，损害行政管理的效率，而且移送案件过多还会造成公安机关应接不暇，甚至出现推诿的情况。

移送是行政机关终结行政案件办理，将其送交司法机关追究刑事责任的行为。该行为虽说是依据法律和执行法律的行为，但不可否认其是行政机关积极主动实施的行

为。而且作为一个国家主管机关移送的案件，公安机关决定不予立案的空间并不大。因此，对行政机关而言，决定是否移送不应当是一个机械的过程，是否确有必要追究刑事责任的价值判断不可或缺。

确定案件移送标准相关要素

当前行政机关可以从以下几个要素把握案件移送的标准。

（1）是否属于《刑法》调整的范围

罪刑法定原则是《刑法》的基本原则，只有《刑法》明文规定为犯罪并应受刑法处罚的行为，才能够实施刑罚。对于没有触犯《刑法》的行政违法行为，无论其行为的危害性有多大，后果有多严重，都不构成犯罪。这样的行政违法行为不属于《刑法》调整的范围，这样的案件不属于移送的对象。

（2）情节的严重程度

一个行为是否有显著的社会危害性，是《刑法》是否将其规定为犯罪的一个重要因素，也是区分行政违法与行政犯罪的重要因素。对于一种特定的行政违法行为，其社会危害性与情节密切联系。情节包括危害后果、造成危害后果的危险性、故意或者过失、故意违法的动机与目的、违法的数额、违法的手段和方法、违法的时间和地点、违法的对象、违法后的态度和表现等。

（3）违法的主观状态

违法的主观状态，即违法属于故意还是过失。对于违反税收法律法规的行政违法行为，只有故意才会构成犯罪。辨别当事人的违法事实涉及的情节是否涉嫌犯罪时，对存在主观故意的，应当认为涉嫌构成犯罪；辨别不清的，可以根据具体情况会商公安机关、人民检察院是否移送。对于后果严重、危害极大等违法情节恶劣的案件，不管行政机关是否掌握了其违法故意都应当移送司法机关，这样可以防止放纵违法行为。

应当及时移送的案件

综合各种因素做出是否移送的决定，并不意味着执法机关可以完全自由地决定是否移送。对于以下案件应，当及时移送公安机关追究刑事责任。

（1）违法行为危害后果严重的案件

决定一个行为是否构成犯罪，最重要的因素是行为的社会危害性。危害后果严重的违法行为，其社会危害性现实地发生了，对其需要采取严厉的制裁措施，惩治不法行为，平复对社会造成的创伤。对于这样的案件，应当及时移送。

（2）违法行为造成严重危害后果的危险性大的案件

不法行为的社会危害性不以现实的危害后果为限，可能造成危害后果的危险性也是社会危害性的一个方面。

（3）屡次处罚不改的案件

如果违法行为经行政机关屡次处罚，不法行为人还继续实施违法行为的，应当加大对其惩治的力度。一方面，其行为构成了对行政管理秩序的严重破坏，具有严重的社会危害性。另一方面，这样的情况也说明，行政处罚难以预防该行为人再次违法。因此，多次发现其有违法行为的，行政机关应当及时移送司法机关追究刑事责任。

（4）数额巨大的案件

不法行为涉及的对象的数量与相关的金额，是一些《刑法分则》条文规定的量刑的依据。虽然这些数额规定的合理性受到物价变动、通货膨胀等因素的影响，但数额与不法行为的社会危害性存在一定的联系还是应当肯定的。对于数额巨大的违法行为，工商行政管理执法部门应当及时移送。

（5）其他情节恶劣的案件

除了危害后果、数额、是否屡犯外，违法的动机与目的、手段和方法、时间和地点、对象，甚至违法前后的态度和表现等诸多方面都与行为的社会危害性有关。如：有的不法分子气焰很嚣张，对于自己的不法行为从不隐讳，公然宣称自己在国家机关内有“靠山”，或者公然蔑视行政处罚无非是“罚几个钱的事”。这些行为具有恶劣的社会影响，应当予以严厉的制裁。还如：有些不法分子，擅自利用执法机关已采取强制措施的产品继续从事违法行为且数额较大或者情节恶劣，这样的行为严重破坏了行政管理秩序，也应当及时移送。

（6）司法机关立案侦查的案件

刑事优先原则是刑事处罚与行政处罚竞合时适用法律的基本原则。侦查机关可以根据各种渠道获得的犯罪线索开展侦查活动，侦查行为属于主动行为，并不以主管行政机关的移送为条件。而且，侦查机关也可能会根据其他机关的移送启动侦查程序。一旦立案侦查，对于尚未做出处理决定的案件，行政机关应当及时移送。

（7）司法机关严厉打击的情节严重的案件

司法机关可能会根据政策在某一阶段加大打击某一类型犯罪的力度。这样的政策来源于社会环境需要和人民群众的需求，执法机关应当积极协助司法机关实现司法政策的目的，加大对这一类型案件的移送。

实践中移送标准的把握

（1）看行政违法行为性质与《刑法分则》明文规定的犯罪行为是否相符。只对性质相符的违法行为才考虑是否移送，不相符的不予移送。

（2）看是否属于应当及时移送的案件。对于违法行为危害后果严重、造成严重危害后果的危险性大、屡次处罚不改、数额巨大、其他情节恶劣、司法机关已立案侦查、司法机关严厉打击的情节严重的案件，不管其是否已查明行为具有主观故意，都应及时移送公安机关。制度上这样设计，一方面有利于有力打击严重危害社会的行为和发挥司法机关打击犯罪、维护行政管理秩序的积极作用；另一方面有利于减少对“执法机关不移送”的诟病甚至追责，还有利于防止行政执法人员在“行为是否有故意”上歪曲事实与徇私枉法。

（3）对于不属于上述“应当及时移送的案件”以外的情节严重的案件，要看行为人是否有主观故意。已查明具有主观故意的，及时移送公安机关；不具有主观故意的，不予移送，并按照行政处罚程序决定是否行政处罚与如何行政处罚。对于是否具有主观故意难以查明的，可以将情况通报司法机关，也可以会商司法机关，在司法机关有明确的意见之前，不停止行政程序的调查与处理。

最后，对于难以掌握是否情节严重、是否具有主观故意的，可以在不终止案件办理的前提下，将案件情况通报给司法机关，待司法机关认为需要追究刑事责任时，再办理移送和终止调查。

案件移送的交接

移送案件的交接，应当包含以下内容：一是行政执法机关决定移送的案件的交接。根据《行政执法机关移送涉嫌犯罪案件的规定》的要求，行政执法机关应当在二十四小时内向同级公安机关移送；公安机关对行政执法机关移送的涉嫌犯罪案件，应当在《涉嫌犯罪案件移送书》的回执上签字；其中，不属于本机关管辖的，应当在二十四小时内转送有管辖权的机关，并书面告知移送案件的行政执法机关。二是司法机关将不予立案的案件退回的交接。司法机关认为没有犯罪事实，或者犯罪事实显著轻微，不需要追究刑事责任，依法不予立案的，应当书面通知移送案件的行政执法机关，相应退回案卷材料。移送双方也应办理交接手续。三是涉案物品与其他材料的交接。公安机关决定立案的案件，行政执法机关应当自接到立案通知书之日起三日内将涉案物品以及与案件有关的其他材料移交公安机关，并办结交接手续；法律、行政法规另有规定的，依照其规定。四是经立案侦查不认为犯罪而退回的案件的交接。公安机关、检察机关立案侦查后认为犯罪事实显著轻微，不需要追究刑事责任，但依法应当追究行政责任的，公安机关或检察机关应当及时书面告知行政执法机关，同时将案件及与案件相关的全部材料、涉案物品退回行政执法机关。

在上述四个问题中，以第三个问题较难处理，主要是如何解决原来行政执法程序中采取的强制措施问题。如假冒注册商标案件，工商行政管理机关在查处过程中对涉案物品一般都采取了查封、扣押措施。后来案件移送给司法机关立案侦查，根据规定，工商行政管理部门也就将涉案物品移交给司法机关处理，整个案件进入了刑事诉讼程序，相应的行政处罚程序处于中止状态。但问题是，原来采取的行政强制措施，并不能随着行政处罚程序进入中止状态而自然地中止掉。另一方面，现行的法律法规对于行政强制措施都有严格的时间限制，超过规定的时限，就应当解除行政强制措施，同时将查封、扣押的物品归还相对人。这样，行政执法机关就陷入了两难境地，根据《规定》要将涉案物品移交给司法机关，而行政程序则要求解除强制措施，物归原主。如果不及时解除强制措施，那么原来实施的强制措施要么仍然有效，要么因超过时限而处于非法状态。更为不可理解的是，行政强制措施虽在，但被强制措施查封、扣押的物品却不在了。这个问题解决得不好，肯定会影响行政执法机关对涉嫌犯罪案件的移送。好在通过行政执法机关与司法机关之间的协调配合，较好地解决了实际工作中的难题，如有的地方的税务机关就加强与司法机关的工作衔接，明确在办理涉案物品移交手续时，要求当事人同时在场，由税务机关解除原来的强制措施，由当事人签收，同时由公安机关对涉案物品采取新的强制措施。在现行法律规定不明确的情况下，这不失为一种比较稳当的办法。

与移送交接相关的还有行政处罚的执行问题。在这方面，有些部门结合实际做出的具体规定，颇有可资借鉴之处。如《广东省质量技术监督行政部门移送涉嫌犯罪案件实施细则》规定，质量技术监督行政部门在发现违法行为涉嫌构成犯罪并向公安机关移送案件之前依法做出的警告、责令停产停业、暂扣或者吊销许可证的行政处罚，不停止执行。质量技术监督行政部门依法做出的罚款、没收违法所得、没收非法财物等其他处罚，在移送前已经执行的，由人民法院在判决时依法折抵罚金和没收财产的刑罚。移送前未执行的，暂停执行，公安机关对质量技术监督行政部门移送的案件决定不立案或公安机关虽立案但经检察机关、人民法院审查（审理）认为不构成犯罪或免予追究刑事责任的，由质量技术监督行政部门继续执行；公安机关决定立案且最终由人民法院依法做出罚金、没收财产的，质量技术监督行政部门不再执行；人民法院仅做出其他刑事判决但未判处罚金、没收财产的，由质量技术监督行政部门继续执行。这些规定不仅具体、细致、明确，而且具有很强的针对性和可操作性。

案情通报

案情通报是指工商行政管理执法部门在案件办理过程中或者案件办理结束后，将工商违法案件的有关情况通报公安机关，由公安机关决定是否启动刑事侦查程序的做法。

案情通报适用于三种情况。第一种情况是，在行政案件办理过程中，行政机关对是否应当追究刑事责任尚无把握，如对主观故意或者情节是否严重难以确定，将情况通报给司法机关；第二种情况是，在行政案件办理过程中或者决定实施行政处罚的同时，行政机关认为可以以追究行政责任的方式处理，但为了稳妥起见，及时将案件情况通报司法机关进一步审查判断是否需要追究刑事责任；第三种情况是，在行政处罚或者处理做出之后，行政机关、上级机关或者其他有权机关在审查监督过程中，发现需要或者可能需要追究刑事责任的，行政机关应当将案件情况通报给司法机关。

案情通报可以以书面文件并附案件调查处理情况报告的形式提交给司法机关，也可以以会商如联席会议的方式实施通报。不论以什么形式，都应当制作案件调查处理报告。通报的内容有：案件通报的缘由、事实、理由与依据，也可以体现行政机关对该行为是否需要追究刑事责任的倾向性意见。

书面案情通报的内容

案情通报的对象主要是工商行政管理部门同级侦查机关——公安机关。案情通报可以以书面的形式实施，根据案情通报的条件缘由不同，书面材料的内容也有所不同。

1.案件办理过程中的案情通报

在行政案件办理过程中，行政机关对是否应当追究刑事责任尚无把握，如对主观故意或者情节是否严重难以确定，或者认为可以以追究行政责任的方式处理，为了稳妥起见，将情况通报给侦查机关。

行政机关应当制作书面《案情通报》与《案件调查报告》等书面材料。书面材料应当载明当事人的情况、案件调查的过程、初步调查的案件事实、已取得的主要证据材料、涉嫌违反的行政法规、《刑法》相关规定、通报案件情况的目的和缘由、其他有关情况等内容，并明确表明在收到刑事侦查立案决定书之前行政机关不终止行政案件的调查和处理。

案件事实可以包括行为人的主观状态，违法行为的目的、动机，违法行为发生的时间、地点，是否初次违法，初步查明的违法金额以及当前状态，违法行为获利数额，初步调查的危害后果，受害人是否受到赔偿或者是否已取得赔偿承诺，违法行为是否已整改，其他有关事实等。

除了案件事实应当全面以外，也要注意案件事实描述的客观性。鉴于案件尚未经过行政机关法定程序审理和认定，一般应当尽量通过对证据的描述体现案件事实。如：对当事人主观状态的描述，可以只描述当事人及其有关人员自己的表述，或者只描述反映当事人主观状态的证据情况和内容；对产品货值金额估算的，应当说明价格依据、计算方式等。

书面《案情通报》和《案件调查报告》连同主要证据材料复制件等，同时交付侦查机关。

2.做出处理决定时的案情通报

行政案件调查结束后，行政机关在案件审理和决定过程中，认为可以以追究行政责任的方式处理，为了稳妥起见，在做出行政处理决定的同时，决定将案件情况通报司法机关。

行政机关应当制作书面《案情通报》与《案件调查处理报告》等书面材料。书面材料应当载明当事人的情况、案件调查的过程、案件事实及其认定理由、主要证据材料、适用的行政法规及适用理由、行政处理决定的内容、《刑法》相关规定、通报案件情况的目的和缘由、其他有关情况等内容。

案件事实应当包括行为人的主观状态，违法行为的目的、动机，违法行为发生的时间、地点，是否初次违法，违法金额以及当前状态，违法行为获利数额，违法行为的后果，对受害人的赔偿，违法行为的整改情况，其他有关事实等。案件事实描述应当客观公正，对于难以认定的事实应当实事求是地反映情况。

书面《案情通报》和《案件调查处理报告》连同行政处理决定书、主要证据材料复制件，同时交付侦查机关。

3.做出处理决定后的案情通报

行政机关依法对行政案件做出处理决定后，行政机关在内部监督过程中，或者上级机关、司法机关或者其他有权部门认为违法行为涉嫌构成犯罪的，行政机关应当将案件调查处理情况及时通报给公安机关。

行政机关应当制作书面《案情通报》与《案件调查处理报告》等书面材料。书面材料应当载明当事人的情况、案件调查的过程、案件事实及其认定理由、主要证据材料、适用的行政法规及适用理由、行政处理决定的内容、《刑法》相关规定、通报案件情况的目的和缘由、其他有关情况等内容。

案件事实应当包括行为人的主观状态，违法行为的目的、动机，违法行为发生的时间、地点，是否初次违法，违法金额以及当前状态，违法行为获利数额，违法行为的后果，对受害人的赔偿，当事人履行处理决定的情况，违法行为的整改情况，其他有关事实等。案件事实描述应当客观公正，对于难以认定的事实应当实事求是地反映情况。

书面《案情通报》和《案件调查处理报告》连同行政处理决定书，主要证据材料复制件，上级机关、司法机关或者其他有关部门的书面意见等，同时交付侦查机关。

书面案情通报的交接

书面案情通报的交接应当有两名以上行政机关工作人员办理。以邮寄、文件交换等形式交付的，应当保存交付凭证；当场交付的，应当要求接收人员与单位签收或者出具收件证明；没有当场签收或者出具证明条件的，可以做好情况记录并及时补签或者补证；没有正当理由拒绝签收或者出具证明的，应当通过邮寄、机关间文件交换等方式予以补救。

其他形式的案情通报

除了书面形式，案情通报也可以通过专门会商、联席会议、网络信息提交或者共享等形式。不管形式如何，行政机关都应当向司法机关等有关单位按照上述不同的情况全面客观提交案件情况。采用专门会商或者联席会议的，应当由行政机关、同级侦查机关参加，也可邀请检察机关、审判机关、政府法制机构等有关部门共同参与。会商或者联席会议应当有会商或者会议纪要。纪要应当载明会商或者会议举行的时间、地点与主题，参加人员、单位与职务，讨论的案件，行政机关提交的材料和信息，会商或者会议的综合意见等。

案情通报后的处置

案情通报不终结或者中止行政案件的调查或者处理，司法机关在做出立案侦查决定前需要进一步了解情况的，行政机关应当积极协助。侦查机关做出立案侦查决定时，尚未做出处理决定的，应当按照案件移送程序终止案件办理并办理交接手续；侦查机关做出立案侦查决定时，行政机关已经做出行政处理决定的，原则上不终止行政处理决定的执行，但对于涉案物品的处置应当会商侦查机关决定。

第九章　工商行政执法相关罪名解析

一、生产、销售伪劣产品罪

概念

生产、销售伪劣产品罪，是指生产者、销售者故意在产品中掺杂、掺假，以假充真，以次充好或者以不合格产品冒充合格产品，销售金额五万元以上的行为。本罪是选择性罪名，即生产和销售伪劣产品两种行为，只要具备其中一种行为，就可构成本罪。按行为的性质，分别定为生产伪劣产品罪或者销售伪劣产品罪，如行为人既生产，又销售伪劣产品，则仍按本罪论处，罪名定为生产、销售伪劣产品罪，不实行数罪并罚。知道或者应当知道他人实施生产、销售伪劣商品犯罪，而为其提供贷款、资金、账号、发票、证明、许可证件，或者提供生产、经营场所或者运输、仓储、保管、邮寄等便利条件，或者提供制假生产技术的，以生产、销售伪劣商品犯罪的共犯论处。

立案标准

根据《刑法》第一百四十条和最高人民检察院、公安部《关于公安机关管辖的刑事案件立案追诉标准的规定（一）》（公通字[2008]36号）第十六条的规定，生产者、销售者在产品中掺杂、掺假，以假充真，以次充好或者以不合格产品冒充合格产品，涉嫌下列情形之一的，应以本罪立案追诉：

（1）伪劣产品销售金额五万元以上的。

（2）伪劣产品尚未销售，货值金额十五万元以上的。

（3）伪劣产品销售金额不满五万元，但将已销售金额乘以3倍后，与尚未销售的伪劣产品货值金额合计十五万元以上的。

"掺杂、掺假"，是指在产品中掺入杂质或者异物，致使产品质量不符合国家法律、法规或者产品明示质量标准规定的质量要求，降低、失去应有使用性能的行为；"以假充真"，是指以不具有某种使用性能的产品冒充具有该种使用性能的产品的行为；"以次充好"，是指以低等级、低档次产品冒充高等级、高档次产品，或者以残次、废旧零配件组合、拼装后冒充正品或者新产品的行为；"不合格产品"，是指不符合《产品质量法》规定的质量要求的产品。

上述行为难以确定的，应当委托法律、行政法规规定的产品质量检验机构进行鉴定。这里的"销售金额"，是指生产者、销售者出售伪劣产品后所得和应得的全部违法收入。“货值金额”，以违法生产、销售的伪劣产品的标价计算；没有标价的，按照同类合格产品的市场中间价格计算。货值金额难以确定的，按照《扣押、追缴、没收物品估价管理办法》的规定，委托估价机构进行确定。

构成特征

1.犯罪的主体

本罪的主体为一般主体，包括个人和单位。一切从事产品生产、销售的企业、公司等法人组织均可构成本罪。至于生产者、销售者是否具备合法的生产许可证或营业执照均不影响本罪的成立。

2.犯罪主观方面

本罪在主观方面表现为故意，一般具有牟利的目的。既包括直接故意，也包括间接故意，即行为人明知是伪劣产品而予以生产和销售。过失行为，如生产者不知原材料有假或者不符合质量标准，销售者不知产品系伪劣产品，因不负责任、疏忽大意而生产或销售的，不能构成本罪。从司法实践看，绝大多数生产、销售伪劣产品的都是为了牟取暴利，但法律对本罪的犯罪目的没有要求，所以无论行为人出于任何目的和动机，均不影响本罪的成立。

3.犯罪客体

本罪侵犯的客体，是国家对产品质量的监管管理制度和消费者的合法权益。为了对产品的质量进行监管管理，维护正常的生产、流通秩序，保护消费者的合法权益，我国近年来颁布、修订了一系列的法律、法规，基本形成了一套产品质量监管制度和保障法规体系。例如《产品质量法》、《标准化法》、《计量法》、《反不正当竞争法》、《消费者权益保护法》、《工业产品质量责任条例》，等等。所有生产、销售伪劣产品的行为，都是对我国产品质量监管制度的侵犯。与此同时，生产、销售伪劣产品的犯罪活动还严重侵犯了消费者的合法权益，容易造成人员伤亡、财产损失等严重后果，所以消费者的合法权益也是本罪侵犯的客体。可见，此罪侵犯的是复杂客体。本罪的犯罪对象，是伪劣产品。伪劣产品有广义、狭义两种含义。广义的伪劣产品，包括假冒商品。作为本罪对象的，是狭义的伪劣产品，即指生产、销售的商品，违反国家法律、法规的规定，质量低劣不合格或者失去了使用价值。根据1993年2月22日通过、2000年7月8日第九届全国人民代表大会常务委员会第16次会议修改的《产品质量法》的有关规定，伪劣产品主要包括：（1）不符合保障人身健康，人身、财产安全的国家标准、行业标准的产品；（2）掺杂、掺假，以假充真，以次充好的产品；（3）不合格的产品；（4）失效、变质的产品等。

4.犯罪客观方面

本罪在客观方面表现为生产者、销售者实施了违反国家的产品质量管理法律、法规，在产品中掺杂、掺假，以假充真，以次充好或者以不合格产品冒充合格产品的行为，且销售金额达到五万元以上。

（1）必须实施了生产、销售伪劣产品行为

本行为主要包括四种表现形式：

1）掺杂、掺假，是指在产品中掺入杂质或者异物，致使产品质量不符合国家法律、法规或者产品明示质量标准规定的质量要求，降低、失去应有使用性能的行为。例如：在磷肥中掺入同样颜色的泥土；在面粉中掺入滑石粉等。

2）以假充真，是指以不具有某种使用性能的产品冒充具有该种使用性能的产品的行为。例如：以人造革冒充真皮高价出售，就是典型的以假充真行为。

3）以次充好，是指以低等级、低档次产品冒充高等级、高档次产品，或者以残次、废旧零配件组合、拼装后冒充正品或者新产品的行为。质次的产品并非假的产品。对某些产品，国家规定了一定的质量等级标准，不同等级产品有不同的价格。以质次的产品冒充优质产品，从而获得出售优质产品的收益，这就是以次充好。例如：以人造宝石冒充天然宝石出售。

4）以不合格产品冒充合格产品，是指不符合《产品质量法》第二十六条第二款规定的质量要求的产品。《产品质量法》第二十六条第二款规定："产品质量应当符合下列要求：（一）不存在危及人身、财产安全的不合理的危险，有保障人身健康和人身、财产安全的国家标准、行业标准的，应当符合该标准；（二）具备产品应当具备的使用性能，但是，对产品存在使用性能的瑕疵做出说明的除外；（三）符合在产品或者其包装上注明采用的产品标准，符合以产品说明、实物样品等方式表明的质量状况。"

判断产品合格与否的标准，我国目前有四种：一是强制性标准，即国家颁行的特定商品的标准；二是行业性标准，又称推荐标准，国家有关部门推荐、企业自愿采用的标准；三是企业标准，即企业自己规定的产品质量标准；四是社会标准，即没有上述三种标准的情况下，按照社会通行的标准来衡量。不符合上述产品质量要求的即为不合格产品。生产、销售不合格产品，销售金额达到五万元以上，就应追究刑事责任。

（2）必须达到规定的数额标准

本罪是数额犯，即行为人需要违法所得在五万元以上这个条件，才能构成本罪。本罪所谓的销售金额，是指生产者、销售者出售伪劣产品后所得和应得的全部违法收入。它既不同于获利数额，获利数额扣除了成本；也不完全等同于经营数额。在行为人已将伪劣产品售出的情况下，销售金额就是经营数额，但行为人生产了大量的伪劣产品，由于某种原因而没有卖出，或者刚生产或者购进大量的伪劣产品就被有关部门查获的情况下，则行为人没有销售金额，但有经营数额，二者反映出的社会危害性是有区别的：前者是针对犯罪既遂而言的，表明犯罪分子已将伪劣产品售出，对社会已造成实际危害；后者则仅仅反映了行为人主观恶性的大小和对社会可能造成的危害，对认定犯罪既遂具有重要意义。

罪与非罪

区别罪与非罪，要注意以下几点：

1.本罪是以销售金额为衡量犯罪情节的主要标准，构成犯罪的起点为销售金额在五万元以上

伪劣产品尚未销售，货值金额达到《刑法》第一百四十条规定的销售金额3倍以上的，以生产、销售伪劣产品罪（未遂）定罪处罚。货值金额以违法生产、销售的伪劣产品的标价计算；没有标价的，按照同类合格产品的市场中间价格计算。货值金额难以确定的，按照国家计划委员会、最高人民法院、最高人民检察院、公安部1997年4月22日联合发布的《扣押、追缴、没收物品估价管理办法》的规定，委托指定的估价机构确定。多次实施生产、销售伪劣产品行为，未经处理的，伪劣产品的销售金额或者货值金额累计计算。

2.本罪与一般违法行为的界限

两者在客观方面的表现形式，都是掺杂、掺假，以次充好，以假充真或者以不合格产品冒充合格产品。两者的区别主要在于：（1）主观要件不同。生产、销售伪劣产品罪的行为人在主观上明知生产、销售伪劣产品是违法的甚至是犯罪的，但由于为了获取巨额利润而明知故犯；而一般违法行为，有时并无故意，有时是疏忽大意。（2）客观方面的具体条件不同。《刑法》规定构成生产、销售伪劣产品罪，违法所得必须达到五万元以上，未达到这个数额要求的，只能作为一般违法行为处理。

3.销售者明示产品存在瑕疵的，不构成本罪

如果销售者销售的产品不合格或使用性能存在瑕疵而事先做出说明的，不构成犯罪，也不构成生产、销售伪劣产品罪。根据《产品质量法》第二十六条第二款规定，“具备产品应当具备的使用性能，但是，对产品存在使用性能的瑕疵做出说明的除外”。我国《工业产品质量责任条例》第十条也规定，达不到国家有关标准的，仍有使用价值的处理品，经主管部门审批后，可明示处理品降价销售，但违反国家安全、卫生、环保、计量等法规要求的，应及时销毁，或做必要的技术处理方可进入市场。可见，销售者明示产品瑕疵而进行销售是法律允许的，也是因为其不符合生产、销售伪劣产品罪的犯罪构成。首先，它不符合该罪客体。销售者销售明示瑕疵的产品是有关产品质量法规允许的，所以它不可能破坏国家产品质量管理秩序。销售者明示产品瑕疵，购买者是在了解产品真实情况下自愿交易，这是公平的，未侵犯消费者的合法权益。其次，它不符合该罪的客观方面。由于销售者明示了产品瑕疵，尽管产品不合格，但销售者并没有冒充合格产品去销售，所以，它与生产、销售伪劣产品的四种行为方式均不符合。最后，它不符合该罪的主观方面。销售者明示了产品的瑕疵，就不存在谋取非法利益的目的，由于行为没有社会危害性，也就谈不上希望危害社会的结果发生。

罪名区别

1.本罪与诈骗罪的界限

两者有一些共同之处，如在主观上都是故意犯罪，都有获取非法利益的目的；在客观方面都有弄虚作假的行为。不同之处在于：

（1）犯罪主体方面，诈骗罪是一般主体，而且仅指自然人；本罪的主体是指产品的生产者、销售者，其中包括自然人和单位。

（2）在客观方面，诈骗罪根本不进行生产、销售，或者即使进行生产、销售也是为了欺骗对方；而生产、销售伪劣产品行为是在生产、销售过程中弄虚作假的犯罪，相比之下，有一定的投入。

（3）在犯罪目的方面，诈骗行为是以非法占有他人的财物为目的；而生产、销售伪劣产品行为则是以获取非法利益为目的。

（4）在犯罪对象方面，诈骗罪一般都有特定的对象；而生产、销售伪劣产品行为一般都没有特定的对象。

2.本罪与假冒注册商标罪、销售假冒注册商标的商品罪的界限

这些罪之间是互相交叉的。区分两者的界限，应当注意两点：

（1）假冒产品的性质不同。生产、销售伪劣产品罪的犯罪对象是伪劣产品，即质量低劣不合格的产品，主要是从产品的性能看，它是不合格的；而假冒商标罪、销售假冒注册商标的商品罪的犯罪对象是假冒他人已注册商标的商品，从性质上看，可能该商品本身就是伪劣产品，也可能该商品针对其产品的性能看是合格的，如某厂生产的肥皂滞销，便假冒另一化工厂已注册的青龙牌肥皂商标推销等。对后者，只能定假冒商标罪或销售假冒注册商标的商品罪。

（2）行为人用伪劣产品假冒他人注册商标进行生产、销售时，属于目的行为与手段行为的牵连犯罪，应从一重罪处罚，即按生产、销售伪劣产品罪定罪处罚。实施生产、销售伪劣商品犯罪，同时构成侵犯知识产权、非法经营等其他犯罪的，依照处罚较重的规定定罪处罚。

二、生产、销售不符合安全标准的产品罪

概念

生产、销售不符合安全标准的产品罪，是指违反国家的产品质量法规，生产不

符合保障人身、财产安全的国家标准、行业标准的电器、压力容器、易燃易爆产品或者其他不符合保障人身、财产安全的国家标准、行业标准的产品，造成严重后果的行为。

立案标准

根据《刑法》第一百四十六条和最高人民检察院、公安部《关于公安机关管辖的刑事案件立案追诉标准的规定（一）》（公通字[2008]36号）第二十二条的规定，生产不符合保障人身、财产安全的国家标准、行业标准的电器、压力容器、易燃易爆产品或者其他不符合保障人身、财产安全的国家标准、行业标准的产品，或者销售明知是以上不符合保障人身、财产安全的国家标准、行业标准的产品，涉嫌下列情形之一的，应以本罪立案追诉：

（1）造成人员重伤或者死亡的。

（2）造成直接经济损失十万元以上的。

（3）其他造成严重后果的情形。

构成特征

1.犯罪主体

本罪的主体是一般主体，任何单位以及达到刑事责任年龄并具有刑事责任能力的自然人都可以成为本罪的主体，其中既包括合法的生产者、销售者，也包括非法的生产者、销售者。

2.犯罪主观方面

本罪在主观方面表现为故意，过失不构成本罪。故意内容为，行为人明知生产、销售电器、压力容器、易燃易爆产品以及其他产品不符合保障人身、财产安全的国家标准、行业标准，并可能会造成伤害人身、财产的严重后果，却仍然生产、销售，对严重后果的发生采取放任的态度。人身、财产造成伤害等严重后果并非行为人的犯罪目的。如果行为人积极追求这种严重后果，则构成其他性质更为严重的罪。本罪的犯罪目的，一般是由于非法牟利，但不论出于何种目的，不影响本罪的构成。

3.犯罪客体

本罪侵犯的客体是复杂客体，既侵犯了国家对电器、压力容器、易燃易爆产品和其他不符合保障人身、财产安全的国家标准、行为标准的产品的质量监管管理制度，也侵犯了消费者的人身、财产安全。本罪的犯罪对象是不符合安全标准的产品。我国《产品质量法》第十三条规定："可能危及人身健康和人身、财产安全的工业产品，必须符合保障人身健康和人身、财产安全的国家标准、行业标准；未制定国家标准、行业标准的，必须符合保障人身健康和人身、财产安全的要求。"否则，即为不符合安全标准的产品。这里的“电器”，主要是指电视机、电冰箱、电暖箱、电饭锅、电淋浴器等家用电器以及各种电信、电力器材等；“压力容器”，主要是指能够产生或承受高压物质的坚固器具，如氧气瓶、高压锅等；“易燃易爆产品”，是指那些易于燃烧或爆炸的产品，如各种烟花爆竹以及煤气罐等；“其他不符合保障人身、财产安全的国家标准、行业标准的产品”，是指除上述电器等产品以外的，不符合安全标准的产品，如汽水瓶、啤酒瓶等，由于其本身的特点，易于在使用过程中发生伤害人身、财产的危险，所以对这些产品应强调并严格加强对其生产、销售的质量监管管理，国家对这些产品规定了一系列具体的安全标准，建立了对这些产品质量的监管管理制度，违反这些安全标准而生产上述产品，就侵犯了国家对这些产品质量的监管管理制度。同时，生产、销售不符合安全标准的上述产品，往往造成人身伤亡、财产损失，从而侵犯了消费者的人身财产安全。

4.犯罪客观方面

本罪在客观方面表现为行为人违反产品质量法规，生产、销售不符合保障人身、财产安全的国家标准、行业标准的电器、压力容器、易燃易爆产品或者其他不符合保障人身、财产安全的国家标准、行业标准的产品，造成严重后果的行为。

（1）必须是违反产品质量法规的行为

我国的《产品质量法》第十三条规定：“可能危及人身健康和人身、财产安全的工业产品，必须符合保障人身健康和人身、财产安全的国家标准、行业标准；未制定国家标准、行业标准的，必须符合保障人身健康、人身、财产安全的要求。”国家还通过其他法律、法规等，规定了这些产品的国家标准和行业标准以及监管抽查的管理制度和生产、销售许可制度。凡生产、销售不符合保障人身、财产安全标准的产品，即侵犯了国家对这类产品的监管管理制度。这类产品若不符合质量标准，往往会危及人身安全、造成重大财产损失等危害后果。

（2）必须具有生产或者销售不符合保障人身、财产安全的国家标准、行业标准的电器、压力容器、易燃易爆产品或者其他不符合保障人身、财产安全的国家标准、行业标准的产品行为

本罪行为方式表现为两种：一是生产不符合保障人身、财产安全的国家标准、行业标准的电器、压力容器、易燃易爆产品或者其他不符合保障人身、财产安全的国家标准、行业标准的产品；二是销售明知是不符合保障人身、财产安全的国家标准、行业标准的电器、压力容器、易燃易爆产品或者其他不符合保障人身、财产安全的国家标准、行业标准的产品。国家对这类产品制定了严格的保障人身、财产安全的国家标准、行业标准，而不仅仅是一般的质量标准。所谓“国家标准、行业标准”，是指国家或者某一行业的主管部门围绕保障人身、财产安全而就某一类产品的质量所规定的具体指标，该标准因产品的不同而不同。所谓“国家标准”，又称强制标准，是指具

有全国性意义的统一技术标准。所谓“行业标准”，又称部门标准或推荐标准或专业标准，是指全国性的各专业范围内的统一技术标准。

（3）必须造成严重后果

本罪是结果犯。如果仅是具有上述行为，而没有严重的后果，即没有造成危害结果，或虽有危害结果但不是严重的危害结果，也不能构成本罪。根据《刑法》第一百四十九条规定，生产、销售不符合保障人身、财产安全的国家标准、行业标准的上述产品，如不构成本罪，但销售金额在五万元以上的，即构成生产、销售伪劣产品罪。如果构成本罪，根据其销售金额，又构成生产、销售伪劣产品罪的，则按该条规定的法条竞合的处罚原则，即重法优于轻法原则，依照处刑较重的罪定罪量刑。“严重后果”的认定标准，参照有关司法解释。

（4）“造成严重后果”必须是生产或者销售的不符合保障人身、财产安全的国家标准、行业标准的电器、压力容器、易燃易爆产品或者其他不符合保障人身、财产安全的国家标准、行业标准的产品引起的，二者之间有刑法上的因果关系。

本罪属选择性罪名，实施生产或者销售行为之一的，均可构成本罪。生产不符合安全标准的产品的，定生产不符合安全标准的产品罪；销售不符合安全标准的产品的，定销售不符合安全标准的产品罪；既生产又销售的，定生产、销售不符合安全标准的产品罪，不实行数罪并罚。

罪与非罪

区分罪与非罪的界限，要注意：本罪属于结果犯。是否构成本罪，关键是看生产、销售不符合保障人身、财产安全的国家标准、行业标准的电器、压力容器、易燃易爆产品或者其他不符合保障人身、财产安全的国家标准、行业标准的产品的行为，是否造成致人死亡、财产重大损失等严重后果。有严重后果的，构成本罪；没有严重后果，销售金额又不到五万元，可视为一般违法行为。

罪名区别

1.本罪与爆炸罪、失火罪等危害公共安全罪的界限

生产、销售不符合保障人身、财产安全标准的产品的行为往往能引起火灾、爆炸等危害后果，但是本罪与失火罪、爆炸罪等危害公共安全的犯罪存在着重大的区别。区分它们的关键，在于二者的主观故意内容不同。失火罪、爆炸罪包含有积极追求危害后果，如爆炸、失火的心理态度；而本罪的主观故意中则是为了非法牟利而消极放任危害结果的发生，并不把该结果作为犯罪目的而积极追求。

2.本罪与生产、销售伪劣产品罪的界限

作为本罪的犯罪对象，是不符合安全标准的电器、压力容器、易燃易爆产品也属于伪劣产品。但由于这些产品有着特殊的危险性，需要对它们的安全性能加以特别的监管管理，所以法律将对这些产品的安全监管管理制度，从对一般伪劣产品的监管管理制度中独立出来，加以特殊的保护，从而形成了本罪的客体，于是也就使本罪独立于生产、销售伪劣产品罪并相互排斥。两罪在犯罪对象、犯罪客体、犯罪的客观方面上存在明显的区别。重点应把握两点：一是本罪的犯罪对象是电器、压力容器、易燃易爆产品和其他类似的具有一定安全系数要求的产品；二是本罪在客观方面表现为上述产品不符合保障人身、财产安全方面的标准，而不是其他一般性的质量标准，并且在结果上要求有严重后果的发生。所以，行为人生产、销售上述产品，如果只是不符合一般的质量标准或未造成严重后果，不构成本罪，但行为人销售金额若超过五万元，根据《刑法》第一百四十九条的规定，应以生产、销售伪劣产品罪论处。

三、生产、销售伪劣农药、兽药、化肥、种子罪

概念

生产、销售伪劣农药、兽药、化肥、种子罪，是指违反国家产品质量法规，生产假农药、假兽药、假化肥，销售明知是假的或者失去效能的农药、兽药、化肥、种子，或者生产者、销售者以不合格的农药、兽药、化肥、种子冒充合格的农药、兽药、化肥、种子，使生产遭受较大损失的行为。

立案标准

根据《刑法》第一百四十七条和最高人民检察院、公安部《关于公安机关管辖的刑事案件立案追诉标准的规定（一）》（公通字[2008]36号）第二十三条的规定，生产假农药、假兽药、假化肥，销售明知是假的或者失去使用效能的农药、兽药、化肥、种子，或者生产者、销售者以不合格的农药、兽药、化肥、种子冒充合格的农药、兽药、化肥、种子，涉嫌下列情形之一的，应以本罪立案追诉：

（1）使生产遭受损失两万元以上的。

（2）其他使生产遭受较大损失的情形。

构成特征

1.犯罪主体

本罪的主体为一般主体，包括个人和单位，即任何单位以及达到刑事责任年龄并具有刑事责任能力的自然人都可以成为本罪的主体。

2.犯罪主观方面

本罪的主观方面表现为故意，过失不构成本罪。行为人明知生产的是假农药、假兽药、假化肥，或明知销售的是假的或失去使用效能的农药、兽药、化肥、种子，或明知生产、销售的是不合格的农药、兽药、化肥、种子，并且行为人还明知上述产品可能会给生产造成较大的损失，而通过其生产、销售行为，放任危害结果的发生。行为人的犯罪目的大都是非法牟利，对危害结果并不积极追求，如果行为人把危害结果作为犯罪目的而积极追求，不构成本罪，而构成其他罪。

3.犯罪客体

本罪侵犯的客体是复杂客体，既侵犯了国家对生产、销售农药、兽药、化肥、种子等农牧业生产资料的管理制度，也侵犯了消费者的权益和农牧业生产。农药、兽药、化肥、种子是进行农牧业生产的重要生产资料，对发展农业具有重要的作用，国家通过《农业法》、《种子法》、《兽药管理条例》、《农药管理条例》等法律、法规，对农业生产资料的生产、销售规定了严格的管理制度。生产、销售伪劣的农药、兽药、化肥、种子不仅侵犯了国家对这些生产资料的监管管理制度，常常会使农业或者林业生产经营者因减产而遭受较大损失，所以，这种行为还侵犯了消费者的权益和农业生产。犯罪对象，仅限于农药、兽药、化肥、种子。“农药”，是指用于预防、消灭或者控制危害农业、林业的病、虫、草和其他有害生物以及有目的地调节植物、昆虫生长的化学合成或者来源于生物、其他天然物质的一种物质或者几种物质的混合物及其制剂。

农药包括用于不同目的、场所的下列各类：

（1）预防、消灭或者控制危害农业、林业的病、虫（包括昆虫、蜱、螨）、草和鼠、软体动物等有害生物的；

（2）预防、消灭或者控制仓储病、虫、鼠和其他有害生物的；

（3）调节植物、昆虫生长的；

（4）用于农业、林业产品防腐或者保鲜的；

（5）预防、消灭或者控制蚊、蝇、蜚蠊、鼠和其他有害生物的；

（6）预防、消灭或者控制危害河流堤坝、铁路、机场、建筑物和其他场所的有害生物的。

“兽药”，是指用于预防、治疗、诊断动物疾病或者有目的地调节动物生理机能的物质（含药物饲料添加剂），主要包括：血清制品、疫苗、诊断制品、微生态制品、中药材、中成药、化学药品、抗生素、生化药品、放射性药品及外用杀虫剂、消毒剂等。“化肥”，是指以空气、水、矿物等为原料，经过化学反应或机械加工制成的肥料，如氮肥、磷肥、钾肥和微量元素化肥等。“种子”，是指用于农业、林业生产的籽粒、果实、根、茎、芽等繁殖材料。

4.犯罪客观方面

本罪在客观方面表现为行为人违反国家关于农药、兽药、化肥、种子等农牧业用生产资料的生产、经营、使用的质量标准的法律、法规，生产假农药、假兽药、假化肥，销售明知是假的或者失去使用效能的农药、兽药、化肥、种子，或者以不合格的农药、兽药、化肥、种子冒充合格的农药、兽药、化肥、种子，使生产遭受较大损失的行为。

（1）必须是违反国家关于农药、兽药、化肥、种子等生产、经营、使用管理法律法规和质量标准规范的

“假农药、假兽药、假化肥”，是指农药、兽药、化肥所含成分与国家标准、行业标准不符合或者以非农药、非兽药、非化肥冒充农药、化肥、兽药。

根据《农药管理条例》第三十一条、第三十二条的规定，下列农药为假农药：

1）以非农药冒充农药或者以此种农药冒充他种农药的。

2）所含有效成分的种类、名称与产品标签或者说明书上注明的农药有效成分的种类、名称不符的。

下列农药为劣质农药：

1）不符合农药产品质量标准的。

2）失去使用效能的。

3）混有导致药害等有害成分的。

根据《种子法》第四十六条规定，下列种子为假种子：

1）以非种子冒充种子或者以此种品种种子冒充他种品种种子的。

2）种子种类、品种、产地与标签标注的内容不符的。

下列种子为劣种子：

1）质量低于国家规定的种用标准的。

2）质量低于标签标注指标的。

3）因变质不能作种子使用的。

4）杂草种子的比率超过规定的。

5）带有国家规定检疫对象的有害生物的。

根据《兽药管理条例》第四十七条规定，有下列情形之一的为假兽药：

1）以非兽药冒充兽药或者以他种兽药冒充此种兽药的。

2）兽药所含成分的种类、名称与国家标准不符合的。

“失去使用效能的农药、兽药、化肥、种子”，是指因为过期、受潮、腐烂、变质等原因失去了原有功效和使用效能，丧失了使用价值的农药、兽药、化肥、种子。“不合格的农药、兽药、化肥、种子”，是指农药、兽药、化肥、种子不具备应当具备的使用性能或者没有达到应当达到的质量标准。

（2）必须具有生产假农药、假兽药、假化肥，销售明知是假的或者失去使用效能的农药、兽药、化肥、种子，或者生产者、销售者以不合格的农药、兽药、化肥、种子冒充合格的农药、兽药、化肥、种子的行为。

本行为有三种形式：

1）故意生产假农药、假兽药、假化肥；

2）明知是假的或失去使用效能的农药、兽药、化肥、种子而故意予以销售；

3）故意以不合格的农药、兽药、化肥、种子冒充合格的农药、兽药、化肥、种子。

（3）必须是使生产遭受较大损失

所谓使生产遭受较大损失，根据最高人民法院、最高人民检察院《关于办理生产、销售伪劣商品刑事案件具体应用法律若干问题的解释》第七条规定：生产、销售伪劣农药、兽药、化肥、种子罪中“使生产遭受较大损失”，一般以两万元为起点；“重大损失”，一般以十万元为起点；“特别重大损失”，一般以五十万元为起点。

罪与非罪

区分本罪与非罪的界限，本罪是结果犯。关键是看行为人有无生产、销售伪劣农药、兽药、化肥、种子的故意和是否使生产遭受了较大的损失。如果行为人不知道是伪劣农药、兽药、化肥、种子而予以销售的，或者行为人生产、销售伪劣农药、兽药、化肥、种子没有使生产遭受较大损失的，不构成本罪。但根据《刑法》第一百四十九条第一款的规定：销售金额在五万元以上的，可以按生产、销售伪劣产品罪定罪处罚。当前在司法实践中，要特别注意防止“以罚代刑”，对那些生产、销售伪劣农药、兽药、化肥、种子，使生产遭受较大损失的行为人，不仅要依法判处其赔偿经济损失，而且要坚决依法追究其刑事责任。

罪名区别

1.本罪与破坏生产经营罪的界限

二者的区别在于：

（1）犯罪目的不同

破坏生产经营罪一般是发泄私愤、报复的目的；而本罪的犯罪目的一般是为了获取非法的利润。

（2）犯罪客观方面不同

破坏生产经营罪一般采取残害耕牛、破坏机器等手段，并且不要求必须具有危害结果的发生；而本罪则是采取生产、销售伪劣、失效农药、兽药、化肥、种子的手段，且必须造成了使生产遭受较大的损失的结果。实践中，比较难区分的是如下一种行为，即行为人为了发泄私愤，采取使用伪劣农药、兽药、化肥、种子的方法破坏生产，并且使生产遭受了损失，甚至是特别重大的损失。笔者认为，这种行为应定为破坏生产经营罪。因为使用劣质、失效农药、兽药、化肥、种子的行为毕竟不是生产或销售的行为，采取这种行为使生产遭受特别重大的损失的应按破坏生产经营罪处罚。

2.本罪与生产、销售伪劣产品罪的界限

本罪的犯罪对象也属于伪劣产品，但本罪由于其客体受到法律特别保护而独立于生产、销售伪劣产品罪，并与之相排斥。本罪与生产、销售伪劣产品罪在犯罪客体、犯罪对象、犯罪的客观认定标准上具有明显的区别。所以，如果行为人生产、销售伪劣农药、兽药、化肥、种子，未给生产造成较大损失，不构成本罪，但行为人违法所得在五万元以上，依照《刑法》第一百四十条的规定，应以生产、销售伪劣产品罪论处。

3.本罪与诈骗罪的界限

二者的区别在于：

（1）犯罪客体不同

诈骗罪侵犯的是公私财物所有权；而本罪侵犯的客体是复杂客体，既侵犯了国家对生产、销售农药、兽药、化肥、种子等农业生产资料的管理制度，也侵犯了消费者的权益和农业生产。

（2）犯罪目的不同

诈骗罪是以非法占有为目的；本罪的犯罪目的是谋取非法利益。

（3）犯罪客观方面不同

诈骗罪是直接使用欺骗方法；本罪是在销售交易活动中，欺骗消费者，谋取利益。

四、生产、销售不符合卫生标准的化妆品罪

概念

生产、销售不符合卫生标准的化妆品罪，是指违反国家产品质量法规，生产不符合卫生标准的化妆品，或者销售明知是不符合卫生标准的化妆品，造成严重后果的行为。

立案标准

根据《刑法》第一百四十八条和最高人民检察院、公安部《关于公安机关管辖的刑事案件立案追诉标准的规定（一）》（公通字[2008]36号）第二十四条的规定，生产不符合卫生标准的化妆品，或者销售明知是不符合卫生标准的化妆品，涉嫌下列情形之一的，应以本罪立案追诉：

（1）造成他人容貌毁损或者皮肤严重损伤的。

（2）造成他人器官组织损伤导致严重功能障碍的。

（3）致使他人精神失常或者自杀、自残造成重伤、死亡的。

（4）其他造成严重后果的情形。

构成特征

1.犯罪主体

本罪的主体是一般主体，包括自然人和单位。任何单位以及达到刑事责任年龄并具有刑事责任能力的自然人都可以成为本罪的主体，既包括合法的生产者、销售者，也包括非法的生产者、销售者。

2.犯罪主观方面

本罪在主观方面表现为故意，过失不构成本罪。故意内容为行为人明知其生产、销售的产品不符合卫生标准，并且其行为可能造成严重后果，却为非法牟利放任这种严重后果的发生。如果行为人把严重后果的发生作为犯罪目的积极追求，将构成其他性质的罪。本罪行为人一般都以非法牟利为目的，但犯罪目的不是本罪的必要要件，无论以何种目的实施上述行为，均不影响本罪的成立。

3.犯罪客体

本罪侵犯的客体是复杂客体，包括国家对化妆品的卫生监管管理制度以及不特定多数人的健康权利。犯罪对象是化妆品。所谓化妆品，是指以涂擦、喷洒或者其他类似方法，散布于人体表面部位（皮肤、毛发、指甲、口唇等），以达到清洗、消除不良气味、护肤、美容和修饰目的的日用化学工业品。既包括护发素、洗发水、洗发精等日常化妆品，也包括用于育发、染发、烫发、脱毛、美乳、健美、除臭、防晒、祛斑等特殊用途的化妆品。国家制定了一系列的法律规定加强化妆品的卫生监管，以保障广大消费者的人身健康，如《产品质量法》《化妆品卫生规范》（2002年版）等。通过这些法律、行政法规、部门规章，形成了国家对化妆品的一系列卫生监管管理制度。违反这些法律、法规、规章，生产、销售不符合卫生标准的化妆品，就是对上述卫生监管管理制度的侵犯。同时，不符合卫生标准的化妆品往往还给消费者的身心健康造成损害，从而生产、销售不符合卫生标准的化妆品的行为也是侵犯消费者的人身健康权利。

4.犯罪客观方面

本罪在客观方面表现为违反国家有关化妆品的管理法律、法规及部门规章生产不符合卫生标准的化妆品，或者销售明知是不符合卫生标准的化妆品，造成严重后果的行为。

（1）必须是违反国家有关化妆品的管理法律、法规及部门规章，生产不符合卫生标准的化妆品或者销售明知是不符合卫生标准的化妆品

“不符合卫生标准”，是指不符合国家制定的各种化妆品的强制性标准。目前，尚无法定认定标准。所谓卫生标准，是指国家有关部门对化妆品所规定的有关卫生方面的质量标准。1989年经国务院批准、卫生部发布的《化妆品卫生监管条例》规定，国家实行化妆品卫生监管制度和化妆品生产许可制度；生产企业在化妆品投入市场前，必须按照国家《化妆品卫生标准》对产品进行卫生质量检查，未经检验或不符合卫生标准的化妆品不得出厂。2002年9月卫生部颁布了《化妆品卫生规范》（2002年版），对化妆品的一般要求、产品的要求、原料、包装的要求做了明确规定。

（2）必须造成了严重后果

所谓“造成严重后果”，根据司法实践，一般是指：

1）损害容貌的，即因使用劣质化妆品致容貌变形、丑陋。

2）致人皮肤严重损伤的，如皮肤红肿、灼痛、瘙痒、感染等。

3）导致其他严重后果的，如被害人精神失常、自杀等。但是，如果销售金额在五万元以上的，构成《刑法》第一百四十条规定的生产、销售伪劣产品罪。

罪与非罪

区分本罪与非罪的界限，本罪是结果犯。关键是看生产、销售伪劣化妆品是否造成了严重后果。如果生产、销售伪劣化妆品，只是使用以后没有任何效果，根本不起作用，或者没有造成严重后果的，不构成本罪。根据《刑法》第一百四十九条第一款的规定：如果销售金额在五万元以上的，可以生产、销售伪劣产品罪定罪处罚。应当注意的是，即使在有严重后果的情况下，也要正确区分该严重后果是否是由化妆品不符合卫生标准所引起的。有些化妆品使用后，可能会引起不良反应，产品说明书已经说明了使用方法和注意事项。但如果由于消费者自身的过错没有按说明书上所说的方法和剂量使用，导致出现不良反应甚至严重后果的，则不能追究化妆品生产者和销售者的刑事责任。

罪名区别

1.本罪与生产、销售劣药罪的界限

实践中，某种化妆品内含有药物成分，或某种药物对皮肤起保护、祛斑等功效，给区分两类犯罪带来一定困难。区分二者的关键在于，确定犯罪对象的性质属性。化妆品，一般是经化学方法加工，作用于皮肤表面的产品；药品，则是制药单位提纯、精炼直接作用于病症机理的产品。二者的出品单位、检验标准均有不同，实践中应注意加以区分。

2.本罪与生产、销售伪劣产品罪的界限

作为本罪的犯罪对象，不符合卫生标准的化妆品属于伪劣产品的范围，所以两罪存在一定的联系，本罪由于客体受到法律的特殊保护而从生产、销售伪劣产品罪中独立出来，并与之相排斥。两罪在犯罪客体、犯罪对象、犯罪的客观认定标准上存在明显区别。所以，如果行为人生产、销售不符合卫生标准的化妆品，未造成严重后果，不构成本罪，但若其销售金额在五万元以上，根据《刑法》第一百四十九条的规定：应构成生产、销售伪劣产品罪；若行为人的行为既造成严重后果，其销售金额又在五万元以上，根据《刑法》第一百四十九条第二款的规定，以处刑较重的规定定罪处罚。

五、非国家工作人员受贿罪

概念

2006年6月29日第十届全国人民代表大会常务委员会第22次会议通过《刑法修正案（六）》对本罪的主体进行了修改。非国家工作人员受贿罪，是指公司、企业或者其他单位的工作人员利用职务上的便利，索取他人财物或者非法收受他人财物，为他人谋取利益，数额较大的行为。

立案标准

本罪名原为“公司、企业人员受贿案”，《刑法修正案（六）》扩大了本罪的犯罪主体。根据《刑法》第一百六十三条和最高人民检察院、公安部《关于公安机关管辖的刑事案件立案追诉标准的规定（二）》（2010年5月7日）第十条的规定：公司、企业或者其他单位的工作人员利用职务上的便利，索取他人财物或者非法收受他人财物，为他人谋取利益，或者在经济往来中，利用职务上的便利，违反国家规定，收受各种名义的回扣、手续费，归个人所有，数额在五千元以上的，应当以本罪立案追诉。

构成特征

1.犯罪主体

（1）本罪主体是非国家工作人员，即公司、企业或者其他单位的工作人员

这里所说的公司、企业的工作人员，包括公司、企业的董事、监事、经理、会计及其他行政人员、业务人员和一般工作人员；“其他单位的工作人员”，包括非国有公司、企业、事业单位或者其他组织的工作人员。如印刷厂、医疗机构、社会团体等非国有公司、企业的工作人员。根据最高人民法院、最高人民检察院《关于办理商业贿赂刑事案件适用法律若干问题的意见》（2008年11月20日）规定，《刑法》

第一百六十三条规定的“其他单位”，既包括事业单位、社会团体、村民委员会、居民委员会、村民小组等常设性的组织，也包括为组织体育赛事、文艺演出或者其他正当活动而成立的组委会、筹委会、工程承包队等非常设性的组织。《刑法》第一百六十三条规定的“公司、企业或者其他单位的工作人员”，包括国有公司、企业以及其他国有单位中的非国家工作人员。

（2）根据《刑法》第一百八十四条第一款规定：银行或者其他金融机构的工作人员在金融业务活动中索取他人财物或者非法收受他人财物，为他人谋取利益的，或者违反国家规定，收受各种名义的回扣、手续费，归个人所有的，依照《刑法》第一百六十三条的规定定罪处罚。

（3）根据最高人民法院、最高人民检察院《关于办理商业贿赂刑事案件适用法律若干问题的意见》（2008年11月20日）规定：

1）医疗机构中的非国家工作人员，有前款行为，数额较大的，以非国家工作人员受贿罪定罪处罚。

2）医疗机构中的医务人员，利用开处方的职务便利，以各种名义非法收受药品、医疗器械、医用卫生材料等医药产品销售方财物，为医药产品销售方谋取利益，数额较大的，以非国家工作人员受贿罪定罪处罚。

3）学校及其他教育机构中的非国家工作人员，有前款行为，数额较大的，以非国家工作人员受贿罪定罪处罚。

4）学校及其他教育机构中的教师，利用教学活动的职务便利，以各种名义非法收受教材、教具、校服或者其他物品销售方财物，为教材、教具、校服或者其他物品销售方谋取利益，数额较大的，以非国家工作人员受贿罪定罪处罚。

5）依法组建的评标委员会、竞争性谈判采购中谈判小组、询价采购中询价小组的组成人员，在招标、政府采购等事项的评标或者采购活动中，索取他人财物或者非法收受他人财物，为他人谋取利益，数额较大的，以非国家工作人员受贿罪定罪处罚。

2.犯罪主观方面

本罪主观方面表现是故意，过失不构成本罪。

3.犯罪客体

本罪的客体为复杂客体，既侵犯了公司、企业和其他单位的正常管理活动，又因其产生的不正当行为有碍公平竞争原则，使社会经济的正常秩序受到干扰。随着规范的现代企业制度的建立，各种类型的公司雨后春笋般地产生，与此同时，公司、企业和其他单位的工作人员利用职务之便，在各种经济往来中，大肆索取或收受贿赂，如购买原料、产品收受回扣等现象也越来越多。由于这些人员身份不一，不同于传统受贿罪中的国家工作人员，因而完全适用《刑法》第三百八十五、三百八十六条的规定容易造成对国家工作人员打击不力或者是对公司、企业和其他单位的职工打击过滥的现象。所以，《刑法》和《刑法修正案》针对当前公司、企业和其他单位职员贿赂犯罪日益严重的形势，设立了本罪，对贿赂犯罪的主体做出了修改。

4.犯罪客观方面

本罪在客观方面表现为非国家工作人员利用职务上的便利，索取或者收受贿赂的行为，或在经济往来中，利用职务上的便利违反国家规定收受各种名义的回扣手续费的行为。

（1）必须是索取或收受了贿赂

所谓贿赂，是指金钱、物品或其他诸如房地产使用权、计划供应票证等财产性利益。所谓索取贿赂，是指行为人利用职务上的便利，在他人求其谋取利益或解决困难等时，采取刁难、拖延、要挟等手段，主动向对方索要贿赂的行为。至于索贿的形式，则可以多种多样，既可以采取口头形式，也可以采取书面形式；既可以当面索取，也可能通过第三者转告索要；既可以是公开索要，又可以暗示请托人给予；等等。所谓收受贿赂，是指行为人利用职务上的便利，以是否执行其本身职务所要求的行为为条件，收受他人主动送予财物的行为。在索取贿赂中，索取贿赂的人为主动的，送予贿赂的人则是被动的。但在收受贿赂中，送予贿赂的人却是主动的，而收受贿赂的人则是被动的。收受贿赂，就形式而言，一般是直接收取，但也可以是间接收取；可以是事前收受，也可以是事后收受。不管采取何种形式，都不影响本罪成立。索取贿赂或收受贿赂，是本罪行为的两种不同的表现方式。无论何种行为方式，只要有其之一的，就可构成本罪。如果同时具有两种方式也不能数罪并罚，应以一罪论处。根据最高人民法院、最高人民检察院《关于办理商业贿赂刑事案件适用法律若干问题的意见》（2008年11月20日），商业贿赂中的财物，既包括金钱和实物，也包括可以用金钱计算数额的财产性利益，如提供房屋装修、含有金额的会员卡、代币卡（券）、旅游费用等。具体数额以实际支付的资费为准。收受银行卡的，不论受贿人是否实际取出或者消费，卡内的存款数额一般应全额认定为受贿数额。使用银行卡透支的，如果由给予银行卡的一方承担还款责任，透支数额也应当认定为受贿数额。

（2）索取贿赂或收受贿赂的行为人必须是利用了职务上的便利

所谓利用职务上的便利，是指利用职权或者与职务或者所在岗位有关的便利条件。所谓职权，是指本人职务、岗位范围的权力。所谓与职务或岗位相关，则是指虽没有直接利用职务或岗位的权力，但利用了本人职权、岗位或地位形成的地位，通过他人利用职务上的便利条件。包括下列几个方面：

1）利用自己主管、分管、经手等工作职务、岗位范围内的权限；

2）利用凭借自己的权力去指挥、影响下属及利用其他人员与职务相关的权限，为送予贿赂的人谋取利益；

3）利用、凭借权限、岗位地位控制、左右其他人员，或者利用其他有求于己的人员职务上的权限，为送予贿赂的人争取利益。后两种行为虽然是利用第三者的权限，但其是以自己的职务、岗位、地位等为基础的。倘若与自己的职务、岗位无关，如纯系人情关系，诸如朋友关系、亲属关系，则不属于职务之便的范围，收受这样的财物，不应以犯罪论处。

（3）收受他人财物的目的，意在为他人谋取利益，否则虽然收受了他人财物，亦不能构成本罪

对收受行为来说，提供财物的人如果没有谋取任何利益的要求，单纯送予他人财物的行为则不是行贿，而是赠予。应强调的是，为他人谋取利益，既包括正当利益，又包括不正当甚至非法利益；既可以是有形的，也可以是无形的；既可以已经实际谋取，又可以开始谋取但未成功；还可以是采取明示或暗示的方式做出了承诺但尚未实行。只要能够查明行为人具有承诺、实行或者已经实际为他人谋取了利益，都应属于意在为他人谋取利益。当然，如果不能证实行为人具有承诺、实行或实际为他人谋利之一的，即便收取了财物，亦不能以本罪论处。至于索取他人财物的，由于其本身就属情节严重，因此，构成其罪并不要求以为他人谋利为必要。其不论是否为他人谋利，均可构成本罪。根据最高人民法院、最高人民检察院《关于办理商业贿赂刑事案件适用法律若干问题的意见》，在招标投标、政府采购等商业活动中，违背公平原则，给予相关人员财物以谋取竞争优势的，属于“谋取不正当利益”。

（4）索取或收受了的贿赂必须数额较大

所谓数额较大，参照最高人民法院《关于办理违反公司法受贿、侵占、挪用等刑事案件适用法律若干问题的解释》第一条规定，是指索取或收受五千元至两万元以上者。

罪与非罪

（1）根据《刑法》一百六十三条第二款的规定公司、企业或者其他单位的工作人员在经济往来中，利用职务上的便利违反国家规定，收受各种名义的回扣、手续费，归个人所有的，应以受贿行为论处。应当注意以下几个构成要素，如果缺少其一，即不能认定为本罪的受贿行为：

1）必须是公司、企业或者其他单位的工作人员，单位如果违反规定收受了回扣、手续费，则不能以本罪行为论处。

2）必须是在经济往来活动中，倘若不是在经济往来活动中，如果工作之余，没有利用自己职务的便利为他人推销产品、联系业务、购买物资，以酬谢费索取或收受他人财物的，则不能构成本罪。

3）必须是利用职务上的便利违反了国家有关规定，如属国家有关部门批准成立从事诸如提供信息、介绍业务、咨询服务等专门机构的人员，按规定收取手续费的，就不能以犯罪论处。

4）收取了各种名义的回扣、手续费，这里的各种名义，是指依规不能收取的任何形式的费用。当然，收受费用是因经济活动而产生，亦可延伸到经济往来活动结束之后。已收受的费用归个人所得，如果交给单位，则不构成本罪。

（2）《刑法修正案（六）》对公司、企业和其他单位的人员在经济往来中违反国家规定，收受回扣、手续费，以受贿处理的行为，在构成要件中，增加了“利用职务上的便利”的条件。准确区分利用“职务”，还是提供“劳务”或“技术服务”是正确把握罪与非罪的关键。根据最高人民法院2003年11月13日印发的《全国法院审理经济犯罪案件工作座谈会纪要》（法[2003]167号）：“从事公务，是指代表国家机关、国有公司、企业、事业单位、人民团体等履行组织、领导、监管、管理等职责。公务主要表现为与职权相联系的公共事务以及监管、管理国有财产的职务活动。如国家机关工作人员依法履行职责，国有公司的董事、经理、监事、会计、出纳人员等管理、监管国有财产等活动，属于从事公务。那些不具备职权内容的劳务活动、技术服务工作，如售货员、售票员等所从事的工作，一般不认为是公务。”

（3）根据最高人民法院、最高人民检察院《关于办理商业贿赂刑事案件适用法律若干问题的意见》，非国家工作人员与国家工作人员通谋，共同收受他人财物，构成共同犯罪的，根据双方利用职务便利的具体情形分别定罪追究刑事责任：利用非国家工作人员的职务便利为他人谋取利益的，以非国家工作人员受贿罪追究刑事责任；分别利用各自的职务便利为他人谋取利益的，按照主犯的犯罪性质追究刑事责任，不能分清主犯、从犯的，可以受贿罪追究刑事责任。

应注意的问题：

（1）本罪与收取合理报酬行为的界限

公司、企业或者其他单位的人员在法律、法规、政策以及公司、企业章程允许的范围内，以自己的劳动换取合理报酬的行为不同于受贿行为。例如，公司、企业或者其他单位的人员在企业与市场的中介活动中，经国家有关主管部门批准或本单位同意，从事正当的业务活动及技术、信息咨询服务，为企业的生产发展解决各种技术难题，而获取合理的报酬是劳动所得，是一种合理的劳务报酬，而不是受贿行为。区别非国家工作人员受贿罪与获取合理报酬的界限，关键在于看行为人获取的财物是否为劳动收入，如果行为人不是用劳动换取的报酬，而是利用职务之便，为他人谋利益、以各种名义上的“劳动报酬”索取或收受他人财物，且数额较大，应认定为非国家工作人员受贿罪。

（2）本罪与请客送礼、接受馈赠行为的界限

现实生活中，公司、企业或者其他单位的人员与亲友间出于联络感情、表达情谊，进行请客送礼，接受馈赠的行为，一般都以公开的方式进行，而且礼物的数额价值一般不大，行为人没有明显的、直接的谋利目的，这与以权谋私的受贿行为有着根

本性质的区别。区别的关键，在于公司、企业或者其他单位的人员接受财物是否为他人谋取利益，是否利用了职务之便，接受财物的价值大小以及送礼人与受礼人之间的关系，是否以公开的方式进行，等等。

（3）本罪与其他索取，收受提成、回扣、手续费等行为的界限

《刑法》第一百六十三条第二款和《刑法修正案（六）》规定：公司、企业或者其他单位的人员在经济往来中，利用职务上的便利，违反国家规定，收受各种名义的回扣、手续费、归个人所有的，应以非国家工作人员受贿罪论处，而如果收受的回扣、手续费不是归个人所有，或单位收受回扣、手续费，即使违反国家规定，也不构成本罪。没有利用本人职务上便利，为他人推销产品、购买物资、联系业务，以"酬谢费"为名索取、收受财物的，经国家有关主管部门批准成立的专门机构，从事提供信息、介绍业务、咨询服务等工作，按规定取得手续费的，都不违反国家规定，不能认定为本罪。对此，区别的关键在于索取、收受回扣、手续费的，是否归个人所有，是否符合国家及有关主管部门的规定。

罪名区别

本罪与一般受贿罪在主观和客观特征上都具有犯罪故意及利用职务之便索取或收受贿赂、为他人谋取利益的特征，但两者有区别，主要表现在：

1.侵犯的客体不同

非国家工作人员受贿罪侵犯的是公司、企业或者其他单位的正常管理活动和信誉；而一般受贿罪所侵犯的是国家机关的正常管理活动和信誉。

2.犯罪主体不同

本罪的主体是非国家工作人员，即公司、企业或者其他单位的工作人员；而受贿罪的主体是国家工作人员，对于国有公司、企业中从事公务的人员、包括具有国家工作人员身份的人和没有国家工作人员身份的，在国有公司、企业、事业单位、人民团体中从事公务的人员利用职务之便索贿、受贿，或者在经济往来中，违反国家规定收受各种名义的回扣、手续费归个人所有，构成犯罪的，应以受贿罪论处。

六、对非国家工作人员行贿罪

概念

《刑法修正案（六）》对本罪的犯罪主体做了修改。对非国家工作人员行贿罪，是指为谋取不正当利益，给予公司、企业或者其他单位的工作人员以财物，数额较大的行为。

立案标准

根据《刑法》第一百六十四条和最高人民检察院、公安部《关于公安机关管辖的刑事案件立案追诉标准的规定（二）》第十一条规定，为谋取不正当利益，给予公司、企业或者其他单位的工作人员以财物，个人行贿数额在一万元以上的，单位行贿数额在二十万元以上的，应当以本罪立案追诉。

构成特征

1.犯罪主体

《刑法修正案（六）》对本罪的主体做了修改，扩大了主体范围。非国家工作人员，包括个人和单位。根据最高人民法院、最高人民检察院《关于办理商业贿赂刑事案件适用法律若干问题的意见》的规定，《刑法》第一百六十四条规定的“其他单位”，既包括事业单位、社会团体、村民委员会、居民委员会、村民小组等常设性的组织，也包括为组织体育赛事、文艺演出或者其他正当活动而成立的组委会、筹委会、工程承包队等非常设性的组织。《刑法》第一百六十四条规定的“公司、企业或者其他单位的工作人员”，包括国有公司、企业以及其他国有单位中的非国家工作人员。

2.犯罪主观方面

本罪主观方面由故意构成，并且有谋取不正当利益的目的，即行贿的目的在于使公司、企业或者其他单位的非国家工作人员利用职务上的便利为自己谋取不正当利益。至于谋取的是个人，还是单位的不正当利益，所谋求的不正当利益是否实现，均不影响本罪的成立。

3.犯罪客体

本罪侵犯的是复杂客体，即国家对公司、企业或者其他单位的正常管理秩序和市场竞争秩序。社会主义市场经济是法制经济，各种经济行为都应规范化、合法化，各种营利性活动应当在市场经济公平竞争的机制下进行，应遵循国家法规乃至商业惯例。而对公司、企业或者其他单位的非国家工作人员行贿行为，则违背诚实信用、公平自愿的商业原则。违反国家规定，直接破坏市场经济公平竞争机制以及市场经济的有序性、规范性，严重的则构成对非国家工作人员行贿罪。

4.犯罪客观方面

本罪在客观方面表现为行为人谋取不正当利益，给予公司、企业或者其他单位的非国家工作人员以财物，数额较大的行为。

（1）必须是谋取不正当利益，给予公司、企业或者其他单位非国家工作人员以财物的行为

所谓谋取不正当利益，根据最高人民法院、最高人民检察院《关于办理商业贿赂刑事案件适用法律若干问题的意见》（2008年11月20日），在行贿犯罪中，“谋取

不正当利益”，是指行贿人谋取违反法律、法规、规章或者政策规定的利益，或者要求对方违反法律、法规、规章、政策、行业规范的规定提供帮助或者方便条件。在招标投标、政府采购等商业活动中，违背公平原则，给予相关人员财物以谋取竞争优势的，属于“谋取不正当利益”。商业贿赂中的财物，既包括金钱和实物，也包括可以用金钱计算数额的财产性利益，如提供房屋装修、含有金额的会员卡、代币卡（券）、旅游费用等。具体数额以实际支付的资费为准。收受银行卡的，不论受贿人是否实际取出或者消费，卡内的存款数额一般应全额认定为受贿数额。使用银行卡透支的，如果由给予银行卡的一方承担还款责任，透支数额也应当认定为受贿数额。支付回扣、手续费是本罪客观方面的主要表现形式。回扣，是商品买卖或劳务服务活动中，卖方从其卖得的价款中按比例或不按比例返还给买方的一部分款项，返还方式、比例由双方商定。回扣专指买方所得的由卖方返还的价款。手续费，指佣金以及买卖双方当事人、居间人所得的佣金、回扣性质以外的报酬佣金、回扣性质以外的报酬。这里的佣金，专指买卖双方以外的第三人居间介绍买卖所得的，由买方或卖方单独给付或双方共同给付的款项。回扣、手续费在实践中名目繁多，花样翻新，是具有两面性的事物，有加速商品流通、促进经济发展的一面，也有阻碍、破坏商品经济的一面。原则上，只要买卖双方和中间人本着诚实信用、公平交易的原则，在不违反国家政策法律的情况下支付、收受，对经济发展是有利的，法律上也应予以承认和保护，但是在某些情况下，回扣、手续费的支付与收受会危害市场经济公平竞争机制、破坏市场经济秩序，严重的则可能构成本罪。

（2）必须是数额较大。具体认定标准参见最高人民检察院、公安部立案追诉标准。

罪与非罪

区分本罪与非罪。适用中，要注意以下几点：

1.本罪与请客送礼的界限

在现实生活中。礼尚往来的请客送礼一般都以公开的方式进行，且礼品的价值一般较小，行为人没有明显的、直接的谋取不正当利益的动机和目的，这与本罪的行贿行为有本质区别。

2.本罪与一般行贿行为的界限

根据《刑法》的规定，向公司、企业或者其他单位的工作人员行贿，达到数额较大的，才构成犯罪，因此，如果向公司、企业或者其他单位的工作人员行贿，数额未达到较大标准的，属于一般行贿行为，不能以本罪论处。

3.行为人的犯罪目的必须是为谋取不正当利益

如行为人出于谋取正当利益，或出于亲属、朋友间的单方面赠与目的，则不构成犯罪。

4.注意区分贿赂与馈赠的界限

主要应当结合以下因素全面分析、综合判断：

（1）发生财物往来的背景，如双方是否存在亲友关系及历史上交往的情形和程度；

（2）往来财物的价值；

（3）财物往来的缘由、时机和方式，提供财物方对于接受方有无职务上的请托；

（4）接受方是否利用职务上的便利为提供方谋取利益。

罪名区别

本罪与行贿罪有许多相似之处，行为人在主观特征上均为直接故意，且均为谋取不正当利益；在客观特征上行为人均向受贿人实施了给予财物，且数额较大的行为。但两罪在本质上不同。

（1）行贿的对象不同。本罪的行贿对象是非国家工作人员，即公司、企业或者其他单位的工作人员；而行贿罪的对象是国家工作人员。

（2）侵犯的客体不同。本罪侵犯的客体是公司、企业或者其他单位的工作人员，即非国家工作人员职务的廉洁、公正制度，公司、企业或者其他单位的正常业务及管理活动，更为主要的是侵犯社会主义市场经济的公平竞争秩序；而行贿罪所侵犯的客体是国家工作人员职务的廉洁性制度以及国家机关的正常活动。

七、非法经营同类营业罪

概念

非法经营同类营业罪，是指国有公司、企业董事、经理利用职务上的便利，自己经营或者为他人经营与其所任职公司、企业同类的营业，获取非法利益，数额巨大的行为。

立案标准

根据《刑法》第一百六十五条和最高人民检察院、公安部《关于公安机关管辖的刑事案件立案追诉标准的规定（二）》（2010年5月7日发布）第十二条的规定：国有公司、企业的董事、经理利用职务便利，自己经营或者为他人经营与其所任职公司、企业同类的营业，获取非法利益，数额在十万元以上的，应当以本罪立案追诉。

构成特征

1.犯罪主体

本罪主体是特殊主体，只能由国有公司、企业董事、经理构成。所谓董事，是指依照《公司法》（2013年12月28日修订）的规定，经过有限责任公司的股东会或者股份有限公司的创立大会、股东大会选举；国有独资公司中由国有资产监管管理机构委派的董事会的成员。所谓经理，是指依照《公司法》规定，由董事会聘任或兼任，实施董事会决议，主持公司日常工作，或者政府主管部门根据企业情况委任或招聘，或由企业职工代表大会选举做企业法定代表人的人。

2.犯罪主观方面

本罪在主观方面必须出于故意，并且具有获取非法利益的目的，即明知自己或为他人所经营的业务与自己所任职公司、企业经营的业务属于同类，出于非法谋取利益，仍决意进行经营。过失不能构成本罪。

3.犯罪客体

本罪的客体为国有公司、企业的财产权益以及国家对公司的管理制度。根据《公司法》第四十六条规定，董事会对股东会负责，行使下列职权，“（一）召集股东会会议，并向股东会报告工作；（二）执行股东会的决议；（三）决定公司的经营计划和投资方案；（四）制订公司的年度财务预算方案、决算方案；（五）制订公司的利润分配方案和弥补亏损方案；（六）制订公司增加或者减少注册资本以及发行公司债券的方案；（七）制订公司合并、分立、解散或者变更公司形式方案；（八）决定公司内部管理机构的设置；（九）决定聘任或者解聘公司经理及其报酬事项，并根据经理的提名决定聘任或者解聘公司副经理、财务负责人及其报酬事项；（十）制定公司的基本管理制度；（十一）公司章程规定的其他职权”。

《公司法》第四十九条规定，有限责任公司设经理，由董事会聘任或者解聘。经理对董事会负责，行使下列职权，“（一）主持公司的生产经营管理工作，组织实施董事会决议；（二）组织实施公司年度经营计划和投资方案；（三）拟订公司内部管理机构设置方案；（四）拟订公司的基本管理制度；（五）制定公司的具体规章；（六）提请聘任或者解聘公司副经理、财务负责人；（七）决定聘任或者解聘除应由董事会聘任或者解聘以外的负责管理人员；（八）董事会授予的其他职权。公司章程对经理职权另有规定的，从其规定。经理列席董事会会议”。股份有限公司设董事会，其成员为5人至19人。董事会对股东大会负责，行使与有限责任公司相同的职权。

股份有限公司设经理，由董事会决定聘任或者解聘。经理的职权与有限责任公司相同。国有独资公司设立董事会，依法行使与有限责任公司、股份有限公司董事会相同的职权。董事每届任期不得超过三年。董事会成员中应当有公司职工代表。董事会成员由国有资产监管管理机构委派。但是，董事会成员中的职工代表由公司职工代表大会选举产生。董事会设董事长一人，可以设副董事长。董事长、副董事长由国有资产监管管理机构从董事会成员中指定。国有独资公司设经理，由董事会聘任或者解聘。经理依法行使有限责任公司、股份有限公司经理相同职权。经国有资产监管管理机构同意，董事会成员可以兼任经理。

由此可知，公司、企业的董事、经理具有很大的管理权限，其行为对公司、企业以及广大的股东和出资人的利益有很大影响。我国《公司法》因之规定了董事、经理的义务：董事、监事、高级管理人员应当遵守法律、行政法规和公司章程，对公司负有忠实义务和勤勉义务。董事、监事、高级管理人员不得利用职权收受贿赂或者其他非法收入，不得侵占公司的财产。

董事、高级管理人员不得有下列行为：

（1）挪用公司资金；

（2）将公司资金以其个人名义或者以其他个人名义开立账户存储；

（3）违反公司章程的规定，未经股东会、股东大会或者董事会同意，将公司资金借贷给他人或者以公司财产为他人提供担保；

（4）违反公司章程的规定或者未经股东会、股东大会同意，与本公司订立合同或者进行交易；

（5）未经股东会或者股东大会同意，利用职务便利为自己或者他人谋取属于公司的商业机会，自营或者为他人经营与所任职公司同类的业务；

（6）接受他人与公司交易的佣金归为已有；

（7）擅自披露公司秘密；

（8）违反对公司忠实义务的其他行为。董事、高级管理人员违反前款规定所得的收入应当归公司所有。

董事、经理违反相应的义务，即侵犯了公司、企业的财产权益以及公司、企业的股东和出资人的财产权益，同时构成对国家公司管理制度的侵害，应承担相应的法律责任。

4.犯罪客观方面

本罪在客观方面，表现为国有公司、企业董事、经理利用职务上的便利，自己经营或者为他人经营与其所任职公司、企业同类的营业，获取非法利益，数额巨大的行为。

行为方式有以下几种情形：

（1）自己经营或为他人经营业务

既可以是为自己经营，又可以是为他人经营，还可以是既为自己经营，又为他人经营，具备其中之一的，即可构成本罪。自己经营，有的是以私人名义另行注册公司经营，有的是以亲人名义但实际是公司、企业董事、经理。自行经营，还有的是在他人经办的公司、企业中入股进行经营等。凡是自己独资或者参与了出资的公司、企业、不论是否以本人名义，都属于为自己经营。为他人经营，包括为其他公司、企业进行经营，是指暗中担任他人独资、出资的公司、企业的管理人员，为其业务进行策划、指挥等。

（2）自己经营或为他人经营的营业与自己所任职的公司、企业的营业属于同一种类

否则，即使自己经营或为他人经营了某项营业，但这项营业与自己所任职公司、企业的营业不属同一类营业，亦不能构成本罪。如果经营的营业为两类以上，只要其中的一类与自己所任职公司、企业属同类营业，即可认定为经营了与自己所任职公司、企业的同一类营业。这是为了防止损害自己所任职公司、企业利益的不正当竞争的违法行为发生。公司、企业的董事、经理利用自己所任职公司、企业的人力、物力、资金、信息来源、客户渠道为自己经营或者为他人经营的公司、企业抢占市场；或者垄断供货渠道；或者巧立名目，将自己所任职公司、企业的正品、等内品产品的次品、等外品，低价销售给个人或为他人经营的公司、企业；或者高价收购自己经营，或为他人经营的公司、企业的滞销、残损、应降低价格的商品、次品、等外品等；或者套购所任职公司、企业的畅销、紧缺商品、转手倒卖；等等。

（3）为自己经营或为他人经营与自己所任职公司、企业同类营业的过程中利用了职务便利，如果没有利用职务之便，即使有为自己经营或为他人经营同类营业的行为，亦不能构成本罪

所谓利用职务便利，是指利用自己经营管理的职权或者职务有关的便利条件既包括利用自己直接掌管的经营材料、物质、市场、销售等职权而为自己经营或为他人经营的公司、企业谋取非法利益，也包括利用自己职务及有关的便利条件，如人事权力、地位等指挥、控制他人利用职权而为自己经营或为他人经营的公司、企业谋取非法利益。

（4）自己经营或者为他人经营与其所任职公司、企业同类的营业，获取了非法利益，并且达到了数额巨大，才可构成本罪

否则，虽有经营行为，但没有获取非法的利益，或者虽然获取了非法利益，但没有达到数额巨大的最低标准，亦不能构成本罪。数额巨大认定标准，参见最高人民检察院、公安部关于立案追诉标准的有关规定。

罪与非罪

区分本罪与非罪，要注意以下三点：

1.行为人是否利用了职务上的便利

如果行为人并未利用职务之便，而经营同类营业的，就不能以犯罪论处，如行为人虽然经营了与其所任职公司、企业同类的营业，并获利巨大，但这一行为与其所任职的职务无关，就不构成犯罪。

2.行为人经营的是否为同类营业

构成本罪，必须是经营与其所任职公司、企业同类的营业，如果行为人经营的不是同类营业，不构成犯罪。

3.行为人获取的非法利益是否达到数额巨大

如果行为人利用了职务之便，并且经营与其所任职公司、企业同类的营业，但获取非法利益未达到数额巨大，不能以犯罪论处。

罪名区别

本罪与非国家工作人员受贿罪的界限。两者在犯罪的主观方面均为直接故意，都有获取非法利益、财物的目的。但两罪的区别表现在：

1.犯罪主体不同

非国家工作人员受贿罪的主体是在公司、企业或其他单位中工作的不具有国家工作人员身份的公司、企业或其他单位工作人员。这里的公司、企业或其他单位，包括不同种类或性质的公司、企业和单位；这里的公司、企业或其他单位工作人员，包括在公司、企业其他单位中工作的所有工作人员；而本罪的主体只限于国有公司、企业的董事和经理，范围较前者要狭窄得多。

2.犯罪客观方面不同

两罪在客观方面虽都有利用职务之便的特征，但获取非法利益所采取的客观手段有所不同。本罪是行为人利用职务便利，自己经营或者为他人经营与其所任职公司、企业同类的营业，主要是通过“竞业经营”来获取非法利益；而非国家工作人员受贿罪，是行为人利用职务之便，通过直接“索取”或者“非法收受”他人财物的方式，为他人谋取利益而获取非法利益。

八、签订、履行合同失职被骗罪

概念

签订、履行合同失职被骗罪，是指国有公司、企业、事业单位直接负责的主管人员，在签订、履行合同过程中，因严重不负责任被诈骗，致使国家利益遭受重大损失的行为。

立案标准

根据《刑法》第一百六十七条和最高人民检察院、公安部《关于公安机关管辖的刑事案件立案追诉标准的规定（二）》（2010年5月7日发布）第十四条的规定，国有公司、企业、事业单位直接负责的主管人员，在签订、履行合同过程中，因严重不负责任被诈骗，涉嫌下列情形之一的，应当以本罪立案追诉：

（1）造成国家直接经济损失数额在五十万元以上的。

（2）造成有关单位破产、停业、停产六个月以上，或者被吊销许可证和营业执照及责令关闭、撤销、解散的。

（3）其他致使国家利益遭受重大损失的情形。

金融机构、从事对外贸易经营活动的公司、企业的工作人员严整不负责任，造成一百万美元以上外汇被骗购或者逃汇一千万美元以上的，应予立案追诉。

本条规定的“诈骗”，是指对方当事人的行为已经涉嫌诈骗犯罪，不以对方当事人已经被人民法院判决构成诈骗犯罪作为立案追诉的前提。

构成特征

1.犯罪主体

本罪的主体为特殊主体，只有国有公司、企业、事业单位的直接负责的主管人员才能构成本罪，其他主体不构成本罪。本罪主体排除了其他直接责任人员。所谓直接负责的主管人员，是在国有公司、企业、事业单位中对该合同的签订、履行负领导责任的人员；所谓其他直接责任人员，是指对该合同的签订和履行，在直接负责的主管人员领导下负执行义务的人员。

2.犯罪主观方面

本罪的主观方面只能由过失构成。行为人对签订、履行合同过程中被诈骗，并造成“重大损失”的危害后果，不是抱希望或放任其发生的心理态度，而是由于其过失造成的，故意不构成本罪。

3.犯罪客体

本罪侵犯的客体是国有公司、企业、事业单位的财产权益和社会主义市场经济秩序。国有公司、企业、事业单位在社会经济生活中担负着举足轻重的作用。国有公司、企业、事业单位的主管人员背离市场活动的基本原则，玩忽职守严重不负责任而被诈骗，必然会使国有公司、企业、事业单位的正常活动遭到破坏，使国家和人民利益受到损害。

4.犯罪客观方面

本罪在客观方面表现为签订、履行合同的过程中，因严重不负责任，致使国家利益必须是遭受重大损失的行为。

（1）必须是国有公司、企业、事业单位直接负责的主管人员在签订、履行合同过程中的严重不负责任而被诈骗

所谓合同，是指处于平等地位的当事人之间设立、变更或终止民事关系、经济关系等的一种协议，如买卖合同，承揽合同，技术、融资、租赁、居间、担保、劳务、

期货等合同；既可以是国内合同，又可以是涉外合同。所谓签订合同，是指当事人之间就合同的条款进行协商，从而使各方的意思表示趋于一致的过程。所谓履行合同，是指双方当事人按照合同规定的条款履行自己的义务，从而将双方当事人的合同目的因此得以实现的行为。合同生效后，除非一些法定情况，都应全面、实际、正确地履行，否则即应承担合同违约的法定责任。只有属于在签订、履行合同的过程中因严重不负责任而导致了被诈骗的事实，才可构成本罪。所谓严重不负责任，在这里是指不履行或者虽然履行但不是正确、认真地履行自己在合同签订、履行过程中应当履行的职责。其表现形式多种多样，如粗枝大叶、盲目轻信、不就对方当事人的合同主体资格、资信情况、履行能力等进行认真的咨询、调查、了解、审查；应当公证或者鉴证的不进行公证或鉴证；贪图个人私利，关心的不是标的质量、价格，而是从中得到多少回扣，捞到多少好处，得到好处后，在质量上舍优求劣，在价格上舍低就高，在路途上舍近求远，在来源上舍公取私等；违规让售或赊购非滞销或是紧俏的商品；擅自越权做主签订、履行合同；急功近利，不辨真假，盲目吸引外资，上当受骗；违反规定为他人签订经济担保合同；发现合同无效或对方根本没有履行能力，仍听之任之；等等。如果并不存在严重不负责任的行为，或者虽有严重不负责任的行为，但不是因此而被诈骗，即使有重大过失，亦不能以本罪论处。所谓被诈骗，是指他人出于非法占有的目的，在签订、履行合同的过程中，故意采用虚构事实或者隐瞒真相的手段，致使其发生错误的认识，从而导致公司、企业财产被他人骗取。无被诈骗的事实，即使国有公司、企业、事业单位的直接负责的主管人员在工作中具有严重不负责任的玩忽职守行为，亦不能构成本罪，这是本罪构成的一个重要客观条件。

（2）因在签订、履行合同过程中，严重不负责任而被诈骗，必须使国家利益遭受了重大损失

如果没有带来损失，或者虽然带来损失但不是重大的损失，即使有上述严重不负责任的行为，也不能构成本罪。对方出于诈骗故意实施诈骗行为，如因意志以外的原因，如被及时发现而未得逞，或者虽然得逞，但通过各种途径如法律途径得以追回，造成的损失包括诉讼费用、追缴被诈骗钱财的费用等并不重大，都不能以犯罪论处。所谓国家利益遭受重大损失，是指造成大量的财物被诈骗而无法追回，或因对方诈骗造成无法供货，被迫停产甚或濒临破产、倒闭等严重后果。

罪与非罪

区分本罪与非罪的关键看行为人签订、履行合同失职的行为是否致使国家利益遭受重大损失。签订、履行合同失职被骗行为，造成重大损失的，构成本罪；未造成“重大损失”的，属一般的工作过失渎职行为，可由有关部门给予批评教育或行政处分。

罪名区别

本罪与玩忽职守罪在客观上都表现为行为人在工作中严重不负责任，不认真、不正确履行依其职责应履行的义务，在主观上都由过失构成。两罪的区别是：

1.犯罪主体不同

两罪的主体虽同为特殊主体，但特指的对象不同。本罪的主体为国有公司、企业、事业单位直接负责的主管人员；而玩忽职守罪的主体只能是国家机关工作人员。

2.犯罪的客观方面有所不同

本罪的玩忽职守行为表现在签订、履行合同过程中，犯罪结果是造成国家利益遭受重大损失；而玩忽职守罪的玩忽职守行为表现在国家机关的工作中，犯罪结果是使公共财产、国家和人民的利益遭受重大损失。

3.侵犯的客体不同

本罪侵犯的客体是国有公司、企业、事业单位的财产利益和社会主义市场经济的交易秩序；而玩忽职守罪侵犯的客体是国家机关的正常管理活动。

九、假冒注册商标罪

概念

本罪是指违反国家商标管理法规，未经注册商标所有人许可，在同一种商品上使用与其注册商标相同的商标，情节严重的行为。

立案标准

（1）根据《刑法》第二百一十三条和最高人民检察院、公安部《关于公安机关管辖的刑事案件立案追诉标准的规定（二）》（2010年5月7日发布）第六十九条的规定：未经注册商标所有人许可，在同一种商品上使用与其注册商标相同的商标，涉嫌下列情形之一的，应当以本罪立案追诉：

1）非法经营数额在五万元以上或者违法所得数额在三万元以上的；

2）假冒两种以上注册商标，非法经营数额在三万元以上或者违法所得数额在两万元以上的；

3）其他情节严重的情形。

（2）根据2011年1月10日颁布的最高人民法院、最高人民检察院、公安部《关于办理侵犯知识产权刑事案件适用法律若干问题的意见》（法发[2011]3号）规定：

1）关于《刑法》第二百一十三条规定的“同一种商品”的认定问题。

名称相同的商品以及名称不同但指同一事物的商品，可以认定为“同一种商品”。“名称”，是指国家工商行政管理总局商标局在商标注册工作中对商品使用的名称，通常即《商标注册用商品和服务国际分类》中规定的商品名称。“名称不同但指同一事物的商品”，是指在功能、用途、主要原料、消费对象、销售渠道等方面相同或者基本相同，相关公众一般认为是同一种事物的商品。

认定“同一种商品”，应当在权利人注册商标核定使用的商品和行为人实际生产销售的商品之间进行比较。

2）关于《刑法》第二百一十三条规定的“与其注册商标相同的商标”的认定问题。

具有下列情形之一，可以认定为“与其注册商标相同的商标”：

①改变注册商标的字体、字母大小写或者文字横竖排列，与注册商标之间仅有细微差别的；

②改变注册商标的文字、字母、数字等之间的间距，不影响体现注册商标显著特征的；

③改变注册商标颜色的；

④其他与注册商标在视觉上基本无差别、足以对公众产生误导的商标。

3）关于尚未附着或者尚未全部附着假冒注册商标标志的侵权产品价值是否计入非法经营数额的问题。

在计算制造、储存、运输和未销售的假冒注册商标侵权产品价值时，对于已经制作完成但尚未附着（含加贴）或者尚未全部附着（含加贴）假冒注册商标的产品，如果有确实、充分证据证明该产品将假冒他人注册商标，其价值计入非法经营数额。

（3）根据2009年12月28日最高人民法院审判委员会第1481次会议、2010年2月4日最高人民检察院第十一届检察委员会第29次会议通过，自2010年3月26日起施行的最高人民法院、最高人民检察院《关于办理非法年产、销售烟草专卖品等刑事案件具体应用法律若干问题的解释》（法释[2010]7号）规定：未经卷烟、雪茄烟等烟草专卖品注册商标所有人许可，在卷烟、雪茄烟等烟草专卖品上使用与其注册商标相同的商标，情节严重的，依照《刑法》第二百一十三条的规定，以本罪定罪处罚。

构成特征

1.犯罪主体

本罪主体是一般主体，自然人和单位均能构成本罪。

2.犯罪主观方面

本罪主观方面只能是故意，一般具有营利的目的。

3.犯罪客体

本罪侵犯的客体是国家对商标的管理制度和他人注册商标的专用权。专用权是商标权最主要的法律表现，保护商标专用权是维护社会主义市场经济的重要组成部分。

假冒他人注册商标，不仅侵犯注册商标所有人的商标专用权和使用许可权，扰乱了国家对商标的管理制度，而且破坏了社会主义市场经济秩序，损害了商标所有人和广大消费者的利益。

4.犯罪客观方面

本罪在客观方面表现为违反商标管理法规，未经注册商标人许可，在同一种商品上使用与其注册商标相同的商标，情节严重的行为。

（1）违反商标管理法规，未经注册商标人许可，违背注册商标所有人的意志，这是构成假冒他人注册商标的本质特征

所谓相同的商标，根据司法解释规定，是指与被假冒的注册商标完全相同，或者与被假冒的注册商标在视觉上基本无差别、足以对公众产生误导的商标。

（2）实施了在同一种商品上使用与注册商标相同的假冒注册商标的行为

“使用”，是指将注册或者假冒的注册商标用于商品、商品包装或者容器以及产品说明书、商品交易文书，或者将注册商标或者假冒的注册商标用于广告宣传、展览以及其他商业活动等行为。

根据最高人民法院、最高人民检察院、公安部《关于办理侵犯知识产权刑事案件适用法律若干问题的意见》（法发[2011]3号）有关规定，名称相同的商品以及名称不同但指同一事物的商品，可以认定为“同一种商品”。“名称”，是指国家工商行政管理总局商标局在商标注册工作中对商品使用的名称，通常即《商标注册用商品和服务国际分类》中规定的商品名称。“名称不同但指同一事物的商品”，是指在功能、用途、主要原料、消费对象、销售渠道等方面相同或者基本相同、相关公众一般认为是同一种事物的商品。认定“同一种商品”，应当在权利人注册商标核定使用的商品和行为人实际生产销售的商品之间进行比较。

具有下列情形之一，可以认定为“与其注册商标相同的商标”：

1）改变注册商标的字体、字母大小写或者文字横竖排列，与注册商标之间仅有细微差别的；

2）改变注册商标的文字、字母、数字等之间的间距，不影响体现注册商标显著特征的；

3）改变注册商标颜色的；

4）其他与注册商标在视觉上基本无差别、足以对公众产生误导的商标。

（3）假冒注册商标的行为必须发生在注册商标有效期限内。假冒行为的对象必须是他人已经注册的商标，且必须在该注册商标有效期内发生，才构成假冒注册商标罪。

（4）根据最高人民检察院、公安部《关于公安机关管辖的刑事案件立案追诉标准的规定（二）》的规定，未经注册商标所有人许可，在同一种商品上使用与其注册商标相同的商标，涉嫌下列情形之一的，应以本罪立案追诉：

1）非法经营数额在五万元以上或者违法所得数额在三万元以上的；

2）假冒两种以上注册商标，非法经营数额在三万元以上或者违法所得数额在两万元以上的；

3）其他情节严重的情形。

根据自2004年12月22日起施行的最高人民法院、最高人民检察院《关于办理侵犯知识产权刑事案件具体应用法律若干问题的解释》（法释[2004]19号）的规定，未经注册商标所有人许可，在同一种商品上使用与其注册商标相同的商标，具有下列情形之一的，属于《刑法》第二百一十三条规定的“情节严重”，应以假冒注册商标罪判处三年以下有期徒刑或者拘役，并处或者单处罚金：“（一）非法经营数额在五万元以上或者违法所得数额在三万元以上的；（二）假冒两种以上注册商标，非法经营数额在三万元以上或者违法所得数额在两万元以上的；（三）其他情节严重的情形。”具有下列情形之一的，属于《刑法》第二百一十三条规定的“情节特别严重”，应以假冒注册商标罪判处三年以上七年以下有期徒刑，并处罚金：“（一）非法经营数额在二十五万元以上或者违法所得数额在十五万元以上的；（二）假冒两种以上注册商标，非法经营数额在十五万元以上或者违法所得数额在十万元以上的；（三）其他情节特别严重的情形。”单位实施本条规定的行为，按照相应个人犯罪的定罪量刑标准的三倍定罪量刑。应当注意的是，根据司法解释，“非法经营数额”，是指行为人在实施假冒注册商标行为过程中，制造、储存、运输、销售假冒注册商标的价值。已销售的假冒注册商标产品的价值，按照实际销售的价格计算。制造、储存、运输和未销售的假冒注册商标产品的价值，按照标价或者已经查清的假冒注册商标产品的实际销售平均价格计算；假冒注册商标产品没有标价或者无法查清其实际销售价格的，按照被假冒注册商标产品的市场中间价格计算。多次实施假冒注册商标行为，未经行政处理或者刑事处罚的，非法经营数额、违法所得数额或者销售金额累计计算。

根据司法解释的规定，实施假冒注册商标犯罪，又销售该假冒注册商标的商品，构成犯罪的，以假冒注册商标罪定罪处罚。实施假冒注册商标犯罪，又销售明知是他人的假冒注册商标的商品，构成犯罪的，应当实行数罪并罚。

罪与非罪

区分本罪与非罪的界限，要注意：本罪属于情节犯，构成本罪，必须达到“情节严重”的标准。所谓情节严重，是指非法所得数额较大，给商标所有人造成较大损失或者有其他严重行为。如果是情节一般的，则属一般民事侵权行为，应当依照《商标法》第六十条的规定：由工商行政管理机关责令侵权人立即停止侵权行为，没收、销毁侵权商品和专门用于制造侵权商品的工具，并可处罚款。被侵权人可直接向人民法院提起民事诉讼。

罪名区别

1.本罪与生产、销售伪劣产品罪的区别

在实践中，对于既生产、销售伪劣产品，又在伪劣产品上假冒他人注册商标的犯罪行为，在法律没有特别规定的情况下，应以一重罪论处。

2.本罪与非法制造注册商标罪的区别

两者的主要区别在于：

（1）犯罪对象不同。前者是注册商标；后者则是注册商标标志。商标是商品的标记，商标标志则是这种标记的物质载体，即用以体现商标图样的制品，通常包括印刷制品、刻印制品、贴花等。

（2）客观方面不同。前者表现为未经注册商标所有人许可，在同一种商品上使用与其注册商标相同的商标的行为，即以假冒的手段实施犯罪；后者则表现为伪造、擅自制造他人注册商标标志的行为，即以非法制造的手段实施犯罪。

十、销售假冒注册商标的商品罪

概念

本罪是指明知是假冒注册商标的商品而故意予以销售，销售金额数额较大的行为。

立案标准

（1）根据《刑法》第二百一十四条和最高人民检察院、公安部《关于公安机关管辖的刑事案件立案追诉标准的规定（二）》（2010年5月7日发布）第七十条的规定，销售明知是假冒注册商标的商品，涉嫌下列情形之一的，应当以本罪立案追诉：

1）销售金额在五万元以上的；

2）尚未销售，货值金额在十五万元以上的；

3）销售金额不满五万元，但已销售金额与尚未销售的货值金额合计在十五万元以上的。

（2）根据2011年1月10日颁布的最高人民法院、最高人民检察院、公安部《关于办理侵犯知识产权刑事案件适用法律若干问题的意见》（法发[2011]3号）有关规定，销售明知是假冒注册商标的商品，具有下列情形之一的，依照《刑法》第二百一十四条的规定，以销售假冒注册商标的商品罪（未遂）定罪处罚：

1）假冒注册商标的商品尚未销售，货值金额在十五万元以上的；

2）假冒注册商标的商品部分销售，已销售金额不满五万元，但与尚未销售的假冒注册商标的商品的货值金额合计在十五万元以上的。假冒注册商标的商品尚未销售，货值金额分别达到十五万元以上不满二十五万元、二十五万元以上的，分别依照《刑法》第二百一十四条规定的各法定刑幅度定罪处罚。

销售金额和未销售货值金额分别达到不同的法定刑幅度或者均达到同一法定刑幅度的，在处罚较重的法定刑或者同一法定刑幅度内酌情从重处罚。

（3）根据2009年12月28日最高人民法院审判委员会第1481次会议、2010年2月4日最高人民检察院第十一届检察委员会第29次会议通过，自2010年3月26日起施行的最高人民法院、最高人民检察院《关于办理非法生产、销售烟草专卖品等刑事案件具体应用法律若干问题的解释》（法释[2010]7号）规定，销售明知是假冒他人注册商标的卷烟、雪茄烟等烟草专卖品，销售金额较大的，依照《刑法》第二百一十四条的规定，以销售假冒注册商标的商品罪定罪处罚。

构成特征

1.犯罪主体

本罪主体为一般主体，无论是单位还是个人，均可以构成本罪的主体。

2.犯罪主观方面

本罪主观方面是故意，即明知是假冒注册商标的商品仍然予以销售。根据最高人民法院、最高人民检察院《关于办理侵犯知识产权刑事案件具体应用法律若干问题的解释》（法释[2004]19号）第九条的规定，具有下列情形之一的，应当认定为“明知”：

（1）知道自己销售的商品上的注册商标被涂改、调换或者覆盖的；

（2）因销售假冒注册商标的商品受到过行政处罚或者承担过民事责任，又销售同一种假冒注册商标的商品的；

（3）伪造、涂改商标注册人授权文件或者知道该文件被伪造、涂改的；

（4）其他知道或者应当知道是假冒注册商标的商品的情形。

3.犯罪客体

本罪侵犯的客体是复杂客体，即国家商标管理秩序或商标注册人的商标专用权。本罪的犯罪对象是假冒注册商标的商品。销售假冒注册商标的商品，一方面侵犯了国家的注册商标管理制度，扰乱了注册商标管理的秩序；另一方面也侵犯了商标注册人的商标专用权。应注意的是：

（1）本罪的犯罪对象仅限于商品，而不包括服务。对提供假冒他人注册商标（服务商标）的服务之行为，不能以本罪论处。

（2）本罪的犯罪对象仅限于假冒“注册”商标的商品。假冒他人未注册商标的商品不在此列。因而，对销售假冒他人未注册商标的商品的行为，无论情节如何，均不能以本罪论处。

（3）“假冒注册商标的商品”的具体类型。根据商标法的有关规定，假冒注册商标的商品可根据假冒注册商标行为的不同种类分为以下四类：

1）使用了与他人注册商标相同商标的同一种商品；

2）使用了与他人注册商标相近似商标的同一种商品；

3）使用了与他人注册商标相同商标的类似商品；

4）使用了与他人注册商标相近似商标的类似商品。

4.犯罪客观方面

本罪在客观方面表现为违反商标管理法规，销售假冒他人已经注册的商标的商品，销售金额数额较大的行为：其一，该商品是必须使用注册商标的商品。其二，所使用的注册商标是第三人所有的。其三，该商品在假冒他人注册商标销售时，未征得商标所有权人同意。其四，销售金额数额较大。本罪是数额犯，行为人实施了销售假冒注册商标的行为，只有销售金额数额较大的，才构成本罪。销售金额，是指销售假冒注册商标的商品后所得和应得的全部违法收入。根据最高人民法院、最高人民检察院2004年12月8日公布的《关于办理侵犯知识产权刑事案件具体应用法律若干问题的解释》第二条规定：销售金额在五万元以上的，属于“数额较大”，销售金额在二十五万元以上的，属于“数额巨大”。

应当注意的是，根据司法解释，本罪的“销售金额”，是指销售假冒注册商标的商品后所得和应得的全部违法收入。根据司法解释的规定，实施假冒注册商标犯罪，又销售该假冒注册商标的商品，构成犯罪的，以假冒注册商标罪定罪处罚。实施假冒注册商标犯罪，又销售明知是他人的假冒注册商标的商品，构成犯罪的，应当实行数罪并罚。单位实施本罪的，按照相应个人犯罪的定罪量刑标准的三倍定罪量刑。

根据2011年1月10日颁布的最高人民法院、最高人民检察院、公安部《关于办理侵犯知识产权刑事案件适用法律若干问题的意见》（法发[2011]3号）有关规定：销售明知是假冒注册商标的商品，具有下列情形之一的，依照《刑法》第二百一十四条的规定，以销售假冒注册商标的商品罪（未遂）定罪处罚：

（1）假冒注册商标的商品尚未销售，货值金额在十五万元以上的；

（2）假冒注册商标的商品部分销售，已销售金额不满五万元，但与尚未销售的假冒注册商标的商品的货值金额合计在十五万元以上的。

假冒注册商标的商品尚未销售，货值金额分别达到十五万元以上不满二十五万元、二十五万元以上的，分别依照《刑法》第二百一十四条规定的各法定刑幅度定罪处罚。销售金额和未销售货值金额分别达到不同的法定刑幅度或者均达到同一法定刑幅度的，在处罚较重的法定刑或者同一法定刑幅度内酌情从重处罚。

罪与非罪

区分本罪与非罪的界限，要注意：

（1）违法所得数额是否达到定罪的标准。对于未达到上述数额标准的，应当由工商行政管理部门给予相应的行政处罚。二是过失销售假冒注册商标的商品的，不构成犯罪。三是销售未注册商标的假冒产品的，不构成销售假冒注册商标的商品罪。但行为人经销的产品掺假、质量低劣，违法经营额巨大，或违法所得数额较大，具有其他严重情节的，可构成生产、销售伪劣产品罪。四是本罪是数额犯，构成本罪，要具有“销售数额较大”。

（2）行为人未经注册商标所有人的许可，在同一种商品上使用与其注册商标相同的商标后，又将该种商品出售，获取非法利益的，属于吸收犯，其吸收行为与被吸收行为，属于假冒注册商标罪的整个犯罪过程的组成部分，彼此间存在着联系，后行为是前行为的必然结果，行为人在自己的商品上使用他人的注册商标，多是为了将自己的商品出售，在此情况下，可认定行为人的行为构成假冒注册商标罪，而不能实行数罪并罚。

罪名区别

1.本罪与假冒注册商标罪的区别

两者的主要区别在于：

（1）犯罪对象不同。前者犯罪对象是假冒商标的商品；后者的犯罪对象是他人的注册商标。

（2）客观方面表现不同。前者在客观方面的表现是行为人销售明知是假冒注册商标的商品；后者则表现为行为人未经注册商标所有人的许可，在同一种商品上使用与其注册商标相同的商标。

2.本罪与销售伪劣商品罪的区别

销售伪劣商品罪包括销售伪劣产品罪、销售假药罪等九个具体罪名。区分两者应注意如下情形：

（1）如果行为人销售的商品中，既有假冒注册商标的商品，又有其他伪劣商品，且行为人主观都存在“明知”的，应以销售假冒注册商标的商品罪和销售伪劣商品罪数罪并罚。

（2）如果行为人销售的商品既是伪劣商品，又是假冒注册商标的商品，此时应区别对待：

1）行为人只对商品属于“假冒注册商标的商品”存在明知，而不知是伪劣商品，则应以销售假冒注册商标的商品罪一罪论处。

2）行为人只对商品属于“伪劣产品”存在明知，而不知是“假冒注册商标的商品”，则应以销售伪劣商品罪一罪论处。

3）行为人对所售商品属于“伪劣商品”和“假冒注册商标的商品”都存在明知，这种情形属于想象竞合犯，即一行为触犯数罪名的罪数形态。2001年4月9日，最高人民法院、最高人民检察院发布的《关于办理生产、销售伪劣商品刑事案件具体应用法律若干问题的解释》第十条规定：“实施生产、销售伪劣商品犯罪，同时构成侵犯知识产权、非法经营等其他犯罪的，依照处罚较重的规定处罚。”

4）如果行为人销售的假冒注册商标的商品质量并不比真正商标之商品差，无从构成销售伪劣商品罪，只能以销售假冒注册商标的商品罪一罪论处。

十一、非法制造、销售非法制造的注册商标标志罪

概念

本罪是指伪造、擅自制造他人注册商标标志或者销售伪造、擅自制造的他人注册商标标志，违法所得数额较大或者有其他严重情节的行为。

立案标准

（1）根据《刑法》第二百一十五条和最高人民检察院、公安部《关于公安机关管辖的刑事案件立案追诉标准的规定（二）》（2010年5月7日发布）第七十一条的规定，伪造、擅自制造他人注册商标标志或者销售伪造、擅自制造的注册商标标志，涉嫌下列情形之一的，应当以本罪立案追诉：

1）伪造、擅自制造或者销售伪造、擅自制造的注册商标标志数量在两万件以上，或者非法经营数额在五万元以上，或者违法所得数额在三万元以上的；

2）伪造、擅自制造或者销售伪造、擅自制造两种以上注册商标标志数量在一万件以上，或者非法经营数额在三万元以上，或者违法所得数额在两万元以上的；

3）其他情节严重的情形。

（2）根据2011年1月10日颁布的最高人民法院、最高人民检察院、公安部《关于办理侵犯知识产权刑事案件适用法律若干问题的意见》（法发[2011]3号）有关规定，销售他人伪造、擅自制造的注册商标标志，具有下列情形之一的，依照《刑法》第二百一十五条的规定，以销售非法制造的注册商标标志罪（未遂）定罪处罚：

1）尚未销售他人伪造、擅自制造的注册商标标志数量在六万件以上的；

2）尚未销售他人伪造、擅自制造的两种以上注册商标标志数量在三万件以上的；

3）部分销售他人伪造、擅自制造的注册商标标志，已销售标志数量不满两万件，但与尚未销售标志数量合计在六万件以上的；

4）部分销售他人伪造、擅自制造的两种以上注册商标标志，已销售标志数量不满一万件，但与尚未销售标志数量合计在三万件以上的。

（3）根据2009年12月28日最高人民法院审判委员会第1481次会议、2010年2月4日最高人民检察院第十一届检察委员会第29次会议通过，自2010年3月26日起施行的最高人民法院、最高人民检察院《关于办理非法生产、销售烟草专卖品等刑事案件具体应用法律若干问题的解释》（法释[2010]7号）规定：伪造、擅自制造他人卷烟、雪茄烟注册商标标志或者销售伪造、擅自制造的卷烟、雪茄烟注册商标标志，情节严重的，依照《刑法》第二百一十五条的规定，以本罪定罪处罚。

构成特征

1.犯罪主体

本罪主体为一般主体，即自然人和单位都可成为本罪的主体。

2.犯罪主观方面

本罪主观方面表现为故意，即明知自己没有承印注册商标的资格，没有得到注册商标所有人的委托、许可，为谋取非法利益，而故意非法制造，获得非法利益。

3.犯罪客体

本罪侵犯的客体是国家对商标的管理制度和注册商标的专用权。本罪的犯罪对象是注册商标标志。商标标志，是指在商品本身或不能在商品本身而在其包装上使用的附有文字、图形或其组合所构成的商标图案的实体，如商标纸、商标标牌、商标标志带等。商标标志的基本作用在于生产者、经营者以此来区别他人商品，标明自己的商品，引导消费者认牌购物。

商标标志包括：

（1）在商品上或者商品包装、说明书以及其他附着物上所标明的“注册商标”字样或者注册商标标记，以及注册标记；

（2）在商品或包装物品上印制的注册商标图形，即注册商标的文字、图形或者其组合的图样。本罪的犯罪对象仅限于“注册商标”之商标标志。商标标志可分为注册商标标志和未注册商标标志。我国商标法只保护注册商标的商标专用权，只有作为注册商标专用权体现的注册商标标志才受商标法保护。《刑法》第二百一十五条也明确规定，刑法只为注册商标标志提供刑法保护。本罪的犯罪对象不包括服务商标标志，《刑法》第二百一十三条是将服务商标排除在假冒注册商标罪犯罪对象之外的，即刑法并没有为注册服务商标之商标专用权提供刑法保护。

4.犯罪客观方面

本罪在客观方面表现为行为人实施了伪造、擅自制造他人注册商标标志或者销售伪造、擅自制造的他人注册商标标志的行为，并且违法所得数额较大或者有其他严重情节。

具体包括三种行为方式：

（1）伪造他人注册商标标志，是指一切未取得“指定印制商标单位”资格的单位或个人仿照他人注册商标标志的式样、文字、图形、色彩、质地等，制造假的注册商标标志。

（2）擅自制造他人注册商标标志，是指取得“指定印制商标单位”资格的单位，违反商标法规规定，非法印制他人注册商标的行为。例如，为没有《商标注册证》的委托人印制他人的注册商标；超过委托人要求的数量，擅自多印制他人注册商标标识；等等。

（3）销售伪造、擅自制造的他人注册商标标志。包括两层含义：

1）行为手段是销售。从具体手段上讲，销售既包括零售，也包括批发；既包括市场销售，也包括内部销售。其共同特点是转让行为的有偿性。

2）行为对象仅限于伪造或擅自制造的他人注册商标标志，而不是泛指一切的他人注册商标标志。

本罪属于行为选择性犯罪构成。根据刑法条文对本罪罪状的描述，本罪是上述三种行为之选择构成，行为人实施其中一种行为即可构成本罪。本罪是非法制造行为和销售行为的选择。由于本罪是选择性构成，行为人只要实施其中一种行为即可构成本罪，实施其中两种以上行为也只构成本罪之一罪，而不可数罪并罚。

构成本罪，必须是违法所得数额较大或者有其他严重情节。本罪的“违法所得数额较大或者有其他严重情节”，参照2004年12月22日起施行的最高人民法院、最高人民检察院《关于办理侵犯知识产权刑事案件具体应用法律若干问题的解释》第三条的规定。

根据2011年1月10日颁布的最高人民法院、最高人民检察院、公安部《关于办理侵犯知识产权刑事案件适用法律若干问题的意见》（法发[2011]3号）有关规定：销售他人伪造、擅自制造的注册商标标志，具有下列情形之一的，依照《刑法》第二百一十五条的规定，以销售非法制造的注册商标标志罪（未遂）定罪处罚：

（1）尚未销售他人伪造、擅自制造的注册商标标志数量在六万件以上的；

（2）尚未销售他人伪造、擅自制造的两种以上注册商标标志数量在三万件以上的；

（3）部分销售他人伪造、擅自制造的注册商标标志，已销售标志数量不满两万件，但与尚未销售标志数量合计在六万件以上的；

（4）部分销售他人伪造、擅自制造的两种以上注册商标标志，已销售标识数量不满一万件，但与尚未销售标识数量合计在三万件以上的。

这里所说的“件”，是指标有完整商标图样的一份标识。单位实施本罪的，按照相应个人犯罪的定罪量刑标准的三倍定罪量刑。明知他人实施本罪，而为其提供贷款、资金、账号、发票、证明、许可证件，或者提供生产、经营场所或者运输、储存、代理进出口等便利条件、帮助的，以本罪的共犯论处。

罪与非罪

区分本罪与非罪界界限，要注意：

（1）行为人主观上是否具有故意，如果是过失制造、销售他人注册商标标志的，不构成犯罪。

（2）非法制造、销售的必须是注册商标标志。

（3）非法制造、销售非法制造的注册商标标志只有违法数额较大或者有其他严重情节的，才构成犯罪。此外，对于情节不严重的，不构成犯罪，属于民事侵权行为，应当由有关工商行政管理部门依照《商标法》第六十条的规定：责令被侵权人立即停止侵权行为、没收、销毁伪造注册商标标志的工具赔偿损失；并可处以罚款。被侵权人也可以直接向人民法院起诉。

罪名区别

1.本罪与假冒注册商标罪的区别

在实践中，行为人既非法制造他人注册商标标志，又将此商标标志用于假冒他人注册商标的商品上，从刑法理论上讲，属于牵连犯，只定一重罪名。如果仅是非法制造或者销售非法制造的注册商标标志的，则构成本罪。

2.本罪与销售假冒注册商标的商品罪的区别

（1）犯罪构成特征的区别

1）犯罪对象不同。本罪的犯罪对象是他人的注册商标标志；后罪的犯罪对象是假冒他人注册商标的商品。

2）客观方面行为方式不同。本罪表现为伪造、擅自制造，或者销售伪造、擅自制造的他人注册商标标志的行为；后罪表现为销售假冒他人注册商标商品的行为。

3）犯罪形态不同。本罪属于情节犯，以情节严重为成立犯罪的要件；而后罪属于数额犯，以“销售金额数额较大”作为犯罪构成要件（当然犯罪未遂等未完成形态除外）。

（2）销售非法制造的注册商标标志罪与销售假冒注册商标的商品罪在特定条件下可能会导致界限混淆，即行为人销售的商品是假冒注册商标的商品，而且商品上使用的商标标识是伪造或擅自制造的，行为人对两者皆有“明知”，且因此导致产生了恶劣的国际影响等后果的，一个销售行为同时触犯销售非法制造的注册商标标志罪与销售假冒注册商标的商品罪，构成想象竞合犯，应从一重处断。

十二、销售侵权复制品罪

概念

本罪是指以营利为目的，销售明知是侵犯他人著作权、邻接权，非法复制、出版、制作的文学作品、音乐、电影、电视、录音、录像、计算机软件、他人享有专有出版权的图书、假冒他人署名的美术作品，违法所得数额巨大的行为。

立案标准

根据《刑法》第二百一十八条和最高人民检察院、公安部《关于公安机关管辖的刑事案件立案追诉标准的规定（一）》（公通字[2008]36号）第二十七条的规定，以营利为目的，销售明知是《刑法》第二百一十七条规定的侵权复制品，涉嫌下列情形之一的，应以本罪立案追诉：

（1）违法所得数额达到十万元以上的；

（2）违法所得数额虽未达到上述数额标准，但尚未销售的侵权复制品货值金额达到三十万元以上的。

构成特征

1.犯罪主体

本罪的主体是一般主体，包括个人或单位。个人是指年满十六周岁、具有刑事责任能力的自然人。但这里的自然人或单位应该是指侵权复制品制作者以外的其他自然人或单位。如果是侵权复制品制作者自己销售的，构成侵犯著作权罪而非本罪。当然销售侵权复制品的行为人还可能与制作者共同构成侵犯著作权罪而不构成本罪。

2.犯罪主观方面

本罪的主观方面只能是故意，并且以营利为目的。过失不构成本罪。这是为保护善意第三人的利益，如非法复制出版者将其复制出版的侵权复制品批发给一般文化用品的经营者，而经营者不知或不应知此物品为非法复制品而销售或出租的，其行为不构成对著作权人或邻接权人的侵权，因此也不会构成犯罪。

根据2011年1月10日颁布的最高人民法院、最高人民检察院、公安部《关于办理侵犯知识产权刑事案件适用法律若干问题的意见》（法发[2011]3号）有关规定，除销售外，具有下列情形之一的，可以认定为“以营利为目的”：

（1）以在他人作品中刊登收费广告、捆绑第三方作品等方式直接或者间接收取费用的；

（2）通过信息网络传播他人作品，或者利用他人上传的侵权作品，在网站或者网页上提供刊登收费广告服务，直接或者间接收取费用的；

（3）以会员制方式通过信息网络传播他人作品，收取会员注册费或者其他费用的；

（4）其他利用他人作品牟利的情形。

3.犯罪客体

本罪侵犯的客体是著作权人的著作权、邻接权人享有的邻接权以及有关著作权的管理制度。根据著作权法的规定，销售明知为侵权复制品的行为是侵犯著作权或邻接权的行为。因此，销售侵权复制品侵害了著作权人的著作权、邻接权人的邻接权，也因此扰乱了国家正常的文化市场管理秩序。

4.犯罪客观方面

本罪在客观方面表现为以营利为目的，明知是侵权复制品仍进行销售，违法所得数额巨大的行为。“销售”包括批发、零售和代售。销售侵权复制品是一种侵权行为，故意销售侵权复制品，无疑构成侵权行为，并且是法律特别规定的侵权行为。销售侵权复制品罪只涉及销售行为，而不涉及出租等其他发行行为。应当注意的是，并非所有销售侵权复制品的行为均可能构成销售侵权复制品罪。只有故意销售侵权复制品，才可能构成销售侵权复制品罪。并且故意销售法律特别规定的侵权复制品，只有在违法所得数额巨大的情况下，才构成销售侵权复制品罪。

这里的销售，一般是指将侵权复制品出卖于消费者，包括零售与批发两种形式。犯罪对象是侵权复制品。值得注意的是，以营利为目的出租侵权复制品是否构成本罪，如大量出租录音、影碟谋取利益，销售是区分侵权复制品的所有权，而出租也是区分侵权复制品，只是它区分的不是复制品的所有权，而是使用权，但目的相同，都是为谋取非法利益。“违法所得数额巨大”的标准，参照公安部立案追诉标准及有关司法解释规定。

罪与非罪

区分本罪与非罪的界限，应当注意：

（1）看行为人是否明知销售对象属于侵权复制品，如果并不明知，即使存在严重过失也不构成犯罪；

（2）看其销售对象是否属于刑法规定的侵权复制品，不属于上述对象的不构成犯罪；

（3）看行为人是否有营利目的，无营利目的的不构成犯罪；

（4）看其销售违法所得数额大小，如果数额不大，不构成犯罪。

罪名区别

1.本罪与生产、销售伪劣产品罪的区别

这两种罪在某些情况下有一些相同特征，如两者都是销售活动，都明知是“假”

商品而销售的。两者的主要区别在于犯罪对象不同，即“假”商品种类不同。销售侵权复制品的，侵犯的对象是文化精神产品，且这些产品虽然侵犯了他人的著作权，但产品的质量可能是符合要求的，具有同合法产品一样的使用价值，如盗版的图书、唱盘等；而生产、销售伪劣产品的，其犯罪对象是生产、生活资料用品，这些假产品是名副其实的假货劣货，使用之可能危及他人的健康，破坏社会经济秩序。

2.本罪与侵犯著作权罪的区别

两者的主要区别在于：一是前者的主体只能是侵权复制品制作者以外的其他自然人或单位；后者的主体一般是制作者，有时可能是与制作者通谋的发行者或销售者。二是前者客观方面表现为销售侵权复制品且违法所得数额巨大的行为；后者行为方式可以是复制发行、出版，也可以是制作、出售，且除违法所得数额较大外，有其他严重情节的也可构成犯罪。

十三、侵犯商业秘密罪

概念

本罪是指采取不正当手段，获取、披露、使用或者允许他人使用权利人的商业秘密，给商业秘密权利人造成重大损失的行为。

立案标准

（1）根据《刑法》第二百一十九条和最高人民检察院、公安部《关于公安机关管辖的刑事案件立案追诉标准的规定（二）》（2010年5月7日发布）第七十三条的规定，侵犯商业秘密，涉嫌下列情形之一的，应当以本罪立案追诉：

1）给商业秘密权利人造成损失数额在五十万元以上的；

2）因侵犯商业秘密违法所得数额在五十万元以上的；

3）致使商业秘密权利人破产的；

4）其他给商业秘密权利人造成重大损失的情形。

（2）单位实施侵犯商业秘密行为，按照相应个人犯罪的定罪量刑标准的三倍定罪量刑。

构成特征

1.犯罪主体

本罪主体为一般主体，自然人和单位均可构成本罪的主体。

2.犯罪主观方面

本罪主观方面由故意构成，包括直接故意和间接故意，过失不构成本罪。犯罪动机可能是多种多样的，如牟利、商业竞争等。

3.犯罪客体

本罪侵犯的客体是国家对商业秘密权利人的无形资产专有权和社会主义市场经济的管理秩序。商业秘密，是指不为公众所知悉、能为权利人带来经济利益、具有实用性并经权利人采取保密措施的技术信息和经营信息。不为公众所知悉，是指该信息是不能从公开渠道直接获取的。能为权利人带来经济利益、具有实用性，是指该信息具有确定的可应用性，能为权利人带来现实的或者潜在的经济利益或者竞争优势。权利人采取保密措施，包括订立保密协议，建立保密制度及采取其他合理的保密措施。技术信息和经营信息，包括设计、程序、产品配方、制作工艺、制作方法、管理诀窍、客户名单、货源情报、产销策略、招投标中的标底及标书内容等信息。本规定所称权利人，是指依法对商业秘密享有所有权或者使用权的公民、法人或者其他组织。在司法实践中，以下两种商业秘密不受法律保护：一是违法的商业秘密，包括本身违法的商业秘密和本身不违法但其利用是违法的商业秘密。二是不正当的商业秘密一般也不受法律保护。不正当的商业秘密，是指没有违反法律，但属于不道德的商业秘密。

4.犯罪客观方面

本罪在客观方面表现为侵犯商业秘密：给权利人造成重大损失的行为。

（1）必须有侵犯商业秘密的行为

根据《刑法》第二百一十九条规定，商业秘密，是指不为公众所知悉，能为权利人带来经济利益，具有实用性并经权利人采取保密措施的技术信息和经营信息。权利人，是指商业秘密的所有人和经商业秘密所有人许可的商业秘密使用人。侵犯商业秘密主要表现为：

1）以盗窃、利诱、胁迫或者其他不正当手段获取权利人的商业秘密

盗窃，一般是指通过窃取商业秘密的载体而获取商业秘密，如通过复印、照相、监听、模拟等技术手段窃取商业秘密权利人的商业秘密。窃取的可以是反映商业秘密的材料原件，也可以是对原材料的复制品。利诱，是指以许诺给以某种利益，如金钱、物品或者其他利益为诱饵，使掌握秘密的人提供商业秘密，如重金收买，诱使企业技术人员透露其所掌握的商业秘密。实践中，以高薪为诱饵通过挖走知情雇员而获得商业秘密的情形较为多见。胁迫，是指对知悉商业秘密的人进行恐吓、威胁，以达到精神上的强制，从而迫使其提供商业秘密。其他不正当手段，是指盗窃、利诱、胁迫以外的其他非法手段，如侵占、抢夺载有商业秘密的技术资料等。如果其他人用正当合法的手段获取该商业秘密，则不构成对商业秘密的侵害，如他人通过自己的劳动独立开发，获得此秘密，通过产品的公开展出从该产品项目中推断出；从公开的文件资料中查出，以及通过权利人的许可得知；等等。

2）披露、使用或者允许他人使用以前项手段获取的权利人的商业秘密，即非法

使用获取的商业秘密的行为

本项规定实际上是对前项规定的补充，所列举的行为是前项行为的自然延续。这类行为成立的前提是已通过不正当手段获取的权利人的商业秘密的行为人，又实施了披露、使用或允许他人使用的行为。第一，行为人所披露、使用或者允许他人使用的商业秘密，必须是其以盗窃、利诱、胁迫或者其他不正当手段所获取的。如果行为人所使用的不是采用不正当手段而是以合法手段或正当途径所获取的商业秘密，则不属于本项所言的犯罪行为，而可以成为第三项“使用合法获取的商业秘密”的行为。第二，行为人所披露、使用或者允许他人使用的商业秘密，必须是其自身直接获取的权利人的商业秘密。如果行为人所使用的是其从其他知悉权利人的商业秘密者处所获取的商业秘密，则不属于本项所言的犯罪行为，而可以成为以“侵犯商业秘密论”的行为。

3）违反约定或者违反权利人有关保守商业秘密的要求，披露、使用或者允许他人使用其所掌握的商业秘密，即非法使用合法握持的商业秘密的行为

这是指合法知悉商业秘密内容的人，违反与权利人之间的约定或者违反权利人有关保守商业秘密的要求，向第三人披露、自己直接使用或者允许第三人使用其所知悉的商业秘密的情形。实施这一行为的必须是违反了约定或违反权利人有关保守商业秘密的要求。知悉商业秘密者有保守商业秘密的义务。因合同等关系知悉商业秘密的人，由于与权利人约定，为其保守商业秘密，从而也就承担了保密的义务。如果行为人不顾约定或者权利人的要求而去泄密，给权利人造成重大损失的，当然要依法承担刑事责任。

4）明知或应知上述三种行为，获取或者披露他人的商业秘密的行为。一般称这种情况为“间接侵犯商业秘密的行为”

对上述第二种情形规定的“获取、使用”，要求行为人明知或者应知他人已经获取商业秘密权利人的商业秘密时，才具有其所说的“获取”。可见，“获取”不以非法手段为前提，即使是以合法手段获取的，也不影响行为性质，“获取”后必须“使用”才能以侵犯商业秘密论，如果未使用的，不能以犯罪论。

（2）必须给权利人造成重大损失

本罪属于结果犯，构成犯罪要求行为人给商业秘密权利人造成重大损失。如何认定侵犯商业秘密罪的危害结果，需要进行综合分析。一般而言，一要看行为人实际实施的是何种侵犯商业秘密的行为；二要考虑给商业秘密权利人造成的经济损失的大小。“重大损失”和“造成特别严重后果”，根据最高人民法院、最高人民检察院《关于办理侵犯知识产权刑事案件具体应用法律若干问题的解释》（[2004]19号）第七条规定：实施《刑法》第二百一十九条规定的行为之一，给商业秘密的权利人造成损失数额在五十万元以上的，属于“给商业秘密的权利人造成重大损失”；给商业秘密的权利人造成损失数额在二百五十万元以上的，属于“造成特别严重后果”。

罪与非罪

区分本罪与非罪的界限，要把握两点：

（1）侵犯行为是否出于主观故意。侵犯商业秘密罪是故意犯罪，过失不构成此罪。

（2）客观方面是否实际存在权利人遭受重大损失。

罪名区别

本罪与为境外窃取、刺探、收买、非法提供国家秘密、情报罪的区别。两者是两种不同性质的犯罪。后者侵犯的客体是国家安全，犯罪对象是国家秘密或者情报；前者则以商业秘密为对象，侵犯的客体是商业秘密保密权。后者不以后果论，只要行为人实施了为境外机构、组织、个人窃取、刺探、收买、非法提供国家秘密、情报的行为，即构成犯罪；前者则必须有侵犯商业秘密的行为造成权利人遭受重大损失的后果。

十四、损害商业信誉、商品声誉罪

概念

本罪是指行为人捏造并散布虚伪事实，损害他人的商业信誉、商品声誉，情节严重或者给他人造成重大损失的行为。

立案标准

根据《刑法》第二百二十一条和最高人民检察院、公安部《关于公安机关管辖的刑事案件立案追诉标准的规定（二）》（2010年5月7日发布）第七十四条的规定：捏造并散布虚伪事实，损害他人的商业信誉、商品声誉，涉嫌下列情形之一的，应当以本罪立案追诉：

（1）给他人造成直接经济损失数额在五十万元以上的。

（2）虽未达到上述数额标准，但具有下列情形之一的：

1）利用互联网或者其他媒体公开损害他人商业信誉、商品声誉的；

2）造成公司、企业等单位停业、停产六个月以上，或者破产的。

（3）其他给他人造成重大损失或者有其他严重情节的情形。

构成特征

1.犯罪主体

本罪主体为一般主体，自然人和单位均可构成本罪的主体。实践中，本罪主体多是从事商品经营或营利性服务的经营者。

2.犯罪主观方面

本罪主观方面由故意构成，且具有损害他人商业信誉、商品声誉的目的。犯罪动机可能是多种多样的，如发泄私愤、不正当竞争等，但无论动机如何，均不影响本罪的构成。过失不构成本罪。

3.犯罪客体

本罪侵犯的客体是复杂客体，既侵犯了商业信誉和商品声誉的权利人的合法权益，又扰乱了市场秩序。

本罪侵犯的对象是他人的商业信誉和商品声誉。他人既包括单位，又包括个人，必须具有特定性。构成本罪的捏造并散布虚伪的事实必指向他人。指向他人，可以指名道姓，也可以不呼其名，但根据其虚构的内容、散布的方式，完全能让公众知道其指向何人。如果其内容泛泛而指，根据其内容及散布方式无法推测针对的是谁，自然不能构成本罪。由于本罪所侵犯的是商业信誉、商品声誉，因此，他人必须是从事商业活动的人，如生产者、销售者以及提供诸如饮食、旅店、旅游等各种服务的人等。

所谓商业信誉，是指从事商业活动的诚实信用和名誉，包括其信用、资产、经营能力、经营作风等内容。所谓商品声誉，则是指其商品的良好声望及称誉，包括商品的性能、结构、外观、效用、质量、价格等方面。其与财产权利相联系，与从事商业经营者的人身不可分离，在其长期经营过程中逐渐形成的，是社会对其生产、经营、商品、服务等方面的质量、信用、声誉的客观认识与评价。

4.犯罪客观方面

本罪在客观上表现为捏造并散布虚伪事实，损害他人的商业信誉、商品声誉，给他人造成重大损失或者有其他严重情节的行为。

（1）必须有损害行为

所谓捏造，是指无中生有、凭空编造与真实情况不符、对竞争对手不利的事实；所谓散布，是指以各种可以使众人知道的方法扩散其所捏造的虚伪事实。散布的方式基本上有两种：一种是言语，即故意捏造事实，散布足以损害竞争对手商业信誉和商品声誉的言论，既可以通过宣传媒体，又可以出现在产品发布会上；另一种是文字、图形等，即用大字报、小字报、图画、报刊、书信等方法，故意捏造并散布足以损害竞争对手商业信誉和商品声誉的虚伪事实的行为，散布既可以在公众场合为之，又可以向某些与竞争对手有特定业务关系的经营者传播。需要注意的是，本条对本罪的行为特征的表述是捏造并散布，必须同时具备以上两个行为才可能构成本罪；至于其方式多种多样，既可以是口头的，也可以是书面的；既可以当众散布，也可以不当其面散布。归纳起来，主要是以下几点：

1）在公开场合，如订货会、交易会、产品新闻发布会上公开宣扬所捏造的事实；

2）利用公开信、传单、对比性广告、声明性公告等诋毁他人及产品；

3）在经营活动中利用销售、业务洽谈向业务客户及消费者尤其是被损害人的固定客户贬低对方；

4）在商品包装或者说明书上散布虚构的事实；

5）以顾客、消费者的名义向有关监督部门（如消费者协会、工商行政管理部门等）做虚假投诉，损害其商业信誉或商品声誉；

6）在社会公众中造谣并加以传播；

7）利用互联网造谣并加以传播，等等。

（2）损害行为必须给他人造成重大损失或者有其他严重情节，才能构成犯罪。所谓重大损失，主要是指由于商业诽谤行为而导致失去消费者的信赖、商品滞销、经营陷入困境，甚至导致他人濒临破产等。所谓情节严重，则是指多次实施损害他人商誉的行为，损害多人的商誉的行为等。

罪与非罪

区分本罪与非罪的界限，要注意：

1.要区分合法行为与违法行为的界限

实践中经常发生一些消费者通过正常渠道反映生产者、经营者的商品有假冒伪劣的情况；或者新闻媒体对一些商业信誉、商品声誉差的生产者、经营者予以公开披露、曝光的，对于这类正当批评，即使揭露的事实中有部分出入，但是，由于其基本事实的属实，上述公开披露、曝光的行为应当属于合法行为，应予以支持和保护。

2.违法与犯罪的界限

在审判实践中，要以损害商业信誉和商品声誉罪的构成要件为标准认定罪与非罪，对于那些确实具有损害商誉性质的行为，应当鉴别其危害程度，如果确系情节显著轻微，损害后果不大的，可依照《刑法》第十三条的规定不认为是犯罪。

罪名区别

本罪与诽谤罪的区别。诽谤罪，是指捏造并散布某种事实，损害他人人格，破坏他人名誉，情节严重的行为。该两种罪在主观方面、客观方面、主体方面都有十分相似之处。两者的区别最主要体现在侵犯的客体不同：前者是通过“诽谤”的方式侵犯竞争对方的商业信誉、商品声誉，进而扰乱市场经济秩序；后者则是通过诽谤侵害公民的人格。在现实生活中，如果侵害人的诽谤行为针对企业负责人或者经营者本人的，就应当具体分析行为的特征和侵害人的主观方面特征来确定罪名。侵害人如果以排挤竞争为目的，捏造并散布虚伪的事实，但同时指向商业信用主体和其负责人个人的，应当认定为本罪。如果侵害人为发泄个人不满，蓄意贬低企业负责人个人的，应当认定为诽谤罪。如果一行为既贬低企业又贬低个人的，应以想象竞合原则处理。如果是数行为既触犯诽谤罪又触犯损害商业信誉、商品声誉之数客体，则应数罪并罚。

十五、虚假广告罪

概念

本罪是指广告主、广告经营者、广告发布者违反国家规定，利用广告或者服务做虚假宣传，情节严重的行为。

立案追诉标准

（1）根据《刑法》第二百二十二条和最高人民检察院、公安部《关于公安机关管辖的刑事案件立案追诉标准的规定（二）》（2010年5月7日发布）第七十五条的规定：广告主、广告经营者、广告发布者违反国家规定，利用广告对商品或者服务做虚假宣传，涉嫌下列情形之一的，应当以本罪立案追诉：

1）违法所得数额在十万元以上的；

2）给单个消费者造成直接经济损失数额在五万元以上的，或者给多个消费者造成直接经济损失数额累计在二十万元以上的；

3）假借预防、控制突发事件的名义，利用广告作虚假宣传，致使多人上当受骗，违法所得数额在三万元以上的；

4）虽未达到上述数额标准，但两年内因利用广告做虚假宣传，受过行政处罚两次以上，又利用广告做虚假宣传的；

5）造成人身伤残的；

6）其他情节严重的情形。

（2）根据2010年11月22日最高人民法院审判委员会第1502次会议通过、2010年12月13日公布，自2011年1月4日起施行的最高人民法院《关于审理非法集资刑事案件具体应用法律若干问题的解释》（法释[2010]18号）第八条规定：广告经营者、广告发布者违反国家规定，利用广告为非法集资活动相关的商品或者服务做虚假宣传，具有下列情形之一的，以虚假广告罪定罪处罚：

1）违法所得数额在十万元以上的；

2）造成严重危害后果或者恶劣社会影响的；

3）两年内利用广告做虚假宣传，受过行政处罚两次以上的；

4）其他情节严重的情形。

明知他人从事欺诈发行股票、债券，非法吸收公众存款，擅自发行股票、债券，集资诈骗或者组织、领导传销活动等集资犯罪活动，为其提供广告等宣传的，以相关犯罪的共犯论处。

构成特征

1.犯罪主体

本罪的主体为特殊主体，即广告主、广告经营者和广告发布者。所谓广告，是指商品经营者或者服务提供者承担费用，通过一定媒介和形式直接或者间接地介绍自己所推销的商品或者所提供的服务的商业广告。所谓广告主，是指为推销商品或者提供服务，自主或者委托他人设计、制作、发布广告的法人、其他经济组织或者个人。所谓广告经营者，是指受委托提供广告设计、制作、代理服务的法人、其他经济组织或者个人。所谓广告发布者，是指为广告主或者广告主委托的广告经营者发布广告的法人或者其他经济组织。

单位也可构成本罪。单位犯本罪的实行两罚制，对单位判处罚金，对其直接负责的主管人员和其他责任人员，依本条规定追究刑事责任。

2.犯罪主观方面

本罪在主观方面只能是故意。从广告主方面看，明知自己的虚假广告行为违反了广告管理法规规定的广告内容的真实性，从而积极实施了这种行为，做引人误解的虚假宣传，欺骗用户和消费者，以达到谋取巨额非法利益的目的。从广告经营者看，构成虚假广告罪，既可以是直接故意，又可以是间接故意。例如，《反不正当竞争法》第二十四条第二款规定：广告经营者，在明知或应知的情况下，代理、设计、制作、发布企业虚假广告的……这里在明知的情况下所实施的代理、设计、制作、发布虚假广告严重的行为则构成直接故意犯罪。在应知的情况下实施的代理、设计、制作、发布虚假广告情节严重的行为则可能构成间接故意犯罪，因为所谓应知和明知不同，它是法律规定的一种推理当事人的应当知道，即根据当事人已知的某些事由推出应当知道的结论。在此情况下，当事人的心理态度一般是放任，而不是希望，所以属于间接故意犯罪。从广告发布者看，构成虚假广告罪，既可以是直接故意，也可以是间接故意。依《广告法》第二十七条的规定：广告发布者不得发布内容不实或者证明文件不全的广告，其应根据法律、行政法规的规定查验有关证明文件，核实广告内容。广告发布者在不查验有关证明文件等情况下发布虚假广告，为间接故意，广告发布者亦有在直接故意的心态支配下发布虚假广告的。

3.犯罪客体

本罪侵犯的客体是社会主义市场经济条件下商品正当的交易活动和竞争活动。根据我国《反不正当竞争法》第二条规定：商品经营者在市场交易中，遵循自愿、平等、公平、诚实信用原则，遵守公认的商业道德的正当活动是受法律保护的。《广告法》第五条规定：广告主、广告经营者、广告发布者应当遵循公平、诚实信用的原则。广告是商品经济的产物，当前在社会主义市场经济条件下，广告作为传播信息、指导消费、促进销售的工具，作为商品生产者与销售者联系消费者的纽带，在现代经济生活中发挥着不可低估的作用。然而，随着广告业突飞猛进的发展，虚假广告却纷纷粉墨登场，严重干扰了国家对广告的管理秩序，侵犯其他商品生产者、经营者和消费者的利益。为了保障广告事业的健康发展，发挥推动社会主义经济发展的作用，1987年12月1日国务院颁发了《广告管理条例》、1988年1月9日国家工商行政管理总局发布了《广告管理条例施行细则》、1993年9月2日全国人大常委会通过并颁布了《反不正当竞争法》、1994年10月27日全国人大常委会又通过了《广告法》。这些法律、法规对我国广告市场的管理秩序起到了规范作用。而虚假广告的行为正是侵犯了法律所保护的商品交易的正当活动的社会关系。为了保障公平竞争，保护商品经营者和消费者的合法权益，就必须运用刑罚制裁虚假广告的行为。

4.犯罪客观方面

本罪在客观方面表现为广告主、广告经营者和广告发布者违反国家规定，利用广告对商品或服务做虚假宣传，情节严重的行为。

（1）必须是违反国家规定，主要是指违反有关广告管理法规

广告管理法规主要指：1993年9月2日全国人大常委会通过、同年12月1日实施的《反不正当竞争法》以及1994年10月27日通过、1995年2月1日起施行的《广告法》等。没有触犯广告管理法规或者触犯广告管理法规但行为情节尚不属严重，其行为则不构成本罪。

（2）必须是利用广告做虚假宣传

所谓利用广告作虚假宣传，是指所利用广告中虚假的不真实的内容，对商品的性能、质量、用途、价格、有效期限、产地、生产者、售后服务、附带赠品的允诺等以及对服务的内容形式、质量、价格、允诺等做不符合事实真相的宣传，以假充真，以无冒有。具体如商品或服务的质量、技术达不到广告所宣传的质量、技术标准，以假充真，以劣冒优；不具有广告所宣传的功能，如讲有保健功能，实际没有，讲能治病却不能治病等；购买品或支付服务报酬与所宣传的价格、报酬不符，说价廉物美，实质价格高昂；故意夸大产品或服务的影响，如产品本来只在省内销售却说已享誉全球；产品本卖不出去严重滞销，却说供不应求，深得消费者喜爱等；虚假宣传商品或服务的质量、功能等；所宣传的商品或服务不存在；等等。就行为方式而言，也是多种多样，如广告主伪造有关文件，虚假广告内容，提供不真实、不合法、没有效力的能够确认广告内容真实性的证明，唆使广告经营者做虚假设计、制作，指使广告发布者做虚假发布或以高价发插刊广告等。广告经营者明知他人要求制作、设计的广告内

容虚假仍然制作、设计，或不查验有关证明文件、核实广告内容。广告发布者违反有关规定，不认真核实内容的真实性或明知内容虚假仍决意发布。既可以通过电影、电视、广播、报纸、刊物、互联网等向社会广为散布，让不特定公众知悉其内容；也可以采取树立广告牌、横挂广告幅，树立广告立体图案，书写广告语，散布广告传单等各种各样的方式，只要能使不特定的多人知道其所宣传的内容，不论其形式如何，都可以本罪的发布广告行为论处。

根据2011年1月4日施行的最高人民法院《关于审理非法集资刑事案件具体应用法律若干问题的解释》（法释[2010]18号）规定，利用广告为非法集资活动相关的商品或者服务做虚假宣传的，以虚假广告罪定罪处罚。

（3）必须是情节严重

本罪属于情节犯，其不仅要求具有违反国家规定，利用虚假广告对商品或服务做虚假宣传的行为，而且还必须达到情节严重的程度才能构成本罪。所谓情节严重，主要是指多次实施虚假广告行为的；为多人实施虚假广告行为的；虚假广告，违法所得数额较大的；致使多人受骗上当的；造成恶劣影响的；相信广告宣传的内容而接受所宣传的商品、服务，致使生产、经营、生活等造成严重损失或受阻的；导致人身伤亡的严重后果的；等等。

罪与非罪

区分本罪与非罪的界限，关键是看利用虚假广告欺骗用户和消费者的行为是否情节严重。情节严重的则构成犯罪，如果情节尚属一般，不应以犯罪论处，可以适用民事或者行政处罚措施。司法实践中，认定虚假广告罪与非罪的界限问题时应注意把握好以下几点：

（1）根据《广告法》规定，所做广告商品要具备有关方面的合法证明。

（2）应当考察虚假广告行为的总体危害程度。

（3）应当考虑广告令人误解的程度。

判断广告的真实与否不仅取决于广告本身，而且还取决于受广告引导或影响的人对广告如何理解。对广告令人误解的标准来说，只要广告容易使消费者产生误解，消费者是否实际受骗并不影响本罪的成立。对于不构成犯罪的，可以由工商行政管理等部门根据《广告法》第三十七条的规定，给予行政处罚或追究相应的民事责任。

罪名区别

1.本罪与假冒注册商标罪的区别

根据《反不正当竞争法》第二十一条规定，经营者假冒他人注册商标，擅自使用他人企业名称或姓名，伪造或者冒用认证标志、名优标志等质量标志，伪造产地，对商品质量做引人误解的虚假表示，依照《商标法》《产品质量法》的规定处罚，事实上依照《商标法》规定处罚，就是根据经常假冒他人注册的商标行为（包括伪造、变造他人注册的商标），如查其行为不构成犯罪即按《商标法》进行行政处罚。如果情节严重构成犯罪则只能按假冒注册商标罪处罚，不能以虚假广告罪定性。所谓依照《产品质量法》规定处罚，根据擅自使用他人企业名称或姓名、伪造或者冒用认证标志、名优标志等质量标志、伪造产地、对商品质量做引人误解的虚假表示的行为，虽然这种行为也有对商品质量做引人误解的虚假表示，但它不是以虚假广告的方式表现的，故不能认定为虚假广告罪，只能依照《产品质量法》规定作行政处罚。虚假广告罪与假冒注册商标罪，虽然犯罪人主观行为上有虚假、假冒的一面，但两者仍不同：

（1）直接客体不同。虚假广告罪侵犯的直接客体是国家对广告的管理秩序；而假冒注册商标罪侵犯的直接客体是国家对注册商标的管理秩序。

（2）客观行为不同。虚假广告罪在客观方面是使用虚假广告对商品做引人误解的宣传；而假冒注册商标罪的客观方面是假冒他人注册商标的行为。

2.本罪与诈骗罪的区别

诈骗罪，是指以非法占有为目的，用虚构事实或者隐瞒真相的方法骗取数额较大的公私财物的行为。两者的主要区别在于：

（1）侵犯的客体不同。前者侵犯的是广告市场管理制度和不特定消费者的合法权益；而后者则是侵犯公私财物的所有权。

（2）客观方面不同。前者是采用利用广告做虚假宣传的特定手段；而后者则是采用隐瞒真相和虚构事实的欺骗方法。

（3）犯罪主体不同。前者是广告主、广告经营者和广告发布者；而后者则是一般主体。

3.本罪与生产、销售伪劣产品罪的区别

如果生产者、销售者在商品中掺杂、掺假，以假充真、以次充好或者以不合格产品冒充合格产品，即触犯了《刑法》第一百四十条的规定，同时生产者、销售者又以虚假广告的方法对商品质量做引人误解的欺骗宣传的，在此情况下只能定生产、销售伪劣产品罪，不能再定虚假广告罪。因为凡是生产、销售伪劣产品的，通常都有以虚假广告做欺骗宣传的行为，这符合牵连犯的规定，故择一重罪处罚，而不适用数罪并罚的原则。但是，对于广告经营者和广告发布者来说，在明知或应知的情况下仍为生产、销售伪劣商品者代理、设计、制作、发布虚假广告，情节严重的行为，应单独成立虚假广告罪。

十六、串通投标罪

概念

本罪是指投标人相互串通投标报价，损害招标人或者其他投标人利益，或者投标人与招标人串通投标，损害国家、集体、公民的合法利益，情节严重的行为。

立案标准

根据《刑法》第二百二十三条和最高人民检察院、公安部《关于公安机关管辖的刑事案件立案追诉标准的规定（二）》（2010年5月7日发布）第七十六条的规定：投标人相互串通投标报价，或者投标人与招标人串通投标，涉嫌下列情形之一的，应当以本罪立案追诉：

（1）损害招标人、投标人或者国家、集体、公民的合法利益，造成直接经济损失数额在五十万元以上的；

（2）违法所得数额在十万元以上的；

（3）中标项目金额在二百万元以上的；

（4）采取威胁、欺骗或者贿赂等非法手段的；

（5）虽未达到上述数额标准，但两年内因串通投标，受过行政处罚两次以上，又串通投标的；

（6）其他情节严重的情形。

构成特征

1.犯罪主体

本罪的主体就招标人而言，是特殊主体，就投标人而言，是一般主体，凡达到刑事责任年龄且具备刑事责任能力的自然人均能构成本罪。依据《刑法》第二百三十一条之规定：单位也能成为本罪主体，单位犯本罪的，实行两罚制，即对单位判处罚金，对其直接负责的主管人员和其他直接责任人员追究相应的刑事责任。本罪属于共同犯罪，构成本罪的投标人或招标人都是共同犯罪的实行犯，行为人有可能有主犯和从犯之分，但不存在教唆犯和胁从犯。

2.犯罪主观方面

本罪在主观方面必须出于故意，即明知自己串通投标的行为会损害招标人或其他投标人的利益，但仍决意为之，并希望或放任这种危害后果的发生。过失不能构成本罪，其动机可多种多样，有的为了自己中标，而获取不法利益；有的为了排挤、陷害其他投标人；有的出于江湖义气；有的碍于情面；有的迷恋女色；等。但无论动机如何，都不影响本罪成立。

3.犯罪客体

本罪侵犯的客体是复杂客体，既侵犯其他投标人或国家、集体的合法权益，又侵犯社会主义市场经济的自由贸易和公平竞争的秩序。招标投标是市场交易的一种方式，一般为大宗商品买卖或建设大型建筑工程时常常采用的一种交易方法。这是投标人根据招标人的条件提出自己要求的价格和相应条件，开列清单向招标方投函的活动。到一定时期，由事主召集所有投标人当场开标，选择其中质量最精良、价格最合算者为中标人，再由招标方与之订立合同，进行交易。

投标具有要约性质。其要件主要有：

（1）应指向招标人；

（2）须依据招标人要求进行；

（3）须包括订立合同的基本条件，以招标人承诺为目的。

招标一般有三种形式：一是一般的竞争招标，只要具备一定条件都可以参加招标；二是指名的竞争招标，即指定两个以上的人参加招标，然后择优确定中标人；三是特定招标，即指定一个对象（声誉、信用、技术较高者）来投标。除特定招标外，一般是招标投标，即以招标的表示，使投标人分别提出条件，由招标人选择其中最优者，并与之订立合同的一种法律形式。招标投标既然是市场竞争手段，必然竞争激烈。这样，就出现了投标中的不正当竞争行为，我国法律明令禁止这种不正当竞争行为。《反不正当竞争法》第十五条规定："投标者不得串通投标，抬高标价或者压低标价。投标者和招标者不得相互勾结，以排挤竞争对手的公平竞争。"《招标投标法》第三十二条规定："投标人不得相互串通投标报价，不得排挤其他投标人的公平竞争，损害招标人或者其他投标人的合法权益。投标人不得与招标人串通投标，损害国家利益、社会公共利益或者他人的合法权益。禁止投标人以向招标人或者评标委员会成员行贿的手段谋取中标。"

4.犯罪客观方面

本罪在客观方面表现为投标人相互串通投标报价，损害招标人或者其他投标人利益，情节严重的行为。

（1）必须是串通投标

所谓串通投标，是指在招标投标过程中，违反有关程序所发生的限制竞争行为的统称。具体来说，就是指在招标投标的过程中，投标人之间私下串通，抬高标价或压低标价，共同损害招标人或其他投标人的利益，或者投标人与招标人之间相互勾结，损害国家、集体、公民的合法权益的行为，主要有两种表现形式：

1）投标者相互串通投标

参加投标的经营者彼此之间通过口头或书面协议、约定，就投标报价互相通气，以避免相互竞争，或协议轮流在类似项目中中标，共同损害招标者或其他投标人的利益的行为，投标者相互串通投标主要有以下几种表现形式：

①投标人之间相互约定，一致抬高投标报价；

②投标人之间相互约定，一致压低投标报价；

③投标人之间相互约定，在类似项目中轮流以高价位或低价位中标。所谓投标报价，是指投标者向招标者出示的愿意付出的价格。标价一般来说应当以招标者提出的工程量化表作为计算的基础，并考虑中标率、投标企业的未来、竞争人数、竞争者投标条件等因素，在投标总额预算中加入适当百分比的利润形成。

2）投标者与招标者串通投标

投标者与招标者串通投标，是指招标者与特定投标者在招标投标活动中，以不正当手段从事私下交易，使公开招标投标流于形式，共同损害国家、集体、公民（包括其他投标者）的利益的行为。投标者与招标者串通投标行为主要表现为：

①招标者故意泄露标底，即招标人有意向某一特定投标人透露其标底行为；

②招标者私下启标泄露，即招标人在公开开标之前，私下开启投标人标书，并通告给尚未报送标书的投标人；

③招标者故意引导促使某人中标，即招标人在要求投标人就其标书做澄清事实时，故意做引导性提问，以促成该投标人中标；

④招标实行差别对待，即招标在审查、评选标书时，对同样的标书实行差别对待，或者对不同的投标者实行差别对待；

⑤招标者故意让不合格投标者中标，即招标者允许不符合投标资格的投标者参加投标，并让其中标；

⑥投标者贿赂获密，即投标者通过贿赂手段，在公开开标之前，从招标者处获取投标者报价或其他投标条件的行为；

⑦投标者给招标者标外补偿，即投标人有意与招标人商定，在公开投标时压低标价，中标后再给招标人以额外补偿；

⑧招标者给投标者标外偿金，即招标者与某投标者商定，在公开投标时，故意抬高标价，使标价高于通常价，而致其他投标者上当吃亏。高价定标后，招标者按约定给故意抬高标价的投标者一定的偿金。

本罪是必要的共同犯罪，即只有投标人相互串通报价或者招标人与投标人串通投标共同实施犯罪才能完成。至于投标人、招标人在共同犯罪中的地位、作用和应负的刑事责任，应当根据案件的具体情况确定。

（2）必须是情节严重

本罪属于情节犯，只有情节严重的串通投标报价，损害招标人或者其他投标人利益的行为才能构成本罪。情节不属于严重，即使实施了串通投标，损害招标人或者其他投标人利益的行为，也不能以本罪论处。所谓情节严重，主要是指采用卑劣手段串通投标的；多次实施串通投标行为的；给招标人或者其他投标人造成严重经济损失的；造成恶劣的影响甚至国际影响的；等等。

罪与非罪

区分本罪与非罪的界限，关键在于行为的情节是否严重。情节严重者构成犯罪，否则不以犯罪论。在认定情节严重与否时，应当考虑犯罪手段是否恶劣、是否屡教不改、行为的结果及社会影响等因素，做出综合判断。所谓情节严重，主要是指由于串通报价，而使招标人无法达到最佳的竞标结果，或者其他投标人无法在公平竞争的条件下参与竞争投标而受到损害的、造成招标投标工作严重混乱的、使招标人蒙受重大损失等情形。

罪名区别

本罪与贿赂罪牵连行为的认定。在行为人犯串通投标罪的同时，往往可能牵连犯有贿赂罪、侵犯商业秘密罪等罪名，如投标人贿赂招标人许以特定经济利益，诱使其泄露标底，或者招标人接受贿赂，泄露标底等商业秘密。由此可见，基于本罪特点，往往可能出现牵连犯罪的情况。对于此种牵连犯罪行为，因无法律的特别规定，适用以一重罪处断为宜。

十七、合同诈骗罪

概念

本罪是指以非法占有为目的，在签订、履行合同过程中，骗取对方当事人财物，数额较大的行为。

立案标准

根据《刑法》第二百二十四条和最高人民检察院、公安部《关于公安机关管辖的刑事案件立案追诉标准的规定（二）》（2010年5月7日发布）第七十七条的规定：以非法占有为目的，在签订、履行合同过程中，骗取对方当事人财物，数额在两万元以上的，应当以本罪立案追诉。

构成特征

1.犯罪主体

本罪的主体是一般主体，凡达到刑事责任年龄且具有刑事责任能力的自然人均能构成本罪。根据《刑法》第二百三十一条的规定，单位亦能成为本罪主体。本罪是在合同的签订和履行过程中发生的，主体是合同的当事人一方。

2.犯罪主观方面

本罪主观方面只能出于故意，并且具有非法占有公私财物的目的。行为人主观上没有上述诈骗故意，而是由于种种客观原因，导致合同不能履行或所欠债务无法偿还的，不能以本罪论处。行为人主观上的非法占有目的，既包括行为人意图本人对非法所得的占有，也包括意图为单位或第三人对非法所得的占有。

诈骗故意产生的时间既可能是行为人实施行为的最初，也可能产生在其他合法行为进行的过程中。例如，利用合同进行诈骗的犯罪，行为人诈骗的故意既可以是在签订合同之前，即行为人在签订虚假合同之前就已经具有非法占有对方钱财的故意，其签订合同只不过是骗取对方钱财的手段。诈骗故意也可以产生在签订合同之后，即行为人在签订合同的最初，并无骗取对方钱财的故意，但是，合同签订之后，由于种种原因，如货源、销路、市场行情变化等，致使合同无法履行，从而产生诈骗的故意，行为人有归还能力而不愿归还已经到手的对方的钱财，并进而采取虚构事实或隐瞒真相等手段，欺骗对方，以达到侵吞对方钱财的目的。

一般情况下，行为人签订、履行合同中有下列情形之一的，可以认定具有非法占有的目的：

（1）没有履行合同的能力或者夸大履行合同的能力，骗取对方当事人的信任，合同签订后又不积极努力履行合同，使对方当事人的经济遭受损失，又不积极设法补救的，行为人根本没有履行合同的诚意；

（2）合同签订后，以支付部分货款、开始履行合同为诱饵，骗取全部货物后，在合同规定的期限内或者双方约定的付款期限内，无正当理由拒不支付其余货款的；

（3）采取欺骗手段与对方当事人签订合同是为了暂时获取周转资金，但在有能力归还资金的情况下却久拖不还的；

（4）合同签订后，无正当理由中止履行合同，不退还所收定金、保证金、预付款，并将对方当事人交付的货物、货款、预付款、定金或者保证金挥霍浪费，致使上述款物无法返还的；

（5）在通过合同取得对方当事人部分货物、货款、预付款、定金或者保证金后，在对方当事人未出现法定事由的情况下，以“行使不安抗辩权”为借口，故意不履行合同义务，又无正当理由拒绝返还应当返还的货物、货款、定金、保证金或者材料费的；

（6）为了应付自身所负债务，采用新债还旧债的方式又与其他人签订合同筹措资金，用骗签合同所获得的货物、货款、预付款、定金或者保证金归还前次欠款，致使后次合同资金无法偿还的，等等。从行为人的客观行为出发，来判断其主观上是否具有非法占有的目的，只是一种推定认定，因此，在认定合同诈骗罪时，仍要结合全案各事实，综合论证行为人的主观故意，尤其是在罪与非罪界限并不清晰的情况下，更是要注意这一点，从而做到不枉不纵，确保司法公正。

3.犯罪客体

本罪侵犯的客体为复杂客体，即既侵犯了合同对方当事人的财产所有权，又侵犯了市场秩序。合同亦称契约，是指当事人之间为实现一定目的，明确相互权利义务的协议。合同是商品交换关系化法律上的表现形式，合同法律制度则集中体现和反映了商品经济关系发展的内在要求和一般规则，为商品交换提供了基本的行为模式。因此，在实行社会主义市场经济的条件下，合同法律制度是维护社会经济秩序的基本保证。近年来，一些不法之徒无视国家的法律，利用各种经济合同进行诈骗，表现出极大的欺骗性、贪婪性和危害性，据国家工商局披露的最新资料表明，我国合同签订的规范程度和履约率不容乐观，目前利用合同进行诈骗的情况仍比较突出。

利用经济合同诈骗的行为主要有以下几种表现形式：

（1）无合法经营资格的一方当事人与另一方当事人签订买卖或承揽合同，骗取定金、预付款或材料费；

（2）利用中介机构签订转包合同骗取定金或预付款；

（3）虚构建筑工程或转包建筑工程合同，骗取工程预付款；

（4）双方当事人串通利用合同将国有或集体财产转移或据为己有；

（5）本无履约能力，弄虚作假，蒙骗他人签订合同，或是约定难以完成的条款，当对方违约后向其追偿违约金。

合同诈骗，直接使对方当事人的财产减少，侵害了对方当事人的所有权，同时，合同诈骗对社会主义市场交易秩序和竞争秩序造成了极大的妨害。本条从诈骗罪中分离出来，明确定为合同诈骗罪，对打击合同诈骗活动意义深远。

4.犯罪客观方面

本罪在客观方面表现为在签订、履行合同过程中，虚构事实、隐瞒真相，骗取对方当事人财物，且数额较大的行为。

（1）对于以签订合同的方法骗取财物的行为，认定行为人是否虚构事实或隐瞒真相，关键在于查清行为人有无履行合同的实际能力。

也就是说，行为人明知自己没有履行合同的实际能力或者担保，故意制造假象使与之签订合同的人产生错觉，“自愿”地与行为人签订合同，从而达到骗取财物的目的，这是利用合同进行诈骗犯罪在客观方面的主要特征。

具体包括以下几项内容：

1）行为人根本不具备履行合同的实际能力

认定行为人是否具有履行合同的实际能力，应当以签订合同时行为人的资信或货源情况作为依据。比如，签订购销合同时，供货方既没有实物储备，也没有货物来源，而是利用一些单位急于购买紧俏或便宜物资的心理，虚构货源，骗取信任，接受合同预付款或定金后，逾期又不履行合同，此种情况就可以认定为没有实际履约能力。要区别两种情况：一种是行为人签约时虽无实际履约能力，但签约之前与他人有购买同一标的物的要约或合同，签约后因原订合同的一方毁约，致使后一个合同不能履行的，可视为有一定的合同履行能力；另一种是行为人签约时根本没有履约能力，仅仅是在签约后才去与第三方签订相同内容的购销合同，事实上又未兑现，这种情况就不能认定行为人具备履约能力。如果不看签约时的实际履约能力，仅仅根据签约后的履行表现来做判断，很容易使犯罪分子蒙混过关。要注意区别根本无履行合同能力与有部分履行合同能力的界限，只有完全没有履行合同能力的才能以诈骗罪论处。

2）采取欺骗手段

欺骗手段绝大多数是作为，而不可能是单纯的不作为。欺骗手段表现为行为人虚构事实或隐瞒事实真相。虚构事实，是指行为人捏造不存在的事实，骗取被害人的信任。其表现形式主要是：假冒订立合同必需的身份；盗窃、骗取、伪造、变造签订合同所必需的法律文件、文书；制造合法身份、履约能力的假象；虚构不存在的基本事实；虚构不存在的合同标的；等等。隐瞒事实真相，是指行为人对被害人掩盖客观存在的基本事实，其表现形式主要是：隐瞒自己实际上不可能履行合同的事实，隐瞒自己不履行合同的犯罪意图；隐瞒合同中自己有义务告知对方的其他事实。

3）使与之签订合同的人产生错误认识

这种错误认识是指对能够引起处分财产的事实情况的错误认识，而不是泛指受骗者对案件的一切事实情况的错误认识，在合同诈骗犯罪中，受骗者的错误认识是由于行骗者的行骗行为所引起的，在时间顺序上，欺骗在先，是受骗者产生错误认识的原因。受骗者产生错误认识在后，是欺骗的结果。如果他人错误认识在先，行为人利用他人的错误认识骗取财物，只能作为民事纠纷，而不能作为诈骗犯罪处理。如果行为人虽然采取了欺骗手段，但是他人认识上也存在错误，并基于这种错误认识错误地处分了财产，但欺骗手段与错误认识之间缺乏因果联系，也不能以合同诈骗罪论处。

4）被骗人自愿地与行为人签订合同并履行合同义务，交付财物或者行为人（或第三人）直接非法占有他人因履约而交付的财物。

作为行骗者诈骗手段的经济合同，就其种类讲，通常有三种：

1）签订买卖合同，骗取现金或实物

包括五种情况：一是利用盗窃、伪造或骗取的空白合同和介绍信与他人签订合同；二是用已作废、失效的合同书、介绍信，冒充有效的合同书、介绍信与他人签订合同；三是利用已撤销单位的名义及其印章、介绍信、合同书与他人签订合同；四是在条款上做手脚，使合同无法按期履行；五是在标的物上设陷阱，使对方违约而不履行合同。

2）利用承包合同进行诈骗

行为人无承包能力，以骗取钱财为目的，承包工厂或某项工程，骗取大量钱财供自己挥霍或一走了之。

3）利用联营合同骗取钱财

行为人根本无生产经营能力，利用与他人签订联营合同，骗取联营单位的钱财。

（2）就合同欺诈犯罪中合同的形式和内容看，有两种情形：

1）以假面目签订的合同。假面目，是指行为人的姓名和身份、签订的合同、使用的公章和介绍信等是假的。假面目必然导致合同内容的虚假性，即客观上无法履行合同的内容。行为人与他人签订这种合同，欺诈故意明显，只要行为人财物到手，即可认定合同诈骗既遂。

2）以真面目签订的合同。真面目，是指行为人的姓名和身份、签订的合同、使用的公章和介绍信都是真的，即实际上存在这一单位或个人。

以真面目签订的合同的内容有真有假，其间还存在三种情况：

①内容真实的合同，即行为人是在有实际履行能力的前提下签订的合同

这种合同的签订，至少表明了行为人在签订合同时有通过合同进行经济往来的真实意思，而非诈骗钱财，根据有关司法解释的精神，即使合同签订后没有得到完全的履行，也不属于诈骗犯罪。但是，应当注意，有的行为人以有限的履约能力与他人签订大大超过此履约能力的合同，如仅有供应一百吨煤的合同履行能力，却相继与多家客户签订各供应一百吨煤的合同，如果合同签订后，行为人积极落实货源，设法履行合同，虽然最终没有完全履约，也不认定为诈骗罪。但若行为人在多个合同签订后，并没有设法履行合同，其诈骗犯意明显，自应以合同诈骗罪论处。

②内容半真半假的合同

也就是那种行为人已初步联系过货源，但其货源并未完全确定或并未完全到手。在这种情况下签订的合同，其内容带有半真半假的性质。这类合同客观上已经具备部分履约的可能性，行为人主观上以及实际行为中是否为履行合同做努力成为确定其行为性质的关键。如果行为人有履约意图，客观上也为履行合同做积极努力，最后因种种客观原因未能履行合同，不能认定为诈骗犯罪。相反，如果客观上尽管有履约的可能，但行为人收取他人的预付款或定金以后，主观上无履行合同的意图，这实际上是借有部分履约能力之名行诈骗之实，当然应以合同诈骗罪论处。

③内容假的合同

行为人主观上意图无偿占有他人钱财，且无归还的意思表示，客观方面表现为将所骗钱财用于挥霍或做其他用途，这种作为应以合同诈骗罪论处。如果行为人虽然客观上非法占有他人的钱财，但主观上并不想长期占有，而是想临时取得该财物的占有权、使用权，甚至收益权，待生意成功之后再做归还，这实际上是一种套用他人资金

的行为，一般不宜以诈骗罪论处。

（3）利用经济合同进行诈骗的犯罪对象主要有：

1）签订虚假购销合同，骗取货物

有的伪造证件、合同书与对方签订合同；有的伪造银行或其他部门的担保书，以合法身份与对方签订合同；有的伪造银行汇票，盗窃单位空白支票，利用失效的支票或空头支票诱惑对方签订合同；有的以洽谈业务、订货、帮助他人推销产品为由，与对方签订合同；等等。行为人行骗时大都隐瞒真实身份，以先提货、后付款为由，利用对方急于推销自己产品的心理，骗取货物。然后将货物低价销售，私吞货款，或者将货物用于还债、做抵押等。

2）虚构货源，签订空头合同，诈骗货款

有的伪造上级主管部门的假批文做货源；有的以伪造的提货单做货源；有的抓住对方急需某种紧俏物资和商品的心理，口头虚构货源；有的故意让对方看不属于自己却谎称是自己的货，或根本无货可看，蒙骗对方；有的则以伪造的买卖合同做货源；等等。

3）伪造身份签订虚假合同，骗取他人预付款或定金

利用这种方式进行诈骗的行为人有两种心理：一是只要将预付款或定金骗到手，就算大功告成；二是先骗得预付款或定金，然后如有可能骗到货款就继续骗取货款，没有可能就一走了之。

4）以诱饵开路骗取他人钱物

有的犯罪分子为了达到骗取对方巨额财物的目的，以给付部分预付款为诱饵，一旦把对方的钱物置于自己的控制之下后，就溜之大吉；还有的以部分履行合同的手段骗取对方信任，诱使对方进一步按合同交付财物，采取放长线、钓大鱼的欺诈手段骗钱骗物。

5）签订假合同，骗取他人的活动费、好处费或提成费等

这些人同对方签订合同的真正目的不是为了骗取货物、货款，也不是为了骗取定金或预付款，而是为了一次性地骗取各种名义的费用，只要将这笔财物骗到手就远走高飞。这些人一般都伪造身份、证件，自称能买到急需紧俏物资或以帮助对方推销产品为诱饵，与对方签订虚假买卖合同。

6）以联合经商、投资、协作等名义，与他人签订合同，进行诈骗

运用这种方式进行诈骗的，行为人往往是在合法身份的掩盖下，以某公司、货场等的名义，伪造营业执照和注册资金等，欺骗他人与之签订联合经营协议，骗取他人的钱财。

（3）骗取财物无论出现在签订阶段，还是出现在履行过程中均属合同诈骗行为。

根据《刑法》第二百二十四条的规定，这类行为通常包括以下几种情形：

1）以虚构的单位或者冒用他人名义签订合同的；

2）以伪造、变造、作废的票据或者其他虚假的产权证明做担保的，即以这些票据或证明作为自己能够履行合同的证据，以骗得对方当事人签订合同；

3）没有实际履行能力，以先履行小额合同或者部分履行合同的方法，诱骗对方当事人继续签订和履行合同的；

4）收受对方当事人给付的货物、货款、预付款或者担保财产后逃匿的；

5）以其他方法骗取对方当事人财物的。主要包括：收受对方当事人给付的货物、货款、预付款或者担保财产后，无正当理由拒不履行合同又不退还，或者没有用作履行合同而无法返还；利用合同骗取财物用于抵偿债务，而没有实际履约；用于进行违法活动；用于挥霍，致使无法返还；等等。

（5）按照法律规定，利用合同骗取财物的行为必须达到数额较大的程度才构成犯罪。具体认定标准参见最高人民检察院、公安部立案追诉标准。

罪与非罪

区分本罪与非罪的界限，要注意本罪与一般合同纠纷的界限。合同纠纷与合同诈骗罪有许多相似之处：

（1）两者都产生于民事交往过程中，并且都以合同形式出现；

（2）在履行合同的过程中，对合同所规定的义务都不履行或不完全履行；

（3）合同诈骗在客观上表现为虚构事实或者隐瞒事实真相，合同纠纷中的当事人有时也伴有欺骗行为；

（4）两者都是非法占有特定物。尽管合同诈骗与合同纠纷有许多相似之处，但两者也有本质的区别。行为人主观上有无非法占有他人财物的目的，是区别两者的关键。行为人的主观目的可以从以下几个方面考察：

1）考察行为人在签订合同时有无履行合同的能力

不能只根据签订合同时有无履行合同的能力作为区分合同诈骗与合同纠纷的标准。但是，也不能否认，行为人在签订合同时有无履行合同的能力在某种情况下对于是否具有骗取财物的目的，又有着重要意义。例如，某人在没有落实货源的情况下，为了营利即与人订立了供货合同。在收到预付款之后，多方查找货源，仍未落实，但表示愿意偿还货款，并承担违约责任。此案中，行为人在不具备履行合同的条件下与他人签订了供货合同，但从他的整个活动看，主观上并没有诈骗的目的，因此，不能认定为合同诈骗，而应当按合同纠纷处理。相反，有些人明知自己没有能力履行合同，而且也根本不打算履行合同，但仍与他人签订合同，一旦货款到手，便大事告成，或大肆挥霍，或逃之夭夭，如此等等。不言而明，这些人签订合同是假，骗取财物是真，当然应以合同诈骗论处。

2）考察行为人在签订和履行合同过程中有无欺骗行为

从司法实践看，行为人在签订和履行合同过程中没有欺骗行为，即使合同未能全面履行，也只能做合同纠纷处理，不能定合同诈骗罪。没有欺骗，不能定诈骗罪。但是，有欺骗也不一定构成诈骗罪。为了分清合同诈骗罪与合同纠纷的界限，需要对欺骗做具体分析。一般来说，在签订和履行合同过程中，行为人在事实上虚构了某些虚假成分，但是并非掩盖其根本无法履行合同的事实，而且实际上也并未影响对合同的履行，或者虽然合同未能完全履行，但是本人愿意承担违约责任，说明行为人并无非法占有他人财物的目的，故不能以合同诈骗罪处理。然而，对于那些伪造证件，使用假证件，编造谎言，骗取信任，掩盖其根本无能力履行合同的真相，给对方造成重大损失的，应当以合同诈骗罪论处。

3）考察行为人在签订合同后有无履行合同的实际行动

司法实践表明，行为人有履行合同的诚意，在签订合同后，必然设法创造条件使合同得以履行，如果不能履行或不能完全履行，也会愿意承担违约责任，赔偿对方损失。无疑，这属于合同纠纷。但是，有些人在合同签订后，根本不去履行合同，往往是货款一到手，便大肆挥霍，造成无力偿还。这种行为足以证明他根本无意履行合同，完全是出于骗取财物的目的。因此，应当以合同诈骗罪论处。

4）考察行为人在违约以后是否愿意承担违约责任

一般情况下，行为人若有履行合同的诚意，发现自己违约或者对方提出违约时，尽管从自身利益出发可能提出种种辩解，以减轻责任。但是，一般会采用事在事有的态度，当无可辩驳自己违约时，会承担违约责任。然而，有些人在明知自己违约，不可能履行合同时，往往采取潜逃等方式进行逃避，使对方无法追回自己的经济损失，说明其主观上具有骗取财物的故意。对于这种人，一般就以合同诈骗罪论处。但是，应当指出，对于那些不得已外出躲债，或者在双方谈判中百般辩解，否认自己违约的，一般不能认定为合同诈骗罪，而应当按合同纠纷处理。

5）考察行为人未履行合同的原因

影响合同未履行的原因包括主客观两种情况。查明合同未履行的原因，对于认定行为人主观上是否具有骗取财物的目的有很大作用。根据我国民法通则的规定，合同当事人均享有合同的权利和承担相应的义务。一旦取得权利，就必须相对地承担相应的义务，享受权利和承担义务是对等的，如果合同当事人一方面享受了权利，而不愿意、不主动去承担义务，那么合同未履行是由于行为人主观上造成的，从而说明行为人具有非法占有他人财物的目的，应当以合同诈骗罪论处。但是，如果合同当事人享受了权利后，自己尽了最大努力去承担义务，然而，由于发生了使行为人无法预料的事实，致使合同无法履行，对此，应当以合同纠纷处理，不能定合同诈骗罪，因为这种情况行为人不具有骗取财物的目的。

罪名区别

本罪与诈骗罪的区别。两者在本质上都是诈骗行为，都有诈骗的故意。区别的关键在于：

1.犯罪时间不同

本罪发生在经济合同的签订、履行过程中；而一般诈骗罪没有具体的时间、条件的限制。

2.犯罪手段不同

本罪的行为方式是特定的，即刑法中具体规定的五种方式之一；而一般诈骗罪却没有具体的行为方式限制。

十八、组织、领导传销活动罪

概念

本罪是2009年2月28日第十一届全国人民代表大会常务委员会第七次会议通过的《刑法修正案（七）》新增的罪名。本罪是指组织、领导以推销商品、提供服务等经营活动为名，要求参加者以缴纳费用或者购买商品、服务等方式获得加入资格，并按照一定顺序组成层级，直接或者间接地以发展人员的数量作为计酬或者返利依据，引诱、胁迫参加者继续发展他人参加，骗取财物，扰乱经济社会秩序的传销活动的行为。

立案标准

根据《刑法》第二百二十四条之一和最高人民检察院、公安部《关于公安机关管辖的刑事案件立案追诉标准的规定（二）》（2010年5月7日发布）第七十八条的规定：组织、领导以推销商品、提供服务等经营活动为名，要求参加者以缴纳费用或者购买商品、服务等方式获得加入资格，并按照一定顺序组成层级，直接或者间接以发展人员的数量作为计酬或者返利依据，引诱、胁迫参加者继续发展他人参加，骗取财物，扰乱经济社会秩序的传销活动，涉嫌组织、领导的传销活动人员在30人以上且层级在三级以上的，对组织者、领导者，应予立案追诉。

本条所指的传销活动的组织者、领导者，是指在传销活动中起组织、领导作用的发起人、决策人、操纵人，以及在传销活动中担负策划、指挥、布置、协调等重要职责，或者在传销活动实施中起到关键作用的人员。

构成特征

1.犯罪主体

本罪的犯罪主体是特殊主体，即传销活动的组织者、领导者，不包括参加者和积极参加者。参加传销者，包括被引诱、被胁迫继续发展他人参加传销活动的中间人员可不按本罪追究。

2.犯罪主观方面

本罪主观方面表现为故意，目的是骗取财物，谋取非法利益。

3.犯罪客体

本罪侵犯的是正常的经济社会秩序和公民的人身安全、财产权。当前以“拉人头”、收取“入门费”等方式组织传销的违法犯罪活动，严重扰乱社会秩序，影响社会稳定，危害严重。以往在司法实践中，对这类案件主要是根据实施传销行为的不同情况，分别按照非法经营罪、诈骗罪、集资诈骗罪等犯罪追究刑事责任的。在刑法中对组织、领导传销活动的犯罪做出专门规定，更有利于打击组织传销的犯罪。对实施这类犯罪，又有其他犯罪行为的，应当实行数罪并罚。传销，是指组织者或者经营者发展人员，通过对被发展人员以其直接或者间接发展的人员数量或者销售业绩为依据计算和给付报酬，或者要求被发展人员以缴纳一定费用为条件取得加入资格等方式谋取非法利益，扰乱经济秩序，影响社会稳定的行为。

4.犯罪客观方面

本罪在客观方面表现为组织、领导传销活动的行为，即组织、领导以推销商品、提供服务等经营活动为名，要求参加者以缴纳费用或者购买商品、服务等方式获得加入资格，并按照一定顺序组成层级，直接或者间接以发展人员的数量作为计酬或者返利依据，引诱、胁迫参加者继续发展他人参加，骗取财物，扰乱经济社会秩序的传销活动。所谓组织，是指倡导、发起、策划、安排、建立从事传销活动组织的行为。所谓领导，是指在传销活动组织中起领导作用，对传销活动起策划、决策、指挥、协调的行为。所谓传销，《刑法修正案（七）》的界定是“以推销商品、提供服务等经营活动为名，要求参加者以缴纳费用或者购买商品、服务等方式获得加入资格，并按照一定顺序组成层级，直接或者间接以发展人员的数量作为计酬或者返利依据，引诱、胁迫参加者继续发展他人参加，骗取财物，扰乱经济社会秩序的活动”。

根据2005年8月10日国务院第101次常务会议通过的《禁止传销条例》规定：传销是指组织者或者经营者发展人员，通过对被发展人员以其直接或者间接发展的人员数量或者销售业绩为依据计算和给付报酬，或者要求被发展人员以缴纳一定费用为条件取得加入资格等方式谋取非法利益，扰乱经济秩序，影响社会稳定的行为。《禁止传销条例》第七条规定，下列行为属于传销行为：

（1）组织者或者经营者通过发展人员，要求被发展人员发展其他人员加入，对发展的人员以其直接或者间接滚动发展的人员数量为依据计算和给付报酬（包括物质奖励和其他经济利益，下同），谋取非法利益的；

（2）组织者或者经营者通过发展人员，要求被发展人员缴纳费用或者以认购商品等方式变相缴纳费用，取得加入或者发展其他人员加入的资格，谋取非法利益的；

（3）组织者或者经营者通过发展人员，要求被发展人员发展其他人员加入，形成上下线关系，并以下线的销售业绩为依据计算和给付上线报酬，谋取非法利益的。本罪的“情节严重”，主要指骗取钱财数额巨大；组织、领导传销活动人员数量大；造成了参加传销人员人身严重危害、造成财产重大损失；严重扰乱经济社会秩序；影响社会稳定等情形。

区别本罪与非罪，关键看行为人是否实施了组织、领导传销活动，行为是否符合本罪构成要件。本罪为行为犯，只要行为人实施了对传销活动的组织、领导行为即可构成本罪。

罪与非罪

注意区分拉人头传销与直销活动中的多层次计酬之间的区别。虽然两者都采用多层次计酬的方式，但有很大不同：

（1）从是否缴纳入门费上看，后者的销售人员在获取从业资格时没有被要求缴纳高额入门费，而前者不缴纳高额入门费或者购买与高额入门费等价的“道具商品”，是根本得不到入门资格的。

（2）从经营对象上看，后者是以销售产品为导向，商品定价基本合理，且有退货保障。而前者根本没有产品销售，或只以价格与价值严重背离的“道具商品”为幌子，且不许退货，主要以发展“下线”人数为主要目的。

（3）从人员的收入来源上看，后者主要根据从业人员的销售业绩和奖金，而前者主要取决于发展的“下线”人数多少和新人会成员的高额入门费。

（4）从组织存在和维系的条件看，后者的直销公司的生存与发展取决于产品销售业绩和利润，而前者的传销组织则直接取决于是否有新会员以一定倍率不断加入。

十九、非法经营罪

概念

2009年2月28日第十一届全国人民代表大会常务委员会第七次会议通过的《刑法修正案（七）》对本罪做了修改。本罪是指违反国家规定，从事非法经营，扰乱市场秩序，情节严重的行为。

立案标准

（1）根据《刑法》第二百二十五条和最高人民检察院、公安部《关于公安机关管辖的刑事案件立案追诉标准的规定（二）》（2010年5月7日发布）第七十九条的规定：违反国家规定，进行非法经营活动，扰乱市场秩序，涉嫌下列情形之一的，应当以本罪立案追诉：

1）违反国家有关盐业管理规定，非法生产、储运、销售食盐，扰乱市场秩序，具有下列情形之一的：

①非法经营食盐数量在二十吨以上的；

②曾因非法经营食盐行为受过两次以上行政处罚又非法经营食盐，数量在十吨以上的。

2）违反国家烟草专卖管理法律法规，未经烟草专卖行政主管部门许可，无烟草专卖生产企业许可证、烟草专卖批发企业许可证、特种烟草专卖经营企业许可证、烟草专卖零售许可证等许可证明，非法经营烟草专卖品，具有下列情形之一的：

①非法经营数额在五万元以上，或者违法所得数额在两万元以上的；

②非法经营卷烟二十万支以上的；

③曾因非法经营烟草专卖品三年内受过两次以上行政处罚，又非法经营烟草专卖品且数额在三万元以上的。

3）未经国家有关主管部门批准，非法经营证券、期货、保险业务，或者非法从事资金支付结算业务，具有下列情形之一的：

①非法经营证券、期货、保险业务，数额在三十万元以上的；

②非法从事资金支付结算业务，数额在二百万元以上的；

③违反国家规定，使用销售点终端机具（POS机）等方法，以虚构交易、虚开价格、现金退货等方式向信用卡持卡人直接支付现金，数额在一百万元以上的，或者造成金融机构资金二十万元以上逾期未还的，或者造成金融机构经济损失十万元以上的；

④违法所得数额在五万元以上的。

4）非法经营外汇，具有下列情形之一的：

①在外汇指定银行和中国外汇交易中心及其分中心以外买卖外汇，数额在二十万美元以上的，或者违法所得数额在五万元人民币以上的；

②公司、企业或者其他单位违反有关外贸代理业务的规定，采用非法手段，或者明知是伪造、变造的凭证、商业单据，为他人向外汇指定银行骗购外汇，数额在五百万美元以上或者违法所得数额在五十万元人民币以上的；

③居间介绍骗购外汇，数额在一百万美元以上或者违法所得数额在十万元人民币以上的。

5）出版、印刷、复制、发行严重危害社会秩序和扰乱市场秩序的非法出版物，具有下列情形之一的：

①个人非法经营数额在五万元以上的，单位非法经营数额在十五万元以上的；

②个人违法所得数额在两万元以上的，单位违法所得数额在五万元以上的；

③个人非法经营报纸5000份或者期刊5000本或者图书2000册或者音像制品、电子出版物500张（盒）以上的，单位非法经营报纸1.5万份或者期刊1.5万本或者图书5000册或者音像制品、电子出版物1500张（盒）以上的；

④虽未达到上述数额标准，但具有下列情形之一的：

两年内因出版、印刷、复制、发行非法出版物受过行政处罚两次以上的，又出版、印刷、复制、发行非法出版物的；

因出版、印刷、复制、发行非法出版物造成恶劣社会影响或者其他严重后果的。

6）非法从事出版物的出版、印刷、复制、发行业务，严重扰乱市场秩序，具有下列情形之一的：

①个人非法经营数额在十五万元以上的，单位非法经营数额在五十万元以上的；

②个人违法所得数额在五万元以上的，单位违法所得数额在十五万元以上的；

③个人非法经营报纸1.5万份或者期刊1.5万本或者图书5000册或者音像制品、电子出版物1500张（盒）以上的，单位非法经营报纸5万份或者期刊5万本或者图书1.5万册或者音像制品、电子出版物5000张（盒）以上的；

④虽未达到上述数额标准，两年内因非法从事出版物的出版、印刷、复制、发行业务受过行政处罚两次以上的，又非法从事出版物的出版、印刷、复制、发行业务的。

7）采取租用国际专线、私设转接设备或者其他方法，擅自经营国际电信业务或者涉港澳台电信业务进行营利活动，扰乱电信市场管理秩序，具有下列情形之一的：

①经营去话业务数额在一百万元以上的；

②经营来话业务造成电信资费损失数额在一百万元以上的；

③虽未达到上述数额标准，但具有下列情形之一的：

两年内因非法经营国际电信业务或者涉港澳台电信业务行为受过行政处罚两次以上，又非法经营国际电信业务或者涉港澳台电信业务的；

因非法经营国际电信业务或者涉港澳台电信业务行为造成其他严重后果的。

8）从事其他非法经营活动，具有下列情形之一的：

①个人非法经营数额在五万元以上，或者违法所得数额在一万元以上的；

②单位非法经营数额在五十万元以上，或者违法所得数额在十万元以上的；

③虽未达到上述数额标准，但两年内因同种非法经营行为受过两次以上行政处罚，又进行同种非法经营行为的；

④其他情节严重的情形。

（2）根据2011年1月4日起施行的最高人民法院《关于审理非法集资刑事案件具体应用法律若干问题的解释》（法释[2010]18号）的规定：违反国家规定，未经依法核准擅自发行基金份额募集基金，情节严重的，以非法经营罪定罪处罚。

构成特征

1.犯罪主体

本罪的主体是一般主体，即一切达到刑事责任年龄，具有刑事责任能力的自然人。依法成立、具有责任能力的单位也可以成为本罪的主体。

2.犯罪主观方面

本罪在主观方面由故意构成，并且具有谋取非法利润的目的，如果行为人没有以谋取非法利润为目的，而是由于不懂法律、法规，买卖经营许可证的，不应当以本罪论处，应当由主管部门对其追究行政责任。

3.犯罪客体

本罪侵犯的客体是国家限制买卖物品和经营许可证的市场管理制度。为了保证限制买卖物品和进出口物品市场，国家实行限制物品的经营许可制度。其中，进出口许可制度是经营许可制度的重要内容，买卖进出口许可证和进出口原产地证明的行为除侵犯市场秩序外，还侵犯了对外贸易管理制度。根据《对外贸易法》的规定，国家实行统一的对外贸易制度，根据平等互利的原则，促进和发展同其他国家和地区的贸易关系。中华人民共和国在对外贸易方面根据所缔结或者参加的国际条约、协定，给予其他缔约方、参加方或者根据互惠、对等原则给予对方最惠国待遇、国民待遇。任何国家或者地区在贸易方面对中华人民共和国采取歧视性的禁止、限制或者其他类似措施的，中华人民共和国可以根据实际情况对该国家或者该地区采取相应的措施。

为了保证按照上述规定发展对外贸易，国家要求进出口货物必须提供原产地证明，对除法律规定的特殊情况可以免领许可证的以外，还需申请进出口许可证。因此，进出口原产地证明、进出口许可证必须是真实有效的，不允许进行伪造、变造。同时，进出口原产地证明、进出口许可证是针对特定进出口人的特定进出口贸易而使用的，不允许进行买卖。买卖进出口原产地证明、进出口许可证，扰乱国家的对外贸易秩序，必须予以惩治。

4.犯罪客观方面

本罪在客观方面表现为未经许可经营专营、专卖物品或者其他限制买卖的物品、买卖进出口许可证、进出口原产地证明以及其他法律、行政法规规定的经营许可证或者批准文件，以及从事其他非法经营活动，扰乱市场秩序，情节严重的行为。

（1）根据《刑法》第二百二十五条规定，非法经营的行为包括下列几种方式：

1）未经许可经营法律、行政法规规定的专营、专卖物品或者其他限制买卖的物品的。为了保证市场正常秩序，在我国，对一些有关国计民生、人民生命健康安全以及公共利益的物资实行专营、专卖等限制买卖经营。只有经过批准，获取经营许可证后才能对其从事诸如生产、制造、收购、储存、运输、加工、批发、销售等经营活动。没有经过批准擅自予以经营的，就属于非法经营。限制买卖的物品多种多样，大致可分为专营物品、专卖物品以及其他限制买卖的物品，包括军工产品、食盐、石油、钢材、烟草、药品、易燃易爆物品、腐蚀性物品、放射性物品、农药、兽药、甘草、麻黄素及肉苁蓉、雪莲、冬虫夏草等野生中药材、货币金银、贵重金属、林木等。限制经营物品虽然多种多样，但其必须为国家有关法律、法规所规定。只有有关法律、法规规定限制经营的，才属于限制经营物品。否则，就不能对其加以认定。此外，是否为限制经营物品，并非一成不变，国家根据实际需要，可以加以变化调整。

2）买卖进出口许可证、进出口原产地证明以及其他法律、行政法规规定的经营许可证或者批准文件的。经营许可证或者有关批准文件乃是持有人进行该项经济活动合法性的有效凭证，无之则就属于非法经营。一些不法分子本来没有进行某项经济活动尤其是经营国家限制买卖物品的资格，无法获取有关经营许可证件或者批准文件，便从他人处购买甚或伪造经营许可证或批准文件，企图逃避检查、制裁。此种行为直接促使了情节严重的非法经营活动的泛滥，具有相当大的危害性，因此，应以刑罚予以惩治。进出口许可证，由国务院对外经济贸易管理部门及其授权机构签发，不仅是对外贸易经营者合法进行对外贸易活动的合法证明，也是国家对进出口货物、技术进行管理的一种依据。进出口原产地证明，是指用来证明进出口货物、技术原产地属于某国或某地区的有效凭证。其为进口国和地区视原产地不同征收差别关税和实施其他进口差别待遇的一种证明。其他经营许可证或者批准文件，是指国家有关管理部门依照国家有关法律、行政法规规定签发的经营国家专营、专卖物品或者其他限制买卖物品或者从事某项限制性营业的许可证件或者批准文件，如烟草专卖批发许可证、烟草专卖零售许可证、烟草准运证、食盐批发许可证、食盐准运证、良用爆炸物品经营许可证、危险物品运输许可证以及种子生产、经营许可证、甘草和麻黄草收购许可证、兽药经营许可证、音像制品经营许可证、摄制电影许可证、摄制电视片许可证、电影片公映许可证、印刷经营许可证、典当经营许可证等。

各种经营许可证或批准证件，作为行为人进行某项经济活动的有效法律凭证及依据，并不和专营、专卖或者其他限制物品相对应。对于一些非限制买卖物品的经营或者一些不以物品为对象的经营，有的也需获取有关经营证件，如从事典当、旅游业务，需要分别取得典当经营许可证、旅行社业务经营许可证等。买卖这种经营许可证或者批准文件的，也应依法以本罪追究行为人的刑事责任。这是因为，《刑法》第二百二十五条第二项明文规定：凡属买卖法律、行政法规规定的经营许可证或者批准文件的，都属于非法经营，没有对经营许可证或者批准文件做任何限制，只要属于经营许可证或者批准文件即可。因此，对于需要经营许可证或批准文件才能进行的经营，即使没有经营许可证或批准文件而擅自经营的行为本身不应追究刑事责任，但买卖这种经营许可证或者批准文件的行为，情节严重的，仍然可以构成本罪。至于买卖，既包括购买行为，又包括出卖行为。所谓出卖，即有偿转让，是指将进出口许可证、进出口原产地证明以及其他法律、行政法规规定的经营许可证或者批准文件，换取购买者的金钱、财物或其他物质利益的行为。既包括现购现卖即在交付上述证明文件的同时支付相应的物质利益，又包括赊购赊卖即在出售上述证明文件后过一段时间再支付金钱等物质利益；既包括出卖自己拥有的证明文件，又包括通过购买、骗取、拾得等方法取得的他人有关证明文件；既包括大量出售的批发，又包括少量出售的零卖；等等。不论方式如何，只要买卖的是真实的、合法的有效证件，情节严重的，即可构成本罪。

3）未经国家有关主管部门批准非法经营证券、期货、保险业务的。根据《证券法》规定，从事证券业务的机构包括证券交易所、证券公司、证券登记结算机构、证券投资咨询机构、资信评估机构等。这些机构设立必须经国务院证券监督管理机构审查批准或者由其就设立条件、审批程序、业务规则做出规定，主要管理人员和业务人员还必须具有证券从业资格。经营证券业务必须由国务院证券监督管理机构批准并颁发经营证券业务许可证。未经国务院证券监督管理机构批准，任何单位与个人都不得擅自经营证券业务。根据《保险法》规定，经营商业保险业务，必须是依照本法设立的保险公司，其他单位和个人不得经营保险业务。设立保险公司必须符合《保险法》规定的条件，并经国家金融监督管理部门审核批准，获得由国家金融监督管理部门颁发的经营保险业务许可证。如果无视上述规定，未经国家有关主管部门批准，擅自经营证券、期货或者保险业务，情节严重的，无论是单位还是个人，都应依法以本罪追究其刑事责任。

4）未经国家有关主管部门批准非法从事资金支付结算业务的。这是2009年2月28日第十一届全国人民代表大会常务委员会第七次会议通过的《刑法修正案（七）》新增加的行为内容。当前，一些不法分子从事“地下钱庄”非法经营活动较为猖獗，严重扰乱金融秩序，危害金融安全，应当依法严惩，对“地下钱庄”逃避金融监管，非法为他人办理大额资金转移等资金支付结算业务的行为，在非法经营罪中增加这一规定，以适应打击这类犯罪的需要。

5）其他严重扰乱市场秩序的非法经营行为。例如，非法从事传销活动、彩票交易；倒卖国家禁止或限制进口的废弃物；未取得种子生产、经营许可证而生产、经营种子，或者伪造、变造、租借种子生产、经营许可证生产、经营种子，或者未按照种子生产、经营许可证的规定生产、经营种子；非法进行诸如和国外电信经营者相勾结，利用租用的国际专线私设转接平台，经营国际来话业务，赚取国家应当收取的国际电话结算费用；与香港地区的机构或者人员勾结，利用香港地区打到内地不同地区电话费的价格差异，经营电话业务；利用租用的国际专线经营国际传真业务；利用特殊地理位置，如在深圳私拉跨境通信线路，私设过境微波，在福建厦门利用无线移动通信号覆盖台湾、金门部分区域的条件，设立经营点，从事电话转接业务，以及经营国际电话回叫业务，利用国际互联网经营网络电话业务（IP电话）、网络传真业务（IP传真）等电信业务；等等。此外，全国人大常委会《关于惩治骗购外汇、逃汇和非法买卖外汇犯罪的决定》第四条规定：在国家规定的交易场所以外非法买卖外汇，扰乱市场秩序，情节严重的，依照《刑法》第二百二十五条定罪处罚；单位犯前款罪的，依照《刑法》第二百三十一条的规定处罚。

（2）本罪的非法经营，主要是指违反法律、行政法规有关经营主体必须经过批准、获取经营许可证或批准文件才能经营的规定，未经批准，擅自经营。

例如，我国《烟草专卖法》《矿产资源法》《食盐专营办法》《出口货物原产地规则》《烟花爆竹安全管理条例》《麻黄素运输许可证管理规定》《甘草麻黄草专营和许可证管理办法》《易制毒化学品安全管理条例》《危险化学品安全管理条例》《农药管理条例》《货物进出口管理条例》《音像制品管理条例》《电影管理条例》《出版管理条例》《印刷业管理条例》等。

具体来说，又主要包括以下几种情况：

1）行为人没有根据有关法律、行政法规规定的条件、程序向国家有关主管部门提交经营申请就擅自经营。

2）行为人已向国家有关部门提出了经营申请，但在审查批准过程中，即在获取国家有关部门依法颁发的经营许可证或批准文件前就擅自经营。

3）行为人根本不具备进行某项活动的条件，采用行贿、提供女色、欺骗等不正当手段，致使有关主管部门违法批准，颁发经营许可证而经营。此时形式虽然合法，但由于根本不符合经营条件，属于内容上的本质不合法，应当否定其合法性。当然，条件具备，为了尽快办理，采取了不正当手段获得批准经营的，一般不应以非法经营论，但应责令行为人尽快采取有效措施加以补正。

4）国家有关主管部门经过审查认为行为人不符合经营条件没有批准，仍然决意经营。

5）依法具有经营资格，但后因违法、合并、破产、兼并等原因致使经营许可证或批准文件被撤销、吊销，或者超过经营许可证的有效期限，未依法重新办理，擅自经营。

6）依法具有某种经营活动资格，仅超过其经营范围擅自兼营其没有资格经营的依法应当经过批准的经营活动。

7）国家明令已经停用、禁用、淘汰的产品，对之生产、经营的，显属擅自经营，应当依法以本罪追究行为人的刑事责任。例如，国务院2001年11月29日修订的《饲料和饲料添加剂管理条例》第二十八条就明确规定：违反条例规定，生产、经营已经停用、禁用或者淘汰以及未经审定公布的饲料、饲料添加剂的，依照刑法规定的非法经营罪的规定，依法追究刑事责任；尚不够刑事处罚的，则依法承担行政责任。等等。

（3）理解与适用非法经营烟草专卖品非法经营罪，要注意以下几个问题：

1）非法经营烟草专卖品价格计算问题。根据2009年12月28日最高人民法院审判委员会第1481次会议、2010年2月4日最高人民检察院第十一届检察委员会第29次会议通过，自2010年3月26日起施行的最高人民法院、最高人民检察院《关于办理非法生产、销售烟草专卖品等刑事案件具体应用法律若干问题的解释》（法释[2010]7号）规定：

第一，查获的未销售的伪劣卷烟、雪茄烟，能够查清销售价格的，按照实际销售价格计算。无法查清实际销售价格，有品牌的，按照该品牌卷烟、雪茄烟的查获地省级烟草专卖行政主管部门出具的零售价格计算；无品牌的，按照查获地省级烟草专卖行政主管部门出具的上年度卷烟平均零售价格计算。

第二，非法经营烟草专卖品，能够查清销售或者购买价格的，按照其销售或者购买的价格计算非法经营数额。无法查清销售或者购买价格的，按照下列方法计算非法经营数额：

①查获的卷烟、雪茄烟的价格，有品牌的，按照该品牌卷烟、雪茄烟的查获地省级烟草专卖行政主管部门出具的零售价格计算；无品牌的，按照查获地省级烟草专卖行政主管部门出具的上年度卷烟平均零售价格计算；

②查获的复烤烟叶、烟叶的价格按照查获地省级烟草专卖行政主管部门出具的上年度烤烟调拨平均基准价格计算；

③烟丝的价格按照第二项规定价格计算标准的1.5倍计算；

④卷烟辅料的价格，有品牌的，按照该品牌辅料的查获地省级烟草专卖行政主管部门出具的价格计算；无品牌的，按照查获地省级烟草专卖行政主管部门出具的上年度烟草行业生产卷烟所需该类卷烟辅料的平均价格计算；

⑤非法生产、销售、购买烟草专用机械的价格按照国务院烟草专卖行政主管部门下发的全国烟草专用机械产品指导价格目录进行计算；目录中没有该烟草专用机械的，按照省级以上烟草专卖行政主管部门出具的目录中同类烟草专用机械的平均价格计算。

第三，办理非法生产、销售烟草专卖品等刑事案件，需要对伪劣烟草专卖品鉴定的，应当委托国务院产品质量监督管理部门和省、自治区、直辖市人民政府产品质量监督管理部门指定的烟草质量检测机构进行。

2）一罪与数罪问题。根据最高人民法院、最高人民检察院《关于办理非法生产、销售烟草专卖品等刑事案件具体应用法律若干问题的解释》（法释[2010]7号）；行为人实施非法生产、销售烟草专卖品犯罪，同时构成生产、销售伪劣产品罪、侵犯知识产权犯罪、非法经营罪的，依照处罚较重的规定定罪处罚。

3）相关概念术语。根据最高人民法院、最高人民检察院《关于办理非法生产、销售烟草专卖品等刑事案件具体应用法律若干问题的解释》（法释[2010]7号）；"烟草专卖品"，是指卷烟、雪茄烟、烟丝、复烤烟叶、烟叶、卷烟纸、滤嘴棒、烟用丝束、烟草专用机械。"卷烟辅料"，是指卷烟纸、滤嘴棒、烟用丝束。"烟草专用机械"，是指由国务院烟草专卖行政主管部门烟草专用机械名录所公布的，在卷烟、雪茄烟、烟丝、复烤烟叶、烟叶、卷烟纸、滤嘴棒、烟用丝束的生产加工过程中，能够完成一项或者多项特定加工工序，可以独立操作的机械设备。"同类烟草专用机械"，是指在卷烟、雪茄烟、烟丝、复烤烟叶、烟叶、卷烟纸、滤嘴棒、烟用丝束的生产加工过程中，能够完成相同加工工序的机械设备。

罪与非罪

区分本罪与非罪的界限，要把握以下几点：

1.必须是违反国家规定

要同时符合以下两个基本条件：一是该行为为某一法律、法规明文禁止；二是法律、法规明确规定对该行为可以构成犯罪，需要依法追究刑事责任。行为虽为某一法律、法规明文禁止，但该法律、法规没有规定该行为可以构成犯罪应当依法追究刑事责任的，也不能以本罪的非法经营论。例如，根据国务院2001年11月29日修订的《饲料和饲料添加剂管理条例》第十条规定：生产饲料、饲料添加剂的，需要取得国务院农业行政主管部门颁发的生产许可证。未取得生产许可证擅自生产饲料添加剂、添加剂预混合饲料（不包括已经停用、禁用或者淘汰以及未经审定公布的饲料、饲料添加剂）的，根据第二十四条规定，只承担相应的行政责任，即没有规定该行为可以构成犯罪，依法应当追究刑事责任，因此，对之不能以刑法意义上的非法经营行为论。

2.必须是非法经营行为

根据刑法规定，行为人违反国家规定，实施非法经营行为主要包括：

（1）未经许可经营法律、行政法规规定的专营、专卖物品或者其他限制买卖的物品的行为。所谓专营、专卖物品或者其他限制买卖的物品，是指国家为了保证国民经济或其他限制民间自由买卖的社会秩序的稳定而由国家专营部门专营、专卖的或其他限制民间自由买卖的物资。主要包括：国家限制或禁止自由买卖的物资、金银及其制品、军工产品、火药产品、天然金刚石、麻醉药品、卷烟等。但本罪不包括刑法已列为特定犯罪对象的物资，如枪支、弹药、鸦片等。

（2）买卖进出口许可证、进出口原产地证明以及其他法律、行政法规规定的许可或者批准文件的行为。所谓进出口许可证，是指国家为加强对进出口商品的管理，对于依法须凭许可证进出口的货物，按照国家的审批权限，经主管部门审查批准后由外贸主管部门向进口人或出口人颁发的许可证明。所谓进出口原产地证明，是指对于进出口商品的原产地、来源处或出处加以确认的证明。以上文件均不得自由买卖，因此，凡以此为标的进行买卖的行为均为非法行为。

（3）未经国家有关主管部门批准，非法经营证券、期货或者保险业务。

（4）其他严重扰乱市场秩序的非法经营行为，即除前两项行为及本节内其他扰乱市场秩序的非法经营行为外的所有严重扰乱市场秩序的非法经营行为，如垄断货源、哄抬物价、非法传销等。

3.必须是情节严重

本罪属于情节犯，非法经营，扰乱市场秩序，只有达到情节严重时，才能构成本罪。情节不属于严重，即使具有非法经营行为，也不能以本罪论处。

二十、强迫交易罪

概念

本罪是指以暴力、威胁手段强买强卖商品，强迫他人提供服务或者强迫他人接受服务，情节严重的行为。

立案标准

（1）根据2011年2月25日第十一届全国人民代表大会常务委员会第十九次会议通过的《刑法修正案（八）》第三十六条规定：以暴力、威胁手段，实施下列行为之一，情节严重的，以本罪立案追诉：

1）强买强卖商品的；

2）强迫他人提供或者接受服务的；

3）强迫他人参与或者退出投标、拍卖的；

4）强迫他人转让或者收购公司、企业的股份、债券或者其他资产的；

5）强迫他人参与或者退出特定的经营活动的。

（2）情节严重，根据《刑法》第二百二十六条和最高人民检察院、公安部《关于公安机关管辖的刑事案件立案追诉标准的规定（一）》（公通字[2008]36号）第二十八条的规定，情节严重主要是指以下情形：

1）造成被害人轻微伤或者其他严重后果的；

2）造成直接经济损失两千元以上的；

3）强迫交易三次以上或者强迫三人以上交易的；

4）强迫交易数额一万元以上，或者违法所得数额两千元以上的；

5）强迫他人购买伪劣商品数额五千元以上，或者违法所得数额一千元以上的；

6）其他情节严重的情形。

构成特征

1.犯罪主体

本罪的主体为一般主体，包括个人和单位。

2.犯罪主观方面

本罪在主观方面上只能是故意，即行为人明知自己是在以非法手段强迫对方当事人购买自己的商品或出让商品或提供服务或接受服务或参与或者退出投标、拍卖、转让或者收购公司、企业的股份、债券或者其他资产、参与或者退出特定的经营活动等而实施该行为。因此，如果行为人实施了威胁行为，但该威胁行为在行为人看来有理由相信对当事人并无实际威胁但对方当事人却由于某种原因陷于恐惧而实施违心的商品交易行为，则不能认为行为人的行为构成犯罪。

3.犯罪客体

本罪所侵犯的客体是复杂客体，即强买强卖的行为：一方面侵犯了公平自由竞争的市场经济秩序，也就是行为侵害了被害人进行自由买卖的权利；另一方面又侵犯了被强迫人的合法权益。商品交易是在平等民事主体之间发生的经济关系，所以，应当遵循市场交易中的自愿和公平原则。但在现实生产中，交易双方强买强卖、强迫他人提供服务，或者强迫他人接受服务的现象时有发生，这种行为违背了市场交易原则，破坏了市场交易秩序，侵害了消费者或者经营者的合法权益，如果行为人以暴力、威胁手段强行交易的，就具有严重的社会危害性，情节严重的，应依法追究其刑事责任。

4.犯罪客观方面

《刑法修正案（八）》对本罪的行为方式做了修改，新增加了三种强迫交易行为。本罪在客观方面表现为行为人实施以暴力、威胁手段强买强卖商品，强迫他人提供服务或者强迫他人接受服务，情节严重的行为。

（1）行为人必须实施了暴力、威胁手段

“暴力”，是指对交易相对方身体实行强制和打击的行为。“威胁”，是指对交易相对方实行精神强制的行为。

（2）必须是实施了强迫交易行为

强迫交易行为包括：

1）强买强卖商品的；

2）强迫他人提供或者接受服务的；

3）强迫他人参与或者退出投标、拍卖的；

4）强迫他人转让或者收购公司、企业的股份、债券或者其他资产的；

5）强迫他人参与或者退出特定的经营活动的。

"强买强卖"，是指在商品交易中，以暴力、威胁手段强行买进或者卖出的行为。"强迫他人提供服务"，是指用暴力、威胁手段强迫服务业的经营者为自己提供某种服务的行为。"强迫他人接受服务"，是指服务业的经营者强迫消费者接受服务的行为。

《刑法修正案（八）》出台前，强行交易的行为主要表现在两方面：一是强买强卖；二是强迫他人提供服务或者强迫他人接受服务，也就是在违背对方意愿的情况下，以不合理的价格和以不正当的方式强行买卖或强行服务。《刑法修正案（八）》新增加了三种强迫交易行为：一是招投标领域的强迫交易；二是资产转让中的强迫交易；三是特定经营活动中的强迫交易。行为人以暴力、威胁手段实施上述行为，情节严重的，即构成本罪。

（3）必须是情节严重

所谓情节严重，在司法实践中，主要是指：多次强迫交易的；强迫交易数额巨大的，以强迫交易手段推销伪劣产品的；造成被强迫者人身伤害等后果的；造成恶劣影响或者其他严重后果的。因此，对于本罪所要求的暴力和威胁方法的程度应当予以正确的把握。对于一些轻微的暴力和威胁方法不能视为犯罪。如果这些行为不足以使对方当事人产生恐惧心理或身体受强制而被迫购买或出卖或服务或接受服务行为，则只应作为一般违法行为或不作为违法行为处理，而不以犯罪论处。

罪与非罪

区分本罪与非罪的界限，应当把握两点：一是看强行交易的行为是否具备"情节严重"的条件，只有情节严重的强行交易行为才构成犯罪，否则不以犯罪论；二是看行为是否具备强暴手段、违背真实意愿和达成交易这三要素，这三要素之间是否具有因果关系，缺少三要素中任何一个，或者三要素之间不具有必然的因果关系，则不构成本罪。

罪名区别

本罪与其他暴力犯罪的界限。本罪属于商业暴力犯罪，与其他暴力型犯罪相比较，都具有使用暴力或威胁手段的特征。例如，本罪行为人采取的方式、方法，所使用的语言足以使被侵害人心理上产生恐惧，以便于其实现其行为目的。但它们之间又存在本质的不同，主要表现在侵犯的客体不同、行为目的不同，实践中应注意加以区别。

二十一、提供虚假证明文件罪

概念

本罪是指承担资产评估、验证会计、审计、法律服务等职责的中介组织及其工作人员故意提供虚假中介证明文件，情节严重的行为。

立案标准

根据《刑法》第二百二十九条第一款、第二款及最高人民检察院、公安部《关于公安机关管辖的刑事案件立案追诉标准的规定（二）》（2010年5月7日发布）第八十一条的规定：承担资产评估、验资、验证、会计、审计、法律服务等职责的中介组织的人员故意提供虚假证明文件，涉嫌下列情形之一的，应当以本罪立案追诉：

（1）给国家、公众或者其他投资者造成直接经济损失数额在五十万元以上的；

（2）违法所得数额在十万元以上的；

（3）虚假证明文件虚构数额在一百万元且占实际数额30%以上的；

（4）虽未达到上述数额标准，但具有下列情形之一的：

1）在提供虚假证明文件过程中索取或者非法接受他人财物的；

2）两年内因提供虚假证明文件，受过行政处罚两次以上，又提供虚假证明文件的。

（5）其他情节严重的情形。

构成特征

1.犯罪主体

本罪的主体是具有一定身份的特殊主体。根据《公司法》的有关规定，下列人员可以成为本罪的犯罪主体：

（1）资产评估师。公司成立的发起人以用实物、知识产权、土地使用权等可以用货币估价并可以依法转让的非货币财产作价出资的，其在公司中的所持股份数额，应由资产评估师做出评估，并拿出相应的资产评估报告，核实财产，不得高估或低估作价。

（2）注册会计师。对于发起人认购股金及有限责任公司的注册资金情况，注册会计师应该认真核实有关账目，加以验证，出具有关证明材料。

（3）审计师。审计师代表国家依法对即将成立的公司金融状况进行审计，其中包括对股份制公司的招股说明书，当年的资产负债表、损益表、财会变动情况表、连续两年的经营情况表等依法进行审查，对虚假的，能够使认购股票的法人或公众股民遭受重大经济损失的公司文件应及时予以揭露，并予以相应的处理。反之，如果出任审查的审计师与公司恶意串通，为公司出具虚假的证明文件，使其他法人或公民在经济上遭受损失，造成严重影响，则该审计师构成本罪主体。

（4）其他人员。除上述三类人员外，法律服务人员及其他行使评估师、注册会计师、审计师职权的人亦可成为本罪主体，这些人虽不具有评估师、注册会计师及审计师的职称（如未取得注册会计师资格的会计师），但受委托从事了评估师、注册会计师或审计师、法律服务的工作，所出具的证明文件，同样具备法律效力。因此，这些人亦可能构成本罪的主体。根据《刑法》第二百三十一条的规定，单位也可以成为本罪的主体。如果评估事务所、注册会计师事务所、审计师事务所或法律服务机构等单位与公司恶意串通，指定其人员为该公司出具虚假的验资证明等文件，情节严重的，则该单位也可以成为本罪主体。

2.犯罪主观方面

本罪在主观方面必须出于故意，即明知自己所提供的有关证明文件有虚假内容但仍决意提供。过失不能构成本罪，构成犯罪的，应是他罪，如出具证明文件重大失实罪。至于其动机则多种多样，有的是贪图钱财，有的是碍于情面，有的是讨好他人，有的是迷恋女色，有的是有求于他人，有的是出于报复等，但无论动机如何，均不影响本罪成立。

3.犯罪客体

本罪所侵犯的客体为复杂客体，既侵犯了国家对中介组织及其中介活动的监督管理制度，又侵犯了国家、公众，以及其他投资者的合法利益。其中，国家对中介组织及其中介活动的监督管理制度是其主要客体。资产评估、验资、验证、会计、审计、法律服务等行为的共同特点在于，这些行为都是社会中介组织站在第三方的立场上，按照法定的程序，具有法定资格的专业人员运用专业知识以客观、公正、实事求是的态度进行的服务、评价、证明的活动。这些活动具有服务、沟通、公证、监督的作用，是社会信用体系的重要组成部分，是维系社会信用链条的重要环节。这些活动专业性强，一般社会公众知之甚少，而且这些活动又起着证明的作用，因而中介组织出具的证明文件的真实性、公正性对于维护市场经济秩序、保护社会公众的合法权益有着重要意义。中介组织的信用链一旦断裂，就会出现违规操作，也将助长不法市场主体的欺诈行为，直接影响经济的安全运行，损害国家和投资者的合法权益，动摇市场投资者信心，客观上成为坑、蒙、骗的帮凶，导致市场秩序的恶性循环。

本罪的犯罪对象为评估事务所、注册会计师事务所和审计事务所等单位或个人提供的有关公司成立或经营情况的各类虚假的证明文件，主要有以下几类：

（1）评估报告。资产评估事务所及评估师对公司发起人以实物、工业产权、专利技术、土地使用权折抵注册资本而出具的评估报告或证明。

（2）验资报告。注册会计师或审计师对企业的注册资本进行查验，以确定其是否符合公司法有关条款而出具的报告。

（3）验证报告。除对资金情况验证外，注册会计师还可对公司的招股说明书、资产负债表、损益表、近三年公司经营利润情况表及公积金提取情况表等文件进行审查，然后出具验证文件。

（4）审计报告。审计师对公司各类经营情况进行审计，然后出具审计报告。

（5）其他报告。如会计报表、律师的法律意见书等。

4.犯罪客观方面

本罪在客观方面表现为提供虚假证明文件，情节严重的行为。

（1）必须是提供虚假证明文件

所谓证明文件，是指资产评估报告、验资证明、验证证明、审计报告等中介证明。所谓虚假的证明文件，是指上述证明文件的内容不符合事实、不真实，或杜撰、编造、虚构了事实，或隐瞒了事实真相。虚假，既可以是全部内容虚假，又可以是其中的主要内容虚假。就其表现而言，则由于各种证明文件的内容不同而多种多样，如资产评估师明知公司以实物、工业产权、非专利技术、土地使用权折抵资本或股本与实际不符，或高于其实际价值，或低于其实际价值，但仍不加指出，仍然出具评估证明；或者公司提出的折抵数额本来与实际相符，却又故意压低或抬高物产、工业产权、非专利技术的折抵数额或股本。验资人员明知公司发起人没有出资或没有足额出资而证明其出资或足额出资；或在他人本来足额出资时却说没有足额出资。验证人员明知公司的财务报告内容不实，会导致股东和社会公众重大损失不予指出，或者对公司可能造成股东或其他利害关系人的利益损害的公司财物会计处理予以隐瞒或做不实报告。审计人员，代表国家在对即将成立的公司金融状况审查过程中，发现股份制公司招股说明书，当年的负债表、损益表、财务变动情况，连续三年的经营情况有虚假内容而置之不理或帮助公司作假。等等。

（2）必须情节严重才构成犯罪

所谓情节严重，主要是指多次提供虚假证明的；违法所得数额巨大的；造成国有资产严重流失的；给公司、公司股东、债权人及其利益人造成严重经济损失的；提供虚假证明给公司用于进行非法发行股票，低价折股、低价出售国有资产、虚假出资等违法犯罪活动的；造成恶劣影响的；等等。

罪与非罪

区分本罪与非罪的界限，关键看提供虚假证明文件的行为是否符合本罪构成要件。

罪名区别

1.本罪与违规披露重要信息罪的区别

两者在提供虚假报告方面具有相似之处，但在侵犯的客体、犯罪主体等方面不同。后者的主体，是对股东和社会公众负有提供其真实的财务会计报告义务的公司，其侵犯的客体是国家对公司的管理秩序。此外，在行为动机上有所不同。前者多是出于为他人牟利的动机而达到自己获益的目的；后者则是基于欺骗他人的动机实现自己非法获益的目的。

2.本罪与伪证罪的区别

两者的区别主要表现在：

（1）犯罪主体不同。伪证罪的犯罪主体是刑事诉讼参与人，包括证人、鉴定人、记录人及翻译人员；而本罪的犯罪主体是主持评估、验资或验证的评估师、注册会计师、审计师等。

（2）侵犯的客体不同。伪证罪侵犯的客体是公民的人身权利和司法机关的正常活动；而本罪侵犯的客体是国家对工商企业的管理活动。

（3）行为的表现方式不同。伪证罪的行为人行为方式表现在刑事案件的侦查、审判过程中，故意出具虚假的证言、鉴定结论以及翻译文件等；本罪行为人的行为是在公司申请登记或对公司经营进行验资、验证的过程中，所出具的虚假证明文件也都是有关公司成立、经营内容的。

3.本罪与伪造、变造、买卖或者盗窃、抢夺、毁灭国家机关、企业、事业单位、人民团体的公文、证件、印章罪的区别

两者的共同点在于：它们都是故意犯罪、犯罪对象都是内容有一定意义的证明文件。两者的区别是：

（1）犯罪客体不同。后者侵犯的是国家机关、企业、事业单位、人民团体的正常管理活动及其信誉，其犯罪对象为公文、证件、印章；本罪侵犯的是国家对工商企业的管理活动，其侵犯的对象为有关公司成立或生产经营的证明文件。

（2）犯罪的客观方面不同。后者表现为伪造、变造或者盗窃、抢夺、毁灭公文、证件、印章的行为。所谓伪造，是指无权制作者制作不真实的公文、证件、印章；本罪表现承担资产评估、验资、验证、审计职责的人员或单位故意提供虚假证明文件、情节严重的行为，它是有权制作者出具了不真实的证明文件。

（3）犯罪主体不同。后者的主体为一般主体，即达到法定年龄，具有刑事责任能力的人都能构成，其主体为自然人，不包括单位；本罪的主体为特殊主体，行为人必须具备一定的身份才能构成。具体来说，其主体为承担资产评估、验资、验证、会计、审计、法律服务等职责的中介组织的人员或单位，既包括自然人，也包括单位。

二十二、出具证明文件重大失实罪

概念

本罪是指承担资产评估、验资、验证、会计、审计、法律服务等职责的中介组织及其人员，严重不负责任，出具证明文件有重大失实，造成严重后果的行为。

立案标准

根据《刑法》第二百二十九条第三款和最高人民检察院、公安部《关于公安机关管辖的刑事案件立案追诉标准的规定（二）》（2010年5月7日发布）第八十二条的规定：承担资产评估、验资、验证、会计、审计、法律服务等职责的中介组织的人员严重不负责任，出具的证明文件有重大失实，涉嫌下列情形之一的，应当以本罪立案追诉：

（1）给国家、公众或者其他投资者造成直接经济损失数额在一百万元以上的；

（2）其他造成严重后果的情形。

构成特征

1.犯罪主体

本罪的主体为特殊主体，只有承担资产评估、验资、验证、会计、审计、法律服务等职责的中介组织及其人员，才能构成本罪，其他单位或个人不能成为本罪的主体。所谓资产评估人员，是指法定资产评估机构中的注册会计师、资产评估师等承担资产评估职责的人员；所谓验资人员，是指法定验资机构中的注册会计师等承担验资职责的人员；所谓验证人员，是指法定验证机构对公司财务报告的真实性、准确性和可信性进行审查、核实的人员；所谓会计人员，是指会计师事务所中的会计师；所谓审计人员，是指审计师事务所中对公司的财务会计报表、公司在合并、分立、清算时的审计业务以及法律、行政法规规定的其他业务进行审计的人员；所谓法律服务人员，是指律师事务所中的律师以及其他从事法律服务的人员；至于承担资产评估、验资、验证、会计、审计、法律服务等职责的中介组织，则是指会计师事务所、审计师事务所及律师事务所等社会中介机构。

2.犯罪主观方面

本罪在主观方面必须出于过失，即应当预见自己严重不负责任的行为，可能造成证明文件的重大失实，并产生严重后果，却因疏忽大意没有预见或者虽有预见但轻信能够避免，因而造成证明文件的重大失实并发生了严重后果。故意不能构成本罪，构成犯罪的，应以提供虚假证明文件罪论处。

3.犯罪客体

本罪所侵犯的客体是国家有关市场的管理秩序。犯罪对象是资产评估报告、验资证明、验证证明、审计报告等中介证明。资产评估报告，是指资产评估人对公司的物产、工业产权、非专利技术、土地使用权等资产折抵资本经过评估所出具的报告。根据2013年12月28日修订通过的《公司法》规定：公司成立的发起人对作为出资的非货币财产应当评估作价，核实财产，不得高估或者低估作价。公司解散时，对其资产也应当进行评估。2008年10月28日通过、自2009年5月1日起施行的《企业国有资产法》第四十七条规定："国有独资企业、国有独资公司和国有资本控股公司合并、分立、改制，转让重大财产，以非货币财产对外投资，清算或者有法律、行政法规以及企业章程规定应当进行资产评估的其他情形的，应当按照规定对有关资产进行评估。"第四十八条规定："国有独资企业、国有独资公司和国有资本控股公司应当委托依法设立的符合条件的资产评估机构进行资产评估；涉及应当报经履行出资人职责的机构决定的事项的，应当将委托资产评估机构的情况向履行出资人职责的机构报告。"

根据国务院1991年11月16日发布的《国有资产评估管理方法》规定，国有资产占有单位（以下简称占有单位）有下列情形之一的，应当进行资产评估：

（1）资产拍卖、转让；

（2）企业兼并、出售、联营、股份经营；

（3）与外国公司、企业和其他经济组织或者个人开办中外合资经营企业或者中外合作经营企业；

（4）企业清算；

（5）依照国家有关规定需要进行资产评估的其他情形。

占有单位有下列情形之一，当事人认为需要的，可以进行资产评估：

（1）资产抵押及其他担保；

（2）企业租赁；

（3）需要进行资产评估的其他情形。

国有资产评估范围包括：固定资产、无形资产和其他资产。资产评估师在评估后应当如实提供评估报告或者证件。所谓验资证明，是指由验资机构及其人员在公司成立时，对股东是否出资、是否足额出资以及出资是否到位等核实查验后所出具的证明。所谓验证证明，是指法定的验资机构及其人员对公司的财务会计报告，如资产负债表、损益表、财务状况变动表、财务情况说明书、招股说明书等文件就其真实性、准确性、可靠性进行审查后提出的证明。所谓审计报告，是指审计机构及其人员对公司的招股说明书，公司资产负债表、损益表、财务变动情况表，连续三年以来的经营状况，公司的合并、分立等依法进行审查、核实后所做出的报告。

4.犯罪客观方面

本罪在客观方面表现为承担资产评估、验资、验证、会计、审计、法律服务等职责的中介组织的人员严重不负责任，出具的证明文件有重大失实，造成严重后果的行为。

（1）必须有严重不负责任的行为，这是构成本罪的前提

如果工作认真负责，完全因受蒙蔽无法发现或确因水平、能力的限制而没有发现的，则不能以本罪论处。严重不负责任，既可以表现为该为而根本不为，也可以表现为不认真而为。前者如资产评估时不评估，验资人员不验资，验证人员不验证、审计人员不审计，等等。这种完全的不作为是以过分相信为基础的。过分相信应有相当的基础，如公司经营作风好、资信能力强等。如果明明知道公司经营管理混乱、资信能力很差，不讲信用而仍不作为甚或收受贿赂的，则不能以过失论，构成犯罪的，对之应以提供虚假证明文件罪论处。后者如走马观花，不做全面认真仔细的审查、核实就出具有关证明文件。

（2）必须造成了证明文件重大失实

失实，是指证明文件有虚假内容；重大失实，则是指内容与实际情况存在重大出入，与事实不符，如全部内容失实、重要内容失实等。

（3）必须造成了严重后果

没有造成实际危害后果或虽造成危害后果但不是严重后果，也不能以本罪论处。所谓严重后果，主要是指：给国家、公司、股东等造成重大经济损失的；造成极为恶劣的影响的；造成市场秩序甚至社会严重混乱的；等等。

罪与非罪

区分本罪与非罪的界限，应当把握两点：

（1）行为人所出具的证明文件是否重大失实，一般个别的内容失实不构成本罪。

（2）后果是否严重，本罪属于结果犯，构成本罪，必须有严重后果。如果提供严重失实的证明文件没有造成严重后果，则不构成本罪。

罪名区别

本罪与提供虚假证明文件罪的区别。两者的主要区别在于：

（1）客观方面不同。本罪是由于行为人严重不负责，而出具有重大失实的文件的行为；而提供虚假证明文件罪是实施了提供虚假中介证明文件的行为。虚假，既包括这些证明的全部内容都是凭空捏造的，也包括对其部分主要内容做虚假的陈述。

（2）主观方面不同。前者在主观上出于过失；而提供虚假证明文件罪的行为人在主观上是出于故意，即明知自己所提供的证明文件与实际情况不符而故意提供的。